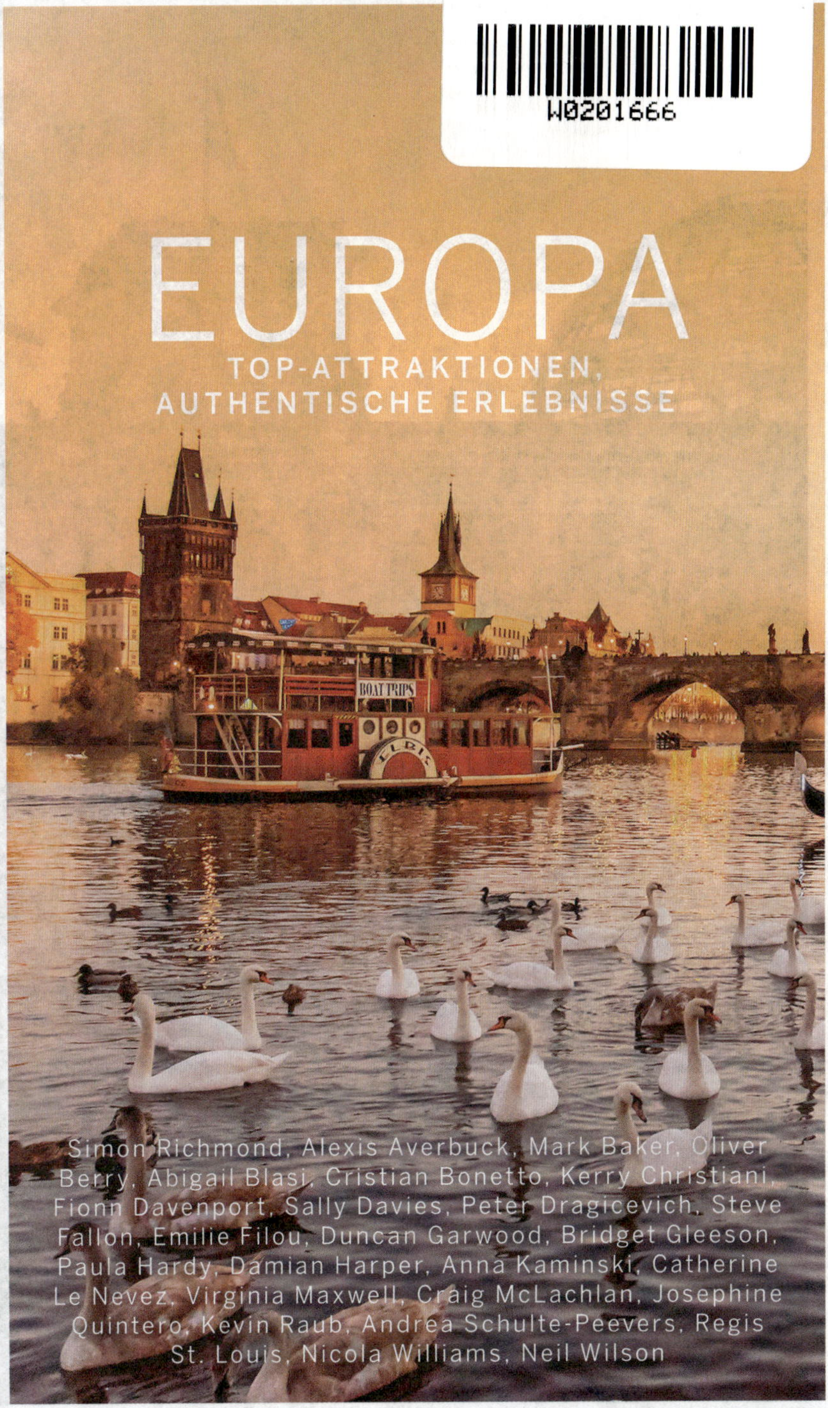

EUROPA

TOP-ATTRAKTIONEN, AUTHENTISCHE ERLEBNISSE

Simon Richmond, Alexis Averbuck, Mark Baker, Oliver Berry, Abigail Blasi, Cristian Bonetto, Kerry Christiani, Fionn Davenport, Sally Davies, Peter Dragicevich, Steve Fallon, Emilie Filou, Duncan Garwood, Bridget Gleeson, Paula Hardy, Damian Harper, Anna Kaminski, Catherine Le Nevez, Virginia Maxwell, Craig McLachlan, Josephine Quintero, Kevin Raub, Andrea Schulte-Peevers, Regis St. Louis, Nicola Williams, Neil Wilson

Willkommen in Europa

Wer zu einer Rundreise durch Europa aufbricht, darf sich auf überwältigende Landschaften, spannende Geschichte und glanzvolle Kunstschätze freuen. Ganz zu schweigen von der köstlichen kulinarischen Vielfalt und dem aufregendsten Nachtleben der Welt.

Europa prunkt mit seinem ungeheuren Reichtum an Attraktionen: Neben Klassikern wie der Renaissancekunst von Florenz, den eleganten Kanälen von Venedig, der napoleonischen Pracht von Paris und dem vielschichtigen Geschichts- und Kulturmosaik von London gehören dazu auch Kuriositäten wie Gaudís noch immer unfertige Sagrada Família in Barcelona und Islands kauzige Hauptstadt Reykjavík mit ihrer urigen Café- und Kneipenszene.

Dazu bietet der Kontinent eine unglaubliche landschaftliche Vielfalt, von den *glens* (Tälern) und *lochs* (Seen) der wilden schottischen Highlands über die Blumenfelder und Hügeldörfer der Provence bis zur Adriaküste mit ihren Tausenden von Inseln. Bergfreaks finden ihr Paradies in den Alpen, die sich in der Mitte des Kontinents quer über Frankreich, die Schweiz, Österreich und Norditalien ziehen.

London, Berlin und Paris versprechen Unterhaltung der Spitzenklasse, ob Theater, Livemusik oder Clubszene. Wer es gemütlicher mag, sollte die Pubs von Dublin oder die Kaffeehäuser von Wien auf sein Reiseprogramm setzen. Aber allenthalben steigt die Party auch auf den Straßen des Kontinents, bei einer unüberschaubaren Zahl verschiedenster Straßenfeste und Festivals.

Gleichzeitig eröffnet eine Europareise die Chance zu unvergleichlichen Gaumenabenteuern, vom berühmt-berüchtigten *haggis* der Schotten bis zur echten Pizza Romana. Und wer weiß schon, dass Amsterdam der ideale Ort ist, um eine indonesische *rijsttafel* (Reistafel) zu schlemmen? So hält Europa immer wieder neue Überraschungen bereit.

> *„Europa prunkt mit seinem ungeheuren Reichtum an Attraktionen"*

Reichstag (S. 498), Berlin
SABINE LUBENOW / DUMONT BILDARCHIV ©

Seite 1: Karlsbrücke (S. 541) und Moldau, Prag
ROMAN BORODAEV / SHUTTERSTOCK ©

ISLAND
REYKJAVIK (S. 180)
Shetlands
Orkney
SCHOTTISCHE HIGHLANDS (S. 100)
Inverness
SCHOTTLAND
Glasgow
Edinburgh
NORDIRLAND
Nordsee
Belfast
Douglas
AMSTERDAM (S. 158)
NORD-ATLANTIK
Galway
DUBLIN (S. 118)
IRLAND
Manchester
Cork
WALES
Birmingham
Cardiff
ENGLAND
LONDON (S. 54)
BRÜSSEL
Ärmelkanal
Lille
BELGIEN
Caen
Rouen
Reims
Rennes
Nantes
PARIS (S. 206)
Dijon
BASKEN-LAND (S. 314)
Golf von Biskaya
Limoges
Genf
Lyon
Bordeaux
FRANKREICH
Rhône
Vigo
Bilbao
Montpellier
PYRENÄEN
Porto
ANDORRA LA VELLA
Marseille
PORTUGAL
BARCELONA (S. 272)
MADRID
LISSABON (S. 336)
SPANIEN
Valencia
Cordoba
Sevilla
PROVENCE (S. 256)
Mittelmeer
Gibraltar
MAROKKO
ALGERIEN

HALBINSEL KOLA
Weißes Meer
FINNLAND
Rovaniemi
Norwegische See
Luleå
0
1000 Kilometer
Vaasa
Petrozawodsk
Trondheim
Sundsvall
Tampere
RUSSLAND
NORWEGEN
St. Petersburg
HELSINKI
Jaroslawl
Bergen
Nischni Nowgorod
TALLINN
OSLO
STOCKHOLM
Twer
ESTLAND
Pskow
Wolga
Kristiansand
Gotland
MOSKAU
SCHWEDEN
LETTLAND
RIGA
KOPENHAGEN (S. 140)
Ostsee
Öland
Smolensk
Don
LITAUEN
Malmö
Kaliningrad
DÄNEMARK
VILNIUS
MINSK
Bornholm
Danzig
BELARUS
Hamburg
DEUTSCHLAND
WARSCHAU
Brest
NIEDERLANDE
BERLIN (S. 492)
Weichsel
Charkiw
SCHWEIZER ALPEN (S. 592)
KIEW
POLEN
Donezk
Schytomyr
Dresden
Krakau
Dnipro
Lwiw
UKRAINE
PRAG (S. 530)
LUXEMBURG
SLOWAKEI
WIEN (S. 570)
MOLDAWIEN
TSCHECHIEN
CHIŞINĂU
München
Iaşi
Odessa
BRATISLAVA
Zürich
ÖSTERREICH
BUDAPEST (S. 552)
VADUZ
UNGARN
Sewastopol
BERN
SCHWEIZ
SLOWENIEN
RUMÄNIEN
LJUBLJANA
SERBIEN
Mailand
ZAGREB
Constanţa
Schwarzes Meer
KROATIEN
ITALIEN
BOSNIEN & HERZEGOVINA
BELGRAD
BUKAREST
MONACO
SAN MARINO
BULGARIEN
SARAJEVO
VENEDIG (S. 406)
SOFIA
KOSOVO
MONTENEGRO
Istanbul
FLORENZ (S. 424)
PRIŠTINA
ANKARA
PODGORICA
MAZEDONIEN
SKOPJE
Bari
TIRANA
Bursa
TOSKANA (S. 450)
ROM (S. 358)
Neapel
Thessaloniki
ALBANIEN
TÜRKEI
Ägäis
DUBROVNIK (S. 476)
Izmir
GRIECHENLAND
Cagliari
Catanzaro
Sardinien (Italien)
Ionisches Meer
ATHEN
Palermo
Sizilien
Kretisches Meer
Karpathos
Kreta
Malta
VALLETTA
TUNESIEN

Inhalt

Inhalt

CANADASTOCK / SHUTTERSTOCK ©

Im Fokus

Praktische Informationen

Links: Reichstag (S. 498), Berlin; oben rechts: Häuser in Lissabon (S. 336); unten rechts: Dorf in der Toskana (S. 450)

PAVEL ARZHAKOV / SHUTTERSTOCK ©

RUDMER ZWERVER / SHUTTERSTOCK ©

Reiseplanung
Europas Top 21

London, Großbritannien

Eine der großartigsten Städte der Welt

London ist unendlich wandelbar und faszinierend. Man könnte ein Leben damit zubringen, die Stadt richtig kennenzulernen, um dann festzustellen, dass sie sich schon wieder verändert hat. Die grünen Parks und historischen Viertel rund um die Themse wimmeln von Attraktionen wie königlichen Palästen, mächtigen Kathedralen und bemerkenswerten Museen. Nimmt man dazu noch die Theater, Restaurants, Sportstätten und Geschäfte von Weltklasse, möchte man gar nicht mehr abreisen. Rechts: Great Court, British Museum (S. 62)

1

PHILIP BIRD LRPS CPAGB / SHUTTERSTOCK ©

Venedig, Italien

Magische Stadt auf dem Wasser

Ein sonniger, touristenarmer Wintertag ist der ideale Zeitpunkt, um Venedigs Atmosphäre zu erleben. Am besten vergisst man den Stadtplan und wandert durch die Gassen von Dorsoduro, wo jede Ecke von dunklen Geheimnissen und Verschwörungen flüstert. Unbedingt besuchen: zwei der besten Kunstmuseen der Stadt, die Gallerie dell'Accademia und die Peggy Guggenheim Collection, die Werke von vielen Giganten der Kunstwelt des 20. Jhs. hütet.

2

BEBOY / SHUTTERSTOCK ©

MARCO RUBINO / SHUTTERSTOCK ©

Rom, Italien

Antike Ruinen und moderne Eleganz

Vom halb verfallenen Kolosseum über das antike Forum bis zur Via Appia: Es gibt kaum etwas Stimmungsvolleres als die Ruinen des antiken Rom. Vor zweitausend Jahren war die Stadt das Zentrum des größten Reichs der Welt, wo Gladiatoren kämpften und Kaiser in unvorstellbarem Luxus schwelgten. Heute ist sie ein bewegender Ort, auf dessen gepflasterten Sträßchen die Geister des Altertums umgehen. Oben: Forum Romanum (S. 378); Unten: Kolosseum (S. 360)

3

ALXPIN / GETTY IMAGES ©

Paris, Frankreich

Zu Besuch bei einem Wahrzeichen der Moderne

Der elegante Eiffelturm war nur als kurzlebige Attraktion für die Exposition Universelle (Weltausstellung) 1889 geplant, avancierte aber bald zum prägenden Wahrzeichen der Stadt. Die frisch renovierte 1. Etage hat jetzt zwei schicke Glaspavillons mit interaktiven Exponaten und einen Glasboden, durch den man in die Tiefe blickt. Wer gegen Abend kommt, kann die Stadt des Lichts bei Tageslicht und bei Nacht bestaunen und in der prickelnden Sektbar anstoßen.

4

Berlin, Deutschland

Den flüchtigen Zeitgeist erhaschen

Über 25 Jahre nach dem Mauerfall ist kaum noch vorstellbar, dass durch diese weltoffenste aller Städte einst der Eiserne Vorhang verlief. Aber es gibt immer noch Andenken an das geteilte Berlin: Erst wer das Brandenburger Tor, die Graffiti der East Side Gallery und die historische Ausstellung am Checkpoint Charlie besucht, kann verstehen, wie die deutsche Hauptstadt tickt. *Drei Mädchen und ein Knabe* von Wilfried Fitzenreiter vor der Kulisse des Berliner Doms (S. 509)

5

6

Dubrovnik, Kroatien

Spektakulär befestigte Stadt

Dubrovnik ist vor allem wegen seiner historischen Stadtmauer bekannt, die zu den schönsten der Welt gehört. Die bemerkenswert gut erhaltenen Mauern, die zwischen dem 13. und 16. Jh. errichtet wurden, umschließen marmorne Straßen und kunstvoll verzierte Gebäude. Die Aussicht über die Terrakotta-Dächer und die Adria ist grandios, ganz besonders in der Abenddämmerung, wenn das schwindende Licht für dramatische Farbspiele und unvergessliche Panoramen sorgt.

7

Prag, Tschechische Republik

Ein mitteleuropäisches Architekturjuwel

Die Hauptstadt der Tschechischen Republik ist eine der reizvollsten und dynamischsten Städte Europas. Trotz ihrer modernen Vitalität sind Teile der Stadt seit dem Mittelalter nahezu unverändert geblieben – gepflasterte Sackgässchen winden sich durch die Altstadt, gesäumt von windschiefen Stadthäusern, Barockbauten und eleganten Brücken. Das absolute Highlight ist die Prager Burg: Die rund 7 ha umfassende Festung gilt als größte Burganlage der Welt. Karlsbrücke (S. 541)

IHOR PASTERNAK / SHUTTERSTOCK ©

TSTUDIO / SHUTTERSTOCK ©

8

Wien, Österreich

Herz eines versunkenen Großreichs

Die ebenso gigantische wie elegante Hofburg zu Wien versetzt Besucher, die hier die Kaiserkronen in der Schatzkammer, das Pferdeballett der Spanischen Hofreitschule und die von Lüstern erhellten Wohngemächer von Kaiserin Elisabeth bestaunen, geradewegs zurück in die Kaiserzeit. Nur zwei Schlösser können es mit der Pracht dieses Erbes der 640 Jahre währenden Habsburgerära aufnehmen: Das zum Unesco-Welterbe gekürte Schloss Schönbrunn mit seinen 1441 Zimmern und das barocke Schloss Belvedere, beide von herrlichen Gartenanlagen umgeben. Schloss Belvedere (S. 582)

CANADASTOCK / SHUTTERSTOCK ©

9

Amsterdam, Niederlande

Welterbe: Grachten und Giebelhäuser

Zu sagen, dass die Amsterdamer das Wasser lieben, wäre eine Untertreibung. Das merkt schon, wer an den Grachten entlangschlendert und einige der Hausboote betrachtet, von denen es hier Tausende gibt. Noch besser ist es aber, selbst auf Grachtentour zu gehen. Vom Boot präsentieren sich viele architektonische Details aus einem ganz neuen Blickwinkel, etwa die Verzierungen der Brücken. Und man kann den Leuten zuwinken, die die Straßencafés am Grachtenufer bevölkern.

MRPHOTOMANIA / SHUTTERSTOCK ©

Budapest, Ungarn

Schöne Hauptstadt an der blauen Donau

10

Das von der Donau durchströmte Budapest zwischen den Budaer Bergen im Westen und der Großen Ungarischen Tiefebene im Osten ist vielleicht die schönste Stadt Osteuropas. Seine Parks sind voller Attraktionen, seine Architektur ist grandios, seine Museen strotzen von Schätzen, Ausflugsboote befahren das schöne Donauknie, türkische Bäder speien Dampfschwaden, und das Nachtleben tobt bis zum Sonnenaufgang. Széchenyi-Bad (S. 557)

WENDY RAUW PHOTOGRAPHY / GETTY IMAGES ©

Barcelona, Spanien

Visionen eines genialen Architekten

11

Barcelona ist berühmt für seine Modernisme-Architektur. Vieles davon stammt von Antoni Gaudí. Sein Meisterwerk ist die Kathedrale La Sagrada Família, die fast ein Jahrhundert nach seinem Tod noch unvollendet ist. Niemand weiß, wann die skurrile Mischung aus Irrsinn und Klassik, gotischen Elementen, exzentrischen Experimenten und unmöglich scheinenden Winkeln endlich fertig wird, aber selbst halb vollendet ist sie ein Wunder der Moderne. La Sagrada Família (S. 274)

ADAM WASILEWSKI / SHUTTERSTOCK ©

Lissabon, Portugal

Seelenvolle Stadt mit gotischem Charme

Das schattige Gassengewirr der Alfama ist ein magischer Ort, an dem man jeden Orientierungssinn verlieren und tief in die Seele von Lissabon eintauchen kann. Unterwegs passiert man winzige Lädchen, bunt gekachelte Gebäude und Ausblicke über steil abfallende Dächer bis zum glitzernden Tejo hinunter. Zu einer Pause laden anheimelndeTavernen, aus denen Geplauder, der Duft gegrillter Sardinen und die melancholischen Rhythmen des Fado dringen.

12

SWEN STROOP / SHUTTERSTOCK ©

ANDREW SWINBANK / SHUTTERSTOCK ©

GEORGECLERK / GETTY IMAGES ©

Die schottischen Highlands

13

Grandiose Natur und Echos der Vergangenheit

Atemberaubende Ausblicke gibt es reichlich in den Highlands, vom majestätischen Charme der Royal Deeside über die schroffe Schönheit des Glen Coe bis zum geheimnisvollen Loch Ness. Die Region ist voller wildromantischer Burgen und wunderbarer Wanderrouten. Nimmt man dazu noch die herzliche Gastlichkeit der ländlichen Pubs und romantischen Hotels, wird schnell klar, was diesen Winkel des Landes so unvergesslich macht.

T.SLACK / SHUTTERSTOCK ©

Dublin, Irland

Guinness und literarische Größen

Von den georgianischen Häuserreihen rund um den lauschigen Park St. Stephen's Green bis zum einstigen Gefängnis Kilmainham Gaol: In Dublin ist die nächste literarische oder historische Sehenswürdigkeit nie weit. Und dann erst die Pubs der Stadt: Es gibt keinen besseren Ort für ein Pint als Dublin, wo man sogar zur ursprünglichen Guinness-Brauerei am Stadtrand pilgern kann. Hier wie dort wird man Bekanntschaft mit einigen netten Iren schließen.

14

15

Toskana, Italien

Romantisch verklärtes Traumziel

Die sanften Hügel der Toskana, in goldenes Licht getaucht und von Weinstöcken überzogen, sind eine verdichtete Zusammenfassung des Schönsten, was Italien zu bieten hat. Unzählige Bücher, Postkarten und Lifestyle-Fernsehsendungen versuchen, der Region gerecht zu werden, reichen aber an das persönliche Erleben nicht heran. Bilderbuchtaugliche Hügeldörfer wetteifern mit herrlicher Landschaft und einigen der köstlichsten Gaumengenüsse und Weine Italiens um die Aufmerksamkeit der Touristen. Am besten kommt man im Frühling oder Herbst, wenn weniger Trubel herrscht.

16

Pompeji, Italien

Vom Vesuv zerstörte und bewahrte Stadt der Antike

Die im Augenblick der Zerstörung erstarrten Ruinen von Pompeji katapultieren ihre Besucher 2000 Jahre in die Vergangenheit zurück. Hier wandert man über von Wagenrädern gefurchte Römerstraßen, durch Villen und Badehäuser mit üppigem Freskenschmuck, Lebensmittelgeschäfte und Märkte, Theater und sogar ein antikes Bordell. In der unheimlichen Stille, den drohenden Vesuv vor Augen, kann man versuchen, sich die letzten Stunden der Stadt auszumalen, als die Vulkanasche den Himmel zu verdunkeln begann.

S.BORISOV / SHUTTERSTOCK ©

B-HIDE THE SCENE / SHUTTERSTOCK ©

17

Baskenland, Spanien

Gaumenfreuden und geniale Architektur

Hier recken sich die Berggipfel bis in den Himmel und brechen sich die mächtigen Wogen des Atlantiks in traumhaften Felsbuchten. Essen ist ein beherrschendes Thema, ob in den Sternerestaurants von San Sebastián oder den phantastischen *pintxo*-Bars (die baskische Variante der Tapasbar) ebendort oder in Bilbao. Zudem hat sich das Baskenland neu erfunden – als ein spanisches Epizentrum des Stils und der Kultur. Als Wegbereiter profilierte sich dabei das Museo Guggenheim in Bilbao.

LEFT: ED NORTON / GETTY IMAGES ©; RIGHT: DAVID CLAPP / GETTY IMAGES ©

MARCIN JUCHA / SHUTTERSTOCK ©

18

Reykjavík, Island

Die nördlichste Hauptstadt der Welt

Die meisten Isländer leben in Reykjavík. Selbst Kurzbesucher der Stadt staunen über die Eigenwilligkeit und Kreativität ihrer Bewohner. Trotz der isolierten Lage am nördlichen Außenrand Europas haben sie eine Stadt voll fesselnder Kunst, köstlicher Küche und sagenhafter Musikkultur erschaffen. Besucher können außerdem der bis in die Wikingerzeit zurückreichenden Geschichte nachspüren oder Ausflüge zu den atemberaubenden Naturwundern der Insel unternehmen. Ganz links: Blaue Lagune (S. 184); Links: Hallgrímskirkja (S. 188)

LAMIAFOTOGRAFIA / SHUTTERSTOCK ©

JOSE ANTONIO SANCHEZ/SHUTTERSTOCK ©

MASKOT / GETTY IMAGES ©

Kopenhagen, Dänemark

Die coolste Kapitale Skandinaviens

19

Puristischer moderner Stil ist die Spezialität der Skandinavier, und die dänische Hauptstadt tut sich darin besonders hervor. Außer seiner blühenden Designszene hat Kopenhagen aber auch Sterne-restaurants, Hipstercafés und -bars und traumhafte Läden noch und nöcher. Dazu Top-Museen und -Galerien und ein tausend Jahre altes Hafenviertel mit attraktiver historischer Architektur, und fertig ist die nordische Vorzeigestadt. Oben: Nyhavn (S. 146); Oben links: Dänische Königliche Bibliothek von Schmidt, Hammer & Lassen; Oben rechts: Barista bei der Kaffeebereitung

PATHARA BURANADILOK / SHUTTERSTOCK ©

Matterhorn, Schweiz

Wandern und Skilaufen vor legendärer Kulisse

20

Der Gipfel ziert Schokoladenverpackungen und beschwört Heidi-Romantik herauf, aber nichts bereitet auf den realen Eindruck des Matterhorns vor. Besucher können den Berg, der hoch über dem Schweizer Bilderbuchdorf Zermatt aufragt, von einem ruhigen Café aus bewundern, die Alpenpfade in seinem Schatten erwandern, während ferne Kuhglocken bimmeln, oder auf der Skipiste innehalten, um seine markante Silhouette zu bewundern.

ROXANA BASHYROVA / SHUTTERSTOCK ©

Florenz, Italien

Maßgeschneidert für anspruchsvolle Schöngeister

21

Florenz, die Heimat von Brunelleschis Duomo und Masaccios Fresken in der Cappella Brancacci, beherbergt der Unesco zufolge „die weltweit größte Konzentration berühmter Kunstwerke". Es ist der Ort, an dem die Renaissance begann und Künstler wie Michelangelo, Brunelleschi und Botticelli die Regeln des schöpferischen Ausdrucks neu definierten. Die Stadt ist voll gepackt mit Kunstschätzen, Spitzenmuseen, eleganten Kirchen und makellosen Renaissance-Fassaden.

Galleria degli Uffizi (S. 432)

Reiseplanung

Gut zu wissen

Reisezeit

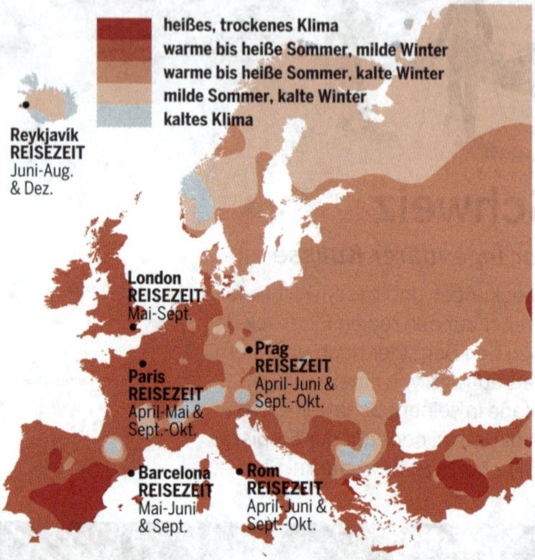

Hauptsaison (Juni–Aug.)

- Alles strömt nach Europa; obendrein ist ein Großteil der Europäer selbst unterwegs.
- Höchststand bei Hotelpreisen und Temperaturen.

Vor- & Nachsaison (April–Mai & Sept.–Okt.)

- Weniger Besucherandrang, zivilere Preise; nur in Italien ist auch jetzt schon bzw. noch viel los.
- Angenehme Temperaturen; in Südeuropa kann es aber schon bzw. noch heiß sein.
- Generell die besten Reisemonate in Europa.

Nebensaison (Nov.–März)

- Außer in den Skiorten senken die Hotels ihre Preise oder machen ganz zu.
- Vielerorts kaltes Wetter und kurze Tage, besonders in Nordeuropa.

Währung

Euro (€), Pfund (£), Schweizer Franken (SFr), Dänische Krone (Kr), Ungarischer Forint (Ft), Isländische Krone (ISK), Tschechische Krone (Kč), Kroatische Kuna (KN)

Sprachen

Dänisch, Deutsch, Englisch, Französisch, Isländisch, Italienisch, Kroatisch, Niederländisch, Portugiesisch, Spanisch, Tschechisch, Ungarisch

Visa

EU-Bürger und Schweizer benötigen keine Visa.

Geld

Geldautomaten gibt es fast überall; Kredit- und Bankkarten werden vielerorts akzeptiert.

Handys

Handys ohne SIM-Lock ggf. mit lokalen SIM-Karten ausstatten, um Kosten zu sparen.

Zeitzonen

Großbritannien, Irland, Island und Portugal haben GMT (MEZ minus 1 Std.), Mitteleuropa hat Mitteleuropäische Zeit (MEZ), Griechenland Osteuropäische Zeit (MEZ plus 1 Std.).

Tagesbudget

Budget: bis 60 €

- Schlafsaalbett: 10–20 €
- Museumseintritt: 5–15 €
- Pizza oder Pasta: 8–12 €

Mittelklasse: 60–200 €

- Doppelzimmer in kleinen Hotels: 50–100 €
- Kurze Taxifahrt: 10–20 €
- Mahlzeit im guten Restaurant: ca. 20 € pro Pers.

Gehoben: über 200 €

- Luxushotel: ab 150 €
- Mietwagen: ab ca. 30 €/Tag
- Theaterkarte: 15–150 €

Nützliche Websites

Lonely Planet (www.lonelyplanet.com/europe) Infos über Reiseziele, Hotelbuchungen, Traveller-Forum uvm.

The Man in Seat Sixty-One (www.seat61.com) Umfassende Website zum Thema Zugreisen, mit vielen weiteren Tipps.

Hidden Europe (www.hiddeneurope.co.uk) Faszinierendes Magazin und Online-Berichte aus allen Winkeln des Kontinents.

VisitEurope (www.visiteurope.com) Bietet Reiseinformationen für 33 Mitgliedsländer.

Spotted by Locals (www.spottedbylocals.com) Insidertipps für viele Städte Europas.

Unterkünfte

Europa hat Unterkünfte jeder Art und Preislage. Für die Ferienzeit im Juli und für den Skiurlaub über Weihnachten und Neujahr muss man bis zu zwei Monate im Voraus buchen!

Hotels Die Bandbreite reicht vom Dorfgasthof bis zu restaurierten Burgen.

B&Bs Kleine Familienpensionen bieten meist ein gutes Preis-Leistungs-Verhältnis.

Hostels Hier ist alles dabei, von Backpacker-Palästen bis zu schäbigen Absteigen.

Privatunterkünfte und Urlaub auf dem Bauernhof Die ideale Möglichkeit, Einblick in das Leben der Einheimischen zu bekommen.

Ankunft in ...

Amsterdam, Luchthaven Schiphol (S. 178) Züge ins Zentrum (20 Min.).

London, Heathrow Airport (S. 98) Züge (15 Min.) und U-Bahn (1 Std.) ins Zentrum.

Paris, Aéroport de Charles de Gaulle, (S. 254) Viele Busse (1 Std.) und Züge (30 Min.) ins Zentrum.

Berlin, Flughafen Tegel (S. 524) Busse (40 Min.) und Taxis (30–45 Min.) ins Zentrum.

Rom, Aeroporto Leonardo da Vinci (S. 403) Busse (1 Std.) und Züge (30 Min.) ins Zentrum.

Barcelona, Aeroport El Prat (S. 311) Busse (35 Min.) ins Zentrum.

Unterwegs vor Ort

In den meisten Ländern kommt man am besten mit dem Zug herum.

Zug Das europäische Zugnetz ist schnell und zuverlässig, aber nicht gerade billig, sofern man nicht sehr frühzeitig bucht oder den richtigen Bahnpass nutzt.

Bus Besonders für kurze Ausflüge in abgelegenere Gebiete. Außerdem gibt es billige Fernbusreisen zwischen Großstädten.

Auto Das Straßennetz ist ausgezeichnet, aber viele Länder haben hohe Spritpreise und/oder nehmen Mautgebühren.

Fähre Fähren verbinden Großbritannien und Irland mit dem Festland und überqueren das Mittelmeer.

Flugzeug Für weite Strecken das praktischste und schnellste Transportmittel.

Fahrrad Eine tolle, entschleunigte Möglichkeit, fast überall herumzukommen.

Mehr unter Unterwegs vor Ort S. 636

Reiseplanung

Topziele für ...

CRISTIAN PUSCASU / SHUTTERSTOCK ©

Geschichte

Berühmte Sehenswürdigkeiten machen Europas wildbewegte Geschichte eindringlich erlebbar – von Roms mächtigen Ruinen bis zu prächtigen Palästen und Regierungsgebäuden.

Rom (S. 356)
In der Ewigen Stadt ist die Geschichte überall präsent, vom Kolosseum bis zum Vatikan.

Geburt eines Großreichs
Romulus gründete Rom auf dem Palatin (S. 386), heißt es.

London (S. 54)
Römische Besatzung, Großer Brand, Bombenhagel oder wilde Sixties – London bleibt unerschütterlich.

Königliche Geschichte
Monarchen krönt man in der Westminster Abbey (S. 56).

Berlin (S. 492)
An jeder Ecke warten Erinnerungen an die glorreiche und tragische Historie der deutschen Hauptstadt.

Brandenburger Tor
Berühmtes Symbol (S. 504) des Kalten Krieges.

COLIN DEWAR / SHUTTERSTOCK ©

Herrliche Natur

Von mächtigen Bergen und sanften Hügeln voller Blumenwiesen und Weinstöcke bis zu Sandstränden und idyllischen Inseln sind Europas Landschaften eine Augenweide.

Schweiz (S. 592)
Majestätische Landschaft, gekrönt von himmelstrebenden Alpengipfeln, raubt Besuchern den Atem.

Alpine Aussichten
Zermatt hat Blick aufs legendäre Matterhorn (S. 594).

Dubrovnik (S. 476)
Eine alte, von Mauern umschlossene Stadt an der blauen Adria, die mit zahllosen Inseln gespickt ist.

Küstenpanoramen
Dubrovniks Mauern (S. 478) bieten traumhaften Meerblick.

Schottische Highlands (S. 100)
Weiter Himmel, dramatische Landschaft, geheimnisvolle *lochs* (Seen) und spektakuläre Tierwelt.

Hauptstadt der Highlands
Inverness (S. 108) thront an der Mündung des Ness.

Kunst & Architektur

Museen von Weltrang, gut besuchte Theater und Konzertsäle, uralte Burgen und prunkvolle öffentliche Bauten: Europas Kulturschätze begeistern und beglücken.

CHAOSS / SHUTTERSTOCK ©

Florenz (S. 424)
Florenz hütet einen überwältigenden Schatz an Renaissancekunst und -architektur.

Renaissanceschätze
Himmlischen Kunstgenuss garantieren die Uffizien (S. 432).

Wien (S. 406)
Grandiose kaiserliche Residenzen, ehrwürdige Opernhäuser und überragende Kunstmuseen.

Kaiserliche Kunstsammlung
Das Kunsthistorische Museum (S. 574) ist sagenhaft.

Amsterdam (S. 158)
Im Goldenen Zeitalter mit Meistern wie Rembrandt und Vermeer das Epizentrum der europäischen Kunst.

Goldenes Zeitalter
Spitzenkunst wartet im Rijksmuseum (S. 164).

Essen & Trinken

Europas kulinarische Vielfalt und Qualität hat kaum ihresgleichen. Ob Sternerestaurants oder zwanglose Cafés, überall gibt es Köstlichkeiten aus regionalen Zutaten.

IRINA MELIUKH / SHUTTERSTOCK ©

Paris (S. 206)
Essen ist hier nicht bloß ein Energielieferant, sondern eine Religion und *der* Grund, morgens aufzustehen.

Essen als Kunst
Raffinierte Meisterwerke im Restaurant AT (S. 247).

Barcelona (S. 272)
Die Gourmetszene der katalanischen Stadt ist berühmt für Spitzenköche und phantasievolle Rezepte.

Avantgarde
Ausgefallene Genüsse bei Disfrutar (S. 306).

Kopenhagen (S. 140)
Angesagtes Gourmetziel mit mehr Michelinsternen als irgendeine andere skandinavische Stadt.

Neue Nordische Küche
Kochkunst aus regionalen Zutaten im Geranium (S. 154).

Reiseplanung
Wie die Einheimischen

K13 ART / SHUTTERSTOCK ©

Aktivitäten

Europa ist ein großer Tummelplatz für Fans von Outdoorabenteuern. Wander- und Radwege verlaufen kreuz und quer durch die Berge, Hügel, Felder und Wälder und entlang der Küsten. Besuchern steht eine ungeheure Vielfalt an Aktivitäten zur Wahl, wie Angeln, Reiten, Skilaufen, Klettern, Kajakfahren oder Segeln. Wer es nicht so mit der weiten Natur hat, kann in den Städten z. B. Kochkurse für regionale Spezialitäten belegen, eine neue Sprache lernen oder an speziellen Themenführungen teilnehmen.

Shoppen

Die EU mag einen „gemeinsamen Markt" anstreben, doch die alltägliche Realität sieht zum Glück anders aus: Von den schottischen Highlands bis zu den Straßen von Lissabon gibt es eine märchenhafte Vielfalt unterschiedlichster Märkte und Geschäfte zu entdecken. Die vornehmen Kaufhäuser und Modehäuser von Paris, London und Rom, die Kunsthandwerksstände und Künstlerateliers von Venedig oder Prag, die Bauernmärkte überall – es gibt Millionen Orte, um das ideale Souvenir für daheim aufzutreiben.

Unterhaltung

Die Massenunterhaltung wurde in Europa erfunden. Auch wenn das Kolosseum in Rom heute nicht mehr als Arena genutzt wird, gibt es zahllose andere gigantische Stadien und legendäre Veranstaltungsorte überall auf dem Kontinent. Das Angebot an Musik und darstellenden Künsten ist überwältigend, von Klassik bis Grunge, von Shakespeare bis zu zeitgenössischem Tanz. Obendrein ist Europa überaus sportbegeistert, wobei das größte Interesse natürlich König Fußball gilt.

Essen

Europas köstliche Küche spiegelt die Vielzahl verschiedener Länder und Regionen, aus denen sich der Kontinent zusammen-

FOTOLUPA / SHUTTERSTOCK ©

setzt. Die mediterrane Kost wird von der Unesco als „Immaterielles Kulturerbe" geführt. Zu ihren zahlreichen Varianten gehören die italienische, die spanische und die griechische Küche. Die französische Kochkunst hat praktisch den Rang einer Religion. Die Nordische Küche ist der trendige Newcomer der kulinarischen Szene. Großbritannien trumpft mit kosmopolitischen asiatischen Aromen und hat seine eigene Spielart der würzigen anglo-indischen Küche erfunden. Wo man in Europa auch hinkommt, beschert das Essen nicht nur Gaumenfreuden, sondern auch interessante Einblicke in die Geschichte und Kultur der jeweiligen Region.

★ Die besten Restaurants

Dinner by Heston Blumenthal (S. 103)
Restaurant Guy Savoy (S. 248)
Café Jacques (S. 518)
Tapas 24 (S. 306)
Pizzarium (S. 399)

Ausgehen & Nachtleben

Europa bietet Nachtleben für jeden Geschmack und immer das passende Getränk dazu. Ob man die Straßen von Reykjavík, Paris oder Barcelona unsicher macht, überall finden sich pulsierende Dance Clubs mit experimentierfreudigen DJs und Designer-Cocktailbars, aber auch gemütliche Kneipen und Kaffeehäuser der dritten Generation. In Schottland lohnt ein Besuch im örtlichen Pub, um an Highland-Whiskys zu nippen, in Prag eine Kneipentour, um kreative Craft-Biere zu kosten. Ganz zu schweigen von den wunderbaren Weinen in Frankreich, Spanien und Italien – allein mit Besuchen auf den Weingütern ließe sich eine ganze Reise zubringen.

Von links: Markt in Prag (S. 530); Royal Albert Hall (S. 97), London

Reiseplanung
Monat für Monat

DAVID ORTEGA BAGLIETTO / SHUTTERSTOCK ©

Februar

Wüstes Karnevalstreiben fegt durch die katholischen Regionen. Maskenbälle, Straßenkarneval und allgemeines Remmidemmi lassen das kalte Wetter vergessen.

⁂ Carnevale, Italien

Bis Aschermittwoch regiert in Venedig der Maskenreigen (www.venice-carnival-italy.com). Kostümbälle, teils mit jahrhundertelanger Tradition, beleben den Veranstaltungskalender der historischen Stadt.

März

In Südeuropa bricht der Frühling an. Weiter nördlich ist es kälter, aber oft schon sonnig.

⁂ St. Patrick's Day, Irland

Am 17. März feiert das ganze Land seinen verehrten Schutzheiligen mit Umzügen und Festen im Familien- und Freundeskreis.

☆ Budapester Frühlingsfest, Ungarn

Das zweiwöchige Festival im März/April ist ein europäisches Top-Event für Freunde der klassischen Musik (www.springfestival.hu) mit Konzerten an vielen schönen Orten, wie überwältigenden Kirchen, dem Opernhaus und dem Nationaltheater.

April

Der Frühling bringt Farbenpracht, von den bunten Tulpenfeldern der Niederlande bis zu den blühenden Obstgärten in Spanien.

⁂ Settimana Santa, Italien

Italien feiert die Karwoche mit Prozessionen und Passionsspielen. Ab dem Gründonnerstag wimmelt Rom von Hunderttausenden Gläubigen, die in den Vatikan und zum Petersdom strömen.

⁂ Koningsdag (Königstag), Niederlande

Am 27. April ist landesweit Party. Besonders Amsterdam quillt über von orangefarbenen

CINEBERG / SHUTTERSTOCK ©

Kostümen und Afro-Perücken, Bier, Dope, Lederjungs, Achterbahnen, Holzpantinen und wüster Gaudi allenthalben.

Mai

Der Mai lockt mit Sonne, Wärme und einer Fülle von Aktivitäten – die ideale Reisezeit.

Bierfest, Tschechien

Das Prager Bierfest (www.ceskypivnifestival.cz) von Mitte bis Ende Mai bietet außer reichlich Essen und Musik rund 70 Biersorten aus dem ganzen Land.

Juni

Die Sonne vertreibt die Wolken und beschert weiten Teilen Europas Prachtwetter.

Karneval der Kulturen, Deutschland

Das Straßenfest (www.karneval-berlin.de) feiert Berlins multikulturelle Vielfalt mit Partys, Leckereien aus aller Welt und Umzügen, an denen sich extravagant kostümierte Tanzgruppen, DJs, Künstler und Musiker beteiligen.

Festa de Santo António, Portugal

Im Lissaboner Alfama-Viertel wird am 12. und 13. Juni zu Ehren des hl. Antonius geschmaust, getrunken und getanzt. Die Festa ist ein Höhepunkt der dreiwöchigen Festas de Lisboa (http://festasdelisboa.com), zu denen u. a. Prozessionen und Dutzende von Straßenfesten gehören.

★ Top-Events

Karneval, Februar/März

St. Patrick's Day, März

Französischer Nationalfeiertag, Juli

Notting Hill Carnival, August

Festes de la Mercè, Oktober

Von links: *Correfoc*, Festes de la Mercè (S. 38), Barcelona; Tanzgruppe beim Karneval der Kulturen, Berlin

Juli

Einer der Hauptreisemonate in Europa. Straßencafés, Biergärten und Strandclubs sind brechend voll.

Sanfermines (Stierlaufen), Spanien

Die Fiesta de San Fermín (Sanfermines) ist ein einwöchiges Nonstop-Festival in Pamplona, in dessen Mittelpunkt der tägliche *encierro* (Stierlauf) steht (www.bullrunpamplona.com). Zwei Tage vorher veranstalten die Stierkampfgegner als Protestevent einen Nacktlauf (www.runningofthenudes.com).

Nationalfeiertag, Frankreich

Ganz Frankreich feiert den 14. Juli mit Feuerwerk, Bällen, Umzügen und – natürlich – gutem Essen und Wein.

August

In diesem traditionellen Ferienmonat ist halb Europa unterwegs, um in der jeweils anderen Hälfte Urlaub zu machen.

Amsterdam Gay Pride, Niederlande

Anfang August steigt eines der besten GLBT-Events (www.amsterdamgaypride.nl) Europas. Hier geht es mehr um Freiheit und Vielfalt als um Protest.

Notting Hill Carnival, Großbritannien

Europas größtes – und Londons dynamischstes – Straßenfest: Zwei Tage lang zeigt Londons karibische Bevölkerung der Stadt, was eine richtige Party ist (www.thelondonnottinghillcarnival.com).

☆ Sziget-Musikfestival, Ungarn

Bei dem hervorragenden einwöchigen Popmusikfestival (www.sziget.hu) spielen Bands aus aller Welt auf über 60 Bühnen auf einer Donauinsel in Budapest.

September

Vielleicht die beste Reisezeit: Das Wetter ist noch schön, aber der Andrang lässt nach.

☆ Internationale Filmfestspiele von Venedig, Italien

Italiens führendes Filmfestival für Mainstream- und Independent-Filme (www.labiennale.org). Die Jury-Entscheidungen gelten als Vorzeichen für die Oscar-Prämierungen des nächsten Jahres.

Festes de la Mercè, Spanien

Beim größten Stadtfest von Barcelona (um den 24. September) gibt es vier Tage lang Konzerte, Tanz, *castells* (Menschenpyramiden), Feuerwerk und die *correfoc*-Parade mit Feuer speienden Drachen und Teufeln.

November

Die Bäume haben ihre Blätter verloren, und vielerorts fällt schon der erste Schnee. Selbst am Mittelmeer kann es kühl, regnerisch und stürmisch werden.

Guy Fawkes Night, Großbritannien

Am 5. November erinnern in ganz Großbritannien Freudenfeuer und Feuerwerk an den gescheiterten Sprengstoffanschlag auf das englische Parlament im 17. Jh. Am besten wirkt das feurige Spektakel von einer Anhöhe in London gesehen.

☆ Iceland Airwaves, Island

Bei dem riesigen Musikfestival in Reykjavík treten isländische und internationale Musiker auf (www.icelandairwaves.is).

Dezember

Trotz eisiger Kälte eine schöne Reisezeit, da Weihnachtsmärkte und -deko die dunklen Straßen verzaubern. Mit Ausnahme der Zeit um Weihnachten und Neujahr ist das Preisniveau erfreulich niedrig.

Natale, Italien

Italienische Kirchen bauen in der Adventszeit aufwendige *presepi* (Weihnachtskrippen) auf. Die meisten sind wahre Kunstwerke, einige sogar regelrecht berühmt. Viele sind Jahrhunderte alt und werden als traditionsreiche religiöse Symbole verehrt.

Reiseplanung

Tipps & Anregungen

ELENA ROSTUNOVA / SHUTTERSTOCK ©

Bücher

Streifzüge durch das Abendland: Europa für Anfänger und Fortgeschrittene Bill Bryson als junger Rucksackreisender in Europa – urkomisch!

Das europäische Geschichtsbuch: Von den Anfängen bis ins 21. Jahrhundert Spannender Überblick von Historikern aus 13 Ländern.

In Europa: Eine Reise durch das 20. Jahrhundert Faszinierender Bericht von den Reisen des Journalisten Geert Mak.

Eine Karte so groß wie der Kontinent: Reisen in Europa Die schönsten Reisegeschichten von Cees Nooteboom.

Die Unperfekten Tom Rachmans Roman über die Geschicke einer internationalen Zeitung in Rom.

Filme

Der Dritte Mann (1949) Klassiker aus dem Wien der Nachkriegszeit mit Orson Welles und dem berühmten Zither-Thema.

Notting Hill (1999) *Die* Londoner Romantikkomödie mit Julia Roberts und Hugh Grant.

Die fabelhafte Welt der Amélie (2001) Anrührende Story um die Abenteuer einer versponnenen jungen Pariserin.

Vicky Christina Barcelona (2008) Woody Allens Schilderung der verwickelten amourösen Abenteuer zweier junger Amerikanerinnen in Spanien.

Victoria (2015) Der in Berlin spielende Thriller wurde in einer einzigen, 138 Minuten langen Kameraeinstellung gedreht.

Musik

The Original Three Tenors: 20th Anniversary Edition Lieder und Arien von Pavarotti, Carreras und Domingo.

The Best of Edith Piaf Der Spatz von Paris – die Stimme Frankreichs mit einer Auswahl ihrer größten Hits.

Chambao Verschmelzung von Wohlfühl-Flamenco und Electronica aus dem tiefen Süden Spaniens.

London Calling Der Post-Punk-Klassiker von The Clash integriert eine Fülle musikalischer Einflüsse.

Fado Tradicional Mariza, ein moderner Topstar des Fado, kehrt mit diesem Album zu den Wurzeln des portugiesischen Musikstils zurück.

Festival-Auftritt vor Shakespeare's Globe (S. 82), London

Reiseplanung
Fünf-Tage-Routen

Iberische Abenteuer

Um auf einer Kurzreise reichlich Sonne zu tanken, egal zu welcher Jahreszeit, sind Portugal und Spanien unschlagbar. Diese vier Stationen versprechen dazu tolle Kunst, Architektur und Gaumenfreuden.

Lissabon (S. 336) Zwei Tage verbringt man mit der Erkundung dieser zauberhaften Stadt, von den Pflastergassen der Alfama bis zum maritimen Belem.

✈2 Std. bis Bilbao

Bilbao (S. 322) Ein Tag ist den monumentalen zeitgenössischen Kunstinstallationen in Bilbaos glitzerndem Museo Guggenheim gewidmet.

🚌1 Std. bis San Sebastián

San Sebastián (S. 330) In der idyllischen Küstenstadt probiert man sich einen Tag lang durch leckere *pintxos* (baskische Tapas).

🚌1 ½ Std. bis Barcelona

Barcelona (S. 272) Die Rambla entlangbummeln, in den mittelalterlichen Straßen des Barri Gòtic die Orientierung verlieren und die Sagrada Família bewundern.

Fünf-Tage-Routen

Von Osteuropa nach Berlin

Was bis Anfang der 1990er-Jahre hinter dem Eisernen Vorhang lag, ist heute ein äußerst dynamischer und faszinierender Teil Europas. Jede der vier Städte auf dieser Route hat ihren ganz eigenen Charakter und Charme.

Berlin (S. 492) In der ehemals geteilten Stadt genießt man Diversität und Alternativkultur und taucht in die dramatische jüngste Geschichte ein.

Prag (S. 530) Einen Tag lang schweift man durch das romantische Prag und landet in der Abenddämmerung auf der berühmten Karlsbrücke.

Wien (S. 570) Österreichs Hauptstadt strotzt nur so vor Palästen, Museen und grandiosen Galerien: zwei Tage.

🚌 4 Std. bis Prag

Budapest (S. 552) Ein Tag gehört der ungarischen Metropole mit ihren Architekturjuwelen und wohltuenden Thermalbädern.

🚌 2 ¾ Std. bis Wien

Reiseplanung

Fünf-Tage-Routen

Italien & die Adriaküste

Der Trip vermittelt einen ersten Eindruck von Italiens Pracht. Vom antiken Rom geht es über Florenz, die Wiege der Renaissance, und Venedig, die magische Stadt auf dem Wasser, die Adriaküste hinunter zum historischen Dubrovnik in Kroatien.

Grachten & Schlösser

Wer nur fünf Tage Zeit hat, sollte für die Route von Amsterdams Grachten zum legendären Schloss Neuschwanstein den Flieger nehmen und Stopps im supercoolen Kopenhagen und der Partyhauptstadt Berlin einplanen.

Kopenhagen (S. 140) Hier gibt's den Tivoli, Paläste, die nonkonformistische Enklave Christiania und die Kleine Meerjungfrau zu entdecken.
✈ 1 Std. bis Berlin

Berlin (S. 492) In der Stadt ohne Sperrstunde wird die ganze Nacht durchgefeiert. Einen guten Einstieg bietet der historische Prater-Biergarten.
✈ 1 Std. bis München

Amsterdam (S. 158) Per Mietfahrrad geht's entlang der Grachten durch die Stadt, mit Zwischenstopps in Kunstmuseen und Cafés.
✈ 1 Std. bis Kopenhagen

Schloss Neuschwanstein (S. 526) Das Phantasieschloss Ludwigs II., zwei Stunden südwestlich von München, diente als Vorlage für Walt Disneys Dornröschen-Schloss.

Reiseplanung
Zehn-Tage-Route

Von Island bis Irland

Auf der 1500 km langen Reise am Nordwestrand Europas gibt es Wunderbares zu sehen und zu erleben, von den Geysiren bei Reykjavík über die Geschichte, Kultur und Mode von London und die georgianische Architektur Dublins bis zur wilden Schönheit der schottischen Highlands.

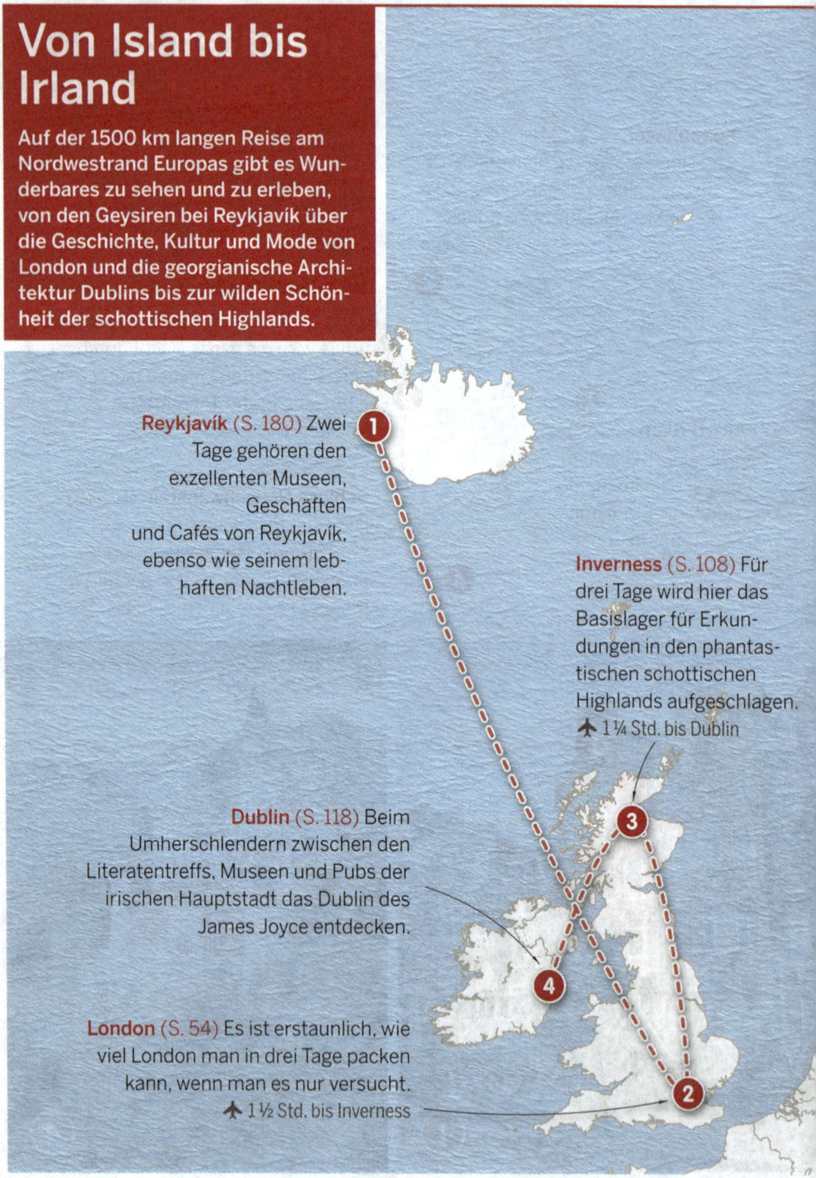

Reykjavík (S. 180) Zwei Tage gehören den exzellenten Museen, Geschäften und Cafés von Reykjavík, ebenso wie seinem lebhaften Nachtleben.

Inverness (S. 108) Für drei Tage wird hier das Basislager für Erkundungen in den phantastischen schottischen Highlands aufgeschlagen.
✈ 1¼ Std. bis Dublin

Dublin (S. 118) Beim Umherschlendern zwischen den Literatentreffs, Museen und Pubs der irischen Hauptstadt das Dublin des James Joyce entdecken.

London (S. 54) Es ist erstaunlich, wie viel London man in drei Tage packen kann, wenn man es nur versucht.
✈ 1½ Std. bis Inverness

FROM LEFT: ROXANA BASHYROVA, LOWSUN / SHUTTERSTOCK ©; ROBERTHARDING / ALAMY STOCK PHOTO ©

Reiseplanung
Zehn-Tage-Route

Mittelmeertour

In Avignon kann man einen Wagen mieten, um die Hügeldörfer und die römischen Ruinen der wunderschönen Provence zu erkunden. Ein Tag ist für die kurvenreiche Küstenstraße entlang der felsigen Côte d'Azur Richtung Italien zu reservieren – eine der Traumstraßen der Welt.

1

Avignon (S. 264) Zwei Tage sind ausreichend, um die Sehenswürdigkeiten in und um die alte Festungsstadt zu besuchen.

🚗 7 ¾ Std. bis Siena

2

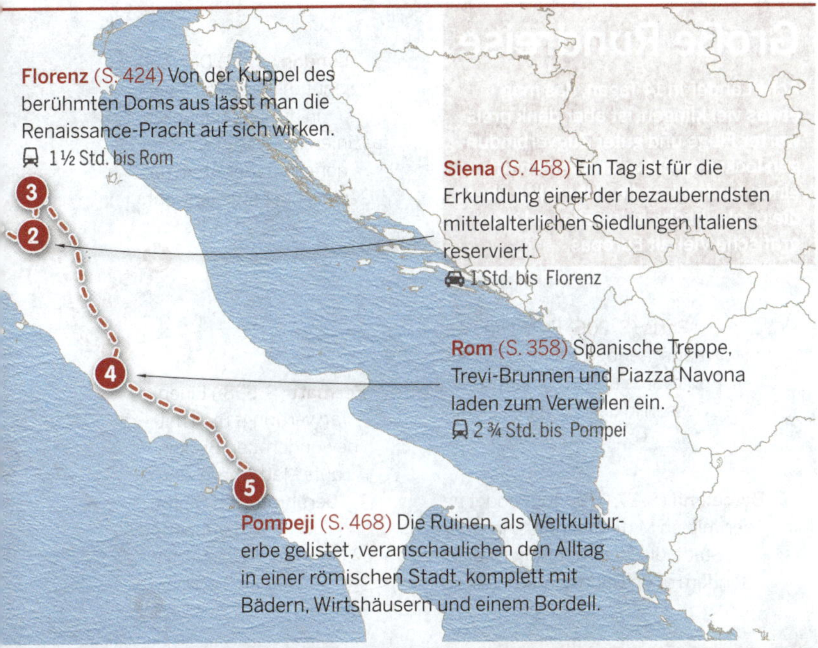

Florenz (S. 424) Von der Kuppel des berühmten Doms aus lässt man die Renaissance-Pracht auf sich wirken.
1 ½ Std. bis Rom

Siena (S. 458) Ein Tag ist für die Erkundung einer der bezauberndsten mittelalterlichen Siedlungen Italiens reserviert.
1 Std. bis Florenz

Rom (S. 358) Spanische Treppe, Trevi-Brunnen und Piazza Navona laden zum Verweilen ein.
2 ¾ Std. bis Pompei

Pompeji (S. 468) Die Ruinen, als Weltkulturerbe gelistet, veranschaulichen den Alltag in einer römischen Stadt, komplett mit Bädern, Wirtshäusern und einem Bordell.

Reiseplanung
Zwei-Wochen-Route

Große Rundreise

Acht Länder in 14 Tagen, das mag etwas viel klingen, ist aber dank preiswerter Flüge und guter Zugverbindungen locker machbar und verschafft einen eindrucksvollen Überblick über die unglaubliche kulturelle und geografische Vielfalt Europas.

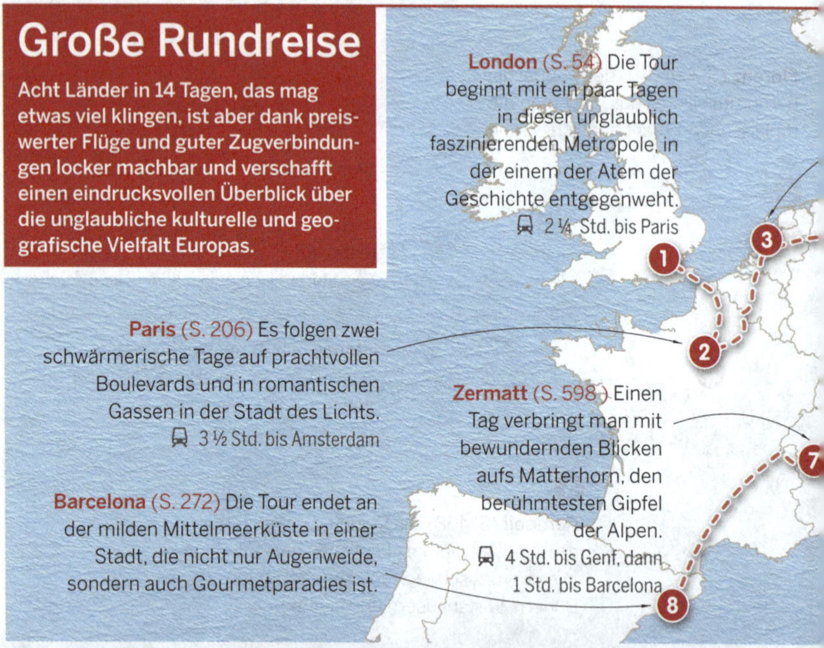

London (S. 54) Die Tour beginnt mit ein paar Tagen in dieser unglaublich faszinierenden Metropole, in der einem der Atem der Geschichte entgegenweht.
🚂 2 ¼ Std. bis Paris

Paris (S. 206) Es folgen zwei schwärmerische Tage auf prachtvollen Boulevards und in romantischen Gassen in der Stadt des Lichts.
🚂 3 ½ Std. bis Amsterdam

Zermatt (S. 598) Einen Tag verbringt man mit bewundernden Blicken aufs Matterhorn, den berühmtesten Gipfel der Alpen.
🚂 4 Std. bis Genf, dann 1 Std. bis Barcelona

Barcelona (S. 272) Die Tour endet an der milden Mittelmeerküste in einer Stadt, die nicht nur Augenweide, sondern auch Gourmetparadies ist.

Amsterdam (S. 158) Einen Tag chillt man auf Grachtenbooten, bummelt durch Kunstmuseen und genießt die liberale Atmosphäre.
✈ 1½ Std. bis Prag

Prag (S. 530) Ein weiterer Tag ist den zwei großen Attraktionen Prags gewidmet – der Burg und dem Altstädter Ring.
🚆 4½ Std. bis Wien

Wien (S. 570) Zwei Tage gehören der Pracht der einstigen k. u. k.-Hauptstadt.
✈ 1 Std. bis Venedig

Venedig (S. 406) Hier bleibt nur die Kapitulation vor der unvergesslichen Schönheit der Serenissima mit ihrer Wasserwelt aus Piazzas, Kuppeln, Kanälen und Brücken.
🚆 6 Std. bis Zermatt

Reiseplanung
Mit Familie unterwegs

ANASTASIA PELIKH / SHUTTERSTOCK ©

Unterwegs

Generell ist Europa eine sehr familientaugliche Reiseregion, aber die Entfernungen können recht lang werden. Am besten legt man unterwegs Zwischenstopps ein, um etwas anzusehen oder zu unternehmen.

Der Verkehr ist zu den Ferienzeiten am schlimmsten, vor allem von Juni bis August. Dann kann sich die Reisedauer bis zum Ziel erheblich verlängern.

Züge können eine gute Alternative für Familien sein – hier haben die Kleinen mehr Bewegungsfreiheit und können mit Büchern, Puzzles und Computerspielen bei Laune gehalten werden.

Vielerorts bekommen Kinder und Jugendliche in öffentlichen Verkehrsmitteln Ermäßigung (normalerweise um 50 %) Oft lässt sich mit Bahnpässen zusätzliches Geld sparen. Viele Städte haben auch Besucherpässe, die freien Eintritt zu Attraktionen und die freie Fahrt mit öffentlichen Verkehrsmitteln kombinieren.

Sehenswertes & Attraktionen

Die meisten Attraktionen bieten verbilligten Eintritt für Kinder (normalerweise bis zum Alter von 12 Jahren; es gibt aber Abweichungen). Am besten ist ein Mix aus Museumsbesuchen o. ä. und Spaßaktivitäten für die Kids – nach dem Besuch der Tate Modern oder des Louvre kann man zum Ausgleich etwa einen Abstecher ins Londoner Aquarium oder einen Tag im Pariser Disneyland einplanen. Regel Nr. 1: Nicht zu viel vornehmen – das endet nur mit gestressten Eltern und genervten Kindern und ist ein sicheres Rezept für Trotzanfälle. Mit umsichtiger Planung lässt sich der Urlaub viel besser genießen.

Hotels & Restaurants

Am besten vorher nachfragen, ob die Hotels kinderfreundlich sind. Viele sind bestens auf Familien eingestellt, mit Aktivitäten für Kinder, Kinderbetreuung usw., aber manche schreiben auch ein Mindestalter

TRAVNIKOVSTUDIO / SHUTTERSTOCK ©

vor, um Familien mit Kindern fernzuhalten. Familienfreundliche Hotels haben oft große Zimmer mit zwei oder drei Betten oder zumindest benachbarte Zimmer mit Verbindungstür. Mit der Familie essen zu gehen, kann ein Riesenspaß sein, aber auch hier lohnt es sich, vorher zu checken, ob Kinder willkommen sind. Grundsätzlich gilt: Je vornehmer oder renommierter das Restaurant, desto geringer die Wahrscheinlichkeit, dass Kinder gern gesehen sind. Viele Restaurants haben eine Kinderkarte, meist mit klassischen Lieblingsgerichten wie Steak, Nudeln, Burgern oder Hühnchen. Die meisten servieren Kindern auf Wunsch auch kleinere Portionen der Erwachsenengerichte. Mit heiklen Essern kann man auf dem Markt einkaufen gehen, um sie zu Experimenten anzuregen – hier können sie die Zutaten für ihr Essen selbst auswählen und gleichzeitig die Landessprache üben.

Gut zu wissen

Wickeltische Gibt es in vielen Einkaufszentren und bei den Hauptsehenswürdigkeiten.

Beistellbetten und Hochstühle In vielen Hotels und Restaurants verfügbar, aber besser vorab nachfragen.

Gesundheitswesen Generell gut, aber für Notfälle am besten die eigene Erste-Hilfe-Ausstattung mitbringen.

Kinderkarte Gibt es in vielen Restaurants.

Windeln Überall erhältlich, u. a. in Drogerien und Supermärkten.

Kinderwagen Am besten mitbringen.

Verkehrsmittel Kinder fahren in der Regel billiger, Kleinkinder oft umsonst.

★ Top-Städte für Kinder

Paris (S. 204)

London (S. 54)

Barcelona (S. 272)

Kopenhagen (S. 140)

Wien (S. 570)

Von links: Karussell im Tivoli (S. 142), Kopenhagen; Kinder in Paris (S. 206)

YUNLI SONG/500PX ©

Houses of Parliament (S. 78), Big Ben (S. 78) und die Westminster Bridge, London

GROSS-BRITANNIEN & IRLAND

In diesem Kapitel

London, Großbritannien

London ist eine der meistbesuchten Städte der Welt und hat viel zu bieten, von Geschichte und Kultur bis zu feiner Küche und bester Unterhaltung. Großbritannien mag zwar für den Brexit gestimmt haben (die Mehrheit der Londoner allerdings nicht), aber vorerst bleibt London eine der kosmopolitischsten Städte der Welt, in der Alltag, Essen, Musik und Mode multikulturell geprägt sind. Das trifft auch auf urbritische Institutionen zu; die Sammlungen des British Museum und des Victoria & Albert Museum sind so kulturübergreifend wie großartig und der jahrhundertealte Borough Market hält Spezialitäten aus aller Welt bereit.

Zwei Tage in London

Erstes Ziel ist die **Westminster Abbey** (S. 56) als Einführung in die Geschichte der Stadt (und des Landes), dann der **Buckingham Palace** (S. 66). Über die Mall geht's zum **Trafalgar Square** (S. 79) mit seiner Prachtarchitektur und einem fotogenen Blick auf **Big Ben** (S. 78). Kunstfreunde zieht es in die **National Gallery** (S. 78) und die **Tate Britain** (S. 79).

Am zweiten Tag locken das **British Museum** (S. 62) und **Soho** (S. 81), gefolgt von einem Essen im **Claridge's Foyer & Reading Room** (S. 94).

Vier Tage in London

Ein königliches Vergnügen ist die Besichtigung der Kronjuwelen im **Tower of London** (S. 70), anschließend geht es auf Shoppingtour im **Leadenhall Market** (S. 74) und in die **St. Paul's Cathedral** (S. 82).

Der vierte Tag gehört dem **V&A** (S. 83), dem **Natural History Museum** (S. 83) und dem **Science Museum** (S. 83); abends gibt's eine Show in der **Royal Albert Hall** (S. 97).

Von London aus geht's mit dem Eurostar nach Paris (S. 204) oder Amsterdam (S. 158).

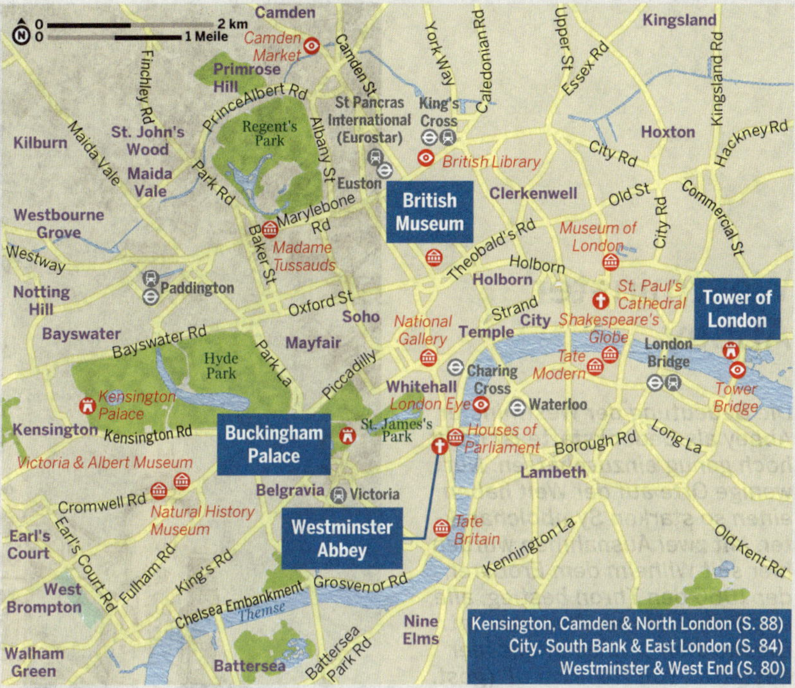

Ankunft

Heathrow Airport Züge, U-Bahnen und Busse fahren ab kurz nach 5 bis kurz vor 24 Uhr ins Zentrum (Nachtbusse verkehren länger und die U-Bahn freitags und samstags rund um die Uhr) und kosten 5,70–21,50 £, Taxis 46–87 £. Ab 2018 fahren auf der Elizabeth Line (Crossrail) Schnellzüge ins Zentrum.

Gatwick Airport Züge ins Zentrum von 4.30 bis 1.35 Uhr kosten 10–20 £; Busse fahren stündlich rund um die Uhr für 5 £ ins Zentrum, Taxis kosten 100 £.

St. Pancras Internationaler Bahnhof im Zentrum Londons und über viele U-Bahnlinien mit anderen Stadtteilen verbunden.

Schlafen

In London zu nächtigen kann ziemlich teuer werden und eine frühzeitige Reservierung ist unbedingt erforderlich. Gute Hostels sind einfach zu finden, aber nicht so billig wie möglicherweise erhofft. Das Hotelangebot reicht von Billigketten bis zu ultranoblen Häusern, wie dem Ritz. B&Bs sind oft preiswerter und netter als Hotels.

Informationen, was die Londoner Stadtteile zu bieten haben, stehen in der Tabelle auf S. 99.

Westminster Abbey

Die Bedeutung der Westminster Abbey als Gedenkstätte ist nicht hoch genug einzuschätzen. Nur wenige Orte auf der Welt haben einen so starken Symbolcharakter. Mit zwei Ausnahmen wurden hier seit Wilhelm dem Eroberer, der 1066 den Thron bestieg, alle englischen Monarchen gekrönt. Die meisten sind ebenfalls hier bestattet, von Heinrich III. (gest. 1272) bis zu Georg II. (gest. 1760).

Toll für ...

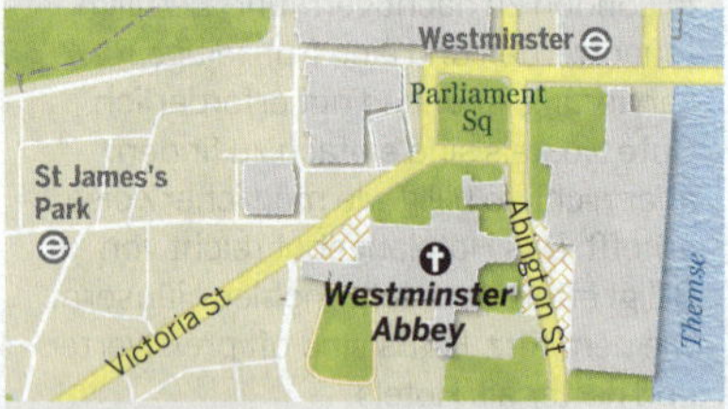

Gut zu wissen

Karte S. 80; 020-7222 5152; www.westminster-abbey.org; 20 Dean's Yard, SW1; Erw./Kind 20/9 £, Kreuzgang & Garten frei; Mo, Di, Do & Fr 9.30–16.30, Mi bis 19, Sa bis 14.30 Uhr; Westminster

★ Top-Tipp

Die Abteikirche wird stark von Besuchern frequentiert, selbst frühmorgens. Geduld ist also angesagt.

GRZEGORZ_PAKULA/SHUTTERSTOCK ©

Eine königliche Geschichte

Die Abbey ist zwar eine Mischung von Architekturstilen, aber sie gilt als schönstes Beispiel der frühen englischen Gotik (1190–1300). Die ursprüngliche Kirche gab im 11. Jh. der später heiliggesprochene König Eduard der Bekenner in Auftrag, der in der Kapelle hinter dem Altarraum des Hauptaltars bestattet ist. Unter Heinrich III. (reg. 1216–1272) begannen die Arbeiten für ein neues Gebäude, das aber nicht zu seinen Lebzeiten fertiggestellt wurde; das gotische Kirchenschiff wurde erst 1388 unter Richard II. vollendet. 1519 ließ Heinrich VII. die riesige und prachtvolle Lady Chapel hinzufügen.

Die Abbey war ursprünglich Teil eines Benediktinerklosters. Viele Merkmale verweisen noch auf diese klösterliche Vergangenheit (der achteckige Kapitelsaal, der Chorraum und vier Kreuzgänge). 1536 sagte sich Heinrich VIII. von der katholischen Kirche los, gründete die anglikanische Kirche und löste das Kloster auf. Der König wurde zum Oberhaupt der Church of England und die Abtei bekam den Status als *royal peculiar*, wodurch sie direkt der Krone untersteht und von der kirchlichen Gerichtsbarkeit entbunden ist.

Nördliches Querschiff, Altarraum & Chor

Der Eingang zur Kirche ist das Nordportal. Das nördliche Querschiff wird auch oft als Statesmen's Aisle bezeichnet: Hier erinnern große Marmorstatuen und imposante Marmortafeln an Politiker und wichtige Persönlichkeiten.

Das Herz der Abbey bildet der schön geflieste **Altarraum**, Schauplatz für Krö-

Quire

nungen, königliche Hochzeiten und Begräbnisse. George Gilbert Scott entwarf 1873 den reich verzierten **Hochaltar**. Die aufwendigen, zierlichen Intarsien des **Kosmaten-Marmorfußbodens** von 1268 vor dem Altar prophezeien das Ende der Welt im Jahr 19 693! Am Eingang zur hübschen **Chapel of St. John the Baptist** befindet sich eine erhabene, in Kerzenlicht getauchte Jungfrau mit Kind.

Der **Quire** (Chor), ein prachtvolles, neugotisches Werk von Edward Blore in Gold, Blau und Rot, stammt aus der Mitte des 19. Jhs. Er ersetzt den ursprünglichen Chor, in dem einst die Mönche beteten, hat aber keinerlei Ähnlichkeit mit dem Original. Der Quire dient noch immer als Chorraum, hauptsächlich für den Westminster Choir – 22 Jungen und zwölf „Laienvikare" (Männer) –, der zum täglichen Gottesdienst singt.

☑ Nicht versäumen

Poet's Corner, Krönungsthron, Kreuzgang aus dem 14. Jh., die älteste Tür Großbritanniens, ein 900 Jahre alter Garten, die königlichen Sarkophage und unendlich viel mehr.

NEIL HOLMES/GETTY IMAGES ©

Kapellen & Krönungsstuhl

Der Altarraum ist von Kapellen umgeben. Die spektakulärste ist die **Lady Chapel** Heinrichs VII. im östlichsten Teil der Abtei mit ihrem Fächergewölbe, den bunten Bannern des Order of the Bath und dem extravaganten Eichengestühl. Hinter dem Altar der Kapelle steht der opulente Sarkophag von Heinrich VII. und seiner Gemahlin Elisabeth von York.

In der **Royal Air Force Chapel** in der Nähe des Altars erinnert ein Buntglasfenster an die Luftschlacht von England (1940) und an die 1500 gefallenen RAF-Piloten. Eine Steintafel auf dem Boden markiert die Stelle, an der Oliver Cromwells Leichnam zwei Jahre lang bestattet war (1658), bis er während der Restauration ausgegraben, gehängt und geköpft wurde. Die mutmaßlichen Leichen der beiden jungen, angeblich 1483 im Tower of London ermordeten Prinzen wurden hier 1674, fast 200 Jahre später, bestattet.

Beiderseits der Lady Chapel befinden sich zwei kleine Kapellen mit den Grabmälern berühmter Königinnen: Links (Nordseite) ruhen **Elisabeth I.** und ihre Halbschwester **Maria I.** („Bloody Mary"), rechts (Südseite) ist das Grab von **Maria Stuart**, die auf Anordnung ihrer Cousine Elisabeth geköpft wurde.

Kleine Stärkung

Das **Cellarium** (Karte S. 80; ☎020-7222 0516; www.benugo.com/restaurants/cellarium-cafe-terrace; Westminster Abbey, 20 Dean's Yard, SW1; Hauptgerichte 9,50–15 £; ⏲Mo. Di, Do & Fr 8–18, Mi bis 21, Sa 9–17, So 10–16 Uhr; ⊖Westminster), Teil des ursprünglichen Benediktinerklosters aus dem 14. Jh.; hat einen tollen Blick auf die architektonischen Details der Abbey.

Im Vestibül der Lady Chapel steht üblicherweise der ziemlich gewöhnlich aussehende **Krönungsthron**, auf dem alle Monarchen seit dem frühen 14. Jh. gekrönt wurden.

Schrein des hl. Eduard des Bekenners

Die heiligste Ecke der Abtei befindet sich hinter dem Hochaltar und ist generell nicht zugänglich, um den Fußboden aus dem 13. Jh. zu schonen. Der hl. Eduard war der Gründer der Abtei, deren Originalbau wenige Wochen vor seinem Tod geweiht wurde. Sein Grab wurde leicht verändert, nachdem es in der Reformationszeit zerstört worden war, birgt aber immer noch die sterblichen Überreste Eduards – der einzige vollständige Heiligenleichnam in Großbritannien. Bei den 90-minütigen **Küsterführungen** (5 £ plus Eintritt) durch die Kirche wird auch der Schrein besichtigt.

Südliches Querschiff & Mittelschiff

In der **Poets' Corner** im südlichen Querschiff sind viele der bedeutendsten Schriftsteller Englands bestattet und/oder mit einem Denkmal gewürdigt.

Im nördlichen Gang des Mittelschiffs befindet sich die **Scientists' Corner** mit dem Grab von **Sir Isaac Newton** (beachtenswert: eine Putte hält ein Prisma gegen den Himmel, eine andere steckt etwas in einen Schmelzofen). Gleich dahinter ist der Nordgang des Quire, der sogenannte **Musicians' Aisle**, wo die Barockkomponisten Henry Purcell und John Blow sowie modernere Musiker wie Benjamin Britten und Edward Elgar begraben sind.

Hinaus geht es durch das Westportal unter den zwei Türmen, die von Nicholas Hawksmoor entworfen und 1745 fertiggestellt wurden. Direkt über der Tür stehen in Nischen aus dem 15. Jh. Figuren, die erst 1998 hinzukamen: zehn Steinstatuen von Märtyrern des 20. Jhs. aus allen Teilen der Welt, die für ihren christlichen Glauben starben. Dazu gehören der amerikanische Pazifist Dr. Martin Luther King, der polnische Pfarrer Maximilian Kolbe, der von den Nazis in Auschwitz umgebracht wurde, und Wang Zhiming, der während der chinesischen Kulturrevolution öffentlich hingerichtet wurde.

Außengebäude & Gärten

Der älteste Teil des Kreuzgangs ist der **östliche Kreuzgang** (oder East Walk) aus dem 13. Jh. Hinter dem Kreuzgang befindet sich das achteckige **Chapter House** mit einem der besterhaltenen mittelalterlichen Fliesenböden Europas und sakralen Wandbildern. In der zweiten Hälfte des 14. Jhs. diente es als Versammlungsraum des Unterhauses. Rechts vom Eingang zum Chapter House befindet sich die angeblich **älteste Tür in Großbritannien** – es gibt sie hier bereits seit 950 Jahren.

Die angrenzende **Pyx Chamber** mit dem **Altar von St. Dunstan** aus dem 10. Jh. gehört zu den wenigen erhaltenen Überresten der ursprünglichen Abtei. In der Kammer

Statuen über dem Westportal

wird die Pyxis aufbewahrt, eine Kiste mit standardisierten Gold- und Silberstücken, die beim Trial of the Pyx, einer Prüfung von Münzgewichten, benutzt wurden. Die Prüfung findet heute in der Goldsmiths' Hall in der City of London statt.

Der Weg in den 900 Jahre alten **College Garden** (Karte S. 80; ⏲April–Sept. Di–Do 10–18 Uhr, Okt.–März bis 16 Uhr) führt über den Dean's Yard und die Little Cloisters an der Great College Street.

Neues Museum ab 2018

2018 sollen die **Queen's Diamond Jubilee Galleries**, ein neues Museum im mittelalterlichen Triforium, der Arkadenempore über dem Mittelschiff, fertiggestellt sein. Ausgestellt werden dort die Totenmasken mehrerer Königsgenerationen, Wachsfiguren von Karl II. und Wilhelm III. (der auf einem Hocker sitzt, damit er so groß wie seine Frau Maria II. wirkt), Rüstungen und Buntglaspaneele. Highlights sind der bekritzelte Mary Chair (der für die Krönung Marias II. genutzt wurde) und das Westminster-Retabel, der älteste Altaraufsatz Englands aus dem 13. Jh.

Kleine Stärkung

Die von Studenten betriebenen **Vincent Rooms** (Karte S. 80; ☎020-7802 8391; www.westking.ac.uk/about-us/vincent-rooms-restaurant; Westminster Kingsway College, Vincent Sq, SW1; Hauptgerichte 9–13 £; ⏲Mo–Fr 12–15, Di–Do 18–21 Uhr; ⊖Victoria) nicht weit von Westminster Abbey bieten feinste modern-europäische Küche zu niedrigen Preisen.

★ Top-Tipp

Die Teilnahme an einer Führung (meist 2 Std.) mit einem anerkannten Blue Badge Tourist Guide ermöglicht den Eingang über den Dean's Yard und schnelleren Zugang.

JULES_KITANO/SHUTTERSTOCK ©

Great Court

British Museum

Die meistbesuchte Attraktion Großbritanniens – 1753 gegründet, als der königliche Leibarzt Hans Sloane sein „Kuriositätenkabinett" verkaufte – ist ein umfassender und spannender Marsch durch 7000 Jahre menschlicher Zivilisation.

Toll für ...

☑ Nicht versäumen

Stein von Rosette, die Mumie der Katebet und die Parthenon-Friese.

Das British Museum bietet eine enorme Auswahl an Führungen, viele davon kostenlos. Es gibt pro Tag 15 kostenlose 30- bis 40-minütige eyeOpener-Führungen einzelner Galerien. Hinzu kommen tägliche, kostenlose Vorträge, eine Highlight-Führung (Erw./Kind 12 £/frei, Fr, Sa & So 11.30 & 14 Uhr) und hervorragende multimediale iPad-Führungen (Erw./Kind 5/3,50 £) mit sechs thematischen einstündigen Touren sowie verschiedene 35-minütige Rundgänge für Kinder.

Great Court

Der Great Court mit seinem spektakulären Dach aus Glas und Stahl – im Jahr 2000 entworfen von Norman Foster – ist der größte überdachte Platz Europas. In seiner Mitte befindet sich der weltberühmte **Reading Room**, die einstige British Library, die von allen Geistesgrößen der Geschichte besucht wurde, von Mahatma Gandhi bis zu Karl Marx. Er wird derzeit für Wechselausstellungen genutzt.

Parthenon-Fries

FLIK47/SHUTTERSTOCK ©

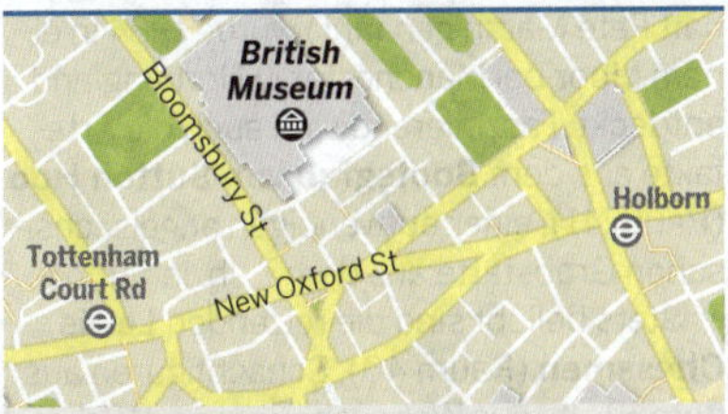

Gut zu wissen

Karte S. 80; 020-7323 8299; www.britishmuseum.org; Great Russell St & Montague Pl, WC1; Sa–Do 10–17.30, Fr bis 20.30 Uhr; Russell Sq, Tottenham Court Rd GRATIS

Kleine Stärkung

Gleich um die Ecke vom Museum befindet sich an einem stillen, malerischen Platz einer der reizvollsten Pubs Londons, das **Queen's Larder** (Karte S. 88; 020-7837 5627; www.queenslarder.co.uk; 1 Queen Sq, WC1; Mo–Fr 11.30–23, Sa 12–23, So 12–22.30 Uhr; Russell Sq).

★ Top-Tipp

Das Museum ist riesig, daher am besten ein Interessensgebiet wählen und an einer kostenlosen Führung teilnehmen.

Ägyptische, nahöstliche & griechische Antike

Das Highlight dieser Abteilung ist die Ägyptische Sammlung. Sie enthält Skulpturen, Schmuck, Papyrusschriften, Särge und Mumien, darunter die schöne und faszinierende **Mumie der Katebet** (Raum 63). Das wertvollste Stück der Sammlung (und beliebtestes Postkartenmotiv im Laden) ist der **Stein von Rosette** (Raum 4), der Schlüssel zur Entzifferung der ägyptischen Hieroglyphen. In der gleichen Galerie befindet sich auch die riesige Büste des Pharaos **Ramses des Großen** (Raum 4).

Zu den assyrischen Schätzen aus dem antiken Mesopotamien gehören die 16 t schweren **Geflügelten Stiere von Khorsabad** (Raum 10), das schwerste Objekt des Museums. Dahinter sind die herrlichen **Löwenjagdreliefs von Ninive** (Raum 10) aus dem 7. Jh. v. Chr. zu sehen, die die griechische Bildhauerei beeinflusst haben. Altertümer dieser Art sind nach der Zerstörung von Nimrud durch den „Islamischen Staat" 2015 von noch größerer Bedeutung.

Ein wichtiges Highlight des Museums sind die **Parthenon-Friese** (Raum 18), die wohl die Großen Panathenäen darstellen, das größte jährliche Fest zu Ehren der Göttin Athene.

Römisches & mittelalterliches Britannien

Oben sind Fundstücke aus Großbritannien und dem Rest Europas ausgestellt (Räume 40 bis 51). Viele stammen aus der römischen Zeit, als sich das Reich fast über den gesamten Kontinent erstreckte. Dazu gehört der **Schatz von Mildenhall** (Raum 49), römische Silberarbeiten aus dem 4. Jh. aus Suffolk mit heidnischen und frühchristlichen Motiven.

Der **Lindow-Mann** (Raum 50), eine gut erhaltene Moorleiche aus dem 1. Jh. (scherzhaft Pete Marsh genannt) wurde 1984 in einem Moor bei Manchester in Nordengland entdeckt. Faszinierend sind auch die Artefakte aus dem **Bootsgrab von Sutton Hoo** (Raum 41), einer aufwendigen angelsächsischen Grabstätte aus dem 7. Jh. in Suffolk.

Stets beliebt sind die reizenden **Lewis Chessmen** (Raum 40), Schachfiguren aus dem 12. Jh. aus Walrosshauern und Walzähnen, die Anfang des 19. Jhs. auf einer abgelegenen schottischen Insel gefunden wurden. Sie dienten als Vorbild für das Zauberschach im ersten Harry-Potter-Film.

Enlightenment Galleries

Der hinreißende klassizistische Saal (Raum 1), die ehemalige King's Library, entstand zwischen 1823 und 1827 und war der erste Teil des neuen Museumsbaus von heute. Die Sammlung beschäftigt sich mit der Entwicklung von Wissenschaftszweigen wie Biologie, Archäologie, Sprachwissenschaft und Geografie während der Aufklärung im 18. Jh.

Was gibt's in der Nähe?

Sir John Soane's Museum Museum

(Karte S. 80; ☎020-7405 2107; www.soane.org; 12 Lincoln's Inn Fields, WC2; ⏲Di–Sa 10–17 Uhr, 1. Di des Monats auch 18–21 Uhr; ⊖Holborn)

GRATIS Das kleine Museum ist eines der stimmungsvollsten und faszinierendsten in London. Es ist im schönen, bezaubernden Haus des Architekten Sir John Soane (1753–1837) untergebracht, das er voller erstaunlicher persönlicher Gegenstände und Kuriositäten hinterließ. Das Museum spiegelt seinen ebenso exquisiten wie exzentrischen Geschmack wider.

Soane, der Sohn eines Maurers vom Land, ist berühmt als Architekt der Bank of England.

Das denkmalgeschützte Haus blieb seit Soanes Tod weitgehend unverändert und ist an sich schon eine Attraktion. Es hat eine Baldachinkuppel, durch die Licht bis in die Krypta fällt, einen Wandelgang voller Statuen, und eine Galerie, in der Gemälde auf ausklappbare Holzwände gehängt sind.

Häuser am Gordon Square

Hier werden Soanes erlesenste Kunstwerke ausgestellt, darunter *Riva degli Schiavoni, Blick nach Westen* von Canaletto, Architekturzeichnungen von Christopher Wren und Robert Adam sowie die Originale von William Hogarths *Rake's Progress*, Karikaturen der Londoner Unterschicht aus dem späten 18. Jh. Zu den ungewöhnlicheren Erwerbungen Sloanes gehören ein ägyptischer, mit Hieroglyphen verzierter Sarkophag, eine Attrappe einer Mönchszelle und Sklavenketten.

Charles Dickens Museum Museum

(Karte S. 88; ☎020-7405 2127; www.dickensmuseum.com; 48 Doughty St, WC1; Erw./Kind 9/4 £; ⌚Di–So 10–17 Uhr; ⊖Chancery Lane, Russell Sq) Nach einer 3,5 Mio. £ teuren Renovierung präsentiert sich das Museum in einem schönen vierstöckigen Haus – dem einzigen erhaltenen Londoner Wohnhaus des viktorianischen Schriftstellers – größer und besser als je zuvor. Zu sehen sind das Wohnzimmer der Familie (im ursprünglichen Zustand restauriert), eine historische Küche und ein Dutzend Zimmer mit verschiedenen Erinnerungsstücken.

★ Top-Tipp

Empfehlenswert ist die herausragende Radiosendereihe *A History of the World in 100 Objects* (www.bbc.co.uk/podcasts/series/ahow), die 2 Mio. Jahre Geschichte anhand von 100 Objekten aus der Museumssammlung nachzeichnet.

BASPHOTO/SHUTTERSTOCK ©

Plätze in Bloomsbury

Die Bloomsbury-Gruppe, so hieß es einst, lebte an (viereckigen) Plätzen, verkehrte in Kreisen und liebte in Dreiecken. Mittelpunkt des Stadtteils ist der **Russell Square** (Karte S. 88; ⊖Russell Square). Er wurde 1800 angelegt, zu Beginn dieses Jahrtausends beeindruckend saniert und mit einem 10 m hohen Springbrunnen verschönert. Das Zentrum des literarischen Bloomsbury war der **Gordon Square** (Karte S. 88; ⊖Russell Sq, Euston Sq), wo an manchen Häusern blaue Gedenktafeln angebracht sind. Der hübsche **Bedford Square** (Karte S. 80; ⊖Tottenham Court Rd) ist der einzige original erhaltene georgianische Platz in Bloomsbury.

Auf dem **Tavistock Square** (Karte S. 88; ⊖Russell Sq, Euston Sq), dem „Friedensplatz", stehen eine Statue von Mahatma Gandhi, eine Gedenkstätte für Kriegsdienstverweigerer und ein Kirschbaum, der an die Bombardierung von Hiroshima und Nagasaki im Zweiten Weltkrieg erinnert.

Viele Schriftsteller und Künstler lebten am Gordon Square, darunter Bertrand Russell (Nr. 57), Lytton Strachey (Nr. 51) und Vanessa und Clive Bell, Maynard Keynes sowie die Woolfs (Nr. 46). Strachey, Dora Carrington und Lydia Lopokova (die spätere Frau von Maynard Keynes) wohnten abwechselnd in Haus Nr. 41.

★ Schon gewusst?

Charles Dickens verbrachte nur 2½ Jahre in dem heutigen Charles Dickens Museum, aber er verfasste hier viele seiner berühmtesten Werke.

Buckingham Palace

Der Palast ist die Londoner Residenz der königlichen Familie, seit Königin Victoria 1837 vom Kensington Palace hierher zog, da der St. James's Palace als zu altmodisch galt.

Toll für …

☑ Nicht versäumen

Durch das Tor blicken, an einer Führung durch die Räume teilnehmen (nur im Sommer), um 11.30 Uhr die Wachablösung beobachten.

Die State Rooms können nur im August und September besichtigt werden, wenn Ihre Majestät in Schottland weilt. Die Queen's Gallery und die Royal Mews sind jedoch ganzjährig zugänglich.

State Rooms

Der Rundgang beginnt in der **Grand Hall** zu Füßen der monumentalen **Prunktreppe**, die 1823 von Georg IV. in Auftrag gegeben wurde. Er führt weiter durch John Nashs klassizistischen **Grünen Salon**, den **Prunkspeisesaal** (mit rotem Damast und Regency-Möbeln ausgestattet), den **Blauen Salon** (mit einer hinreißenden kannelierten Decke von Nash) und den **Weißen Salon**, in dem ausländische Botschafter empfangen werden.

Der **Ballsaal**, in dem offizielle Empfänge und Staatsbankette abgehalten werden,

ZSOLT BICZO/SHUTTERSTOCK ©

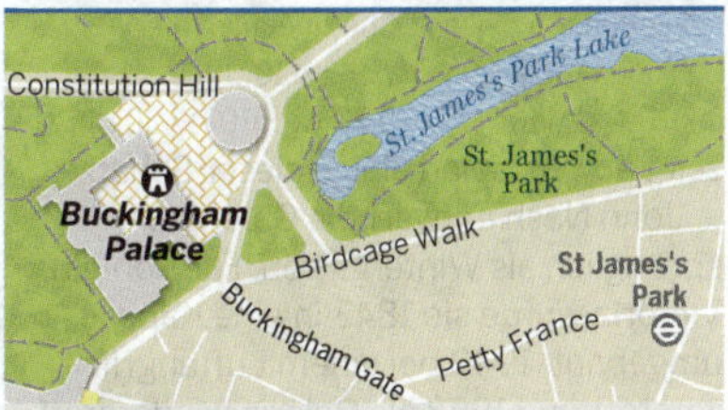

Gut zu wissen

Karte S. 80; 0303 123 7300; www.royalcollection.org.uk/visit/the-state-rooms-buckingham-palace; Buckingham Palace Rd, SW1; Erw./Kind/unter 5 J. 23/13 £/frei, Abendführung 80 £; Ende März–April 17.30 & 18 Uhr, Ende Juli–Aug. 9.30–19.30 Uhr, Sept. bis 18.30 Uhr; Green Park oder St. James's Park

Kleine Stärkung

Im Sommer werden im **Garden Café** an der Westterrasse des Palastes kleine Erfrischungen serviert.

★ Top-Tipp

Frühe Ankunft sorgt für den besten Blick auf die Wachablösung.

wurde zwischen 1853 und 1855 hinzugefügt und ein Jahr später zur Feier des Kriegsendes auf der Krim mit einem Ball eingeweiht. Der **Thronsaal** ist ziemlich enttäuschend: Hier stehen unter einer Art Theaterloge zwei rosa Stühle mit den Initialen „ER" und „P".

Gemäldegalerie & Gärten

Am interessantesten ist die 47 m lange Gemäldegalerie mit großartigen Werken von Künstlern wie van Dyck, Rembrandt, Canaletto, Poussin, Claude Lorrain, Rubens, Canova und Vermeer.

Ein Spaziergang durch die 18 ha großen Gärten ist ein weiteres Highlight – neben den rund 350 Pflanzenarten und dem vielfältigen Vogelgesang bieten sich schöne Aussichten auf den Palast und ein Blick auf seinen berühmten See.

Wachablösung

Von April bis Juli findet täglich um 11.30 Uhr (im übrigen Jahr jeden zweiten Tag, wenn es das Wetter zulässt) im Vorhof des Buckingham Palace die Wachablösung statt (Foot Guards of the Household Regiment).

Zahlreiche Menschen beobachten das sorgfältig choreografierte Marschieren und Gebrülle der Soldaten in ihren leuchtend roten Uniformen und Bärenmützen. Das Spektakel dauert 40 Minuten und ist sehr beliebt. Frühe Ankunft ist also ratsam, um einen guten **Platz** (Karte S. 80; http://changing-guard.com) zu ergattern.

Queen's Gallery

Seit Karl I. hat die Königsfamilie eine unschätzbare Sammlung von Gemälden, Skulpturen, Keramiken, Möbeln und Schmuck angehäuft. Die großartige **Queen's Gallery** (Karte S. 80; www.royal

collection.org.uk/visit/the-queens-gallery-buckinghampalace; Erw./Kind 10,30/5,30 £, inkl. Royal Mews 17,70/9,70 £; ⏲10–17.30 Uhr) zeigt abwechselnd einige dieser Schätze.

John Nash entwarf die Galerie ursprünglich als Wintergarten. Für Königin Victoria wurde sie 1843 in eine Kapelle umgebaut, 1940 bei einem Luftangriff zerstört und 1962 als Galerie wiedereröffnet. Anlässlich des goldenen Thronjubiläums von Elisabeth II. wurde die Ausstellungsfläche für eine Summe von 20 Mio. £ verdreifacht.

Royal Mews

Die **Royal Mews** (Karte S. 80; www.royalcollection.org.uk/visit/royalmews; Buckingham Palace Rd, SW1; Erw./Kind 10/5,80 £, inkl. Queen's Gallery 17,70/9,70 £; ⏲April–Okt. 10–17 Uhr, Feb., März & Nov. bis 16 Uhr; ⊖Victoria) südwestlich des Palastes waren zunächst eine Falknerei. Heute sind hier die drei Dutzend sorgfältig geputzten königlichen Pferde und prächtigen Kutschen und Autos der Monarchin untergebracht. Die Königin, bekanntermaßen eine Pferdenärrin, sucht für alle Pferde im Stall selbst den Namen aus.

Nashs Stallungen von 1820 sind phantastisch. Zu den Highlights der Fahrzeugsammlung gehören die große und opulente goldene Prunkkutsche von 1762, die seit Georg III. für jede Krönung genutzt wird, die Glaskutsche von 1911, die Kutsche der Wahl für königliche Hochzeiten und das 60-jährige Thronjubiläum 2012, Königin Alexandras Prunkkutsche (1893), in der die Reichskrone zur offiziellen Eröffnung des Parlaments transportiert wird, und ein

St. James's Park

Rolls-Royce Phantom VI aus dem königlichen Fahrzeugpark.

Was gibt‘s in der Nähe?

St. James’s Park Park

(Karte S. 80; www.royalparks.org.uk/parks/st-jamess-park; The Mall, SW1; 5–24 Uhr St. James's Park, Green Park) Mit nur 23 ha ist der St. James’s einer der kleinsten, aber gepflegtesten königlichen Parks in London.

Er bietet tolle Ausblicke auf das London Eye, Westminster, St. James’s Palace, Carlton Terrace und Horse Guards Parade; der Blick auf den Buckingham Palace von der Fußgängerbrücke ist postkartenschön und kaum zu toppen.

★ Schon gewusst?

Die State Rooms sind nur 19 der 775 Zimmer des Palastes.

WILL RODRIGUES/SHUTTERSTOCK ©

Royal Academy of Arts Galerie

(Karte S. 80; 020-7300 8000; www.royalacademy.org.uk; Burlington House, Piccadilly, W1; Erw./Kind ab 13,50 £/frei, Preise variieren nach Ausstellung; Sa–Do 10–18, Fr bis 22 Uhr; Green Park) Der älteste Kunstverein Großbritanniens wurde 1768 gegründet und zog genau 100 Jahre später in das Burlington House. Die Sammlung umfasst Zeichnungen, Gemälde, Baupläne, Fotos und Skulpturen einstiger und heutiger Akademiemitglieder wie Joshua Reynolds, John Constable, Thomas Gainsborough, William Turner, David Hockney und Norman Foster.

Das größte Event der Akademie ist die berühmte **Summer Exhibition** (Erw./Kind 14 £/frei; Mitte Juni–Mitte Aug. 10–18 Uhr), auf der schon seit fast 250 Jahren zeitgenössische Kunst von unbekannten wie auch etablierten Künstlern gezeigt und verkauft wird.

Horse Guards Parade Historische Stätte

(Karte S. 80; http://changing-guard.com/queens-life-guard.html; Horse Guards Parade, Nähe Whitehall, SW1; Mo–Sa 11, So 10 Uhr; Westminster, Charing Cross, Embankment) Vor der offiziellen Fahrzeugeinfahrt zu den königlichen Palästen ist die tägliche Wachablösung der Household Cavalry leichter zu beobachten als die **Wachablösung** (S. 67) vor dem Buckingham Palace. Eine etwas weniger pompöse Version findet um 16 Uhr beim Wachwechsel der Garde zu Fuß statt. Am offiziellen Geburtstag der Königin im Juni wird hier die Militärparade (Trooping of the Colour) abgehalten.

★ Insidertipp

Ein wichtiger Raum für die königliche Familie ist der Music Room. Hier wurden vier königliche Babys mit Wasser aus dem Jordan getauft: der Prince of Wales (Prinz Charles), die Princess Royal (Prinzessin Anne), der Herzog von York (Prinz Andrew) und der Herzog von Cambridge (Prinz William).

Waterloo Barracks

LITTLENY/GETTY IMAGES ©

Tower of London

Der Tower of London ist mit seiner ebenso düsteren wie faszinierenden Geschichte eine der Spitzenattraktionen der Stadt – und auch wegen der Kronjuwelen.

Toll für ...

☑ Nicht versäumen

Die bunt gekleideten Yeoman Warders (oder Beefeaters), die spektakulären Kronjuwelen, die wahrsagenden Raben und die königlichen Rüstungen.

Der Tower, dessen Bau unter Wilhelm dem Eroberer (1066–1087) begann, ist tatsächlich eine Burg mit 22 Türmen.

Tower Green

In den Gebäuden westlich und südlich dieser Grünanlage waren schon immer Tower-Bedienstete untergebracht. Der derzeitige „Burgvogt" hat eine Wohnung im Queen's House von 1540. Was jedoch auf den ersten Blick wie ein friedliches, fast dörfliches Areal im Burghof des Tower aussieht, ist tatsächlich eines der blutigsten.

Schafottplatz & Beauchamp Tower

Zu den wenigen „Glücklichen", die hier ihr Ende fanden (statt schmachvoll auf dem Tower Hill hingerichtet zu werden, wo Zehntausende johlten und jubelten), gehörten u. a. zwei der (angeblich untreuen) Ehefrauen Heinrichs VIII., Anne Boleyn und Catherine Howard, die 16-jährige Lady Jane Grey,

Blick von der Themse

RASPU/GETTY IMAGES ©

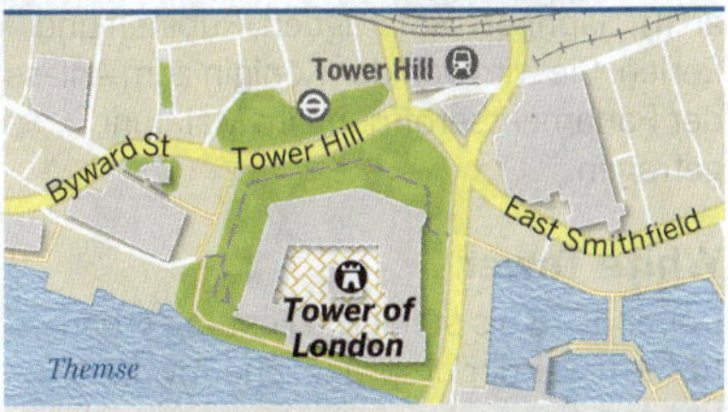

Gut zu wissen

Karte S. 84; 0844 482 7777; www.hrp.org.uk/toweroflondon; Petty Wales, EC3; Erw./Kind 25/12 £, Audioguide 4/3 £; 9.30–17 Uhr; Tower Hill

Kleine Stärkung

In der **Wine Library** (Karte S. 84; 020-7481 0415; www.winelibrary.co.uk; 43 Trinity Sq, EC3; Buffet 18 £; Buffet 12–15.30 Uhr, Laden Mo 10–18, Di–Fr bis 20 Uhr) gegenüber dem Tower gibt's einen leichten, aber alkoholisierten Mittagsimbiss.

★ Top-Tipp

Bei Online-Buchung ist der Eintritt günstiger.

die sich mit Heinrichs Tochter Maria I. überwarf, weil sie sich selbst zur Königin krönen lassen wollte, und Robert Devereux, Earl of Essex, einst ein Günstling von Elisabeth I.

Gleich westlich vom Schafottplatz steht der backsteinerne Beauchamp Tower, wo hochgestellte Gefangene traurige Inschriften und Zeichnungen hinterlassen haben.

St. Peter ad Vincula

Gleich nördlich des Schafottplatzes steht die Chapel Royal of St. Peter ad Vincula (Sankt Petrus in Ketten) aus dem 16. Jh., ein seltenes Beispiel für sakrale Tudor-Architektur. Die Kirche kann auf einer Yeoman-Warder-Führung oder während der ersten und letzten Stunde der normalen Öffnungszeiten besichtigt werden.

Kronjuwelen

Östlich der Kapelle und nördlich des White Tower befinden sich die **Waterloo Barracks**, wo die Kronjuwelen aufbewahrt werden. Sie sollen bis zu 20 Mrd. £ wert sein, sind aber tatsächlich unbezahlbar. Auf dem Weg zur eigentlichen Schatzkammer geht es zunächst an Filmaufnahmen über die Juwelen und ihre Rolle in der Geschichte und über die Krönung von Elisabeth II. 1953 vorbei.

Im Raum selbst warten verschwenderisch mit Juwelen besetzte Zepter, Kirchensilber, Reichsäpfel und natürlich Kronen. Ein Laufband transportiert die Besucher an Dutzenden Kronen und anderen Krönungsinsignien vorbei, darunter die Platinkrone der verstorbenen Queen Mother Elizabeth mit dem 106-karätigen Diamanten Koh-i-Noor („Berg des Lichts") und das Prunkzepter mit Kreuz und dem 530-karätigen Diamanten First Star of Africa (oder Cullinan I). Ein Stück weiter wartet die Hauptattraktion: die Imperial State Crown mit 2868 Diamanten (darunter der 317-karätige Second Star of Africa oder Cullinan II), Saphiren, Smaragden, Rubinen und Perlen. Sie wird von der Königin zum Anlass der Parlamentseröffnung im Mai/Juni getragen.

White Tower

Der ab 1078 als steinerne Festung erbaute Turm war der ursprüngliche Tower of London: Seinen Namen erhielt er, als Heinrich III. ihn im 13. Jh. weiß anstreichen ließ. Mit seiner Höhe von nur 30 m ist er nach heutigen Maßstäben nicht gerade ein Wolkenkratzer. Aber im Mittelalter überragte er die Holzhütten um die Burgmauern und schüchterte das einfache Volk ein.

In den meisten Räumen sind Kanonen, Waffen, Kettenhemden und Rüstungen für Mann und Pferd aus den **Royal Armouries** untergebracht. Zu den bemerkenswertesten Stücken in der Eingangsetage gehören zwei Rüstungen von Heinrich VIII. – eine wurde für ihn gefertigt, als er ein schneidiger 24-Jähriger war, die andere, als er ein 50-Jähriger mit einem Bauchumfang von 129 cm war. Nicht zu übersehen ist die überdimensionierte Schamkapsel. Außerdem befindet sich hier die fabelhafte **Line of Kings** aus dem späten 17. Jh., eine Parade von hölzernen Pferden und Königshäuptern. Im 1. Stock stehen eine 2 m große Rüstung, von der man einst glaubte, sie sei für den riesenhaften John of Gaunt gefertigt worden, und daneben eine kleine Kinderrüstung, die für den Sohn Jakobs I., den späteren Karl I., entworfen wurde. Oben im 2. Stock sind der Holzblock und die Axt ausgestellt, mit der 1747 Simon Fraser hingerichtet wurde, die letzte Hinrichtung auf dem Tower Hill.

Mittelalterlicher Palast & Bloody Tower

Der mittelalterliche Palast besteht aus drei Türmen: St. Thomas's, Wakefield und

Queen's House und Tower Green (S. 70)

Langthorn. Im **St. Thomas's Tower** (1279) ist zu sehen, wie der Empfangssaal und die Schlafkammer Eduards I. ausgesehen haben mögen. Hier haben Archäologen die Schichten neuerer Gebäude abgetragen, um frühere Versionen freizulegen. Gegenüber dem St. Thomas's Tower steht der **Wakefield Tower**, den Eduards Vater Heinrich III. zwischen 1220 und 1240 erbauen ließ. Die oberste Etage ist über den St. Thomas's Tower zu erreichen und birgt noch interessantere Stücke, nämlich eine Thronreplik und weitere Ausstattungsstücke, die einen Eindruck von einem Empfangsraum in einem mittelalterlichen Schloss vermitteln. Während der Rosenkriege zwischen den Häusern York und Lancaster wurde Heinrich IV. (so heißt es) beim Beten in diesem Turm ermordet. Eine Tafel auf dem Boden der Kapelle erinnert an den Lancaster-König. Der **Langthorn Tower**, in dem im Mittelalter die Königinnen wohnten, steht östlich davon.

★ Insidertipp

Die auf dem Schafott vor der Chapel Royal of St. Peter ad Vincula geköpften Menschen – darunter Anne Boleyn, Catherine Howard und Lady Jane Grey – wurden im 19. Jh. in die Kapelle umgebettet.

KIEVVICTOR/SHUTTERSTOCK ©

Die Water Lane vom St. Thomas's Tower führt zum berühmten **Traitors' Gate**, dem Tor, durch das Gefangene mit dem Boot in den Tower gebracht wurden. Gegenüber dem „Verrätertor" befindet sich das riesige Fallgitter des Bloody Tower. Dessen Name geht auf die Geschichte der „Prinzen im Turm" zurück: Eduard V. und sein jüngerer Bruder Richard wurden hier „zu ihrer eigenen Sicherheit" gefangen gehalten und später ermordet, um ihre Ansprüche auf den Thron zunichte zu machen. Eine Ausstellung im Innern beschäftigt sich mit dem Leben des elisabethanischen Abenteurers Sir Walter Raleigh, den die launenhafte Elisabeth I. und ihr Nachfolger Jakob I. dreimal hier einsperren ließen.

East Wall Walk

Die gewaltige innere Mauer des Tower wurde 1220 unter Heinrich III. hinzugefügt, um die Burg besser zu befestigen. Sie ist 36 m breit und auf ganzer Länge von Türmen durchsetzt. Oben auf dem East Wall Walk können Besucher ab dem **Salt Tower** aus dem 13. Jh., in dem mutmaßlich Salpeter für Schießpulver gelagert wurde, über die Ostseite der Mauer laufen. Auf dem Weg liegen auch der **Broad Arrow Tower** und der **Constable Tower**, beide mit kleinen Ausstellungen. Der **Martin Tower** am Ende des Wegs birgt eine Ausstellung mit den originalen Krönungsinsignien. Hier sind einige ältere Kronen zu sehen, deren Juwelen entfernt wurden. In diesem Turm versuchte

★ Schon gewusst?

Im Lauf der Geschichte diente der Tower als Palast, als Observatorium, als Zeughaus, als Münzanstalt und sogar als Zoo.

1671 Colonel Thomas Blood, als Pfarrer verkleidet, die Kronjuwelen zu stehlen. Er wurde gefasst, aber überraschenderweise von Karl II. begnadigt.

Yeoman Warders

Die Yeoman Warders sind ein echtes Wahrzeichen des Tower und bewachen die Festung schon mindestens seit Anfang des 16. Jhs. Es sind bis zu 40 Mann – derzeit sind es 37, die zuvor wenigstens 22 Jahre in der britischen Armee gedient haben müssen. Alle leben in der Tower-Anlage und werden liebevoll „Beefeaters" genannt, ein Spitzname, den sie verabscheuen.

Moira Cameron ist seit 2007 der erste und bislang einzige weibliche Yeoman Warder. Offiziell ist ihre Aufgabe zwar, nachts den Tower und die Kronjuwelen zu bewachen, aber ihre Hauptaufgabe ist das Führen von Touristen. Die kostenlosen Touren beginnen alle 30 Minuten an der Brücke in der Nähe des Eingangs; die letzte Führung beginnt eine Stunde vor Schließung.

Was gibt's in der Nähe?

All Hallows by the Tower Kirche

(Karte S. 84; 020-7481 2928; www.ahbtt.org.uk; Byward St, EC3; Mo–Fr 8–17, Sa & So 10–17 Uhr; Tower Hill) All Hallows („Allerheiligen") aus dem Jahr 675 n. Chr. überstand das Große Feuer praktisch unbeschädigt, wurde dann aber 1940 von deutschen Bomben getroffen. Die Kirche selbst ist auf jeden Fall sehenswert, aber der schönste Teil ist die Gruft mit ihrer besonderen Atmosphäre, wo noch ein römisches Pflaster aus dem 2. Jh. und die Mauern der Kirche aus dem 7. Jh. zu sehen sind.

Monument Turm

(Karte S. 84; 020-7403 3761; www.themonument.org.uk; Fish St Hill, EC3; Erw./Kind 5/2,50 £, inkl. Tower Bridge Exhibition 12/5,50 £; 9.30–17.30 Uhr; Monument) Sir Christopher Wrens Säule von 1677, schlicht als Monument bekannt, erinnert an das Große Feuer von London 1666, dessen Auswirkung auf die Londoner Geschichte nicht zu überschätzen ist. Die riesige dorische Säule aus Portland-Stein ist 4,5 m breit und 60,6 m hoch – die exakte Entfernung zur Bäckerei in der Pudding Lane, in der das Feuer wohl ausbrach.

Die Säule krönt eine vergoldete bronzene Flammenurne, die manche mit einem großen goldenen Nadelkissen vergleichen. Das Monument ist zwar nach heutigen Maßstäben winzig, war aber zu seiner Bauzeit ein Gigant, der London überragte.

Der Aufstieg über die 311-stufige Wendeltreppe der Säule belohnt mit einem der schönsten Panoramablicke über London (wegen der zentralen Lage ebenso wie wegen der Höhe). Nach dem Abstieg erhält jeder ein Zertifikat über die erfolgreiche Kletterei.

Leadenhall Market Markt

(Karte S. 84; www.cityoflondon.gov.uk/things-to-do/leadenhall-market; Whittington Ave, EC3; öffentliche Areale 24 Std.; Bank) Ein Besuch in der überdachten Einkaufspassage

„Gherkin", 30 St. Mary Axe

nahe der Gracechurch Street ist wie ein Schritt zurück in die Vergangenheit. Einen Markt gab es hier schon seit der Römerzeit, aber das Kopfsteinpflaster und die viktorianische Eisenkonstruktion von heute stammen aus dem späten 19. Jh. Der Leadenhall Market taucht als Winkelgasse in *Harry Potter und der Stein der Weisen* auf und ein Optikerladen diente als Eingang zum Hexenpub „Zum Tropfenden Kessel" in *Harry Potter und der Feuerkelch*.

30 St. Mary Axe Gebäude

(Karte S. 84; www.30stmaryaxe.info; 30 St. Mary Axe, EC3; ⊖Aldgate) 30 St. Mary Axe, wegen der merkwürdigen Form „Gherkin" (Gürkchen) genannt, ist wohl der markanteste Wolkenkratzer der City. Er dominiert die Skyline, obwohl er tatsächlich etwas niedriger ist als der benachbarte NatWest Tower. Die futuristische Fassade des Gherkin, ein preisgekrönter Entwurf von 2003 von Norman Foster, ist zu einem Wahrzeichen des modernen London geworden und hat einen ebenso hohen Wiedererkennungswert wie der Big Ben oder das London Eye.

Das Gebäude ist nicht öffentlich zugänglich, öffnete jedoch in der Vergangenheit seine Pforten zum **Open House London** (✆020-7383 2131; www.openhouselondon.org.uk) an einem Wochenende im September.

★ Insidertipp

Raben, die sich einst von den Leichen geköpfter Verräter ernährten, leben hier schon seit Jahrhunderten. Heute werden sie mit rohem Rindfleisch und Keksen gefüttert.

★ Schon gewusst?

Die Warders werden Beefeaters genannt, wohl wegen der Rindfleischrationen – damals ein Luxus –, die sie einst erhielten.

JASNA BUZIMKIC/GETTY IMAGES ©

Durch Londons Norden

Der Rundgang führt zu den interessantesten Ecken in North London, einschließlich dem Promiviertel Primrose Hill und dem chaotischen Camden Town mit seinen lauten Gitarrenbands und den letzten karikaturhaften Punks.

Start ⊖ Chalk Farm
Länge 4 km
Dauer 2 Stunden

Fotospot: Londoner Skyline vom Primrose Hill.

2 Ganz oben im Park von **Primrose Hill** bietet sich der klassische Blick auf die Skyline Londons.

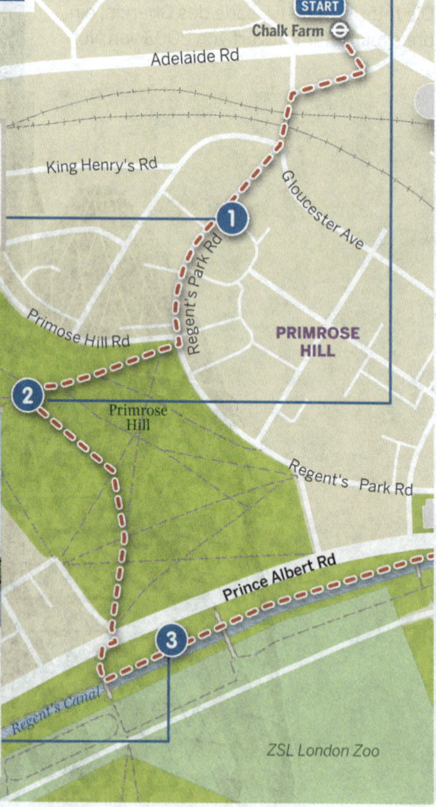

1 In der wohlhabenden **Regent's Park Road** wohnen viele Lieblinge der Regenbogenpresse, also auf berühmte Gesichter achten.

3 Unten am Regent's Canal geht's am großen Vogelhaus des **London Zoo**, an urigen Booten, tollen Villen und umgebauten Industriegebäuden vorbei.

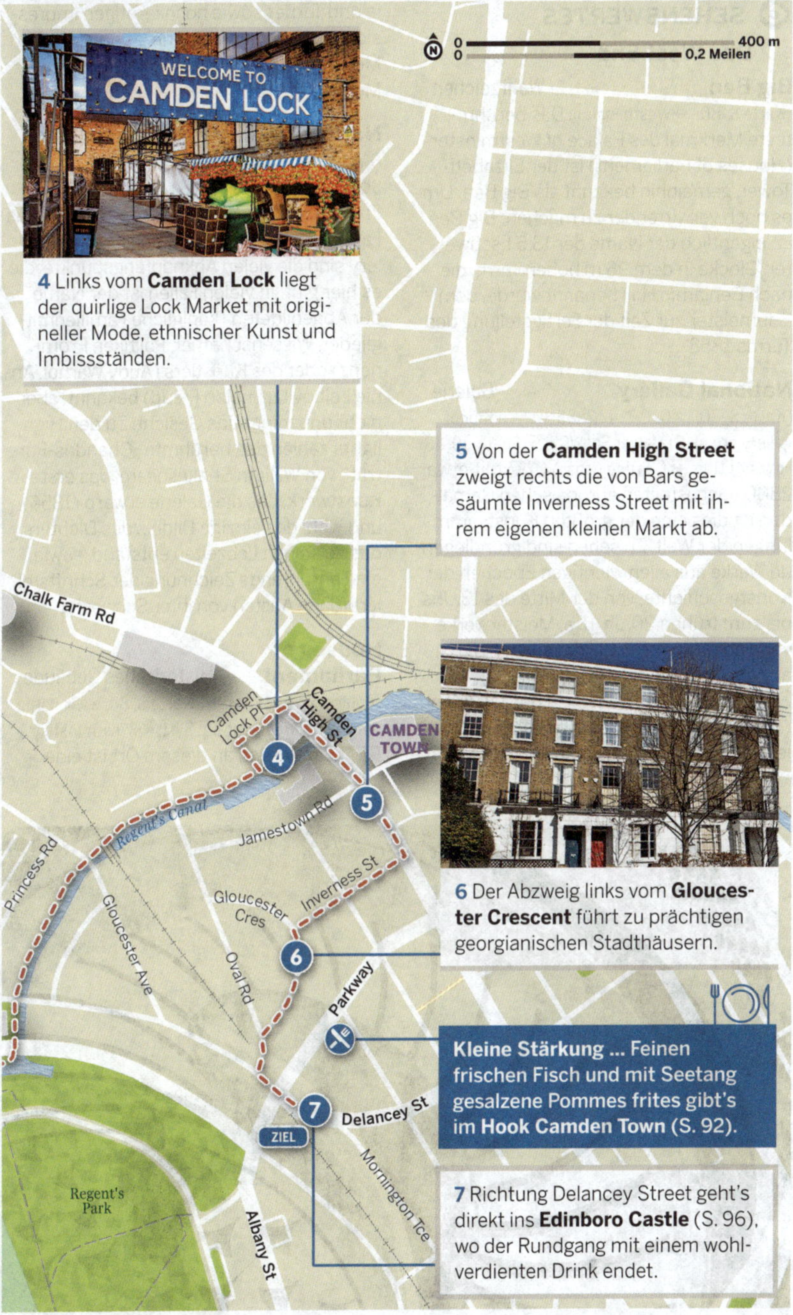

4 Links vom **Camden Lock** liegt der quirlige Lock Market mit origineller Mode, ethnischer Kunst und Imbissständen.

5 Von der **Camden High Street** zweigt rechts die von Bars gesäumte Inverness Street mit ihrem eigenen kleinen Markt ab.

6 Der Abzweig links vom **Gloucester Crescent** führt zu prächtigen georgianischen Stadthäusern.

Kleine Stärkung ... Feinen frischen Fisch und mit Seetang gesalzene Pommes frites gibt's im **Hook Camden Town** (S. 92).

7 Richtung Delancey Street geht's direkt ins **Edinboro Castle** (S. 96), wo der Rundgang mit einem wohlverdienten Drink endet.

SEHENSWERTES

Das West End

Big Ben Wahrzeichen

(Karte S. 80; Westminster) Das berühmteste Merkmal des Palace of Westminster (Houses of Parliament) ist der Elizabeth Tower, gemeinhin bekannt als Big Ben. Um es noch verwirrender zu machen: Big Ben ist eigentlich der Name der 13,5 t schweren Glocke in dem 96 m hohen Turm, die nach Benjamin Hall benannt wurde, dem Baumeister zur Zeit der Fertigstellung des Turms 1858.

National Gallery Galerie

(Karte S. 80; 020-7747 2885; www.nationalgallery.org.uk; Trafalgar Sq, WC2; Sa–Do 10–18, Fr bis 21 Uhr; Charing Cross) GRATIS Mit etwa 2300 ausgestellten europäischen Gemälden ist dies eine der größten Kunstsammlungen der Welt. Zu sehen sind grundlegende Werke aus allen wichtigen Epochen der Kunstgeschichte, von der Mitte des 13. Jhs. bis zum frühen 20. Jh. u. a. Meisterwerke von Leonardo da Vinci, Michelangelo, Tizian, van Gogh und Renoir.

Viele Besucher zieht es in den Ostflügel (1700–1900) mit Werken britischer Künstler des 18. Jhs. wie Gainsborough, Constable und Turner sowie hochkarätigen impressionistischen und postimpressionistischen Meisterwerken von van Gogh, Renoir und Monet.

National Portrait Gallery Galerie

(Karte S. 80; 020-7321 0055; www.npg.org.uk; St. Martin's Pl, WC2; Sa–Mi 10–18, Do & Fr bis 21 Uhr; Charing Cross, Leicester Sq) GRATIS Das Faszinierende an der National Portrait Gallery sind die vielen Anknüpfungspunkte, die es hier gibt: In vielen Fällen ist der Name der Abgebildeten (königliche Familienmitglieder, Wissenschaftler, Politiker, Prominenz) oder des Künstlers (Andy Warhol, Annie Leibovitz, Lucian Freud) bekannt, aber nicht unbedingt das Gesicht. Zu den Highlights zählen das berühmte „Chandos-Porträt" von William Shakespeare, das erste Kunstwerk, das die Galerie erwarb (1856) und wohl das einzige Bildnis des Dichters, das zu seinen Lebzeiten entstand, sowie eine anrührende Zeichnung der Schriftstellerin Jane Austen von ihrer Schwester.

Houses of Parliament Historisches Gebäude

(Palace of Westminster; Karte S. 80; www.parliament.uk; Parliament Sq, SW1; Westminster) GRATIS Ein Besuch an diesem Ort ist eine

Treppe in der Tate Britain

PHILIP BIRD LRPS CPAGB/SHUTTERSTOCK ©

Reise zum Kern der britischen Demokratie. Der älteste Teil der Houses of Parliament, offiziell der Palace of Westminster, ist die **Westminster Hall** aus dem 11. Jh., einer der wenigen Bereiche, die dem katastrophalen Feuer von 1834 entkamen. Das Dach, das zwischen 1394 und 1401 hinzugefügt wurde, ist die älteste bekannte Stichbalkendecke. Der Rest ist überwiegend neugotische Schnörkelei, die ab 1840 über 20 Jahre von Charles Barry und Augustus Pugin gebaut wurde. Das berühmteste Merkmal des Palastes ist der Uhrenturm mit offiziellem Namen Elizabeth Tower, aber besser bekannt als Big Ben.

Trafalgar Square Platz
(Karte S. 80; ⊖Charing Cross) Der Trafalgar Square ist das wahre Zentrum von London. Hier finden Kundgebungen und Demonstrationen statt, Zehntausende läuten hier das neue Jahr ein und Londoner versammeln sich zu allen möglichen Anlässen, von Freilichtkino über Weihnachtsfeiern bis hin zu politischen Protesten. Dominiert wird der Platz von der 52 m hohen **Nelson's Column** und er ist von vielen prachtvollen Gebäuden umgeben, u. a. von der National Gallery und der Kirche **St. Martin-in-the-Fields**.

Tate Britain Galerie
(Karte S. 80; ☎020-7887 8888; www.tate.org.uk/visit/tate-britain; Millbank, SW1; ⏲10–18 Uhr, Fr oft bis 22 Uhr; ⊖Pimlico) GRATIS Die ältere und altehrwürdigere der beiden Tate-Galerien würdigt britische Kunst von 1500 bis zur Gegenwart. Ausgestellt sind Werke von Blake, Hogarth, Gainsborough, Hepworth, Whistler, Constable und Turner sowie lebhafte und zeitgenössische Arbeiten von Lucian Freud, Francis Bacon und Henry Moore.

Madame Tussauds Museum
(Karte S. 88; ☎0870 400 3000; www.madame-tussauds.com/london; Marylebone Rd, NW1; Erw./Kind 4–15 J. 35/30 £; ⏲10–18 Uhr; ⊖Baker St) Madame Tussauds mag zwar kitschig und teuer sein (Online-Buchung ist viel billiger), ist aber trotzdem ein großes Vergnügen. Man kann sich mit den Stars seiner Träume (ob Daniel Craig, Lady Gaga, Benedict Cumberbatch, Audrey Hepburn oder die Beckhams), mit der Bollywood-Truppe (kämpfende Sexprotze Hrithik Roshan und Salman Khan) und dem „Royal Appointment" (die Königin, Harry, William und Kate) fotografieren lassen.

Churchill War Rooms

Winston Churchill koordinierte im Zweiten Weltkrieg mit einem Bakelit-Telefon in diesem **unterirdischen Komplex** (Karte S. 80; www.iwm.org.uk/visits/churchill-war-rooms; Clive Steps, King Charles St, SW1; Erw./Kind 17,25/8,60 £; ⏲9.30–18 Uhr; ⊖Westminster) den alliierten Widerstand gegen das deutsche Nazi-Regime. Die Cabinet War Rooms sehen heute fast genauso aus wie 1945, als hier das Licht ausgeschaltet wurde, und vermitteln noch die Dramatik und Beharrlichkeit, die jene Zeit prägten. Das multimediale Churchill Museum gewährt faszinierende Einblicke in Leben und Umstände des resoluten, Zigarren rauchenden Kriegs-Premiers.

Covent Garden Piazza Platz
(Karte S. 80; ☎020-7836 5221; ⊖Covent Garden) Der Platz, bis 1974 Standort des Gemüsegroßmarkts von London, ist heute überwiegend die Domäne von Besuchern, die hier in den reizenden alten Arkaden einkaufen, in den zahllosen Cafés und Restaurants essen und trinken, an Markständen herumstöbern, lebenden Statuen Münzen zuwerfen und durch das unterhaltsame **London Transport Museum** bummeln. An der Westseite des Platzes steht die hübsche **St. Paul's Church** von 1633.

Westminster & West End

Westminster & West End

Soho — Stadtteil

(Karte S. 80; Tottenham Court Rd, Leicester Sq) Der Name des Viertels, das einst Weideland war, soll sich von einem Jagdruf ableiten. Das Herz des Londoner Nachtlebens hat sich Richtung Osten verlagert und viele Clubs und Konzerthallen sind in Soho geschlossen worden, aber abends ist in dem selbstbewussten Schwulenviertel noch immer viel los. Tagsüber bezaubert der Stadtteil mit einer lebendigen Szene.

Die City

Tower Bridge — Brücke

(Karte S. 84; Tower Hill) Die Tower Bridge, eine der charakteristischsten Sehenswürdigkeiten Londons und aus Dutzenden Filmen bekannt, enttäuscht auch aus der Nähe nicht. Ihre neugotischen Türme und himmelblauen Hängestreben sorgen für außerordentliche Eleganz an einem überwiegend funktionalen Bauwerk. London war eine florierende Hafenstadt, als die Brücke 1894 als dringend benötigter Flussübergang im Osten gebaut und mit einem damals revolutionären dampfgetriebenen Klappmechanismus ausgerüstet wurde, der den Weg für ankommende Schiffe in nur drei Minuten freimachen konnte.

Museum of London — Museum

(Karte S. 84; 020-7001 9844; www.museumoflondon.org.uk; 150 London Wall, EC2; 10–18 Uhr; Barbican) GRATIS Das ebenso unterhaltsame wie informative Museum of London ermöglicht einen Streifzug durch die verschiedenen Phasen der Stadtgeschichte, vom römischen Londinium und angelsächsischen Ludenwic bis zur Metropole des 21. Jhs. Interessante Objekte und interaktive Darstellungen erwecken jede Ära zum Leben, ohne jemals zu bombastisch zu werden, weswegen es eines der besten Museen der Hauptstadt ist. Führungen werden den ganzen Tag über angeboten; die Zeiten stehen auf Schildern am Eingang.

South Bank

Tate Modern — Museum

(Karte S. 84; www.tate.org.uk; Bankside, SE1; So–Do 10–18, Fr & Sa bis 22 Uhr; Blackfriars, Southwark oder London Bridge) GRATIS Die

St Paul's Cathedral

St. Paul's (Karte S. 84; ☎020-7246 8357; www.stpauls.co.uk; St. Paul's Churchyard, EC4; Erw./Kind 18/8 £; Mo–Sa 8.30–16.30 Uhr; St. Paul's), eines der majestätischsten Bauwerke Londons, thront in großartiger Lage auf dem kleinen Ludgate Hill, der schon seit über 1400 Jahren eine christliche Andachtsstätte ist (davor eine heidnische). Für Londoner ist die mächtige Kuppel seit über 300 Jahren ein Symbol des Widerstands und Stolzes. Die Besichtigung des Kirchenschiffs von Christopher Wrens Meisterwerk und der Aufstieg ganz nach oben, wo ein weiter Blick über die Hauptstadt wartet, ist ein erhebendes Erlebnis.

herausragende Galerie für moderne und zeitgenössische Kunst in der kreativ umgebauten Bankside Power Station südlich der Millennium Bridge ist eine der großartigsten Sehenswürdigkeiten Londons. Die Tate Modern ist eine Synthese aus moderner Kunst und hallenartigem Industriebau aus Backstein. Hier werden anspruchsvolle Werke mit großem Erfolg einem breiten Publikum nahegebracht, sowohl über die kostenlose ständige Sammlung als auch über kostenpflichtige Wechselausstellungen von berühmten Künstlern. Der Erweiterungsbau Switch House, 2016 eröffnet, vergrößerte die Ausstellungsfläche um 60 %.

London Eye Aussichtspunkt
(Karte S. 84; ☎0871-222 4002; www.londoneye.com; Erw./Kind 23,45/18,95 £; Sept.–Mai 11–18 Uhr, Juni–Aug. 10–20.30 Uhr; Waterloo oder Westminster) Das Riesenrad ragt 135 m hoch über eine relativ flache Stadt empor und bietet bei gutem Wetter einen Blick über 40 km in alle Richtungen. Interaktive Tablets informieren (in sechs Sprachen) über Wahrzeichen in der Reihenfolge wie sie auftauchen. Jede Umdrehung – oder jeder „Flug" – dauert angenehm langsame 30 Minuten. Zu Spitzenzeiten (Juli, August und Schulferien) kann allerdings der Eindruck entstehen, als würde man mehr Zeit in der Warteschlange als in der Kapsel verbringen; mit einem „Fast-Track-Ticket" gegen Aufpreis lässt sich die Schlange umgehen.

Shakespeare's Globe Historisches Gebäude
(Karte S. 84; www.shakespearesglobe.com; 21 New Globe Walk, SE1; Erw./Kind 16/9 £; 9–17 Uhr; ; Blackfriars oder London Bridge) Im Gegensatz zu anderen Shakespeare-Bühnen ist das neue Globe dem Original so genau wie möglich nachempfunden. Der Innenhof ist also offen und dem launischen Londoner Wetter ausgesetzt. Die 700 Besucher auf den Stehplätzen müssen somit auch schon mal die heftigen Londoner Regengüsse überstehen. Eine Besichtigung des Globe umfasst eine Führung durch das Theater (halbstündlich) und den Besuch der Ausstellung mit faszinierenden Exponaten zu Shakespeare und dem Theater im 17. Jh. Natürlich kann man auch einfach eine **Vorstellung** (☎020-7401 9919; Sitzplatz 20–45 £, Stehplatz 5 £) besuchen.

Borough Market Markt
(Karte S. 84; www.boroughmarket.org.uk; 8 Southwark St, SE1; Mi & Do 10–17, Fr 10–18, Sa 8–17 Uhr; London Bridge) An diesem Standort befand sich in der einen oder anderen Form schon seit dem 13. Jh. (möglicherweise seit 1014) „Londons Speisekammer", die in den letzten 15 Jahren eine erstaunliche Renaissance erlebte. Stets wimmelt es hier von Gourmets, unverbesserlichen Feinschmeckern, staunenden Besuchern und Londonern auf der Suche nach Inspiration für ihre Dinnerparty. Der phantastische Markt hat sich zu einer ganz eigenen Attraktion entwickelt. In erster Linie sind auf dem Markt hochwertige und frische

GEORGE JOHNSON/500PX ©

London Eye und die Themse

Produkte erhältlich, es gibt aber auch viele Imbissstände und eine ungebührlich hohe Anzahl von Kuchenständen.

Kensington & Hyde Park

Natural History Museum — Museum

(Karte S. 88; www.nhm.ac.uk; Cromwell Rd, SW7; 10–17.50 Uhr; South Kensington) GRATIS Das kolossale und prächtige Gebäude ist die Verkörperung der unbändigen viktorianischen Leidenschaft für das Sammeln, Katalogisieren und Erklären der Natur. Die **Dinosaurs Gallery** (Blue Zone) ist ein Muss für Kinder, die einen animatronischen T-Rex, Fossilien und großartige Ausstellungen bestaunen können. Erwachsenen hingegen wird die faszinierende Ausstellung „Treasures" in der **Cadogan Gallery** (Green Zone) gefallen, die aus Einzelobjekten besteht, die jeweils ihre eigene Geschichte erzählen, von einem Stück Mondgestein bis zum Dodo-Skelett.

Victoria & Albert Museum — Museum

(V&A; Karte S. 88; 020-7942 2000; www.vam.ac.uk; Cromwell Rd, SW7; Sa–Do 10–17.40, Fr bis 22 Uhr; South Kensington) GRATIS Das Museum of Manufactures, wie das V&A bei der Eröffnung 1852 hieß, gehörte zum Vermächtnis von Prinz Albert nach der erfolgreichen Weltausstellung von 1851. Es birgt die weltweit größte Kunstgewerbesammlung, u. a. asiatische Keramiken, orientalische Teppiche, chinesische Gemälde, westliche Möbel, Mode aus allen Jahrhunderten und moderne Haushaltsgeräte. Die (kostenpflichtigen) Sonderausstellungen sind ein weiteres Highlight und reichen von Retrospektive zu Künstlern wie David Bowie oder Designern wie Alexander McQueen bis hin zu thematischen Ausstellungen zu besonderen Materialien und Trends.

Science Museum — Museum

(Karte S. 88; www.sciencemuseum.org.uk; Exhibition Rd, SW7; 10–18 Uhr; South Kensington) GRATIS Das wissenschaftlich spannende Museum mit sieben Stockwerken voller interaktiver und informativer Exponate, die von ersten Technologien bis zur Raumfahrt alles abdecken, begeistert Erwachsene wie Kinder gleichermaßen. Ein ständiger Favorit ist die Ausstellung **Exploring Space** mit echten Raketen und Satelliten und einem Nachbau der „Eagle" in Originalgröße – der Mondlandefähre, mit der Neil Armstrong und Buzz Aldrin 1969 auf dem Mond aufsetzten. Die **Making the Modern World Gallery** nebenan ist mit ihren Lokomotiven, Flugzeugen, Autos und anderen revolutionären Erfindungen ein Augenschmaus.

City, South Bank & East London

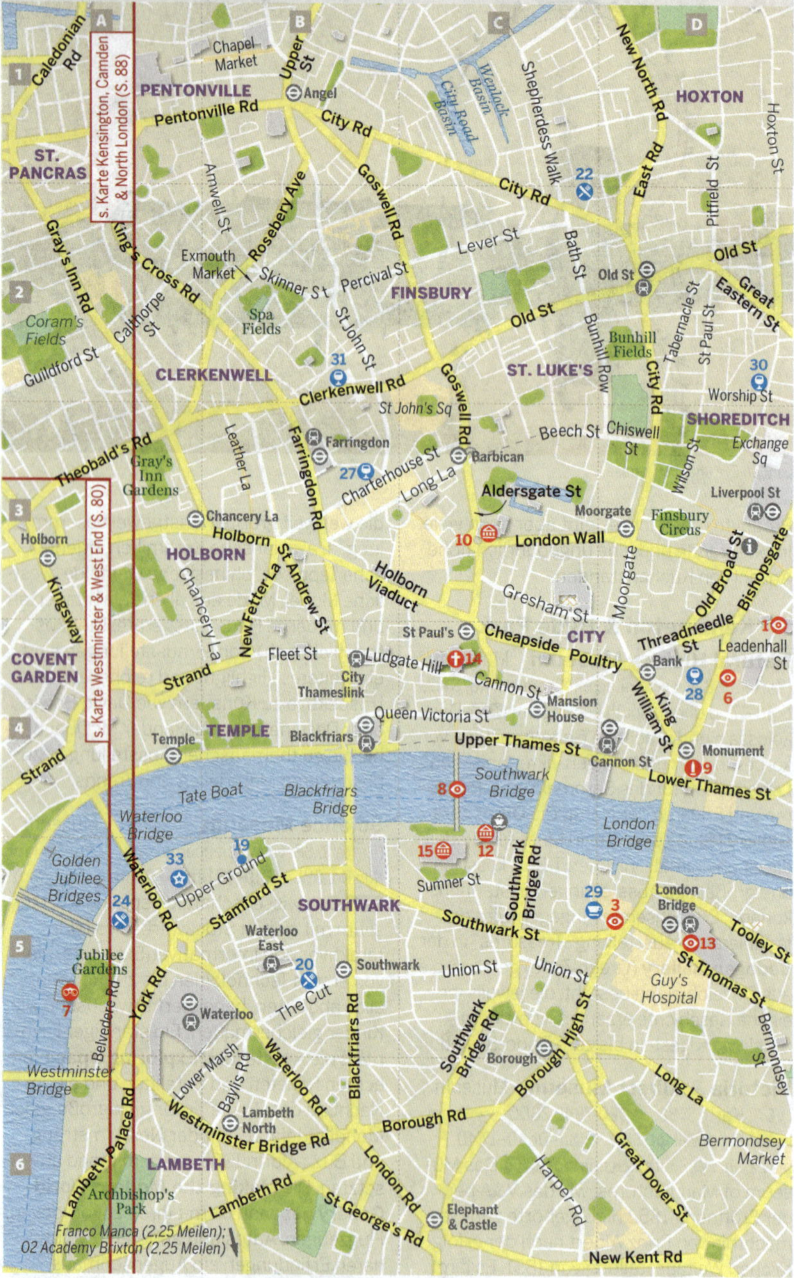

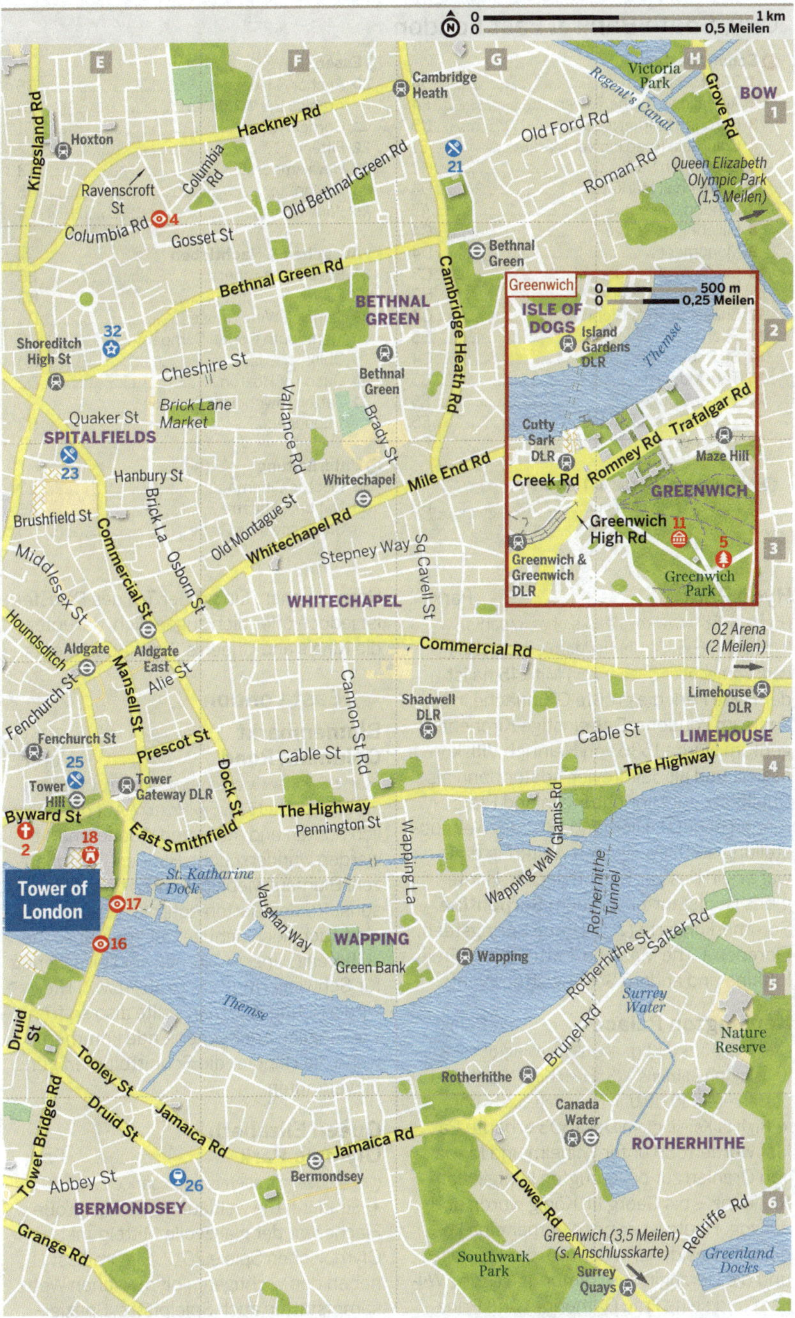
0 1 km
0 0,5 Meilen
E
F
G
H
Kingsland Rd
Hoxton
Hackney Rd
Cambridge Heath
Victoria Park
Regent's Canal
Grove Rd
BOW
Old Ford Rd
Roman Rd
Queen Elizabeth Olympic Park (1,5 Meilen)
21
Ravenscroft St
Columbia Rd
Columbia Rd
4
Gosset St
Old Bethnal Green Rd
Bethnal Green
Bethnal Green Rd
Cambridge Heath Rd
BETHNAL GREEN
Shoreditch High St
32
Cheshire St
Bethnal Green
Brick Lane Market
Quaker St
SPITALFIELDS
Vallance Rd
Brady St
23
Hanbury St
Whitechapel
Mile End Rd
Brushfield St
Brick La
Old Montague St
Whitechapel Rd
Stepney Way
Sq Cavell St
Middlesex St
Commercial St
Osborn St
WHITECHAPEL
Houndsditch
Aldgate
Aldgate East
Alie St
Mansell St
Commercial Rd
Fenchurch St
Fenchurch St
Cannon St Rd
Shadwell DLR
Limehouse DLR
LIMEHOUSE
Cable St
Cable St
25
Prescot St
Tower Hill
Tower Gateway DLR
Dock St
The Highway
The Highway
Glamis Rd
Byward St
2
18
East Smithfield
Pennington St
Wapping La
St. Katharine Dock
Wapping Wall
Rotherhithe Tunnel
Tower of London
17
Vaughan Way
16
WAPPING
Green Bank
Wapping
Rotherhithe St
Salter Rd
Themse
Surrey Water
Nature Reserve
Druid St
Brunel Rd
Tooley St
Rotherhithe
Tower Bridge Rd
Druid St
Jamaica Rd
Canada Water
Jamaica Rd
ROTHERHITHE
Bermondsey
Abbey St
26
BERMONDSEY
Lower Rd
Redriffe Rd
Grange Rd
Greenwich (3,5 Meilen) (s. Anschlusskarte)
Greenland Docks
Southwark Park
Surrey Quays
O2 Arena (2 Meilen)
1
2
3
4
5
6
Greenwich
0 500 m
0 0,25 Meilen
ISLE OF DOGS
Island Gardens DLR
Themse
Trafalgar Rd
Cutty Sark DLR
Romney Rd
Maze Hill
Creek Rd
GREENWICH
Greenwich High Rd
11
5
Greenwich & Greenwich DLR
Greenwich Park

City, South Bank & East London

Sehenswertes

1	30 St. Mary Axe	D4
2	All Hallows by the Tower	E4
3	Borough Market	D5
4	Columbia Road Flower Market	E1
5	Greenwich Park	H3
6	Leadenhall Market	D4
7	London Eye	A5
8	Millennium Bridge	C4
9	Monument	D4
10	Museum of London	C3
11	Royal Observatory	H3
12	Shakespeare's Globe	C4
13	Shard	D5
14	St. Paul's Cathedral	C4
15	Tate Modern	C5
16	Tower Bridge	E5
17	Tower Bridge Exhibition	E5
18	Tower of London	E4

Aktivitäten, Kurse & Touren

19	London Bicycle Tour	B5

Essen

20	Anchor & Hope	B5
	Arabica Bar & Kitchen	(s. 29)
21	Corner Room	G1
22	Fifteen	C2
23	Hawksmoor	E3
24	Skylon	A5
25	Wine Library	E4

Ausgehen & Nachtleben

26	Brew By Numbers	E6
27	Fabric	B3
28	Jamaica Wine House	D4
29	Monmouth Coffee Company	C5
	Oblix	(s. 13)
30	Queen of Hoxton	D2
31	Zetter Townhouse Cocktail Lounge	B2

Unterhaltung

32	Electric Cinema	E2
33	National Theatre	A5
	Shakespeare's Globe	(s. 12)

Hyde Park — Park

(Karte S. 88; www.royalparks.org.uk/parks/hyde-park; 5–24 Uhr; Marble Arch, Hyde Park Corner oder Queensway) Mit 145 ha ist der Hyde Park die größte Grünfläche im Zentrum Londons. Das einstige Kircheneigentum wurde 1536 von Heinrich VIII. konfisziert und als Jagdrevier, später dann als Duellplatz, für Hinrichtungen und Pferderennen genutzt. Hier fand 1851 die Weltausstellung statt, im Zweiten Weltkrieg dann war er ein riesiger Kartoffelacker. Heute gibt's Bootsfahrten auf dem **Serpentine**, Sommerkonzerte (z. B. Bruce Springsteen, Florence + The Machine, Patti Smith), Freiluftkino und andere Schönwetter-Events.

Kensington Palace — Palast

(Karte S. 88; www.hrp.org.uk/kensingtonpalace; Kensington Gardens, W8; Erw./Kind 19 £/frei; März–Okt. 10–18 Uhr, Nov.–Feb. bis 16 Uhr; High St Kensington) Der 1605 erbaute Palast wurde 1689 unter Wilhelm und Maria von Oranien zur bevorzugten königlichen Residenz – bis Georg III. König wurde und auszog. Heute ist er noch immer eine königliche Residenz, in der u. a. der Herzog und die Herzogin von Cambridge (Prinz William und seine Frau Catherine) und Prinz Harry wohnen. Ein großer Teil des Palastes ist jedoch öffentlich zugänglich, darunter die King's and Queen's State Apartments.

East London

Blumenmarkt Columbia Road — Markt

(Karte S. 84; www.columbiaroad.info; Columbia Rd, E2; So 8–15 Uhr; Hoxton) Auf dem herrlich bunten und munteren Wochenmarkt werden wunderschöne Blumen, Topfpflanzen, Blumenzwiebeln, Samen und alles, was sonst für den Garten nötig ist, verkauft. Hier sind auch noch richtige Cockney-Sprüche zu hören („Unsere Blumen sind billig genug für Schwiegermutters Grab" usw.). Hier wird's richtig voll, man sollte also so früh wie möglich oder gegen Ende kommen, wenn die Händler die Schnittblumen günstig verkaufen.

Queen Elizabeth Olympic Park — Park

(www.queenelizabetholympicpark.co.uk; E20; Stratford) Die weitläufige, 227 ha große Fläche war der glanzvolle Mittelpunkt der Olympischen Spiele 2012. Sie umfasst neben den wichtigsten olympischen Wettkampfstätten auch Spielplätze, Spazier-

und Radwege, Gärten und eine Mischung aus Feucht-, Wald- und Wiesengebieten sowie andere Biotope als ökologisch nutzbringendes Vermächtnis für die Zukunft. Im Zentrum steht das **London Stadium**, das bei den Spielen 80 000 Zuschauer fasste und jetzt in seiner neuen Funktion als Heimstadion von West Ham United FC auf 54 000 Plätze reduziert ist.

Camden & North London

Hampstead Heath — Park

(Karte S. 88; www.cityoflondon.gov.uk; ⊖Hampstead Heath oder Gospel Oak) Die ausgedehnte Hampstead Heath scheint Welten von der City of London entfernt zu sein – obwohl nur etwa 6 km dazwischen liegen. Das 320 ha große Gelände, das überwiegend aus Wäldern, Hügeln und Wiesen besteht, bietet etwa 180 Vogelarten, 23 Schmetterlingsarten, Ringelnattern und Fledermäusen sowie zahlreichen Pflanzen einen Lebensraum. Die Hampstead Heath eignet sich wunderbar für Spaziergänge, besonders hinauf auf den **Parliament Hill**, der einen weiten Blick über die Stadt bietet.

British Library — Bibliothek

(Karte S. 88; www.bl.uk; 96 Euston Rd, NW1; ⏲Galerien Mo–Fr 9.30–18, Di–Do bis 20, Sa bis 17, So 11–17 Uhr; ⊖King's Cross St. Pancras) GRATIS Das von Colin St. John Wilson entworfene Gebäude der British Library von 1997 – ein Komplex von niedrigen, Backstein-Häuserreihen hinter einem großen Platz mit einer übergroßen Statue von Isaac Newton – wird entweder bewundert oder gehasst (Prinz Charles verglich es mit einer Akademie des Geheimdienstes). Die Bibliothek birgt einige der größten Schätze des geschriebenen Worts, darunter der *Codex Sinaiticus* (der erste komplette Text des Neuen Testaments), Leonardo da Vincis Notizbücher und ein Exemplar der Magna Carta (1215).

Regent's Canal — Kanal

(Karte S. 88) Um den überfüllten Straßen zu entkommen, gibt es nichts Schöneres als einen Spaziergang auf einem malerischen Uferweg in North London, nämlich an den Kanälen entlang, die einst eine Schlüsselrolle für den Gütertransport in der Hauptstadt spielten. Der Uferweg am Regent's Canal ist auch eine prima Abkürzung quer durch North London, egal ob zu Fuß oder mit dem Fahrrad. In ganzer Länge erstreckt er sich über 14,5 km von Little Venice (wo er sich mit dem Grand Union Canal verbindet) bis zur Themse im Stadtviertel Limehouse.

Camden Market

Obwohl – oder vielleicht gerade weil – der **Camden Market** (Karte S. 88; www.camdenmarket.com; Camden High St, NW1; ⏲10–18 Uhr; ⊖Camden Town oder Chalk Farm) schon seit zigtausend verkauften billigen Lederjacken nicht mehr cool ist, pilgern noch immer jedes Jahr Millionen Besucher zu einer der beliebtesten Attraktionen Londons. Was mit ein paar hübschen Kunsthandwerksständen am Camden Lock am Regent's Canal begann, breitet sich heute fast über die gesamte Strecke zwischen den U-Bahnhöfen Camden Town und Chalk Farm aus.

Abbey Road Studios — Historisches Gebäude

(Karte S. 88; www.abbeyroad.com; 3 Abbey Rd, NW8; ⊖St. John's Wood) Beatles-Fans kommen bei einem London-Besuch wohl kaum um einen Abstecher zu diesem berühmten Aufnahmestudio in St. John's Wood herum. Die Studios selbst sind nicht zugänglich, also müssen sie sich mit dem Betrachten der Fan-Graffitis am Zaun davor zufrieden geben. Autofahrer sind es längst gewöhnt, ständig am Zebrastreifen anhalten zu müssen, auf dem Touristengruppen unablässig das berühmte Cover des Meisterwerks *Abbey Road* von 1969 nachstellen. 2010 wurde der Zebrastreifen unter Denkmalschutz gestellt.

Greenwich & South London

Greenwich Park — Park

(Karte S. 84; ☎030-0061 2380; www.royalparks.org.uk; King George St, SE10; ⏲6 Uhr–Sonnenuntergang; DLR Cutty Sark, Greenwich

Kensington, Camden & North London

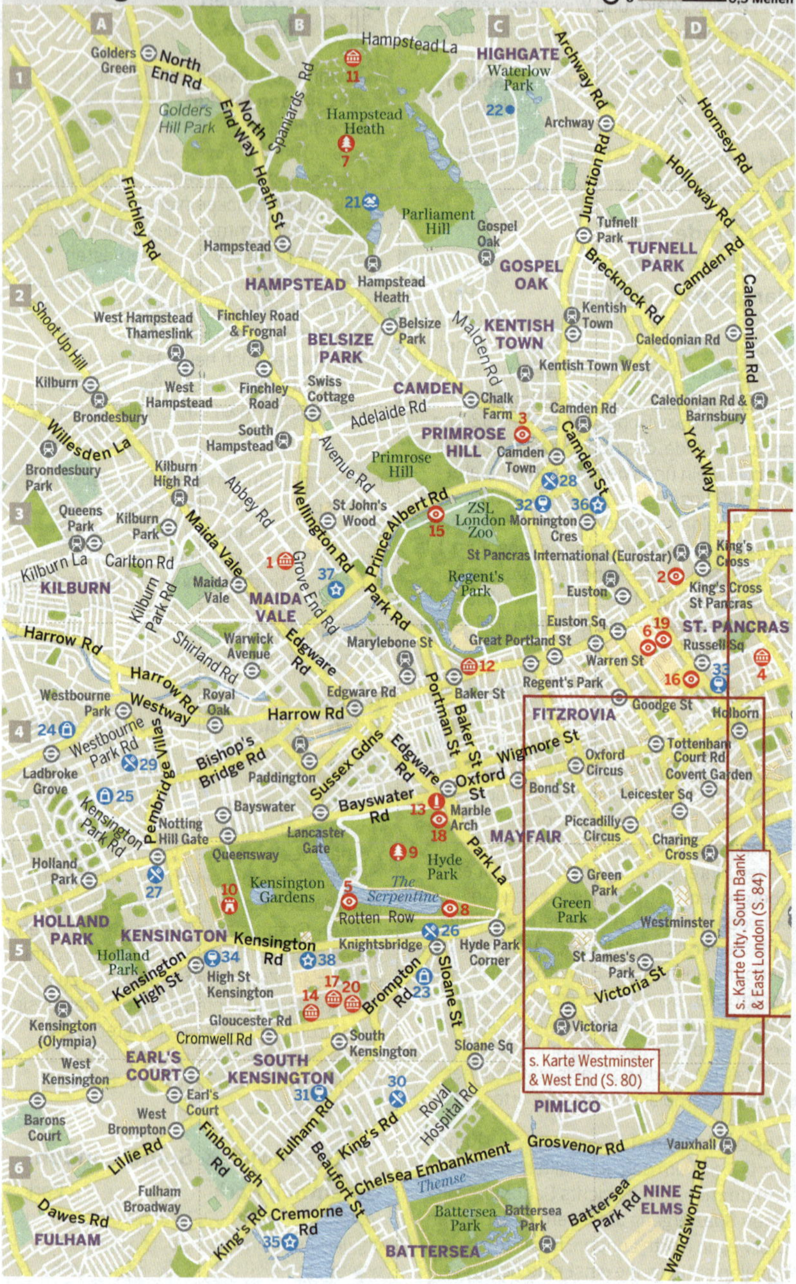

Kensington, Camden & North London

oder Maze Hill) Der 74 ha große Park mit Rosengarten, Spazierwegen, Grabhügeln und Aussichten von der Hügelkuppe nahe dem Royal Observatory (S. 89) Richtung Canary Wharf, dem Bankenviertel am anderen Themseufer, gehört zu den schönsten Grünanlagen Londons. Er ist der älteste königliche Park und teils das Werk von André Le Nôtre, dem Landschaftsarchitekten, der einst die Gärten von Versailles entwarf. Hier fanden 2012 die Reitsportwettkämpfe der Olympischen Spiele statt.

Royal Observatory Historisches Gebäude

(Karte S. 84; www.rmg.co.uk; Greenwich Park, Blackheath Ave, SE10; Erw./Kind 9,50/5 £, inkl. Cutty Sark 18,50/8,50 £; Sept.–Juni 10–17 Uhr, Juli & Aug. bis 18 Uhr; DLR Cutty Sark, DLR Greenwich oder Greenwich) Der idyllische Greenwich Park steigt südlich des Queen's House zu einem Hügel an, der hinreißende Aussichten auf London bietet. Dort steht auch das Royal Observatory, das Karl II. 1675 bauen ließ, um das Rätsel des Längengrads zu lösen. An der Nordseite befinden sich das hübsche **Flamsteed House** und der **Meridian Courtyard**, wo Besucher mit jeweils einem Bein auf der westlichen und der östlichen Hemisphäre stehen können; Zutritt ist mit dem Observatoriumsticket möglich. Die südliche Hälfte birgt die informativen und kostenlosen **Weller Astronomy Galleries** und das **Peter Harrison Planetarium**.

Horniman Museum Museum

(020-8699 1872; www.horniman.ac.uk; 100 London Rd, Forest Hill, SE23; Museum & Gärten frei, Ausstellung kostenpflichtig; Museum 10.30–17.30 Uhr, Gärten Mo–Sa 7.15 Uhr–Sonnenuntergang, So ab 8 Uhr; Forest Hill) GRATIS Das außergewöhnliche Museum beherbergt die Sammlung des reichen Teehändlers Frederick Horniman, der das Art-nouveau-Haus mit seinem Uhrenturm und Mosaiken 1901 speziell für seine Sammlung bauen ließ. Heute birgt es ein buntes Sammelsurium, vom verstaubten Walross über Voodoo-Altäre aus Haiti und Benin bis zu einer

Eine Einkaufsikone

Das ständig volle, ebenso protzige wie stilvolle Kaufhaus **Harrods** (Karte S. 88; ☎020-7730 1234; www.harrods.com; 87–135 Brompton Rd, SW1; ⏲Mo–Sa 10–21, So 11.30–18 Uhr; ⊖Knightsbridge) ist ein obligatorisches Ziel für Besucher, egal ob sie knapp bei Kasse sind oder dicke Brieftaschen haben. Das Warenangebot ist überwältigend, ebenso viele Preise. Der äußerst kitschige „ägyptische Fahrstuhl" erinnert ein wenig an einen Indiana-Jones-Film, der Gedenkbrunnen für Dodi und Di (im unteren Erdgeschoss) sorgt für etwas Surrealismus.

FRANK GAERTNER/SHUTTERSTOCK ©

Attrappe eines fidschianischen Riffs und einer Ziehharmonikasammlung. Einfach toll.

GEFÜHRTE TOUREN

City Cruises Bootsfahrt

(Karte S. 80; ☎020-7740 0400; www.citycruises.com; Erw. einfach/hin & zurück/Tageskarte ab 12,50/16,50/16,65 £, Kind 6,25/8,25/8,35 £; ⊖Westminster) Fähren verkehren alle 30 Minuten zwischen Westminster, London Eye, Bankside, Tower und Greenwich. Ein 24 Stunden gültiges Rover Ticket kostet online nur 10/5 £ pro Erw./Kind.

London Bicycle Tour Radfahren

(Karte S. 84; ☎020-7928 6838; www.londonbicycle.com; 1 Gabriel's Wharf, 56 Upper Ground, SE1; Tour inkl. Fahrrad Erw./Kind 24,95/21,95 £, Fahrrad pro Tag 20 £; ⊖Southwark oder Waterloo) Die dreistündigen Radtouren beginnen in South Bank und streifen Londons Highlights beidseitig des Flusses; die klassische Tour wird in acht Sprachen angeboten. Auch Nachtfahrten gibt es. Zudem können stunden- oder tageweise traditionelle oder spezielle Fahrräder gemietet werden, z. B. Tandems und Klappfahrräder.

Highgate Cemetery Tour Führung

(Karte S. 88; www.highgatecemetery.org; Swain's Lane, N6; Erw./Kind 12/6 £; ⏲Mo–Fr 13.45 Uhr, Nov.–Feb. Sa & So alle 30 Min. 11–15 Uhr, März–Okt. bis 16 Uhr; ⊖Archway) Der schönste Teil des Highgate Cemetery ist der überwucherte West Cemetery, wo ein Gewirr verwinkelter Pfade zum Circle of Lebanon führt: Grabmäler um einen ringförmigen Pfad, die von einer majestätischen Libanonzeder überragt werden. Der Zutritt zum West Cemetery ist nur mit einer Führung möglich; an Werktagen müssen sie zuvor gebucht werden, an Wochenenden kann man einfach auftauchen und vor Ort zahlen.

SHOPPEN

Fortnum & Mason Kaufhaus

(Karte S. 80; ☎020-7734 8040; www.fortnumandmason.com; 181 Piccadilly, W1; ⏲Mo–Sa 10–20, So 11.30–18 Uhr; ⊖Piccadilly Circus) Der „Lebensmittelladen der Königin" in klassischem Nilgrün wurde 1707 gegründet und verweigert sich der Moderne. Die Angestellten, Männer wie Frauen, tragen noch immer Fracks und in der prachtvollen Lebensmittelabteilung werden Geschenkkörbe, Orangenmarmelade, Teespezialitäten, feinster Früchtekuchen und dergleichen verkauft. Fortnum & Mason ist und bleibt das typische Londoner Einkaufserlebnis.

Hatchards Bücher

(Karte S. 80; ☎020-7439 9921; www.hatchards.co.uk; 187 Piccadilly, W1; ⏲Mo–Sa 9.30–20, So 12–18.30 Uhr; ⊖Green Park, Piccadilly Circus) Londons älteste Buchhandlung stammt von 1797. Der phantastische Laden mit drei königlichen Urkunden als Hoflieferanten gehört nun zur Kette Waterstones. Er führt reichlich signierte Ausgaben und ein sehr interessantes Sortiment. Im Erdgeschoss gibt es viele Erstausgaben und es finden regelmäßig Lesungen statt.

Hamleys Spielzeug

(Karte S. 80; ☎0371-704 1977; www.hamleys.com; 188–196 Regent St, W1; ⊙Mo–Fr 10–21, Sa 9.30–21, So 12–18 Uhr; ⊖Oxford Circus) Hamleys zog 1881 an diese Adresse in der Regent Street und behauptet, der älteste (manche sagen der größte) Spielzeugladen der Welt zu sein. Vom Untergeschoss mit dem Star-Wars-Sortiment über das Erdgeschoss, wo Angestellte mit geübter Nonchalance Seifenblasen pusten und Schaumstoff-Bumerangs durch die Luft fliegen lassen, bis zum 5. Stock mit Lego World und Café ist dies eine wahre Spiele-Fundgrube.

James Smith & Sons Mode & Accessoires

(Karte S. 80; ☎020-7836 4731; www.james-smith.co.uk; 53 New Oxford St, WC1; ⊙Mo, Di, Do & Fr 10–17.45, Mi 10.30–17.45, Sa 10–17.15 Uhr; ⊖Tottenham Court Rd) Niemand fertigt und führt so elegante Regenschirme (nicht zu vergessen Wander- und Spazierstöcke) wie dieser Laden. Er trotzt an dieser Adresse bereits seit 1857 dem britischen Wetter und wird dank der ständigen Londoner Regengüsse hoffentlich noch weiter glänzende Geschäfte machen. Die Preise beginnen bei rund 40 £ für einen Taschenschirm.

Portobello Road Market Kleidung, Antiquitäten

(Karte S. 88; www.portobellomarket.org; Portobello Rd, W10; ⊙Mo–Mi, Fr & Sa 8–18.30, Do bis 13 Uhr; ⊖Notting Hill Gate oder Ladbroke Grove) Der Markt, wunderbar an warmen Sommertagen, ist eine klassische Londoner Attraktion mit Imbissständen, Obst und Gemüse, Antiquitäten, Kuriositäten, Sammlerstücken, origineller Mode und Nippes. Die Geschäfte in der Portobello Road sind zwar täglich geöffnet und die Obst- und Gemüsestände (von Elgin Crescent bis Talbot Road) schließen nur sonntags, aber am meisten los ist hier samstags, wenn die Antiquitätenhändler ihre Buden aufbauen (von Chepstow Villas bis Elgin Crescent).

ESSEN

Franco Manca Pizza £

(www.francomanca.co.uk; 4 Market Row, SW9; Pizza 4,50–6,95 £; ⊙Mo 12–17, Di–Fr 12–23, Sa 11.30–23, So 11.30–22.30 Uhr; ⊖Brixton) Die Brixton-Filiale von Franco Manca lockt Pizza-Fans von nah und fern an. Das Restaurant verwendet eigenen Sauerteig, der in einem Backsteinofen über Holzfeuer gebacken wird. Eine Reservierung ist nicht möglich; um nicht warten zu müssen, sollte

Portobello Road Market

Ledbury

WILL JONES/LONELY PLANET ©

man früh kommen und die Mittagszeit und Samstage vermeiden.

Hook Camden Town Fish & Chips £

(Karte S. 88; www.hookrestaurants.com; 65 Parkway, NW1; Hauptgerichte 8–12 £; Mo–Do 12–15 & 17–22, Fr & Sa 12–22.30, So bis 21 Uhr; ; Camden Town) Das Hook bezieht nicht nur seinen Fisch ausschließlich von nachhaltigen, kleinen Fischereien und heimischen Lieferanten, sondern macht auch alle Saucen selbst, wickelt den Fisch in recyceltes Papier ein und versorgt die Kundschaft mit schmackhaften Leckerbissen. Der frische Fisch in Paniermehl oder Tempura-Teig wird mit Pommes frites serviert, die mit Seetang gesalzen sind. Dazu gibt's Craft-Bier und guten Wein.

Skylon Modern Europäisch ££

(Karte S. 84; 020-7654 7800; www.skylon-restaurant.co.uk; 3. OG, Royal Festival Hall, Southbank Centre, Belvedere Rd, SE1; 3-Gänge-Menü Grill/Restaurant 25/30 £; Grill Mo–Sa 12–23, So bis 22.30 Uhr, Restaurant Mo–Sa 12–14.30 & 17.30–22.30, So 12–16 Uhr; ; Waterloo) Das hervorragende Restaurant in der Royal Festival Hall ist durch eine große Bar in einen Grill und ein Edelrestaurant aufgeteilt, eingerichtet im angesagten 1950er-Jahre-Stil: gedämpfte Farben und Stühle jener Zeit (damals trendig, heute noch trendiger). Die Fensterwände sorgen zudem für einen herrlichen Blick auf die Themse und die Stadt. Das sechsgängige Probiermenü im Restaurant kostet 59 £. Eine Reservierung ist ratsam.

Anchor & Hope Gastropub ££

(Karte S. 84; www.anchorandhopepub.co.uk; 36 The Cut, SE1; Hauptgerichte 12–20 £; Di–Sa 12–14.30, Mo–Sa 18–22.30, So 12.30–15 Uhr; Southwark) Das Anchor & Hope, ein Urgestein der Restaurantszene in South Bank, ist ein typisches Gastropub: elegant, aber nicht förmlich und mit absolut köstlicher Küche (europäisch mit britischem Touch). Die Speisekarte wechselt täglich, es stehen Gerichte wie sieben Stunden geschmorte Lammschulter, Wildkaninchen mit Sardellen, Mandeln und Rucola oder Panna Cotta mit Rhabarberkompott darauf.

Corner Room Modern Britisch ££

(Karte S. 84; 020-7871 0460; www.townhallhotel.com/cornerroom; Patriot Sq, E2; Hauptgerichte 13–14 £, 2-/3-Gänge-Mittagsmenü 19/23 £; 7.30–10, 12–15 & 18–21.45 Uhr; Bethnal Green) Das relaxte Restaurant im 1. Stock des Town Hall Hotel serviert gekonnt zubereitete Gerichte mit komplexen, aber zugleich feinen Aromen, die erstklassige britische Erzeugnisse der Saison zur Geltung bringen.

Rabbit Modern Britisch ££

(Karte S. 88; ☎020-3750 0172; www.rabbit-restaurant.com; 172 King's Rd, SW3; Hauptgerichte 6–24 £, Mittagsmenü 13,50 £; ⏲Di–Sa 12–24, Mo 18–23, So 12–18 Uhr; ✍; ⊖Sloane Sq) Drei Brüder wuchsen auf einem Bauernhof auf. Einer wurde Bauer, der zweite Metzger und der dritte Gastronom. Sie bündelten ihre jeweiligen Fähigkeiten und gründeten das Rabbit – ein frischer Wind im noblen Chelsea. Das Restaurant zeigt sich im Agrar-Schick (doch ja) und die kreative, moderne britische Küche nach Saison ist fabelhaft.

Geales Fisch & Meeresfrüchte ££

(Karte S. 88; ☎020-7727 7528; www.geales.com; 2 Farmer St, W8; 2-Gänge-Mittagsmenü 9,95 £, Hauptgerichte 9–37,50 £; ⏲Di–Fr 12–15 & 18–22.30, Sa 12–22.30, So 12–16 Uhr; 📶; ⊖Notting Hill Gate) Das Geales in einer ruhigen Lage an der Ecke Farmer Street brutzelt hier schon seit 1939. Der saftige Fisch in knuspriger Panade ist eine gute Wahl, auch die Fischpastete ist nicht schlecht. Lohnenswert ist das preiswerte Mittagsmenü (zwei Gänge, ein Kaffee) von Dienstag bis Freitag.

Portrait Modern Europäisch £££

(Karte S. 80; ☎020-7312 2490; www.npg.org.uk/visit/shop-eat-drink.php; 3. OG, National Portrait Gallery, St. Martin's Pl, WC2; Hauptgerichte 19,50–26 £, 2-/3-Gänge-Menü 27,50/31,50 £; ⏲tgl. 10–11, 11.45–15 & 15.30–16.30, Do–Sa 18.30–20.30 Uhr; 📶; ⊖Charing Cross) Das hinreißend gelegene Restaurant über der exzellenten National Portrait Gallery (S. 78) mit spektakulärem Blick auf den Trafalgar Square und Westminster ist eine gute Wahl, um sich ein feines Essen und etwas Entspannung nach einem Besuch der Bildergalerie zu gönnen. Höchst empfehlenswert sind Frühstück oder Brunch (10–11 Uhr) und der Afternoon Tea (15.30–16.30 Uhr). Reservierung ist ratsam.

Ledbury Französisch £££

(Karte S. 88; ☎020-7792 9090; www.theledbury.com; 127 Ledbury Rd, W11; 4-Gänge-Mittagsmenü 70 £, 4-Gänge-Abendmenü 115 £; ⏲Mi–So 12–14, tgl. 18.30–21.45 Uhr; 📶; ⊖Westbourne Park oder Notting Hill Gate) In Brett Grahams betörend elegantem, raffiniertem französischen Restaurant mit zwei Michelin-Sternen speisen betuchte Gäste in Jeans und Designerjacke. Die Gerichte sind einsame Spitze: handgesammelte Jakobsmuscheln, chinesisches Wasserreh, geräuchertes Knochenmark, Quitten und roter Blattsalat sowie Herdwick-Lamm mit in Salz gebackenen Kohlrüben, Selleriecreme und Bärlauch. Für

Londons Promiköche

Die Londoner Feinschmeckerszene erwachte teilweise durch eine Gruppe telegener Küchenchefs, die ganze Gastronomie-Imperien um ihre Namen und Fernsehsendungen aufbauten. Gordon Ramsay ist der berühmteste (oder berüchtigtste) von allen, seine Londoner Restaurants sind noch immer die Speerspitze der Spitzenküche. Weitere Stars sind Jamie Oliver, in dessen Restaurant **Fifteen** (Karte S. 84; ☎020-3375 1515; www.fifteen.net; 15 Westland Pl, N1; Hauptgerichte 22–24 £, 2-/3-Gänge-Mittagsmenü 19/24 £, So 15–19 £; ⏲12–15 & 18–22.30 Uhr; 📶; ⊖Old St) benachteiligte junge Menschen ausgebildet werden, sowie Heston Blumenthal, dessen verrückte Kochexperimente (Molekularküche, wie er es nennt) ihm Bombenkritiken für sein **Dinner by Heston Blumenthal** (Karte S. 88; ☎020-7201 3833; www.dinnerbyheston.com; Mandarin Oriental Hyde Park, 66 Knightsbridge, SW1; 3-Gänge-Mittagsmenü 45 £, Hauptgerichte 28–44 £; ⏲Mo–Fr 12–14 & 18–22.15, Sa & So 12–14.30 & 18–22.30 Uhr; 📶; ⊖Knightsbridge) eingebracht haben.

Jamie Oliver's Fifteen
JORDAN MANSFIELD/GETTY IMAGES ©

Foyer & Leseraum im Claridge's

Beim Afternoon Tea im klassischen Art-déco-Foyer und Leseraum dieses berühmten **Hotels** (Karte S. 80; 020-7107 8886; www.claridges.co.uk; 49–53 Brook St, W1; Afternoon Tea 68 £, mit Champagner 79 £; Afternoon Tea 14.45–17.30 Uhr; ; Bond St) geht es vornehm und geziert zu. Das sanfte Klirren von edlem Porzellan und Champagnergläsern könnte zur einprägsamsten Erinnerung an die Reise nach London werden. Das Ambiente ist hinreißend und der Dresscode elegant oder sportlich-schick (Leute in zerrissenen Jeans und mit Baseball-Mützen werden nicht bedient).

Claridge's Hotel
ALEX SEGRE/SHUTTERSTOCK ©

Londoner Feinschmecker ist es ein Stammlokal, Reservierung ist also unerlässlich.

Hawksmoor Steak £££
(Karte S. 84; 020-7426 4850; www.thehawksmoor.com; 157 Commercial St, E1; Hauptgerichte 20–50 £; Mo–Sa 12–14.30 & 17–22.30, So 12–21 Uhr; ; Liverpool St) Das diskret beschilderte Hawksmoor ist leicht zu übersehen, aber für eingeschworene Fleischesser ist es ein lohnenswertes Ziel. Dunkles Holz, Sichtmauerwerk und Samtvorhänge schaffen ein hübsches Ambiente für den Genuss von britischem Rindfleisch vom Feinsten. Die Sonntagsbraten (20 £) sind legendär.

AUSGEHEN & NACHTLEBEN

Jamaica Wine House Pub
(Karte S. 84; 020-7929 6972; www.jamaicawinehouse.co.uk; 12 St. Michael's Alley, EC3; Mo–Fr 11–23 Uhr; Bank) Der „Jam Pot" ist überhaupt keine Weinbar, sondern ein historisches, holzgetäfeltes Pub genau an der Stelle, wo einst das erste Kaffeehaus Londons (1652) stand. Es liegt in einer schmalen Gasse und ist etwas kompliziert zu finden, aber die Suche lohnt schon allein wegen der uralten, dunklen Räume.

Lamb & Flag Pub
(Karte S. 80; 020-7497 9504; www.lambandflagcoventgarden.co.uk; 33 Rose St, WC2; Mo–Sa 11–23, So 12–22.30 Uhr; Covent Garden) Das winzige Lamb & Flag ist jedermanns Lieblingspub im Zentrum Londons. Es steckt voller Charme und Geschichte und steht an der Stelle eines Pubs, das mindestens seit 1772 existierte. Egal bei welchem Wetter muss man sich durch angeheiterte Gäste vor der Tür bis zur Bar drängeln. Innen warten Messingarmaturen und ein knarzender Holzboden.

Oblix Bar
(Karte S. 84; www.oblixrestaurant.com; 32. OG, Shard, 31 St. Thomas St, SE1; 12–23 Uhr; London Bridge) Das Oblix im 32. Stock des **Shard** (www.theviewfromtheshard.com; 32 London Bridge St, SE1; Erw./Kind 30,95/24,95 £; 10–22 Uhr) bietet faszinierende Aussichten auf London. Bei einem Kaffee (3,50 £) oder Cocktail (ab 10 £) gibt's praktisch den gleichen Blick wie von den offiziellen Aussichtsplattformen des Shard (aber preiswerter und dazu mit Getränk). Ab 19 Uhr wird täglich Livemusik geboten.

Fabric Club
(Karte S. 84; www.fabriclondon.com; 77a Charterhouse Street, EC1M; 5–25 £; Fr–So 23–7 Uhr; Farringdon oder Barbican) Der führende Club Londons besteht aus drei separaten Tanzarealen in einem riesigen, umgebauten Kühlhaus gegenüber dem Fleischmarkt von Smithfield und ist stets proppenvoll (Tickets online kaufen!). FabricLive (an bestimmten Freitagen) bummert mit Drum and Bass und Dubstep; Fabric (meist samstags, aber auch an manchen Freitagen) ist die berühmte DJ-Nacht des Clubs. WetYourSelf! am Sonntag bietet House, Techno und Electronica.

Vor dem Lamb & Flag

Roof Gardens — Club

(Karte S. 88; www.roofgardens.virgin.com; 99 Kensington High St, W8; Club 20 £, Garten frei; Club Fr & Sa 22–2 Uhr, Garten 9–17 Uhr an bestimmten Tagen; ; High St Kensington) Der zauberhafte Club befindet sich auf dem Dach des ehemaligen Kaufhauses Derry & Toms, samt 0,6 ha großem Garten und Flamingos. Das Wow-Erlebnis kostet 20 £ Eintritt, potenzielle Gäste müssen sich zuvor über die Website auf der Gästeliste anmelden und Drinks kosten 10 £ pro Stück. Zugang erst ab 21 Jahren, der Dresscode lautet „kein Aufwand, kein Eintritt" (Trainingsanzug zu Hause lassen).

Zetter Townhouse Cocktail Lounge — Cocktailbar

(Karte S. 84; 020-7324 4545; www.thezettertownhouse.com; 49–50 St. John's Sq, EC1V; 7.30–0.45 Uhr; ; Farringdon) Die Bar im Erdgeschoss hinter einer unscheinbaren Tür am St. John's Square ist mit schweren Sesseln, ausgestopften Tierköpfen und massenhaft Lampen ausgestattet. Die Cocktailkarte orientiert sich an der Brennereigeschichte der Gegend – nach alten Rezepten werden hausgemachte Tinkturen und Liköre zu interessanten und ungewöhnlichen Drinks gemixt. Alle Hauscocktails kosten 10,50 £.

> *Das winzige Lamb & Flag ist jedermanns Lieblingspub*

Queen of Hoxton — Bar

(Karte S. 84; www.queenofhoxton.com; 1 Curtain Rd, EC2A; Mo–Mi 16–24, Do–Sa bis 2 Uhr; ; Liverpool St) Die Bar mit Industrieschick hat ein Spielezimmer, einen Keller und verschiedene Musikabende (auch schräge Sachen wie Tanzunterricht und Ukulele-Sessions), aber der eigentliche Renner ist die große Dachbar mit Blumen, Lichterketten und sogar einem Wigwam – und tollem Blick über die Stadt.

Netil360 — Dachbar

(www.netil360.com; 1 Westgate St, E8; April–Nov. Mi–Fr 10–22, Sa & So 12–23 Uhr; ; London Fields) Die superhippe Dachbar oben auf dem Netil House bietet unglaubliche Ausblicke auf London – mit den Messingteleskopen kann man die Angestellten im Gherkin aus der Nähe betrachten. Zwischendurch bietet sich eine Partie Krocket auf dem Kunstrasen an oder vielleicht auch ein Bad mit Freunden im Whirlpool.

Brew By Numbers — Kleinbrauerei

(Karte S. 84; www.brewbynumbers.com; 79 Enid St, SE1; Fr 18–22, Sa 11–20 Uhr; Bermondsey)

Experimentieren ist das Lebenselixier dieser Kleinbrauerei. Von der „wissenschaftlichen" Namensgebung (die Zahlen beziehen sich auf die Biersorte – Porter, Pale Ale usw. – und die Rezeptur) bis zum begeisterten Ausprobieren von neuen und Verändern von alten Bierarten (z. B. *saisons*, ein altes belgisches Bier, das einst Landarbeiter tranken) dreht sich alles darum, Bier neu zu definieren.

Glory Schwule & Lesben

(☎020-7684 0794; www.theglory.co; 281 Kingsland Rd E2; ⏰Mo–Do 17–24 Uhr, Fr & Sa bis 2, So 13–23 Uhr; 🚉Haggerston) Ein charmantes Team hat dieses gemütliche Eckpub übernommen und es zu einem der legendärsten queeren Varieté-Schuppen Londons gemacht. Mit einem Twink in Pink oder einem Schlong Island Iced Tea von der Cocktailkarte ist man gut gewappnet für all die Verrücktheiten. Alle Geschlechter sind willkommen.

Edinboro Castle Pub

(Karte S. 88; www.edinborocastlepub.co.uk; 57 Mornington Tce, NW1; ⏰11–23 Uhr; 📶; ⊖Camden Town) Das große und entspannte Edinboro hat eine gediegene Atmosphäre, tolle Möbel, die sich prima zum Abhängen eignen, eine schöne Bar und eine umfassende Speisekarte. Das Highlight ist jedoch der riesige Biergarten samt Grill und bunten Lichtern an lauen Sommerabenden. Im Winter stehen draußen Heizpilze.

✪ UNTERHALTUNG

Wigmore Hall Klassische Musik

(Karte S. 80; www.wigmore-hall.org.uk; 36 Wigmore St, W1; ⊖Bond St) Eines der besten und aktivsten (über 400 Konzerte im Jahr) Konzerthäuser für klassische Musik in London, nicht nur wegen der phantastischen Akustik, des schönen Art-nouveau-Saals und des breiten Spektrums an Konzerten und Liederabenden, sondern ebenfalls wegen des hohen Niveaus der Aufführungen. Das Haus von 1901 ist eine der Spitzenbühnen für Kammermusik der Welt.

Royal Opera House Oper

(Karte S. 80; ☎020-7304 4000; www.roh.org.uk; Bow St, WC2; Tickets 4–270 £; ⊖Covent Garden) Die klassische Oper Londons an der Covent Garden Piazza hat eine phantastische Lage. Der Besuch einer Aufführung ist eine opulente, wenn auch teure Angelegenheit. Das Programm wurde zwar durch moderne Einflüsse aufgelockert, aber die Hauptattraktion sind noch immer Oper und klassi-

Royal Opera House

sches Ballett – alles wunderbare Produktionen mit Künstlern von Weltklasse.

National Theatre Theater

(Royal National Theatre; Karte S. 84; 020-7452 3000; www.nationaltheatre.org.uk; South Bank, SE1; Waterloo) In Englands Vorzeigetheater werden in drei Spielstätten (Olivier, Lyttelton und Dorfman) klassische und zeitgenössische Stücke mit hervorragenden Besetzungen aufgeführt. Rufus Norris, der die Intendanz 2015 übernahm, machte 2016 mit der Ankündigung Schlagzeilen, ein Brexit-Schauspiel zu inszenieren.

606 Club Blues, Jazz

(Karte S. 88; 020-7352 5953; www.606club.co.uk; 90 Lots Rd, SW10; So–Do 19–23.15, Fr & Sa 20–0.30 Uhr; Imperial Wharf) In dem phantastischen, aber etwas versteckten Jazzkeller/Restaurant treten allabendlich zeitgenössische Jazzmusiker aus Großbritannien auf. Den Namen übernahm der Club von seiner alten Adresse in der King's Road, die in den 1980er-Jahren die Jazzliebhaber in ihren Bann zog. Der Club darf Alkohol nur dann an Nichtmitglieder ausschenken, wenn sie auch etwas essen. Eine Tischreservierung ist dringend angeraten.

Royal Albert Hall Konzerthalle

(Karte S. 88; 0845 401 5034; www.royalalberthall.com; Kensington Gore, SW7; South Kensington) In der prachtvollen viktorianischen Konzerthalle werden klassische Musik, Rock und andere Aufführungen geboten, doch am berühmtesten sind die von der BBC gesponserten Proms. Reservierung ist möglich, aber von Mitte Juli bis Mitte September stehen Proms-Zuschauer Schlange, um die Stehplatzkarten („Promenading Tickets") für 5 £ zu ergattern, die eine Stunde vor Vorstellungsbeginn verkauft werden. Zur Theaterkasse und zum Abholschalter für bestellte Tickets geht es durch Eingang 12 (Südseite des Gebäudes).

Electric Cinema Kino

(Karte S. 84; 020-3350 3490; www.electriccinema.co.uk; 64–66 Redchurch St, E2; Tickets 11–19 £; Shoreditch High St) Das Kino wird vom angesagten Privatclub Shoreditch House betrieben und ist wie geschaffen, um mit seinen nur 48 bequemen Sesseln ein Date zu beeindrucken. In dem Komplex befinden sich auch eine Bar und ein Restaurant, deren Speisen und Getränke mit ins Kino genommen werden dürfen. Die Karten gehen weg wie warme Semmeln, frühe Buchung ist also ratsam.

Anglesea Arms

Das altmodische **Pub** (Karte S. 88; 020-7373 7960; www.angleseaarms.com; 15 Selwood Tce, SW7; Mo–Sa 11–23, So 12–22.30 Uhr; South Kensington) ist von seiner langen Geschichte und den Generationen biertrinkender Gäste gezeichnet (darunter Charles Dickens, der in der gleichen Straße wohnte, sowie D. H. Lawrence). Es hat reichlich Charakter und eine gute Bierauswahl sowie eine Straßenterrasse, die im Sommer voll besetzt ist. Der Erzkriminelle Bruce Reynolds organisierte hier bei ein paar Drinks den großen Eisenbahnraub.

ANA GARCIA BODEGA/GETTY IMAGES ©

Lord's Zuschauersport

(Karte S. 88; 020-7432 1000; www.lords.org; St. John's Wood Rd, NW8; St. John's Wood) Für Cricketfans kommt der Weg zum Lord's oft einer Wallfahrt gleich. Die Heimspielstätte des Marylebone Cricket Club veranstaltet auch Test-Spiele, eintägige internationale und nationale Endspiele. Die internationalen Spiele sind meist schon Monate im Voraus ausverkauft, aber Tickets für County-Spiele gibt es meist problemlos.

Pizza Express Jazz Club Jazz

(Karte S. 80; 020-7439 4962; www.pizzaexpresslive.com/venues/soho-jazz-club; 10 Dean

St, W1; Eintritt 15–40 £; ⊖Tottenham Court Rd) Das Pizza Express ist schon seit seiner Eröffnung 1969 einer der besten Jazzschuppen in London. Der Standort mag zwar etwas merkwürdig sein, nämlich im Untergeschoss einer Filiale der Restaurantkette, aber der Club ist äußerst beliebt. Hier treten viele Stars und vielversprechende Künstler auf: Norah Jones, Gregory Porter und die verstorbene Amy Winehouse spielten hier zu Beginn ihrer Karriere.

O2 Arena Livemusik

(www.theo2.co.uk; Peninsula Sq, SE10; 📶; ⊖North Greenwich) Mit 20 000 Plätzen ist die O2 Arena eine der größten Konzerthallen der Stadt, in der all die Superstars auftreten: die Rolling Stones, Paul Simon und Sting, One Direction, Ed Sheeran und viele andere. Sie ist auch beliebt als Austragungsort von Sportveranstaltungen und man kann sogar aufs Dach zum **Up at the O2** mit weitreichendem Blick steigen.

KOKO Livemusik

(Karte S. 88; www.koko.uk.com; 1a Camden High St, NW1; ⊖Mornington Cres) Das KOKO, einst das legendäre Camden Palace, wo schon Charlie Chaplin, die Goons und die Sex Pistols auftraten und wo Prince auf einen Überraschungs-Gig vorbeikam, hat noch immer den Ruf als einer der besseren Musiklocations in London. Das alte Theater mit Tanzfläche und opulenten Logen zieht die Indie-Szene an. An den meisten Abenden gibt's Livemusik und samstags die überaus beliebten Clubnächte.

ℹ PRAKTISCHE INFORMATIONEN

Visit London (www.visitlondon.com) Visit London bietet sämtliche Informationen zu touristischen Attraktionen und Events (wie Wachablösung und chinesische Neujahrsparade), Flussfahrten und geführten Touren, Unterkünften, Restaurants, Theater, Shoppen, London für Kinder und Treffpunkte für Schwule und Lesben. Hilfreiche Schalter gibt's am **Heathrow Airport** (Terminal 1, 2 & 3 im U-Bahnhof; ⏲7.30–20.30 Uhr), **Bahnhof King's Cross St. Pancras** (Western Ticket Hall, Euston Rd N1; ⏲8–18 Uhr), **Bahnhof Liverpool Street** (Karte S. 84; ⏲8–18 Uhr), **U-Bahnhof Piccadilly Circus** (Karte S. 80; ⏲9.30–16 Uhr), in der City of London, in Greenwich sowie am **Bahnhof Victoria** (Karte S. 80; ⏲Mo–Sa 7.15–21.15, So 8.15–20.15 Uhr).

ℹ AN- & WEITERREISE

FLUGZEUG

Die Stadt hat fünf Flughäfen: Heathrow, der größte Flughafen, im Westen, Gatwick im Süden, Stansted im Nordosten, Luton im Nordwesten und London City in den Docklands.

ZUG

Die Hauptstrecken der Bahn werden von verschiedenen privaten Unternehmen bedient. Fahrkarten sind nicht billig, aber die Züge zwischen den Städten sind meist ziemlich pünktlich. Fahrpläne und Preise sind über National Rail (www.nationalrail.co.uk) zu erfahren.

EUROSTAR

Eurostar (☎03432 186186; www.eurostar.com) Der Hochgeschwindigkeitszug verkehrt täglich 14- bis 16-mal zwischen dem Londoner Bahnhof St. Pancras und der Gare du Nord in Paris (oder Bruxelles Midi in Brüssel). Die Fahrpreise schwanken enorm, von 69 bis 300 £.

ℹ UNTERWEGS VOR ORT

Die öffentlichen Verkehrsmittel in London werden von Transport for London (www.tfl.gov.uk) betrieben. Sie decken den gesamten Stadtbereich ab, funktionieren meist hervorragend, allerdings für teures Geld.

Am preisgünstigsten sind die Fahrten mit der Chipkarte Oyster Card oder einer britischen kontaktlosen Chipkarte. Normale Fahrscheine gibt es immer noch, aber sie sind erheblich teurer als eine Oyster Card.

Das Netz von U-Bahn (Underground oder *tube*), DLR und Overground ist ideal für längere Strecken in der Stadt; Busse und die **Santander Cycles** (☎0343 222 6666; www.tfl.gov.uk/modes/cycling/santander-cycles) sind prima für kurze Fahrten.

Wohin zum Schlafen?

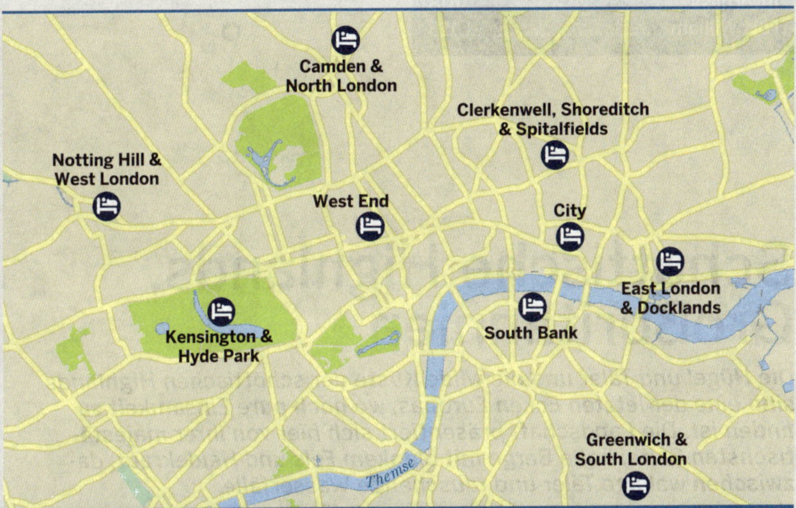

Stadtviertel	Merkmale
West End	Wichtige Sehenswürdigkeiten; gute Anbindung; breites, aber teures Unterkunftsangebot; gute Restaurants; viele Touristen.
City	St. Paul's und Tower of London; gute Anbindung; günstige zentrale Lage; gute Hotels, teils mit Wochenendrabatt; sehr ruhig an Wochenenden; Geschäftsviertel, entsprechend hohe Preise unter der Woche.
South Bank	Preisgünstiger als das West End; exzellente Pubs und Aussichten; viele Kettenhotels; eingeschränkte Möglichkeiten und Anbindungen.
Kensington & Hyde Park	Sehr gute Unterkünfte; stilvolles Viertel; gute Anbindung; nur wenig Nachtleben.
Clerkenwell, Shoreditch & Spitalfields	Trendige Gegend mit tollen Bars und regem Nachtleben; ausgezeichnete Boutiquehotels; nur wenige Spitzensehenswürdigkeiten; Anbindung eher mager.
East London & Docklands	Märkte; multikulturelles Flair; tolle Restaurants und traditionelle Pubs; nur wenige Unterkünfte; einige Gebiete nachts unsicher.
Camden & North London	Viel Grün; dynamisches Nachtleben; exzellente Boutiquehotels und Hostels; ruhig unter der Woche; nicht zentral und weit ab von den großen Sehenswürdigkeiten.
Notting Hill & West London	Cooles Viertel; tolle Läden, Märkte und Pubs; hervorragende Boutiquehotels; gute Anbindung; teuer; wenige Top-Sehenswürdigkeiten.
Greenwich & South London	Tolle Boutiquehotels; grüne Oasen; Sehenswürdigkeiten von Greenwich in der Nähe und außerhalb Greenwichs; schlechte Anbindung.
Richmond, Kew & Hampton Court	Schicke Hotels am Fluss; fast ländliche Areale; phantastische Ufer-Pubs; Sehenswürdigkeiten breit verstreut; recht weit entfernt vom Zentrum Londons.

In diesem Kapitel

Schottische Highlands, Großbritannien

Die Hügel und Täler und die wilde Küste der schottischen Highlands sind eine der letzten Ecken Europas, wo noch pure Einsamkeit zu finden ist. Die Landschaft präsentiert sich hier von ihrer majestätischsten Seite: hohe Berge mit blankem Fels und Heidekraut, dazwischen waldige Täler und rauschende Wasserfälle.

Im Sommer sind Aviemore, Fort William und Glen Coe beliebte Ziele für Bergwanderer und Kletterer, im Winter für Skifahrer, Snowboarder und Eiskletterer. Inverness, die Hauptstadt der Highlands, sorgt für urbane Erholung und Loch Ness und seinem scheuen Ungeheuer haftet bis heute etwas Rätselhaftes an.

Zwei Tage in den Highlands

Eine Tour durch Royal Deeside am ersten Tag, einschließlich **Balmoral** (S. 112), der Sommerresidenz der Königin, und dem nahen **Braemar Castle** (S. 112). Am zweiten Tag wird auf einer **Bootstour** (S. 110) dem Ungeheuer von Loch Ness nachgespürt, danach das berühmte **Urquhart Castle** (S. 106) besichtigt. Zum Schluss geht's ans ruhigere Ostufer des Sees und zu einem Essen im wunderbaren **Dores Inn** (S. 107).

Vier Tage in den Highlands

Der dritte Tag wird in **Inverness** (S. 108) verbracht oder auf einer **Bootstour** (S. 110), um Delfine zu entdecken. Den Abschluss bildet eine Fahrt zum **Glen Coe** (S. 116) im Südwesten, mit Zwischenstopp in Fort William für eine Fahrt mit der **Dampfeisenbahn** (S. 115) und einer Führung durch eine **Brennerei** (S. 103).

Genug gesehen von den Highlands? Ein Nachtzug fährt in 13 Stunden nach London (S. 54).

Karte Inverness (S. 109)

Ankunft

Flugzeug Der Inverness Airport in Dalcross hat planmäßige Inlands- und einige internationale Flugverbindungen.

Bus Durch das Great Glen zwischen Inverness und Fort William verkehren regelmäßig Busse.

Zug Inverness hat Zugverbindungen mit Glasgow, Edinburgh und London.

Schlafen

Der Großteil der Unterkünfte ist in Inverness, Aviemore und Fort William zu finden, aber die meisten halbwegs großen Ortschaften haben ebenfalls ein paar Hotels und ein Dutzend oder mehr B&Bs – manche in prächtigen viktorianischen Villen, in Bauernhäusern und Pfarrhäusern. Camping ist beliebt bei Touren in die freie Natur; es gibt ausreichend ausgewiesene Campingplätze, doch auch wildes Zelten ist weithin üblich.

Edradour Distillery

Auf dem Whisky Trail

Schottlands Nationalgetränk – auf Gälisch uisge bagh („Lebenswasser") – wird seit mehr als 500 Jahren gebrannt. Es gibt noch über 100 Brennereien, die Hunderte Varianten von Single Malt produzieren. Jedes Jahr entstehen weitere neue Destillerien.

Toll für ...

☑ Nicht versäumen

Das Fèis Ìle (Islay Festival) im Mai mit traditioneller schottischer Musik und Whisky.

Whisky wird in Schottland bereits mindestens seit dem 15. Jh. gebrannt, wahrscheinlich noch länger. Ein enorm beliebter Zeitvertreib sind mittlerweile auch Kurse, die den Unterschied zwischen den rauchigen, torfigen Whiskys von Islay von den blumigen, Sherry-ähnlichen Malts von Speyside vermitteln.

Whiskyzentrum

Die Region Speyside um Dufftown und Glenlivet ist das Epizentrum der Whiskyindustrie. Über 50 Brennereien öffnen während des zweimal jährlich stattfindenden **Spirit of Speyside Festival** (www.spiritofspeyside.com) ihre Tore, noch weitaus mehr sind das ganze Jahr über zu besichtigen.

Einige Pubs in der Region haben sich einen Namen als Whiskybars gemacht, da sie ein überwältigendes Angebot an Single

JAG_CZ/SHUTTERSTOCK ©

Malt Whiskys führen – die berühmte Bar Quaich im **Craigellachie Hotel** (01340-881204; www.craigellachiehotel.co.uk; Craigellachie), die seit 1894 besteht, bietet mehr als 800 Sorten.

Besuch einer Brennerei

Viele Brennereien bieten Führungen mit anschließender Whiskyprobe an, eine prima Gelegenheit, verschiedene Whiskys zu kosten und dabei die Region kennenzulernen. Der Besuch einer Brennerei kann zwar ein unvergessliches Erlebnis sein, doch nur hartgesottene Malt-Süffler werden es schaffen, mehr als eine oder zwei aufzusuchen. Die folgenden Brennereien lohnen sich für einen Tagesausflug ab Inverness.

Gut zu wissen

Schottischer Whisky wird immer ohne „e" geschrieben – „Whiskey" ist Irisch oder Amerikanisch. Whisky ist der größte Exportartikel Schottlands. Die Schankeinheit in Pubs ist entweder 25 ml oder 35 ml.

Kleine Stärkung

Das **Moulin Hotel** (01796-472196; www.moulinhotel.co.uk; Kirkmichael Rd; Hauptgerichte 9–16 £; P) in Pitlochry serviert deftige Highland-Kost und liegt in unmittelbarer Nähe zu den beiden Brennereien Edradour und Blair Athol.

Top-Tipp

Kein Mensch fragt in einer Bar oder im Pub nach „Scotch" – was sonst sollte denn in Schottland serviert werden?

Edradour Distillery — Brennerei

(01796-472095; www.edradour.co.uk; Moulin Rd; Führung Erw./Kind 7,50/2,50 £; Ende April–Ende Okt. Mo–Sa 10–17 Uhr; P) Die Brennerei ist stolz darauf, die kleinste und malerischste Schottlands zu sein, noch dazu ist sie eine der besten für eine Besichtigung: Der gesamte Prozess in einem einzigen Gebäude wird gezeigt und gut verständlich erklärt. Sie liegt mit dem Auto 4 km auf der Straße nach Moulin östlich von Pitlochry, zu Fuß sind es 1,6 km.

Blair Athol Distillery — Brennerei

(01796-482003; www.discovering-distilleries.com; Perth Rd; Standardführung 7 £; April–Okt. 10–17 Uhr, Nov.–März bis 16 Uhr) Die Führungen drehen sich um die Whiskyherstellung und das Blenden dieses bekannten Tröpfchens. Private Touren vermitteln noch mehr Details, vertiefende Einblicke und bessere Verkostungen.

Ben Nevis Distillery — Brennerei

(01397-702476; www.bennevisdistillery.com; Lochy Bridge; Führung Erw./Kind 5/2,50 £; ganzjährig Mo–Fr 9–17 Uhr, Ostern–Sept. Sa 10–16 Uhr, Juli & Aug. So 12–16 Uhr; P) Eine Führung durch diese Brennerei ist an Regentagen eine aufwärmende Alternative zu Aktivitäten in den Bergen.

Urquhart Castle (S. 106)

Loch Ness

Das eisig kalte Wasser des tiefen, dunklen und schmalen Loch Ness lockt bis heute Menschen an, die Nessie erwischen wollen, das schwer fassbare Ungeheuer. Trotz des Massenansturms ist es noch immer möglich, Beschaulichkeit und hinreißende Aussichten zu finden. Die fotogene Burg und tolle Wanderungen runden das Erlebnisprogramm ab.

Toll für ...

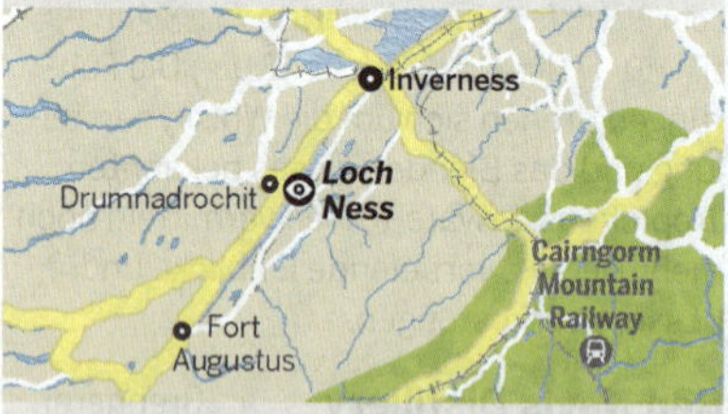

Gut zu wissen

Die komplette Umrundung des Sees ist etwa 113 km lang; bei der Fahrt gegen den Uhrzeigersinn gibt's die schönsten Ausblicke.

★ Top-Tipp

Lust auf eine kleine Nessie-Jagd? Infos stehen auf www.lochness sightings.com.

BOTOND HORVATH/SHUTTERSTOCK ©

Die Geschichten um das Ungeheuer von Loch Ness nahmen in den 1930er-Jahren Fahrt auf, als Berichte darüber, Menschen hätten das Ungeheuer gesichtet, zu einem Presserummel samt Fotos führten, die sich schnell verbreiteten. In jüngster Zeit verebbten die Berichte, aber der skurrile Kommerz um Nessie ist für sich schon ein Spektakel.

Drumnadrochit

Drumnadrochit, ganz im Griff des Ungeheuerwahns und mit Geschenkeläden voller Plüsch-Nessies, ist eine Brutstätte des Monsterfiebers, in der die Nessie-Attraktionen um das Geld der Touristen buhlen.

Das **Loch Ness Centre & Exhibition** (☎01456-450573; www.lochness.com; Erw./Kind 7,95/4,95 £; ⊙Juli & Aug. 9.30–18 Uhr, Ostern–Juni, Sept. & Okt. bis 17 Uhr, Nov.–Ostern 10–15.30 Uhr; P 🚸) geht die Sache wissenschaftlich an und ermöglicht somit den Besuchern, sich selbst ein Bild zu machen. Die Ausstellung befasst sich mit Schwindel und optischen Täuschungen, zeigt aber auch originale Fotos und Filmaufnahmen von angeblichen Sichtungen.

Nessie Hunter (☎01456-450395; www.lochness-cruises.com; Erw./Kind 15/10 £; ⊙Ostern–Okt.) bietet einstündige Bootstouren für jene an, die selbst auf Ungeheuerjagd gehen wollen, samt Sonaranlage und Unterwasserkameras. Die Boote legen jeden Tag stündlich von 9 bis 18 Uhr (außer 13 Uhr) in Drumnadrochit ab.

Urquhart Castle

Urquhart Castle (HS; ☎01456-450551; Erw./Kind 8,50/5,10 £; ⊙April–Sept. 9.30–18 Uhr, Okt. bis 17 Uhr, Nov.–März bis 16.30 Uhr; P), in groß-

Loch Ness

artiger Lage 2,5 km östlich von Drumnadrochit und mit hervorragenden Aussichten, ist ein beliebtes Ziel für Nessie-Jäger. In einem riesigen Besucherzentrum (überwiegend unterirdisch) sind Videos und mittelalterliche Gegenstände aus der Burg zu sehen.

Die Burg wurde im Lauf der Jahrhunderte mehrmals gebrandschatzt und wieder aufgebaut; 1692 wurde sie in die Luft gesprengt, damit die Jakobiten sie nicht benutzen konnten. Der fünfstöckige Turm an der Nordseite ist das eindrucksvollste erhaltene Fragment und bietet schöne Aussichten über den See.

☑ Nicht versäumen

Aufstieg auf die Zinnen des berühmten Turms von Urquhart Castle, um von der felsigen Landspitze einen ungehinderten Blick über den Loch Ness zu genießen

VISITBRITAIN/JOE CORNISH/GETTY IMAGES ©

Ostseite des Loch Ness

Am Westufer des Loch Ness mit den Touristenzentren Drumnadrochit und Urquhart Castle drängen sich die Reisebusse, während die schmale Uferstraße B862 an der Ostseite relativ beschaulich ist. Sie führt zum Dorf Foyers mit einem schönen Wanderweg zu den Falls of Foyers.

Die Fahrt lohnt sich schon allein für einen Besuch im **Dores Inn** (☎01463-751203; www.thedoresinn.co.uk; Dores; Hauptgerichte 11–24 £; ⌚Pub 10–23 Uhr, Küche 12–14 & 18–21 Uhr; P 📶), einem sehr schön restaurierten Landgasthaus mit recycelten Möbeln, schottischen Landschaftsgemälden und frischen Blumen. Das Speisenangebot besteht aus hochwertigen schottischen Produkten, z. B. Haggis, Kohlrüben und *tatties* (Kartoffeln), Schellfisch und Pommes frites, Steaks, Jakobsmuscheln und Meeresfrüchten. Der Garten des Pubs hat einen herrlichen Blick auf den Loch Ness und einen speziellen Aussichtspunkt, um das Ungeheuer zu erspähen.

Wandern am Loch Ness

Der South Loch Ness Trail (www.visitinvernesslochness.com) ist eine Kombination aus Fußwegen und Nebenstraßen an der weniger besuchten Südseite des Sees. Die 45 km vom Loch Tarff bei Fort Augustus nach Torbreck im Randgebiet von Inverness können zu Fuß, per Rad oder mit einem Pferd bewältigt werden.

Der Aufstieg auf den Meallfuarvonie (699 m) am Nordwestufer des Loch Ness ist eine schöne kurze Wanderung: Der Blick über das Great Glen vom Gipfel ist großartig. Hin und zurück sind es knapp 10 km, also etwa drei Stunden. Startpunkt ist der Parkplatz am Ende der Nebenstraße, die von Drumnadrochit südwärts nach Bunloit führt.

✕ Kleine Stärkung

In Drumnadrochit gibt es reichlich Cafés und Restaurants, die aber oft voll sind. Ruhiger geht es im Dores Inn an der Ostseite zu.

Die Schlacht von Culloden

In der Schlacht von Culloden 1746 – die letzte Feldschlacht auf britischem Boden – erlitt Bonnie Prince Charlie seine entscheidende Niederlage. Es war das Ende des jakobitischen Traums, als 1200 Highlander in nur 68 Minuten von Regierungstruppen niedergemetzelt wurden. Der Herzog von Cumberland, Sohn des regierenden Königs Georg II. und Feldherr der hannoverschen Armee, erhielt wegen seiner brutalen Behandlung der geschlagenen Jakobiten den Beinamen „Schlächter". Die Schlacht versetzte dem alten Clan-System den Todesstoß, gefolgt von den Schrecken der Vertreibungen, den sogenannten *Clearances*. Das düstere Moor, auf dem die Schlacht stattfand, hat sich in den folgenden 260 Jahren kaum verändert.

Das beeindruckende **Culloden Visitor Centre** (NTS; www.nts.org.uk/culloden; Erw./Kind 11/8,50 £; ⏲Juni–Aug. 9–18 Uhr, April, Mai, Sept. & Okt. bis 17.30 Uhr, Nov.–März 10–16 Uhr; P) zeigt einen innovativen Film, der Zuschauer aufs Schlachtfeld mitten ins Getümmel führt, und hat zudem eine audiovisuelle Ausstellung. Im Eintrittspreis enthalten ist ein Audioguide für die Besichtigung des Schlachtfelds .

Reetdachhaus auf dem Schlachtfeld
MATTHI/SHUTTERSTOCK ©

Inverness

Inverness, die Hauptstadt der Highlands, ist eine der am schnellsten wachsenden Städte Großbritanniens. Sie ist Verkehrsknotenpunkt und Ausgangspunkt für die zentralen, westlichen und nördlichen Highlands, die Küste des Moray Firth und das Great Glen. Das Great Glen ist eine geologische Verwerfung, die pfeilgerade von Fort William bis Inverness quer durch Schottland verläuft. Die Gletscher der letzten Eiszeit furchten entlang der Verwerfungslinie einen tiefen Graben, in dem heute mehrere Seen liegen – Loch Linnhe, Loch Lochy, Loch Oich und Loch Ness.

Vermutlich wurde Inverness im 12. Jh. von König David gegründet, doch wegen ihrer oft blutigen Geschichte blieben nur wenige alte Gebäude oder solche von historischer Bedeutung erhalten. Der größte Teil der Altstadt stammt aus der Zeit nach der Fertigstellung des Caledonian Canal 1822. Der breite und seichte River Ness, der bekannt für seine Lachsfischerei ist, fließt mitten durch die Stadt.

SEHENSWERTES

Ness Islands Park

Die Hauptattraktion in Inverness ist ein gemächlicher Spaziergang am Flussufer entlang zu den Ness Islands. Mit den alten Kiefern, Tannen, Buchen und Ahornbäumen und den eleganten, viktorianischen Fußgängerbrücken, die die Inseln untereinander und mit dem Festland verbinden, sind sie ein reizvoller Ort für ein Picknick. Sie liegen 20 Minuten zu Fuß südlich der Burg – ein schöner Spaziergang flussaufwärts (der Startpunkt des Great Glen Way) und wieder zurück am anderen Flussufer.

Inverness Museum & Art Gallery Museum

(☎01463-237114; www.inverness.highland.museum; Castle Wynd; ⏲April–Okt. Di–Sa 10–17 Uhr, Nov.–März Do–Sa 12–16 Uhr) GRATIS Das Inverness Museum & Art Gallery zeigt Dioramen zur Tier- und Pflanzenwelt, geologische Schautafeln, historische Zimmer mit alten Waffen, Piktensteine und modernes Kunsthandwerk der Highlands.

Cawdor Castle Burg

(☎01667-404615; www.cawdorcastle.com; Cawdor; Erw./Kind 10,70/6,70 £; ⏲Mai–Sept. 10–17.30 Uhr; P) Die Burg, 8 km südwestlich von Nairn, war einst der Sitz des Thane of

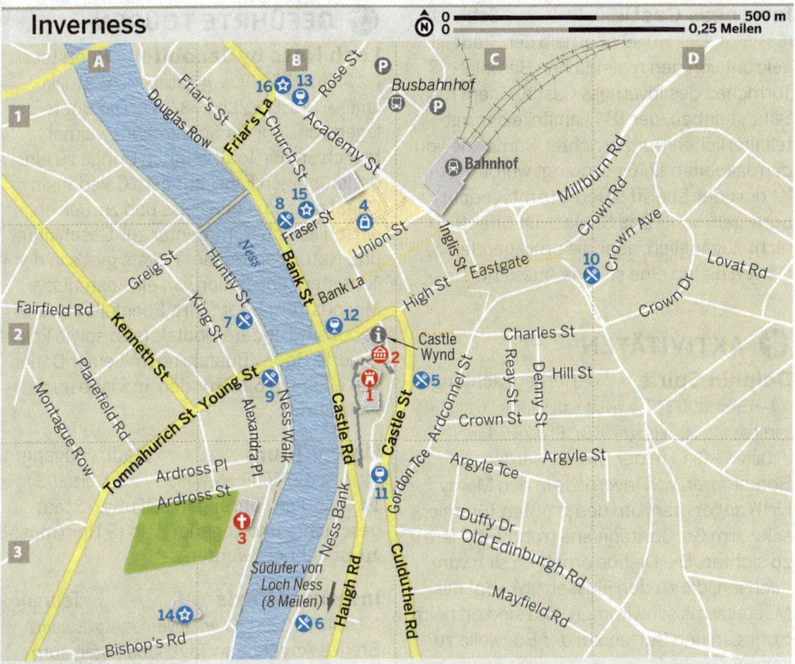

Inverness

Sehenswertes
- 1 Inverness Castle B2
- 2 Inverness Museum & Art Gallery B2
- 3 St. Andrew's Cathedral B3

Shoppen
- 4 Viktorianischer Markt B1

Essen
- 5 Café 1 .... C2
- 6 Contrast Brasserie B3
- 7 Kitchen Brasserie B2
- 8 Mustard Seed B1
- 9 Rocpool B2
- 10 Velocity Cafe C2

Ausgehen & Nachtleben
- 11 Castle Tavern B3
- 12 Johnny Foxes B2
- 13 Phoenix B1

Unterhaltung
- 14 Eden Court Theatre A3
- 15 Hootananny B1
- 16 Ironworks B1

Cawdor, einer der Titel von Shakespeares *Macbeth*. Der echte Macbeth – ein historischer schottischer König – hat hier aber nicht gelebt, da er 1057 starb, 300 Jahre bevor die Burg gebaut wurde. Gleichwohl vermittelt die Führung einen Einblick in das Leben der schottischen Aristokratie.

Brodie Castle Schloss

(NTS; ☎01309-641371; www.nts.org.uk; Brodie; Erw./Kind 10,50/7,50 £; ⏰Juli & Aug. tgl. 10.30–17 Uhr, April–Juni & Sept.–Okt. Sa–Mi 10.30–16.30 Uhr; P) Brodie Castle inmitten einer 70 ha großen Parklandschaft hat eine Bibliothek mit über 6000 staubigen Büchern, wunderbare Uhren, eine riesige viktorianische Küche und einen Speiseraum aus dem 17. Jh. mit einer extravaganten Stuckdecke, die mythologische Szenen darstellt. Die Brodies lebten hier seit 1160, aber das derzeitige Gebäude stammt überwiegend von 1567, im Laufe der Zeit kamen zahlreiche Ergänzungen hinzu. Das Schloss liegt gut 6 km westlich von Forres.

Inverness Castle Schloss
(Castle St) Der Hügel oberhalb der Stadt ist gekrönt von den malerischen Baronial-Türmchen des Inverness Castle, einem rosa Sandsteinbau, der 1847 anstelle der mittellalterlichen Burg errichtet wurde, die von den Jakobiten 1746 gesprengt wurde. Heute ist dort der Sheriff's Court (Amtsgericht) untergebracht. Das Schloss ist öffentlich nicht zugänglich, aber die umliegenden Gärten bieten eine schöne Aussicht.

AKTIVITÄTEN

Dolphin Spirit Tierbeobachtung
(☎07544-800620; www.dolphinspirit.co.uk; Inverness Marina, Longman Dr; Erw./Kind 16/10 £; ⊙Ostern–Okt.) In der Saison werden vier Bootstouren von Inverness in den Moray Firth angeboten, um den größten Tümmlerschwarm Großbritanniens (rund 130 Tiere) zu sichten. Die Delfine ernähren sich von Lachsen, die zu den Flüssen am Kopf des Meeresarms schwimmen, und sind oft beim Springen und Surfen auf der Bugwelle zu sehen.

GEFÜHRTE TOUREN

Loch Ness by Jacobite Bootstour
(☎01463-233999; www.jacobite.co.uk; Glenurquhart Rd; Erw./Kind 33/26 £) Die Boote legen von Juni bis September zweimal täglich an der Tomnahurich Bridge zu einer dreistündigen Fahrt auf dem Caledonian Canal bis zum Loch Ness und zurück ab, einschließlich Kommentar zur Geschichte und Natur der Region. Tickets gibt's in der Touristeninformation, wo ein kostenloser Minibus zum Boot fährt. Ebenfalls im Angebot sind andere Bootstouren sowie kombinierte Boot-/Busfahrten mit einer Dauer von einer bis 6½ Stunden, manche auch ganzjährig.

Happy Tours Stadtrundgang
(☎07828-154683; www.happy-tours.biz; 10 £) 1¼-stündige Führungen zu Fuß zu Stadtgeschichte und Legenden ab 19 Uhr (muss zuvor gebucht werden).

Inverness Taxis Touren
(☎01463-222900; www.inverness-taxis.com) Breites Angebot an Tagesausflügen zum Urquhart Castle, Loch Ness, nach Culloden

Victorian Market

und sogar nach Skye. Die Preise pro Auto (bis zu 4 Pers.) liegen bei 60 £ (2 Std.) bis 240 £ (ganzer Tag).

SHOPPEN

Victorian Market Markt

(Academy St; ⏲Mo–Sa 9–17 Uhr) Wenn es regnet, bietet sich eine Einkaufstour im Victorian Market an, ein Einkaufszentrum aus den 1890er-Jahren, das mehr Charme besitzt als seine modernen Entsprechungen.

ESSEN

In Inverness gibt es einige der besten – und preiswertesten – Restaurants in den Highlands.

Velocity Cafe Café £

(☎01463-419956; http://velocitylove.co.uk; 1 Crown Ave; Hauptgerichte 4–7 £; ⏲Mo, Mi, Fr & Sa 9–17, Do 9–21, So 11–17 Uhr;) Das Café für Radfahrer serviert Suppen, Sandwiches und Salate aus biologischen Zutaten, die aus regionalem Anbau stammen, sowie leckere Kuchen und Kaffee. In der zugehörigen Werkstatt können Radler auch ihr Rad reparieren oder einen Termin mit einem Mechaniker vereinbaren.

Café 1 Bistro ££

(☎01463-226200; www.cafe1.net; 75 Castle St; Hauptgerichte 13–25 £; ⏲Mo–Fr 12–14.30 & 17–21.30, Sa 12–14.30 & 18–21.30 Uhr;) Das Café 1 ist ein nettes, einladendes Bistro mit Kerzen auf den Tischen in einem Ambiente aus elegantem hellen Holz und Schmiedeeisen. Die Speisen sind international und werden mit hochwertigen schottischen Erzeugnissen zubereitet, von Aberdeen-Angus-Steaks bis zu knusprig gebratenem Seebarsch und zartem Schweinebauch. Das Mittagsmenü (zwei Gänge 12 £) wird montags bis samstags von 12 bis 14.30 Uhr serviert.

Contrast Brasserie Brasserie ££

(☎01463-223777; www.glenmoristontownhouse.com; 20 Ness Bank; Hauptgerichte 14–21 £; ⏲12–14.30 & 17–22 Uhr) Für das unserer Meinung nach beste und günstigste Restaurant in Inverness ist eine frühe Reservierung ratsam: ein Gastraum im Designerstil, freundliche, professionelle Angestellte und wahrhaft köstliches Essen, das aus frischen schottischen Erzeugnissen zubereitetes ist. Das 2-/3-Gänge-Mittagsmenü (11/14 £) und das frühe 3-Gänge-Abendmenü (16 £; 17–18.30 Uhr) sind echt preiswert.

Fort George

Das **Fort George** (HS; ☎01667-462777; Erw./Kind 8,50/5,10 £; ⏲April–Sept. 9.30–17.30 Uhr, Okt.–März 10–16 Uhr; P), eine der eindrucksvollsten Festungsanlagen Europas, wurde ab 1748 nach der Schlacht von Culloden als Highland-Stützpunkt für die Besatzungsarmee von Georg II. gebaut. Bei der Fertigstellung 1769 betrugen die Baukosten nach heutigen Maßstäben rund 1 Mrd. £. Das Fort dient noch immer als Militärkaserne; öffentlich zugänglich sind lediglich die Ausstellungen zum Militär im 18. Jh. und der knapp 2 km lange Rundweg auf der Festungsmauer mit schönem Blick auf das Meer und hinten auf das Great Glen.

Angesichts der Größe sind mindestens zwei Stunden einzuplanen, um das Fort würdigen zu können. Es liegt knapp 18 km nordöstlich von Inverness ein Stück abseits der A96; mit öffentlichen Verkehrsmitteln ist es nicht zu erreichen.

JEFF J MITCHELL/GETTY IMAGES ©

Mustard Seed Bistro ££

(☎01463-220220; www.mustardseedrestaurant.co.uk; 16 Fraser St; Hauptgerichte 13–21 £; ⏲12–15 & 17.30–22 Uhr) Die Speisen in diesem hellen, lebhaften Bistro wechseln wö-

Royal Deeside

Der obere Talabschnitt des River Dee erstreckt sich von Aboyne und Ballater westwärts nach Braemar, dicht gesäumt von der A93. Die Region wird wegen ihrer lange währenden Verbindung zur Monarchie auch oft Royal Deeside genannt.

Balmoral Castle (☎01339-742534; www.balmoralcastle.com; Crathie; Erw./Kind 11,50/5 £; ⌚April–Juli 10–17 Uhr, letzter Eintritt 16.30 Uhr; P) wurde 1855 für Königin Victoria als Residenz der königlichen Familie gebaut und leitete die Wiedererweckung des schottischen Baronial-Stils in der Architektur ein, der viele Landhäuser des 19. Jhs. in Schottland prägte. Im Eintrittspreis enthalten ist ein interessanter und gut durchdachter Audioguide, aber er führt vor allem durch die Gärten und das Schlossgelände.

Das turmbewehrte **Braemar Castle** (www.braemarcastle.co.uk; Erw./Kind 8/4 £; ⌚Juli & Aug. tgl. 10–16 Uhr, April–Juni, Sept. & Okt Mi–So; P) gleich nördlich des Dorfs Braemar stammt von 1628 und diente nach dem Jakobiten-Aufstand von 1745 als Garnison der Regierungstruppen. 2007 ging es in kommunalen Besitz über und bietet nun Führungen durch die historischen Wohnräume der Burg an. Vom Parkplatz ist es nur ein kurzes Stück zu Fuß zur Burg.

Balmoral Castle
UNIVERSALIMAGESGROUP/GETTY IMAGES ©

chentlich, Schwerpunkt ist jedoch moderne schottische und französische Küche. Wenn möglich sollte man sich einen Tisch oben auf dem Balkon schnappen – der schönste Platz für ein Mittagessen im Freien in Iverness mit tollem Blick auf den Fluss. Und das zweigängige Mittagessen für 9 £ – doch, wirklich – ist kaum zu überbieten.

Kitchen Brasserie Modern Schottisch ££
(☎01463-259119; www.kitchenrestaurant.co.uk; 15 Huntly St; Hauptgerichte 9–20 £; ⌚12–15 & 17–22 Uhr; 📶👶) Das Restaurant mit Glasfassade bietet Speisen aus schottischen Erzeugnissen mit mediterranem oder asiatischem Touch und einen Blick über den River Ness – am besten von einem Tisch oben. Supergünstig sind das zweigängige Mittagsmenü (9 £, 12–15 Uhr) und das Menü am frühen Abend (13 £, 17–19 Uhr).

Rocpool Mediterran £££
(☎01463-717274; www.rocpoolrestaurant.com; 1 Ness Walk; Hauptgerichte 13–23 £; ⌚Mo–Sa 12–14.30 & 17.45–22 Uhr) Viel lackiertes Holz, steife, weiße Tischtücher und Nischen mit Lederbänken verleihen dem entspannten Bistro ein nautisches Flair. Geboten werden mediterran beeinflusste Speisen, die das Beste aus hochwertigen schottischen Erzeugnissen herauskitzeln, vor allem aus Fisch und Meeresfrüchten. Das zweigängige Mittagsmenü kostet 16 £.

AUSGEHEN & NACHTLEBEN

Als „Hauptstadt der Highlands" hat Inverness das lebhafteste Nachtleben der Region. Neben Dutzenden Pubs, Clubs und Musiklokalen gibt es auch noch das Eden Court Theatre, das den kulturellen Mittelpunkt der Region bildet.

Clachnaharry Inn Pub
(☎01463-239806; www.clachnaharryinn.co.uk; 17–19 High St, Clachnaharry; ⌚Mo–Do 11–23, Fr & Sa 11–1, So 12–23 Uhr; 🐾) Diese reizende alte Postkutschenstation (mit Biergarten dahinter) serviert eine exzellente Auswahl an Real Ales und gutem Kneipenessen. Sie liegt nur knapp 2 km nordwestlich des Stadtzentrums am Ufer des Caledonian Canal unweit der A862.

Phoenix Pub
(☎01463-233685; 108 Academy St; ⌚Mo–Sa 11–1, So 12–24 Uhr) Das wunderschön restaurierte Phoenix ist das traditionellste Pub

im Stadtzentrum. Es hat eine hufeisenförmige Mahagoni-Bar und mehrere Real Ales vom Fass, darunter Biere aus den Brauereien Cairngorm, Cromarty und Isle of Skye.

Castle Tavern Pub
(☎01463-718718; www.castletavern.net; 1–2 View Pl; ⏲11–23 Uhr) Das Pub mit einer verlockenden Auswahl an Craft-Bieren hat vorne eine kleine, sonnige Terrasse – wunderbar für ein Pint an einem Sommernachmittag.

Johnny Foxes Bar
(☎01463-236577; www.johnnyfoxes.co.uk; 26 Bank St; ⏲11–3 Uhr) Johnny Foxes, unten im hässlichsten Gebäude am Fluss, ist eine große und lärmende irische Bar mit einem breiten Speisenangebot und allabendlicher Livemusik. Das zugehörige **Den** ist eine schicke Cocktailbar mit Club am späten Abend.

✪ UNTERHALTUNG

Hootananny Livemusik
(☎01463-233651; www.hootanannyinverness.co.uk; 67 Church St) Das Hootananny ist das beste Musiklokal der Stadt, wo jeden Abend live traditionelle Folk- und/oder Rockmusik geboten wird, auch von berühmten Bands aus Schottland (und der ganzen Welt). Die Bar hat etliche Biere aus der heimischen Black Isle Brewery auf Lager.

Ironworks Livemusik, Comedy
(☎0871-789 4173; www.ironworksvenue.com; 122 Academy St) Das Ironworks ist die wichtigste Adresse für Auftritte großer Stars. Livemusik (Rock, Pop, Tribute-Bands) und Comedyshows gibt's zwei- bis dreimal pro Woche.

Eden Court Theatre Theater
(☎01463-234234; www.eden-court.co.uk; Bishop's Rd; 📶) Das Eden Court mit Theater, Programmkino und Konferenzzentrum ist der kulturelle Nabel der Highlands. Auf dem vollen Programmkalender stehen Schauspiel, Tanz, Comedy, Musik, Film und Kinderveranstaltungen. Außerdem gibt's eine gute Bar und ein Restaurant. Das Programm liegt im Foyer aus und steht ebenfalls auf der Website.

ℹ PRAKTISCHE INFORMATIONEN

Inverness Touristeninformation (☎01463-252401; www.visithighlands.com; Castle Wynd; Internetzugang 1 £/20 Min.; ⏲Mo–Sa 9–17, So 10–15 Uhr, März–Okt. länger geöffnet) **Wechselstube und Buchungsservice für Unterkünfte; auch Tickets für Führungen und Bootstouren.**

Highland-Tänzer

NICK FOX/SHUTTERSTOCK ©

Jacobite Steam Train auf dem Glenfinnan-Viadukt

„Eine der großartigsten Eisenbahnfahrten der Welt"

AN- & WEITERREISE

BUS

Die Busse fahren am **Busbahnhof Inverness** (Margaret St) ab. Die meisten Intercitystrecken werden von **Scottish Citylink** (☎0871-266 3333; www.citylink.co.uk) bedient. Bei sehr frühen Buchungen kosten Fahrkarten von **Megabus** (☎0141-352 4444; www.megabus.com) nur 1 £ für Busse von Inverness nach Glasgow und Edinburgh bzw. 10 £ nach London.

FLUGZEUG

Inverness Airport (INV; ☎01667-464000; www.hial.co.uk/inverness-airport) In Dalcross, 16 km östlich der Stadt an der A96 Richtung Aberdeen. Es gibt Linienflüge nach Amsterdam, London, Manchester, Dublin, Orkney, Shetland und zu den Äußeren Hebriden sowie zu anderen Orten in Großbritannien.

Der Stagecoach-Bus 11/11A fährt vom Flughafen zum Busbahnhof Inverness (4 £, 20 Min., alle 30 Min.).

ZUG

Inverness hat Zugverbindungen mit Edinburgh (50 £, 3½ Std., alle 2 Std.) und London (120 £, 8–9 Std., 1-mal tgl. direkt).

UNTERWEGS VOR ORT

AUTO

Focus Vehicle Rental (☎01463-709517; www.focusvehiclerental.co.uk; 6 Harbour Rd) Die großen Autovermieter verlangen rund 50 bis 65 £ pro Tag, aber Focus hat günstigere Angebote ab 40 £ pro Tag.

BUS

Stadtbusse und Regionalbusse zu Zielen wie Nairn, Forres, Culloden Battlefield, Beauly, Dingwall und Lairg werden von **Stagecoach** (☎01463-233371; www.stagecoachbus.com) betrieben.

Die Tageskarte Inverness City Dayrider kostet 3,50 £ und gilt für unbegrenzte Fahrten mit allen Stadtbussen.

FAHRRAD

Ticket to Ride (☎01463-419160; www.tickettoridehighlands.co.uk; Bellfield Park; pro Tag ab 25 £; ⏲April–Okt. 9–18 Uhr) Vermietet Mountainbikes, Trekkingräder und Tandems. Die Fahrräder werden auch kostenlos an Hotels und B&Bs in der Stadt geliefert und können in Fort William abgegeben werden.

TAXI

Inverness Taxis (☎01463-222222; www.inverness-taxis.com) Ein Taxistand befindet sich vor dem Bahnhof.

Fort William

Fort William, dahingestreckt am Ufer des Loch Linnhe inmitten einer grandiosen Berglandschaft, hat eine der beneidenswertesten Lagen in Schottland. Das Städtchen eignet sich gut als Standort, um die umliegenden Berge und Täler zu erkunden.

SEHENSWERTES

West Highland Museum Museum

(☎01397-702169; www.westhighlandmuseum.org.uk; Cameron Sq; ⌚April–Okt. Mo–Sa 10–17 Uhr, März & Nov.–Dez. bis 16 Uhr, Jan. & Feb. geschl.) GRATIS Das kleine, faszinierende Museum ist mit allen möglichen Highland-Memorabilien vollgepackt. Bemerkenswert ist das geheime Porträt von Bonnie Prince Charlie – nach den Jakobiten-Aufständen wurde alles verbrannt, was mit den Highlands zu tun hatte, so auch die Bilder des verbannten Anführers. Dieses winzige Gemälde sieht nach nicht mehr als einem Farbklecks aus, bis es in einem zylindrischen Spiegel betrachtet wird, der ein glaubhaftes Bildnis des Prinzen reflektiert.

AKTIVITÄTEN

Crannog Cruises Tierbeobachtung

(☎01397-700714; www.crannog.net/cruises; Erw./Kind 15/7,50 £; ⌚Ostern–Okt. tgl. 11, 13 & 15 Uhr) Unternimmt 1½-stündige Bootsfahrten auf dem Loch Linnhe zu einer Seehundkolonie und einer Lachsfarm.

ESSEN

Lime Tree Schottisch ££

(☎01397-701806; www.limetreefortwilliam.co.uk; Achintore Rd; Hauptgerichte 16–20 £; ⌚18.30–21.30 Uhr; P 📶) 🌿 Fort William ist nicht gerade mit großartigen Restaurants gesegnet, aber dieses hier in einem kleinen Hotel mit Kunstgalerie hat die „Outdoor-Hauptstadt" Großbritanniens fest auf der gastronomischen Landkarte verankert. Der Koch bereitet köstliche Gerichte mit frischen schottischen Erzeugnissen zu, von Austern aus dem Loch Fyne über Forelle aus dem Loch Awe bis zu Wild von der Ardnamurchan.

Crannog Seafood Restaurant Fisch & Meeresfrüchte ££

(☎01397-705589; www.crannog.net; Town Pier; Hauptgerichte 15–23 £; ⌚12–14.30 & 18–21 Uhr)

Jacobite Steam Train

Der **Jacobite Steam Train** (☎0844 850 4685; www.westcoastrailways.co.uk; Tageskarte hin & zurück Erw./Kind 34/19 £; ⌚Juli & Aug. tgl., Mitte Mai–Juni, Sept. & Okt. Mo–Fr), der von einer alten Dampflokomotive der Bauart LNER K1 oder LMS Class 5MT gezogen wird, befährt die malerische zweistündige Strecke zwischen Fort William und Mallaig und gilt als eine der großartigsten Eisenbahnfahrten der Welt. Die Bahnlinie überquert das historische Glenfinnan-Viadukt, das durch die Harry-Potter-Filme berühmt wurde: Die Besitzer des Jacobite stellten die Dampflokomotive und die Waggons für die Filmarbeiten zur Verfügung.

Die Züge fahren morgens am Bahnhof von Fort William ab und kehren nach einem 1½-stündigen Aufenthalt in Mallaig am Nachmittag zurück. Am Bahnhof Glenfinnan gibt einen kurzen Halt.

PHILIP BIRD LRPS CPAGB/SHUTTERSTOCK ©

Glen Coe

Schottlands berühmtestes Tal ist auch eines der grandiosesten. Es erlangte 1692 einen Platz in den Geschichtsbüchern, als die ortsansässigen MacDonalds von Campbell-Soldaten in einem berüchtigten Massaker ermordet wurden. Die Soldaten, die überwiegend aus dem Gebiet des Campbell-Clans stammten, griffen ihre Gastgeber MacDonald an und töteten 38 Menschen; weitere 40 MacDonalds starben nach ihrer Flucht in schneebedeckte Berge.

Rund um den Glencoe Lochan in der Nähe des Dorfs gibt es mehrere kurze, nette Wanderwege. Zu erreichen ist der See über den Abzweig links von der Nebenstraße zur Jugendherberge gleich jenseits der Brücke über den Rover Coe. Es gibt drei Wanderwege (40 Min. bis 1 Std.), die alle auf einem Schild am Parkplatz beschrieben sind. Eine anstrengendere, aber bei schönem Wetter lohnenswerte Wanderung ist der Aufstieg zum Lost Valley, einem märchenhaften Bergschutzgebiet, das angeblich von den Geistern der MacDonalds heimgesucht wird.

HELEN HOTSON/SHUTTERSTOCK ©

Das Crannog hat die schönste Lage der Stadt – direkt am Town Pier, was den Gästen an den Fenstertischen einen unverstellten Blick über den Loch Linnhe bietet. Spezialität des zwang- und schnörkellosen Restaurants ist frischer heimischer Fisch – es gibt drei oder vier Tagesgerichte zusätzlich zur Hauptkarte. Lamm, Wild und vegetarische Gerichte sind ebenfalls im Angebot. Das 2-/3-Gänge-Mittagsmenü kostet 15/19 £.

Bayleaf Schottisch ££

(Cameron Sq; Hauptgerichte mittags 5–11 £, abends 13–20 £;) Das Bayleaf ist ein toller Neuzugang in der Restaurantlandschaft der Stadt. Es ist eine Kombination aus moderner Einrichtung, freundlichem Service (der Koch lässt sich oft auf einen Schwatz mit Gästen blicken) und Gerichten aus bestem schottischen Rind, Lamm und Meeresfrüchten, die frisch und einfach zubereitet werden. Wer für Schottlands Nationalgericht nichts übrig hat, sollte hier frittierte Haggis-Scheiben mit Drambuie-Mayonnaise probieren!

AUSGEHEN & NACHTLEBEN

Ben Nevis Bar Pub

(01397-702295; 105 High St; 11–23 Uhr;) Die Lounge genießt einen schönen Blick über den See und in der Bar mit ihrer entspannten, heiteren Atmosphäre können Kletterer und Touristen ihre verbliebene Energie beim Tanzen zu Livemusik (Do & Fr abends) abarbeiten.

Grog & Gruel Pub

(01397-705078; www.grogandgruel.co.uk; 66 High St; 12–24 Uhr;) Das Grog & Gruel ist ein traditionelles, holzgetäfeltes Pub mit einem hervorragenden Ale-Angebot vom Fass aus schottischen und englischen Kleinbrauereien.

PRAKTISCHE INFORMATIONEN

Fort William Touristeninformation (01397-701801; www.visithighlands.com; 15 High St; Internet 1 £/20 Min.; Mo–Sa 9–17, So 10–15 Uhr, Juni–Aug. länger geöffnet) Mit Internetzugang.

AN- & WEITERREISE

Bahnhof und Busbahnhof liegen neben dem großen Supermarkt Morrisons und sind vom

Leuchtturm bei Fort William

Stadtzentrum über eine Unterführung neben dem Laden Nevisport zu erreichen.

AUTO

Easydrive Car Hire (☎01397-701616; www.easydrivescotland.co.uk; North Rd) Vermietet Kleinwagen ab 36/165 £ pro Tag/Woche, inklusive Steuer und unbegrenzter Kilometerzahl, aber ohne Kaskoversicherung (CDW).

BUS

Die Busse von **Scottish Citylink** (☎0871-266 3333; www.citylink.co.uk) verbinden Fort William mit anderen größeren Orten und Städten, u. a. mit Edinburgh (35 £, 5 Std., 7-mal tgl. mit Umsteigen in Glasgow; via Glencoe und Crianlarich), Glasgow (24 £, 3 Std., 8-mal tgl.) und Inverness (11,60 £, 2 Std., 6-mal tgl.).

Die Buslinie 500 von **Shiel Buses** (☎01397-700700; www.shielbuses.co.uk) fährt nach Mallaig (6,10 £, 1½ Std., Mo–Fr 3-mal tgl., April–Sept. auch 1-mal tgl. am Wochenende) via Glenfinnan (3,30 £, 30 Min.) und Arisaig (5,60 £, 1 Std.).

ZUG

Die spektakuläre West-Highland-Strecke verläuft von Glasgow über Fort William nach Mallaig. Der Nachtzug **Caledonian Sleeper** (www.sleeper.scot) verbindet Fort William mit London Euston (ab 125 £ im 2-Bett-Abteil, 13 Std.).

Edinburgh 35 £, 5 Std.; Umsteigen in Glasgow am Bahnhof Queen Street, 3-mal tgl., So 2-mal

Glasgow 26 £, 3¾ Std., 3-mal tgl., So 2-mal

Mallaig 12,20 £, 1½ Std., 4-mal tgl., So 3-mal

ℹ UNTERWEGS VOR ORT

BUS

Die Tageskarte Zone 2 Dayrider (8,60 £) ermöglicht unbegrenzte Fahrten mit Stagecoach-Bussen im Großraum Fort William bis hin nach Glencoe und Fort Augustus; beim Busfahrer erhältlich.

FAHRRAD

Nevis Cycles (☎01397-705555; www.neviscycles.com; Ecke Montrose Ave & Locheil Rd, Inverlochy; pro Tag ab 25 £; ⏲9–17.30 Uhr) Der Fahrradladen ca. 800 m nordöstlich des Stadtzentrums vermietet alle möglichen Räder, von Trekkingrädern und Mountainbikes bis zu vollgefederten Rädern für Abfahrten. Sie können hier gemietet und in Inverness abgegeben werden.

In diesem Kapitel

Dublin, Irland

Eine kleine Hauptstadt mit großem Renommee: Dublin besticht durch seine Mischung aus Tradition und Hedonismus. Es gibt hier faszinierende Museen, verlockende Restaurants und das beste Unterhaltungsangebot ganz Irlands – ganz abgesehen von den Pubs, dem allgegenwärtigen Mittelpunkt des geselligen Stadtlebens: Ein absolutes Muss für alle Besucher. Die lässigen Dubliner sind die großartigsten Gastgeber, die man sich denken kann, ihr Charisma und ihre Geselligkeit sind so unwiderstehlich und ansteckend, dass man gar nicht wieder abreisen mag.

Zwei Tage in Dublin

Zunächst ein Bummel über den Campus des **Trinity College** (S. 120) mit Besichtigung des Long Room und des Book of Kells, dann geht's über die Grafton Street zu **St. Stephen's Green** (S. 128). Am zweiten Tag gibt's noch mehr schöne Bücher und Artefakte in der **Chester Beatty Library** (S. 124). Auf dem Weg dorthin verlockt etwas Shoppen im **Powerscourt Townhouse Shopping Centre** (S. 132) oder in den vielen Boutiquen westlich der Grafton Street.

Vier Tage in Dublin

Nach einem Spaziergang über die **O'Connell Street** samt Besichtigung der Schusslöcher im **General Post Office** (S. 124) folgt ein Besuch der **Dublin City Gallery – Hugh Lane** (S. 124) mit dem nachgebauten Atelier von Francis Bacon. Der vierte Tag beginnt mit irischer Geschichte im **Kilmainham Gaol** (S. 125). Der Nachmittag ist dem siebenstöckigen **Guinness Storehouse** (S. 122) gewidmet, und zum Schluss gibt es ein Pint des berühmten Gebräus in der dortigen Gravity Bar.

Nächste Station: Lissabon (S. 336) oder die schottischen Highlands (S. 100).

Ankunft

Dublin Airport Busse fahren von 6 bis 24 Uhr regelmäßig ins Stadtzentrum; Taxis (25 €) brauchen rund 45 Minuten.
Fährhafen Dun Laoghaire Mit dem DART (3,25 €) zur Pearse Station (nach Süddublin) oder Connolly Station (nach Norddublin); mit dem Bus 46A nach St. Stephen's Green oder mit dem Bus 7, 7A oder 8 zum Burgh Quay.
Dublin Port Der Fahrplan der Busse (3€) richtet sich nach An- und Abfahrtszeiten der Fähren.

Schlafen

In den letzten paar Jahren eröffnete in Dublin nur eine Handvoll neuer Hotels, die Hotelpreise sind in der Stadt daher höher als zu der Zeit, als die Tanz-Show „Celtic Tiger" boomte.

Nördlich der Liffey gibt es eine gute Auswahl in der mittleren Preiskategorie, aber die meisten Unterkünfte befinden sich südlich des Flusses.

Informationen, was die Stadtteile Dublins zu bieten haben, siehe Tabelle S. 137.

Trinity College

Die Studentenschaft ist seit jenen Tagen, als ein Universitätsbesuch einer kleinen Elite vorbehalten war, breiter gefächert, aber Trinitys idyllischer Charme ist erhalten geblieben. An Sommerabenden ist es das schönste Fleckchen der Stadt – ein stilles Refugium im hektischen Dublin von heute.

Toll für ...

☑ Nicht versäumen

Den Long Room, der im Film *Star Wars: Episode II: Angriff der Klonkrieger* als Jedi-Archiv fungierte.

Das College wurde 1592 von Elisabeth I. auf dem Gelände eines konfiszierten Augustinerklosters gegründet, um die Abwanderung junger protestantischer Dubliner zu verhindern, die zum Studieren auf das europäische Festland zogen und dort vom „Papismus infiziert" wurden. Trinity wurde eine der renommiertesten Universitäten Europas und brachte viele Berühmtheiten hervor – Jonathan Swift, Oscar Wilde und Samuel Beckett gehören allesamt zu den Alumni.

Bis 1793 war Trinity ausschließlich protestantisch, aber selbst als die Universität nachgab und Katholiken zuließ, blieb die katholische Kirche hart; bis 1970 konnte sich jeder Katholik, der sich hier einschrieb, als exkommuniziert betrachten.

Der Campus ist ein Meisterwerk georgianischer Architektur und Gartengestaltung, die wunderschön erhalten blieben. Die meisten Gebäude stammen aus dem

CLU/GETTY IMAGES ©

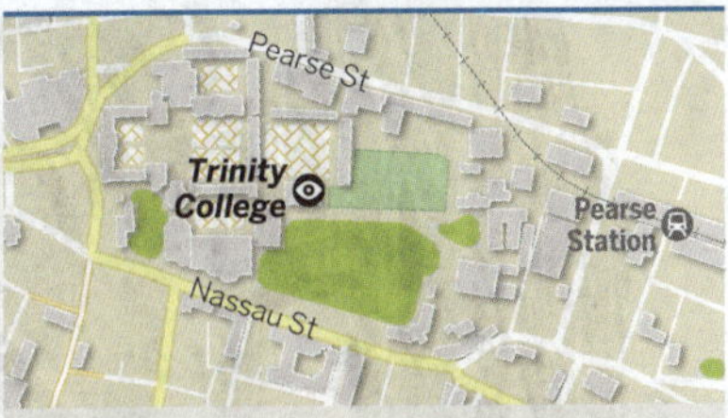

Gut zu wissen

Karte S. 130; 01-896 1000; www.tcd.ie; College Green; 8–22 Uhr; alle ins Stadtzentrum) GRATIS

Kleine Stärkung

Das Fade Street Social (S. 133) nur ein paar Straßen weiter südwestlich ist prima für ein Mittagessen.

★ Top-Tipp

Ein Fast-Track-Ticket übers Internet (Erw./Stud./Fam. 14/12/28 €) für die Old Library sorgt für einen festen Termin für die Ausstellung und für schnelleren Zugang ohne Schlangestehen.

18. und 19. Jh., jedes steht elegant auf einem gepflasterten oder rasenbedeckten Platz. Zu den neueren Bauten gehört das Arts & Social Science Building von 1978 an der Nassau Street, das den zweiten Eingang zum College bildet. Wie die Berkeley Library der Uni wurde es von Paul Koralek entworfen und beherbergt die Douglas Hyde Gallery of Modern Art.

Die **Old Library** (Karte S. 130; Erw./Stud./Fam. 11/9,50/22 €, Fast-Track Erw./Stud./Fam. 14/12/28 €; Mai–Sept. Mo–Sa 8.30, So 9.30–17 Uhr, Okt.–April Mo–Sa 9.30–17, So 12–16.30 Uhr) südlich des Library Square wurde von 1712 bis 1732 in strengem Stil von Thomas Burgh gebaut. Sie ist eine von fünf Bibliotheken in Irland und Großbritannien, die das Recht auf ein Exemplar eines jeden Buchs haben, das auf den Inseln veröffentlicht wird – rund 5 Mio. Bücher, von denen hier nur ein Bruchteil aufbewahrt sind. Eine Führung durch die Bibliothek schließt den Long Room und das berühmte Book of Kells ein.

Das **Book of Kells** ist ein atemberaubend illuminiertes Manuskript der vier Evangelien des Neuen Testaments, das Mönche um 800 n. Chr. auf der schottischen Insel Iona erstellten. Andere Schätze des Trinity werden im phantastischen, 65 m langen **Long Room** der Old Library aufbewahrt, der rund 200 000 der ältesten Bücher der Bibliothek enthält. Ausgestellt ist auch ein seltenes Exemplar der Oster-Proklamation, die zu Beginn des Osteraufstands 1916 von Pádraig (Patrick) Pearse vorgelesen wurde.

Auch die sogenannte Harfe des Brian Ború ist hier ausgestellt, die garantiert nicht gespielt wurde, als die Armee dieses frühen irischen Helden die Wikinger in der Schlacht von Clontarf 1014 besiegte. Immerhin stammt sie von 1400 und ist somit eine der ältesten Harfen in Irland. Die Eintrittskarte gilt auch für die Wechselausstellungen im East Pavilion.

Guinness Storehouse

Mehr als jedes andere Bier der Welt ist Guinness nicht nur ein Markenname – für viele Fans ist damit fast eine Geisteshaltung verbunden. Das Disneyland der Bierliebhaber ist eine multimediale Hommage an Irlands berühmtesten Export.

Toll für ...

☑ Nicht versäumen

Die Aussicht von der Gravity Bar bei einem kostenlosen Pint Guinness (im Eintrittspreis enthalten).

Der Mythos um Guinness hält sich erstaunlich lang: Es verträgt keinen langen Transport, der typische Geschmack rührt vom Liffey-Wasser und es ist gesund – nicht zu vergessen der weitverbreitete Glaube, dass erst wer selbst eine Vorliebe für das schwarze Gebräu entwickelt, die Iren verstehen wird. All das stimmt natürlich, weshalb es auch nicht überrascht, dass das Guinness Storehouse direkt in der St. James's Gate Brewery die meistbesuchte Touristenattraktion der Stadt ist, ein feuchtfröhliches Spektakel, das aufwendige Exponate und phantastisches Design mit einer ordentlichen Portion Marketing-Hype verbindet.

Kornspeicher & Brauerei

Der alte Kornspeicher, der einzige öffentlich zugängliche Teil in der riesigen, 26 ha großen St. James's Gate Brewery, ist der passende Ort, um dem schwarzen Gold zu

Ein Pint Guinness

huldigen: Er ist mit sieben Stockwerken um ein umwerfendes Atrium in der Mitte wie ein gigantisches Pint Guinness geformt, oben befindet sich die „Schaumkrone" mit der Gravity Bar und einem Panoramablick über Dublin.

Die Brauerei zu Füßen des Speichers wurde 1759 von Arthur Guinness gegründet und beschäftigte einst über 5000 Menschen; durch die allmähliche Automatisierung sind es heute nur noch rund 300.

Das perfekt gezapfte Pint

Beim Aufstieg nach oben, wo das zweifellos beste Guinness der Welt als Lohn wartet, werden die verschiedenen Elemente erkundet, die das Bier zur unverkennbaren Marke machten. Vielleicht versteht man danach besser, wie das Unternehmen seinem Bier zum Kultstatus verhalf. Von der originalen 9000-Jahre-Pacht (einer Kopie in einem Glaskasten im Erdgeschoss) bis zur fast schon wissenschaftlichen Erläuterung, wie das perfekte Pint gezapft wird, ist alles so gestaltet, dass jeder begreift: Guinness ist nicht irgendein Bier.

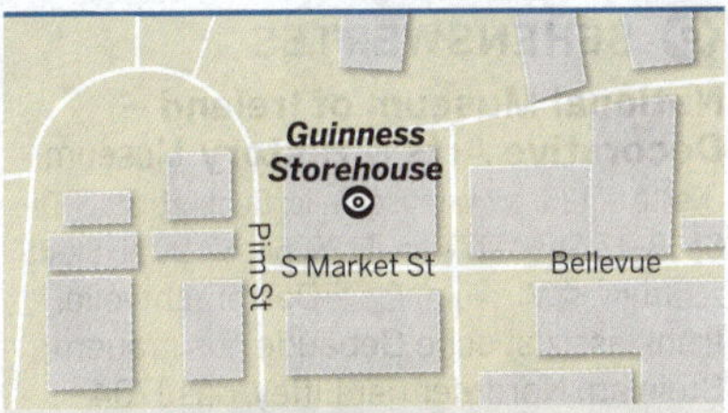

Gut zu wissen

Karte S. 126; www.guinness-storehouse.com; St James's Gate, South Market St; Erw./Kind 18/16,50 €, Connoisseur Experience 48 €; Sept.–Juni 9.30–17 Uhr, Juli & Aug. bis 18 Uhr; 21A, 51B, 78, 78A, 123 ab Fleet St, James's

Kleine Stärkung

Die Gilroy's Bar im 5. Stock des Gebäudes serviert ein köstliches Irish Stew.

★ Top-Tipp

Der Eintritt erfolgt schneller (und ist 2 € billiger) bei Online-Ticketkauf.

Arthur Guinness

Genialität kann manchmal unbeabsichtigt sein: Im 18. Jh. ließ ein Londoner Brauer versehentlich seinen Hopfen beim Brauen von Ale anbrennen und erzeugte somit das dunkle Bier, das wir heute kennen. „Porter" wurde es genannt, weil es die Londoner Gepäckträger (*porter*) gerne tranken. In den 1770er-Jahren begann Arthur Guinness, der bislang nur Ale gebraut hatte, mit dem Brauen des dunklen Bieres und war damit allen anderen irischen Brauern voraus. 1799 beschloss er, sich nur auf dieses eine Bier zu konzentrieren. Er starb vier Jahre später im Alter von 83 Jahren, aber der Grundstein für die Weltherrschaft war bereits gelegt.

SEHENSWERTES

National Museum of Ireland – Decorative Arts & History Museum

(Karte S. 126; www.museum.ie; Benburb St; Di–Sa 10–17, So 14–17 Uhr; 25, 66, 67, 90 ab Stadtzentrum, Museum) GRATIS Das prachtvolle, frühklassizistische Gebäude aus grauem Stein am Nordufer der Liffey, das 1704 nach einem Entwurf von Thomas Burgh (der auch die Old Library im Trinity College verantwortete) fertiggestellt wurde, war einst die größte Militärkaserne der Welt. Heute ist dort die Abteilung Ornamentale Kunst und Geschichte des National Museum of Ireland mit einer hervorragenden ständigen Sammlung untergebracht, die von der Geschichte des Osteraufstands bis zu den Werken der irischen Designerin Eileen Gray (1878–1976) reicht.

Chester Beatty Library Museum

(Karte S. 130; 01-407 0750; www.cbl.ie; Dublin Castle; Mo–Fr 10–17, Sa 11–17, So 13–17 Uhr, Nov.–Feb. Mo geschl. kostenlose Führungen Mi 13, Sa 14 & So 15 Uhr; alle ins Stadtzentrum) GRATIS Die weltberühmte Bibliothek auf dem Areal von Dublin Castle (S. 125) birgt die Sammlung des Bergbauingenieurs Sir Alfred Chester Beatty (1875–1968), die er dem irischen Staat testamentarisch vermacht hatte. Die atemberaubende Sammlung über zwei Stockwerke enthält über 20 000 Manuskripte, seltene Bücher, Miniaturbilder, Tontafeln, Kostüme und andere Objekte von künstlerischer, historischer und ästhetischer Bedeutung.

Dublin City Gallery – Hugh Lane Galerie

(Karte S. 126; 01-222 5550; www.hughlane.ie; 22 N Parnell Sq; Di–Do 9.45–18, Fr & Sa bis 17, So 11–17 Uhr; 7, 11, 13, 16, 38, 40, 46A, 123 ab Stadtzentrum) GRATIS Was immer Dublin an Renommee als Stätte hochkarätiger Kunst besitzen mag, beruht größtenteils auf der schlichtweg phantastischen Sammlung in dieser Galerie im ebenfalls eindrucksvollen Charlemont House, das William Chambers 1763 entworfen hat. Sie zeigt die besten Werke zeitgenössischer irischer Kunst, ein paar Klassiker des Impressionismus und das hierher versetzte Atelier von Francis Bacon.

General Post Office Historisches Gebäude

(Karte S. 126; 01-705 7000; www.anpost.ie; Lower O'Connell St; Mo–Sa 8–20 Uhr; alle ins

> *„Prachtvolles, frühklassizistisches Gebäude aus grauem Stein"*

National Museum of Ireland – Decorative Arts & History

CARSO80/SHUTTERSTOCK ©

Stadtzentrum, Abbey) Es ist nicht nur das Hauptpostamt des Landes oder ein auffallendes klassizistisches Gebäude: Das General Post Office steht im Zentrum des irischen Kampfs für Unabhängigkeit. Es diente als Kommandozentrale der Rebellen während des Osteraufstands von 1916 und wurde in der Folge zum Brennpunkt aller möglichen Proteste, Paraden und Gedenkveranstaltungen. Zudem ist dort ein interaktives Besucherzentrum untergebracht.

Dublin Castle Historisches Gebäude

(Karte S. 130; 01-677 7129; www.dublincastle.ie; Dame St; Führungen Erw./Kind 10/4 €, Besichtigung Erw./Kind 7/3 €; 9.45–17.45 Uhr, letzter Eintritt 17.15 Uhr; alle ins Stadtzentrum) Wer eine turmbewehrte Burg wie aus dem Bilderbuch erwartet, wird enttäuscht sein: Das Bollwerk britischer Macht in Irland für 700 Jahre ist im Prinzip ein Werk des 18. Jhs., das vielmehr ein zusammengewürfeltes Schloss denn eine mittelalterliche Burg ist. Nur der 1258 fertiggestellte Record Tower blieb von der ursprünglichen normannischen Festung erhalten, deren Bau König Johann 1204 in Auftrag gab.

Glasnevin Cemetery Museum Museum

(www.glasnevintrust.ie; Finglas Rd; Museum 4,50 €, Museum & Führung 10 €; Mo–Fr 10–18 Uhr; 40, 40A, 40B ab Parnell St) In diesem wunderbaren, preisgekrönten Museum wird die Geschichte des Glasnevin-Friedhofs erzählt. Es verknüpft die soziale und politische Geschichte Irlands mit dem Leben der bekannten und unbekannten Menschen, die hier beerdigt sind. Die City of the Dead befasst sich mit den Begräbnisbräuchen und religiösen Anschauungen der ungefähr 1½ Mio. Menschen, die hier ihre letzte Ruhestätte fanden. Die Milestone Gallery zeigt eine 10 m lange interaktive Zeitschiene zum Leben der berühmtesten Toten auf dem Friedhof.

Christ Church Cathedral Kirche

(Church of the Holy Trinity; Karte S. 130; www.christchurchcathedral.ie; Christ Church Pl; Erw./Stud./Kind 6,50/4/2,50 €, mit Dublinia 14,50/12/7,50 €; Mo–Sa 9–17, So 12.30–14.30 Uhr, März-Okt. länger geöffnet; 50, 50A, 56A ab Aston Quay, 54, 54A ab Burgh Quay) Dank der erhöhten Lage und den auffallenden Strebebögen ist die Christ Church die fotogenste Kathedrale Dublins. Sie wurde 1030 gegründet und ab 1172 neu gebaut, überwiegend auf Druck von Richard de Clare, Earl of Pembroke (besser bekannt als Strongbow), des anglonormannischen Adligen, der 1170 in Irland einfiel. Sein Denkmal hat innen einen Ehrenplatz.

Die **Führungen** (Mo–Fr 12.10, 14 & 16, Sa 14, 15 & 16 Uhr) beziehen den Glockenturm ein, in dem ein Glöckner die Kunst des Glockenläutens erklärt und Besucher auch läuten lässt.

Kilmainham Gaol Museum

(Karte S. 126; 01-453 2037; http://kilmainhamgaolmuseum.ie; Inchicore Rd; Erw./Kind 8/4 €; Juli & Aug. 9.30–18.45 Uhr, sonst bis 17.30 Uhr;

Gaelic Games

Experience Gaelic Games (01-254 4292; www.experiencegaelicgames.com; Saint Mobhi Rd; 25–35 €; März–Okt. Mo–Sa, Nov.–Feb. Fr & Sa; 4, 9 ab O'Connell St) ist vom Stadtzentrum leicht zu erreichen und der einzige Ort in Dublin, um die drei einzigartigen gälischen Spiele kennenzulernen: Hurling, gälischer Fußball und Handball. Die Angestellten hier sind glühende Anhänger der Sportarten und ihr Stolz und ihre Freude, sie Besuchern nahezubringen, sind ansteckend. Wer mag, kann sich für einen der offenen Kurse anmelden, Gruppen ab sechs Personen können auch einen eigenen Kurs buchen.

Hurlingschläger und -helme

ANNEMARIE MCCARTHY/LONELY PLANET ©

Dublin Zentrum

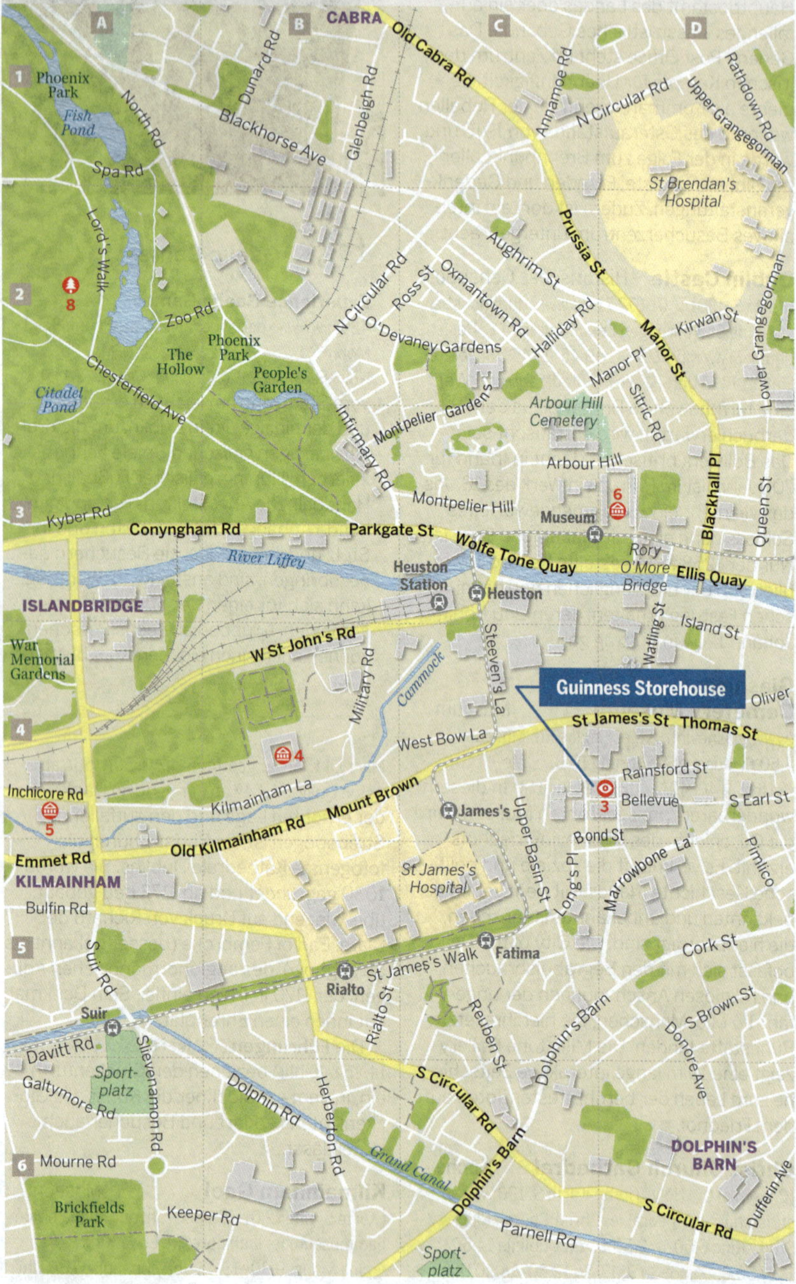

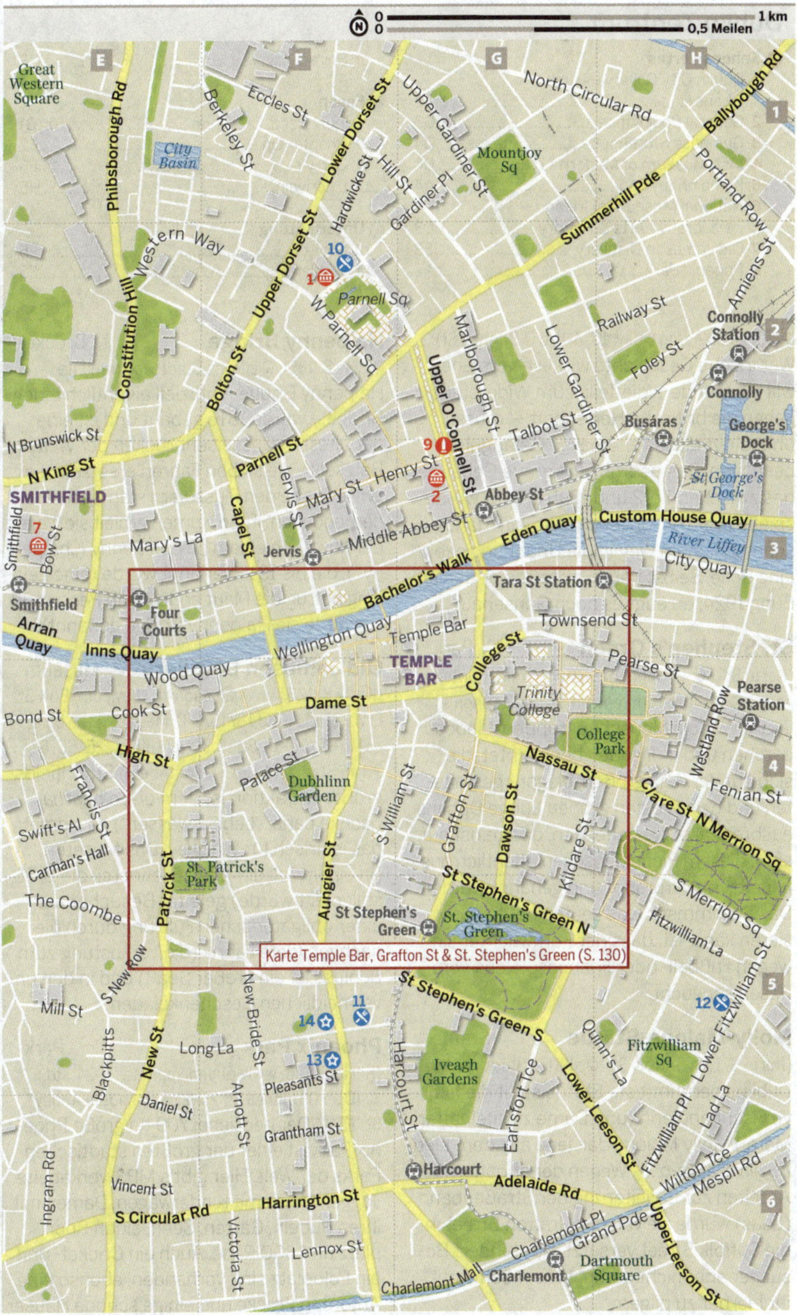
0
1 km
0
0,5 Meilen
E
F
G
H
1
2
3
4
5
6
Great Western Square
Phibsborough Rd
City Basin
Berkeley St
Eccles St
Lower Dorset St
Upper Gardiner St
North Circular Rd
Ballybough Rd
Portland Row
Mountjoy Sq
Hill St
Hardwicke St
Gardiner Pl
Summerhill Pde
Western Way
Upper Dorset St
Constitution Hill
10
1
Parnell Sq
W Parnell Sq
Amiens St
Railway St
Connolly Station
Foley St
Connolly
Marlborough St
Lower Gardiner St
Bolton St
Upper O'Connell St
Talbot St
Busáras
George's Dock
N Brunswick St
N King St
Parnell St
9
Henry St
2
Mary St
Jervis St
Capel St
Abbey St
St George's Dock
SMITHFIELD
Smithfield
7
Bow St
Mary's La
Jervis
Middle Abbey St
Eden Quay
Custom House Quay
River Liffey
City Quay
Bachelor's Walk
Tara St Station
Smithfield
Four Courts
Arran Quay
Inns Quay
Wellington Quay
Temple Bar
Townsend St
TEMPLE BAR
College St
Pearse St
Wood Quay
Trinity College
Pearse Station
Westland Row
Bond St
Cook St
Dame St
College Park
High St
Nassau St
Francis St
Palace St
Dubhlinn Garden
S William St
Grafton St
Dawson St
Clare St
Fenian St
N Merrion Sq
Swift's Al
Carman's Hall
Kildare St
The Coombe
Patrick St
St. Patrick's Park
Aungier St
St Stephen's Green N
S Merrion Sq
St Stephen's Green
St. Stephen's Green
Fitzwilliam La
Karte Temple Bar, Grafton St & St. Stephen's Green (S. 130)
S New Row
St Stephen's Green S
Mill St
New Bride St
14
11
12
Lower Fitzwilliam St
Long La
New St
13
Harcourt St
Iveagh Gardens
Quinn's La
Fitzwilliam Sq
Blackpitts
Pleasants St
Earlsfort Tce
Lower Leeson St
Daniel St
Arnott St
Fitzwilliam Pl
Lad La
Grantham St
Ingram Rd
Harcourt
Wilton Tce
Mespil Rd
Vincent St
Adelaide Rd
S Circular Rd
Harrington St
Victoria St
Lennox St
Charlemont Pl
Grand Pde
Upper Leeson St
Charlemont
Dartmouth Square
Charlemont Mall

Dublin Zentrum

Sehenswertes

Essen

Unterhaltung

69, 79 ab Aston Quay, 13, 40 ab O'Connell St) Wer irische Geschichte wirklich verstehen will – besonders die Teile zum Widerstand gegen die britische Herrschaft –, muss unbedingt dieses ehemalige Gefängnis besuchen. Das bedrohliche graue Gebäude, das zwischen 1792 und 1795 erbaut wurde, spielte praktisch in jedem Akt von Irlands schmerzlichem Weg in die Unabhängigkeit eine Rolle. Selbst heute, trotz seiner Schließung 1924, erzeugt es noch Gänsehaut.

St. Stephen's Green — Park

(Karte S. 130; Sonnenaufgang–Sonnenuntergang; alle ins Stadtzentrum, St Stephen's Green) Wer die Menschengruppen, Liebespärchen und Individuen beobachtet, die sich auf der 9 ha großen, elegant gestalteten und beliebtesten grünen Lunge Dublins ausbreiten, sollte bedenken, dass einst auf eben diesem Platz Menschen öffentlich ausgepeitscht, verbrannt und gehängt wurden. Das Schlimmste, was Leuten heute passieren kann, ist, dass der Parkwächter sie wegen Fußball- oder Frisbeespielens vom Rasen scheucht.

Molly-Malone-Statue — Statue

(Karte S. 130; Suffolk St; alle ins Stadtzentrum) Dublins berühmteste Statue stellt die fiktive Fischhändlerin (und Dame zweifelhafter Moral) Molly Malone dar, jene aus dem Lied „... *alive, alive-o...*". Wegen der andauernden Arbeiten zur Erweiterung der Straßenbahn (Luas) wurde sie von der Grafton Street in die Suffolk Street versetzt. Das hindert Besucher aber nicht daran, für ein Selfie mit ihr hierher zu pilgern.

Ha'penny Bridge — Brücke

(Karte S. 130; alle ins Stadtzentrum) Die Ha'penny Bridge – offiziell eigentlich Liffey Bridge – wurde 1816 gebaut und ist eine der ältesten Gusseisenbrücken der Welt. Ihr Bau sollte die sieben Fähren ersetzen, die zwischen beiden Flussufern ständig hin- und herpendelten. Ihren Namen erhielt sie wegen der Maut von einem halben Penny („ha'penny"), die bis 1919 verlangt wurde (eine Zeitlang betrug die Maut anderthalb Pence und so wurde sie Ha'penny Bridge genannt).

Old Jameson Distillery — Museum

(Karte S. 126; www.jamesonwhiskey.com; Bow St; Erw./Stud./Kind 18/15/9 €, Meisterkurse 55 €; Mo–Sa 10–17, So 10.30–17 Uhr; 25, 66, 67, 90 ab Stadtzentrum, Smithfield) Smithfields größte Attraktion ist dem *uisce beatha* (ischke baha, „Lebenswasser") gewidmet; das ist Irisch für Whiskey. Das Museum (in einem Teil der alten Brennerei, die 1971 stillgelegt wurde) geleitet Besucher auf einer obligatorischen Führung durch die nachgebildete Fabrik (die Verkostung zum Schluss ist ein großer Spaß) und in den unvermeidlichen Geschenkeladen.

Phoenix Park — Park

(Karte S. 126; www.phoenixpark.ie; 24 Std.; 10 ab O'Connell St, 25 & 26 ab Middle Abbey St) GRATIS Der herrliche, 709 ha große Phoenix Park ist einer der größten städtischen Parks der Welt. Hier gibt's MP3-verkabelte Jogger, Omas mit Kinderwagen, Damen mit ihren Pudeln, Gärten, Seen, einen Sportplatz und 300 Rehe. Auch ein Cricket- und ein Poloplatz sind vorhanden, ebenso eine Autorennstrecke und einige schöne Häuser aus dem 18. Jh., darunter die Residenzen des irischen Präsidenten und des US-Botschafters.

Irish Museum of Modern Art Museum
(IMMA; Karte S. 126; www.imma.ie; Military Rd; ⌚Di–Fr 11.30–17.30, Sa 10–17.30, So 12–17.30 Uhr, Führungen Mi 13.15, Sa & So 14.30 Uhr; 🚌51, 51D, 51X, 69, 78, 79 ab Aston Quay, 🚊Heuston) GRATIS Irlands bedeutendste Sammlung moderner und zeitgenössischer irischer und internationaler Kunst ist in den eleganten und luftigen Räumlichkeiten des Royal Hospital Kilmainham untergebracht, das von Sir William Robinson entworfen und zwischen 1684 und 1687 als Altenheim für Soldaten gebaut wurde. Diesem Zweck diente es bis 1928, danach gammelte es fast 50 Jahre vor sich hin, bis es in den 1980er-Jahren restauriert und zu diesem wunderbaren Kunstraum wurde.

Little Museum of Dublin Museum
(Karte S. 130; ☎01-661 1000; www.littlemuseum.ie; 15 St Stephen's Green N; Erw./Stud. 8/6 €; ⌚Mo, Mi & Fr 9.30–17, Do bis 20 Uhr; 🚌alle ins Stadtzentrum, 🚊St Stephen's Green) Die Idee ist genial einfach: ein Museum in zwei Räumen eines eleganten georgianischen Gebäudes zur Geschichte Dublins im 20. Jh., zusammengestellt aus Erinnerungsstücken der Allgemeinheit. Der Besuch ist nur mit Führung möglich und alle Besucher erhalten eine hübsche Broschüre zur Geschichte der Stadt.

GEFÜHRTE TOUREN

Dublin Literary Pub Crawl Stadtrundgang
(Karte S. 130; ☎01-670 5602; www.dublinpubcrawl.com; 9 Duke St; Erw./Stud. 13/11 €; ⌚April–Okt. tgl. 19.30 Uhr, Nov.–März Do–So 19.30 Uhr; 🚌alle ins Stadtzentrum) Eine Tour durch Pubs, die mit berühmten Dubliner Schriftstellern in Verbindung stehen, ist ein todsicheres Erfolgsrezept, und diese 2½-stündige Tour mit zwei Schauspielern ist eine Mordsgaudi. Es wird dabei kräftig gebechert, was zur Beliebtheit beiträgt. Startpunkt ist das Duke in der Duke Street; bis 19 Uhr sollte man dort eintreffen, um einen Platz zu reservieren.

1916 Rebellion Walking Tour Stadtrundgang
(Karte S. 130; ☎086 858 3847; www.1916rising.com; 23 Wicklow St; 13 €; ⌚März–Okt. Mo–Sa 11.30, So 13 Uhr; 🚌alle ins Stadtzentrum) Hervorragende Tour, die in der International Bar in der Wicklow Street losgeht und viele Informationen bietet, gespickt mit Humor und Kaltschnäuzigkeit. Die Stadtführer – alle Absolventen vom Trinity – sind exzellent und sagen nicht Nein zum Angebot eines Pints am Ende der Tour zurück in der International Bar. Es gibt auch eine Tour zum Thema Michael Collins, dem Helden des Unabhängigkeitskriegs.

SHOPPEN

Ulysses Rare Books Bücher
(Karte S. 130; ☎01-671 8676; www.rarebooks.ie; 10 Duke St; ⌚Mo–Sa 9.30–17.45 Uhr; 🚌alle ins Stadtzentrum) Unser Lieblingsbuchladen in der Stadt führt ein vielfältiges und bemerkenswertes Sortiment von Büchern zu irischen Themen, mit besonderem Schwerpunkt auf Literatur des 20. Jhs.und zahlreichen Erstausgaben, darunter seltene Exemplare großer Namen: Joyce, Yeats, Beckett und Wilde.

George's Street Arcade Markt
(Karte S. 130; www.georgesstreetarcade.ie; zwischen S Great George's & Drury St; ⌚Mo–Mi 9–18.30, Do–Sa bis 19, So 12–18 Uhr; 🚌alle ins Stadtzentrum) Dublins bester Non-Food-Markt befindet sich in einer eleganten viktorianischen Ladenpassage. Neben Läden und Ständen, die neue und alte Kleidung, antiquarische Bücher, Mützen, Poster, Schmuck und Schallplatten verkaufen, gibt es auch eine Wahrsagerin, einige Gourmet-Häppchen und einen Fish-&-Chips-Imbiss, der ein Bombengeschäft macht.

Avoca Handweavers Kunsthandwerk
(Karte S. 130; ☎01-677 4215; www.avoca.ie; 11–13 Suffolk St; ⌚Mi–Mi & Sa 9.30–18, Do & Fr bis

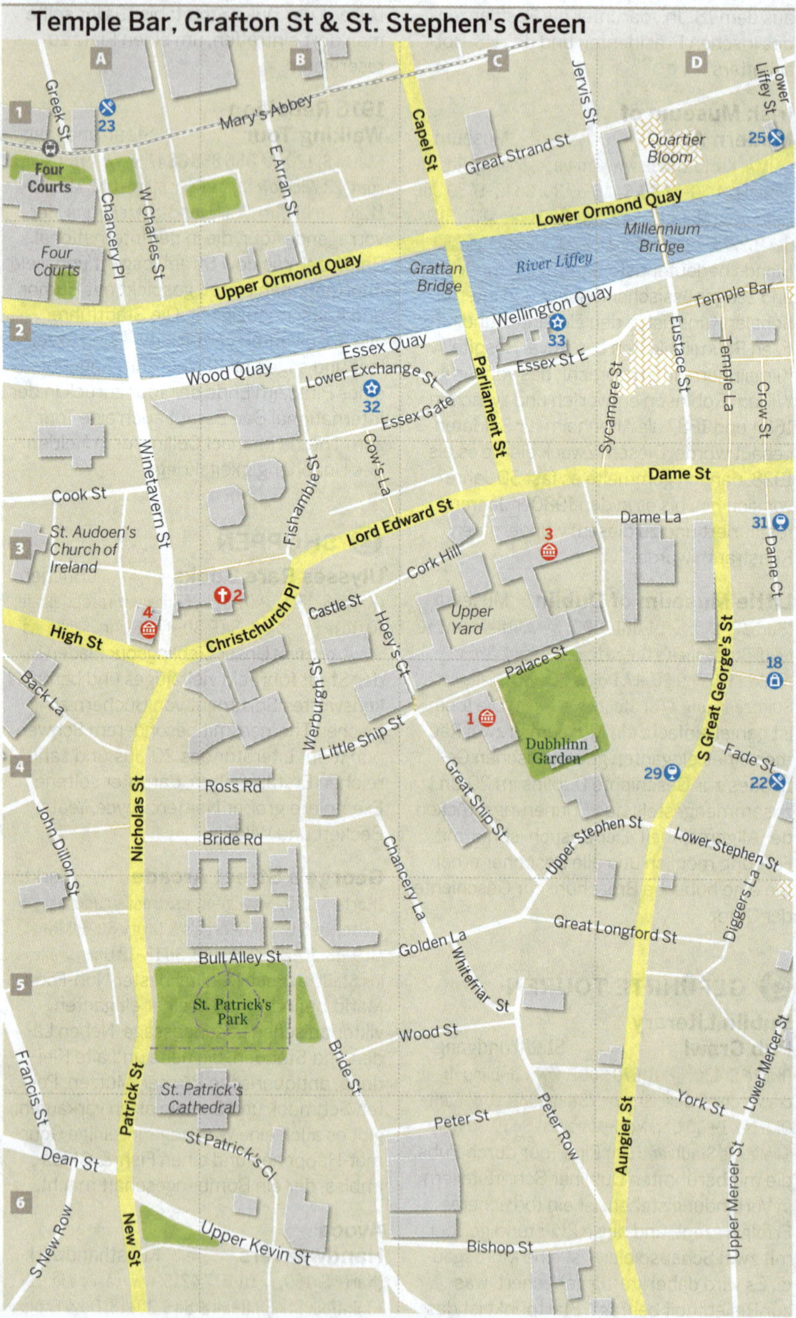
Temple Bar, Grafton St & St. Stephen's Green
A
B
C
D
1
2
3
4
5
6
Greek St
Mary's Abbey
Capel St
Jervis St
Lower Liffey St
Great Strand St
Quartier Bloom
Four Courts
Chancery Pl
W Charles St
E Arran St
Lower Ormond Quay
Millennium Bridge
River Liffey
Grattan Bridge
Upper Ormond Quay
Four Courts
Wellington Quay
Temple Bar
Wood Quay
Essex Quay
Lower Exchange St
Essex St E
Eustace St
Temple La
Crow St
Sycamore St
Essex Gate
Parliament St
Cow's La
Winetavern St
Fishamble St
Dame St
Cook St
Lord Edward St
Dame La
St. Audoen's Church of Ireland
Cork Hill
Dame Ct
Castle St
Hoey's Ct
Upper Yard
High St
Christchurch Pl
S Great George's St
Back La
Palace St
Werburgh St
Little Ship St
Dubhlinn Garden
Fade St
John Dillon St
Ross Rd
Great Ship St
Nicholas St
Bride Rd
Upper Stephen St
Lower Stephen St
Chancery La
Diggers La
Great Longford St
Golden La
Bull Alley St
Whitefriar St
St. Patrick's Park
Wood St
Francis St
Bride St
Lower Mercer St
St. Patrick's Cathedral
York St
Patrick St
Peter St
Peter Row
Aungier St
Dean St
St Patrick's Cl
Upper Mercer St
S New Row
New St
Upper Kevin St
Bishop St
1
2
3
4
18
22
23
25
29
31
32
33

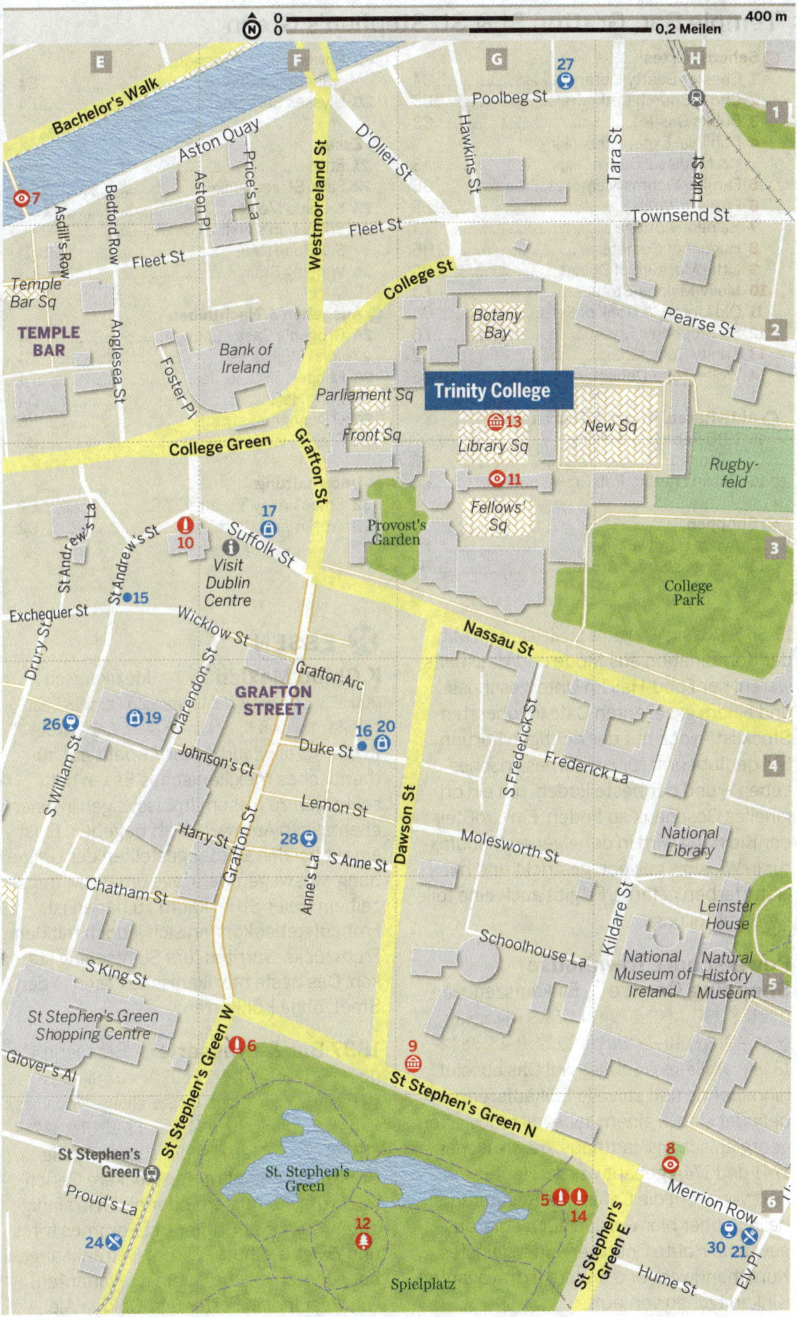

0 400 m
0 0,2 Meilen
E
F
G
H
1
2
3
4
5
6
Bachelor's Walk
Aston Quay
Aston Pl
Price's La
Westmoreland St
D'Olier St
Hawkins St
Poolbeg St
Tara St
Luke St
Townsend St
Fleet St
Asdill's Row
Bedford Row
Temple Bar Sq
TEMPLE BAR
Anglesea St
Foster Pl
Bank of Ireland
College St
Botany Bay
Pearse St
Parliament Sq
Trinity College
Front Sq
Library Sq
New Sq
Rugby-feld
College Green
Grafton St
Fellows' Sq
Provost's Garden
College Park
St Andrew's La
St Andrew's St
Suffolk St
Visit Dublin Centre
Exchequer St
Wicklow St
Nassau St
Drury St
Clarendon St
Grafton Arc
GRAFTON STREET
S William St
Johnson's Ct
Duke St
S Frederick St
Frederick La
Dawson St
Lemon St
Harry St
Molesworth St
National Library
S Anne St
Anne's La
Chatham St
Kildare St
Leinster House
Schoolhouse La
National Museum of Ireland
Natural History Museum
S King St
St Stephen's Green Shopping Centre
Glover's Al
St Stephen's Green W
St Stephen's Green N
St Stephen's Green
Proud's La
Merrion Row
St Stephen's Green E
Hume St
Ely Pl
Spielplatz
1
2
3
4
5
6
7
8
9
10
11
12
13
14
15
16
17
19
20
21
24
26
27
28
30

Temple Bar, Grafton St & St. Stephen's Green

Sehenswertes

1	Chester Beatty Library	C4
2	Christ Church Cathedral	B3
3	Dublin Castle	C3
4	Dublinia: Experience Viking & Medieval Dublin	A3
5	Famine Victims Memorial	G6
6	Fusiliers' Arch	F5
7	Ha'penny Bridge	E1
8	Huguenot Cemetery	H6
9	Little Museum of Dublin	G5
10	Molly-Malone-Statue	E3
11	Old Library & Book of Kells	G3
12	St. Stephen's Green	F6
13	Trinity College	G2
14	Wolfe-Tone-Denkmal	G6

Aktivitäten, Kurse & Touren

15	1916 Rebellion Walking Tour	E3
16	Dublin Literary Pub Crawl	F4

Shoppen

17	Avoca Handweavers	F3
18	George's Street Arcade	D4
19	Powerscourt Townhouse Shopping Centre	E4
20	Ulysses Rare Books	F4

Essen

21	Etto	H6
22	Fade Street Social	D4
23	K Chido Mexico	A1
24	Shanahan's on the Green	E6
	Silk Road Café	(s. 1)
25	Winding Stair	D1

Ausgehen & Nachtleben

26	Grogan's Castle Lounge	E4
27	John Mulligan's	G1
28	Kehoe's	F4
29	Long Hall	D4
30	O'Donoghue's	H6
31	Stag's Head	D3

Unterhaltung

32	Smock Alley Theatre	B2
33	Workman's Club	C2

19, So 11–18 Uhr; alle ins Stadtzentrum) Mit der Kombination aus Mode und Haushaltswaren, der Food-Hall im Untergeschoss und einem exzellenten Café im obersten Stock ist Avoca mit der richtigen Portion Stil der Inbegriff für modernes, irisches Leben – und der beste Laden, um ein originelles Geschenk zu finden. Ein Großteil der Kleidung wird in der eigenen Manufaktur in Wicklow gewebt, gestrickt und mit Naturfarben gefärbt. Es gibt auch eine tolle Kinderabteilung.

Powerscourt Townhouse Shopping Centre Einkaufszentrum

(Karte S. 130; 01-679 4144; 59 S William St; Mo–Mi & Fr 10–18, Do bis 20, Sa 9–18, So 12–18 Uhr; alle ins Stadtzentrum) Das absolut hinreißende und stilvolle Einkaufszentrum befindet sich in einem liebevoll renovierten georgianischen Stadthaus, das zwischen 1741 und 1744 gebaut wurde. Heute sind dort vor allem die Cafés und Restaurants beliebt, aber hier werden auch edle, ausgewählte Haute Couture, Kunst, feinstes Kunsthandwerk und andere extravagante Kinkerlitzchen verkauft.

ESSEN

K Chido Mexico Mexikanisch €

(Karte S. 130; www.kchidomexico.com; 18 Chancery St; Tacos 8 €; Mo–Fr 8–17, Sa & So 11–18 Uhr; Four Courts) Wer Appetit auf authentisches mexikanisches Essen hat, sollte sich zu diesem Imbisswagen in einer ehemaligen Autowerkstatt begeben. Er ist ein Hit bei den Büroangestellten der Umgebung, weswegen werktags um die Mittagszeit ein freier Stuhl kaum zu haben ist. Frühaufsteher können sich jedoch mit den Frühstücks-Burritos fürs Sightseeing stärken. Das beste mexikanische Essen in der Stadt, ohne Konkurrenz.

1837 Bar & Brasserie Brasserie €

(Karte S. 126; 01-471 4602; www.guinness-storehouse.com; Guinness Storehouse, St James's Gate; Hauptgerichte 9–14 €; 12–15 Uhr; 21A, 51B, 78, 78A, 123 ab Fleet St, James's) Die Brasserie serviert mittags leckere Gerichte, ob frische Austern oder einen irrsinnig guten Guinness-Burger mit Pommes frites und Zwiebel-Chutney. Zum Getränkeangebot gehören etliche Guinness-Varianten, wie West Indian Porter und Golden Ale.

Beim Besuch des Museums sehr empfehlenswert für ein Mittagessen.

Gerry's Café €

(Karte S. 126; 6 Montague St; Irisches Frühstück 6,50 €; Mo–Fr 8–14, Sa bis 14.30 Uhr; 14, 15, 65, 83) Ein schlichtes, altmodisches *caff* (billige Frittenbude) ist heutzutage im Stadtzentrum seltener als ein weißer Rabe, weswegen Gerry's eine Art Perle ist. Es gibt wohl kaum einen authentischeren Laden, um ein traditionelles irisches Frühstück zu genießen – und wer's gesünder mag, kann sich Porridge bestellen, aber das ist ja nicht Sinn der Sache.

Etto Italienisch €€

(Karte S. 130; 01-678 8872; www.etto.ie; 18 Merrion Row; Hauptgerichte 18–23 €; Mo–Fr 12–22, Sa 12.30–22 Uhr; alle ins Stadtzentrum) Das preisgekrönte Weinbar-Restaurant serviert moderne Versionen klassischer italienischer Küche. Alle Zutaten sind frisch, die Präsentation ist vorzüglich und der Service genau richtig. Die Portionen sind klein, aber das Essen ist so reichhaltig, dass niemand hungrig bleibt. Der einzige Nachteil ist der relativ schnelle Wechsel an den Tischen; es wäre nett, noch ein bisschen länger bei dem exzellenten Wein verweilen zu können. Reservierung ist ratsam.

Fade Street Social Modern Irisch €€

(Karte S. 130; 01-604 0066; www.fadestreetsocial.com; 4–6 Fade St; Hauptgerichte 18–32 €, Tapas 5–12 €; Mo–Fr 12.30–22.30, Sa & So 17–22.30 Uhr; ; alle ins Stadtzentrum) Zwei Restaurants in einem, die dem Küchenchef Dylan McGrath zu verdanken sind: vorne die quirlige Tapas-Bar mit Gourmethäppchen aus einer schönen, offenen Küche, hinten das ruhigere Restaurant mit irischen Fleischgerichten (von Kalb bis Kaninchen), serviert mit selbst gezogenem Biogemüse. Oben gibt's auch noch eine Bar. Reservierung ist angesagt.

Winding Stair Modern Irisch €€

(Karte S. 130; 01-873 7320; www.winding-stair.com; 40 Lower Ormond Quay; 2-Gänge-Mittagsmenü 21,95 €, Hauptgerichte 22–28 €; 12–17 & 17.30–22.30 Uhr; alle ins Stadtzentrum) Der Umbau zu einem eleganten Restaurant in einem schönen georgianischen Gebäude, in dem sich einst die beliebteste Buchhandlung der Stadt befand (im Erdgeschoss ist noch eine), ist einwandfrei gelungen. Das wunderbare irische Speisenangebot – cremige Fischpastete, Schinken und Biokohl, gedünstete Muscheln und irischer Bauernkäse – plus eine exzellente Weinkarte sorgen für ein unvergessliches Essen.

Chapter One Modern Irisch €€€

(Karte S. 126; 01-873 2266; www.chapteronerestaurant.com; 18 N Parnell Sq; 2-Gänge-Mittagsmenü 32,50 €, 4-Gänge-Abendmenü 75 €; Di–Fr 12.30–14, Di–Sa 19.30–22.30 Uhr; 3, 10, 11, 13, 16, 19, 22 ab Stadtzentrum) Perfekte Haute Cuisine und eine entspannte, freundliche Atmosphäre machen dieses Sternerestaurant im Untergeschoss des Dublin Writers Museum zum besten kulinarischen Erlebnis der Stadt. Die Küche ist modern irisch mit französischen Einflüssen, die Speisekarte wechselt regelmäßig und der Service ist erstklassig. Das frühabendliche dreigängige Menü (39,50 €) ist super.

L'Ecrivain Französisch €€€

(Karte S. 126; 01-661 1919; www.lecrivain.com; 109a Lower Baggot St; 3-Gänge-Mittagsmenüs 45 €, 8-Gänge-Probiermenü 90 €, Hauptgerichte 45 €; Mi–Fr 12.30–14, Mo–Sa 18.30–22 Uhr; 38, 39 ab Stadtzentrum) Küchenchef Derry Clarke gilt wegen seiner einfachen, aber exquisiten Kreationen als Gourmetgott. Im Mittelpunkt stehen Eigengeschmack und beste, irische Erzeugnisse, die dann einen französischen Touch erhalten und somit zu nahezu himmlischen Speisen werden. Die Leute von Michelin mögen es auch und verliehen dem Restaurant einen Stern.

Shanahan's on the Green Steak €€€

(Karte S. 130; 01-407 0939; www.shanahans.ie; 119 St Stephen's Green W; Hauptgerichte 42–49 €; Sa–Do 18–22, Fr 12–22 Uhr; alle ins Stadtzentrum St Stephen's Green) Wer hier Fisch oder einen Teller Gemüse bestellt, verfehlt den Zweck dieses höchst eleganten Steakhauses: die saftigsten und zartesten Stücke vom irischem Angus-Rind, die es

Livemusik

Die beste traditionelle Musik ist im Pub zu hören, wo bei der „Session“ – ob improvisiert oder planmäßig – stets mehr ausländische Besucher anwesend sind, die diese Musikrichtung weit mehr schätzen als die meisten Dubliner und mit Freude jede Gelegenheit wahrnehmen, etwas zu trinken und dabei außergewöhnlich virtuose Vorstellungen zu erleben.

Whelan's (Karte S. 126; 01-478 0766; www.whelanslive.com; 25 Wexford St; 16, 122 ab Stadtzentrum) Der mittelgroße Raum hinter einem traditionellen Pub ist die wohl beliebteste Bühne für Livemusik der Stadt. Singer-Songwriter sind hier zu Hause: Wenn sie nach all ihren Herzensergüssen die Bühne verlassen, trinken sie an der Bar zusammen mit ihren Fans.

O'Donoghue's (Karte S. 130; www.odonoghues.ie; 15 Merrion Row; Mo–Do 10.30–23.30, Fr & Sa bis 0.30, So 12–23 Uhr; alle ins Stadtzentrum) Das Pub, in dem die Urgesteine der traditionellen Musik, die Dubliners, in den 1960er-Jahren berühmt wurden, bietet noch immer jeden Abend Livemusik. Die Gäste würden aber auch so kommen, nämlich wegen der exzellenten Pints und des wunderbaren Ambientes in der alten Bar und dem überdachten Hof daneben.

ANDREW MONTGOMERY/LONELY PLANET ©

gibt. Das Ambiente ist nobles Amerika – die Bar unten heißt Oval Office, wo ein Schaukelstuhl, der einst John F. Kennedy gehörte, den Ehrenplatz einnimmt.

AUSGEHEN & NACHTLEBEN

John Mulligan's — Pub

(Karte S. 130; www.mulligans.ie; 8 Poolbeg St; Mo–Do 10.30–23.30, Fr & Sa bis 0.30, So 12–23 Uhr; alle ins Stadtzentrum) Das tolle alte Pub, 782 gegründet und seit 1854 an diesem Standort, ist eine kulturelle Institution. Einem Drink (oder mehr) an dieser Stätte haftet etwas Heiliges an. John F. Kennedy gab sich hier 1945 die Ehre inmitten von Stammkunden, die sich seither kaum verändert zu haben scheinen.

Long Hall — Pub

(Karte S. 130; 51 S Great George's St; Mo–Do 10.30–23.30, Fr & Sa bis 0.30, So 12–23 Uhr alle ins Stadtzentrum) Der viktorianische Klassiker ist einer der schönsten und beliebtesten Pubs der Stadt. Besonders schön sind die verschnörkelten Holzschnitzereien hinter der Bar und die eleganten Kronleuchter. Die Barkeeper sind Könner ihres Fachs, was heutzutage in Dublin immer seltener wird.

Grogan's Castle Lounge — Pub

(Karte S. 130; www.groganspub.ie; 15 S William St; Mo–Do 10.30–23.30, Fr & Sa bis 0.30, So 12.30–23 Uhr; alle ins Stadtzentrum) Das Pub, schlicht Grogan's genannt (nach dem ursprünglichen Wirt), ist im Stadtzentrum eine Institution. Es ist schon ewig eine Lieblingskneipe der Dubliner Schriftsteller und Maler, auch von anderen Gestalten aus der alternativen Künstlerszene, die gerne ein gutes Guinness genießen, während sie auf den unweigerlichen Moment ihrer Entdeckung warten.

Kehoe's — Pub

(Karte S. 130; 9 S Anne St; Mo–Do 10.30–23.30, Fr & Sa bis 0.30, So 12–23 Uhr; alle ins Stadtzentrum) Die klassische Kneipe ist der Inbegriff eines typischen traditionellen Dubliner Pubs. Die schöne viktorianische Bar, das wunderbare Separee und das Nebenzimmer sind seit Generationen bei Dublinern und Besuchern beliebt, so sehr, dass die privaten Wohnräume des Wirts oben als Erweiterung umgebaut wurden – einfach, indem er die Möbel entfernte und eine Bar einbaute.

Smock Alley Theatre

John Kavanagh's Pub
(Gravediggers; ☎01-830 7978; 1 Prospect Sq; 🚌13, 19, 19A ab O'Connell St) Die Totengräber (*gravedigger*) des benachbarten **Glasnevin Cemetery** (Prospect Cemetery; www.glasnevintrust.ie; Finglas Rd; Führungen 10 €; ⏰10–17 Uhr, Führungen stündl. 10.30–15.30 Uhr; 🚌40, 40A, 40B ab Parnell St) GRATIS hatten eine heimliche Durchreiche, sodass sie während der Arbeit einen trinken konnten – daher der Spitzname des Pubs. Es wurde 1833 von John Kavanagh gegründet und ist noch immer in Familienbesitz. Es ist seit 150 Jahren unverändert und eines der besten in Irland.

Stag's Head Pub
(Karte S. 130; www.louisfitzgerald.com/stagshead; 1 Dame Ct; ⏰Mo–Sa 10.30–1, So bis 24 Uhr; 🚌alle ins Stadtzentrum) Das Stag's Head wurde 1770 gebaut, 1895 umgestaltet und hat sich seither zum Glück kein bisschen verändert. Es ist ein klasse Pub, so malerisch, dass es oft in Filmen auftaucht, auch auf einer Briefmarkenserie zu irischen Pubs. Kein Zweifel, eine verdammte gute Adresse.

UNTERHALTUNG

Devitt's Livemusik
(Karte S. 126; ☎01-475 3414; www.devittspub.ie; 78 Lower Camden St; ⏰Do–Sa ab 21 Uhr; 🚌14, 15, 65, 83) Devitt's – oder auch Cusack Stand – ist einer der beliebtesten Auftrittsorte der talentierten jungen Musiker Dublins. Die Sessions hier gehören zu den besten im Stadtzentrum. Sehr empfehlenswert.

Smock Alley Theatre Theater
(Karte S. 130; ☎01-677 0014; www.smockalley.com; 6–7 Exchange St) In diesem Gebäude aus dem 17. Jh. verbirgt sich ein Theater mit sehr abwechslungsreichem Programm (von Opern über Krimiabende und Puppentheater bis zu Shakespeare-Stücken), viele Veranstaltungen werden auch mit einem Abendessen angeboten.

Das Theater wurde 1622 gebaut und war das einzige Theatre Royal, das jemals außerhalb Londons existierte. Es wurde als Speicher, dann als katholische Kirche genutzt und 2012 liebevoll restauriert, um wieder als Theaterbühne zu dienen.

Workman's Club Livemusik
(Karte S. 130; ☎01-670 6692; www.theworkmansclub.com; 10 Wellington Quay; frei bis 20 €; ⏰17–3 Uhr; 🚌alle ins Stadtzentrum) Schwerpunkt in dem 300 Leute fassenden Laden im ehemaligen Arbeiterclub von Dublin ist die Abgrenzung vom Mainstream, was alles bedeuten kann, von Liedermachern bis

Dublinbikes

zum Electronic Cabaret. Wenn die Musiker im Workman's Club abtreten, übernehmen DJs die Bühne mit Rockabilly, Hip-Hop, Indie, House u. a.

Bord Gáis Energy Theatre Theater

(☎01-677 7999; www.grandcanaltheatre.ie; Grand Canal Sq; Ⓡ Grand Canal Dock) Der Sponsorenname ist wenig einladend, aber der dreistufige, 2100 Zuschauer fassende Theatersaal ist ein Meisterwerk des Architekten Daniel Libeskind. Das Publikum wird ebenso vom Bolschoi-Theater oder von Staatsoper-Gastspielen unterhalten wie von *Disney on Ice* oder Barbra Streisand. Es ist ein prachtvolles Theater – gestaltet für klassische Bühnenkunst, finanziert durch die Klassiker.

PRAKTISCHE INFORMATIONEN

Visit Dublin Centre (Karte S. 130; www.visitdublin.com; 25 Suffolk St; ⏲Mo–Sa 9–17.30, So 10.30–15 Uhr; Ⓑ alle ins Stadtzentrum) Die zentrale Touristeninformation bietet kostenlose Stadtpläne, Broschüren und Routenvorschläge sowie einen Buchungsservice für Unterkünfte, Sehenswürdigkeiten und Events.

AN- & WEITERREISE

Irlands Hauptstadt und größte Stadt ist der wichtigste Ein- und Ausreiseort des Landes – fast alle Fluglinien landen und starten am **Dublin Airport** (☎01-814 1111; www.dublinairport.com). Die Stadt hat zwei Fährhäfen: den in **Dun Laoghaire** (☎01-280 1905; Dun Laoghaire; Ⓑ 7A oder 8 ab Burgh Quay, 46A ab Trinity College, Ⓡ Dun Laoghaire) und den **Dublin Port** (☎01-855 2222; Alexandra Rd; Ⓑ 53 ab Talbot St).

UNTERWEGS VOR ORT

Bus Nützlich für Fahrten in den westlichen Teil der Stadt und die Vororte.

Fahrrad Das städtische Leihfahrradsystem Dublinbikes ist ideal, um schnell voranzukommen.

DART Die Stadtbahn fährt am Ostrand der Stadt an der Dublin Bay entlang.

Luas Eine Straßenbahn mit zwei Strecken, die das Stadtzentrum mit den südlichen Vororten verbinden.

Taxi Einfach am hellgrünen und blauen Zeichen „Taxi" an der Tür zu erkennen; sie können herangewunken werden oder warten an Taxiständen im Zentrum.

Zu Fuß Das Dubliner Stadtzentrum ist kompakt, flach und gut zu Fuß zu bewältigen – es sind nur knapp 2 km von einem zum anderen Ende.

Wohin zum Schlafen?

Je näher die Unterkunft zum Stadtzentrum liegt, desto teurer wird es – und die Zimmer werden kleiner. Im Sommer und bei Festivals schießen die Preise in die Höhe; frühzeitige Buchung ist ratsam.

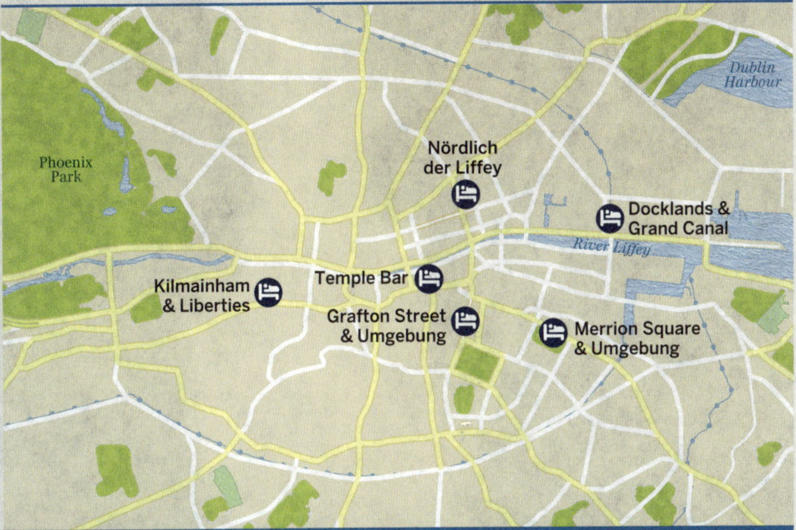

Stadtviertel	Merkmale
Grafton Street & Umgebung	Nah an Sehenswürdigkeiten, Nachtleben und ziemlich allem; eine gute Auswahl an Mittel- und Spitzenklassehotels; generell teurer als anderswo; nicht immer ein gutes Preis-Leistungs-Verhältnis und oft kleinere Zimmer.
Merrion Square & Umgebung	Schöner Stadtteil, elegante Hotels und Unterkünfte in Stadthäusern; hier sind auch einige der besten Restaurants der Stadt; nicht viel Auswahl; praktisch keine Budgetunterkunft; ab abends relativ ruhig.
Temple Bar	Mitten im Getümmel; dicht an allem, vor allem zu Partys; laut und touristisch, kein besonders gutes Preis-Leistungs-Verhältnis; Zimmer sind sehr klein und oft nicht gerade sauber.
Kilmainham & Liberties	Dicht an der Altstadt und den Sehenswürdigkeiten von Westdublin; keine empfehlenswerten Unterkünfte; nur wenige Restaurants.
Nördlich der Liffey	Breite Auswahl; in Laufnähe von Sehenswürdigkeiten und Nachtleben; Budgetunterkünfte nicht immer in gutem Zustand; einige Ecken nachts nicht besonders angenehm.
Docklands & Grand Canal	Exzellente moderne Hotels mit gutem Service, auch einige Spitzenhotels; abgeschieden in einem Stadtteil, der abends ziemlich tot ist; auf Taxis oder öffentliche Verkehrsmittel angewiesen, um ins Stadtzentrum zu kommen.

PURIPAT LERTPUNYAROJ/SHUTTERSTOCK ©

Strokkur-Geysir (S. 187), Island

NORDEUROPA & NIEDERLANDE

In diesem Kapitel

Kopenhagen, Dänemark

Kopenhagen ist nicht nur die coolste skandinavische Hauptstadt, sondern Dänemark gilt auch seit Langem als eines der glücklichsten Länder der Welt. Fragt man nach dem Grund, dürfte das Wort „hygge" fallen, das mit „gemütlich" nur annähernd übersetzt ist. Es ist diese relaxte Zufriedenheit, die der dänischen Kapitale ihr gewisses Etwas gibt. Umwerfend ist auch das Stadtbild: gepflasterte, fahrradfreundliche Straßen, gesäumt von einem unwiderstehlichen Mix aus bunt gestrichenen Häusern, Kunsthandwerkerateliers und stimmungsvollen Cafés. Dazu noch die überschaubare Größe. Fertig ist das vielleicht rundeste Stadterlebnis, das Europa zu bieten hat.

Zwei Tage in Kopenhagen

Nach einer Kanal- und Hafenrundfahrt und einem Bummel um den **Nyhavn** (S. 146) ist es Zeit für das berühmte *smørrebrød* mit einem eiskalten *akvavit* (Kartoffelschnaps mit Kümmel). Dann geht es durchs Latinerkvarter und ins **Nationalmuseet** (S. 146), gefolgt von einem netten Abend im **Tivoli** (S. 142).

Am zweiten Tag wandelt man im **Rosenborg Slot** (S. 147) und **Kongens Have** (S. 150) auf königlichen Spuren. Im **Designmuseum Danmark** (S. 144) wartet außer der umfangreichen Sammlung auch ein stärkendes Mittagessen. Abends verwöhnt das **Geranium** (S. 154) mit Neuer Nordischer Küche.

Vier Tage in Kopenhagen

Wer etwas mehr Zeit hat, unternimmt am dritten Tag einen Abstecher zum Kunstmuseum **Louisiana** (S. 152), eine kurze Zugfahrt entfernt nördlich von Kopenhagen. Zum Abendessen lädt dann das ehemalige Schlachterviertel Kødbyen in Vesterbro, das sich inzwischen zum hippen Ausgehviertel gemausert hat.

Am vierten Tag werden das **Statens Museum for Kunst** (S. 147) und die berühmte Markthalle **Torvehallerne KBH** (S. 153) erkundet. Den krönenden Abschluss bildet ein Nachmittag im alternativen **Christiania** (S. 155).

Ankunft

Der **Flughafen Kopenhagen** ist der größte Flughafen Skandinaviens, mit Direktverbindungen zu vielen Städten in Europa sowie einer Handvoll dänischer Städte. Der Flughafen liegt in Kastrup, 9 km südöstlich des Kopenhagener Stadtzentrums, und bietet gute Gastronomie, Shops und Infoschalter.

Fernzüge halten im **Københavns Hovedbanegård** (Hauptbahnhof). Die von hölzernen Deckenbalken getragene Bahnhofshalle aus dem 19. Jh. hat eine Wechselstube, ein Postamt, Gepäckaufbewahrung und Imbisslokale.

Schlafen

Das Übernachtungsangebot in Kopenhagen reicht von gehobenen dänischen Designhotels bis zu ausgezeichneten Budgethotels und Hostels, die sich vor allem westlich des Hauptbahnhofs drängen. Rechtzeitige Reservierung ist ratsam, vor allem bei den Hostels und in der sommerlichen Hauptsaison.

Das **Copenhagen Visitors Centre** (S. 157) vermittelt Zimmer in Privathäusern und je nach Verfügbarkeit auch kurzfristig Hotelzimmer zu ermäßigten Preisen.

Weihnachten im Tivoli

Tivoli

Die beliebteste Attraktion des Landes ist wohl der Tivoli. Der stilvolle Freizeitpark entzückt seine Besucher schon seit 1843. Was immer das Herz begehrt – adrenalintreibende Achterbahnen, lichterfunkelnde Pavillons, Freilicht-Shows, Pantomime oder Biergarten –, der Klassiker lässt keine Wünsche offen.

Toll für ...

☑ Nicht versäumen

Das mit 70 km/h vorbeifliegende Stadtpanorama von einem der höchsten Karussells der Welt, dem Star Flyer.

Achterbahnen

Die populärste Achterbahn des Tivoli ist die Rutschebanen, die mit bis zu 60 km/h um und durch einen künstlichen Berg saust. Sie wurde 1914 gebaut und ist angeblich die älteste hölzerne Achterbahn der Welt, die noch in Betrieb ist. Wer es etwas wilder mag, kann Dæmonen (Dämon) ausprobieren, ein Monster des 21. Jhs. mit höherem Tempo und drei haarsträubenden Loopings.

Parkanlage

Abseits der Fahrgeschäfte und Buden ist der Tivoli ein gepflegter Park mit stillen Ecken und interessanter Architektur. Beim Bummel unter alten Kastanienbäumen und Ulmen und rund um den See kann sich der Puls wieder beruhigen. Am See, der aus dem alten Stadtgraben entstand, thront eine sehr fotogene Pagode von 1900.

LEPNEVA IRINA/SHUTTERSTOCK ©

Gut zu wissen

www.tivoli.dk; Vesterbrogade 3, Vesterbro; Erw./Kind unter 8 J. Mo–Do 110 Kr/frei, Fr–So 120 Kr/frei; April–Sept. So–Do 11–23, Fr & Sa bis 24 Uhr, das übrige Jahr eingeschränkte Öffnungszeiten; ; 2A, 5A, 9A, 12, 26, 250S, 350S, S-Bahn København H

Kleine Stärkung

Grøften (33 75 06 75; www.groeften.dk; Smørrebrød 69–135 Kr, Hauptgerichte 45–385 Kr; April–Sept. tgl. 12–22 Uhr, sonst nur zu Veranstaltungen;)

★ Top-Tipp

Fahrgeschäfte kosten 25–75 Kr; es kann sich lohnen, ein Mehrfahrtenticket für 220 Kr zu kaufen.

Illuminationen & Feuerwerk

In der Sommersaison bezaubert der Tivoli-See die Besucher mit nächtlichen Laser- und Wassershows. Ein Muss im Sommer ist das Feuerwerk am Samstagabend. Vom 26. bis 30. Dezember findet im Tivoli das jährliche Feuerwerksfestival statt.

Live-Vorstellungen

In **Tivolis Koncertsal** (Konzertsaal) wird vor allem Klassik geboten, gelegentlich gibt es auch Musicals oder Konzerte bekannter Pop- und Rockmusiker. Tickets gibt es beim **Tivoli Billetcenter** (33 15 10 12; Mo–Fr 10–22, Sa & So 11–17 Uhr) oder online über die Tivoli-Website.

Pantomimentheater

Im Sommer präsentiert das charmante Theater allabendlich Pantomimenstücke in der Tradition der italienischen Commedia dell'Arte. Viele Darsteller gehören dem Königlichen Ballett an.

Die besten Besuchszeiten

Nach Sonnenuntergang Am bezauberndsten ist der Tivoli, wenn abends die Lichterketten und Laternen funkeln.

Freitagabends Von Anfang April bis Mitte September bietet die Freilichtbühne Plænen ab 22 Uhr kostenlose Rockkonzerte – bei bekannten Musikern früh da sein.

Halloween Dann öffnet der Tivoli für ca. drei Wochen. Mehr Infos auf der Website.

Weihnachten Von Mitte November bis Anfang Januar gibt es einen **Weihnachtsmarkt**, dazu Unterhaltung durch kostümierte Mitarbeiter und Theatervorstellungen. Viele Fahrgeschäfte haben zu, aber die Besucher trösten sich mit *gløgg* (Glühwein) und *æbleskiver* (Krapfen).

PERNILLE KLEMP/DESIGNMUSEUM DANMARKS ©

Designmuseum Danmark

Wer den Unterschied zwischen Ei und Schwan oder einer PH4 und einer PH5 noch nicht kennen sollte, bekommt im Designmuseum Danmark einen erhellenden Crashkurs in der Geschichte des legendären dänischen Designs.

Toll für ...

☑ Nicht versäumen

Die Sammlung historischer Plakatkunst, u. a. mit dem Kultklassiker „Wonderful Copenhagen" von 1959.

Das Museum in einem umgebauten Hospital aus dem 18. Jh. ist ein Muss für alle Freunde der angewandten Kunst und des Industriedesigns. Die Sammlungen umfassen u. a. dänisches Silber und Porzellan, Textilien und Kultklassiker von revolutionären Möbeldesignern wie Kaare Klint, Poul Henningsen, Arne Jacobsen und Verner Panton.

Kunstgewerbe & Design des 20. Jhs.

Die ständige Ausstellung des Museums beleuchtet Industriedesign und Kunstgewerbe des 20. Jhs. im Kontext des gesellschaftlichen, wirtschaftlichen und technischen Wandels. Die Sammlung präsentiert legendäre Möbelstücke und kunstgewerbliche Erzeugnisse aus Dänemark und dem Rest der Welt.

PERNILLE KLEMP/DESIGNMUSEUM DANMARKS ©

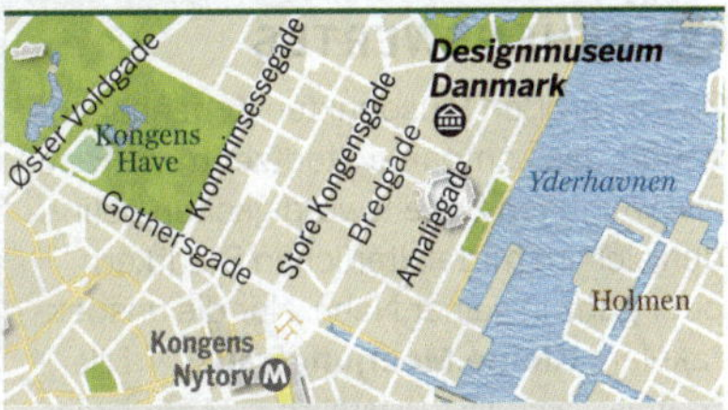

Gut zu wissen

www.designmuseum.dk; Bredgade 68, Østerport; Erw./Kind 100 Kr/frei; Di & Do–So 11–17, Mi bis 21 Uhr; 1A, 15, Kongens Nytorv

Kleine Stärkung

Neben der Eingangshalle und draußen im schönen Garten serviert das hauseigene Klint Café dänische Klassiker.

★ Top-Tipp

Der Museumsshop ist eine der besten Adressen der Stadt, um originelle und handliche Mitbringsel zu erstehen.

Mode & Textilien

Die über vier Jahrhunderte umspannende Dauerausstellung zeigt rund 350 Stücke aus den umfangreichen Textil- und Modesammlungen des Museums. Zu ihren Schätzen gehören französische und italienische Seidengewebe, Ikat- und Batikstoffe und zwei außergewöhnliche Wandteppiche nach Vorlagen von Henri Matisse. Im Vordergrund stehen natürlich Textilien und Mode aus Dänemark, u. a. dänische Hedebo-Stickereien aus dem 18. bis 20. Jh. und die Sammlung des Modedesigners Erik Mortensen von Haute-Couture-Kleidern der französischen Modehäuser Balmain und Jean-Louis Scherrer.

Dänische Stühle

Eine Ode an ein bescheidenes Möbelstück und eine Auseinandersetzung mit der Frage, was einen „guten" Stuhl ausmacht: Diese Dauerausstellung zeigt über 100 elegant gestaltete Stühle (und Sessel), darunter auch Beiträge aus dem Ausland. Probesitzen ist leider nicht erlaubt.

Porzellan

Die gut bestückte Ausstellung huldigt dem europäischen Porzellan und zeichnet seine Entwicklung von den ersten Experimenten bis zum heutigen Tag nach.

Design heute

Eine spannende Präsentation des zeitgenössischen Mode-, Möbel- und Produktdesigns mit Schwerpunkt auf dänischem Design und Neuerungen des 21. Jhs.

SEHENSWERTES

Zu den großen Pluspunkten Kopenhagens gehört das kompakte Stadtzentrum. Fast alle wichtigen Sehenswürdigkeiten befinden sich im mittelalterlichen Stadtkern oder ganz in seiner Nähe. Nur die unspektakuläre **Kleine Meerjungfrau** (Den Lille Havfrue; Langelinie, Østerport; 1A, Nordre Toldbod) räkelt sich außerhalb des Stadtzentrums am Hafen.

Nyhavn — Kanal

Bei Sonnenschein gibt es kaum ein netteres Plätzchen als einen der Cafétische am Nyhavn. Der Stichkanal wurde angelegt, um den großen Platz Kongens Nytorv mit dem Hafen zu verbinden. Nyhavn ist traditionsreicher Tummelplatz von Seeleuten und Schriftstellern. Einer davon war Hans Christian Andersen, der hier den größten Teil seines Lebens wohnte – mit wechselnden Adressen in den Häusern Nr. 20, 18 und 67.

Nationalmuseet — Museum

(Nationalmuseum; www.natmus.dk; Ny Vestergade 10, Slotsholmen; Erw./Kind 75/60 Kr; Di–So 10–17 Uhr; ; 1A, 2A, 11A, 33, 40, 66, S-Bahn København H) Als Schnellkurs in dänischer Geschichte und Kultur eignet sich ein Nachmittag im Nationalmuseum. Es hat den ersten Zugriff auf praktisch alle antiken Fundstücke, die auf dänischem Boden ausgegraben werden, von Steinzeitwerkzeugen über Wikingerwaffen und Runensteine bis zu mittelalterlichem Schmuck. Zu den vielen Highlights gehören ein schön gearbeiteter Sonnenwagen, der 3500 Jahre auf dem Buckel hat, und bronzene *lurs* (Hörner), die teils 3000 Jahre alt sind und immer noch melodische Töne hervorbringen.

Ny Carlsberg Glyptotek — Museum

(www.glyptoteket.dk; Dantes Plads 7, Vesterbro, HC Andersens Blvd; Erw./Kind 95 Kr/frei, Di frei; Di–So 11–18, Do bis 22 Uhr; 1A, 2A, 11A, 33, 40, 66, S-Bahn København H) Das Fin-de-Siècle-Gebäude der Ny Carlsberg Glyptotek beherbergt einen spannenden Kunstmix. Der Bestand gliedert sich in zwei Teile: Nordeuropas größte Sammlung antiker Skulpturen einerseits und dänische und französische Kunst des 19. Jhs. andererseits. Letzterer Teil umfasst die größte Sammlung von Rodin-Skulpturen außerhalb von Frankreich und 47 Gemälde von Gauguin. Daneben werden Werke großer

Nyhavn

Meister wie Cézanne, van Gogh, Pissarro, Monet und Renoir gezeigt.

Ein besonderes Bonbon für Besucher ist die Sommerkonzertreihe im August/September (Eintrittspreise um 75 Kr). Die Klassikkonzerte finden im stimmungsvollen Konzertsaal des Museums statt, umgeben von lebensgroßen Statuen römischer Patrizier.

De Kongelige Repræsentationslokaler Historisches Gebäude

(Königliche Repräsentationsräume im Schloss Christiansborg; www.christiansborg.dk; Slotsholmen, Christianshavn; Erw./Kind 90/45 Kr; ⌚Mai–Sept. tgl. 10–17 Uhr, Okt.–April Mo geschl., Führungen auf Dänisch/Englisch 11/15 Uhr; 🚌1A, 2A, 9A, 11A, 26, 40, 66) Der prachtvollste Teil des Christiansborg Slot sind De Kongelige Repræsentationslokaler mit dem überwältigenden Renaissancesaal, in dem die Königin ausländische Staatsgäste bewirtet. Sehr sehenswert sind die aufwendig gearbeiteten, knallbunten Wandteppiche, die die Geschichte Dänemarks von der Wikingerzeit bis zur Gegenwart darstellen. Es dauerte zehn Jahre, bis die von Bjørn Nørgaard entworfene Gobelinserie im Jahr 2000 vollendet war. Sie zeigt u. a. die Königin und ihren Gatten als Adam und Eva (allerdings züchtig bekleidet) in einem dänischen Garten Eden.

Rosenborg Slot Schloss

(www.kongernessamling.dk/en/rosenborg; Øster Voldgade 4A, Nørreport; Erw./Kind 105 Kr/frei, inkl. Amalienborg Slot 145 Kr/frei; ⌚Juni–Aug. 10–17 Uhr, Mai, Sept. & Okt. bis 16 Uhr, sonst eingeschränkte Öffnungszeiten; 🚌6A, 11A, 42, 150S, 173E, 184, 185, 350S, Ⓜ Nørreport) Ein Bilderbuchschloss mit Türmen und Türmchen, Ziergiebeln und Wassergraben: König Christian IV. ließ sich das Schloss im Stil der niederländischen Renaissance zwischen 1606 und 1633 als Sommerresidenz errichten. Heute beherbergen die 24 Räume eine chronologisch arrangierte Sammlung mit Möbelstücken und den Porträts sämtlicher Könige von Christian IV. bis zu Frederik VII. Das Highlight ist die Schatzkammer im Untergeschoss, wo die Kronjuwelen verwahrt werden.

Wachablösung

Die Königliche Leibgarde hat die Aufgabe, die dänische Königsfamilie und ihre Stadtresidenz, Amalienborg Slot, zu bewachen. Tag für Tag marschieren diese Soldaten von ihrer Kaserne durch die Straßen von Kopenhagen zur **Wachablösung** (www.kongehuset.dk/en/changing-of-the-guard-at-amalienborg; Amalienborg Slotsplads; ⌚tgl. 12 Uhr; 🚌1A) GRATIS. Mit Bärenfellmützen und Uniformen aus dem 19. Jh. bieten sie bei ihren abgezirkelten Manövern einen eindrucksvollen Anblick. Wenn Königin Margrethe im Schloss residiert, kommt sogar noch eine Marschkapelle dazu.

Wer die Mittagszeremonie verpasst, kann danach noch alle zwei Stunden einen kleineren Wachwechsel erleben.

BIRUTE VIJEIKIENE/SHUTTERSTOCK ©

Statens Museum for Kunst Museum

(www.smk.dk; Sølvgade 48–50, Østerport; Erw./Kind 110 Kr/frei; ⌚Di & Do–So 11–17, Mi bis 20 Uhr; 🚌6A, 26, 42, 173E, 184, 185) GRATIS Die dänische Nationalgalerie ist in zwei ganz unterschiedlichen, miteinander verbundenen Gebäuden untergebracht: in einem Prunkbau aus dem späten 19. Jh. und in einem betont minimalistischen Erweiterungsbau. Das Museum hütet Kunstwerke aus Mittelalter und Renaissance und Gemälde niederländischer und flämischer Künstler, u. a. von Rubens, Brueghel und Rembrandt. Es besitzt die weltweit schönste Sammlung von Werken aus dem „Goldenen Zeitalter“ der dänischen Kunst im 19. Jh., u. a. von Eckersberg und Hammers-

Kopenhagen (København) Zentrum

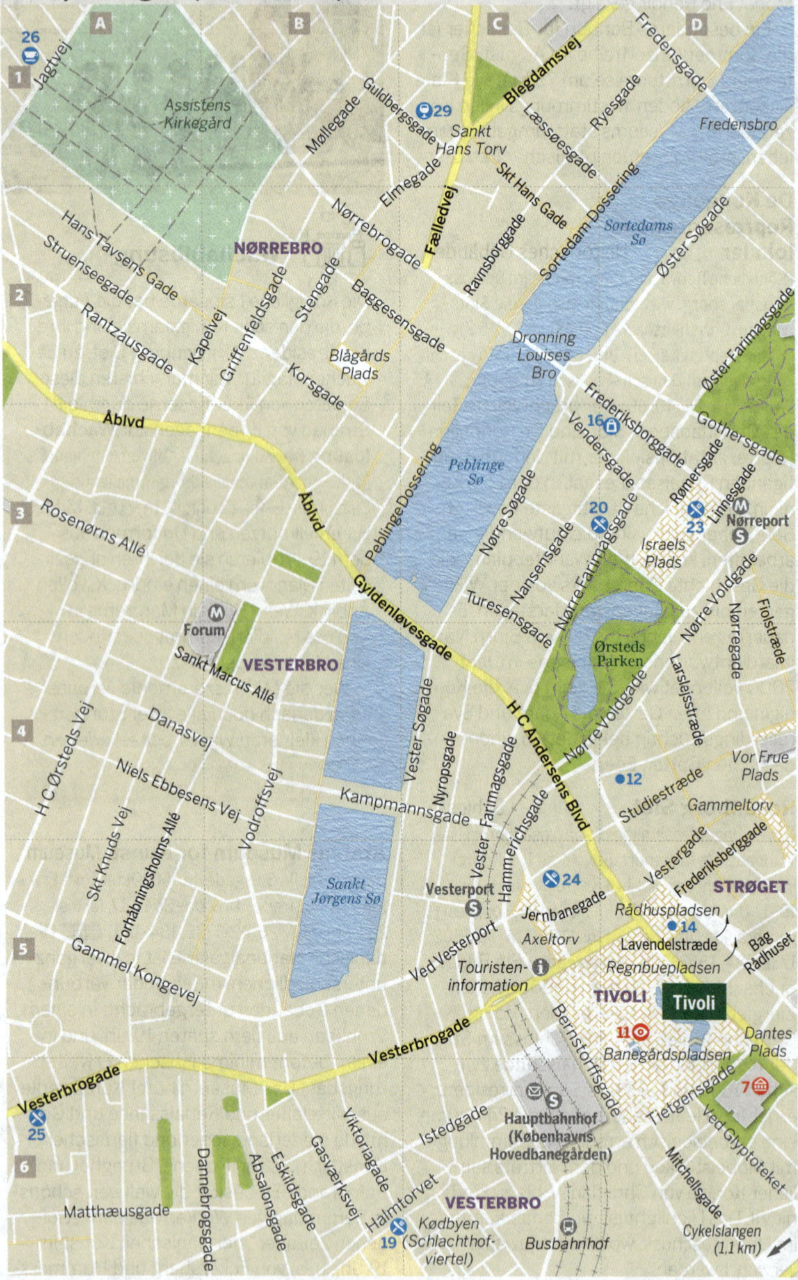

500 m
Designmuseum Danmark
Kastellet
Østre Anlæg
Botanisk Have
NØRREPORT
NYHAVN
CHRISTIANSHAVN
CHRISTIANIA
SLOTSHOLMEN
Østerport
Kongens Nytorv
Christianshavn
Holmen
Papirøen (Papier-insel)
Churchillparken
Amalienborg plads
Sølvtorvet
Stockholmsgade
Øster Farimagsgade
Øster Voldgade
Sølvgade
Oslo Plads
Østbanegade
Folke Bernadottes Alle
Store Kongensgade
Grønningen
Langelinie
Esplanaden
Smedelinien
Gernersgade
Skt Pauls Gade
Rigensgade
Kronprinsessegade
Klerkegade
Fredericiagade
Adelgade
Borgergade
Frederiksgade
Amaliegade
Toldbodgade
Larsens Plads
Amaliehaven
Kvæsthusgraven
Yderhavnen
Inderhavnen
Landgreven
Bredgade
Åbenrå
Vognmagergade
Hauser Plads
Landemærket
Gothersgade
Ny Østergade
Ny Adelgade
Kristen Bernikows Gade
Sankt Annæ Plads
Sværtegade
Krystalgade
Købmagergade
Kannikestræde
Hemmingsensgade
Niels
Pilestræde
Kongens Nytorv
Nyhavn
Strandstr
Kvæsthusgade
Østergade
Lille Kongensgade
Heibersgade
Vimmelskaftet
Læderstræde
Højbro Plads
Nikolajgade
Holmens Kanal
Trollesgade
Herluf
Holbergsgade
Laksegade
Højbro
Knabrostræde
Vindebrogade
Rådhusstræde
Juels Gade
Niels
Havnegade
Stormgade
Stormbro
Tøjhusgade
Slotsholmsgade
Christians Brygge
Knippelsbro
Strandgade
Refshalevej
Det Kongelige Bibiliotekshave
Prinsensbro
Søren Kierkegaards Plads
Vester Voldgade
Torvegade
Sankt AnnæGade
Prinsessegade
Mælkeveien
Wildersgade
Overgaden Oven Vandet
Dronningensgade
Prinsessegade
Christianshavns Voldgade
Stadsgraven
Hambrosgade
Kalvebod Brygge
Langebro
Langebrogade
Christians Brygge

Kopenhagen (København) Zentrum

høi. Daneben gibt es Werke ausländischer Künstler wie Matisse und Picasso zu sehen sowie moderner dänischer Künstler wie Per Kirkeby.

Kongens Have Park

(Königsgarten; http://parkmuseerne.dk/kongens-have/; Øster Voldgade, Nørreport; ⌚8.30–18 Uhr; 🚌6A, 11A, 42, 150S, 173E, 184, 185, 350S, Ⓜ Nørreport) GRATIS Den ältesten Park Kopenhagens ließ Christian IV. im frühen 17. Jh. als seinen Privat- und Küchengarten anlegen. Heute hat der Park einiges mehr zu bieten: gepflegte Blumenrabatten, romantische Gartenpfade und ein Marionettentheater, das in der Sommersaison kostenlose Puppenspiele aufführt (Di–So 14 und 15 Uhr).

Superkilen Park

(Nørrebrogade 210; 🚌5A, 66, Ⓢ Nørrebro) Dieser spannende, 1 km lange „Park" wurde aus Objekten gestaltet, die aus aller Welt zusammengetragen wurden. Ziel des Projekts ist, die Vielfalt zu feiern und das Gemeinschaftsgefühl in diesem Multikulti-Viertel zu stärken. Zur Ausstattung gehören ein gekachelter Springbrunnen aus Marokko, Poller aus Ghana, Schaukeln aus Bagdad und Neonreklame aus Russland und China. Auch Bänke, Kanaldeckel und Mülleimer sind importiert – woher sie jeweils kommen, steht auf den Schildern.

GEFÜHRTE TOUREN

Ein Kopenhagen-Besuch *ohne* Kanalrundfahrt – das geht einfach nicht. Eine Kanaltour ist nicht nur eine phantastische Möglichkeit, die Stadt zu besichtigen, sondern zeigt sie auch von einer Seite, die Landratten nie zu sehen kriegen. Man muss aber (auch im Sommer) bedenken, dass man in den meisten Booten Sonne, Wind und Wetter schutzlos ausgesetzt ist.

Bike Copenhagen with Mike Radtouren

(☎26 39 56 88; www.bikecopenhagenwithmike.dk; Sankt Peders Stræde 47, Strøget; 299 Kr pro Pers.) Für alle, die sich Kopenhagen lieber erradeln als erlaufen, bietet Bike Mike dreistündige Rundfahrten durch die Stadt an. Startpunkt ist Sankt Peders Stræde 47 im Zentrum, direkt östlich des Ørstedsparken (der südwestlich des Nørreport-Bahnhofs liegt). Bike Mike ist originell und bietet tiefe Einblicke hinter die Kulissen der Stadt. Gebucht wird online.

Copenhagen Free Walking Tours Stadtrundgänge
(www.copenhagenfreewalkingtours.dk; Rådhus, Strøget, H C Andersens Blvd; 12 Uhr) GRATIS Vor dem Rådhus (Rathaus) starten täglich um 12 Uhr kostenlose dreistündige Stadtrundgänge zu berühmten Sehenswürdigkeiten. Bei diesen Touren ab mindestens fünf Teilnehmern werden auch interessante Anekdoten erzählt (auf Englisch). Kostenlose 90-minütige Führungen durch Christianshavn starten von Freitag bis Montag um 16 Uhr am Fuß der Bischof-Absalon-Statue auf dem Højbro Plads. Die Tourguides arbeiten auf Trinkgeldbasis.

Canal Tours Copenhagen Bootstouren
(32 66 00 00; www.stromma.dk; Nyhavn; Erw./Kind 80/40 Kr; Ende Juni–Ende Aug. 9.30–21 Uhr, sonst seltener; ; M Kongens Nytorv) Canal Tours Copenhagen veranstaltet einstündige Rundfahrten über die Kanäle und durch den Hafen der Stadt. Die Boote passieren zahlreiche Sehenswürdigkeiten wie Christiansborg Slot, Christianshavn, die Königliche Bibliothek, das Opernhaus, Amalienborg Slot und die Kleine Meerjungfrau. Zusteigen kann man am Nyhavn oder südlich an Ved Stranden. Die Boote verkehren von Ende Juni bis Ende August sechsmal pro Stunde, das übrige Jahr seltener.

SHOPPEN

Internationale Ladenketten und bekannte dänische Einzelhandelsgeschäfte drängen sich vorwiegend an der Hauptfußgängerzone Strøget. Deren Parallelstraßen wimmeln von interessanten Schmuck- und Antikläden. Das Latinerkvarter weiter nördlich ist ein gutes Einkaufsviertel für Bücher und Mode. Im alternativen Nørrebro säumen allerlei spannende Läden die Elmegade und Jægersborggade.

Kopenhagens Cykelslangen

Die **Cykelslangen** (Fahrradschlange) kombiniert auf spektakuläre Weise zwei Lieblingsthemen der Dänen: Radfahren und Design. Der 235 m lange Radweg, der vom dänischen Architekturbüro Dissing + Weitling entworfen wurde, zieht sich als schmales orangefarbenes Band durch die klotzige Architektur seiner Umgebung. Als Hochtrasse schlängelt er sich von der Bryggebro über den Hafen westwärts zum Einkaufszentrum Fisketorvet. Der Weg verspricht ein wirklich ausgefallenes Radfahrerlebnis. Für die Anfahrt mit öffentlichen Verkehrsmitteln nimmt man den Bus 30 zum Fisketorvet. Besser kommt man aber gleich mit dem Drahtesel, weil die Cykelslangen auch nur von Radfahrern benutzt werden darf.

Bornholmer Butikken Essen & Getränke
(30 72 00 07; www.bornholmerbutikken.dk; Frederiksborggade 21; Mo–Do 10–19, Fr bis 20, Sa bis 18, So 11–17 Uhr) Der Laden in der Markthalle Torvehallerne verkauft unglaublich leckere Spezialitäten von der dänischen Insel Bornholm. Als köstliche Mitbringsel eignen sich z. B. verschiedene Honigsorten, Würzsaucen, Konfitüren, Johan-Bulow-Lakritz, Salami- und Käsespezialitäten, Hering, Spirituosen und Bier.

Maduro Haushaltswaren
(33 93 28 33; www.maduro.dk; Frederiksborggade 39; Mo–Fr 11–18, Sa 10–16 Uhr) Das Motto des Inhabers Jeppe Maduro Hirsch lautet: „Guter Stil ist mehr als Dekor und Design." Sein kleines Geschäft ist ein abwechslungsreicher Sortimentsmix aus Keramik, Poster und Schmuck. Die Stilrichtungen reichen von elegant über traditionell bis kurios. Besonders bezaubernd ist die Kinderabteilung.

Posterland Kunstposter
(33 11 28 21; www.posterland.dk; Gothersgade 45; Mo–Do 9.30–18, Fr bis 19, Sa bis 17 Uhr) Posterland ist der größte Posteranbieter

Kunstpause in Louisiana

Selbst Besucher, die sich für moderne Kunst nur mäßig begeistern können, sollten das Museum **Louisiana** (www.louisiana.dk; Gammel Strandvej 13, Humlebæk; Erw./Kind 115 Kr/frei; ⏲Di–Fr 11–22, Sa & So bis 18 Uhr) oben auf ihr Besichtigungsprogramm setzen. Das umwerfende moderne Ausstellungshaus besteht aus vier großen Gebäudeflügeln, die sich durch einen Skulpturenpark ziehen, teils im Hang liegen und dabei den Blick aufs Meer (und bis nach Schweden hinüber) freigeben. Die grandiose Sammlung umfasst Konstruktivismus, Kunst der CoBrA-Gruppe und Minimalismus bis zu abstraktem Expressionismus, Pop-Art und Fotografie.

Das Louisiana liegt im Ort **Humlebæk**, 30 km nördlich von Kopenhagen. Vom Bahnhof in Humlebæk ist der lange Fußweg zum nordöstlich gelegenen Museum ausgeschildert. Pro Stunde fahren mindestens zwei Züge von Kopenhagen nach Humlebæk (115 Kr, 35 Min.). Für einen Tagesausflug von Kopenhagen ist das 24-Std.-Ticket (Erw./Kind 130/65 Kr) günstiger.

Nordeuropas und die ideale Adresse, um einen originellen Wandschmuck aufzutreiben. Die Riesenauswahl umfasst Kunstdrucke, Reisebilder und historische Plakate sowie alle erdenklichen Kopenhagen-Poster, z. B. mit dänischen Kultmotiven wie Hans Christian Andersen, Tivoli und Carlsberg-Brauerei. Außerdem gibt es hier Souvenirs wie Postkarten, Stadtpläne, Kalender und Magnete.

Hay House Design
(www.hay.dk; Østergade 61; ⏲Mo–Fr 10–18, Sa bis 17 Uhr; 🚌11A) Das phantastische Einrichtungshaus von Rolf Hay verkauft die heiß begehrten Möbel, Textilien und Designobjekte des hauseigenen Labels, aber auch Produkte anderer innovativer dänischer Designer. Es gibt hier viele handliche Mitbringsel, von Notizbüchern und Keramikbechern bis hin zu Bauklötzen für stilbewusste Kids. Eine weitere Filiale ist in der Pilestræde 29-31 zu finden.

Wood Wood Mode & Accessoires
(www.woodwood.dk; Grønnegade 1; ⏲Mo–Do 10.30–18, Fr bis 19, Sa bis 17, So 12–16 Uhr; 🚌11A, Ⓜ Kongens Nytorv) Das Hauptgeschäft der Unisex-Modemarke Wood Wood ist ein Who's Who schicker Streetwear-Labels. Die Krönung des Ganzen sind natürlich die Hipster-Entwürfe von Wood Wood selbst, die mit großer Detailversessenheit aus erstklassigen Stoffen gefertigt werden. Zum Sortiment gehören u. a. robuste Strickwaren der dänischen Traditionsmarke SNS Herning, Geldbörsen von Comme des Garçons und Sonnenbrillen von Kaibosh.

ESSEN

Kopenhagen ist nach wie vor eines der angesagtesten Gourmetziele in Europa. Hier finden sich die meisten Michelinsterne Skandinaviens. **Copenhagen Cooking** (www.copenhagencooking.dk), das größte Fressfestival Skandinaviens, tischt zweimal jährlich ein appetitliches Programm auf.

Lillian's Smørrebrød Dänisch €
(www.facebook.com/lillianssmorrebrod; Vester Voldgade 108, Slotsholmen; Smørrebrød 17–50 Kr; ⏲Mo–Do 6–13.30, Fr bis 13 Uhr; 🚌1A, 2A, 9A) Eine der besten, ältesten (seit 1978) und preiswertesten *smørrebrød*-Adressen der Stadt, aber schon lange kein Geheimtipp mehr. Deshalb müssen sich Hungrige ggf. mit Butterbroten zum Mitnehmen begnügen, da das Lokal nur eine Handvoll Tische drinnen und draußen hat. Der üppige Belag besteht aus Klassikern wie eingelegtem Hering, Geflügelsalat oder Roastbeef mit Remoulade.

Chicky Grill Dänisch €
(☎33 22 66 96; Halmtorvet 21, Vesterbro; Hauptgerichte ab 75 Kr; ⏲Mo–Sa 11–20 Uhr; 👪; 🚌10, 14, Ⓜ København H) In dieser zeitlos beliebten Bar nebst Grilllokal im hippen „Schlachthofviertel" Kødbyen kann man sich leicht unter die Einheimischen mischen. Von der Einrichtung ist es eher ein Diner-Imbiss als

Smørrebrød, Torvehallerne KBH

ein richtiges Restaurant, dafür sind die Preise günstig und die Portionen gewaltig. Auf der Karte stehen hauptsächlich Gegrilltes, Brathähnchen, Burger und die dänische Leibspeise *flæskesteg* (Schweinebraten).

Torvehallerne KBH Markthalle €

(www.torvehallernekbh.dk; Israels Plads, Nørreport; Snacks ab 80 Kr; ⌚Mo–Do 10–19, Fr bis 20, Sa bis 18, So 11–19 Uhr; Ⓜ Nørreport) Die Torvehallerne KBH ist eine Pflichtstation jeder Gourmettour durch Kopenhagen und eine Hymne auf frische, leckere und handwerklich hergestellte Lebensmittel: Die ansprechenden Stände verkaufen alles Mögliche von Kräutern und Beeren der Saison über Räucherfleisch, Meeresfrüchte und Käse bis zu *smørrebrød*, frisch gemachter Pasta und von Hand aufgebrühtem Kaffee. Mit der Erkundung der Doppelhalle kann man locker eine Stunde oder mehr zubringen.

WestMarket Markthalle €

(www.westmarket.dk; Vesterbrogade 97; ⌚Bäckereien & Cafés 8–19 Uhr, Imbissstände 10–22 Uhr; 🚌6A) Der neueste Feinschmeckertreff Kopenhagens ist traditioneller Markt und hippe Streetfood-Location zugleich. Das kulinarische Angebot ist breit gefächert: Besucher bekommen hier Spezialitäten aus aller Welt zu kosten, vom dänischen *smørrebrød* bei Selma bis zu ugandischen Eierrollen bei Ugood. Wer das Besondere sucht, kann bei Kød & Bajer eine Bärenwurst probieren oder sich ein sündhaft leckeres Dessert von Guilty gönnen.

Nyboders Køkken Dänisch €€

(☎22 88 64 14; www.nyboderskoekken.dk; Borgergade 134, Nyhavn; Hauptgerichte 128–185 Kr; ⌚Mo–Fr 17–23.30, Sa & So 12–15 Uhr; 📶; 🚌11A, 26, Ⓜ Kongens Nytorv) Das Restaurant mit schickem Flair in einem wohlhabenden Viertel hält seine Speisekarte bewusst traditionell und serviert sozusagen Gerichte aus Großmutters Küche: Apfel-Charlotte, Wiener Schnitzel, Krabbencocktail und dänische rote Grütze mit Sahne. Lokale Restaurantkritiker schwärmen besonders vom Schweinebraten mit Petersiliensauce.

Höst Neue Nordische Küche €€€

(☎89 93 84 09; www.hostvakst.dk; Nørre Farimagsgade 41, Nørrebro; Hauptgerichte 205–245 Kr, 5-Gänge-Menü 395 Kr; ⌚17.30–24 Uhr, letzte Bestellung 21.30 Uhr; 🚌40, Ⓜ Nørrebro) Die Beliebtheit des Ladens erklärt sich leicht: Es liegt am stylish-gemütlichen, preisgekrönten Interieur und an der Küche, die ebenso phantastisch wie sättigend ist. Das Menü – mit drei kleinen „Überraschungsgerichten" zwischendurch –

besteht aus Zaubereien wie Rinderlende von Grambogaard mit Zwiebelkompott, Gürkchen, Kresse und Räucherkäse. Die „Deluxe"-Weinkarte ist um Längen besser als die Standardauswahl. Reservierung ist ratsam, vor allem zum Wochenende hin.

Uformel Neue Nordische Küche **€€€**
(☎70 99 91 11; www.uformel.dk/en/; Studiestræde 69; Gerichte 110 Kr; ⏲So–Do 17.30–22, Fr & Sa bis 23 Uhr; 🚌5A, 6A, 9A, 10, 12, 14, 31, Ⓢ Vesterport) Als trendiger kleiner Bruder des Michelin-Stern-Restaurants Formel B bietet Uformel („Informell") eine zwanglosere Interpretation der Neuen Nordischen Küche. Das Restaurant tischt ein laufend wechselndes Angebot köstlicher Speisen aus regionalen und saisonalen Zutaten auf. Die Gäste können sich aus kleinen Gerichten ihr eigenes Probiermenü zusammenstellen oder das vorgeschlagene Vier-Gänge-Menü bestellen (775 Kr).

Geranium Neue Nordische Küche **€€€**
(☎69 96 00 20; geranium.dk; Per Henrik Lings Allé 4, Østerbro; Probiermenü mittags/abends 1250/1550 Kr, leichtes Probiermenü mittags 950 Kr; ⏲Mittagessen Mi–Sa 12–13 Uhr, Abendessen Mi–Sa 18.30–21.Uhr; ✍) Das Geranium in der achten Etage des Parken-Fußballstadions ist das einzige Restaurant der Stadt, das sich mit drei Michelin-Sternen schmücken darf. In seiner Küche regiert Rasmus Kofoed, Gewinner des Bocuse d'Or. Er verwandelt Zutaten aus der Region in Kunstwerke wie Wild mit Räucherspeck und roter Bete oder Königskrabbe mit Zitronenmelisse und Moltebeeren.

Für preisbewusste Gourmets gibt es die etwas günstigeren Mittagsmenüs. Wer die (einfach wunderbaren) Weine nicht probieren möchte, erhält Saftvorschläge zum Essen. Auf jeden Fall reservieren.

AUSGEHEN & NACHTLEBEN

Kopenhagen hat eine ausgesprochen vielseitige Nachtschwärmerszene. Besonders lebhafte Ausgehviertel sind Kødbyen und Istedgade in Vesterbro, Ravnsborggade, Elmegade und Sankt Hans Torv in Nørrebro und die schwulenfreundliche Studiestræde.

Coffee Collective Nørrebro Café
(www.coffeecollective.dk; Jægersborggade 10, Nørrebro; ⏲Mo–Fr 7–19, Sa & So 8–19 Uhr; 🚌18, 12, 66) Diese Mikrorösterei hat richtig guten Stoff – vollmundige, vielschichtige, koffeinhaltige Magie in Tassen. Die Baristas erledigen ihren Job mit Leidenschaft, das Café

selbst liegt an der kreativen Jægersborggade in Nørrebro. Es hat noch zwei Filialen, eine in der Torvehallerne KBH (S. 153) und eine in **Frederiksberg** (Godthåbsvej 34b; ⌚Mo–Fr 7.30–21, Sa ab 9, So ab 10 Uhr).

Ved Stranden 10 Weinbar

(www.vedstranden10.dk; Ved Stranden 10; ⌚Mo–Sa 12–22 Uhr; 📶; 🚌1A, 2A, 26, 40, 66) Politiker und Weinliebhaber tummeln sich in dieser Weinbar am Kanalufer, deren Keller beneidenswert gut gefüllt ist – mit europäischen Klassikern, Bio-Weinen und ausgefallenen Tropfen. Die aneinandergereihten Räume mit moderner dänischer Einrichtung und die ebenso freundliche wie sachkundige Bedienung verleihen dem Lokal eine schöne, kultivierte Atmosphäre – ideal, um gute Gespräche zu führen und leckere Käse- und Räucherfleischhäppchen zum Wein zu genießen.

Ruby Cocktailbar

(www.rby.dk; Nybrogade 10, Strøget; ⌚Mo–Sa 16–2, So ab 18 Uhr; 📶; 🚌1A, 2A, 11A, 26, 40, 66) Cocktailkenner heben ihr Glas auf die Erfolgsstory des Ruby. Hier zaubern freakige Hipster-Mixologen sensationelle Kreationen wie den Green & White (Wodka, Dill, weiße Schokolade und Süßholzwurzel). Die munteren Gäste drängen sich in dem Labyrinth dekadent gemütlicher Räume. Klassische englische Clubatmosphäre verströmt das Untergeschoss mit Chesterfield-Sesseln, Ölschinken und in Holzvitrinen aufgereihten Spirituosen.

Lo-Jo's Social Bar

(📞53 88 64 65; www.lojossocial.com; Landemærket 7; ⌚Bar Mo–Sa 11.30 Uhr–open end, Küche bis 22 Uhr) Wie der Name schon ankündigt, ist das fröhlich bunte Lo-Jo's ein Hort der Geselligkeit. Hier können sich bis zu fünf Gäste eine Auswahl leckerer Cocktails teilen. Die Weine sind größtenteils aus biologischem oder biodynamischem Anbau. Für Abwechslung sorgen die prickelnde Spritz-Karte und die erfrischende Apple-Press-Karte – diese Drinks basieren auf frisch gepresstem Apfelsaft!

Mikkeller & Friends Mikrobrauerei

(📞35 83 10 20; www.mikkeller.dk/location/mikkeller-friends; Stefansgade 35; ⌚So–Mi 14–24,

Die Freistadt Christiania

Eine Oase in der Wildnis des Kapitalismus ist die Freistadt **Christiania** (Prinsessegade, Christianshavn; 🚌9A, 2A, 40, 350S, Ⓜ Christianshavn). Jenseits der berüchtigten „Pusher Street" (Straße der Drogendealer) gibt es in der alternativen Öko-Kommune ein mehr oder weniger idyllisches Wunderland aus kuriosen Häusern Marke Eigenbau, lauschigen Gärten, Handwerksläden, Esslokalen, Biergärten und Konzertbühnen zu entdecken.

Die alternative Wohnsiedlung entstand auf einem aufgegebenen, 41 ha großen Militärgelände. Nach seiner Besetzung 1971 scheiterten Versuche der Polizei, das Gebiet zu räumen. Die Regierung beugte sich dem öffentlichen Druck und erlaubte die Fortsetzung des „sozialen Experiments". Mit der Zeit sahen sich die selbstverwalteten, umweltbewussten und toleranten Bürger von Christiania gezwungen, ihren Grundsatz „Alles ist erlaubt" selbst etwas einzuschränken. Sie verboten harte Drogen und vertrieben die Heroin- und Kokaindealer.

Der Haupteingang nach Christiania liegt an der Prinsessegade, 200 m nordöstlich der Kreuzung mit der Bådsmandsstræde. Von Ende Juni bis Ende August starten dort täglich um 15 Uhr (Sept.–Ende Juni nur am Wochenende) 60- bis 90-minütige Führungen (40 Kr) durch Christiania.

Geschichte im Frilandsmuseet

Die Hauptattraktion von Lyngby und Umgebung ist das **Frilandsmuseet** (☎41 20 64 55; www.natmus.dk; Kongevejen 100, Lyngby; ⊙Juli–Aug. Di–So 10–17 Uhr, sonst kürzer) GRATIS, ein weitläufiges Freilichtmuseum mit alten Häusern aus dem ganzen Land. Über 100 historische Gebäude vermitteln einen Eindruck vom Landleben in verschiedenen Regionen und unterschiedlichen sozialen Schichten.

Vom Bahnhof Sorgenfri, ab Kopenhagen Hauptbahnhof in 25 Minuten mit der S-Bahnlinie B zu erreichen, führt ein 10-minütiger, beschilderter Fußweg zum Museum. Die Busse 184 und 194 halten direkt vor dem Museumseingang.

Dänisches Bauernhaus mit Windmühle
OLIVER FOERSTNER/SHUTTERSTOCK ©

Do & Fr bis 2, Sa ab 12 Uhr; 5A, 8A) Der eigenwillig designte Treffpunkt für Bierfreunde schenkt 40 Craft-Beer-Spezialitäten regionaler Mikrobrauereien vom Fass aus und hat 200 Sorten Flaschenbier, Apfelweine und Softdrinks auf der Karte. Dazu gibt es Wurst und Käse in Gourmetqualität.

Rust Club
(☎35 24 52 00; www.rust.dk; Guldbergsgade 8, Nørrebro; ⊙wechselnde Öffnungszeiten, Club meist Fr & Sa 23–5 Uhr; ; 3A, 5A, 350S) Eine Location, die das größte und coolste Publikum in Kopenhagen anlockt. An Livemusik gibt es hier vor allem Alternative, Indie Rock, Hip Hop und Electronica, während der Club seine Gäste mittwochs mit Hip Hop, Dancehall und Electro, freitags und samstags mit House, Electro und Rock beschallt. Freitags und samstags haben ab 23 Uhr nur Gäste ab 20 Jahren Zutritt.

UNTERHALTUNG

Die blühende Livemusik- und Clubszene der Stadt reicht von Jazz- und Blueskellern bis zu Mega-Konzerthallen. Spielstätten wie die **Operaen** (Königliche Oper; ☎Kartenverkauf 33 69 69 69; www.kglteater.dk; Ekvipagemestervej 10; 9A, Opera) und das **Skuespilhuset** (Schauspielhaus; ☎33 69 69 69; kgl teater.dk; Sankt Anne Plads 36; 11A, M Kongens Nytorv) bieten Oper und Theater der Spitzenklasse. Anfang Juli steigt das zehntägige **Copenhagen Jazz Festival** (www.jazz.dk), das größte Jazzfestival Nordeuropas.

Jazzhouse Jazz
(☎33 15 47 00; www.jazzhouse.dk; Niels Hemmingsensgade 10, Strøget; ; 11A) In dem führenden Kopenhagener Jazzclub bringen Toptalente aus Dänemark und dem Rest der Welt alles von Bebop bis Fusion Jazz zu Gehör. Er öffnet seine Tore normalerweise um 19 Uhr; die Konzerte beginnen um 20 Uhr. Freitags und samstags gibt es auch Spätkonzerte (ab 23 Uhr). Aktuelle Infos stehen auf der Website; für bekannte Musiker rechtzeitig reservieren.

PRAKTISCHE INFORMATIONEN

ERMÄSSIGUNGEN

Die **Copenhagen Card** (www.copenhagencard.com; Erw./Kind 10–15 J. 24 Std. 379/199 Kr, 48 Std. 529/269 Kr, 72 Std. 629/319 Kr, 120 Std. 839/419 Kr) ist beim Copenhagen Visitors Centre oder online erhältlich. Sie gewährt freien Eintritt zu 72 Museen und Attraktionen in Kopenhagen und Umgebung und freie Fahrt mit S-Bahnen, der Metro und Bussen innerhalb der sieben Fahrtzonen.

GELD

Es gibt in Kopenhagen zahlreiche Banken, vor allem im Stadtzentrum. Die meisten sind an Wochentagen von 10 bis 16 Uhr (donnerstags bis 17.30 Uhr) geöffnet und verfügen über rund um die Uhr zugängliche Geldautomaten.

NOTRUFNUMMER

☎112 ist die Notrufnummer für Polizei, Krankenwagen und Feuerwehr; der Anruf ist von öffentlichen Telefonen kostenlos.

POST

Postamt im Hauptbahnhof (Hauptbahnhof; ⏲Mo–Fr 9–19, Sa 12–16 Uhr)

TOURISTENINFORMATION

Copenhagen Visitors Centre (☎70 22 24 42; www.visitcopenhagen.com; Vesterbrogade 4A, Vesterbro; ⏲Juli–Sept. 9–20 Uhr, Okt.–Feb. Mo–Fr 9–17, Sa bis 14 Uhr, März–Juni Mo–Fr 9–17, Sa & So bis 16 Uhr; 📶; 🚌2A, 5A, 9A, 12, 26, 250S, 350S, 🚆S-Bahn København H) Das ausgezeichnete Informationszentrum der Stadt hat ein tolles Café nebst Lounge mit freiem WLAN. Hier ist auch die Copenhagen Card zu kaufen.

ℹ AN- & WEITERREISE

BUS

Eurolines (☎33 88 70 00; www.eurolines.dk; Halmtorvet 5) betreibt Busverbindungen zu diversen europäischen Städten. Der Fahrkartenschalter ist hinter dem Hauptbahnhof. Fernbusse fahren gegenüber vom Sportkomplex DGI-byen an der Ingerslevsgade ab, gleich südwestlich vom København H (Hauptbahnhof). Busse verkehren u. a. nach Berlin (329 Kr, 7½ Std.) und Paris (699 Kr, 19–22¼ Std.).

FLUGZEUG

Wer am **Flughafen Kopenhagen** (www.cph.dk; Lufthavnsboulevarden 6, Kastrup) auf einen Flug wartet, sollte wissen, dass dies ein „stiller Flughafen" ist, d. h. es wird nicht per Durchsage zum Boarding aufgerufen. Dafür hängen überall Bildschirme mit Fluginformationen.

ZUG

DSB Billetsalg (DSB-Fahrkartenschalter; ☎70 13 14 15; www.dsb.dk; Hauptbahnhof Kopenhagen, Bernstorffsgade 16–22; ⏲Mo–Fr 7–20, Sa & So 8–18 Uhr) ist die beste Adresse für Reservierungen und internationale Zugtickets.

ℹ UNTERWEGS VOR ORT

AUTO & MOTORRAD

Bis auf den Berufsverkehr, der an Werktagen morgens auf den Straßen stadteinwärts und gegen 17 Uhr stadtauswärts Staus verursachen kann, ist der Kopenhagener Verkehr recht erträglich. Mit dem Auto durch die Stadt zu fahren, ist kein Problem. Es bleibt nur die übliche Herausforderung, an den beliebtesten Orten einen freien Parkplatz zu finden.

FAHRRAD

Kopenhagen wetteifert mit Amsterdam um den Titel der radfreundlichsten Stadt der Welt und hat das entsprechend hervorragende, stadtweit verfügbare Fahrradleihsystem **Bycyklen** (www.bycyklen.dk). Mehr Infos gibt es auf der Bycyklen-Website.

VOM/ZUM FLUGHAFEN

Die rund um die Uhr fahrende Metro (www.m.dk) verkehrt alle 4 bis 20 Minuten zwischen dem Ankunftsterminal des Flughafens (Station Lufthavnen) und dem östlichen Stadtzentrum. Sie hält nicht im København H (Hauptbahnhof), ist aber praktisch, um nach Christianshavn und Nyhavn zu kommen (für Nyhavn am Kongens Nytorv aussteigen). Die Fahrt zum Kongens Nytorv dauert 14 Minuten (36 Kr).

Mit dem Taxi sind es je nach Verkehrslage etwa 20 Minuten vom Flughafen ins Stadtzentrum bzw. umgekehrt. Der Fahrpreis liegt zwischen 250 und 300 Kr.

Außerdem verkehren etwa alle 12 Minuten Züge (www.dsb.dk) zwischen dem Ankunftsterminal und dem Hauptbahnhof Kopenhagen (København Hovedbanegården, meist København H abgekürzt). Die Fahrt dauert 14 Minuten (36 Kr). Aktuelle Fahrpläne unter www.rejseplanen.dk.

ZU FUSS

Am besten lässt sich Kopenhagen zu Fuß erkunden. Nur wenige wichtige Sehenswürdigkeiten oder Einkaufsviertel liegen mehr als 20 Fußminuten vom Stadtzentrum entfernt.

ÖFFENTLICHE VERKEHRSMITTEL

Kopenhagen hat ein weit gespanntes öffentliches Verkehrsnetz aus Metro, Zügen, Bussen und Fähren. Alle Tickets gelten für Fahrten mit Metro (U-Bahn), Bussen und S-tog (S-Bahn), auch wenn sie etwas unterschiedlich aussehen – je nachdem, wo man sie gekauft hat. Die von der Touristeninformation ausgegebenen kostenlosen Stadtpläne weisen die Busstrecken (mit Nummern) aus und sind günstig für die Orientierung in der Stadt. Online stehen auf www.rejseplanen.dk alle Strecken und Fahrpläne.

In diesem Kapitel

Amsterdam, Niederlande

Amsterdam strahlt etwas Märchenhaftes aus. Die Giebelhäuser aus dem Goldenen Zeitalter, die glitzernden Grachten mit den Hausbooten und die gemütlichen, jahrhundertealten* bruine cafés *(Kneipen) mit schummerigem Kerzenlicht und schäumendem Bier ergeben zusammen diese typische urgemütliche Atmosphäre. Dazu kommen großartige Kunstmuseen und tolle Straßenmärkte. So wundert es nicht, dass die stimmungsvolle Stadt eines der beliebtesten Reiseziele Europas ist.

Zwei Tage in Amsterdam

Nach Besichtigung der Meisterwerke im **Van Gogh Museum** (S. 160) und im **Rijksmuseum** (S. 164) im Viertel Oud Zuid geht es nachmittags ins Stadtzentrum zum Begijnhof oder zum Königlichen Palast. Abends locken das Rotlichtviertel und ein Absacker in einem typischen „Braunen Café", z. B. **In 't Aepjen** (S. 174).

Der nächste Tag beginnt auf dem **Albert Cuypmarkt** (S. 164). Dann steht eine Bootstour auf dem südlichen Grachtengürtel an. Abends lädt der quirlige **Leidseplein** (S. 168) zur Party.

Vier Tage in Amsterdam

Am dritten Tag steht das bewegende **Anne Frank Huis** (S. 162) auf dem Programm. Der Jordaan wartet mit Abendessen und Drinks am Grachtufer auf.

Der vierte Tag startet im **Museum het Rembrandthuis** (S. 165) oder mit einer Radtour durch den **Vondelpark** (S. 164). Nächste Station ist die Bio-Brauerei **Brouwerij 't IJ** (S. 176) am Fuß einer Windmühle.

Von Amsterdam ist man mit dem Zug in 3¼ Stunden in Paris (S. 208) oder mit dem Flieger in einer guten Stunde in Kopenhagen (S. 140).

Ankunft

Flughafen Schiphol Züge zur Centraal Station verkehren von 6 bis 0.30 Uhr etwa alle 10 Minuten. Die 17-minütige Fahrt kostet 5,10 €; ein Taxi kostet 47 €.

Centraal Station Hauptbahnhof im Stadtzentrum. Von hier fahren Straßenbahnen in alle Richtungen. Der Taxistand befindet sich beim Vordereingang.

Station Duivendrecht An diesem Bahnhof südlich des Stadtzentrums halten die Busse von Eurolines. Es gibt gute Verkehrsverbindungen zur Centraal Station.

Schlafen

Amsterdam hat jede Menge urige und originelle Nachtquartiere, denn ideenreiche Architekten haben alten Gemäuern neues Leben eingehaucht. Darunter sind umgebaute Schulen und Fabrikgebäude ebenso wie Grachtenhäuser, die in einer Reihe stehen und im Inneren miteinander verbunden sind.

Hostels gibt es ebenfalls reichlich; die meisten sind auf jugendliches Publikum eingestellt. Viele kleine Hotels befinden sich in reizenden alten Häusern. Mehr Infos zum Übernachten in den einzelnen Vierteln gibt es auf S. 179.

Van Gogh Museum

Die weltweit größte Van-Gogh-Sammlung ist überwältigend. Das 1973 eröffnete Museum wurde für die Sammlung von Vincents jüngerem Bruder Theo erbaut und hütet rund 200 Gemälde und 500 Zeichnungen von Vincent van Gogh und seinen Zeitgenossen.

Toll für ...

☑ Nicht versäumen

Die Gemälde *Die Kartoffelesser*, *Das gelbe Haus*, *Kornfeld mit Krähen* und natürlich *Sonnenblumen*.

Eingang & Orientierung

Durch den schicken Ergänzungsbau und die neue Eingangshalle von 2015 gewann das Museum 800 m^2 hinzu. Die chronologisch geordnete Sammlung erstreckt sich über vier Ebenen, von Ebene 0 (Erdgeschoss) bis Ebene 3. Besucher sollten rund zwei Stunden einplanen. Zu den besonders sehenswerten Werken zählen:

Die Kartoffelesser

Van Goghs Frühwerke sind eher düster. Sie entstammen seiner Zeit in der niederländischen Provinz und in Antwerpen von 1883 bis 1885. Das Leben der Bauern hatte sein Interesse geweckt. *Die Kartoffelesser* (1885) ist das berühmteste Bild aus dieser Zeit.

Bibel & Schädel

Das *Stillleben mit Bibel* (1885), ein weiteres Frühwerk, zeugt von van Goghs religiöser

INGEHOGENBIJL/SHUTTERSTOCK ©

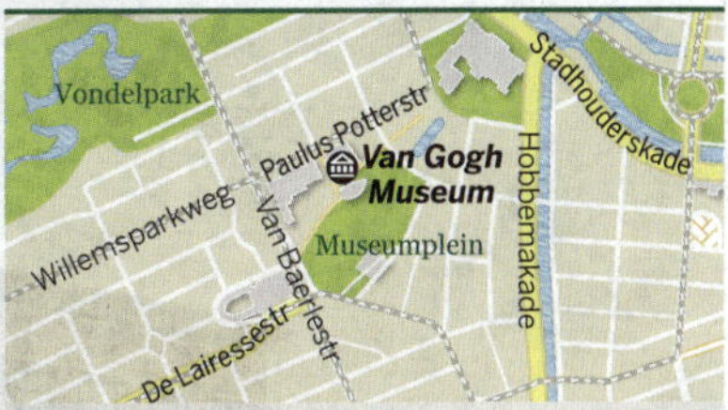

Gut zu wissen

020-570 52 00; www.vangoghmuseum.com; Museumplein 6; Erw./Kind 17 €/frei, Audioguide 5 €; Mitte Juli–Aug. tgl. 9–19, Fr bis 22, Sa bis 21 Uhr, April–Mitte Juli & Sept.–Okt. tgl. 9–18, Fr bis 22 Uhr, Nov.–März tgl. 9–17, Fr bis 22 Uhr; 2/3/5/12 Van Baerlestraat

Kleine Stärkung

Das Museumscafé serviert Quiche und Wein; die Tische am Fenster bieten Blick auf den Museumplein.

★ Top-Tipp

Um die Warteschlangen zu umgehen, sollte man nach 15 Uhr kommen oder die Tickets online kaufen – dann braucht man gar nicht anzustehen.

Hinwendung. Die erloschene Kerze steht wohl für den Tod seines kurz zuvor verstorbenen Vaters, eines protestantischen Geistlichen. *Schädel mit brennender Zigarette* (1886) malte van Gogh, als er an der Antwerpener Kunstakademie studierte.

Selbstporträts

1886 zog van Gogh nach Paris, wo sein Bruder Theo als Kunsthändler tätig war. Vincent wollte die Porträtmalerei erlernen, hatte aber kein Geld für Modelle. So entstanden mehrere Selbstporträts. An ihnen ist zu beobachten, wie sich seine Farbpalette unter dem Einfluss der Pariser Impressionisten aufhellte.

Skizzenbücher & Briefe

Die Kunstwerke des Museums werden durch Displays ergänzt. So befindet sich z. B. neben van Goghs Original-Skizzenbuch ein Monitor, auf dem man virtuell durch das Buch blättern kann. Das Museum hat van Goghs sämtliche Briefe unter www.vangoghletters.org online gestellt. Besucher können sie über Smartphone und Gratis-WLAN abrufen.

Weitere Künstler

Theo van Goghs Sammlerinstinkt und den Kuratoren des Museums ist es zu verdanken, dass hier auch Werke von Vincents Zeitgenossen, wie Paul Gauguin, Claude Monet, Henri de Toulouse-Lautrec u. a., ausgestellt sind.

Sonstiges

Zahlreiche Audiostationen geben Einblick in van Goghs Korrespondenz, hauptsächlich mit seinem Lieblingsbruder Theo, der seine Kunst unterstützte. In Workshops (täglich für Erwachsene und Kinder) können Besucher eigene Werke erschaffen.

KAVALENKAVA/SHUTTERSTOCK ©

Anne Frank Huis

Eine der bewegendsten Geschichten des 20. Jhs. ist die eines jüdischen Mädchens, das sich mit Familie und Freunden versteckte, um dem Zugriff der Nazis zu entgehen. Durch eine als Regal getarnte Tür betreten Besucher heute eine Zeit, die weit zurückliegt, hier aber erschütternd real und präsent wird.

Toll für ...

☑ Nicht versäumen

Annes rot kariertes Tagebuch, historische Wochenschauen und ein Video von Annes Schulfreundin Hanneli Gosler.

Hintergrund

Die deutsche Wehrmacht brauchte nur fünf Tage, um die gesamten Niederlande, Belgien und weite Teile Frankreichs zu erobern. Nach der Besetzung versuchten viele Juden wie Anne Frank und ihre Familie unterzutauchen. Annes Tagebuch erzählt davon, wie Juden in den Niederlanden immer mehr Beschränkungen auferlegt wurden: Erst durften sie nicht mehr Straßenbahn fahren, dann mussten sie ihre Fahrräder abgeben, zuletzt durften christliche Freunde sie nicht mehr besuchen.

Die Franks zogen zusammen mit dem Ehepaar van Pels (in Annes Tagebuch van Daans genannt) und deren Sohn Peter ins Obergeschoss eines speziell hergerichteten Hinterhauses. Vier Monate später stieß noch Fritz Pfeffer (im Tagebuch Herr Dussel) hinzu. Hier lebten sie im Versteck, bis die Gestapo sie im August 1944 aufspürte.

Anne-Frank-Skulptur von Mari S. Andriessen

GIANNIS PAPANIKOS/SHUTTERSTOCK ©

Gut zu wissen

020-556 71 05; www.annefrank.org; Prinsengracht 263–267; Erw./Kind 9/4,50 €; April–Okt. 9–22 Uhr, Nov.–März So–Fr 9–19, Sa bis 21 Uhr; 13/14/17 Westermarkt

Kleine Stärkung

Pfannkuchen im historischen Ambiente des 18. Jhs. gibt es bei **'t Smalle** (www.t-smalle.nl; Egelantiersgracht 12; So–Do 10–1, Fr & Sa bis 2 Uhr).

★ Top-Tipp

Wer vorab Tickets für eine bestimmte Zeit kauft, kommt ohne Anstehen durch einen separaten Eingang (links vom Haupteingang) ins Haus.

Erdgeschoss

Heute umschließt ein moderner, rechteckiger Außenbau das Haus. Er soll den Originaleindruck des Gebäudes bewahren, das während des Zweiten Weltkriegs als Büro- und Lagerhaus diente.

Büros & Lager

Das Haus war das Firmengebäude des von Otto Frank geleiteten Pektinhandels. Im 1. Stock sind die Büros von Ottos Geschäftspartner Victor Kugler und die Schreibtische von Miep Gies, Bep Voskuijl und Johannes Kleiman zu besichtigen. Die Angestellten versorgten die Untergetauchten mit Essen, Kleidung und allem Nötigen.

Das Versteck

Die oberen Geschosse des *achterhuis* (Hinterhaus) beherbergen das Versteck. Die Wohnräume sind in ihrer bedrückenden Kargheit erhalten. Annes kleines Zimmer bewahrt die Zeugnisse ihrer Jungmädchenträume: An den Wänden hängen immer noch ihre Fotos von Hollywoodstars und Postkarten der niederländischen Königsfamilie.

Das Tagebuch

Im Vorderhaus befinden sich weitere berührende Exponate – u. a. Annes rot kariertes Tagebuch in einer Glasvitrine. In einem Film erzählt Annes Schulfreundin Hanneli Gosler, wie sie Anne in Bergen-Belsen wiedertraf. Außerdem sind die Briefe von Otto Frank zu lesen, der als Einziger der Gruppe das Konzentrationslager überlebte.

Renovierungen

Seit Anfang 2017 läuft eine auf zwei Jahre angelegte Sanierung des Museums. Ein Erweiterungsbau soll mehr Platz für Schülergruppen und Besuchereinrichtungen sowie neue Präsentationen bieten. Das Haus bleibt aber durchgehend geöffnet.

SEHENSWERTES

Rijksmuseum Museum

(Nationalmuseum; 020-674 70 00; www.rijksmuseum.nl; Museumstraat 1; Erw./Kind 17,50 €/frei; 9–17 Uhr; 2/5 Rijksmuseum) Das Rijksmuseum hütet die großartigste Kunstsammlung der Niederlande. Rembrandts, Vermeers und rund 7500 andere Meisterwerke verteilen sich auf über 1,5 km Galerieräume. Wer den größten Andrang vermeiden will, sollte nach 15 Uhr kommen oder die Tickets vorab online erwerben, um auf der Überholspur hereinzukommen.

Die Werke aus dem Goldenen Zeitalter sind ein Augenschmaus aus Stillleben, Herren in Rüschenkragen und Landschaften in blassgoldenem Licht. Den Ehrenplatz nimmt Rembrandts *Nachtwache* (1642) ein.

Heineken Experience Brauerei

(020-523 92 22; https://tickets.heinekenexperience.com; Stadhouderskade 78; Audioguide-Führung Erw./Kind 18/12,50 €, VIP-Führung 49 €, Rock-the-City-Ticket 25 €; Mo–Do 10.30–19.30, Fr–So bis 21 Uhr; 16/24 Stadhouderskade) Höhepunkt eines „Erlebnisbesuchs" am Standort der alten Brauerei ist eine Multimediashow, bei der die Besucher quasi selbst zum Bier werden, indem sie geschüttelt, mit Wasser besprüht und erhitzt werden. Das Ganze ist eine spaßige Angelegenheit, wahre Bierfreunde schätzen vermutlich mehr die Kostproben. Im Eintrittspreis enthalten ist eine 15-minütige Shuttle-Bootstour zum Heineken Brand Store in der Nähe des Rembrandtplein. Wer die Tickets online bucht, bekommt 2 € Rabatt und braucht nicht anzustehen.

Albert Cuypmarkt Markt

(http://albertcuyp-markt.amsterdam; Albert Cuypstraat, zw. Ferdinand Bolstraat & Van Woustraat; Mo–Sa 9.30–17 Uhr; 16/24 Albert Cuypstraat) Der beste Ort, um das bunte Leben von De Pijp zu genießen, ist der Albert Cuypmarkt, der größte und geschäftigste Markt in Amsterdam. Hier preisen die Händler lautstark allerlei Kurioses und Berge von Obst, Gemüse, Kräutern und Gewürzen an. Auch Kleidung und anderer Alltagsbedarf gehören zum Angebot, oft billiger als anderswo. Imbissverkäufer ködern Passanten mit Heringsbrötchen, Frühlingsrollen, Doughnuts und karamelligen *stroopwafels*. Wer danach noch Appetit hat, findet in der Umgebung jede Menge gemütliche Cafés und Esslokale.

Vondelpark Park

(www.hetvondelpark.net; 2/5 Hobbemastraat) Die grüne Stadtidylle gehört zu den zauber-

Radlerinnen vor dem Rijksmuseum

haftesten Orten in Amsterdam. Die weitläufige Parkanlage im englischen Stil lockt mit Teichen, Rasenflächen, Fußgängerbrücken und gewundenen Pfaden. An sonnigen Tagen verbreiten Touristen, Liebespaare, Radler, Inline-Skater, Eltern mit Kinderwagen, Rad schlagende Kids, Fußballer, Freunde, die sich eine Tüte teilen, und Picknickgruppen ausgelassene Stimmung.

Museum het Rembrandthuis — Museum

(Rembrandthaus-Museum; ☎020-520 04 00; www.rembrandthuis.nl; Jodenbreestraat 4; Erw./Kind 13/4 €; ⏲10–18 Uhr; 🚋9/14 Waterlooplein) Fast erwartet man, den Meister selbst noch in diesem Haus anzutreffen. Hier betrieb Rembrandt van Rijn seinerzeit das größte Atelier der Niederlande – bis er wegen hoher Schulden bankrott ging. Das Museum hütet zahlreiche Radierungen und Zeichnungen des Künstlers. Am Eingang gibt es kostenlose Audioguides. Die Tickets kann man auch vorab online erwerben; das ist aber hier nicht so dringend wie bei manchen anderen großen Amsterdamer Museen.

Königlicher Palast — Palast

(Koninklijk Paleis; ☎020-522 61 61; www.paleisamsterdam.nl; Dam; Erw./Kind 10 €/frei; ⏲10–17 Uhr; 🚋4/9/16/24 Dam) Das 1655 als Rathaus eingeweihte Gebäude wurde im 19. Jh. zum Palast umgewidmet. In den glanzvollen Innenräumen beeindrucken vor allem die Marmorarbeiten und der mit Weltkarten gestaltete Marmorboden im großen *burgerzaal* (Bürgersaal). An der Theke hinter dem Eingang sind kostenlose Audioguides erhältlich, die alles, was es zu sehen gibt, anschaulich erklären. König Willem-Alexander nutzt den Palast nur zu zeremoniellen Anlässen. Auf der Website steht, wann er aus solchen Gründen geschlossen ist.

EYE Film Instituut — Museum, Kino

(☎589 14 00; www.eyefilm.nl; IJpromenade 1; ⏲Sa–Do 10–19, Fr bis 21 Uhr; Ⓜ Amsterdam Centraal) Ein Triumph der modernen Architektur scheint am Ufer des Flusses IJ zu balancieren. Filme aus dem 40 000 Titel umfassenden Archiv laufen in vier Kinosälen, manchmal von Livemusik begleitet. Je nachdem, was gerade gezeigt wird, gibt es parallel Ausstellungen (Eintritt 9–15 €) über Kostüme oder Digitalkunst und andere Events für Cineasten. Das phantastische Bar-Restaurant mit großer Sonnenterrasse ist ein Lieblingstreff auf dieser Seite des IJ.

A'DAM Toren — Architektur

(www.adamtoren.nl; Overhoeksplein 1; Aussichtsplattform Erw./Kind 12,50/6,50 €, Familienticket ab 3 Pers. ab 20 €; ⏲Aussichtsplattform 10–22 Uhr; ⛴Badhuiskade) Das 22-geschossige Hochhaus neben dem EYE Film Instituut war einmal das Bürogebäude des Mineralölkonzerns Royal Dutch Shell. Heute ist es kaum wiederzuerkennen. Ein psychedelischer Lift befördert Besucher auf das

Durch den Jordaan

Das gründlich „gentrifizierte" Viertel Jordaan war bis Mitte des 20. Jhs.ein raues Arbeiterviertel (*volksbuurt*). Zwischen den Kneipen, Galerien und Märkten, die heute die Sträßchen säumen, scheint diese Vergangenheit noch durch.

Der Jordaan bietet kaum traditionelle Sehenswürdigkeiten, aber darum geht es hier auch nicht. Es sind die kleinen Dinge, die dem Viertel seinen Charme verleihen – die schmalen Gassen, die alten Fassaden, die urigen Lädchen. Am besten nimmt man sich Zeit, hier einfach ziellos herumzuwandern. Es ist ein urtypisches Amsterdam-Erlebnis, tief in das Labyrinth aus Straßen und Grachten einzutauchen. Am Abend kehrt man in einem der stimmungsvollen *bruine cafés* (Traditionskneipen) des Viertels ein und beschließt den entspannten Tag.

VERONIKA GALKINA/SHUTTERSTOCK ©

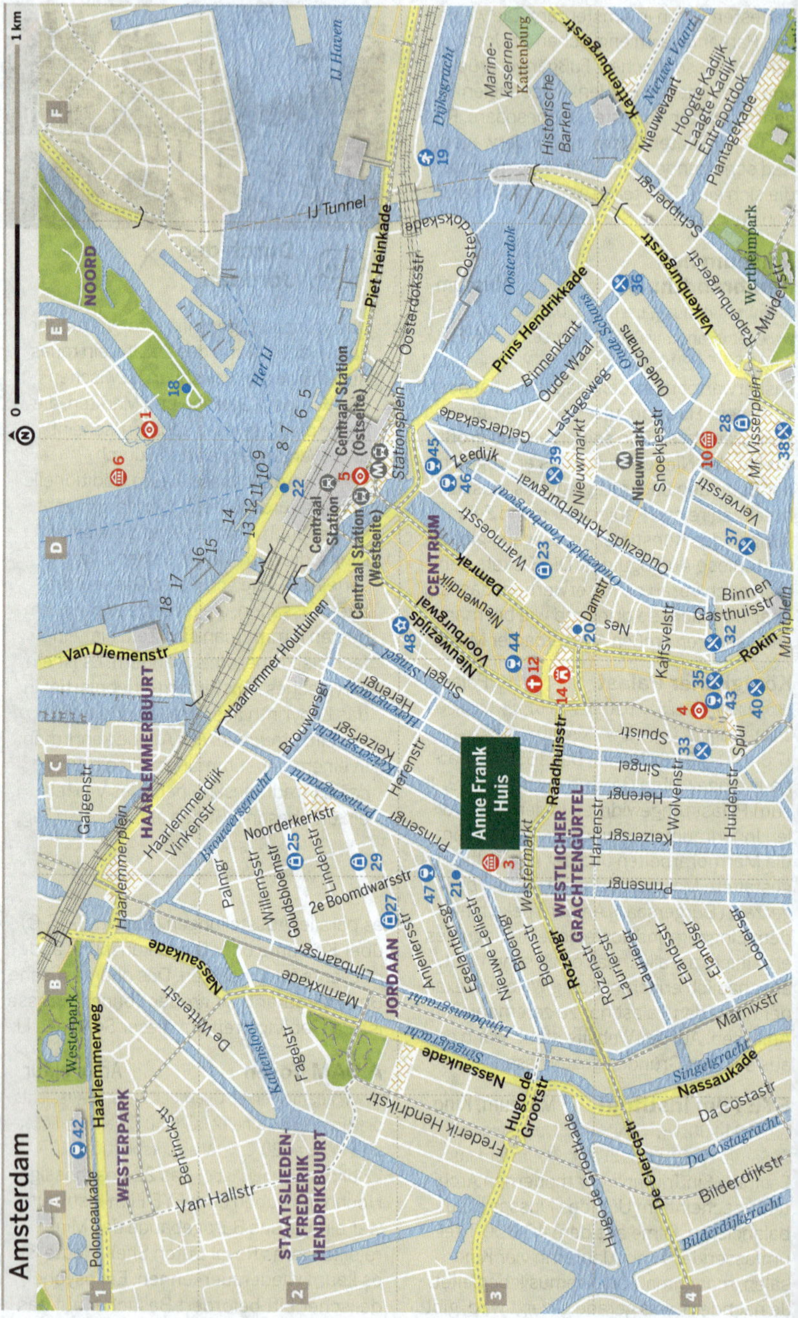

Amsterdam
0
1 km
NOORD
Het IJ
IJ Haven
IJ Tunnel
Piet Heinkade
Centraal Station (Ostseite)
Centraal Station (Westseite)
Centraal Station
Stationsplein
Oosterdoksstr
Oosterdok
Dijksgracht
Marine-kasernen
Kattenburg
Historische Barken
Kattenburgerstr
Nieuwevaart
Nieuwe Vaart
Hoogte Kadijk
Laagte Kadijk
Entrepotdok
Plantagekade
Wertheimpark
Schippersgr
Valkenburgerstr
Rapenburgerstr
Muiderstr
Prins Hendrikkade
Binnenkant
Oude Waal
Lastageweg
Oude Schans
Geldersekade
Zeedijk
Nieuwmarkt
Snoekjesstr
Mr Visserplein
Verversstr
Oudezijds Achterburgwal
Oudezijds Voorburgwal
Warmoesstr
Damrak
CENTRUM
Nieuwendijk
Nieuwezijds Voorburgwal
Damstr
Nes
Kalfsvelstr
Binnen Gasthuisstr
Rokin
Muntplein
Spuistr
Singel
Herengr
Keizersgr
Prinsengr
Herengracht
Keizersgracht
Prinsengracht
Brouwersgr
Brouwersgracht
Haarlemmer Houttuinen
Van Diemenstr
HAARLEMMERBUURT
Haarlemmerdijk
Vinkenstr
Haarlemmerplein
Galgenstr
Anne Frank Huis
Raadhuisstr
WESTLICHER GRACHTENGÜRTEL
Westermarkt
Hartenstr
Wolvenstr
Huidenstr
Spui
Noorderkerkstr
Palmgr
Willemsstr
Goudsbloemstr
Lindenstr
2e Boomdwarsstr
JORDAAN
Anjeliersstr
Egelantiersgr
Egelantiersstr
Nieuwe Leliestr
Bloemgr
Bloemstr
Rozengr
Rozenstr
Lauriersstr
Lauriergr
Elandsstr
Elandsgr
Looiersstr
Marnixstr
Lijnbaansgr
Lijnbaansgracht
Marnixkade
Nassaukade
Singelgracht
Hugo de Grootstr
Hugo de Grootkade
De Clercqstr
Da Costastr
Da Costagracht
Bilderdijkstr
Bilderdijkgracht
Frederik Hendrikstr
Fagelstr
Kattensloot
De Wittenstr
STAATSLIEDEN FREDERIK HENDRIKBUURT
Van Hallstr
Bentinckstr
WESTERPARK
Westerpark
Haarlemmerweg
Polonceaukade
A
B
C
D
E
F
1
2
3
4

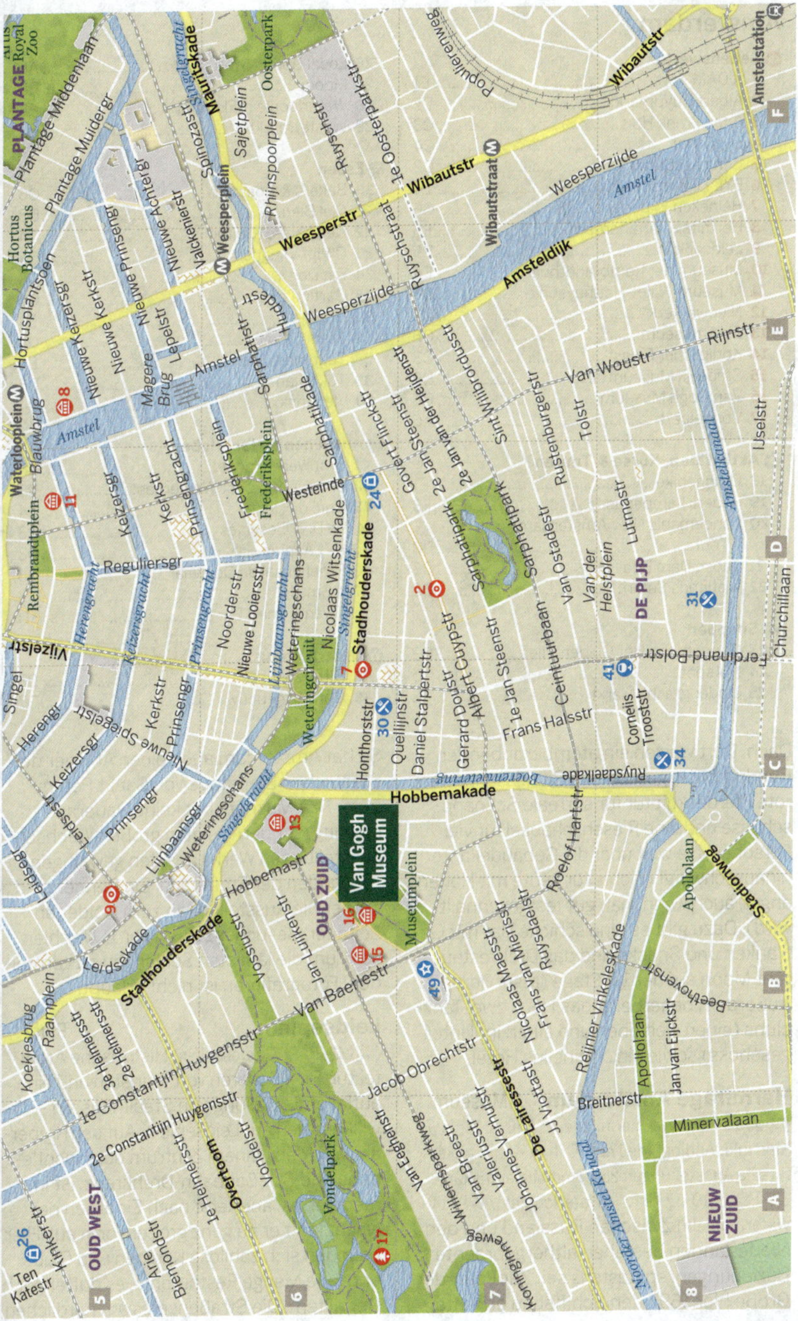
Van Gogh Museum
PLANTAGE
Artis Royal Zoo
Hortus Botanicus
OUD ZUID
DE PIJP
OUD WEST
NIEUW ZUID
Amstel
Amstelkanaal
Noorder Amstel Kanaal
Vondelpark
Sarphatipark
Oosterpark
Frederiksplein
Museumplein
Waterlooplein
Weesperplein
Wibautstraat
Amstelstation
Stadhouderskade
Hobbemakade
Weesperstr
Wibautstr
Amsteldijk
Vijzelstr
Leidseplein
Overtoom
Van Baerlestr
De Lairessestr
Ferdinand Bolstr
Van Woustr
Ceintuurbaan
Albert Cuypstr
Churchilllaan
Stadionweg
Apollolaan
Minervalaan
Beethovenstr
Rijnstr
Reguliersgr
Herengracht
Keizersgracht
Prinsengracht
Singelgracht
Lijnbaansgracht
Boerenwetering
Magere Brug
Blauwbrug
Rembrandtplein
Weteringschans
Plantage Middenlaan
Kinkerstr
1e Constantijn Huygensstr
2e Constantijn Huygensstr
Koninginneweg
Rustenburgerstr
Sarphatistr
Westeinde
Wibautstraat
Weesperzijde
Amstelstation
Singel
Spinozastr
Sajetplein
Rhijnspoorplein
Ruyschstr
1e Oosterparkstr
Populierenweg
Mauritskade
Nieuwe Keizersgr
Nieuwe Kerkstr
Nieuwe Prinsengr
Nieuwe Achtergr
Valckenierstr
Lepelstr
Hortusplantsoen
Plantage Muidergr
Nicolaas Witsenkade
Weteringcircuit
Noorderstr
Nieuwe Looiersstr
Nieuwe Spiegelstr
Leidsestr
Leidsekade
Hobbemastr
Vossiusstr
Jan Luijkenstr
Honthorststr
Quellijnstr
Daniel Stalpertstr
Gerard Doustr
1e Jan Steenstr
Frans Halsstr
Ruysdaelkade
Roelof Hartstr
Van Ostadestr
Van der Helstplein
Lutmastr
Tolstr
IJselstr
Sint Willibrordusstr
2e Jan van der Heijdenstr
Govert Flinckstr
2e Jan Steenstr
Cornelis Troostst
Reijnier Vinkeleskade
Breitnerstr
Jan van Eijckstr
Nicolaas Maesstr
Frans van Mierisstr
Ruysdaelstr
Johannes Verhulststr
Valeriusstr
Van Breestr
Willemsparkweg
Van Eeghenstr
Jacob Obrechtstr
JJ Viottastr
Vondelstr
1e Helmersstr
2e Helmersstr
3e Helmersstr
Raamplein
Koekjesbrug
Ten Katestr
Arie Biemondstr
Huddestr
A B C D E F
5 6 7 8
2 7 8 9 11 13 15 16 17 24 26 30 31 34 41 49

Amsterdam

Sehenswertes
1 A'DAM Toren ... E1
2 Albert Cuypmarkt ... D7
3 Anne Frank Huis ... C3
4 Begijnhof ... C4
5 Centraal Station ... D2
6 EYE Film Instituut ... D1
7 Heineken Experience ... C6
8 Hermitage Amsterdam ... E5
9 Leidseplein ... B5
10 Museum het Rembrandthuis ... E4
11 Museum Willet-Holthuysen ... D5
12 Nieuwe Kerk ... C3
13 Rijksmuseum ... C6
14 Königlicher Palast ... C3
15 Stedelijk Museum ... B6
16 Van Gogh Museum ... B6
17 Vondelpark ... A6

Aktivitäten, Kurse & Touren
18 Orangebike ... E1
19 Rederij Lampedusa ... F3
20 Sandeman's New Amsterdam Tours ... D3
21 Those Dam Boat Guys ... C3
22 Wetlands Safari ... D2

Shoppen
23 Condomerie Het Gulden Vlies ... D3
24 Hutspot ... D6
25 Lindengracht-Markt ... C2
26 Local Goods Store ... A5
27 Moooi ... B2
28 Waterlooplein-Flohmarkt ... E4
29 Westermarkt ... C2

Essen
30 Bakers & Roasters ... C6
31 Ciel Bleu ... D8
32 De Laatste Kruimel ... D4
33 D'Vijff Vlieghen ... C4
34 Fat Dog ... C8
35 Gartine ... C4
36 Greetje ... E4
37 Sterk Staaltje ... D4
38 Tokoman ... E4
39 Tokoman ... D3
40 Vleminckx ... C4

Ausgehen & Nachtleben
41 Brouwerij Troost ... C8
42 Brouwerij Troost Westergas ... A1
43 Café de Dokter ... C4
44 De Drie Fleschjes ... C3
45 In 't Aepjen ... D3
46 Proeflokaal de Ooievaar ... D3
47 't Smalle ... C3
Twenty Third Bar ... (s. 31)

Unterhaltung
48 Bitterzoet ... D3
49 Concertgebouw ... B7

Dach. Dort warten ein atemberaubender Rundumblick, gemütliche Sitzkissen, eine rote Pferdeskulptur für surreale Schnappschüsse und eine Riesenschaukel für vier Personen, die weit über die Gebäudekante hinausschwingt (nichts für Leute mit Höhenangst, auch wenn man gut festgeschnallt wird). Dazu gibt es eine schicke Bar mit Getränken und Snacks und das Drehrestaurant Moon auf der 19. Etage (reservieren!). Außerdem beherbergt das Haus zwei Tanzclubs (einen weit oben und einen im Untergeschoss) sowie ein originelles Hotel.

Hermitage Amsterdam Museum
(☎530 74 88; www.hermitage.nl; Amstel 51; Erw./Kind inkl. Audioguide 17,50 €/frei, Kombiticket für alle Ausstellungen 25 €, mit Museumskarte 2,50 €; ⏲10–17 Uhr; Ⓜ Waterlooplein, 🚋9/14 Waterlooplein) Zwischen Russland und den Niederlanden bestehen althergebrachte Beziehungen, spätestens seit Zar Peter der Große hier 1697 den Schiffsbau erlernte. So hat Amsterdam auch einen Ableger der Staatlichen Eremitage von Sankt Petersburg. Das Museum hat keine Dauerausstellung, sondern zeigt in großen Wechselausstellungen Werke aus den gewaltigen Beständen der Eremitage. Ein Renner sind immer die Ausstellungen zum Goldenen Zeitalter. Besucher sollten vor 11 Uhr hier sein, um die längsten Schlangen zu vermeiden. Fotografieren ist nicht erlaubt.

Leidseplein Platz
(🚋1/2/5/7/10 Leidseplein) Historische Architektur, Bier, Scharen von Touristen und eine auffallende Ballung von Steakhäusern – willkommen am Leidseplein. Auf dem hyperaktiven Platz, einem Zentrum des Nachtlebens und Straßenbahn-Drehkreuz, ist immer viel los, aber erst nach Einbruch der Nacht läuft er zu ganz großer Form auf. Hier befinden sich zahllose Kneipen und Clubs und jede Menge Restaurants, es duftet nach Gegrilltem. Die Straßencafés am nördlichen

Ende bieten Logenplätze, um das Treiben zu beobachten, das zu vorgerückter Stunde immer ausgelassener wird.

Museum Willet-Holthuysen Museum
(☎523 18 22; www.willetholthuysen.nl; Herengracht 605; Erw./Kind 9/4,50 €, Audioguide 1 €; ⏲Mo–Fr 10–17, Sa & So ab 11 Uhr; Ⓜ Waterlooplein, 🚋4/9/14 Rembrandtplein) Das elegante Grachtenhaus wurde 1685 für den Amsterdamer Bürgermeister Jacob Hop erbaut und 1739 gründlich umgestaltet. Benannt ist es nach Louisa Willet-Holthuysen, die das Haus von ihrem Vater, einem Kohlen- und Glaskaufmann, erbte und darin mit ihrem Mann Abraham ein Bohemeleben führte. 1895 vermachte sie das Anwesen der Stadt. Es eröffnet einen faszinierenden Einblick in die Welt der Superreichen des 18. Jhs. Zu sehen sind u. a. Stücke des 275-teiligen Meissner Services der Familie und der makellos manikürte Barockgarten.

Stedelijk Museum Museum
(☎020-573 29 11; www.stedelijk.nl; Museumplein 10; Erw./Kind 18,75 €/frei; ⏲Sa–Do 10–18, Fr bis 22 Uhr; 🚋2/3/5/12 Van Baerlestraat) Das fabelhafte Museum beherbergt die Sammlung des Nationalmuseums für moderne Kunst, die der Kurator Willem Sandberg nach dem Zweiten Weltkrieg zusammentrug. In wechselnden Ausstellungen zeigt es eine überwältigende Auswahl an Werken von Picasso, Matisse, Mondrian, van Gogh u. a. Dazu kommen hervorragende Sonderausstellungen. Das ehemalige Bankgebäude wurde 1895 von A. M. Weissman im Stil der Neorenaissance errichtet. Warum der moderne Anbau „die Badewanne" heißt, leuchtet schon auf den ersten Blick ein.

Nieuwe Kerk Kirche
(Neue Kirche; ☎020-638 69 09; www.nieuwekerk.nl; Dam; 8–16 €; ⏲10–18 Uhr; 🚋1/2/5/13/14/17 Dam) Die spätgotische Basilika aus dem 15. Jh. und historische Krönungskirche der Niederländer ist nur im Verhältnis zur Oude Kerk „neu" zu nennen. Einige bedeutende Details prägen das ansonsten spartanische Innere: eine prachtvoll geschnitzte Kanzel aus Eichenholz, ein bronzenes Chorgitter, eine mächtige Orgel und grandiose Glasmalereien. Heute wird das Bauwerk für Ausstellungen und Orgelkonzerte genutzt. Öffnungszeiten und Eintrittsgelder variieren je nachdem, was gerade geboten wird.

Begijnhof Historischer Ort
(www.nicolaas-parochie.nl; am Gedempte Begijnensloot; ⏲9–17 Uhr; 🚋1/2/5 Spui) GRATIS Die Wohnanlage einer einstigen christlichen Gemeinschaft geht auf das frühe 14. Jh. zurück. Heute ist sie eine Oase der Stille, mit winzigen Häusern und handtuchgroßen Gärtchen rund um einen gepflegten Innenhof. Die Beginen waren eine katholische Gemeinschaft unverheirateter oder verwitweter Frauen, die sich der Altenpflege widmeten und ein religiöses Leben ohne klösterliches Gelübde führten. Die letzte Begine starb 1971.

AKTIVITÄTEN

Amsterdam hat mehr Kanäle bzw. Grachten als Venedig. An den Ufern und auf dem Wasser ist der Pulsschlag der Stadt am besten zu spüren. Es ist herrlich, nur dazusitzen und zu schauen, wie die Boote vorübergleiten – unzählige Cafés scheinen eigens für diesen Zeitvertreib geöffnet. Oder man wandert die Grachten entlang, um sich einige der 2500 Hausboote der Stadt anzusehen. Am besten besteigen Besucher aber ein Ausflugsboot, um das Labyrinth der Wasserwege selbst zu erkunden.

Es gibt in Amsterdam mehr Fahrräder als Autos. Jeder radelt hier, ob jung, ob alt, Damen in Stöckelschuhen, Polizisten im Dienst, Banker mit wehender Krawatte. Mit geballter Pedalkraft gelangen die Amsterdamer zur Arbeit, zum Einkaufen und zu den hübschen Cafés. Wer ein Rad mietet, kann nicht nur im Strom der Einheimischen mitschwimmen, sondern erreicht so auch problemlos die Außenbezirke der Stadt, wo es weitere Museen und coole Architektur zu sehen gibt und sich dahinter eine Landschaft mit Windmühlen und zeitlosen Dörfern erstreckt.

Rederij Lampedusa Bootstouren
(www.rederijlampedusa.nl; 1- bis 2-std. Grachtenrundfahrt 17 €, VIP-Touren gegen Spende; ⏲Grach-

Feste feiern am Königstag

Am **Königstag** (Koningsdag) trinken und tanzen über 400 000 orangefarben gekleidete Menschen auf den Straßen von Amsterdam, um das Haus Oranje zu feiern. Parallel wird die ganze Stadt zum Riesenflohmarkt, auf dem die Bürger ihren ausrangierten Hausrat verhökern.

Jahrzehntelang war es der Königinnentag, aber seit 2013 feiert man den Königstag am Geburtstag des neuen Monarchen Willem-Alexander, dem 27. April (falls er auf einen Sonntag fällt, am Tag davor). Unabhängig von Namen und Datum dient der Tag vor allem als Vorwand für eine gigantische Saufparty, zu der sich alle möglichst albern in der Landesfarbe Orange kostümieren. Als Dreingaben gibt es einen stadtweiten Markt (wo jeder alles verkaufen darf) und Gratiskonzerte.

tentouren am Wochenende, VIP-Touren Mai–Sept. alle 2 Wochen Fr) Grachtenrundfahrten oder Sonnenuntergangstouren durch den Amsterdamer Hafen mit einem einstigen Flüchtlingsboot, das der niederländische Gründer Tuen von Lampedusa herüberbrachte. Die Touren bieten spannende Einblicke in die Geschichten heutiger Flüchtlinge und informieren auch darüber, wie die Zuwanderung die Geschichte Amsterdams geprägt hat. Die Boote legen neben dem Mediamatic ab.

Wetlands Safari Bootstouren
(☎06 5355 2669; www.wetlandssafari.nl; Erw./Kind inkl. Anfahrt & Picknick 59/33 €; ⏲Anfang April–Ende Sept. Mo–Fr 9.30, Sa & So 10 Uhr) Etwas Abwechslung von den Amsterdamer Grachten verspricht dieser fünfstündige Bootsausflug durch die Feuchtgebiete der Umgebung. Die Teilnehmer fahren per Bus nach Norden, wo sie knapp außerhalb des Zentrums in Kanus umsteigen, um durch sumpfige Feuchtgebiete an Windmühlen und Dörfern aus dem 17. Jh. vorbeizupaddeln. Abfahrt hinter der Centraal Station an der Bushaltestelle „G". Vierstündige Sonnenuntergangstouren (Erw./Kind 51/29 €) starten von Anfang Mai bis Ende August um 17 Uhr.

GEFÜHRTE TOUREN

Gute Touren zum ersten Kennenlernen der Stadt, vor allem für Besucher mit wenig Zeit:

Sandeman's New Amsterdam Tours (www.neweuropetours.eu; gegen Spende; ⏲bis zu 8 Touren tgl.; 🚊4/9/16/24 Dam) Für die Stadtrundgänge durch die mittelalterliche Altstadt, das Rotlichtviertel und den Jordaan zahlt jeder, was er kann.

Those Dam Boat Guys (☎06 1885 5219; www.thosedamboatguys.com; 25 €; ⏲März–Sept. 11, 13, 15, 17 & 19 Uhr; 🚊13/14/17 Westermarkt) Grachtenrundfahrten auf kleinen Elektrobooten, zu denen die Teilnehmer ihr Picknick selbst mitbringen.

Orangebike (☎646842083; www.orangebike.nl; Buiksloterweg 5c; Touren 22,50–37,50 €, Leihrad ab 5/11 € pro Std./Tag; ⏲9–18 Uhr; ⛴Buiksloterweg) Lockere Radtouren zu Sehenswürdigkeiten, interessanter Architektur, Windmühlen u. a.

SHOPPEN

Im Goldenen Zeitalter war Amsterdam das Warenlager der Welt, angefüllt mit Reichtümern aus aller Herren Länder. Die Ladenregale der Stadt sind noch immer mit Exotika jeder Art bestückt (allein die unglaublichen Erotik-Accessoires!). Der besondere Reiz liegt darin, in kuriosen Lädchen Dinge aufzuspüren, die man nirgendwo sonst findet.

Hutspot Design
(www.hutspotamsterdam.com; Van Woustraat 4; ⏲Laden & Café Mo–Sa 10–19, So 12–18 Uhr; 📶; 🚊4 Stadhouderskade) Der nach dem traditionellen niederländischen Stampfkartoffelgericht benannte Laden wurde gegründet, um Jungunternehmern eine Möglichkeit zu verschaffen, ihre Produkte anzubieten. So präsentiert der Concept Store einen spannenden Mix aus Möbeln, Wohnaccessoires, Kunst, Haushaltwaren und Mode von niederländischen Designern, dazu einen Barbershop, ein cooles Ladencafé und verschiedene Pop-up Stores.

Moooi Design

(☎020-528 77 60; www.moooi.com; Westerstraat 187; ⌚Di–Sa 10–18 Uhr; 🚊3/10 Marnixplein) Der „Showroom" des von Marcel Wanders gegründeten Unternehmens zeigt niederländisches Design von seiner extravaganten Seite, darunter eine Leuchte in Form eines lebensgroßen Pferdes, die „Blow Away Vase" (witzige Neuinterpretation der klassischen Delfter Vase) und ein Porzellan-Sparschwein mitsamt goldenem Hammer zum Schlachten.

Condomerie Het Gulden Vlies Erotika

(https://condomerie.com; Warmoesstraat 141; ⌚Mo & Mi–Sa 11–21, Di 11–18, So 13–18 Uhr; 🚊4/9/14/16/24 Dam) In idealer Lage zum Rotlichtviertel verkauft der Laden Kondome in jeder erdenklichen Größe, Farbe, Geschmacks- und Stilrichtung (als gehörnte Teufel, Marihuanablätter, Delfter Kacheln ...) sowie Gleitmittel und erotische Geschenkartikel. Fotografieren ist hier nicht erlaubt.

Local Goods Store Kunsthandwerk

(Hannie Dankbaar Passage 39, De Hallen; ⌚Di–Fr & So 12–19, Sa 11–19 Uhr; 🚊17 Ten Katestraat) Wie der Name schon andeutet, ist alles in diesem Concept Store in De Hallen von lokalen Designern entworfen: Woody-Skateboards, „I Made Gin"-Sets, Carhusa-Geldbörsen und -Handtaschen, hölzerne Fliegen von Timbies, handgefärbte Halstücher und Schmuck von Lucila Kenny, antikisierende Industrieeinrichtung von Neef Louis und Mode von verschiedenen Designern.

ESSEN

Die Amsterdamer Gastronomie wird schwer unterschätzt. Denn jenseits von Pfannkuchen und Kartoffeln zaubern die Küchenchefs hier mit Zutaten aus den Gewässern und von den Bauernhöfen des Landes raffinierte Varianten regionaler und internationaler Rezepte. Und in allen Ecken der Stadt wird genießerisch getafelt, während die Kerzen auf den Tischen herunterbrennen.

Bakers & Roasters Café €

(www.bakersandroasters.com; 1e Jacob van Campenstraat 54; Gerichte 7,50–15,50 €; ⌚8.30–16 Uhr; 🚊16/24 Stadhouderskade) Das Lokal unter brasilianisch-neuseeländischer Leitung serviert köstliche Brunch-Gerichte wie French Toast aus Bananen-Nussbrot mit hausgemachter Bananenmarmelade und Knusperspeck, Navajo-Eier mit gezupftem Schweinebraten, Avocado, Mango-Salsa

Café am Grachtufer

KAREN DESJARDIN/GETTY IMAGES ©

MARCO BONG/GETTY IMAGES ©

Von links: *Friet*; Restaurants am Grachtufer; Geschäfte in einer Amsterdamer Straße

und Chipotle-Sahne oder Räucherlachs mit pochierten Eiern, Kartoffelpuffern und Hollandaise. Zum Nachspülen passt eine feurige Bloody Mary. Auch die Kuchen und Sandwiches sind phantastisch.

De Laatste Kruimel Café, Bäckerei €
(☎020-423 04 99; www.delaatstekruimel.nl; Langebrugsteeg 4; Gerichte 3,50–7,50 €; ⏲Mo–Sa 8–20, So 9–20 Uhr; 🚋4/9/14/16/24 Spui/Rokin) „Der letzte Krümel" ist mit antikem Kram vom Noordermarkt und Upcycling-Möbeln aus Holzpaletten eingerichtet und hat auch eine winzige Terrasse am Grachtufer. In der Auslage stapeln sich Quiches, Brote, Kuchen und Mohn-Zitronen-Scones. Großmütter, Kinder, Paare und Gott und die Welt genießen hier in kuschliger Enge großartige Bio-Sandwiches und andere Leckereien.

Gartine Café €
(☎020-320 41 32; www.gartine.nl; Taksteeg 7; Gerichte 6,50–11,50 €, High Tea 17,50–24,75 €; ⏲Mi–Sa 10–18 Uhr; 🖉; 🚋4/9/14/16/24 Spui/Rokin) 🍃 Das Gartine ist einfach zauberhaft: angefangen bei der versteckten Lage in einem Seitengässchen der betriebsamen Kalverstraat bis zu dem zusammengewürfelten alten Geschirr und den himmlischen Frühstücksgerichten, Sandwiches und Salaten mit Zutaten aus dem eigenen Garten und Eiern von den eigenen Hühnern. Ein besonderer Gaumenschmaus ist der von 14 bis 17 Uhr servierte High Tea (Teemahlzeit) mit süßen und herzhaften Leckerbissen.

Fat Dog Hotdogs €
(www.thefatdog.nl; Ruysdaelkade 251; Gerichte 4,50–12 €; ⏲Mi–So 12–22 Uhr; 🚋12 Cornelis Troostplein) Das kulinarische Genie Ron Blaauw von **Ron Gastrobar** (☎020-496 19 43; www.rongastrobar.nl; Sophialaan 55; Gerichte 15 €, Desserts 9 €; ⏲12–14.30 & 17.30–22.30 Uhr; 📶; 🚋2 Amstelveenseweg) adelt den bescheidenen Hotdog zu einer Kunstform. Gourmetvarianten sind Naughty Bangkok (eingelegtes Gemüse, rote Curry-Mayo und Knusperreis), Vive La France (gebratene Pilze, Foie gras und Trüffel-Mayo), Gangs of New York (Sauerkraut, Speck und karamellisierte Zwiebeln) und Vega Gonzalez (vegetarische Wurst, Mais, Guacamole, saure Sahne und Jalapeño-Mayo).

Vleminckx Fast Food €
(http://vleminckxdesausmeester.nl; Voetboogstraat 33; Pommes 2,30–4,50 €, Saucen 0,70 €; ⏲So & Mo 12–19, Di, Mi, Fr & Sa 11–19, Do 11–

© PAOLO PARADISO/SHUTTERSTOCK

20 Uhr; 1/2/5 Koningsplein) Vleminckx brutzelt schon seit 1887 seine *friet* (Pommes) und ist seit 1957 in diesem winzigen Imbiss in der Nähe des Spui ansässig. Standardmäßig werden die Pommes hier in Mayo ertränkt, aber es stehen insgesamt 28 verschiedene Saucen zur Wahl, u. a. Apfel, grüner Pfeffer, Ketchup, Erdnuss, Sambal und Senf. Die Warteschlange ist oft ellenlang, bewegt sich aber zügig voran.

Tokoman Südamerikanisch €

(Waterlooplein 327; Sandwiches 3–4,50 €, Gerichte 6,50–13,50 €; Mo–Sa 11–20 Uhr; 9/14 Waterlooplein) Hier kann man sich unter die Einheimischen mischen, die bei Tokoman nach surinamischer Würze anstehen. Das *broodje pom* (Sandwich mit einem Belag aus Hühnchen und einer surinamischen Stärkeknolle) ist sensationell. Dazu gehören *zuur* (Sauerkohl-Relish) und *peper* (Chilipaste) sowie eine gut gekühlte Dose Kokoswasser zum Nachspülen.

Sterk Staaltje Feinkost €

(www.sterkstaaltje.com; Staalstraat 12; Gerichte 4–7,60 €; Mo–Fr 8–19, Sa 8–18, So 11–17 Uhr; 4/9/14/16/24 Muntplein) Draußen stapelt sich makelloses Obst und Gemüse; drinnen umwehen köstliche Düfte die Nase, die allein schon einen Besuch lohnen würden. Dazu lockt eine tolle Auswahl an Fertiggerichten: Teriyaki-Fleischbällchen, Feta-Tomaten-Quiche, Wraps mit Kürbisfüllung, eine Tagessuppe und vor allem phantastische Sandwiches (Roastbeef, Meerrettich und Rucola; mariniertes Hähnchen mit Guacamole und Sauerrahm).

Ciel Bleu Sterneküche €€€

(020-450 67 87; www.okura.nl; Hotel Okura Amsterdam, Ferdinand Bolstraat 333; Hauptgerichte 45–120 €, 6-Gänge-Menü 160 €, mit passenden Weinen 255 €; Mo–Sa 18.30–22.30 Uhr; 12 Cornelius Trootsplein) Die atemberaubenden, mit zwei Michelin-Sternen prämierten Kreationen dieses Spitzentempels der Gastronomie wechseln mit den Jahreszeiten: Im Frühling gibt es z. B. Jakobsmuscheln und Austern mit Vanille-Meersalz und Gin-Tonic-Schaum, Königskrabbe mit gesalzener Zitrone, Buttersaucen-Eiscreme und Kaviar oder Lammrücken mit Sternanis. Unvergleichlich ist auch die Lage im 23. Stock mit weitem Blick über die Stadt nach Norden.

D'Vijff Vlieghen Niederländisch €€€

(020-530 40 60; http://vijffvlieghen.nl; Spuistraat 294–302; Hauptgerichte 23,50–29,25 €;

Die besten Märkte

Albert Cuypmarkt (S. 164) Europas größter täglich (außer sonntags) stattfindender Straßenmarkt: Lebensmittel, Mode und Schnäppchen jeder Art.

Flohmarkt auf dem Waterlooplein (www.waterlooplein.amsterdam; Waterlooplein; Mo–Sa 9.30–18 Uhr; 9/14 Waterlooplein) Berge von Kuriositäten, Secondhand-Schuhen, billigen Fahrradteilen uvm. für Schatzsucher.

Westermarkt (www.jordaanmarkten.nl; Westerstraat; Mo 9–13 Uhr; 3/10 Marnixplein) 163 Stände mit Billigmode und Stoffen.

Markt an der Lindengracht (www.jordaanmarkten.nl; Lindengracht; Sa 9–16 Uhr; 3 Nieuwe Willemsstraat) Authentischer Wochenmarkt mit frischen Lebensmitteln in Hülle und Fülle.

IJ Hallen (www.ij-hallen.nl; Tt Neveritaweg 15; 5 €; 1-mal monatl. Sa & So 9–16.30 Uhr; NDSM-werf) Einmal monatlich steigt hier der größte Flohmarkt Europas.

Kamerastand beim Flohmarkt auf dem Waterlooplein
IVICA DRUSANY/SHUTTERSTOCK ©

18–22 Uhr; 1/2/5 Spui) Das „Fünf Fliegen", das sich über fünf Grachtenhäuser aus dem 17. Jh. erstreckt, ist ein Klassiker. Seine mit altem Holz getäfelten Speisesäle und Delfter Kacheln zeugen von Charakter und Geschichte; an den Stühlen sind Kupferplaketten mit den Namen berühmter Gäste angebracht (z. B. Walt Disney, Mick Jagger). Das erlesene Speisenangebot reicht von Gänsebrust mit Äpfeln, Sauerkraut und Räucherbutter bis zu kandiertem Schellfisch mit Lakritzsauce.

Greetje Niederländisch €€€

(779 74 50; www.restaurantgreetje.nl; Peperstraat 23–25; Hauptgerichte 23–27 €; So–Fr 18–22, Sa bis 23 Uhr; 22/34/35/48 Prins Hendrikkade) Im Greetje werden mit marktfrischen Bio-Zutaten traditionelle niederländische Rezepte neu erfunden, z. B. Schmorfleisch, Kalbsbraten mit Aprikosen und Lauch-*stamppot* oder Schweinebauch mit Senfsauce. Ein guter Auftakt ist der *Grote Begin* für zwei Personen (15 € pro Pers.), eine Auswahl warmer und kalter Vorspeisen.

AUSGEHEN & NACHTLEBEN

Amsterdam ist eine der wildesten Partystädte Europas. Nicht von ungefähr durchstreifen unzählige testosterontrunkene Junggesellenabschiedsfeierer das Rotlichtviertel der Stadt. Wer es zahmer mag, kann der Partyszene leicht aus dem Weg gehen, denn Amsterdamer Cafés pflegen seit altersher ihre Kneipenkultur mit Gemütlichkeit und Geselligkeit.

Zu einem urtypischen Amsterdamer Erlebnis laden die „Braunen Cafés" ein. Einige Originale dieser Gattung sind schon seit Urzeiten im Geschäft. Die Patina, die sich durch jahrhundertelange Einräucherung mit Tabakqualm in diesen Cafékneipen gebildet hat, war namensgebend. *Bruine cafés* haben Kerzen auf den Tischen, mit Sand bestreute Holzböden und manchmal eine Hauskatze, die sich vertrauensvoll kraulen lässt. Vor allem aber verströmen sie eine urgemütliche Atmosphäre, die dazu verführt, stundenlang beim Drink mit Freunden zu verweilen – ein Zauber, der schon seit 300 Jahren seine Wirkung tut.

In 't Aepjen Bruine Café

(Zeedijk 1; Mo–Do 12–1, Fr & Sa bis 3 Uhr; 1/2/4/5/9/13/16/17/24 Centraal Station) Selbst tagsüber flackern Kerzen in dem Bau aus dem 15. Jh. (es ist eines von zwei verbliebenen Holzgebäuden in der Stadt). Seit 1519 ist hier ein Wirtshaus. Im 16. und 17. Jh. war das Haus ein Gasthof für Seeleute aus dem Fernen Osten, die oft *aapjes* (Affen) mitbrachten und gegen ein Nachtlager eintauschten. Jazzklassiker aus der Stereoanlage unterstreichen das nostalgische Flair.

Bruine Café

Amsterdam Roest Strandbar

(www.amsterdamroest.nl; Jacob Bontiusplaats 1; ⌚So–Do 12–1, Fr & Sa bis 3 Uhr; 🚌22 Wittenburgergracht) Einer dieser Orte, die es nur in Amsterdam gibt. Ein Abstecher zu den ehemals heruntergekommenen Hafenanlagen lohnt sich unbedingt, denn Amsterdam Roest (niederländisch für „Rost") ist ein überaus cooles Künstlerkollektiv und Bar-Restaurant mit Uferterrasse, einem riesigen Spielplatz voller Seile und Reifen, Hängematten, Straßenkunst, Sandstrand im Sommer und Lagerfeuer im Winter.

Die Lokalität ist nicht ganz einfach zu finden. Der direkteste Weg führt die Oostenburgervoorstraat hinauf und dann über die Brücke am Nordende – das Lokal liegt 150 m weiter auf der linken Seite.

Pllek Strandbar

(www.pllek.nl; Tt. Neveritaweg 59; ⌚So–Do 9.30–1, Fr & Sa bis 3 Uhr; ⛴NDSM-werf) Das megacoole Pllek ist eines der Toppziele in Amsterdam Noord. Hippe Gäste jeden Alters finden sich hier zusammen, um im Interieur aus alten Schiffscontainern abzuhängen oder sich auf dem künstlich aufgeschütteten Sandstrand zu aalen. Ein geniales Plätzchen für ein Bier oder ein Glas Wein mit Blick aufs Wasser. Auch die Veranstaltungen sind bei Einheimischen sehr beliebt, z. B. das sommerliche Open-Air-Kino am Dienstagabend, Wochenend-Yogakurse und Dance-Partys unter der riesigen Discokugel.

Brouwerij Troost Brauerei

(☎020-760 58 20; http://brouwerijtroost.nl; Cornelis Troostplein 21; ⌚Mo–Do 16–1, Fr 16–3, Sa 14–3, So 14–24 Uhr; 📶; 🚋12 Cornelis Troostplein) 🌿 Die Besucher der hervorragenden Craft-Bier-Brauerei können durch eine Glaswand mitverfolgen, wie das Bier in Kupferbottichen gebraut wird. Zu den Erzeugnissen gehören ein sommerliches Blondes, ein geräuchertes Porter, ein starkes Tripel und ein dunkelrotes Imperial IPA (India Pale Ale). Das Unternehmen brennt auch Gurken-Wacholder-Gin und serviert phantastische Kneipenkost wie knusprige Krabbentacos und gigantische Burger. Am Wochenende abends reservieren!

Café de Dokter Bruine Café

(www.cafe-de-dokter.nl; Rozenboomsteeg 4; ⌚Mi–Sa 16–1 Uhr; 🚋1/2/5 Spui) Kerzen flackern auf den Tischen, alte Jazzplatten laufen im Hintergrund, Kronleuchter und ein Vogelkäfig baumeln von der Decke des stimmungsvollen Café de Dokter, angeb-

Bottiche bei der Heineken Experience (S. 164)

lich die kleinste Kneipe Amsterdams. Spezialitäten des Hauses sind Whisky und geräucherte „Ochsenwurst" (aus Rindfleisch). Den Namen bekam die Kneipe, weil sie 1798 von einem Arzt eröffnet wurde. Seine Nachfahren betreiben die Kneipe bis heute.

Proeflokaal de Ooievaar Brennerei
(www.proeflokaaldeooievaar.nl; St Olofspoort 1; ⌚12–24 Uhr; 🚊1/2/4/5/9/13/16/17/24 Centraal Station) Die wunderbare kleine „Probierstube" floriert hier schon seit 1782. Im Ausschank sind 14 *jenevers* und Liköre (z. B. „Brauttränen" mit Gold- und Silberblättchen) von der Brennerei De Ooievaar, die immer noch im Jordaan ansässig ist. Und nein, das Haus ist nicht abgesackt, sondern wurde gleich schief gebaut.

De Drie Fleschjes Brennerei
(www.dedriefleschjes.nl; Gravenstraat 18; ⌚Mo–Mi 16–20.30, Do–Sa 14–20.30, So 15–19 Uhr; 🚊1/2/5/13/14/17 Dam) Ein Schmuckstück von 1650 mit einer Wand aus Fässern, die von Schiffsbaumeistern gebaut wurde. Die Probierstube der Brennerei Bootz ist auf Liköre spezialisiert; Haussorte ist der *bitterkoekje*-Likör mit Mandelaroma. Es wird auch erstklassiger *jenever* ausgeschenkt. Einen Blick wert ist die Sammlung von *kalkoentjes:* Fläschchen mit handgemalten Porträts.

Brouwerij 't IJ Brauerei
(www.brouwerijhetij.nl; Funenkade 7; ⌚Brauerei 14–20 Uhr, englischsprachige Führung Fr–So 15.30 Uhr; 🚊10 Hoogte Kadijk) Unter den knarrenden Flügeln der Windmühle De Gooyer (Baujahr 1725) braut die führende Amsterdamer Bio-Mikrobrauerei köstliche (und teils recht hochprozentige) Standard-, Saison- und Limited-Edition-Biere. Zu kosten sind sie in der gekachelten Probierstube, die eine erstaunliche Flaschensammlung säumt, oder auf der von Platanen beschatteten Terrasse. Im Preis der 30-minütigen Brauereiführung (5 €) ist ein Bier mit drin.

UNTERHALTUNG

Amsterdam hat eine blühende Kunst- und Kulturszene, mit vielen großen Konzertsälen, Theatern, Kinos und anderen Veranstaltungsorten, die immer gut besucht sind. Musikfans kommen voll auf ihre Kosten, denn es gibt hier sehr eigene, liebevoll gepflegte Subkulturen für praktisch jede Musikrichtung, ganz besonders für Jazz, Klassik und Avantgarde-Beats.

Concertgebouw Klassik
(☎671 83 45; www.concertgebouw.nl; Concertgebouwplein 10; ⌚Kartenverkauf Mo–Fr 13–19, Sa & So 10–19 Uhr; 🚊3/5/12/16/24 Muse-

umplein) Bernard Haitink, der ehemalige Dirigent des altehrwürdigen Königlichen Konzertgebäude-Orchesters, sagte einmal, das weltberühmte Konzerthaus (1888 mit nahezu perfekter Akustik erbaut) sei das beste Instrument des Orchesters. Von Mitte September bis Ende Juni gibt es jeden Mittwoch um 12.30 Uhr kostenlose halbstündige Konzerte, zu denen man früh erscheinen sollte. Der **Last Minute Ticket Shop** (www.lastminuteticketshop.nl; Online-Ticketverkauf am Veranstaltungstag ab 10 Uhr; 1/2/5/7/10 Leidseplein) verkauft Karten für alle anderen Vorstellungen zum halben Preis.

Bitterzoet Livemusik
(020-421 23 18; www.bitterzoet.com; Spuistraat 2; 20 Uhr–open end; 1/2/5/13/17 Nieuwezijds Kolk) Immer voll, immer wieder anders: Der Club mit Platz für knapp 350 Besucher gehört mit seinem sehr gemischten Publikum zu den sympathischsten Läden der Stadt. Die Musikpalette (mal live, mal DJ) reicht von Funk, Roots, Drum'n'Bass über Latin und Afro-Beat bis zu klassischem Jazz und Hip-Hop-Groove.

Die Kunst der „Gezelligheid"

Diese typisch niederländische Stimmung, wie sie in den alten *bruine cafés* (Traditionskneipen) in Reinkultur zu erleben ist, gehört zu den besten Gründen für einen Amsterdam-Besuch. *Gezelligheid* ist eine gesellige, aber auch gemütliche, freundliche, anheimelnde, zwanglose Atmosphäre, die sich besser erfahren als erklären lässt. Das warme Gemeinschaftsgefühl kann sich in vielen Situationen einstellen, besonders beim Bier mit Freunden oder bei Kerzenschein in den gemütlichen Lokalen.

YULIA GRIGORYEVA/SHUTTERSTOCK ©

PRAKTISCHE INFORMATIONEN

ERMÄSSIGUNGEN

Angehörige verschiedener Berufe, u. a. Künstler, Journalisten, Museumsangestellte und Lehrer, erhalten bei manchen Einrichtungen gegen Vorlage eines Nachweises Rabatt.

Studenten mit Studentenausweis zahlen bei den meisten Museen ein paar Euro weniger.

Senioren über 65 und ihre Partner ab 60 Jahre erhalten Ermäßigungen im öffentlichen Nahverkehr, in Museen, bei Konzerten u. a., wenn sie ihren Ausweis vorlegen.

I amsterdam Card (49/59/69 € für 24/48/72 Std.) Bietet freien Eintritt bei über 30 Museen (das Rijksmuseum ist nicht dabei), eine Grachtenrundfahrt, Ermäßigungen bei Geschäften, Veranstaltungsorten und Restaurants. Sie dient als Freifahrkarte für die GVB-Verkehrsmittel. Gut für Kurzbesucher. Erhältlich bei I amsterdam Visitor Centres des VVV und in einigen Hotels.

Museumkaart (Erw./Kind 55/27,50 €, plus 5 € für die erstmalige Anmeldung) Bietet ein Jahr lang freien bzw. ermäßigten Eintritt zu rund 400 Museen im ganzen Land. Erhältlich an den Kassen der teilnehmenden Museen oder bei den Ticketshops von Uitburo.

Holland Pass (42/62/82 € für 2/4/6 Attraktionen) Ähnlich wie die I amsterdam Card, aber ohne die enge Zeitbegrenzung: Man hat einen Monat Zeit, die Sehenswürdigkeiten zu besuchen. Der Preis richtet sich nach der Anzahl und Kategorie der Attraktionen (die beliebtesten/teuersten gehören zur Goldkategorie). Umfasst auch ein Zugticket vom Flughafen in die City und eine Grachtenrundfahrt. Erhältlich bei GWK Travelex und in diversen Hotels.

GELD

Geldautomaten gibt es praktisch überall. Kreditkarten werden in den meisten Hotels, aber nicht in allen Restaurants akzeptiert.

TRINKGELD

Bars Nicht üblich.

Niederländische Etikette

Begrüßung Fester Händedruck und doppelter oder dreifacher Wangenkuss.

Marihuana und Alkohol Auf der Straße keinen Joint rauchen oder Bier trinken.

Rauchen In Bars und Restaurants wird nicht geraucht.

Direktheit Wenn Einheimische klar und unverblümt ihre Meinung äußern, ist das nicht beleidigend gemeint. Das gilt nicht als unhöflich, sondern einfach als direkt und ehrlich.

Radwege Nicht auf Radwegen herumlaufen (durch weiße Linien und Fahrradsymbole markiert) und nach beiden Seiten schauen, bevor man sie kreuzt.

Hotels 1–2 € pro Gepäckstück für Portiers; fürs Reinigungspersonal eher unüblich.

Restaurants Für eine Zwischenmahlzeit im Café 5–10 % (z. B. eine Rechnung von 9,50 € auf 10 € aufrunden), im Restaurant ca. 10 %.

Taxis 5–10 % oder auf den nächsten Euro aufrunden.

NOTRUF

Polizei, Feuerwehr, Krankenwagen ☎112

ÖFFNUNGSZEITEN

Die im Buch angegebenen Öffnungszeiten gelten für die Hauptsaison (etwa Mai–Sept.). In der Nebensaison reduzieren viele Einrichtungen ihre Öffnungszeiten.

RECHTSFRAGEN

- Offiziell ist Marihuana verboten. Allerdings wird der Besitz weicher Drogen (z. B. Cannabis) in Mengen von bis zu 5 g toleriert. Der Besitz größerer Mengen ist strafbar.
- Außer in *coffeeshops* (Cafés, die Cannabis verkaufen dürfen) sollte man sich nirgends einen Joint anstecken, ohne sich vorher zu vergewissern, dass das o.k. ist.
- Keinesfalls Drogen – welcher Art auch immer – auf der Straße kaufen.

AN- & WEITERREISE

Der **Flughafen Schiphol** (AMS; www.schiphol.nl) gehört zu den größten Flughäfen Europas und bietet zahlreiche Verbindungen in alle Welt, darunter viele Billigflüge. Er ist das Hauptdrehkreuz der niederländischen Fluglinie KLM.

Züge aus dem In- und Ausland halten in der **Centraal Station** (Stationsplein; 🚋1/2/4/5/9/13/16/17/24 Centraal Station). Es gibt gute Zugverbindungen zu diversen deutschen und europäischen Großstädten. Von 6 bis 19 Uhr trifft fast jede Stunde ein Thalys-Hochgeschwindigkeitszug (www.thalys.com) aus Paris ein (direkt 3¼ Std., über Brüssel 3¾ Std.). Der Eurostar (www.eurostar.com) aus London (ca. 5 Std.) hält in Brüssel, wo man in den Thalys nach Amsterdam umsteigen kann.

Die Busse von **Eurolines** (www.eurolines.nl; Rokin 38a; ⏲Mo–Sa 9–17 Uhr; 🚋4/9/14/16/24 Dam) fahren in alle großen Hauptstädte Europas. Busse sind normalerweise die billigste Möglichkeit, nach Amsterdam zu gelangen.

Flüge, Mietwagen und Touren kann man online unter lonelyplanet.com/bookings buchen.

UNTERWEGS VOR ORT

GVB-Pässe im Chipkarten-Format sind die praktischste Lösung, die öffentlichen Verkehrsmittel zu nutzen. Es gibt sie bei GVB Tickets & Info-Schaltern, bei Kiosken oder Bus- und Straßenbahnfahrern. Die Karte muss bei jedem Betreten und Verlassen eines Verkehrsmittels vor das rosafarbene Lesegerät gehalten werden.

Zu Fuß Das kompakte Stadtzentrum ist sehr leicht zu Fuß zu erkunden.

Fahrrad Fahrradverleiher gibt es überall in der Stadt; ein Fahrrad kostet um die 11 €/Tag.

Straßenbahn Die Bahnen verkehren von 6 bis 0.30 Uhr schnell und häufig in der ganzen Stadt.

Bus und Metro Bedienen hauptsächlich die Außenbezirke und sind im Stadtzentrum nicht von großem Nutzen.

Fähre Von den Anlegern hinter der Centraal Station legen kostenlose Fähren nach Amsterdam Noord ab.

Taxi Teuer und im Amsterdamer Straßenlabyrinth nicht besonders schnell unterwegs.

Wohin zum Schlafen?

Möglichst frühzeitig reservieren, vor allem im Sommer und ganzjährig für die Wochenenden. In Vierteln mit Lokalkolorit wie Jordaan und De Pijp sind Ferienwohnungen eine gute Alternative.

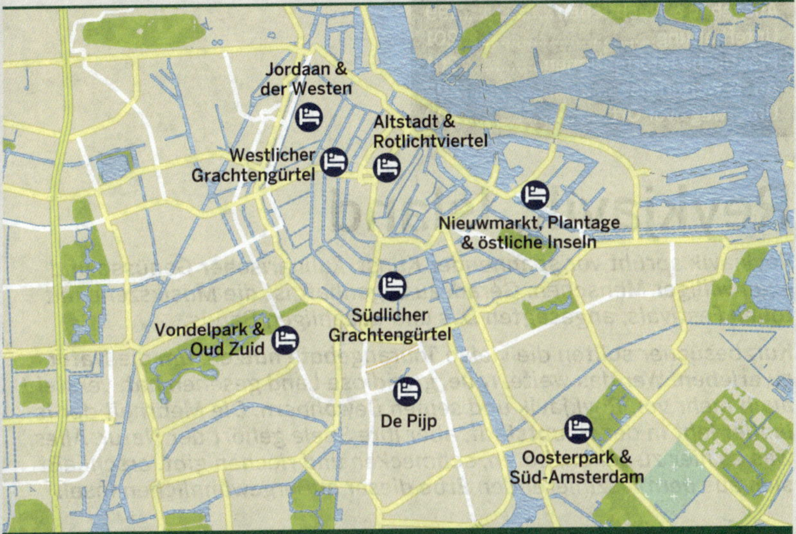

Stadtviertel	Merkmale
Altstadt & Rotlichtviertel	Im Herzen der Stadt und des Trubels. Entsprechend laut, touristisch und z. T. zwielichtig. Überteuert.
Nieuwmarkt, Plantage & östliche Inseln	Immer noch dicht am Geschehen, aber etwas relaxter als im Zentrum. Einige Ecken sind nahe am Rotlichtviertel und am dortigen Geschehen.
Westlicher Grachtengürtel	Baumbestandene Grachten, in Laufweite zu den beliebtesten Sehenswürdigkeiten. Oft ausgebucht und teils teuer.
Südlicher Grachtengürtel	Nobelhotels in der Nähe der Restaurantmeile Utrechtsestraat und der Antikläden der Nieuwe Spiegelstraat. Kann laut, voll, teuer und touristisch sein.
Jordaan & der Westen	Gemütliche Cafés, originelle Lädchen und bezaubernder Dorfcharakter, aber nur wenige Unterkünfte.
Vondelpark & Oud Zuid	Gepflegte, grüne Straßen in Laufweite zum Museumplein; viele Unterkünfte mittlerer Preislage und coole Designhotels.
De Pijp	Mausert sich rasant zum Szene-, Restaurant- und Ausgehviertel. In Laufweite zum Museumplein, Vondelpark und Leidseplein, aber ganz schön weit weg vom Zentrum.
Oosterpark & Süd-Amsterdam	Lagebedingt preiswerter (doch mit Straßenbahn oder Metro rasch im Zentrum); ruhige Wohngegend.

In diesem Kapitel

Reykjavík, Island

Reykjavík sprüht vor spannender Kunst, kulinarischer Genüsse und eigenwilliger Menschen. Geradezu sagenhaft ist die Musikszene mit tollen Festivals, angesagten DJs und unzähligen Bands.

Kurzbesucher sollten die vielen Tourangebote nutzen, um die Natur zu erleben. Wer das weite, raue, grandiose Land gesehen hat, versteht auch mehr von Reykjavík und seinen Bewohnern. Die Mehrheit der Isländer lebt in der Hauptstadt, aber ihre Seele gehört der Natur. Alles, was es hier zu sehen, hören, schmecken und riechen gibt, erschließt sich aus dem faszinierenden Erbe dieser außergewöhnlichen Insel.

Zwei Tage in Reykjavík

Der erste Vormittag ist für die Erkundung der **Altstadt** (S. 192) reserviert. Nachmittags lockt ein Shopping- und Sightseeingbummel über die kunstsinnige **Skólavörðustígur** (S. 188). Fürs Abendessen, einen Drink und die Clubparty bis spät in die Nacht geht es dann auf den **Laugavegur** (S. 188).

Am zweiten Tag steht eine **Walbeobachtungstour** (S. 193) oder ein Abstecher zum **Alten Hafen** (S. 189) und seinen Museen auf dem Programm. Nach einem relaxten Nachmittag in **Laugardalur** (S. 194) schmeckt das Abendessen in einem isländischen Gourmetlokal wie dem **Dill** (S. 196).

Vier Tage in Reykjavík

Am dritten Tag kann man im Alten Hafen ein Rad leihen und mit der Fähre nach **Viðey** (S. 198) schippern. Danach geht's zum **Laugavegur** (S. 188) und zur **Skólavörðustígur** (S. 188), wo es neben Shops auch gute Fischlokale, Theater, Kinos und Livemusik gibt.

Der letzte Tag gehört der Standard-Ausflugsroute **Goldener Kreis** (S. 186). Wer es nicht schafft, die **Blaue Lagune** (S. 184) auf dem Weg vom oder zum Flughafen zu besuchen, kommt am späten Abend her, wenn sich die Besucherscharen lichten.

Nur drei Flugstunden entfernt warten London (S. 54) und Dublin (S. 118).

Ankunft

Internationaler Flughafen Keflavík Der Hauptflughafen von Island liegt 48 km westlich von Reykjavík.

Inlandsflughafen Reykjavík Von hier sind es nur 2 km Fußweg in die Stadt.

Smyril Line (www.smyrilline.com) betreibt eine teure, aber viel genutzte wöchentliche Autofähre von Hirsthals (Dänemark) über Tórshavn (Färöer) nach Seyðisfjörður in Ostisland. Wer will, kann auch einen Zwischenstopp auf den Färöern einlegen.

Schlafen

In Reykjavík gibt es eine Riesenauswahl verschiedenster Unterkünfte, vor allem Hostels, Mittelklasse-Pensionen (oft mit Gemeinschaftsbädern, -küche und -lounge) und Businesshotels, aber es kommen auch laufend neue noble Boutiquehotels und Apartments dazu. Reservierung ist von Juni bis Ende August ein Muss, die Preise sind dann hoch. Geld sparen lässt sich mit Hostels, Camping oder Mietwohnungen. Die meisten Unterkünfte haben ganzjährig geöffnet; viele bieten online Rabatte oder variable Preise.

Infos zum Übernachten in verschiedenen Stadtvierteln gibt es auf S. 203.

Nationalmuseum

Das führende Museum Islands zeigt eine Fülle historischer Exponate und interessanter Präsentationen. Die Ausstellung gibt einen ausgezeichneten Überblick über Geschichte und Kultur des Landes, was der Audioguide (300 ISK) mit vielen Details unterfüttert.

Toll für ...

☑ **Nicht versäumen**

Die Spielsteine aus Gehörknöchelchen eines Kabeljaus und die Holzpuppe, die gleichzeitig als Küchengerät diente.

Mit zahlreichen Zeugnissen der isländischen Vergangenheit von der Landnahme bis zur Moderne bietet das Nationalmuseum einen fundierten Überblick über Geschichte und Kultur Islands. Die glänzend kuratierte Ausstellung führt Besucher durch das mühselige Leben der ersten Siedler, den radikalen Wandel durch die Christianisierung, die harten Zeiten der Fremdherrschaft und die Erringung der Unabhängigkeit.

Zeugnisse der Landnahmezeit

Die erste Abteilung thematisiert die Ära der Landnahme – von der Häuptlingsherrschaft bis zur Christianisierung. Hier sind u. a. Schwerter, kunstvoll geschnitzte **Trinkhörner** und **Silberschätze** zu bewundern. Eine **Bronzefigur des Thor** soll aus der Zeit um das Jahr 1000 stammen. In die

JOE VOGAN/ALAMY ©

Gut zu wissen

Þjóðminjasafn Íslands; ☎530 2200; www.nationalmuseum.is; Suðurgata 41; Erw./Kind 1500 ISK/frei; Mai–Mitte Sept. 10–17 Uhr, Mitte Sept.–April Mo geschl.; 1, 3, 6, 12, 14

Kleine Stärkung

Das **Museumscafé** (Snacks 600–1800 ISK; Mai–Mitte Sept. 10–17 Uhr, Mitte Sept.–April Di–Fr 9–17, Sa & So 11–17 Uhr;) im Erdgeschoss hat WLAN und ist ideal für eine Verschnaufpause.

★ Top-Tipp

Von Mai bis Mitte September gibt es mittwochs, samstags und sonntags um 11 Uhr Gratisführungen auf Englisch.

kostbare Kirchentür von Valþjófsstaðir aus dem 13. Jh. ist ein Bild geschnitzt, das die Sage des Löwenritters und seinen Kampf gegen Drachen erzählt.

Häuslicher Alltag

Die Ausstellung erklärt auch, wie sich der Alltag der Isländer einst gestaltete, wie sie ihre Häuser erleuchteten und Raseneisenerz gewannen. Gezeigt werden etwa die Herstellung von *skyr* (eine Art Joghurt) sowie kunstvolle Anhänger und Broschen. Besonders sehenswert ist das **Hnefatafl-Spiel** aus der Wikingerära, dessen Entdeckung in einem Grab in Baldursheimar zur Gründung des Museums führte.

Wikingergräber

In den Boden eingelassen sind Gräber aus der Wikingerzeit mit wertvollen Grabbeigaben: Pferdeknochen, Schwerter, Nadeln, Löffel und Kamm. Eines der Gräber birgt einen acht Monate alten Säugling; es ist das einzige Grab dieser Art, das je entdeckt wurde.

Sakrale Schätze

Der Bereich des Museums, der von der Einführung des Christentums erzählt, präsentiert unter anderem die unschätzbar wertvolle **Kirchentür von Valþjófsstaðir** aus dem 13. Jh.

Die Moderne

Die Sammlungen im Obergeschoss umfassen die Zeit von 1600 bis heute. Thema ist der Zeitraum der Fremdherrschaft bis zur Unabhängigkeit und Modernisierung des Landes. Hier sind auch **Dokumente und Habe von Jón Sigurðsson** zu sehen, der für Islands Selbstständigkeit kämpfte.

Blaue Lagune

Das zauberhafte Thermalbad inmitten eines schwarzen Lavafelds wird mit Wasser aus dem futuristischen Geothermalkraftwerk Svartsengi gespeist. Es ist ein surrealer Ort – mit silbernen Türmen, wabernden Dampfschwaden und Badegästen, die vor Kieselerdeschlamm ganz weiß sind.

Toll für ...

☑ Nicht versäumen

Eine Rad- oder Quadtour durch die Lavafelder.

Rein ins Vergnügen

Bevor die Badegäste auch nur einen Zeh ins Wasser stecken dürfen, müssen sie (wie in allen isländischen Bädern) gründlich duschen. Dann geht's ab ins Vergnügen.

Das heiße Heilwasser (70 % Meer-, 30 % Süßwasser) ist reich an Blaugrünalgen, Mineralsalzen und Kieselerdeschlamm und wirkt wie ein pflegendes Peeling – die Haut wird, so abgedroschen es klingt, so zart wie ein Babypopo. Das Wasser ist an den Zuläufen am heißesten und an der Oberfläche einige Grad wärmer als am Grund.

Handtücher oder Badekleidung gibt es für 5 € zu leihen.

Die Anlage

Zur Lagune gehört ein riesiger moderner Komplex mit Umkleiden (und 700 Schließfächern!), Restaurants und Souvenirshop.

Gut zu wissen

Bláa Lónið; ☎420 8800; www.bluelagoon.com; Erw./Kind Juni–Aug. ab 50 €/frei, Sept.–Mai ab 40 €/frei; ⏲Juni–Mitte Aug. 8–24 Uhr, Mitte Aug.–Mai kürzere Öffnungszeiten

Kleine Stärkung

Essmöglichkeiten vor Ort: **Blue Café** (Snacks 1000–2100 ISK; ⏲Juni–Mitte Aug. 8–24 Uhr, Mitte Aug.–Mai kürzer;) und **LAVA Restaurant** (Hauptgerichte mittags/abends 4500/5900 ISK; ⏲Juni–Aug. 11.30–21.30 Uhr, Sept–Mai bis 20.30 Uhr;).

★ Top-Tipp

Im Sommer die Zeit von 10 bis 14 Uhr meiden; am besten kommt man ganz früh oder nach 19 Uhr.

Außerdem bietet die Lagune Hot Pots, Dampfbäder, Sauna, eine Station für Kieselerde-Schlammmasken, eine Bar und einen dampfend heißen Wasserfall, der eine kraftvolle Massage verabreicht. Der VIP-Bereich umfasst ein Hallen-Watbecken, eine Lounge und eine Aussichtsterrasse.

Massagen

Wer die ultimative Entspannung sucht, lässt sich auf einer Luftmatratze treibend massieren (30/60 Min. 75/120 €). Spa-Behandlungen sind frühzeitig zu buchen; Pauschalangebote und Winterrabatt gibt es online.

Geführte Touren

Viele Veranstalter haben die Blaue Lagune im Programm. **ATV Adventures** (☎857 3001; www.atv4x4.is) veranstaltet Quad- und Radtouren (9900 ISK von der Lagune durch die Lavafelder), verleiht Fahrräder und holt Kunden ggf. von der Lagune ab und bringt sie wieder zurück.

Planungstipps

Bei vielen Tagesausflügen ab Reykjavík ist ein Besuch der Lagune 47 km südwestlich der Stadt eingeplant. Außerdem lässt sie sich problemlos auf der Fahrt zum/vom Flughafen Keflavík besuchen – am Parkplatz gibt es eine Gepäckaufbewahrung (600 ISK pro Gepäckstück und Tag).

Unbedingt reservieren, damit man überhaupt reinkommt. Bei Touren darauf achten, ob das Ticket für die Lagune enthalten ist oder separat gebucht werden muss.

Reykjavík Excursions (Kynnisferðir; ☎580 5400; www.re.is; BSÍ-Busbahnhof, Vatnsmýrarvegur 10) und **Bustravel** (☎511 2600; www.bustravel.is) verbinden die Lagune mit Reykjavík und dem Flughafen.

Der Gullfoss

Goldener Kreis

Der Goldene Kreis ist eine bei Besuchern sehr beliebte Standardtour zu drei Hauptattraktionen Islands. Sie liegen alle innerhalb von 100 km Entfernung von der Hauptstadt: Þingvellir-Nationalpark, Geysir und Gullfoss.

Toll für ...

☑ Nicht versäumen

Den Sigríður-Gedenkstein nicht weit vom Fuß der Treppe des Gullfoss-Besucherzentrums.

Der Goldene Kreis gibt Gelegenheit, auf einer Tagestour den Treffpunkt zweier Kontinentalplatten und den Ort des historischen Parlaments (Þingvellir), eine dampfende Fontäne (Geysir) und einen donnernden Wasserfall (Gullfoss) zu besichtigen.

Wer auf eigene Faust unterwegs ist, kann die Spitzenzeiten meiden und weitere Attraktionen abseits der Hauptroute anfahren. Fast alle Tourveranstalter in und um Reykjavík bieten den Goldenen Kreis an, oft in Kombination mit weiteren Aktivitäten wie Quad-, Caving- und Rafting-Touren.

Für Besucher, die in der relativ kleinen Region nächtigen wollen, ist Laugarvatn ein guter Stützpunkt, auch mit Gastronomie.

Þingvellir-Nationalpark

Der **Þingvellir-Nationalpark** (www.thingvellir.is), 40 km nordöstlich von Reykjavík, ist

Þingvellir-Nationalpark

EINAR/GETTY IMAGES ©

Gut zu wissen

Die Touren dauern meist von 8.30 bis 18 oder von 12 bis 19 Uhr. Im Sommer gibt es Abendtouren von 19 bis 24 Uhr.

Kleine Stärkung

Entlang der Route sind Lokale, Mini-Supermärkte und Lebensmittelläden.

★ Top-Tipp

Wer anschließend nach Westisland reisen will, kehrt die Route am besten um und besucht Þingvellir zuletzt.

der wichtigste Schauplatz der isländischen Geschichte und ein Ort von wilder Schönheit. Die Wikinger gründeten hier im Jahr 930 das erste demokratische Parlament der Welt, das **Alþingi**. Es tagte unter freiem Himmel. Wie an vielen Saga-Schauplätzen sind nur die steinernen Fundamente der einstigen Lagerplätze erhalten. Das Ganze liegt, inmitten herrlicher Natur mit Flüssen und Wasserfällen, in einem weiten, von Spalten durchzogenen Grabenbruch; hier treffen die nordamerikanische und die eurasische Kontinentalplatte zusammen.

Geysir

Der **Geysir** GRATIS, eine der Hauptattraktionen Islands, ist die heiße Springquelle, nach der all die anderen Geysire der Welt benannt wurden. Erdbeben bringen ihn mitunter noch in Wallung, aber seine Ausbrüche sind selten geworden. Zum Glück befindet sich gleich daneben der sehr zuverlässige **Strokkur**. Besucher müssen selten mehr als fünf bis zehn Minuten warten, bevor eine 15 bis 30 m hohe Fontäne in die Luft schießt. Wer keine Dusche braucht, sollte nicht in Windrichtung stehen!

Das Geothermalgebiet um Geysir und Strokkur war zur Zeit der Recherche frei zugänglich. Es kursieren Pläne, künftig eine Eintrittsgebühr zu erheben.

Gullfoss

Islands bekanntester Wasserfall **Gullfoss** (Goldener Fall; www.gullfoss.is) GRATIS ist ein spektakulärer Doppelfall. Er stürzt 32 m in die Tiefe und schleudert Gischtvorhänge empor, während das Wasser durch eine enge Schlucht davondonnert. An sonnigen Tagen erzeugt der Dunst des Gullfoss schillernde Regenbögen; im Winter erstarrt der Fall zu glitzerndem Eis.

Ein rollstuhltauglicher Asphaltweg verläuft vom Besucherzentrum zu einem Ausguck oberhalb des Falls. Stufen führen weiter zum Rand hinab. Es gibt auch eine Zufahrtstraße zum Fall hinunter.

SEHENSWERTES

Laugavegur & Skólavörðustígur

In diesem Viertel von Reykjavík ist am meisten los. Es ist nicht nur für seine Geschäfte und Kneipen bekannt, sondern auch für Spitzenrestaurants, Konzertbühnen und das führende Programmkino der Stadt.

Hallgrímskirkja Kirche

(☎510 1000; www.hallgrimskirkja.is; Skólavörðustígur; Turm Erw./Kind 900/100 ISK; ⏲Juni–Sept. 9–21 Uhr, Okt.–Mai 9–17 Uhr) Die gigantische weiße Betonkirche (1945–86) ist das Postkartenmotiv schlechthin. Sie dominiert die Skyline und ist noch aus 20 km Entfernung zu sehen. Die Aufzugfahrt auf den 74,5 m hohen Turm verspricht einen einmaligen Blick über die Stadt. Im Gegensatz zum spektakulären Äußeren wirkt das Innere der lutherischen Kirche schlicht. Augenfällig ist die gewaltige Orgel mit 5275 Pfeifen, die 1992 eingebaut wurde.

> *Das funkelnde Konzerthaus und Kulturzentrum Harpa ist eine wahre Augenweide*

Harpa Kulturzentrum

(☎Kartenverkauf 528 5050; www.harpa.is; Austurbakki 2; ⏲8–24 Uhr, Kartenschalter 10–18 Uhr) Mit seinen changierenden Facetten, die sich im Wasser spiegeln, ist Reykjavíks funkelndes Konzerthaus und Kulturzentrum Harpa eine wahre Augenweide. In der Saison ist der Kalender mit Vorstellungen der Spitzenklasse (teils kostenlos) bestückt, aber allein das schimmernde Interieur mit Hafenblick lohnt schon den Besuch. Oder man nimmt an einer Führung teil, um Gebäudebereiche zu besichtigen, die sonst nicht für die Öffentlichkeit zugänglich sind (aktuelle Zeiten und Preise auf der Website).

Kulturhaus Museum

(Þjóðmenningarhúsið; ☎530 2210; www.culturehouse.is; Hverfisgata 15; Erw./Kind 1200 ISK/frei; ⏲Mai–Mitte Sept. 10–17 Uhr, Mitte Sept.–April Mo geschl.) Die hervorragend kuratierte Ausstellung dokumentiert das Kunst- und Kulturerbe Islands von der Landnahmezeit bis heute. Die unschätzbaren Exponate sind nach Themen arrangiert. Zu den Highlights gehören Manuskripte aus dem 14. Jh., zeitgenössische Kunst und Objekte wie das Skelett des ausgestorbenen Riesenalks. Vom prachtvoll renovierten Museumsgebäude von 1908 eröffnet sich ein großartiger Blick auf den Hafen. Im Erdgeschoss

Harpa

befindet sich ein Café. Termine für kostenlose Führungen sind der Website zu entnehmen.

Isländische Nationalgalerie Museum

(Listasafn Íslands; ☎515 9600; www.listasafn.is; Fríkirkjuvegur 7; Erw./Kind 1500 ISK/frei; ⌚Mitte Mai–Mitte Sept. 10–17 Uhr, Mitte Sept.–Mitte Mai Di–So 11–17 Uhr) Das Haus mit marmornen Atrien und weitläufigen Ausstellungssälen am Ufer des Tjörnin kann immer nur eine Auswahl seiner insgesamt 10 000 Stücke umfassenden Sammlung präsentieren. Die Ausstellungen umfassen Gemälde beliebter isländischer Maler und Malerinnen des 19. und 20. Jhs. (wie Jóhannes Kjarval und Nína Sæmundsson) oder auch Skulpturen von Sigurjón Ólafsson u. a.

Alter Hafen

Der **Alte Hafen** (Geirsgata; 🚌1, 3, 6, 11, 12, 13, 14), in dem bis vor Kurzem noch reger Betrieb herrschte, hat sich inzwischen zu einer Touristenattraktion mit Museen, Vulkan- und Polarlichtprojektionen und ausgezeichneten Restaurants entwickelt. Vom Pier legen Boote von Tourveranstaltern ab, die zur Beobachtung von Walen und Papageitauchern hinaus aufs Meer fahren.

Omnom Chocolate Fabrik

(☎519 5959; www.omnomchocolate.com; Hólmaslóð 4, Grandi; Erw./Kind 3000/1500 ISK; ⌚Mo–Fr 8–17 Uhr) Wer rechtzeitig reserviert, kann in dieser Schokoladenfabrik mit eigenen Augen erleben, wie sich Kakaobohnen in erlesene Leckereien verwandeln. Die Schokoladenbonbons und -tafeln in raffinierten Geschmacksrichtungen und künstlerisch aufwendigen Verpackungen gibt es im Fabrikladen und in Geschäften überall in Island zu kaufen.

Seefahrtmuseum Víkin Museum

(Víkin Sjóminjasafnið; ☎517 9400; www.maritimemuseum.is; Grandagarður 8; Erw./Kind 1500 ISK/frei; ⌚10–17 Uhr; 🚌14) Das Museum in einer ehemaligen Fisch-Gefrieranlage widmet sich der Seefahrtgeschichte des Landes und vor allem den Fischtrawlern, die Island den wirtschaftlichen Aufschwung brachten. Außerdem werden Führungen auf das Küstenwachschiff *Óðinn* angeboten (1200 ISK oder als Kombiticket mit Museumseintritt 2200 ISK; die Zeiten stehen auf der Website).

Das **Café** (Snacks 800–2200 ISK; ⌚10–17 Uhr) bietet Blick auf den Hafen und die Boote und eine tolle Sonnenterrasse.

Saga-Museum Museum

(☎511 1517; www.sagamuseum.is; Grandagarður 2; Erw./Kind 2100/800 ISK; ⌚10–18 Uhr; 🚌14) Das liebenswert blutrünstige Saga-Museum erweckt die isländische Geschichte mit gruseligen Silikonpuppen und einem mehrsprachigen Soundtrack aus Axthieben und haarsträubendem Geschrei zum Leben. Besucher sollten sich nicht wundern, wenn sie der einen oder anderen Saga-Gestalt live in der Stadt begegnen, da einige Reykjavíker

Kunstmuseum Reykjavík

Das großartige **Kunstmuseum Reykjavík** (Listasafn Reykjavíkur; www.artmuseum.is; Erw./Kind 1600 ISK/frei) verteilt sich auf drei Standorte: Das große, moderne **Hafnarhús** (☎411 6400; Tryggvagata 17; ⌚Fr–Mi 10–17, Do bis 22 Uhr) in der Altstadt zeigt zeitgenössische Kunst, das **Kjarvalsstaðir** (☎411 6420; Flókagata 24, Miklatún-Park; ⌚10–17 Uhr) in einem Park östlich der Snorrabraut wechselnde Ausstellungen mit moderner Kunst und das **Ásmundarsafn** (Ásmundur-Sveinsson-Museum; ☎411 6430; ⌚Mai–Sept. 10–17 Uhr, Okt.–April 13–17 Uhr; 🚌2, 5, 15, 17) in der Nähe von Laugardalur Skulpturen von Ásmundur Sveinsson.

Ein Ticket gilt für alle drei Häuser. Wer es nach 15 Uhr erwirbt, bekommt ggf. auf ein weiteres Ticket am Folgetag 50 % Rabatt.

Kunstmuseum Reykjavík
MIT FREUNDLICHER GENEHMIGUNG DES LISTASAFN REYKJAVÍKUR ©

Reykjavík

A
B
C
D
1
2
3
4
5
6
GRANDI / ÖRFIRISEY
Fiskislóð
Grandagarður
Rastargata
Ananaustígur
Mýrargata
Boardwalk
Nýlendugata
Ægisgarður
Alter Hafen
Vesturgata
Seljavegur
Holtsgata
Framnesvegur
Brekkustígur
Ránargata
Bárugata
Öldugata
Styrimannast
Geirsgata
Norðurst
Anleger für kleine Kreuzfahrtschiffe
Naustin
Tryggvagata
Hafnarstræti
Hringbraut
Vesturvallag
Sólvallagata
Ásvallagata
Grandavegur
Bræðraborgarstígur
Holtsgata
Hávallagata
Mararg
Ægisgata
Garðastræti
Mjóstræti
Fisch
Veltus
Pósthússtræti
Túngata
Grjótagata
Hólavallagata
Kaplaskjó-Isvegur
Austurvöllur
Vonarstræti
Bókhlöðust
Reynimelur
Hofsvallagata
Víðimelur
Brávallagata
Ljósvallagata
Friedhof Hólavellir
Suðurgata
Tjarnargata
Tjörnin
Skálholtsst
Miðst
Grenimelur
Hagamelur
Furumelur
Melhagi
Espimelur
Birkimelur
Hallargarðurinn
Pingholtsstræti
Grundarst
Skothúsvegur
Bjarkargata
National-museum
Neshagi
MELAR
Guðbrandsgata
Suðurgata
Hringbraut
Hljómskálagarður-Park
Sóleyjargata
Fjólugata
Laufásvegur
Bragagata
Fornhagi
Isländische Universität
Videyjarsund
Hljómskálagarðurinn
1
5
6
9
10
11
12
13
14
16
17
18
19
20
21
22
23
24
27
28
29
33
34
39
41
43
45
49
50
52
53
55
56
63
64
65
66
68

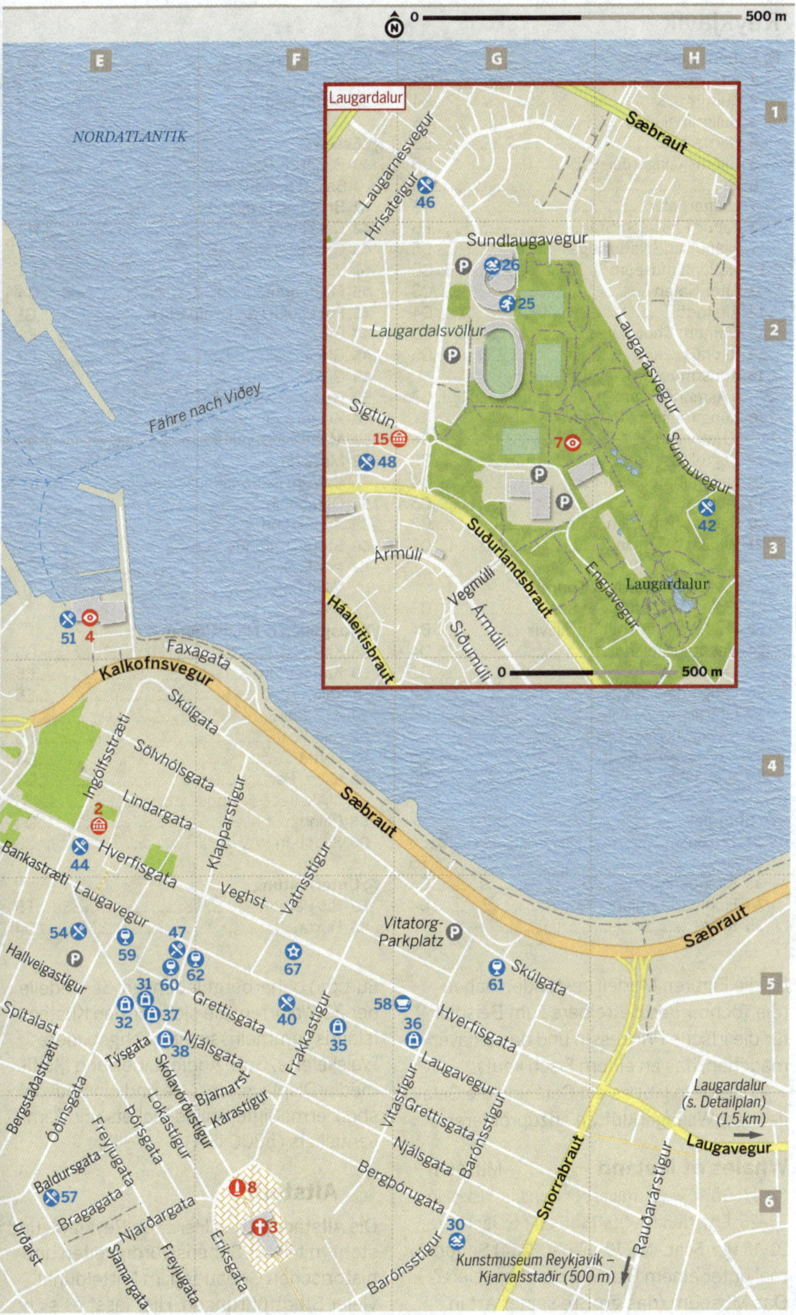
0
500 m
E
F
G
H
1
2
3
4
5
6
NORDATLANTIK
Fähre nach Viðey
Laugardalur
Laugarnesvegur
Hrísateigur
46
Sæbraut
Sundlaugavegur
26
25
Laugardalsvöllur
Laugarásvegur
Sigtún
15
7
48
Sunnuvegur
42
Suðurlandsbraut
Ármúli
Engjavegur
Laugardalur
Háaleitisbraut
Vegmúli
Ármúli
Síðumúli
0
500 m
51
4
Faxagata
Kalkofnsvegur
Skúlagata
Ingólfsstræti
Sölvhólsgata
Lindargata
Klapparstígur
2
Sæbraut
44
Hverfisgata
Bankastræti
Laugavegur
Veghst
Vatnsstígur
Vitatorg-
Parkplatz
Sæbraut
54
59
47
62
67
61
Skúlagata
Hallveigastígur
60
31
Spítalast
32
37
Grettisgata
40
58
Hverfisgata
36
35
Týsgata
38
Njálsgata
Frakkastígur
Laugavegur
Bergstaðastræti
Skólavörðustígur
Bjarnarst
Kárastígur
Vitastígur
Grettisgata
Barónsstígur
Laugardalur
(s. Detailplan)
(1,5 km)
Óðinsgata
Lokastígur
Þórsgata
Freyjugata
Njálsgata
Snorrabraut
Laugavegur
Baldursgata
8
Bergþórugata
Rauðarárstígur
57
Bragagata
3
30
Njarðargata
Urðarst
Sjafnargata
Freyjugata
Eiríksgata
Barónsstígur
Kunstmuseum Reykjavík –
Kjarvalsstaðir (500 m)

Reykjavík

Sehenswertes
1 Alþingi ... D4
2 Kulturhaus ... E4
3 Hallgrímskirkja ... F6
4 Harpa ... E3
5 Hljómskálagarður-Park ... D6
6 i8 ... C3
7 Laugardalur ... G3
8 Leifur-Eiríksson-Statue ... F6
9 Isländische Nationalgalerie ... D5
10 Nationalmuseum ... B6
11 Alter Hafen ... C3
12 Altstadt ... D4
13 Omnom Chocolate ... D1
14 Ráðhús ... C5
15 Kunstmuseum Reykjavík – Ásmundarsafn ... G2
16 Kunstmuseum Reykjavík – Hafnarhús ... D4
17 Saga-Museum ... B2
18 Landnahmeausstellung ... C4
19 Tjörnin ... C5
20 Seefahrtmuseum Víkin ... B2
21 Whales of Iceland ... C2

Aktivitäten, Kurse & Touren
22 Elding Adventures at Sea ... C3
23 Free Walking Tour Reykjavik ... D4
24 Haunted Iceland ... D4
25 Laugar Spa ... G2
26 Laugardalslaug ... G2
27 Literary Reykjavík ... D4
28 Reykjavík Bike Tours ... C3
29 Reykjavík By Boat ... C3
30 Sundhöllin ... G6

Shoppen
31 12 Tónar ... E5
32 Geysir ... E5
33 Kirsuberjatréð ... C4
34 Flohmarkt Kolaportið ... D4
35 Kron ... F5
36 KronKron ... G5
37 Orrifinn ... E5
38 Skúmaskot ... E5

Essen
39 Bæjarins Beztu ... D4
40 Bakarí Sandholt ... F5
41 Bryggjan Brugghús ... B2
42 Café Flóra ... H3
43 Coocoo's Nest ... B2
44 Dill ... E4
45 Fiskmarkaðurinn ... C4
46 Frú Lauga (Bauernmarkt) ... G1
47 Gló ... E5
48 Gló Street Food ... F3
49 Grillmarkaðurinn ... D4
50 Hamborgara Búllan ... C3
51 Kolabrautin ... E3
52 Matur og Drykkur ... B2
53 Messinn ... D4
Café im Nationalmuseum ... (s. 10)
54 Ostabúðin ... E5
55 Sægreifinn ... C3
56 Stofan Kaffihús ... C4
57 Þrír Frakkar ... E6
Víkin Cafe ... (s. 20)

Ausgehen & Nachtleben
58 Kaffi Vínyl ... G5
59 Kaffibarinn ... E5
60 Kaldi ... E5
61 KEX Bar ... G5
62 Kiki ... F5
63 Loftið ... D4
64 Micro Bar ... D4
Mikkeller & Friends ... (s. 44)
65 Paloma ... D4
66 Slippbarinn ... C3

Unterhaltung
67 Bíó Paradís ... F5
68 Húrra ... D4

für die Figuren Modell gestanden haben (die Töchter des Betreibers zum Beispiel für die irische Prinzessin und das Sklavenmädchen, das an einem Fisch kaut).

Außerdem gibt es ein Café und die Gelegenheit, Wikingerkluften anzuprobieren.

Whales of Iceland — Museum

(☎571 0077; www.whalesoficeland.is; Fiskislóð 23–25; Erw./Kind 2900/1500 ISK; ⏰Juni–Aug. 10–18 Uhr, Sept.–Mai 10–17 Uhr; 🚌14) Schon mal unter einem Blauwal durchspaziert? Das Museum (das größte seiner Art in Europa) beherbergt lebensgroße Modelle der 23 Walarten, die sich vor den Küsten Islands tummeln, sowie nachgebildete Walskelette. Gute Audioguides und Multimedia-Displays, ein Café und ein Souvenirshop, ermäßigte Online-Tickets und Familientickets (5800 ISK).

Altstadt

Die Altstadt ist das Herz von Reykjavík und steht mit ihren Sehenswürdigkeiten und historischen Gebäuden im Mittelpunkt vieler Stadtführungen. Hier lässt es sich herrlich herumschlendern, etwa am malerischen See Tjörnin oder vorbei an alten Häusern rund um die Plätze Austurvöllur und Ingólfstorg.

Landnahmeausstellung Museum
(Landnámssýningin; ☎411 6370; www.reykjavikmuseum.is; Aðalstræti 16; Erw./Kind 1500 ISK/frei; ⊙9–18 Uhr) Das archäologische Museum ist rund um die Ruine eines 2001/02 ausgegrabenen **Wikinger-Langhauses** aus dem 10. Jh. aufgebaut. Hier werden auch Fundstücke aus der Landnahmezeit ausgestellt, die im Reykjavíker Stadtkern entdeckt wurden. Die einfallsreiche Kombination aus Archäologie und modernster Technik gewährt interessante Einblicke in das Leben der frühen Siedler auf Island.

Tjörnin See
Der friedliche See im Stadtzentrum hallt wider vom Schnattern und Rufen der über 40 Vogelarten, die ihn bevölkern, u. a. Schwäne, Gänse und Küstenseeschwalben. Das Entenfüttern ist ein beliebter Zeitvertreib für Knirpse im Vorschulalter. Die hübschen Grünanlagen mit verstreut liegenden Skulpturen am Südufer, wie der **Hljómskálagarður-Park** GRATIS, sind bei Radlern und Joggern beliebt. Im Winter schnüren abgehärtete Naturen ihre Schlittschuhe und nutzen den See als Eisbahn.

i8 Galerie
(☎551 3666; www.i8.is; Tryggvagata 16; ⊙Di–Fr 11–17, Sa 13–17 Uhr) GRATIS Die Galerie vertritt führende isländische Künstler, von denen viele auch international ausstellen.

Alþingi Historisches Gebäude
(Parlament; ☎563 0500; www.althingi.is; Kirkjustraeti) GRATIS Islands erstes Parlament, das Alþingi, wurde 930 in Þingvellir gegründet. Nach Verlust der Unabhängigkeit im 13. Jh. gewann das Land seine Selbstständigkeit nur schrittweise wieder zurück. 1881 zog das moderne Alþingi in diesen zeitgenössischen Basaltbau ein; 2002 wurde der elegante Anbau aus Glas und Stein fertig. Besucher können außerhalb der Sommerferien den **Parlamentssitzungen** beiwohnen (Mitte Sept.–Anfang Juni; mehr Infos auf der Website).

Am Nordufer steht das postmoderne **Ráðhús** (Vonarstræti; ⊙Mo–Fr 8–16 Uhr) GRATIS (Rathaus) mit einer interessanten Reliefkarte von Island.

AKTIVITÄTEN

Creative Iceland Kunst
(☎615 3500; www.creativeiceland.is) Grafikdesign, Kochen, Kunst, Kunsthandwerk, Musik uvm.: Die Einrichtung vermittelt Kontakte zu einheimischen Kreativen, die Workshops in ihrer jeweiligen Disziplin anbieten.

Literary Reykjavík Stadtrundgänge
(www.bokmenntaborgin.is; Tryggvagata 15; ⊙Juni–Aug. Do 15 Uhr) GRATIS Im Rahmen der Unesco-Initiative „Stadt der Literatur" werden diese kostenlosen Führungen durch das Stadtzentrum angeboten, u. a. eine *Dark-Deeds*-Tour rund ums Thema Krimi. Die Rundgänge starten an der Zentralbibliothek. Außerdem gibt es die App *Culture Walks* zu diversen Themen.

Sundhöllin Thermalbad, Hot Pot
(☎411 5350; Barónsstígur 16; Erw./Kind 900/140 ISK; ⊙Mo–Do 6.30–22, Fr bis 20, Sa 8–16, So 10–18 Uhr; ⓘ) Reykjavíks ältestes Schwimmbad (1937) wurde von Guðjón Samúelsson im Art-déco-Stil entworfen. Es liegt mitten im Zentrum und bietet außer dem einzigen Hallenbad der Stadt auch von der Terrasse aus einen Blick auf die Hallgrímskirkja. Das Bad ist frisch renoviert.

Elding Adventures at Sea Tierbeobachtungen
(☎519 5000; www.whalewatching.is; Ægisgarður 5; Erw./Kind 9900/4950 ISK; ⊙Hafenkiosk 8–21 Uhr; 🚌14) Bei dem alteingesessenen, umweltbewussten Tourveranstalter ist eine Walausstellung im Preis enthalten; an Bord werden Erfrischungen verkauft. Elding veranstaltet auch Angelausflüge (Erw./Kind 13 800/6900 ISK), Papageitaucher-Touren (Erw./Kind ab 6500/3250 ISK) und Kombitouren, betreibt die Fähre nach Viðey und holt Teilnehmer auf Wunsch ab.

Laugardalur: Das Tal der heißen Quellen

In dem Park **Laugardalur** (2, 5, 14, 15, 17), 4 km östlich des Zentrums, befand sich einst die Hauptquelle der Reykjavíker Warmwasserversorgung. In seiner Mitte liegen noch Reste des alten Waschhauses. Die Einheimischen lieben den Park heute vor allem wegen des riesigen **Thermalbads** (411 5100; Sundlaugavegur 30a; Erw./Kind 900/140 ISK, Ausleihe von Badekleidung/Handtuch 850/570 ISK; Mo–Fr 6.30–22, Sa & So 8–22 Uhr;). Dazu kommen ein **Spa** (553 0000; www.laugarspa.com; Sundlaugavegur 30a; Tageskarte 5490 ISK; Mo–Fr 6–23.30, Sa 8–22, So bis 20 Uhr), eine Eisbahn, ein Botanischer Garten, Sport- und Konzertarenen und ein Kinderzoo/Freizeitpark.

Die Terrasse des **Café Flóra** (Flóran; 553 8872; www.floran.is; Botanischer Garten; Kuchen 950 ISK, Hauptgerichte 1400–3000 ISK; Mai–Sept. 10–22 Uhr;) ist eine gute Adresse, um Vollwertkost aus regionalen Zutaten zu genießen – teils vor Ort gezogen! Zur Suppe gibt es köstliches Sauerteigbrot; kleine Speisen reichen von Käseplatte mit Nüssen und Honig bis zu Sandwiches mit Schweinebraten. Wochenendbrunch, guter Kaffee und selbst gebackener Kuchen runden das Angebot ab.

In den umgebenden Wohnstraßen warten der **Bauernmarkt Frú Lauga** (534 7165; www.frulauga.is; Laugalækur 6; Mo–Fr 11–18, Sa bis 16 Uhr;) und das Kunstmuseum Reykjavík – Ásmundarsafn (S. 189).

Reykjavík Bike Tours Radtouren
(Reykjavík Segway Tours; Fahrrad 694 8956, Segway 897 2790; www.icelandbike.com; Ægisgarður 7, Alter Hafen; Leihräder ab 3500 ISK/4 Std., Touren ab 6500 ISK; Juni–Aug. 9–17 Uhr, Sept.–Mai kürzere Öffnungszeiten; 14) Der Anbieter verleiht Fahrräder und veranstaltet Touren: *Classic Reykjavík* (2½ Std., 7 km), *Coast of Reykjavík* (2½ Std., 18 km), *Golden Circle and Bike* (8 Std., 25 km in 1½ Std.). Er hat auch Segway-Touren durch Reykjavík (12 500 ISK) und Wandertouren (ab 20 000 ISK) im Programm. Dies ist die praktischste Adresse, um ein Rad zu leihen, bevor man die Fähre nach Viðey besteigt.

Reykjavík by Boat Bootstouren
(841 2030; www.reykjavikbyboat.is; Ægisgarður 11; Erw./Kind 4500/2200 ISK; 14) Veranstaltet eine 1½-stündige Bootstour auf einem kleinen Holzkutter vom Alten Hafen um das Inselchen Engey (mit einer Papageitaucher-Kolonie) nach Viðey und zurück.

Free Walking Tour Reykjavik Stadtrundgang
(www.freewalkingtour.is; Juni–Aug. 12 & 14 Uhr, im Winter seltener) GRATIS Der einstündige, 1,5 km lange Rundgang durchs Stadtzentrum beginnt am kleinen Uhrturm auf dem Lækjartorg.

Haunted Iceland Stadtrundgang
(www.hauntedwalk.is; Erw./Kind 2500 ISK/frei; Juni–Anfang Sept. Sa–Do 20 Uhr) An der zentralen Touristeninformation startet diese 90-minütige Führung rund um Geschichten und Gespenster.

SHOPPEN

Laugavegur und Skólavörðustígur sind die Haupteinkaufsstraßen von Reykjavík. Hier gibt's Souvenirläden (von den Reykjavíkern abfällig „Puffin Shops" – Papageitaucher-Läden – genannt), aber auch Designgeschäfte und Galerien, die schöne isländische Kunst und Kunsthandwerk, Couture-Mode und coole Outdoor-Klamotten verkaufen.

Geysir Bekleidung
(519 6000; www.geysir.com; Skólavörðustígur 16; 9–22 Uhr) Von traditionellen isländischen Textilien bis zu eigenwilliger Designermode bietet Geysir eine Auswahl an Pullis, Decken, Herren- und Damenmode, Schuhen und Taschen.

KronKron Bekleidung
(562 8388; www.kronkron.com; Laugavegur 63b; Mo–Do 10–18, Fr bis 18.30, Sa bis 17 Uhr) Reykjavík goes Haute Couture: mit Marc Jacobs, Vivienne Westwood & Co. Besonders

gefallen uns die skandinavischen Designermarken (u. a. Kron by KronKron): Seidenkleider, Strickumhänge, Schals und sogar wollene Unterwäsche. Unübertrefflich sind die handgefertigten Schuhe, die es auch ein Stück weiter die Straße hinunter bei **Kron** (☎551 8388; www.kron.is; Laugavegur 48; ⌚Mo–Do 10–18, Fr bis 18.30, Sa bis 17 Uhr) gibt.

Orrifinn Schmuck
(☎789 7616; www.facebook.com/OrrifinnJewels; Skólavörðustígur 17a; ⌚Mo–Fr 10–18, Sa bis 16 Uhr) Filigraner Schmuck, inspiriert von der wilden isländischen Natur und Wikingervergangenheit. Fein gearbeitete Anker, Äxte und Schreibfedern baumeln an dezent mattierten Ketten.

Skúmaskot Kunsthandwerk
(☎663 1013; www.facebook.com/skumaskot.art.design/; Skólavörðustígur 21a; ⌚Mo–Fr 10–18, Sa bis 17, So 12–16 Uhr) Die frisch renovierte Galerie bildet einen schönen Rahmen für die originellen Kreationen der zehn isländischen Designerinnen, u. a. handgemachte Porzellanobjekte, Damen- und Kindermode, Gemälde und Karten.

Flohmarkt Kolaportið Markt
(www.kolaportid.is; Tryggvagata 19; ⌚Sa & So 11–17 Uhr) Der Wochenendmarkt in einem großen Industriegebäude am Hafen ist eine Institution in Reykjavík. Außer einem riesigen Wust von Secondhandklamotten und altem Spielzeug gibt es hier auch billige Importwaren und Lebensmittelstände mit traditionellen Spezialitäten wie *rúgbrauð* (dunkles Roggenbrot), *brauðterta* („Brottorte" aus mehreren Lagen Brot, Mayonnaise, Salat und mehr) und *hákarl* (fermentiertes Haifleisch).

Kirsuberjatréð Kunsthandwerk
(Kirschbaum; ☎562 8990; www.kirs.is; Vesturgata 4; ⌚Mo–Fr 10–19 & 20–22, Sa bis 17, So bis 16 Uhr) Das Frauenkollektiv für Kunst und Design verkauft in einer umgebauten Buchhandlung von 1882 Handtaschen aus Fischleder, Spieluhren aus Schnur und – unser Favorit – bunte Schüsseln aus Radieschenscheiben.

ESSEN

Laugavegur & Skólavörðustígur

Die Gegend um Laugavegur und Skólavörðustígur wimmelt von Esslokalen, alten Kaffeehäusern und gehobener nordischer Konzeptküche. In der Hauptsaison wird es

KronKron

Hallgrímskirkja (S. 188)

mächtig voll. Soll es ein bestimmtes Lokal sein, unbedingt rechtzeitig reservieren!

Bakarí Sandholt Bäckerei €

(☎551 3524; www.sandholt.is; Laugavegur 36; Snacks 600–1200 ISK; ⏲7–21 Uhr; 📶) Die Lieblingsbäckerei der Reykjavíker ist meist gerammelt voll mit Kunden, die frisches Baguette, Croissants, Gebäck und Sandwiches kaufen oder hier genießen. Zur Tagessuppe (1540 ISK) gibt es köstliches Sauerteigbrot.

Ostabúðin Feinkost €€

(Käsegeschäft; ☎562 2772; www.facebook.com/Ostabudin/; Skólavörðustígur 8; Hauptgerichte 3600–5000 ISK; ⏲Restaurant Mo–Fr 11.30–21, Sa & So 12–21 Uhr, Laden Mo–Do 10–18, Fr bis 19, Sa 11–16 Uhr) Der freundliche Käse- und Delikatessenladen serviert im großen Speiseraum Käse- und Aufschnittplatten (1900–4000 ISK) oder fangfrischen Fisch mit selbstgebackenem Brot. Auf dem Weg zur Tür kann man noch regionale Spezialitäten wie Terrinen und Entenconfit mitnehmen.

Gló Bio, Vegetarisch €€

(☎553 1111; www.glo.is; Laugavegur 20b; Hauptgerichte 1200–2000 ISK; ⏲Mo–Fr 11–22, Sa & So 11.30–22 Uhr; 📶✎) Das luftige Restaurant im Obergeschoss serviert seiner coolen Klientel frische, üppig portionierte Tagesgerichte mit asiatisch inspirierter Würze. Auch wenn nicht alles rein vegetarisch ist, wird hier vielfältige Roh- und Biokost an einer langen Theke liebevoll zubereiteter Salate angeboten, von Wurzelgemüse bis zum griechischen Salat. Es gibt noch Filialen in **Laugardalur** (Engjateigur 19; ⏲Mo–Fr 11–21 Uhr; 📶✎) 🌿 und **Kópavogur** (Hæðasmári 6; ⏲Mo–Fr 11–21, Sa & So 11.30–21 Uhr; 📶✎) 🌿.

Dill Isländisch €€€

(☎552 1522; www.dillrestaurant.is; Hverfisgata 12; 5-Gänge-Menü ab 11 900 ISK; ⏲Mi–Sa 18–22 Uhr) „Neue Nordische Küche" ist die Trumpfkarte dieses schlicht-eleganten Bistros. Hier steht das Essen im Mittelpunkt, mit regionalen Zutaten, die in einer ganzen Parade von Gängen aufgefahren werden. Die Inhaber sind mit den Betreibern des berühmten Kopenhagener Noma befreundet und kreieren isländische Küche auf ähnlich höchstem Niveau. Reservieren!

Þrír Frakkar Isländisch, Fisch €€€

(☎552 3939; www.3frakkar.com; Baldursgata 14; Hauptgerichte 4000–6000 ISK; ⏲Mo–Fr 11.30–14.30 & 18–22, Sa & So 18–23 Uhr) Der Inhaber und Küchenchef Úlfar Eysteinsson hat sich mit diesem schnuckeligen kleinen Restaurant – angeblich ein Lieblingslokal von Jamie Oliver – einen ausgezeichneten

Ruf erarbeitet. Seine Fischspezialitäten reichen von eingesalzenem Kabeljau und Heilbutt bis zu *plokkfiskur* (Fischeintopf) mit Schwarzbrot. Alternativen sind Trottellumme, Pferd, Lamm oder Wal.

Alter Hafen

Am Alten Hafen und im benachbaten Grandi-Hafenviertel herrscht kein Mangel an guten Essadressen. Zahlreiche Fischrestaurants sind hier, auch raffinierte Islandküche und hervorragende Burgerläden.

Sægreifinn Fisch €

(Seegraf; ☎553 1500; www.saegreifinn.is; Geirsgata 8; Hauptgerichte 1350–1900 ISK; ⊙Mitte Mai–Aug. 11.30–23 Uhr, Sept.–Mitte Mai 11.30–22 Uhr) Die grüne Hütte am Hafen kredenzt die berühmteste Hummersuppe der Hauptstadt (1350 ISK). Außerdem steht ein ganzer Kühlschrank mit frischen Fischspießen für den Grill bereit.

Hamborgara Búllan Burger €

(Hamborgarabúlla Tómasar; ☎511 1888; www.bullan.is; Geirsgata 1; Hauptgerichte 1200–1800 ISK; ⊙11.30–21 Uhr;) Die am Alten Hafen ansässige Filiale der amerikanisch angehauchten Burgerbraterei brutzelt leckere und bei den Einheimischen zeitlos beliebte Buletten.

Coocoo's Nest Café €€

(☎552 5454; www.coocoosnest.is; Grandagarður 23; Hauptgerichte 1700–4500 ISK; ⊙Di–Sa 11–22, So bis 16 Uhr;) Das coole Lokal hinter dem Alten Hafen ist am Wochenende ein beliebter Ort zum Brunchen (Gerichte 1700–2200 ISK; Fr–So 11–16 Uhr), gern mit Cocktail (1300 ISK) dazu. Es ist locker, klein und groovy, mit mosaikverzierten Sperrholztischen. Die wechselnde Speisekarte hat jeden Abend der Woche einen anderen Schwerpunkt, ist aber immer köstlich.

Matur og Drykkur Isländisch €€

(☎571 8877; www.maturogdrykkur.is; Grandagarður 2; Mittagsgerichte 1900–3200 ISK, Abendmenüs 3000–5000 ISK; ⊙Mo–Sa 11.30–15, Di–Sa 18–22.30 Uhr; 14) Eines der besten gehobenen Restaurants in Reykjavík. *Matur og Drykkur* bedeutet „Essen und Trinken" und den Gästen wird hier beides vom Feinsten vorgesetzt. Das Kochgenie Gísli Matthías Auðunsson kreiert einfallsreiche Interpretationen isländischer Klassiker. In der Hauptsaison und zum Abendessen rechtzeitig reservieren!

Top-Events in Reykjavík

Secret Solstice (www.secretsolstice.is; ⊙Juni) Zur Sommersonnenwende findet dieses tolle Musikfestival (www.secret solstice.is) mit in- und ausländischen Musikern statt. Die Party bei 24 Stunden Tageslicht steigt in Laugardalur.

Reykjavíker Kulturnacht (www.menning arnott.is; ⊙Aug.) Bei der Kulturnacht (Menningarnótt) Mitte August feiern die Reykjavíker einen Tag und eine Nacht lang mit Kunst, Musik, Tanz und Feuerwerk. Viele Galerien, Ateliers, Läden, Cafés und Kirchen bleiben bis spätabends geöffnet. Ein Tipp für Sportbegeisterte: Am selben Tag läuft auch der Stadtmarathon.

Reykjavík International Film Festival (www.riff.is; ⊙Sept.–Okt.) Das angenehm überschaubare elftägige Event mit extravagantem Programm präsentiert ab Ende September Independent-Filme aus dem In- und Ausland.

Iceland Airwaves (www.icelandairwaves.is; ⊙Nov.) Manchmal wirkt Island wie eine einzige gigantische Musikmaschinerie. Seit der ersten Ausgabe der Iceland Airwaves 1999 hat sich dieses geniale Festival zu einer der weltweit wichtigsten Bühnen für neue Musik aus Island und dem Rest der Welt entwickelt.

Publikum beim Secret Solstice

Tagesausflug nach Viðey

Bei schönem Wetter ist die unbewohnte Insel Viðey (www.reykjavikmuseum.is) ideal für einen Tagesausflug. Sie liegt nur 1 km nördlich vom Reykjavíker Sundahöfn-Hafen, scheint aber Welten entfernt. Historische Bauten, moderne Kunst, ein verlassenes Dorf und tolle Gelegenheiten zur Vogelbeobachtung tragen zu ihrem besonderen Reiz bei.

Oberhalb des Hafens steht das älteste Steinhaus Islands, **Viðeyarstofa**. 1751 wurde die Insel dem isländischen Schatzmeister Skúli Magnússon verliehen, der Viðeyarstofa als seine Residenz erbaute. Eine **Holzkirche** aus dem 18. Jh., die zweitälteste Islands, beherbergt Reste der Originalausstattung und Skúlis Grab (er starb hier 1794). Bei Ausgrabungen der **Klosterfundamente** fand man Wachstafeln aus dem 15. Jh. und einen Liebesbrief in Runenschrift. Die Funde sind heute im Nationalmuseum.

Weiter nordwestlich steht der **Imagine Peace Tower** (2007), ein „Wunschbrunnen" der Künstlerin Yoko Ono. Vom 9. Oktober (John Lennons Geburtstag) bis zum 8. Dezember (seinem Todestag) beamt er allabendlich eine Lichtsäule in den Himmel. Selbstversorger, können in der nahen **Viðeyjarnaust-Hütte** grillen.

Im Sommer gibt es meist kostenlose **Führungen**. Termine stehen online.

Fähre nach Viðey (☎533 5055; www.videy.com; hin & zurück Erw./Kind 1200/600 ISK; ⏲ab Skarfabakki Mai–Sept. 10.15–17.15 Uhr stündl., Okt.–Mitte Mai nur am Wochenende) 5 Min. Fahrtzeit von Skarfabakki, 4,5 km östlich des Stadtzentrums. Im Sommer legen zusätzlich zwei Fähren pro Tag von Elding am Alten Hafen und vom Konzerthaus Harpa ab. Bus 16 und der Hop-on-Hop-off-Bus halten in der Nähe des Skarfabakki-Hafens.

Bryggjan Brugghús Brauhaus **€€**
(☎456 4040; www.bryggjanbrugghus.is; Grandagarður 8; Hauptgerichte 2300–5000 ISK; ⏲So–Do 11–24, Sa & So bis 1 Uhr, Küche 11.30–23 Uhr; 📶) Die riesige, in goldenes Licht getauchte Mikrobrauerei mit Bistro verwöhnt ihre Gäste mit vor Ort gebrauten Bieren (u. a. fließen India Pale Ale, Lager und Saisonbiere aus den zwölf Zapfhähnen) und einer großen Auswahl an Fisch- und Fleischgerichten. Gelegentlich gibt es dazu DJ-Acts. Die Fenster nach hinten eröffnen eine prächtige Aussicht auf den Hafen.

Altstadt

In der Altstadt liegen einige Toprestaurants der Stadt; hier ist in der Hauptsaison rechtzeitig zu reservieren. Andererseits finden sich auch der berühmte Reykjavíker Hotdog-Stand **Bæjarins Beztu** (www.bbp.is; Tryggvagata; Hotdogs 420 ISK; ⏲So–Do 10–2, Fr & Sa bis 4.30 Uhr; 👪) und die Imbisswagen auf dem Lækjartorg. Letztere bieten alles von Hummersuppe über Fish 'n' Chips bis Doughnuts an.

Stofan Kaffihús Café **€**
(☎546 1842; www.facebook.com/stofan.cafe/; Vesturgata 3; Gerichte 1500–1600 ISK; ⏲Mo–Mi 9–23, Do–Sa bis 24, So 10–22 Uhr; 📶) Das relaxte Café in einem historischen Backsteingebäude verströmt mit seinen abgewetzten Dielenböden, plüschigen Sofas und dem großzügigen Hauptsaal eine anheimelnde Atmosphäre. Hier kann man sich zu Kaffee und Kuchen oder Suppe niederlassen und die Welt vorbeischlendern sehen.

Messinn Fisch **€€**
(☎546 0095; www.messinn.com; Lækjargata 6b; Mittagsgerichte 1900–2100 ISK, Abendmenüs 2500–3800 ISK; ⏲11.30–15 & 17–22 Uhr; 📶) Messinn ist unbedingt einen Besuch wert, denn hier gibt es die beste Fischküche von ganz Reykjavík. Spezialität des Hauses sind die Schmorpfannen: Die vom Gast ausgesuchte Fischsorte kommt in einer brutzelheißen gusseisernen Pfanne auf den Tisch, begleitet von buttrigen Kartoffeln und Salat. Die Atmosphäre ist fröhlich und gemütlich, das Personal freundlich.

Grillmarkaðurinn Fusionsküche **€€€**
(Grillmarkt; ☎571 7777; www.grillmarkadurinn.is; Lækargata 2a; Hauptgerichte 4600–7000 ISK;

Grillmarkaðurinn

⏲Mo–Fr 11.30–14, So–Do 18–22.30, Fr & Sa bis 23.30 Uhr) Ein Tempel der Haute Cuisine mit tadellosem Service. Einheimische wie Besucher schwärmen von diesem Essen: isländische Zutaten aus der Region, von Meisterköchen kreativ zubereitet. Das Probiermenü (10 400 ISK) ist ein Festschmaus aus dem Besten des Hauses.

Fiskmarkaðurinn Fisch €€€

(Fischmarkt; ☎578 8877; www.fiskmarkadurinn.is; Aðalstræti 12; Hauptgerichte 5100–5700 ISK; ⏲18–23.30 Uhr) Das Restaurant würzt isländischen Fisch und andere heimische Produkte mit ausgefallenen Zutaten wie Lotoswurzel. Das Probiermenü (11 900 ISK) ist genial, ebenso die Sushi-Bar (3600–4600 ISK).

AUSGEHEN & NACHTLEBEN

Laugavegur & Skólavörðustígur

Der Laugavegur ist das Epizentrum des Reykjavíker Nachtlebens, ideal, um einen Partyabend einzuläuten (oder zu beenden). Hier kann man von Kneipe zu Kneipe stromern, bis die Clubs ihre Tanzflächen öffnen (spät), um dann in der frühen Morgensonne nach Haus zu trotten.

Kaffi Vínyl Café

(☎537 1332; www.facebook.com/vinilrvk/; Hverfisgata 76; ⏲Mo–Fr 9–23, Sa 10–23, So 12–23 Uhr; 📶) Dieser Neuzugang der Reykjavíker Café-, Restaurant- und Musikszene hat sich mit entspannter Atmosphäre, toller Musik und köstlichem veganen und vegetarischen Essen rasch beliebt gemacht.

Mikkeller & Friends Craft-Bier

(www.mikkeller.dk; Hverfisgata 12; ⏲So–Do 17–1, Fr & Sa 14–1 Uhr; 📶) Die dänische Craft-Bier-Kneipe logiert im Obergeschoss über der ausgezeichneten Pizzeria Hverfisgata 12. Aus 20 Zapfhähnen fließen außer Mikkeller-Sorten auch isländische Craft-Biere.

Kaffibarinn Bar

(www.kaffibarinn.is; Bergstaðastræti 1; ⏲So–Do 15–1, Fr & Sa bis 4.30 Uhr; 📶) Das alte Haus mit dem Symbol der London Underground über der Tür beherbergt eine der coolsten Kneipen von Reykjavík, die sogar eine Rolle im Kultfilm *101 Reykjavík* (2000) spielte. Am Wochenende ist es schwer hereinzukommen. Oft hängen hier Künstlertypen mit ihren Macs ab.

Kaldi Bar

(www.kaldibar.is; Laugavegur 20b; ⏲So–Do 12–1, Fr & Sa bis 3 Uhr) Das Tollste an dem unangestrengt coolen Laden mit zusammengewürfelten Sitzgelegenheiten und blaugrünen Bänken sowie einem beliebten Raucherhof ist das Komplettsortiment an Bieren der Mikrobrauerei Kaldi, die es sonst nirgends gibt. Zur Happy Hour (16–19 Uhr) kostet das Bier nur 700 ISK. Auf dem hauseigenen Klavier darf jeder klimpern.

Kiki Gay

(www.kiki.is; Laugavegur 22; Do 21–1, Fr & Sa bis 4.30 Uhr) Kiki ist nicht nur eine hochoffizielle LGBT-Bar, sondern auch *der* Ort zum Abtanzen (hauptsächlich zu Pop und Electronica), da sich ein Großteil des Reyjavíker Nachtlebens mehr aufs Saufen als aufs Tanzen konzentriert.

KEX Bar Bar

(www.kexhostel.is; Skúlagata 28; 11.30–23.30 Uhr;) Die Einheimischen mögen das hosteleigene Bar-Restaurant (Hauptgerichte 1800–2600 ISK) in einer alten Keksfabrik (*kex* heißt tatsächlich „Keks") wegen seiner großen Fenster zum Meer, dem Innenhof und dem Kinderspielbereich. Die Hipster genießen das 1920er Vegas-Flair mit Saloontüren, Einrichtungsdetails eines alten Frisiersalons, abgewetzten Böden und fröhlichem Stimmengewirr.

Altstadt

An der Austurstræti reihen sich Großraum-Kneipen für das trinkfreudige Publikum. Später am Abend lockt die Naustin mit großartigen Clubs und Nachtlokalen.

Micro Bar Bar

(www.facebook.com/MicroBarIceland/; Vesturgata 2; So–Do 14–0.30, Fr & Sa bis 2 Uhr) Der unaufgeregte Laden im Herzen der Action hat sich auf Biere aus Kleinstbrauereien spezialisiert. Er führt Flaschenbiere verschiedenster Marken und Herkunftsländer; die Hauptrolle spielen zehn heimische Gebräue vom Fass von den besten Mikrobrauereien der Insel. Zur Happy Hour (17–19 Uhr) wird Bier für 850 ISK ausgeschenkt.

Loftið Cocktailbar

(551 9400; www.loftidbar.is; 2. OG, Austurstræti 9; So–Do 14–1, Fr & Sa 16–3 Uhr) Im Loftið dreht sich alles um High-End-Cocktails und das Gute im Leben. Die luftige Bar im Obergeschoss hat einen Zinktresen, das Retro-Styling eines Herrenschneiders, antike Fliesen und ein etwas reiferes, schickeres Publikum. Hier kommen nur Spirituosen höchster Qualität ins Glas, ab und an spielen Jazzbands.

Kneipe am Laugavegur

Paloma Club
(www.facebook.com/BarPaloma/; Naustin 1–3; ⌚Do & So 20–1, Fr & Sa bis 4.30 Uhr; 🚹) Einer der besten bis spät in die Nacht geöffneten Tanzclubs in Reykjavík. Oben legen DJs Reggae, Electronica und Pop auf; im Untergeschoss tobt sich eine düstere Deep-House-Tanzszene aus.

Alter Hafen

Slippbarinn Cocktailbar
(☎560 8080; www.slippbarinn.is; Mýrargata 2; ⌚So–Do 12–24, Fr & Sa bis 1 Uhr; 📶) In dem gut besuchten Restaurant (Hauptgerichte 2900–5000 ISK) mit Bar im Icelandair Hotel Reykjavík Marina am Alten Hafen trifft sich ein gestyltes Publikum. Zwischen alten Plattenspielern plaudern Einheimische bei Cocktails (mit die besten der Stadt).

UNTERHALTUNG

Bíó Paradís Kino
(www.bioparadis.is; Hverfisgata 54; Erw. 1600 ISK; 📶) Das supercoole Kino, das mit Filmplakaten und ausrangierten Bürosachen dekoriert ist, zeigt ausgewählte isländische Filme mit englischen Untertiteln. Von 17–19.30 Uhr ist hier Happy Hour.

Húrra Livemusik
(Tryggvagata 22; ⌚So–Do 17–1, Fr & Sa bis 4.30 Uhr; 📶) Die große und düstere Bar öffnet an den meisten Abenden ihr Hinterzimmer als Konzertbühne für Livemusik oder DJs – eine tolle Adresse, um die Nacht ausklingen zu lassen. Es gibt diverse Biere vom Fass und eine Happy Hour bis 21 Uhr (Bier oder Wein 700 ISK).

PRAKTISCHE INFORMATIONEN

ERMÄSSIGUNGEN

Reykjavík City Card (www.citycard.is; 24/48/72 Std. 3500/4700/5500 ISK) Bietet freien Eintritt zu den städtischen Schwimm- und Thermalbädern und einem Großteil der wichtigsten Museen sowie Ermäßigungen bei einigen Touren, Geschäften und Unterhaltungsangeboten. Außerdem berechtigt sie zur kostenlosen Nutzung der Strætó-Stadtbusse und der Fähre nach Viðey.

GELD

Kreditkarten werden überall akzeptiert (außer in den städtischen Bussen) und es gibt ein dichtes Netz von Geldautomaten. Die Geldwechselge-

Isländische Popmusik

Die Popmusikszene ist ein großes Geschenk des Landes an die Welt. Zu den international erfolgreichen Musikern zählen (natürlich) Björk und ihre frühere Band, die Sugarcubes. Später gelangten auch Sigur Rós zu Starruhm; ihren Konzertfilm *Heima* (2007) muss man gesehen haben. Die Indie-Folk-Band Of Monsters and Men stürmte 2011 mit *My Head Is an Animal* die US-Charts; ihr jüngstes Album ist *Beneath the Skin (2015)*. Ásgeir landete mit *In the Silence* (2014) einen Superhit.

Die blühende Reykjavíker Musiklandschaft ist ständig im Wandel – News und Termine gibt es auf www.icelandmusic.is und www.grapevine.is. Seabear z. B. ist eine Indie-Folk-Band, die Solo-Acts wie Sin Fang (*Flowers;* 2013) und Sóley (*We Sink;* 2012) hervorbrachte. Árstíðir nehmen minimalistischen Indie-Folk auf und veröffentlichten 2016 mit Anneke van Giersbergen *Verloren Verleden*.

Weitere Größen sind die Pop-Electronica-Band GusGus, FM Belfast (Electronica) und múm (Experimental-Electronica, mit traditionellen Instrumenten gemixt). Singapore Sling machen ehrlichen Rock 'n' Roll. Sollte gerade eins der vielen Musikfestivals Islands stattfinden: Hingehen!

Der Musikladen **12 Tónar** (www.12tonar.is; Skolavörðustígur 15; ⌚Mo–Sa 10–18, So ab 12 Uhr) ist nicht nur cool zum Abhängen, sondern hat auch mehrere populäre isländische Bands auf den Weg gebracht. Hier kann man CDs hören, Kaffee trinken und ab und zu Konzerte erleben.

bühren in Hotels oder privaten Wechselstuben können unverschämt hoch sein.

In Restaurants Trinkgeld zu geben, ist unüblich.

GEPÄCKAUFBEWAHRUNG

Beim BSÍ-Busterminal, beim Inlandsflughafen Reykjavík und an mehreren weiteren Orten in Reykjavík gibt es Gepäckschließfächer (www.luggagelockers.is). Viele Reykjavíker Hotels hüten das Gepäck ihrer Gäste, wenn diese mehrtägige Ausflüge durchs Land unternehmen.

NOTRUF

Krankenwagen, Feuerwehr & Polizei ☎112

REISEBÜROS

Icelandic Travel Market (ITM; ☎522 4979; www.icelandictravelmarket.is; Bankastræti 2; ⏲Juni–Aug. 8–21 Uhr, Sept.–Mai 9–17 Uhr) Informationen und Tourbuchungen.

Trip (☎433 8747; www.trip.is; Laugavegur 54; ⏲9–21 Uhr) Vermittelt Touren, Unterkünfte und Mietwagen.

TOURISTENINFORMATION

Die **Zentrale Touristeninformation** (Upplýsingamiðstöð Ferðamanna; ☎590 1550; www.visitreykjavik.is; Aðalstræti 2; ⏲8–20 Uhr) hat freundliche Mitarbeiter und Berge von Gratisbroschüren. Außerdem verkauft sie Landkarten, die Reykjavík City Card und Fahrkarten für die Strætó-Stadtbusse und kann Unterkünfte, Touren und Aktivitäten buchen.

AN- & WEITERREISE

Island ist in den letzten Jahren viel leichter zugänglich geworden und wird von immer mehr Städten aus angeflogen. Für Reisende, die ein Auto oder Wohnmobil mitbringen wollen, gibt es auch Fährverbindungen vom europäischen Festland.

Flüge, Touren und Zugtickets kann man online unter www.lonelyplanet.com/bookings buchen.

UNTERWEGS VOR ORT

Das kompakte Stadtzentrum von Reykjavík lässt sich am besten zu Fuß erkunden.

BUS

Strætó (www.bus.is) betreibt regelmäßige Busverbindungen in Reykjavík und Umgebung. Die Busse verkehren täglich von 7 bis 23 oder 24 Uhr (sonntags ab 11 Uhr). Freitags und samstags gibt es einen eingeschränkten Nachtbusservice bis 2 Uhr früh.

VOM/ZUM FLUGHAFEN

Die Fahrt vom **Internationalen Flughafen Keflavík** nach Reykjavík dauert etwa 50 Minuten. Die besten Verkehrsmittel sind drei unkomplizierte Buslinien, die Reykjavík mit dem Flughafen verbinden; Kinder fahren ermäßigt.

Flybus (☎580 5400; www.re.is; 📶) Der Fahrplan des Flybus ist auf den internationalen Flugplan abgestimmt. Eine einfache Fahrt kostet 2200 ISK. Für einen Hotelshuttle, der einen Tag im Voraus gebucht werden muss, zahlt man 2800 ISK. Ein weiterer Bus fährt zur Blauen Lagune; von dort kann man zum Stadtzentrum bzw. zum Flughafen weiterfahren (3900 ISK). Der Flybus holt Fahrgäste auch in Garðabær und Hafnarfjörður südlich von Reykjavík ab bzw. bringt sie vom Flughafen dorthin.

Airport Express (☎540 1313; www.airportexpress.is; 📶) Gray Line Tours betreibt den Airport Express zwischen dem Internationalen Flughafen Keflavík und dem Lækjartorg im Zentrum von Reykjavík (2100 ISK) bzw. dem Busbahnhof Mjódd – auch als Hotelshuttleservice (2900 ISK; rechtzeitig reservieren!). Außerdem Verbindungen nach Borgarnes und zu Zielen weiter nördlich, wie Akureyri.

Airport Direct (☎497 5000; www.reykjaviksightseeing.is/airport-direct; 📶) Minibusse von Reykjavík Sightseeing pendeln als Shuttleservice zwischen Hotels und Flughafen (4500 ISK, hin & zurück 8000 ISK).

Der **Strætó**-Bus 55 (www.bus.is) verkehrt auch zwischen dem BSÍ-Busbahnhof und dem Flughafen (1680 ISK, im Sommer Mo–Fr 9-mal tgl.).

Ein **Taxi** kostet ca. 15 000 ISK.

Vom **Inlandsflughafen Reykjavík** geht man 2 km bis ins Stadtzentrum. Es gibt auch einen Taxistand. Alternativ hält Bus 15 in der Nähe des Air Iceland Terminals sowie Bus 19 am Eagle Air Terminal. Beide fahren ins Stadtzentrum und zum Busbahnhof Hlemmur.

Wohin zum Schlafen?

Da in Reykjavík die Nachfrage nach Unterkünften immer größer ist als das Angebot, sollte man sein Nachtlager nach Möglichkeit schon drei bis sechs Monate im Voraus reservieren.

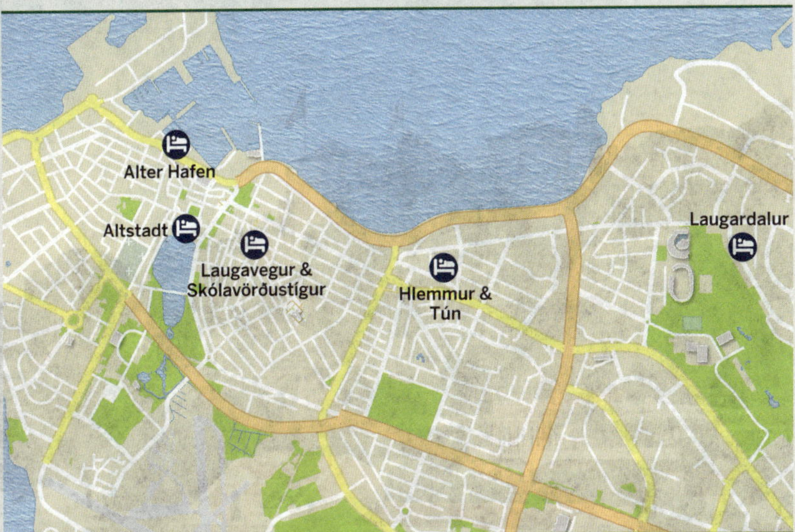

Stadtviertel	Merkmale
Altstadt	Zentral, viele Unterkünfte der gehobenen Kategorie. Kann voll, betriebsam und teuer sein.
Alter Hafen	Ein Stück abseits vom Hafen herrscht weniger Betrieb. Erschwinglichere Pensionen und Hostels, aber nicht ganz zentral.
Laugavegur & Skólavörðustígur	Ideal zum Shoppen und Partymachen. Gute Auswahl an Unterkünften mit einigen ruhigeren Ecken. Die Hauptstraßen sind recht touristisch.
Hlemmur & Tún	Hier entstehen immer mehr Hotelhochhäuser. Die Gegend ist wenig aufregend und weiter weg vom Stadtzentrum.
Laugardalur	In nächster Nähe zu einem großen Park mit Schwimmbadkomplex. Neue Hotelhochhäuser. Noch weiter vom Stadtzentrum entfernt.

FRANKREICH, SPANIEN & PORTUGAL

In diesem Kapitel

Paris, Frankreich

Die zauberhafte Hauptstadt Frankreichs präsentiert stolz ihre weltberühmten Wahrzeichen wie Eiffelturm und Notre-Dame sowie Museen von erster Güte. Cremefarbene Gebäude, elegante Brücken und geometrisch angelegte Parks gehören ebenfalls zum Gefüge der Stadt. Ein wesentliches Paris-Erlebnis ist Essengehen – ob in einem traditionellen Bistro, einem Restaurant mit Michelin-Stern, einer* boulangerie *(Bäckerei) oder auf einem bunten Wochenmarkt. Dazu kommen all die grandiosen Kunstschätze. Doch der eigentliche Zauber der Stadt liegt im Unerwarteten: den versteckten Parks, den kleinen Galerien und sonnenbeschienenen Caféterrassen.

Zwei Tage in Paris

Los geht's möglichst früh mit **Notre-Dame** (S. 220), dem **Louvre** (S. 214) oder dem **Eiffelturm** (S. 208). Danach folgen ein Bummel über die Champs-Élysées und der Aufstieg auf den **Arc de Triomphe** (S. 233). Der zweite Tag beginnt mit einer Bootsfahrt auf der Seine, danach steht das **Musée d'Orsay** (S. 240) oder das **Musée National du Moyen Âge** (S. 239) auf dem Programm. Zum Abendessen lädt der stimmungsvolle Stadtteil St-Germain ein.

Vier Tage in Paris

Tag drei steht im Zeichen von **Montmartre** (S. 236). Am vierten Tag ist Zeit für eine Top-Sehenswürdigkeit, die man am ersten Tag ausgelassen hat. Nach einem Picknick in einem Park kann man auf dem **Flohmarkt St-Ouen** (S. 242) auf Schnäppchenjagd gehen oder die Gräber berühmter Menschen auf dem **Cimetière du Père Lachaise** (S. 237) aufsuchen. Abends bietet sich eine Aufführung im **Palais Garnier** (S. 252) oder in der **Opéra Bastille** (S. 252) an, danach ein Bummel durch das Marais.

Noch nicht genug von Frankreich? Dann lockt im Süden die Provence (S. 256).

Ankunft

Aéroport Charles de Gaulle Züge (RER), Busse und Nachtbusse ins Zentrum 6 bis 17 €; Taxi 50 bis 55 € .

Aéroport d'Orly Züge (Orlyval, dann RER), Busse und Nachtbusse ins Stadtzentrum 8 bis 12,05 €; Tram T7 nach Villejuif-Louis Aragon, dann Métro ins Stadtzentrum (3,60 €); Taxi 30 bis 35 €.

Bahnhof Gare du Nord Im Stadtzentrum; ans Métronetz angeschlossen (1,90 €).

Schlafen

In Paris gibt's eine reichhaltige Auswahl an Unterkünften jeder Preisklasse, aber viele sind oft *complet* (ausgebucht). Es ist immer besser, vorab zu buchen; von April bis Oktober und rund um die Feiertage sowie in den Schulferien geht ohne Reservierung praktisch gar nichts.

Pariser Hotelzimmer sind vergleichsweise klein.

Das Frühstück ist meistens nicht im Übernachtungspreis inbegriffen.

Zu den Vor- und Nachteilen der einzelnen Pariser Stadtviertel siehe Tabelle S. 255.

Eiffelturm

Heute kann sich niemand mehr Paris ohne ihn vorstellen: Der Turm wurde eigentlich nur als temporäres Bauwerk für die Weltausstellung von 1889 errichtet, entwickelte sich aber zum Wahrzeichen der Pariser Skyline.

Toll für ...

Gut zu wissen

Karte S. 238; ☎08 92 70 12 39; www.tour eiffel.paris; Champ de Mars, 5 av. Anatole France, 7e; Aufzug zur Spitze Erw./Kind 17/8 €, Aufzug zur 2. Ebene 11/4 €, Treppe zur 2. Ebene 7/3 €; ⏲Aufzüge & Treppen Mitte Juni–Aug. 9–0.45 Uhr, Sept.–Mitte Juni Aufzüge 9.30–23 Uhr, Treppen 9.30–18.30 Uhr; Ⓜ Bir Hakeim oder RER Champ de Mars–Tour Eiffel

★ Top-Tipp

Die schönsten Ausblicke auf die Stadt und ihre funkelnden Lichter bieten sich zum Sonnenuntergang.

THITIPHAN PAKSEESUWAN/SHUTTERSTOCK ©

Der nach seinem Konstrukteur Gustave Eiffel benannte Turm wurde für die Weltausstellung 1889 gebaut. An der Konstruktion, für die 2,5 Mio. Nieten verbaut wurden, schufteten 300 Arbeiter zwei Jahre lang. Bei seiner Fertigstellung war der Turm mit 324 m Höhe das höchste Bauwerk der Welt. Erst 1930 musste er den ersten Platz an das Chrysler Building in New York abgeben. Als Symbol der Moderne stieß er bei der Kunst- und Literaturelite von Paris auf heftigen Widerstand, wurde als „Metallspargel" verunglimpft und sollte eigentlich 1909 wieder abgerissen werden. Letztlich durfte er stehen bleiben, weil er sich als Antennenmast für die neue Funktechnik anbot.

Ticketkauf

Wer Tickets online besorgt, spart sich gewöhnlich das Anstehen in den kolossal langen Schlangen vor den Schaltern. Tickets einfach ausdrucken bzw. auf dem Smartphone vorzeigen. Ansonsten sollte man sich in der Hauptsaison auf Wartezeiten von weit über einer Stunde einstellen.

Karten für die Treppen können nicht online gekauft werden. Der Ticketverkauf erfolgt am Südpfeiler; dort befindet sich auch der Aufgang. Bis zur 2. Etage sind es 704 Stufen.

Hat man es zu Fuß oder mit dem Lift bis zur 2. Etage geschafft, gibt es für diejenigen, die ganz nach oben wollen, nur eine Option: den Aufzug. In den Aufzügen müssen Kinderwagen zusammengeklappt werden und Taschen und Rucksäcke dürfen nicht größer sein als das Handgepäck im Flugzeug.

Wer eine Reservierung für eines der Restaurants hat, darf direkt in den Aufzug steigen.

1. Etage

Von den drei Etagen des Turms bietet die erste in 57 m Höhe am meisten Platz, aber keine besonders spektakuläre Aussicht. Im gläsernen **Pavillon Ferrié** gibt es Filmvorführungen in Rundumprojektion, ein kleines Café und einen Souvenirshop. Der äußere Umgang ist als Entdeckungstour zur ausgeklügelten Konstruktion des Turms gestaltet. Glasböden bieten einen schwindelerregenden Blick auf die ameisenkleinen Menschen, die tief unter einem umherwuseln.

☑ Nicht versäumen

Nachts glitzert der Turm immer zur vollen Stunde fünf Minuten im Schein von 20 000 Sechs-Watt-Lämpchen. Der beste Blick auf die Lightshow bietet sich von den Jardins du Trocadéro am anderen Seine-Ufer.

JAN-OTTO/GETTY IMAGES ©

Auf dieser Ebene befindet sich auch das Restaurant **58 Tour Eiffel** (Karte S. 238; 01 76 64 14 64; www.restaurants-toureiffel.com; 1. Etage; Menü mittags 41,50 €, abends 85–180 €; 11.30–16.30 & 18.30–23 Uhr;).

Nicht alle Aufzüge halten in der 1. Etage. Wer ungewollt auf der 2. Etage landet, kann aber leicht in die 1. Etage hinabsteigen.

2. Etage

Am besten ist die Aussicht von der 2. Etage (115 m): Von hier sind noch die Details der Stadt auszumachen. Teleskope und Panoramatafeln helfen, Sehenswürdigkeiten zu erkennen. Schaukästen geben Einblick in die Aufzugsmechanik und durch den verglasten Sichtschacht kann man in die Tiefe gucken. Ebenfalls hier: Toiletten, ein Andenkenladen und das Sternerestaurant **Le Jules Verne** (Karte S. 238; 01 45 55 61 44; www.lejulesverne-paris.com; 2. Etage; 5-/6-Gänge-Menü 190/230 €, 3-Gänge-Mittagsmenü 105 €; 12–13.30 & 19–21.30 Uhr).

3. Etage

Auf der 3. und obersten Etage (276 m) pfeift einem der Wind um die Ohren. An klaren Tagen reicht der Blick bis zu 60 km weit – aber wer Details erkennen möchte, ist zu weit weg. Die „Bezwingung" des Eiffelturms lässt sich mit einem Gläschen Sekt (12–21 €) von der Champagner-Bar (geöffnet 12–22 Uhr) feiern. In dem nachgebauten Arbeitszimmer von Gustave Eiffel sind Wachsfiguren des Ingenieurs und seiner Tochter im Plausch mit Thomas Edison zu sehen.

Ein separater Aufzug legt die Strecke von der 2. zur 3. Etage zurück (bei starkem Wind geschlossen).

Kleine Stärkung

In den beiden Restaurants, den Snackbars, der Macaron-Bar oder an der Champagner-Bar ganz oben.

Was gib't in der Nähe?

Parc du Champ de Mars — Park

(Karte S. 238; Champ de Mars, 7e; Ⓜ École Militaire oder RER Champ de Mars–Tour Eiffel) Die Grünanlage des „Marsfelds", die sich vom Eiffelturm nach Südosten erstreckt, ist ein idealer Ort zum Picknicken. Sie diente im 18. Jh. als Exerzierplatz für die Kadetten der **École Militaire**. Zu den Absolventen der klassizistischen Akademie am Südostende des Parks zählte kein Geringerer als Napoleon Bonaparte. Clara Halter schuf im Jahr 2000 aus Stahl und graviertem Glas das eindrucksvolle Denkmal **Mur pour la Paix** (Karte S. 238; http://wallforpeace.org): die „Mauer für den Frieden".

Musée du Quai Branly — Museum

(Karte S. 238; ☎01 56 61 70 00; www.quaibranly.fr; 37 quai Branly, 7e; Erw./Kind 10 €/frei; ⌚Di, Mi & So 11–19, Do–Sa 11–21 Uhr; Ⓜ Alma Marceau oder RER Pont de l'Alma) Als Hymne auf die kulturelle Vielfalt der Menschheit präsentiert das Museum indigene und volkstümliche Kunst aus aller Welt. Die vier Hauptabteilungen (Ozeanien, Asien, Afrika, Amerika) zeigen eine eindrucksvolle Sammlung von Masken, Schnitzereien, Waffen, Schmuck und vielem mehr, alles in einem erfrischend ungewöhnlichen Interieur ohne Räume oder hohe Wände. Auch die Wechselausstellungen des Museums sind in der Regel ausgezeichnet.

Musée Guimet des Arts Asiatiques — Museum

(Karte S. 238; ☎01 56 52 53 00; www.guimet.fr; 6 place d'Iéna, 16e; Erw./Kind 7,50 €/frei; ⌚Mi–Mo 10–18 Uhr; Ⓜ Iéna) Das Musée Guimet hütet Frankreichs bedeutendste Sammlung asiatischer Kunst, mit Kunst- und Kultgegenständen aus der riesigen Region von Afghanistan bis Japan. An manchen Exponaten lässt sich die Ausbreitung des Buddhismus und verschiedener Kunststile entlang der Seidenstraße verfolgen, von den Gandhara-Buddhas des 1. Jhs. aus Afghanistan und Pakistan bis zu späteren buddhistischen Kunstwerken aus Zentralasien, China und Japan. Ein Teil der Sammlung, der vor allem aus buddhistischen Gemälden und Skulpturen besteht, ist in den nahen **Galeries du Panthéon Bouddhique** (Karte S. 238; 19 av. d'Iéna, 16e; ⌚Mi–Mo 10–17.45 Uhr, Garten bis 17 Uhr; Ⓜ Iéna) untergebracht. Dort gibt es auch einen unbedingt sehenswerten **japanischen Garten**.

Palais de Tokyo — Galerie

(Karte S. 238; www.palaisdetokyo.com; 13 av. du Président Wilson, 16e; Erw./Kind 12 €/frei; ⌚Mi–Mo 12–24 Uhr; Ⓜ Iéna) Das Gebäude, das zur Weltausstellung 1937 entstand, beherbergt keine ständige Sammlung. Der Innenraum aus Beton und Stahl dient vielmehr als nüchterne Kulisse für wechselnde interaktive Installationen und Ausstellungen zeitgenössischer Kunst. Der Buchladen ist eine wunderbare Fundgrube für Kunst- und Designmagazine, außerdem gibt es ein fabelhaftes Angebot an Essen und Trinken.

Blick vom Eiffelturm auf den Parc du Champ de Mars

Musée Marmottan Monet Galerie

(☎01 44 96 50 33; www.marmottan.fr; 2 rue Louis Boilly, 16e; Erw./Kind 11/7,50 €; ⌚Di, Mi & Fr–So 10–18, Do bis 21 Uhr; Ⓜ La Muette) Das kleine Museum hütet die weltweit größte Gemälde- und Skizzensammlung des impressionistischen Malers Claude Monet (1840–1926). Einige besonders beachtenswerte Meisterwerke sind: *La Barque* (1887), *Cathédrale de Rouen* (1892), *Londres, Le Parlement* (1901) und die diversen *Nymphéas* (Seerosenbilder).

Die im Eintrittspreis inbegriffenen Sonderausstellungen sind immer ausgezeichnet, zu sehen im Untergeschoss oder 1. Stockwerk. Das Museum zeigt auch Gemälde von Gauguin, Sisley, Pissarro, Renoir, Degas, Manet und Berthe Morisot sowie eine bedeutende Sammlung von französischen, englischen, italienischen und flämischen Buchillustrationen.

Schon gewusst?

Den Turm neu anzustreichen ist ein Mammutprojekt, das 25 Arbeiter 18 Monate beschäftigt. Alle sieben Jahre werden insgesamt 60 Tonnen Farbe aufgetragen.

★ Schwer auf Draht

Zur Feier des 200. Geburtstags der Französischen Revolution überquerte der Seiltänzer Philippe Petit 1989 vor 250 000 Zuschauern die Seine auf einem 700 m langen Drahtseil, das vom Palais de Chaillot zur 2. Etage des Eiffelturms hinaufführte.

OFFSCREEN/SHUTTERSTOCK ©

Louvre

Die* Mona Lisa *und die* Venus von Milo *sind nur zwei der wertvollen Schätze in dem ehemaligen königlichen Palast, der zu Frankreichs erstem Nationalmuseum umgewandelt wurde.

Toll für ...

☑ Nicht versäumen

Die Rundgänge zu Themen wie „Kunst des Essens" oder „Liebe im Louvre". Beschreibungen können jeweils von der Website heruntergeladen werden.

Nur wenige Kunstmuseen sind so berühmt und überwältigend wie das Musée du Louvre, eines der größten und vielfältigsten Museen der Welt. Da es neun Monate brauchen würde, alle 35 000 Kunstwerke anzuschauen, ist Vorausplanung ein Muss.

Europäische Kunst aus der Sammlung, dazu Kunst und Artefakte aus dem alten Mesopotamien, Ägypten, Griechenland und Rom sowie aus islamischen Ländern – das alles summiert sich zu einer faszinierenden Präsentation der Entwicklung der Kunst bis zur Mitte des 19. Jhs.

Praktische Informationen

Um hineinzukommen, muss man zweimal anstehen: einmal am Sicherheitscheck und einmal an der Kasse. Die längsten Schlangen bilden sich vor der Grande Pyramide;

Canovas *Amor und Psyche*

PETER BARRITT/GETTY IMAGES ©

besser ist der Eingang Carrousel du Louvre (99 rue de Rivoli oder direkt von der Métro).

Mit dem Paris Museum Pass oder Paris City Passport hat man bevorzugt Zugang. Schneller geht's auch, wenn man sich das Ticket vorher auf der Louvre-Website kauft.

Es können Nintendo-3DS-Multimediaguides (Erw./Kind 5/3 €; Ausweis erforderlich) geliehen werden. Normale **Führungen** (Karte S. 238; ☎01 40 20 52 63; Erw./Kind 12/7 €; ⏲11.30 & 14 Uhr außer 1. So des Monats) beginnen in der Hall Napoléon und können bis zu 14 Tage im Voraus gebucht werden – oder man meldet sich im Museum selbst.

Seit Ende 2014 läuft ein auf 30 Jahre angelegtes Renovierungsprojekt. Es soll das Museum moderner und für die Besucher zugänglicher machen. In der ersten Phase wurden zusätzliche Haupteingänge ein-

Gut zu wissen

Karte S. 238; ☎01 40 20 53 17; www.louvre.fr; rue de Rivoli & quai des Tuileries, 1er; Erw./Kind 15 €/frei; ⏲Mo, Do, Sa & So 9–18, Mi & Fr bis 21.45 Uhr; Ⓜ Palais Royal–Musée du Louvre

Kleine Stärkung

In der Hall Napoléon werden Sandwiches verkauft, ideal für ein Picknick im Jardin des Tuileries (S. 237).

★ Top-Tipp

Die Eintrittskarten sind den ganzen Tag für mehrere Besuche gültig.

gerichtet, um die Wartezeiten vor den Sicherheitskontrollen zu verkürzen. Wichtig war die Umgestaltung der zentralen Hall Napoléon, in der vorher ein verwirrendes Durcheinander geherrscht hatte.

Palais du Louvre

Die Schätze des Louvre verteilen sich auf vier Etagen und drei Flügel: Der **Sully-Flügel** umgibt die Cour Carrée (den „quadratischen Hof") am Ostende; der südliche **Denon-Flügel** erstreckt sich 800 m an der Seine entlang; der nördliche **Richelieu-Flügel** säumt die Rue de Rivoli. Das Gebäude wurde ursprünglich von Philipp August im 12. Jh. als Festung errichtet – mittelalterliche Reste sind noch im unteren Erdgeschoss (Sully) zu sehen. Im 16. Jh. wurde es zur königlichen Residenz ausgebaut und 1793 in ein Nationalmuseum verwandelt. Damals gehörten 2500 Gemälde und Kunstobjekte zum Bestand.

Nachfolgende französische Regierungen häuften eine gigantische Sammlung von

Kunst und sonstigen Exponaten an. Das Projekt „Grand Louvre", das Staatspräsident Mitterrand 1989 einleitete, verdoppelte die Ausstellungsfläche. Seither wurden neue und renovierte Galerien eröffnet, darunter die hochmoderne **Abteilung für islamische Kunst** (unteres EG, Denon-Flügel) in der hinreißenden Cour Visconti.

Unschätzbare Altertümer

Keinesfalls auslassen sollte man die Louvre-Schätze aus dem Altertum: Mesopotamien (EG, Richelieu-Flügel) und Ägypten (EG und 1. Stock, Sully-Flügel) sind sehr gut vertreten, z. B. mit der *Stele des Hammurabi* (Saal 3, EG, Richelieu-Flügel) und dem *Sitzenden Schreiber* (Saal 22, 1. Stock, Sully-Flügel). Im Saal 12 (EG, Sackler-Flügel) sind beeindruckende Friese und eine enorme Säule mit einem doppelköpfigen Stierkapitell aus dem Darius-Palast im antiken Persien ausgestellt. Das Highlight im Tempelsaal (Saal 12, Sully-Flügel) ist eine Statue des sitzenden Pharaos Ramses II.

Lohnend sind auch die byzantinischen Mosaiken und Figurinen (unteres EG, Denon-Flügel) sowie die griechischen Plastiken, darunter die beiden berühmtesten armlosen Statuen der Welt: die *Venus von Milo* (Saal 16, EG, Sully-Flügel) und die *Nike von Samothrake* (am oberen Ende der Daru-Treppe, 1. Stock, Denon-Flügel).

Französische & italienische Meisterwerke

Der 1. Stock des Denon-Flügels, wo sich auch die *Mona Lisa* befindet, ist der beliebteste Teil des Louvre. In den Sälen 75 bis 77 hängen monumentale französische Gemälde, viele davon weltberühmt.

Gemälde im Denon-Flügel

Besonders bemerkenswert: *Die Krönung Kaiser Napoleons I.* (David), *Das Floß der Medusa* (Géricault) und *Die große Odaliske* (Ingres). Ein Muss sind auch die Säle 1, 3, 5 und 8 mit klassischen Werken von Meistern der Renaissance (Raffael, Tizian, Uccello, Botticini). Der größte Andrang herrscht vor der *Mona Lisa*. Aber es gibt noch genug anderes zu betrachten, von Botticellis anmutigen Fresken (Saal 1) bis zur wunderbar detailreichen *Hochzeit zu Kana* (Saal 6).

★ Italienische Skulpturen

Für die italienischen Skulpturen im Erdgeschoss des Denon-Flügels, darunter Michelangelos *Der sterbende Sklave* und Canovas *Amor und Psyche* (Saal 4), sollte genügend Zeit eingeplant werden.

TAKASHI IMAGES/SHUTTERSTOCK ©

Mona Lisa

Das berühmteste Gemälde nicht nur des Louvre, sondern wohl der ganzen Welt ist die unergründlich lächelnde *Mona Lisa* (Saal 6, 1. Stock, Denon-Flügel) von Leonardo da Vinci. Sie heißt bei den Franzosen *La Joconde*, bei den Italienern *La Gioconda*.

Mona (italienisch *monna*) ist eine Kurzform von *madonna*, Gioconda die weibliche Form des Nachnamens Giocondo. Kanadische Experten haben die Farbschichten mit Infrarot-Technik durchleuchtet, um zu bestätigen, dass es sich um Lisa Gherardini (1479–1542) handelt, die Frau des florentinischen Kaufmanns Francesco de Giocondo. Dabei entdeckten sie auch einen durchsichtigen Schleier über ihrem Kleid, wie er im frühen 16. Jh. in Italien von Schwangeren oder frisch Entbundenen getragen wurde. Man vermutet, dass das Bild um 1503 anlässlich der Geburt ihres zweiten Sohns gemalt wurde, als sie ungefähr 24 Jahre alt war.

Die Pyramide

Fast ebenso umwerfend wie die Meisterwerke drinnen ist die 21 m hohe Pyramide des amerikanischen Architekten I. M. Pei. Sie überdacht den Haupteingang des Louvre. Unter der Grande Pyramide befindet sich die Eingangshalle **Hall Napoléon** mit Infoschalter, Ausstellungssaal, Buchladen, Andenkenshop, Café und Hörsaal. Eine weitere Pyramide von Pei, die gläserne **Pyramide Inversée** (umgekehrte Pyramide), ist das Herzstück des **Carrousel du Louvre** (Karte S. 238; http://carrouseldulouvre.com; 99 rue de Rivoli, 1er; ⌚8.30–23 Uhr, Geschäfte 10–20 Uhr; 📶).

★ Das geheimnisvolle Lächeln

Tests mit „Gefühlserkennungs"-Computersoftware haben kürzlich ergeben, dass das Lächeln der *Mona Lisa* zu mindestens 83 % ein glückliches ist. Und sicher ist auch: Sie war nicht Leonardos Geliebte: Der bevorzugte nämlich seinen *Vitruvianischen Mann*.

Louvre

EIN HALBTÄGIGER RUNDGANG

Den Louvre erfolgreich zu erkunden, ist eine Kunst für sich. In seinem Labyrinth aus Galerien und Treppen, drei Flügeln und vier Stockwerken kann ein Rundgang leicht zur Odyssee ausarten. Unser dreistündiger Besichtigungsvorschlag ist ein abwechslungsreicher Mix aus Pflichtklassikern wie der *Mona Lisa* und überraschenden Abstechern.

Am Infoschalter der frisch renovierten **Hall Napoléon** ❶ unter der Glaspyramide von Ieoh Ming Pei gibt es farbkodierte Orientierungspläne. Eine Rolltreppe fährt zum Sully-Flügel hinauf, an dessen Eingang man Ausweis oder Kreditkarte gegen einen Multimedia-Guide eintauschen kann (die Exponate sind sparsam beschriftet).

Die Architektur des Louvre beeindruckt nicht weniger als seine Kunstsammlung. Um sie zu würdigen, geht es die Henri-II-Treppe im Sully-Flügel rauf und runter, um die **Venus von Milo** ❷ zu bewundern, dann die Henri-IV-Treppe hoch zur **Cour Khorsabad** ❸. Quer durch Raum 1 erreicht man die Rolltreppe ins 1. OG, zu den prunkvollen **Appartements Napoleons III.** ❹. Dann muss man 25 Galerien durchqueren, um das moderne **Deckengemälde** ❺ von Cy Twombly zu bestaunen. Die faszinierende **Nike von Samothrake** ❻ will von allen Seiten bewundert werden. Den krönenden Abschluss bilden die Topattraktionen **Floß der Medusa** ❼, **Mona Lisa** ❽ und **Madonna mit Kind** ❾.

TOP-TIPPS

- Niemand sollte sich ohne die Broschüre *Plan/Information Louvre* ins Labyrinth des Louvre wagen. Es gibt sie gratis am Infoschalter in der Hall Napoléon (auch auf Deutsch).
- Der rappelvolle Denon-Flügel ist am späten Mittwoch- oder Freitagabend am leersten. Oder in den ruhigeren Richelieu-Flügel ausweichen.
- Die Abteilungen im 2. OG hebt man sich besser für einen Folgebesuch auf.

BRIAN KINNEY/SHUTTERSTOCK ©

Appartements Napoleons III.
1. OG, Richelieu-Flügel
Die zwischen 1854 und 1861 erbauten Gemächer Napoleons III. sind eine überwältigende Orgie aus Golddekor, Stuck und Kristalllüstern, die im Grand Salon und im Speisesaal ihren Höhepunkt erreicht.

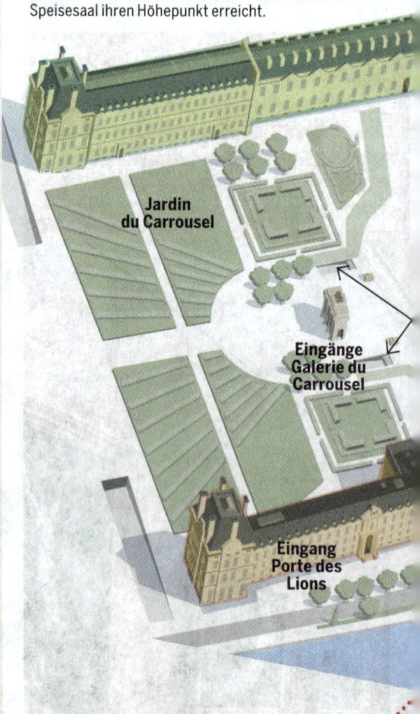

LOUVRE AUDITORIUM

Mehrmals in der Woche finden im Louvre Auditorium (zugänglich von der Haupteingangshalle) klassische Konzerte statt. Besonders interessant sind die donnerstäglichen Mittagskonzerte mit Nachwuchsmusikern, die neue Musik spielen. Die Spielzeit geht von September bis April oder Mai, je nach Konzertreihe.

Mona Lisa
Raum 6, 1. OG, Denon-Flügel
Das unergründlichste Lächeln der Welt: Da Vincis kleinformatige *La Joconde* hängt vis-à-vis vom größten Schinken des Louvre der *Hochzeit zu Kana* vom italienischen Renaissancekollegen Paolo Veronese.

Das Floß der Medusa
Raum 77, 1. OG, Denon-Flügel
Französische Romantik mit politischem Anliegen: Das *Floß der Medusa* von Théodore Géricault.

Cour Khorsabad
EG, Richelieu-Flügel
Geflügelte Stiere mit Menschenköpfen entführen Betrachter auf eine Zeitreise ins uralte Mesopotamien.
ABSTECHER» Statuen in der Cour Puget.

PRYZMAT/SHUTTERSTOCK ©

Deckengemälde
Raum 32, 1. OG, Sully-Flügel
Ein blaues Wunder und gewagtes modernes Kunstexperiment ist das 400 m^2 große Deckengemälde von Cy Twombly.
ABSTECHER» Braque-Deckengemälde, Raum 33.

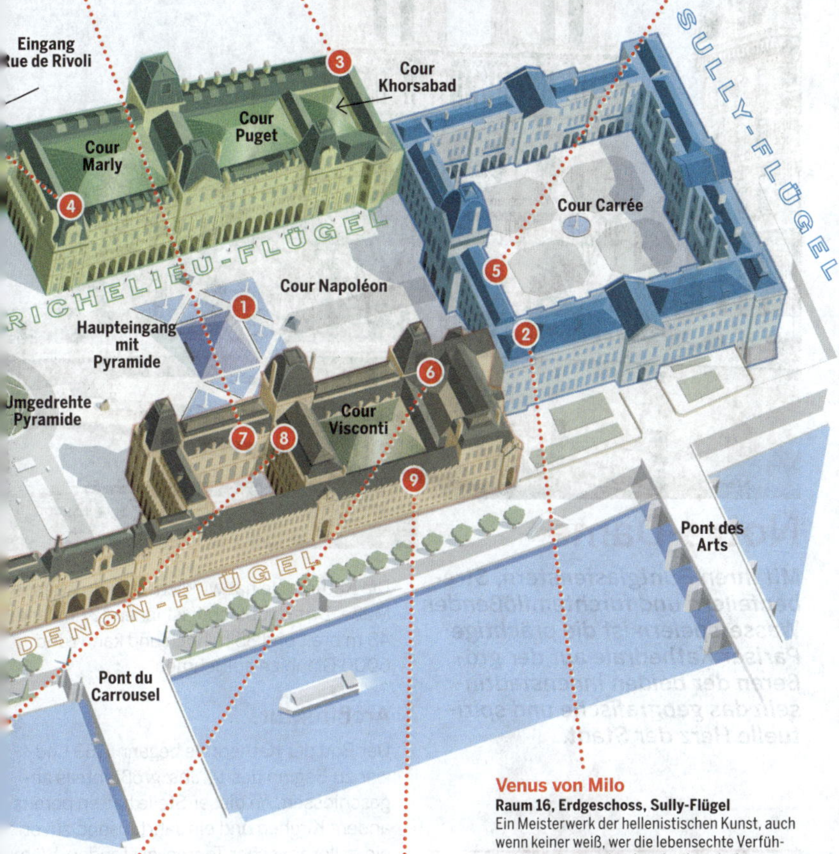

Venus von Milo
Raum 16, Erdgeschoss, Sully-Flügel
Ein Meisterwerk der hellenistischen Kunst, auch wenn keiner weiß, wer die lebensechte Verführerin aus der griechischen Antike schuf.

Nike von Samothrake
Escalier Daru, 1. OG, Sully-Flügel
Die kopf- und armlose griechische Siegesgöttin beeindruckt durch ihre aggressive Dynamik.
ABSTECHER» Zu den blendenden Kronjuwelen in der Galerie d'Apollon.

Madonna mit Kind
Grande Galerie, 1. OG, Denon-Flügel
Als würdiger Abschluss warten in der berühmtesten Galerie des Louvre diverse Madonnendarstellungen mit Kind u.a. von Raffael, Domenico Ghirlandaio, Giovanni Bellini und Francesco Botticini.

TUTTI FRUTTI/SHUTTERSTOCK ©

ALDORADO/SHUTTERSTOCK ©

Notre-Dame

Mit ihren Buntglasfenstern, Strebepfeilern und furchteinflößenden Wasserspeiern ist die prächtige Pariser Kathedrale auf der größeren der beiden Innenstadtinseln das geografische und spirituelle Herz der Stadt.

Toll für ...

☑ Nicht versäumen

Wer die Glockentürme erklimmt, kann mit den furchtbaren Wasserspeiern der Kirche auf Tuchfühlung gehen.

Die Kathedrale hat wirklich beeindruckende Maße: Das Hauptschiff ist innen 127 m lang, 48 m breit und 35 m hoch und kann rund 6000 Gläubige aufnehmen.

Architektur

Der Bau der Kathedrale begann 1163 und war zu Beginn des 14. Jhs. größtenteils abgeschlossen. An dieser Stelle hatten bereits andere Kirchen und ein Jahrtausend zuvor ein gallorömischer Tempel gestanden. Während der Revolution wurde die Kathedrale schwer beschädigt, woraufhin der Architekt Eugène Emmanuel Viollet-le-Duc von 1845 bis 1864 umfassende Renovierungen durchführte. Einen genauen Blick lohnt der „Wald" aus kunstvollen Strebebögen, die Decke und Wände des Chors abstützen.

Notre-Dame ist berühmt für ihre vollendete Ausgewogenheit. Bei genauerer Betrachtung finden sich aber allerlei kleine

Im Innern von Notre-Dame

JULIAN ELLIOTT PHOTOGRAPHY/GETTY IMAGES ©

asymmetrische Elemente, die keinerlei Monotonie aufkommen lassen. Dazu gehören die leicht unterschiedlichen drei Hauptportale, deren Statuen einst bunt bemalt waren. Das steigerte ihre Wirkung als *Biblia pauperum* (Armenbibel), um den des Lesens unkundigen Gläubigen die Geschichten des Alten Testaments, die Passion Christi und das Leben der Heiligen nahezubringen.

Fensterrosen & Orgel

Besonders spektakulär sind die drei Fensterrosen, insbesondere die 10 m breite Rosette an der Westfassade über der Orgel und das Fenster an der Nordseite des Querschiffes, das seit dem 13. Jh. praktisch unverändert ist. Die Orgel ist mit 7800 Pfeifen (von denen 900 denkmalgeschützt sind), 111 Registern, fünf 56-Tasten-Manualen und einem Pedal mit 32 Tasten eine der größten der Welt.

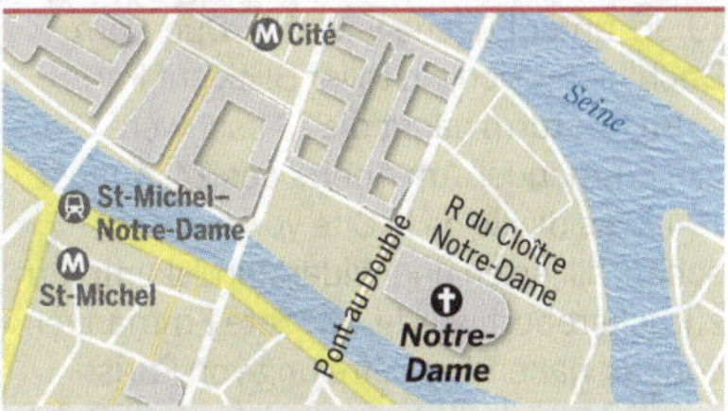

Gut zu wissen

Karte S. 234; ☎01 42 34 56 10; www.notredamedeparis.fr; 6 place du Parvis Notre-Dame, 4e; Kathedrale frei, Erw./Kind Türme 10 €/frei, Schatzkammer 4/2 €; ⏲Kathedrale Mo–Fr 7.45–18.45, Sa & So bis 19.15 Uhr, Türme Juli & Aug. So–Do 10–18.30, Fr & Sa bis 23 Uhr, April–Juni & Sept. 10–18.30 Uhr, Okt.–März 10–17.30 Uhr, Schatzkammer April–Sept. 9.30–18 Uhr, Okt.–März 10–17.30 Uhr; Ⓜ Cité

Kleine Stärkung

An der versteckten Place Dauphine serviert **Le Caveau du Palais** (Karte S. 234; ☎01 43 26 04 28; www.caveaudupalais.fr; 19 place Dauphine, 1er; Hauptgerichte 21–28 €; ⏲12–14.30 & 19–22 Uhr; Ⓜ Pont Neuf) moderne französische Küche.

★ Top-Tipp

Die langen Schlangen werden im Laufe des Tages noch länger – am besten ist man so früh wie möglich hier.

Türme

Der Eingang zu den **Tours de Notre-Dame**, den Glockentürmen der Kathedrale, ist schon an der Menschenschlange zu erkennen. Die über 400 Stufen der Wendeltreppe führen den Nordturm hinauf zum Dach der Westfassade und zur **Galerie des Chimères** (Galerie der Wasserspeier) mit ihren gruseligen Fratzen. Durch diese grotesken Plastiken wird das Mauerwerk der Kirche geschützt: Das Regenwasser, das sich auf dem Dach sammelt, wird durch verlängerte Öffnungen von den Mauern weggeleitet. Angeblich vertreiben die Wasserspeier außerdem böse Geister. Sie wirken zwar mittelalterlich, entstanden jedoch erst im

19. Jh. unter Eugène Viollet-le-Duc. Vom Dach bietet sich ein toller Blick auf Paris.

Im Südturm hängt die 13 t schwere Glocke Emmanuel. Am Abend des 24. August 1944, als die Île de la Cité von französischen, alliierten und Widerstandskämpfern zurückerobert wurde, kündete Emmanuel von der nahenden Befreiung von Paris.

2013 erhielt die Kathedrale zum 850. Jahrestag des Baubeginns neun neue Glocken, um das ursprüngliche mittelalterliche Geläut nachzubilden.

Schatzkammer

Der *trésor* (Schatzkammer) im südöstlichen Querschiff hütet Kunstwerke, liturgische Objekte und Reliquien. Zu den sakralen Kleinodien gehört auch die **Ste-Couronne** (Heilige Krone), angeblich die Dornenkrone, die Jesus bei seiner Kreuzigung trug. Zu besichtigen ist sie an jedem ersten Freitag im Monat von 15 bis 16 Uhr sowie am Karfreitag von 10 bis 17 Uhr.

Einfacher zu besichtigen ist die Sammlung der **Camées des Papes** (päpstliche Kameen). Die 268 Stücke, die aus unglaublich fein geschnitzten und in Silber gerahmten Muschelschalen bestehen, stellen jeden Papst in Miniaturform dar, von Petrus bis zu Benedikt. Erstaunlich sind die unterschiedlichen Körperhaltungen, Gesten und Gewänder der jeweiligen Päpste.

Die Mays

Die Seitenkapellen hinterm Chor sind der Aufbewahrungsort einer wunderbaren Gemäldesammlung. Von 1449 an brachten die Goldschmiede der Stadt jedes Jahr am 1. Mai einen mit Bändern geschmückten Baum als Opfergabe zu Ehren der Jungfrau Maria;

ihr ist die Notre-Dame (Unsere Liebe Frau) geweiht. Fünfzig Jahre später waren die als Mays bekannten Bäume durch ein Tabernakel mit Szenen aus dem Alten Testament ersetzt worden und von 1630 an gab es ein 3 m großes Bild zum Gedenken an eine der Apostelgeschichten, gemeinsam mit einem Gedicht oder einer literarischen Erklärung. Anfang des 18. Jhs., als die Bruderschaft der Goldschmiede aufgelöst wurde, hatte die Kathedrale bereits 76 dieser monumentalen Gemälde erhalten. Zu sehen sind 13 davon.

Krypta

Verborgen unter dem Platz vor der Kirche liegt die **Crypte Archéologique** (Archäologische Krypta; Karte S. 234; www.crypte.paris.fr; Erw./Kind 8 €/frei; ⌚Di–So 10–18 Uhr), 117 m lang und 28 m breit. Dort sind die Überreste von Bauwerken aus der galloromischen Zeit zu sehen, die früher einmal hier standen, sowie die Fundamente eines mittelalterlichen Findelhauses und ein paar der originalen Abwasserkanäle, die Haussmann ausschachten ließ.

MATTEO COLOMBO/GETTY IMAGES ©

Audioguides & Führungen

Audioguides (5 €) sind am Informationsschalter gleich hinter dem Eingang erhältlich. Der Eintritt zur Schatzkammer ist inbegriffen.

Kostenlose einstündige englische Führungen finden mittwochs und donnerstags um 14 Uhr und samstags um 14.30 Uhr statt.

Historische Großereignisse

In der Kathedrale haben schon wichtige historische Ereignisse stattgefunden wie 1431 die Krönung Heinrichs VI. zum französischen König, 1558 die Vermählung von Maria Stuart mit dem französischen Thronfolger, dem späteren Franz II., 1804 die Krönung Napleons durch Papst Pius VII. und 1909 die Seligsprechung und 1920 die Heiligsprechung von Johanna von Orléans.

Musik in Notre-Dame

Seit jeher spielt die Musik eine besonders wichtige Rolle für Notre-Dame. Der beste Termin für eine Kostprobe des musikalischen Erbes der Kathedrale ist sonntags bei einer gregorianischen oder polyfonen Messe (um 10 bzw. 18.30 Uhr) oder bei einem kostenlosen Orgelspiel (16.30 Uhr).

Von Oktober bis Juni finden abendliche Konzerte statt. Das Programm ist auch online nachzulesen (www.musique-sacree-notredamedeparis.fr).

★ Square Jean XXIII

Den besten Blick auf die Strebepfeiler der Kathedrale hat man vom Square Jean XXIII, dem kleinen Park hinter der Kirche.

Notre-Dame

ZEITACHSE

1160 Maurice de Sully wird Bischof von Paris und will die aufstrebende Stadt mit einer neuen Kathedrale zu schmücken.

1182–1190 Der **Chor mit doppeltem Ambulatorium** ❶ ist fertig. Arbeiten an Schiff und Seitenkapellen beginnen.

1200–1250 Die **Westfassade** ❷, mit Fensterrose, drei Portalen und zwei hohen Türmen steht.

1345 Etwa 180 Jahre nach der Grunsteinlegung ist die Cathédrale Notre-Dame vollendet. Sie ist *notre dame* geweiht, der Jungfrau Maria.

1789 Aufständische zerstören die **Königsgalerie** ❸, plündern die Kathedrale und schmelzen alle Glocken bis auf „Emmanuel" ein. Die Kirche wird zum Tempel der Vernunft erklärt und dient dann als Lagerhaus.

1831 Victor Hugos Roman *Der Glöckner von Notre-Dame* erweckt das Interesse der Öffentlichkeit an der zerstörten gotischen Kathedrale.

1845–1850 Der Architekt Viollet-le-Duc übernimmt die Restaurierung. Für die Westfassade werden 28 neue Könige geschaffen. Die reich verzierten **Portale** ❹ und der **Kirchturm** ❺ werden rekonstruiert und es entsteht eine neugotische **Schatzkammer** ❻.

1860 Die Fläche vor Notre-Dame wird für den *parvis* geräumt, ein „Klassenzimmer" im Freien. Dort lernen die Pariser den Katechismus auf den Steinportalen.

1935 Zum Schutz der Gläubigen, die in der Kirche beten, wird ein Hahn auf dem Turm aufgestellt, der Reliquien von St-Denis, Ste-Geneviève und Teile der Dornenkrone enthält.

1991 Das architektonische Meisterwerk Notre-Dame und die Seine-Ufer werden zum Welterbe der Unesco erklärt.

2013 Notre-Dame feiert ihr 850-jähriges Bestehen mit neuen Glocken und Restaurationsarbeiten.

PAL TERAVAGIMOV PHOTOGRAPHY/GETTY IMAGES ©

Nördliche Fensterrosette
Propheten, Richter, Könige und Priester huldigen Maria auf blauem und violettem Glas. Dies ist eine von drei wunderschönen „Fensterblumen" (1225–1270). Jede hat einen Durchmesser von fast 10 m.

Jungfrau mit dem Kinde
37 Kunstwerke zeigen die Jungfrau Maria. Gläubige verehren die perlenfarbene Skulptur im Heiligtum schon seit dem 14. Jh. Wer mag, zündet eine Kerze an und schreibt ein paar Zeilen ins *Livre de Vie* (Buch des Lebens).

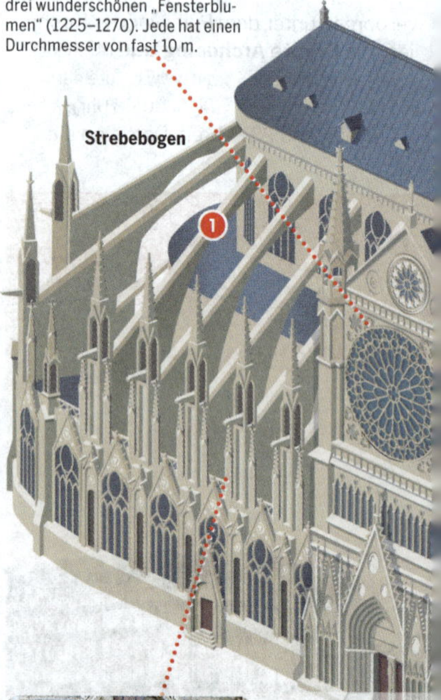

DIGITALIMAGINATION/GETTY IMAGES ©

Chorschranke
In keinem anderen Bereich der Kathedrale sind Erzählungen aus der Bibel bildhafter erzählt als auf diesen Holzpaneelen, die im 14. Jh. geschnitzt wurden, nachdem die Pest die Hälfte der Bevölkerung des Landes dahingerafft hatte. Die kräftigen Farben wurden in den 1960er-Jahren neu aufgetragen.

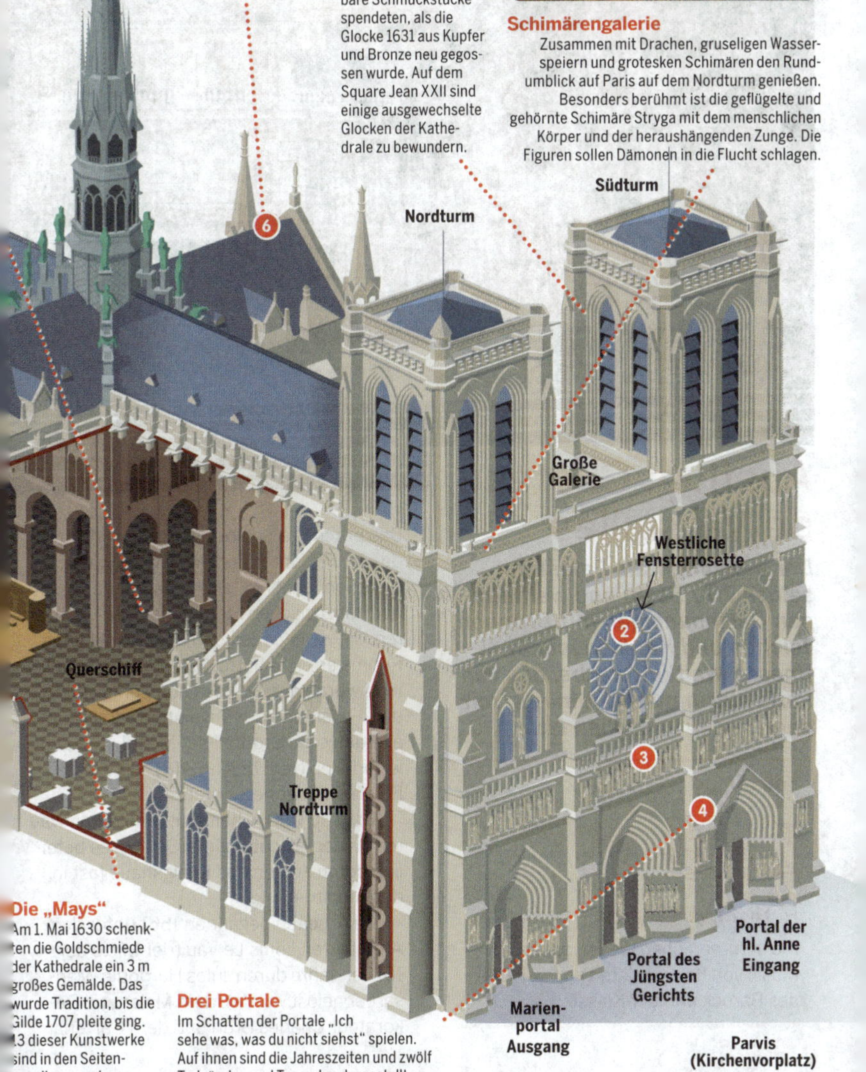

Schatzkammer

Dies war die Geldreserve der französischen Könige, die Kelche, Kreuze, Taufbrunnen und andere heilige Gegenstände bei finanziellen Engpässen in Krisenzeiten (Krieg, Hungersnot usw.) einschmelzen ließen.

BRIAN A JACKSON/SHUTTERSTOCK ©

Große Glocke

Das Geläut der großen Glocke Emmanuel soll so rein klingen, weil die Pariserinnen kostbare Schmuckstücke spendeten, als die Glocke 1631 aus Kupfer und Bronze neu gegossen wurde. Auf dem Square Jean XXII sind einige ausgewechselte Glocken der Kathedrale zu bewundern.

SYAOCHIKA/SHUTTERSTOCK ©

Schimärengalerie

Zusammen mit Drachen, gruseligen Wasserspeiern und grotesken Schimären den Rundumblick auf Paris auf dem Nordturm genießen. Besonders berühmt ist die geflügelte und gehörnte Schimäre Stryga mit dem menschlichen Körper und der heraushängenden Zunge. Die Figuren sollen Dämonen in die Flucht schlagen.

Die „Mays"

Am 1. Mai 1630 schenkten die Goldschmiede der Kathedrale ein 3 m großes Gemälde. Das wurde Tradition, bis die Gilde 1707 pleite ging. 13 dieser Kunstwerke sind in den Seitenkapellen zu sehen.

Drei Portale

Im Schatten der Portale „Ich sehe was, was du nicht siehst" spielen. Auf ihnen sind die Jahreszeiten und zwölf Todsünden und Tugenden dargestellt.

Ausflug: Château de Versailles

Der monumentale Palast mit seinen 700 Sälen und weitläufigen Gartenanlagen mit Brunnen, Teichen und Kanälen ist ein Unesco-Weltkulturerbe, das von Paris aus in nur 40 Minuten mit dem Zug zu erreichen ist.

Toll für ...

☑ **Nicht versäumen**

Die sommerlichen Wasserspiele mit Musik von Komponisten aus der Zeit des Barock und der Klassik.

Das prächtige Schloss wurde zur Mitte des 17. Jhs. unter Ludwig XIV. errichtet: Der „Sonnenkönig" wollte damit die Macht der französischen Monarchie demonstrieren, die zu jener Zeit den Höhepunkt ihres Ruhms erreicht hatte. Seit der Fertigstellung wurde das Schloss nur wenig verändert – während der Revolution verschwand allerdings ein Großteil der Möbel. Erst Ludwig Philipp (reg. 1830–1848) ließ viele Räume wieder herrichten.

Rund 30 000 Arbeiter und Soldaten waren an der Errichtung des Schlosses beteiligt, deren Kosten das Königshaus fast in den Ruin trieben.

Die Arbeiten begannen 1661 unter dem Architekten Louis Le Vau (der Mitte der 1670er-Jahre durch Jules Hardouin-Mansart abgelöst wurde), dem Maler und Dekorateur Charles Brun und dem Gartenar-

SIMON TAM (TAMCHUNGMAN)/GETTY IMAGES ©

chitekten André Le Nôtre. Dieser ließ ganze Hügel einebnen, Sümpfe trockenlegen und Wälder umpflanzen, um mit **Gärten** (außer bei Musikveranstaltungen Eintritt frei; Gärten April–Okt. 8–20.30 Uhr, Nov.–März bis 18 Uhr, Park April–Okt. 7–20.30 Uhr, Nov.–März 8–18 Uhr), Teichen und Springbrunnen den Eindruck endloser Weite zu erzeugen.

Le Brun und seine Kunsthandwerker schmückten jede noch so kleine Nische und jeden Vorsprung, jede Decke und jede Tür des Schlosses verschwenderisch mit Freskenmalereien, Marmor, Blattgold und Holzschnitzereien mit Szenen und Motiven aus der griechischen und römischen Mythologie. So umfassen etwa die Grands Appartements du Roi et de la Reine (Prunkgemächer des Königs und der Königin) Herkules, Venus, Diana, Mars und Merkur gewidmete Räume. Besonders prachtvoll ist die Galerie

Gut zu wissen

01 30 83 78 00; www.chateauversailles.fr; place d'Armes; Pass inkl. Zugang zum gesamten Gelände Erw./Kind 20 €/frei, mit Musikdarbietungen 27 €/frei, Schloss 15 €/frei; April–Okt. Di–So 9–18.30 Uhr, Nov.–März Di–So bis 17.30 Uhr; M RER Versailles-Château–Rive Gauche

Kleine Stärkung

Die nahe Rue de Satory ist von Restaurants und Cafés gesäumt.

★ Top-Tipp

Wer Tickets vorher über die Website oder bei Fnac (S. 252) kauft, kann direkt zum Eingang gehen.

des Glaces (Spiegelsaal), ein 75 m langer Ballsaal mit 17 funkelnden Spiegeln auf einer Seite und ebenso vielen Fenstern auf der anderen Seite.

Führungen

Manche Bereiche des Schlosses sind nur mit einer 90-minütigen **Führung** (01 30 83 77 88; Führungen 7 € plus Eintritt zum Schloss; auf Englisch Di–So 9.30 Uhr) zugänglich, die neben den berühmtesten Teilen des Schlosses auch die Privatgemächer Ludwigs XV. und Ludwigs XVI. sowie das Opernhaus oder die Königliche Kapelle umfasst. Vorausbuchen!

Planung

Das Schloss steht 22 km südwestlich von Paris. Die beste Verbindung nach Versailles bietet der RER C5 (4,20 €), der von den Pariser RER-Bahnhöfen am linken Seine-Ufer regelmäßig nach Versailles-Château–Rive Gauche fährt.

Versailles

EIN TAG BEI HOFE

Versailles ist auf den ersten Blick überwältigend. Aber man muss es sich einmal als ein „ganz normales" Gebäude vorstellen, in dem Menschen aßen, tranken, arbeiteten, schliefen und Komplotte schmiedeten.

Etwa zwanzig Jahre nach Beginn seiner Regentschaft ließ Ludwig XIV. das Jagdschloss seines Vaters in einen Palast umbauen, der groß genug sein sollte, um seinen gesamten Hofstaat, bestehend aus 6000 Untergebenen, zu fassen. Dabei scheute der Sonnenkönig keine Kosten: Er warb die besten Künstler und Handwerker der damaligen Zeit an. 1682 war die extravaganteste Residenz der Geschichte fertig.

Der königliche Tagesablauf war immer gleich. Der Tag begann im **Schlafgemach des Königs** 1 und im **Gemach der Königin** 2; das Paar wurde etwa zur selben Zeit geweckt. Anschließend zog die königliche Prozession auf dem Weg zur Morgenmesse durch den **Spiegelsaal** 3 in die **königliche Kapelle** 4. Am Vormittag fanden dann Besprechungen mit Ministern im **Ratssaal** 5 statt. Nach dem Mittagessen unternahm der König einen Ausritt, ging auf die Jagd oder zog sich in die **Bibliothek** 6 zurück. Später traf er sich gegebenenfalls mit seinen Kurtisanen auf einen „Appartementabend" im **Hercules-Salon** 7 oder spielte vor dem Abendessen um 22 Uhr eine Runde Billard im **Diana-Salon** 8.

VERSAILLES IN ZAHLEN

Zimmer 700 (11 ha Dachfläche)
Fenster 2153
Treppen 67
Gärten und Parks 800 ha
Bäume 200 000
Springbrunnen 50 (mit 620 Spritzdüsen)
Gemälde 6300 (nebeneinandergelegt 11 km lang)
Statuen und Skulpturen 2100
Kunstobjekte und Möbel 5000
Besucher 5,3 Mio. pro Jahr

VICHIE81/SHUTTERSTOCK ©

Schlafgemach der Königin
Chambre de la Reine
Die Öffentlichkeit verfolgte jeden Aspekt des Lebens der Königin. Selbst bei der Geburt ihrer Kinder waren Zuschauer in ihrem Schlafgemach zugegen. **ABSTECHER»** Im Wachraum standen Dutzende bewaffneter Männer Gewehr bei Fuß.

MITTAGSPAUSE

Moderne französische Küche im Restaurant Ore von Alain Ducasse, oder ein Picknick im Park.

Herkules-Salon
Salon d'Hercule
Hinter dem Salon mit dem beeindruckenden Herkules-Fresko an der Decke liegen die Prunkgemächer, die den Höflingen an drei Abenden pro Woche zugänglich waren. **ABSTECHER»** Der Apollo-Salon wurde für offizielle Audienzen und als Thronsaal genutzt.

T.W.VAN URK/SHUTTERSTOCK ©

Spiegelsaal

Galerie des Glaces

Der Saal ist den militärischen Erfolgen Ludwigs XIV. gewidmet. Kronleuchter und Einrichtungsgegenstände aus massivem Silber wurden 1689 eingeschmolzen, um einen weiteren Krieg zu finanzieren.

ABSTECHER» Thematisches Gegenstück ist der Friedenssalon nebenan.

WALTER G/SHUTTERSTOCK ©

Schlafgemach des Königs

Chambre du Roi

Der König hatte so gut wie keine Privatsphäre. Schon beim *lever* (Aufstehen) um 8 Uhr und auch beim *coucher* (zu Bett gehen) um 23.30 Uhr waren bis zu 150 Höflinge zugegen.

Ratssaal

Cabinet du Conseil

In diesem Saal traf der König seine Räte (den Staatsrat, den Finanzrat, den Religionsrat) an verschiedenen Tagen der Woche.

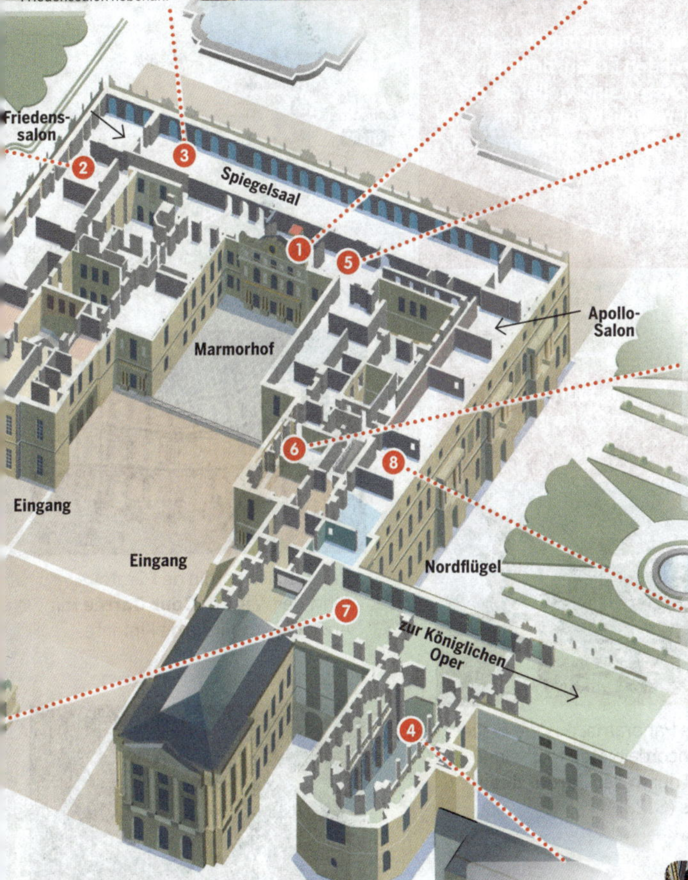

Bibliothek des Königs

Bibliothèque du Roi

Der letzte Schlossbewohner, Büchernarr Ludwig XVI., liebte Geografie. Sein Exemplar von *The Travels of James Cook* (er las auf Englisch) steht noch immer im Regal.

Diana-Salon

Salon de Diane

Fresken der mythischen Jägerin bedecken die Wände und die Decke. Früher stand hier ein großer Billardtisch; Ludwig XIV. war ein leidenschaftlicher Spieler.

Königliche Kapelle

Chapelle Royale

Die Kapelle ist dem hl. Ludwig, dem Schutzheiligen der französischen Könige, geweiht. Sie ist zweistöckig: Die Galerie war den Monarchen und wichtigen Angestellten vorbehalten, unten drängte sich das übrige Personal.

ABSTECHER» Die opulente Königliche Oper.

COJATO/BUDGET TRAVEL ©

CLEVERES TIMING

Im Schloss ist montags Ruhetag. Dienstags strömen Besucher aus der Hauptstadt herbei, weil die Museen an diesem Tag geschlossen bleiben, sonntags ist am meisten los. Wer Tickets vorab online bucht, muss nicht Schlange stehen.

Ein Bummel an der Seine

Der Stadt der Liebe mangelt es nicht an faszinierenden Ecken, doch am verführerischsten sind vielleicht die Seine und ihre Ufer. Wo möglich, sollte man direkt am Wasser entlanggehen.
Start Place de la Concorde
Länge 7 km
Dauer 3 Stunden

Fotospot: Brunnenaufnahmen in den eleganten 28 ha großen Tuilerien.

1 Auf das Panorama, das die Place de la Concorde bietet, folgt ein Bummel durch den **Jardin des Tuileries** (S. 237).

2 Durch den Jardin de l'Oratoire führt der Weg zur **Cour Carrée** mit Ausgang am Jardin de l'Infante.

3 Zunächst nimmt man die Treppe zum **Square du Vert Galant**, dann geht es hinab zur Place du Pont Neuf und zur Place Dauphine.

7 Den Abschluss des Bummels bildet der stille **Jardin des Plantes** (⏲Anfang April–Mitte Sept. 7.30–20 Uhr, sonst kürzer). Zurück geht's per Batobus über die Seine.

4 Der zauberhafte Buchladen **Shakespeare & Company** (S. 240) lockt mit Dichtkunst.

Kleine Stärkung ... tags und abends im hippen Café Saint Régis (S. 244).

5 Auf der Île St-Louis lockt die Eisdiele **Berthillon** (S. 244) mit grandioser Eiscreme.

6 Im **Musée de la Sculpture en Plein Air** (Freilicht-Skulpturen-museum) kann man inmitten von Plastiken aus dem späten 20. Jh. umherwandeln.

SEHENSWERTES

Louvre & Les Halles

Centre Pompidou — Museum

(Karte S. 234; 01 44 78 12 33; www.centrepompidou.fr; place Georges Pompidou, 4e; Museum, Ausstellungen & Panorama Erw./Kind 14 €/frei, nur Panorama 5 €; Mi & Fr–Mo 11–22, Do bis 23 Uhr; M Rambuteau) Das Angebot des 1977 eröffneten Centre Pompidou, das für seine radikale Architektur bekannt ist, umfasst Galerien und Ausstellungen, Workshops, Tanzperformances, Buch- und Designläden, Kinos und weitere Unterhaltungsangebote. Draußen kommen noch Straßenkünstler und originelle Brunnen hinzu. Die Hauptattraktion ist aber das **Musée National d'Art Moderne** mit Kunst ab 1905; es kann jedoch nur ein Bruchteil der über 100 000 Stücke umfassenden Sammlung mit Werken der Fauvisten, Kubisten und Surrealisten sowie der Pop-Art und der zeitgenössischen Kunst gezeigt werden. Grandios ist auch das Paris-Panorama, das sich vom Dach aus bietet.

Église St-Eustache — Kirche

(Karte S. 234; www.st-eustache.org; 2 impasse St-Eustache, 1er; Mo–Fr 9.30–19, Sa & So 9–19 Uhr; M Les Halles) Gleich nördlich der Grünalage am einstigen Standort der Pariser Markthallen, heute **Forum des Halles** (Karte S. 234; http://forumdeshalles.com; 1 rue Pierre Lescot, 1er; Geschäfte Mo–Sa 10–20, So 11–19 Uhr; M Châtelet, Les Halles), steht eine der schönsten Kirchen von Paris. Seit Jahrhunderten erhebt St-Eustache die Seelen und Herzen der Menschen mit majestätischer Architektur und mitreißender Musik. Die Kirche wurde zwischen 1532 und 1632 im gotischen Stil erbaut. Mitte des 18. Jhs. erhielt die Westseite der Kirche eine klassizistische Fassade. Zu den bedeutendsten Kunstwerken der Kirche gehören ein Gemälde von Rubens, das farbenfrohe Halbrelief Pariser Markthelfer von Raymond Mason (1969) und das bronzene Triptychon von Keith Haring (1990) in den Seitenkapellen.

Die Seine-Inseln

Sainte-Chapelle — Kapelle

(Karte S. 234; 01 53 40 60 80, Konzerte 01 42 77 65 65; www.sainte-chapelle.fr; 8 bd du Palais, 1er; Erw./Kind 10 €/frei, Kombiticket mit Conciergerie 15 €; April–Sept. 9–19 Uhr, Okt.–März bis 17 Uhr; M Cité) Den Besuch der Sainte-Chapelle sollte man sich für einen sonnigen Tag aufheben: Dann erstrahlen die ältesten, prachtvollsten Buntglasfenster von Paris

Champs-Élysées und Arc de Triomphe

in schönstem Licht. Die Heilige Kapelle, Teil des Palais de Justice (Justizpalast), ist ein Kleinod und das herausragendste gotische Bauwerk von Paris. Nach nur sechs Jahren Bauzeit (bei Notre-Dame dauerte es fast 200 Jahre) wurde die Sainte-Chapelle 1248 geweiht. Ludwig IX. gab den Bau der Kapelle in Auftrag, um hier seine private Reliquiensammlung mit der berühmten Heiligen Krone (jetzt in Notre-Dame) unterzubringen.

Champs-Élysées & Grands Boulevards

Arc de Triomphe — Wahrzeichen

(Karte S. 238; www.paris-arc-de-triomphe.fr; place Charles de Gaulle, 8e; Aussichtsplattform Erw./Kind 12 €/frei; April–Sept. 10–23 Uhr, Okt.–März bis 22.30 Uhr; M Charles de Gaulle–Étoile) Dieser prächtige, reich verzierte Triumphbogen von 1836, den Napoleon ein Jahr nach seinem Sieg bei Austerlitz (1805) in Auftrag gab, kann es durchaus mit dem Eiffelturm (S. 208) als Wahrzeichen von Paris aufnehmen. Von der Aussichtsplattform oben auf dem Denkmal – der Aufstieg über 284 Stufen bis in 50 m Höhe lohnt sich unbedingt – schweift der Blick über die zwölf Boulevards, die sternförmig vom Kreisverkehr wegführen, in dessen Mitte sich der Bogen erhebt.

Grand Palais — Galerie

(Karte S. 238; 01 44 13 17 17; www.grandpalais.fr; 3 av. du Général Eisenhower, 8e; Erw./Kind 11/8 €; Mi & Fr–Mo 10–22, Do bis 20 Uhr; M Champs-Élysées–Clemenceau) Das Grand Palais wurde für die Weltausstellung 1900 erbaut. Heute beherbergt es unter seinem 8,5 t schweren Art-nouveau-Glasdach mehrere Ausstellungsbereiche. In den **Galeries Nationales** finden einige der größten Pariser Kunstausstellungen statt (z. B. zu Renoir, Chagall, Turner), die in der Regel drei bis vier Monate dauern. Die Öffnungszeiten, Eintrittspreise und Ausstellungstermine variieren von einer Galerie zur anderen. Die hier aufgeführten gelten im Allgemeinen für die Galeries Nationales, aber es ist immer ratsam, aktuelle Infos auf der Webseite nachzulesen. Tickets für Ausstellungen unbedingt rechtzeitig online reservieren.

Canal St-Martin

Der 1825 eingeweihte ruhige, 4,5 km lange **Canal St-Martin** (Karte S. 234; M République, Jaurès, Jacques Bonsergent) sollte eine schiffbare Verbindung zwischen der Seine und den Pariser Vororten im Nordosten herstellen. Der Kanal taucht bei der Place de la République aus dem Untergrund auf; seine schattigen Treidelpfade führen vorbei an Schleusen, Stahlbrücken und gewöhnlichen Pariser Vierteln – toll für einen romantischen Spaziergang oder eine Radtour. Auf der eisernen Fußgängerbrücke an der Kreuzung Rue de la Grange aux Belles und Quai de Jemmapes kann man dabei zusehen, wie die alte Straßenbrücke für die Kanalboote geöffnet wird.

KIEV.VICTOR/T ©

Le Grand Musée du Parfum — Museum

(Karte S. 238; www.grandmuseeduparfum.fr; 73 rue du Faubourg St-Honoré, 8e; Erw./Kind 14,50/9,50 €; Di–Do, Sa & So 10.30–19, Fr bis 22 Uhr; M Miromesnil) Historische Ausstellungen mit alten Parfümflakons und Dioramen füllen das Untergeschoss des 2016 eröffneten Pariser Parfümmuseums, doch die interessantesten Abteilungen befinden sich oben. Der 1. Stock führt verführerisch in die chemischen Prozesse der Duftentfaltung ein und regt zum Einsatz der eigenen Nase an. Im 2. Stock geht die Ausstellung auf die Kunst der Duftentwicklung ein und es werden die „Instrumente" vorgestellt, mit denen die Profis heutzutage arbeiten. Am Ende geht's in den Shop, wo man noch

Les Halles, Marais & Seine-Inseln

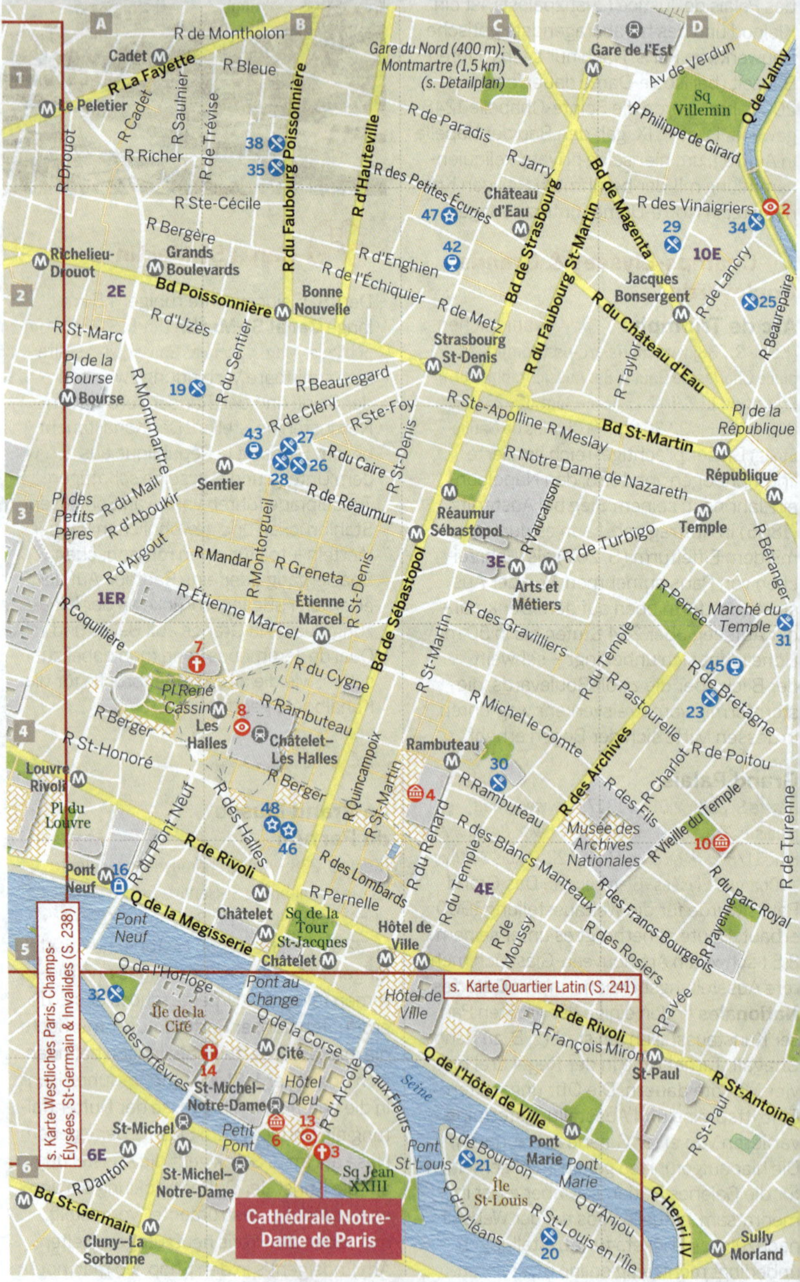

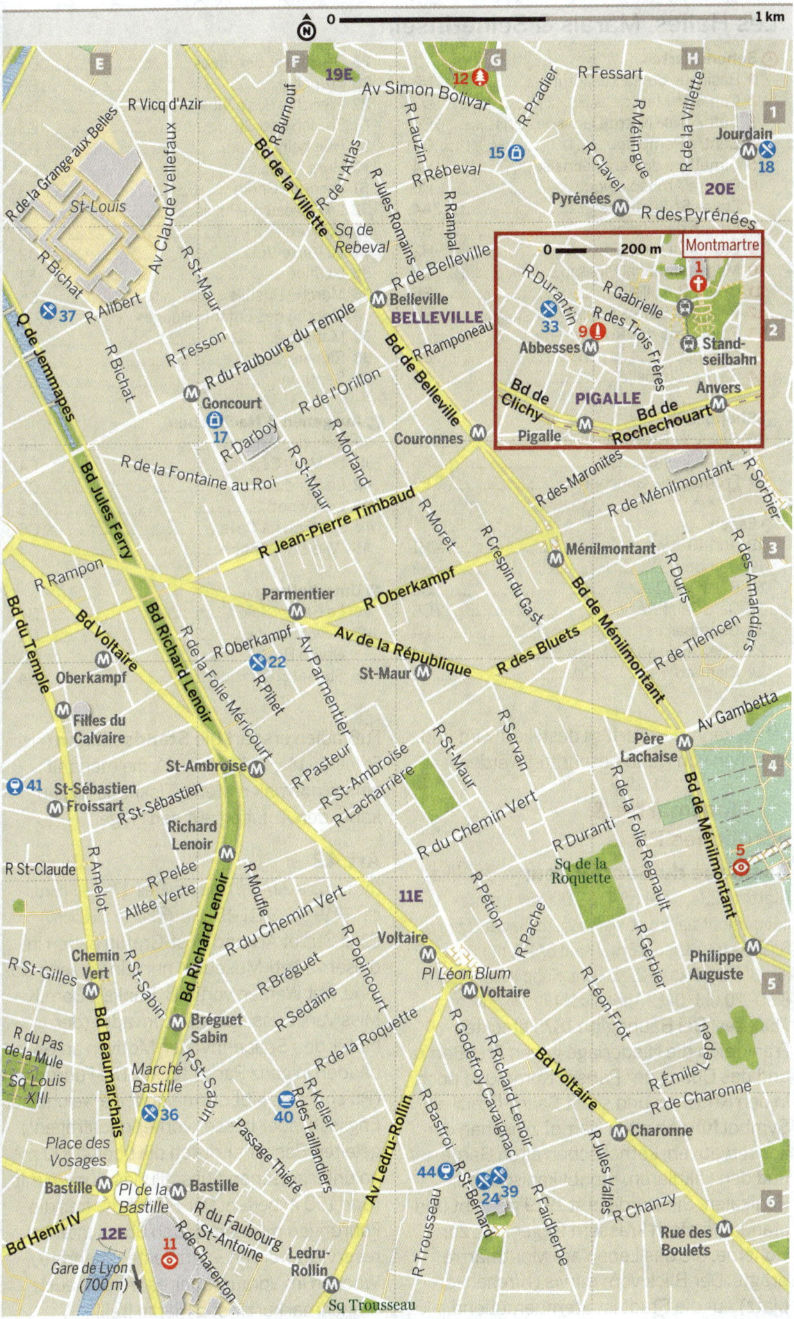
0
1 km
E
F
G
H
19E
20E
11E
12E
Av Simon Bolivar
R Fessart
R Pradier
R Vicq d'Azir
R Burnouf
R Lauzin
R Mélingue
R de la Villette
Jourdain
18
15
12
R Clavel
R Rébeval
R de l'Atlas
R Jules Romains
R Rampal
Pyrénées
R des Pyrénées
R de la Grange aux Belles
St-Louis
Av Claude Vellefaux
Bd de la Villette
Sq de Rebeval
R de Belleville
Belleville
BELLEVILLE
R Bichat
R Alibert
37
R St-Maur
R Tesson
R du Faubourg du Temple
R Ramponeau
Q de Jemmapes
R Bichat
Goncourt
17
R de l'Orillon
Bd de Belleville
R Darboy
R Morand
Couronnes
0
200 m
Montmartre
1
R Durantin
R Gabrielle
33
R des Trois Frères
9
Abbesses
Stand-seilbahn
Bd de Clichy
PIGALLE
Anvers
Bd de Rochechouart
Pigalle
R de la Fontaine au Roi
R St-Maur
Bd Jules Ferry
R Jean-Pierre Timbaud
R Moret
R des Maronites
R de Ménilmontant
R Sorbier
R Crespin du Gast
Ménilmontant
R Rampon
Parmentier
R Oberkampf
R Duris
R des Amandiers
Bd du Temple
Bd Voltaire
Bd Richard Lenoir
Av de la République
Bd de Ménilmontant
R de Tlemcen
Oberkampf
R Oberkampf
22
R de la Folie Méricourt
R Pihet
Av Parmentier
St-Maur
R des Bluets
Filles du Calvaire
Av Gambetta
Père Lachaise
St-Ambroise
R Pasteur
R St-Ambroise
R Lacharrière
R St-Maur
R Servan
41
St-Sébastien Froissart
R St-Sébastien
Richard Lenoir
R du Chemin Vert
R Duranti
R de la Folie Regnault
Sq de la Roquette
Bd de Ménilmontant
5
R St-Claude
R Amelot
R Pelée
Allée Verte
R Moufle
R Pétion
R du Chemin Vert
R Pache
R Gerbier
R Popincourt
Voltaire
Chemin Vert
R St-Gilles
R St-Sabin
Bd Richard Lenoir
R Bréguet
Pl Léon Blum
Voltaire
R Léon Frot
Philippe Auguste
Bd Beaumarchais
Bréguet Sabin
R Sedaine
R de la Roquette
R Godefroy Cavaignac
R Richard Lenoir
R Émile Lepeu
R du Pas de la Mule
Sq Louis XIII
Marché Bastille
R St-Sabin
R Keller
R des Taillandiers
R Basfroi
Bd Voltaire
R de Charonne
36
40
Av Ledru-Rollin
Charonne
Place des Vosges
Passage Thiéré
R Jules Vallès
44
24
39
R St-Bernard
R Faidherbe
R Chanzy
Bastille
Pl de la Bastille
Bastille
R du Faubourg St-Antoine
R Trousseau
Rue des Boulets
Bd Henri IV
11
R de Charenton
Ledru-Rollin
Gare de Lyon (700 m)
Sq Trousseau
1
2
3
4
5
6

Les Halles, Marais & Seine-Inseln

Sehenswertes
1 Basilique du Sacré-Cœur H2
2 Canal St-Martin D2
3 Cathédrale Notre-Dame de Paris B6
4 Centre Pompidou C4
5 Cimetière du Père Lachaise H4
6 Crypte Archéologique B6
7 Église St-Eustache A4
8 Forum des Halles B4
9 Le Mur des je t'aime H2
10 Musée National Picasso D4
11 Opéra Bastille E6
12 Parc des Buttes Chaumont G1
13 Point Zéro des Routes de France B6
14 Sainte-Chapelle B5

Shoppen
15 Belleville Brûlerie G1
16 Bouquinistes A5
17 Fromagerie Goncourt F2

Essen
18 Au 140 .... H1
19 Bambou A2
20 Berthillon C6
21 Café Saint Régis C6
22 Chambelland F4
23 Chez Alain Miam Miam D4
24 Clamato G6
25 Du Pain et des Idées D2
26 Frenchie B3
27 Frenchie Bar à Vins B3
28 Frenchie to Go B3
29 Holybelly D2
30 Huré C4
31 Jacques Genin D3
32 Le Caveau du Palais A5
33 Le Grenier à Pain G2
34 Le Verre Volé D2
35 L'Office B1
36 Marché Bastille E6
Marché des Enfants Rouges .... (s. 23)
37 Matière à. E2
38 Richer B1
39 Septime G6

Ausgehen & Nachtleben
40 Café des Anges F6
41 Le Mary Céleste E4
42 Le Syndicat C2
43 Lockwood B3
44 Septime La Cave G6
45 Wild & the Moon D4

Unterhaltung
46 Le Baiser Salé B4
47 New Morning C2
Opéra Bastille .... (s. 11)
48 Sunset & Sunside B4

sehen kann, wie Parfüm destilliert wird und Flaschen von Hand beschriftet werden.

Montmartre & nördliches Paris

Basilique du Sacré-Cœur Basilika

(Karte S. 234; ☎01 53 41 89 00; www.sacre-coeur-montmartre.com; Parvis du Sacré-Cœur; Basilika frei, Kuppel Erw./Kind 6/4 €, nur Barzahlung; ⏲Basilika 6–22.30 Uhr, Kuppel Mai–Sept. 8.30–20 Uhr, Okt.–April bis 17 Uhr; Ⓜ Anvers, Abbesses) Bei Baubeginn 1875 steckten Frankreich die Niederlage gegen Preußen und das Chaos der Pariser Kommune noch in den Knochen und so ist Sacré-Cœur ein Symbol für den alten Kampf zwischen der konservativen, katholischen alten Garde und den säkularen, republikanischen Radikalen. Sie wurde erst 1919 geweiht und stand damals in krassem Gegensatz zur Boheme, die das Leben am Montmartre prägte. Der Blick vom *parvis* (Kirchenvorplatz) auf die Stadt ist atemberaubend. Fußfaulen erspart die **Standseilbahn** (place St-Pierre, 18e; ⏲6–0.45 Uhr), die man mit einem normalen Métro-Ticket benutzen kann, den Aufstieg auf den Hügel.

Art 42 Galerie

(http://art42.fr; 96 bd Bessières, 17e; ⏲Führungen Di 19–21, Sa 11–15 Uhr; Ⓜ Porte de Clichy) GRATIS Street Art und Post-Graffiti haben in diesem „Anti-Museum" nun eine eigene Galerie, mit Werken von z. B. Banksy, Bom.K, Miss Van, Ericailcane und Invader (der hinter den Space-Invader-Motiven an Gebäuden in ganz Paris steckt). Die Führungen (Pflicht! – es gibt normalerweise welche auf Englisch, aber besser vorher nachfragen!) geleiten Besucher durch die über 4000 m² an unterirdischen Ausstellungsräumen mit rund 150 Arbeiten. Der Eintritt ist frei, die Führungen müssen jedoch übers Internet reserviert werden – am besten mehrere Wochen im Voraus, aber es werden auch manchmal kurzfristig Plätze frei.

Le Mur des je t'aime Kunst

(Karte S. 234; www.lesjetaime.com; Sq Jehan Rictus, place des Abbesses ,18e; ⏲Mitte Mai–Aug. Mo–Fr 8–21.30, Sa & So 9–21.30 Uhr, Sept.–Mitte Mai kürzer; Ⓜ Abbesses) Nur wenige Besucher können es sich verkneifen, vor der „Ich liebe dich"-Mauer am Montmartre, einem Kunstwerk aus dem Jahr 2000 von Frédéric Baron und Claire Kito in einem kleinen Park, ein Selfie zu schießen. Auf dem Wandbild aus dunkelblauen Emaillekacheln steht in 250 verschiedenen Sprachen 311 Mal „Ich liebe dich" – die roten Fragmente würden zusammengesetzt ein Herz ergeben.

Marais, Ménilmontant & Belleville

Cimetière du Père Lachaise Friedhof

(Karte S. 234; ☎01 55 25 82 10; www.pere-lachaise.com; 16 rue du Repos & 8 bd de Ménilmontant, 20e; ⏲Mitte März–Okt. Mo–Fr 8–18, Sa 8.30–18, So 9–18 Uhr, Nov.–Mitte März kürzer; Ⓜ Père Lachaise, Gambetta) Der frequentierteste Friedhof der Welt öffnete 1804 seine Pforten. Auf dem 44 ha großen Gelände befinden sich über 70 000 reich verzierte Grabstätten. Am meisten Besuch erhalten der Rockstar Jim Morrison (1943–1971) in Division 6 und der irische Bühnenautor und Humorist Oscar Wilde (1854–1900) in Division 89. Lagepläne gibt's im **Bureau de la Conservation** (⏲Mo–Fr 8.30–12.30 & 14–17 Uhr; Ⓜ Philippe Auguste, Père Lachaise) beim Haupteingang am Boulevard de Ménilmontant. Weitere bestattete Promis sind z. B. der Komponist Chopin, der Dramatiker Molière, der Dichter Apollinaire und die Schriftsteller Balzac, Proust, Gertrude Stein und Colette.

Musée National Picasso Galerie

(Karte S. 234; ☎01 85 56 00 36; www.museepicassoparis.fr; 5 rue de Thorigny, 3e; Erw./Kind 12,50 €/frei; ⏲Di–Fr 10.30–18, Sa & So 9.30–18 Uhr; Ⓜ St-Paul, Chemin Vert) Das Hôtel Salé von der Mitte des 17. Jhs. birgt eine sehr beliebte Kunstausstellung. Seit 1964 befindet sich dieses Juwel im Besitz der Stadt. Das Museum widmet sich ganz dem exzentrischen spanischen Maler Pablo Picasso (1881–1973), der lange Zeit in Paris lebte und arbeitete. Die Sammlung umfasst über 5000 Zeichnungen, Radierungen, Gemälde,

Pariser Parks

Die Pariser Grünanlagen sind Flaniermeilen, Orte der Kunst und der Entspannung in einem.

Jardin du Luxembourg (Karte S. 241; www.senat.fr/visite/jardin; zahlreiche Eingänge; ⏲unterschiedlich; Ⓜ Mabillon, St-Sulpice, Rennes, Notre-Dame des Champs, RER Luxembourg) In der berühmten Grünanlage kann man zwischen Statuen bummeln, Tennis spielen und joggen; auch die Kleinen ämusieren sich prächtig.

Jardin du Palais Royal (Karte S. 238; www.domaine-palais-royal.fr; 2 place Colette, 1er; ⏲April–Sept. 8–22.30 Uhr, Okt.–März bis 20.30 Uhr; Ⓜ Palais Royal–Musée du Louvre) Ein ideales Plätzchen, um zu verschnaufen, zu picknicken oder in den drei Einkaufspassagen zu shoppen, die den Park so hübsch umrahmen.

Jardin des Tuileries (Karte S. 238; rue de Rivoli, 1er; ⏲Ende März–Ende Sept. 7–21 Uhr, Ende Sept.–Ende März 7.30–19.30 Uhr; 👪; Ⓜ Tuileries, Concorde) Grüne Oase an der Seine, perfekt fürs Picknick und zum Joggen, mit sommerlichem Rummelplatz und tollen Aussichten.

Parc des Buttes-Chaumont (Karte S. 234; rue Manin & rue Botzaris, 19e; ⏲Mai–Sept. 7–22 Uhr, Okt.–April bis 20 Uhr; Ⓜ Buttes Chaumont, Botzaris) In den eigenwilligen Grünanlagen gibt es einen griechischen Tempel, eine alte Bahntrasse, Tanzlokale und einen Hauch Tai-Chi.

Jardin du Luxembourg
XMO/SHUTTERSTOCK ©

Westliches Paris, Champs-Élysées, St-Germain & Invalides
0
1 km
s. Karte Les Halles, Marais & Seine-Inseln (S. 234)
s. Karte Quartier Latin (S. 241)
Louvre
Eiffelturm
Bois de Boulogne
Av de la Grande Armée
Av Foch
Av Hoche
Av de Friedland
Av Marceau
Av d'Iéna
Av Kléber
Av Victor Hugo
Av des Champs-Élysées
Bd Haussmann
Bd Malesherbes
R Royale
Bd des Capucines
Av de l'Opéra
R de Rivoli
Q des Tuileries
Q François Mitterrand
Q Voltaire
Q de Conti
Bd St-Germain
Rue du Bac
Q d'Orsay
Q Branly
Av de New York
Av du Président Wilson
Av Raymond Poincaré
Av Georges Mandel
Av Paul Doumer
Bd Delessert
Av de la Bourdonnais
Av de Suffren
Av Bosquet
Av Rapp
Av du Maréchal Gallieni
Av Winston Churchill
Av Franklin D Roosevelt
Av Montaigne
Av George V
Cours Albert 1er
Bd des Invalides
Av de Tourville
Pl de la Concorde
Pl Vendôme
Pl du Carrousel
Pl des Invalides
Pl de la Résistance
Pl du Palais Bourbon
Pont de l'Alma
Pont d'Iéna
Pont Royal
Pont de Bir Hakeim
Jardins du Trocadéro
Champ de Mars
Seine
FAUBOURG ST-GERMAIN
Charles de Gaulle-Étoile
Kléber
George V
Argentine
Victor Hugo
Boissière
Trocadéro
Iéna
Alma Marceau
Franklin D Roosevelt
Champs-Élysées Clemenceau
Concorde
Madeleine
Tuileries
Pyramides
Palais Royal–Musée du Louvre
Louvre–Rivoli
Opéra
Auber
Havre Caumartin
Gare St-Lazare
St-Augustin
Miromesnil
St-Philippe du Roule
Trinité
Notre-Dame de Lorette
Le Peletier
Chaussée d'Antin
Quatre Septembre
Bourse
Invalides
Assemblée Nationale
Musée d'Orsay
Solférino
Varenne
La Tour Maubourg
École Militaire
Champ de Mars–Tour Eiffel
Bir Hakeim
Passy
Avenue du Président Kennedy
St-Germain des Prés
Mabillon
Musée Marmottan Monet (1 km)
Gare Montparnasse (1,5 km)

Westliches Paris, Champs-Élysées, St-Germain & Invalides

Sehenswertes
1 Arc de Triomphe B1
2 Église du Dôme D4
3 Eiffelturm B4
4 Galeries du Panthéon Bouddhique B2
5 Grand Palais D2
6 Hôtel des Invalides D4
7 Jardin des Tuileries E3
8 Jardin du Palais Royal F3
9 Le Grand Musée du Parfum D2
10 Monnaie de Paris F4
11 Musée de l'Armée D4
12 Musée de l'Orangerie E3
13 Musée d'Orsay E3
14 Musée du Louvre F3
15 Musée du Quai Branly B3
16 Musée Guimet des Arts Asiatiques B2
17 Musée Rodin D4
18 Palais de Tokyo B3
19 Palais Garnier F2
20 Parc du Champ de Mars B4
21 Mur pour la Paix C4

Aktivitäten, Kurse & Touren
Louvre Führungen .... (s. 14)

Shoppen
22 Carrousel du Louvre F3
23 Gab & Jo F4
24 Galeries Lafayette F1
25 Magasin Sennelier F4

Essen
58 Tour Eiffel .... (s. 3)
26 Besnier D4
27 Bustronome B1
28 Goût de Brioche F4
29 Le Casse Noix B4
Le Jules Verne .... (s. 3)
Mini Palais .... (s. 5)
Restaurant Guy Savoy .... (s. 10)

Ausgehen & Nachtleben
30 Bar Hemingway E2
31 Les Deux Magots F4
32 St James Paris A2

Unterhaltung
33 Kiosque Théâtre Madeleine E2
Palais Garnier .... (s. 19)
Palais Garnier Kartenschalter .... (s. 19)

Keramikarbeiten und Skulpturen des *grand maître*, aber nicht alles ist immer zu sehen.

Quartier Latin

Panthéon — Mausoleum

(Karte S. 241; www.paris-pantheon.fr; place du Panthéon, 5e; Erw./Kind 9 €/frei; April–Sept. 10–18.30 Uhr, Okt.–März bis 18 Uhr; M Maubert-Mutualité oder RER Luxembourg) Die unübersehbare, imposante klassizistische Kuppel des Panthéon gehört zu den Wahrzeichen der Pariser Skyline. Der gewaltige Innenraum ist ein architektonisches Meisterwerk: Aus der ursprünglichen Kirche wurde ein Mausoleum, das seit 1791 als letzte Ruhestätte einiger der berühmtesten Denker Frankreichs dient, darunter Voltaire, Rousseau, Braille und Hugo. Einen Ehrenplatz nimmt eine Kopie des Foucault'schen Pendels ein, das 1851 zum ersten Mal von der Kuppel herabbaumelte, um die Erdrotation zu verdeutlichen.

Musée National du Moyen Âge — Museum

(Karte S. 241; www.musee-moyenage.fr; 6 place Paul Painlevé, 5e; Erw./Kind inkl. Audioguide 8 €/frei, mit Wechselausstellungen 9 €/frei; Mi–Mo 9.15–17.45 Uhr; M Cluny–La Sorbonne) Das Musée National du Moyen Âge birgt großartige Schätze: mittelalterliche Plastiken, Buntglasfenster, Kunstgegenstände und vor allem den sechsteiligen Tapisseriezyklus *Die Dame mit dem Einhorn*. Das stimmungsvoll in einem prächtigen Stadtpalais aus dem 15. Jh., dem Hôtel de Cluny, und dem viel älteren Frigidarium (Kaltbad) einer großen römischen Therme untergebrachte Museum ist einer der schönsten Ausstellungsorte in Paris. Draußen befinden sich an der Nordostecke vier mittelalterliche Gärten sowie im Westen weitere Überreste von Badehäusern.

Montparnasse & südliches Paris

Les Catacombes — Katakomben

(www.catacombes.paris.fr; 1 av. Colonel Henri Roi-Tanguy, 14e; Erw./Kind 12 €/frei, Online-Buchung inkl. Audioguide 27/5 €; Di–So 10–20 Uhr; M Denfert-Rochereau) Die makaberste Sehenswürdigkeit von Paris sind unterirdische Tunnel voller Schädel und Knochen. 1785 wurde entschieden, das Hygieneproblem der

Le Jeu de Boules

Überall, wo es ebene, schattige Kiesflächen gibt, ob im **Jardin du Luxembourg** (S. 237) und in anderen Parks oder auf den Plätzen der Stadt, sieht man Gruppen von Parisern ernsthaft ins Boulespiel vertieft. Es ist Frankreichs beliebtestes traditionelles Spiel. Das *boulodrome* **Arènes de Lutèce** (Karte S. 241; 49 rue Monge, 5e; ⏲April–Okt. 8–20.30 Uhr, Nov.–März bis 17.30 Uhr; Ⓜ Place Monge) GRATIS in einem römischen Amphitheater aus dem 2. Jh. im Quartier Latin ist ein wunderbarer Ort, um das Spiel und die Spieler zu beobachten. Auch an den Paris Plages gibt es normalerweise Plätze für eine Partie Boule.

ROBERT PAUL VAN BEETS/SHUTTERSTOCK ©

überfüllten Pariser Friedhöfe durch Exhumierung zu lösen und die Knochen in stillgelegten Steinbruchtunneln abzulegen; die Katakomben wurden 1810 geschaffen. Nach dem Abstieg 20 m in die Tiefe (auf einer schwindelerregend engen Wendeltreppe mit 130 Stufen) geht es durch dunkle, unterirdische Gänge zum Beinhaus selbst (insgesamt 2 km). Der Ausgang liegt 83 Stufen weiter oben an der Rue Remy Dumoncel, 14e.

St-Germain & Les Invalides

Hôtel des Invalides — Wahrzeichen, Museum

(Karte S. 238; www.musee-armee.fr; 129 rue de Grenelle, 7e; Erw./Kind 11 €/frei; ⏲April–Okt. 10–18 Uhr, Nov.–März bis 17 Uhr, Öffnungzeiten können abweichen; Ⓜ Varenne, La Tour Maubourg) In den 1670er-Jahren ließ Ludwig XIV. das Hôtel des Invalides für 4000 versehrte Kriegsveteranen errichten. Am 14. Juli 1789 drang ein wütender Mob in das Gebäude ein und riss 32 000 Waffen an sich, mit denen dann die Bastille erstürmt wurde – das war der Beginn der Französischen Revolution.

Mit der Eintrittskarte hat man Zugang zu allen Sehenswürdigkeiten des Invalidendoms – nur Sonderausstellungen kosten extra. Die Öffnungszeiten der einzelnen Stätten variieren oft – Infos auf der Website!

Musée d'Orsay — Museum

(Karte S. 238; www.musee-orsay.fr; 1 rue de la Légion d'Honneur, 7e; Erw./Kind 12 €/frei; ⏲Di, Mi & Fr–So 9.30–18, Do bis 21.45 Uhr; Ⓜ Assemblée Nationale, RER Musée d'Orsay) Die Nationalsammlung mit impressionistischer, postimpressionistischer und Art-nouveau-Kunst aus der Zeit von 1848 bis 1914 residiert im herrlichen alten Bahnhof Gare d'Orsay, der schon für sich ein Meisterwerk darstellt. Zu sehen sind hier weltberühmte Gemälde großer Künstler. Ganz oben auf der To-do-Liste jedes Besuchers steht die weltgrößte Sammlung impressionistischer und postimpressionistischer Kunst.

Musée Rodin — Museum, Garten

(Karte S. 238; www.musee-rodin.fr; 79 rue de Varenne, 7e; Erw./Kind Museum mit Garten 10 €/frei, nur Garten 4 €/frei; ⏲Di–So 10–17.45 Uhr; Ⓜ Varenne) Der Bildhauer, Maler, Zeichner und Sammler Auguste Rodin schenkte dem französischen Staat 1908 seine gesamte Sammlung, stellte aber die Bedingung, dass die Arbeiten in seinem früheren Atelier, dem Hôtel Biron (erb. 1730), ausgestellt werden. Heute ist nicht nur die Villa Ausstellungsbereich, sondern auch der wunderbar stimmungsvolle Rosengarten – eines der friedvollsten Fleckchen in ganz Paris und der perfekte Ort, um die berühmte Skulptur *Der Denker* zu betrachten.

Wer sich das Schlangestehen ersparen möchte, kauft sein Ticket im Voraus übers Internet.

SHOPPEN

Shakespeare & Company — Bücher

(Karte S. 241; ☎01 43 25 40 93; www.shakespeareandcompany.com; 37 rue de la Bûcherie, 5e; ⏲10–23 Uhr; Ⓜ St-Michel) Alle Ecken und

Quartier Latin

0 ——— 500 m

Quartier Latin

Sehenswertes

1 Arènes de Lutèce D3
2 Jardin des Plantes D3
3 Jardin du Luxembourg B2
4 Musée de la Sculpture en Plein Air D2
5 Musée National du Moyen Âge C2
6 Panthéon C2

Shoppen

7 Le Bon Marché A2
8 Le Bonbon au Palais C2
9 Shakespeare & Company C1

Essen

Bar à Vins AT .... (s. 13)
10 Bouillon Racine B2
11 Café de la Nouvelle Mairie C2
12 Poilâne A2
13 Restaurant AT D2
14 Shakespeare & Company Café C1

Ausgehen & Nachtleben

15 Little Bastards C3

Unterhaltung

16 Café Universel B3
17 Le Caveau des Oubliettes C2

Winkel dieses zauberhaften Buchladens sind vollgestopft mit neuen und gebrauchten englischen Büchern. Der ursprüngliche Laden (12 rue l'Odéon, 6e; 1941 von den Nazis geschlossen) wurde von Sylvia Beach geführt und war ein Treffpunkt für Hemingways „Lost Generation". Montags finden um 19 Uhr oft Lesungen berühmter, aber auch junger Autoren statt, es gibt außerdem Workshops und Literaturfeste sowie ein wunderbares **Café** (Karte S. 241; www.shakespeareandcompany.com; 2 rue St-Julien le Pauvre, 5e; Gerichte 3,50–10,50 €; ⌚Mo–Fr 9.30–19, Sa & So bis 20 Uhr; 📶✍👪; Ⓜ St-Michel) 🌿.

La Grande Épicerie de Paris — Lebensmittel

(www.lagrandeepicerie.com; 36 rue de Sèvres, 7e; ⌚Mo–Sa 8.30–21, So 10–20 Uhr; Ⓜ Sèvres–Babylone) In der grandiosen Lebensmittelabteilung des Kaufhauses **Le Bon Marché** (Karte S. 241; www.bonmarche.com; 24 rue de

Mit dem Rad vorbei an den Bouquinisten

Sèvres, 7e; ⌚Mo–Mi & Sa 10–20, Do & Fr bis 20.45, So 11–20 Uhr; Ⓜ Sèvres–Babylone) werden 30 000 seltene und luxuriöse Lebensmittelerzeugnisse vorrätig gehalten, darunter 60 verschiedene Sorten Brot und Köstlichkeiten wie Kaviar-Ravioli. Die phantastischen Auslagen mit Schokolade, Backwaren, Käse, Obst, Gemüse und Feinschmeckerartikeln ist schon allein eine Pariser Sehenswürdigkeit. Im Keller finden Weinverkostungen statt.

Marché aux Puces de St-Ouen Markt

(www.marcheauxpuces-saintouen.com; rue des Rosiers, St-Ouen; ⌚Sa–Mo; Ⓜ Porte de Clignancourt) Der riesige Flohmarkt existiert bereits seit Ende des 19. Jhs. und gilt als der größte Europas. Er besteht aus rund 2500 Ständen, die zu 15 Bereichen mit jeweils speziellem Angebot gruppiert sind (z. B. Marché Paul Bert für Möbel aus dem 17. Jh., Marché Malik für Klamotten, Marché Biron für asiatische Kunst). Jeder Bereich hat eigene Öffnungszeiten, die auf der Website aufgeführt sind.

Le Bonbon au Palais Lebensmittel

(Karte S. 241; www.bonbonsaupalais.fr; 19 rue Monge, 5e; ⌚Di–Sa 10.30–19.30 Uhr; Ⓜ Cardinal Lemoine) Kinder und Junggebliebene werden an dieser zuckrigen Tour de France ihren Spaß haben: Der Laden hat bunte, handwerklich gefertigte Süßigkeiten aus dem ganzen Land im Sortiment. Die altmodischen Gläser sind gefüllt mit Leckereien wie *calissons* (diamantförmiger Mandelkonfekt mit Zuckerguss aus Aix-en-Provence), *rigolettes* (obstgefüllte Bonbons aus Nantes), *berlingots* (gestreifte dreieckige Lutschbonbons z. B. aus Carpentras) und *papalines* (mit Kräuterlikör gefüllte Schokoladenkugeln aus Avignon).

Gab & Jo Mode & Accessoires

(Karte S. 238; www.gabjo.fr; 28 rue Jacob, 6e; ⌚Mo–Sa 11–19 Uhr; Ⓜ St-Germain des Prés) Statt Massenproduktion Made in China bietet der Laden Souvenirs von hoher handwerklicher Qualität. Gab & Jo ist der erste Concept Store Frankreichs, dessen Waren ausschließlich im Land selbst hergestellt werden. Die Duftkerzen stammen von La Note Parisienne (Duftkerzen für jedes einzelne Pariser Arrondissement wie z. B. für das 6. mit den Noten Lippenstift, Cognac, Orangenblüte, Tuberose, Jasmin, Rose und Feige), die Marseille-Seifen von Marius Fabre, die Wäscheartikel von Germaine-des-Prés, die Sonnenbrillen von MILF und die T-Shirts von Monsieur Marcel.

Galeries Lafayette Warenhaus

(Karte S. 238; http://haussmann.galerieslafayette.com; 40 bd Haussmann, 9e; ⏲Mo–Sa 9.30–20.30, So 11–19 Uhr; 📶; Ⓜ Chaussée d'Antin oder RER Auber) Die *grande dame* aller Kaufhäuser, die Galeries Lafayette, besteht aus dem Stammhaus, dessen prachtvolles Kuppeldach aus Buntglas über 100 Jahre alt ist, einem Haus für Herrenbekleidung und einem für Haushaltswaren mit riesigem Feinkostgeschäft. Außerdem locken hier moderne Kunst in der Galerie, Modenschauen, kostenloser Panoramablick vom Dach und Stärkungspausen in einem der 24 Restaurants und Cafés.

Fromagerie Goncourt Käse

(Karte S. 234; ☎01 43 57 91 28; 1 rue Abel Rabaud, 11e; ⏲Di–Fr 9–13 & 16–20.30, Sa 9–20 Uhr; Ⓜ Goncourt) Die *fromagerie* (Käsefachgeschäft) sieht aus wie eine Boutique. Clément Brossault hat seine Karriere als Banker an den Nagel gehängt, um *fromager* zu werden. Die Auswahl an etwa 70 Käsesorten ist einfach phänomenal – die mit dem Fahrradsymbol hat er auf einer zweimonatigen „Tour de Fromage" durch Frankreich entdeckt.

Magasin Sennelier Kunst & Kunsthandwerk

(Karte S. 238; www.magasinsennelier.com; 3 quai Voltaire, 7e; ⏲Mo 14–18.30, Di–Sa 10–12.45 & 14–18.30 Uhr; Ⓜ St-Germain des Prés) Cézanne und Picasso zählten zu den Künstlern, die diesem altehrwürdigen, 1887 gegründeten Geschäft für Künstlerbedarf am Ufer der Seine dabei halfen, seine Produkte zu entwickeln. Auch heute noch ist es eine erstklassige Bezugsquelle für Leinwände, Wasser-, Pastell- und Ölfarben, Zeichenkohle u. v. m. Die waldgrüne Fassade mit Goldbeschriftung, die schönen alten Holzschränke und die Glasvitrinen ergänzen das künstlerische Flair.

Die Bouquinisten an der Seine

Die Pariser **Bouquinisten** (Karte S. 234; quai Voltaire, 7e bis quai de la Tournelle, 5e & Pont Marie, 4e bis quai du Louvre, 1er; ⏲11.30 Uhr bis Sonnenuntergang), die Buchhändler, die über 3 km entlang der Seine in grünen Buden über 300 000 antiquarische Bücher, seltene Zeitschriften, Postkarten und alte Werbeplakate anbieten, gehören ebenso zur Pariser Stadtlandschaft wie Notre-Dame. Viele Bouquinisten öffnen ihren Stand nur von Frühjahr bis Herbst (und viele haben im August geschlossen), aber auch im Winter sind immer noch genügend anwesend, dass sich ein Bummel lohnt.

Die Bouquinisten gibt es hier bereits seit dem 16. Jh. Damals waren sie noch fliegende Händler, die ihre Waren auf den Pariser Brücken verkauften – und manchmal wegen ihrer subversiven (z. B. protestantischen) Schriften Ärger mit der Obrigkeit bekamen. 1859 erteilte die Stadt offizielle Genehmigungen, vermietete Standplätze und errichtete schließlich die festen grünen Buden.

Heute dürfen die 200 bis 240 Bouquinisten bis zu vier Buden belegen, von denen nur eine Souvenirs verkaufen darf. Wer gut hinschaut, findet sogar ein paar echte Schätze: alte Comics, Erstausgaben, Karten, Briefmarken und Vorkriegszeitungen – wie schon in den vergangenen Jahrhunderten ist alles da, es muss nur wiederentdeckt werden.

ESSEN

Louvre & Les Halles

Bambou Südostasiatisch €€

(Karte S. 234; ☎01 40 28 98 30; www.bambouparis.com; 23 rue des Jeûneurs, 2e; Hauptgerichte 19–28 €; ⏲12–14.30 & 19–23 Uhr, Bar bis 24 Uhr; 📝; Ⓜ Sentier) Dieses spektakuläre südostasiatische Restaurant, eine der heißesten neuen Adressen in der Pariser kulinarischen Szene, residiert in einem 500 m^2 großen alten Stofflagerhaus mit alten Vogelkäfigen und einem riesigen Metalldrachen im Hauptgastraum, einer Bar mit Billardraum unten, einer großen Terrasse und einem Zen-Garten. Zu Küchenchef Antonin Bonnets Spezialitäten zählen Tintenfisch mit schwarzem Pfeffer und Basilikum und ein aromatisches Garnelen-*pad thai*.

Straßenmärkte

Nirgends ist die dörfliche Atmosphäre der Stadt besser zu spüren als auf ihren Märkten. Sie stellen nicht nur Einkaufsmöglichkeiten dar, sondern sind geselliger Treffpunkt der umliegenden Nachbarschaft. Ein Marktbesuch vermittelt ein echtes Stück Pariser Leben. Fast jedes Viertel hat einmal pro Woche (niemals montags) einen eigenen Straßenmarkt, auf denen sich Tische unter Bergen frischer und fertig zubereiteter Köstlichkeiten biegen. Außerdem sprießen immer mehr Biomärkte *(marchés biologiques)* aus dem Boden. Die Märkte in den eher multikulturellen Stadtteilen verströmen Flair und Duft fremder Kontinente.

Die Website www.paris.fr listet alle Märkte nach Arrondissement auf, auch besondere Märkte wie Blumenmärkte.

Marché Bastille (S. 248) Zweifellos der beste Straßenmarkt der Stadt.

Marché d'Aligre (S. 248) Wunderbar chaotischer Markt mit allem, was man für die französisceh Küche braucht.

Marché des Enfants Rouges (S. 246) Ein herrliches Labyrinth aus Imbissständen mit Speisen aus aller Welt.

Marché aux Puces de St-Ouen (S. 242) Mit über 2500 Ständen Europas größter Flohmarkt.

Frenchie Bistro €€€

(Karte S. 234; ☎01 40 39 96 19; www.frenchie-restaurant.com; 5 rue du Nil, 2e; 4-Gänge-Mittagsmenü 45 €, 5-Gänge-Abendmenü 74 €, mit Wein 175 €; ⏲Mo–Mi 18.30–23, Fr 12–14.30 & 18.30–23 Uhr; Ⓜ Sentier) Das winzige Bistro mit Holztischen zwischen alten Steinmauern versteckt sich in einem Gässchen. Aus gutem Grund ist es immer voll: Der französische Küchenchef Gregory Marchand zaubert aus marktfrischen Zutaten moderne Gerichte mit dem richtigen Schuss Kreativität, aber ohne Wichtigtuerei – und das zu sehr günstigen Preisen. Man kann entweder frühzeitig reservieren oder um 18.30 Uhr aufkreuzen und beten, dass jemand abgesagt hat. Oder man tröstet sich in der **Frenchie Bar à Vins** (Karte S. 234; www.frenchie-restaurant.com; 6 rue du Nil, 2e; Gerichte 9–23 €; ⏲Mo–Fr 18.30–23 Uhr; Ⓜ Sentier) gegenüber.

Die Seine-Inseln

Berthillon Eiscreme €

(Karte S. 234; www.berthillon.fr; 31 rue St-Louis en l'Île, 4e; 1/2/3 Kugeln zum Mitnehmen 3/4/6,50 €, sonst 4,50/7,50/10,50 €; ⏲Mi–So 10–20 Uhr, Aug. geschl.; Ⓜ Pont Marie) Der 1954 gegründete renommierte *glacier* (Eisdiele) wird auch heute noch von der Gründerfamilie geführt. Unter den 70 natürlichen, von Zusatzstoffen gänzlich freien Sorten findet sich Fruchteis wie Schwarze Johannisbeere und Pampelmuse sowie Sahneeis aus frischer Milch und Eiern, z. B. gesalzener Karamell, *marrons glacés* (kandierte Maronen) und Agenaise (Armagnac und Backpflaumen); dazu kommen saisonale Sorten wie Lebkuchen.

Café Saint Régis Café €

(Karte S. 234; www.cafesaintregisparis.com; 6 rue Jean du Bellay, 4e; Frühstück & Snacks 3,50–14,50 €, Hauptgerichte 18–32 €; ⏲Küche 8–24 Uhr, Bar bis 2 Uhr; 📶; Ⓜ Pont Marie) Kellner in langen weißen Schürzen, weiße Kacheln und eine Retro-Einrichtung machen das Saint Régis zu einem typischen Pariser Café für jede Tages- und Abendzeit. Vom Frühstücksgebäck über den Vormittagspfannkuchen und die Salate und Burger am Mittag bis zur Austernplatte am frühen Abend – das Café trifft immer ins Schwarze. Gegen Mitternacht verwandelt sich der Laden in einen Hotspot für Nachteulen.

Champs-Élysées & Grands Boulevards

Richer Bistro €

(Karte S. 234; www.lericher.com; 2 rue Richer, 9e; Hauptgerichte 18–20 €; ⏲12–14.30 & 19.30–22.30 Uhr; Ⓜ Poissonière, Bonne Nouvelle) Das Richer wird vom gleichen Team betrieben wie das **L'Office** (Karte S. 234; ☎01 47 70 67 31; www.office-resto.com; 3 rue Richer, 9e; 2-/3-Gänge-Mittagsmenü 22/27 €, Hauptgerichte 19–32 €; ⏲Mo–Fr 12–14 & 19.30–22.30 Uhr; Ⓜ Poissonière, Bonne Nouvelle) auf der anderen Straßenseite. Im spartanisch-schicken Ambiente mit Sichtmauerwerk werden geniale Kreationen wie Forellentatar mit Blumenkohl und Tomaten-Zitronencreme und zum Nachtisch Quitten- und Limettenkäsekuchen aufgetischt. Das Lokal nimmt keine Reservierungen an. Es serviert auch Snacks und chinesischen Tee und fungiert außerhalb der Küchenzeiten als Bar mit komplettem Spirituosenangebot. Phantastisches Preis-Leistungs-Verhältnis.

Montmartre & nördliches Paris

Le Verre Volé Bistro €€

(Karte S. 234; ☎01 48 03 17 34; http://leverrevole.fr; 67 rue de Lancry, 10e; 2-/3-Gänge-Mittagsmenü 19/22 €, Hauptgerichte 16,50–26 €; ⏲Bistro 12.30–14.30 & 19.30–23.30 Uhr, Weinbar 10–2 Uhr; 📶; Ⓜ Jacques Bonsergent) Mit einer Handvoll Tischen ist das „Geklaute Glas" eine typische Pariser Weinhandlung samt Bar, wo es auch einfache, herzhafte Tagesgerichte gibt. Die Weine sind exquisit, die fachmännischen Ratschläge dazu gratis. Wer in dem winzigen Lokal essen will, sollte reservieren. Ansonsten einfach hereinschauen, um ein Gourmet-Sandwich (7,90 €) und einen guten Tropfen zu kaufen.

Matière à. Modern französisch €€

(Karte S. 234; ☎09 83 07 37 85; 15 rue Marie et Louise, 10e; 2-/3-Gänge-Mittagsmenü 21/25 €, 4-Gänge-Abendmenü 46 €; ⏲Mo–Fr 12.30–14 & 19.30–23, Sa 19.30–23 Uhr; Ⓜ Goncourt) Die kurze, streng jahreszeitlich geprägte Speisekarte des ungewöhnlichen Lokals wechselt täglich. Nach Art einer *table d'hôtes* sitzen die maximal 14 Gäste an einem Eichentisch, den Dutzende nackter Glühbirnen beleuchten. Der junge Küchenchef Anthony Courteille legt großen Wert darauf, alles selbst zu machen – sogar das Brot und die Butter (die göttlich schmecken). Unbedingt reservieren!

Holybelly International €

(Karte S. 234; http://holybel.ly; 19 rue Lucien Sampaix, 10e; Frühstück 5–11,50 €, Hauptgerichte mit-

Pariser Bistro

tags 15,50–16,50 €; ⌚Küche Do, Fr & Mo 9–14.15, Sa & So 10–15.15 Uhr, Café bis 17 Uhr; Ⓜ Jacques Bonsergent) Eine muntere Gästeschar drängt sich in dem wunderbaren Café – kein Wunder bei dem perfekten Service, dem in Belleville gerösteten Kaffee und der einfallsreichen Küche. Sarah Mouchots Frühstückspfannkuchen mit Eiern, Speck, selbst gemachter Bourbon-Butter und Ahornsirup sind legendär. Zu Mittag reicht ihr Angebot von Rote-Bete-Gnocchi bis zu Mandel-Couscous mit Tsatsiki. Keine Reservierung möglich!

Marais, Ménilmontant & Belleville

Marché des Enfants Rouges — Markt €

(Karte S. 234; 39 rue de Bretagne & 33bis rue Charlot, 3e; ⌚Di–Fr 8.30–13 & 16–19.30, Sa 16–20, So 8.30–14 Uhr; Ⓜ Filles du Calvaire) Die älteste Markthalle von Paris stammt von 1615. Versteckt hinter einem unscheinbaren grünen Metalltor findet man ein grandioses Labyrinth aus etwa 20 Ständen, an denen Gerichte aus aller Welt wie marokkanischer Couscous oder japanische Bento-Boxen zum Direktverzehr über die Theke gehen. Ein toller Ort zum Bummeln und Schlemmen an großen Tischen, zusammen mit echten Parisern. Lecker sind auch die Sandwiches und *galettes* von **Chez Alain Miam Miam** (Karte S. 234; www.facebook.com/ChezAlainMiamMiam; Gerichte 3–9,50 €; ⌚Mi–Fr 9–15.30, Sa bis 17.30, So bis 15 Uhr; 🖉).

Jacques Genin — Backwaren €

(Karte S. 234; ☎01 45 77 29 01; www.jacquesgenin.fr; 133 rue de Turenne, 3e; Backwaren 9 €; ⌚Di–So 11–19 Uhr; Ⓜ Oberkampf, Filles du Calvaire) Der kreative *chocolatier* Jacques Genin ist berühmt für seine aromatisierten Karamellbonbons, *pâtes de fruits* (Geleefrüchte) und aufwendig verzierten *bonbons de chocolat* (Pralinen). Doch der Knüller in seiner eleganten Confiserie ist der *salon de dégustation* (ein Café), in dem sich die Gäste zu einem Kännchen dicker heißer Schokolade Genins legendäre *millefeuille* (Blätterteiggebäck) schmecken lassen.

Quartier Latin

Café de la Nouvelle Mairie — Café €

(Karte S. 241; ☎01 44 07 04 41; 19 rue des Fossés St-Jacques, 5e; Hauptgerichte 9–19 €; ⌚Küche Mo–Do 12–14.30 & 20–22.30, Fr 20–22 Uhr; Ⓜ Cardinal Lemoine) Beim Panthéon (S. 239) gleich um die Ecke, ganz versteckt an einem kleinen Platz mit Brunnen, liegt die schmale Weinbar – aber das wissen nur die

Am Montmartre

Einheimischen. Auf der Tafel stehen Naturweine, die glasweise ausgeschenkt werden, und leckere Bistro-Gerichte der Saison wie Austern, Rippchen *(à la française)* oder gegrillte Lammwürstchen auf Linsen. Für den Abend kann man reservieren, fürs Mittagessen jedoch nicht – früh da sein!

Restaurant AT Feinschmecker €€€
(Karte S. 241; ☎01 56 81 94 08; www.atsushitanaka.com; 4 rue du Cardinal Lemoine, 5e; 6-Gänge-Mittagsmenü 55 €, 12-Gänge-Abend-Probiermenü 95 €; ⏲Di–Sa 12.15–14 & 20–21.30 Uhr; Ⓜ Cardinal Lemoine) Meisterkoch Atsushi Tanaka hat bei einigen der größten Namen der Kochwelt wie Pierre Gagnaire gelernt und präsentiert hier in einem minimalistischen Speiseraum auf wunderschönen übergroßen Tellern abstrakte, kunstvolle Meisterwerke aus seltenen Zutaten (geschwärzter Bambus, Wacholderbeerenpulver, wilder Purpurfenchel, nepalesischer Timut-Pfeffer). Beim Eingang führt eine Treppe hinunter in die Weinbar, die **Bar à Vins AT** (Karte S. 241; Gerichte 12–16 €; ⏲Di–So 19–2 Uhr).

Montparnasse & südliches Paris

Le Casse Noix Französisch €€
(Karte S. 238; ☎01 45 66 09 01; www.le-cassenoix.fr; 56 rue de la Fédération, 15e; 3-Gänge-Menü 34 €; ⏲Mo–Fr 12–14.30 & 19–22.30 Uhr; Ⓜ Bir Hakeim) Der „Nussknacker" beweist, dass Essengehen ein paar Schritte vom Eiffelturm entfernt nicht unbedingt Abstriche bei Preis, Menge und Qualität bedeutet. Das gemütlich-altmodische und bei Einheimischen beliebte Lokal bietet herausragende Küche zu günstigen Preisen. Dabei lässt sich Besitzer und Chefkoch Pierre Olivier Lenormand, der in diversen berühmten Pariser Restaurants gearbeitet hat, von der Jahreszeit inspirieren. Reservieren!

St-Germain & Les Invalides

Bouillon Racine Brasserie €€
(Karte S. 241; ☎01 44 32 15 60; www.bouillonracine.com; 3 rue Racine, 6e; 2-Gänge-Mittagsmenü wochentags 17 €, andere Menüs 33–46 €, Hauptgerichte 18,50–29 €; ⏲12–23 Uhr; 👪; Ⓜ Cluny–La Sorbonne) In einer ruhigen Straße steht dieses denkmalgeschützte Art-nouveau-Gebäude mit Spiegelwänden, Blumenmustern und Keramikkacheln. Die „Suppenküche" wurde 1906 für die Marktarbeiter eröffnet. Die Inneneinrichtung ist großartig und auch die Küche besonders gut: Zu den

Die besten Boulangerien

Poilâne (Karte S. 241; www.poilane.com; 8 rue du Cherche Midi, 6e; ⏲Mo–Sa 7–20.30 Uhr; Ⓜ Sèvres–Babylone) Backt seit 1932 im Holzofen das für die Bäckerei typische runde Sauerteigbrot.

Besnier (Karte S. 238; 40 rue de Bourgogne, 7e; ⏲Mo–Sa 7–20 Uhr, Aug. geschl.; Ⓜ Varenne) Hier kann man zuschauen, wie Baguettes hergestellt werden.

Du Pain et des Idées (Karte S. 234; www.dupainetdesidees.com; 34 rue Yves Toudic, 10e; ⏲Mo–Fr 6.45–20 Uhr; Ⓜ Jacques Bonsergent) Traditionelle Bäckerei beim Canal St-Martin mit wunderbarer Einrichtung von 1889.

Au 140 (Karte S. 234; www.au140.com; 140 rue de Belleville, 20e; Sandwiches 3–5 €; ⏲Di–Fr 7–20, Sa 7.30–20, So 7–19 Uhr; Ⓜ Jourdain) Perfekt knusprige Baguettes und tolle Holzofenbrote.

Le Grenier à Pain (Karte S. 234; http://legrenierapain.com; 38 rue des Abbesses, 18e; ⏲Do–Mo 7.30–20 Uhr; Ⓜ Abbesses) Picknickzutaten am Montmartre.

Huré (Karte S. 234; ☎01 42 72 32 18; www.hure-createur.fr; 18 rue Rambuteau, 3e; Sandwiches 5–10 €; ⏲Di–Sa 6.30–20.30 Uhr; Ⓜ Rambuteau) Moderne Bäckerei mit einer von Graffiti überzogenen Backsteinwand.

Croissants
ALEKSEIGL/SHUTTERSTOCK ©

Glutenfrei in Paris

In einer Stadt, die berühmt für ihre Bäckereien ist, darf **Chambelland** (Karte S. 234; ☎01 43 55 07 30; http://chambelland.com; 14 rue Ternaux, 11e; Mittagsmenü 10–12 €; ⏲Di–So 9–20 Uhr; Ⓜ Parmentier) nicht fehlen. Alle Produkte sind 100 % glutenfrei, was dem wunderbaren Geschmack der deftigen Brote keinen Abbruch tut. Das Reis- und Buchweizenmehl kommt aus einer eigenen Mühle in Südfrankreich. Ebenfalls zum Sortiment dieses Trendsetters gehören köstliche Kuchen sowie Kleingebäck, Sauerteigbrot und Brioches (aus süßem Hefeteig) mit Nüssen, Körnern, Schokolade und Früchten.

ROMAN DOMBROWSKI/SHUTTERSTOCK ©

perfekt zubereiteten Gerichten von anno dazumal zählen gefülltes Spanferkel vom Spieß, in rotem Rodenbach-Bier marinierte Schweinekeule oder Shrimps und Muscheln in Hummersauce.

Restaurant Guy Savoy Feinschmecker €€€

(Karte S. 238; ☎01 43 80 40 61; www.guysavoy.com; Monnaie de Paris, 11 quai de Conti, 6e; Mittagsmenü mit Online-Buchung 110 €, 12-/18-Gänge-Probiermenü 420/490 €; ⏲Di–Fr 12–14 & 19–22.30, Sa 19–22.30 Uhr; Ⓜ Pont Neuf) Wer plant, einen Fresstempel mit drei Michelin-Sternen aufzusuchen, sollte dieses Restaurant auf der Liste haben. Der weltberühmte Koch braucht nicht weiter vorgestellt zu werden – u. a. bildete er Gordon Ramsay aus. Heute hat er sein Vorzeigerestaurant, das über eine Treppe mit rotem Teppich zu erreichen ist, in der wunderbar renovierten klassizistischen **Monnaie de Paris** (Karte S. 238; ☎01 40 46 56 66; www.monnaiedeparis.fr). Hier gibt's herausragende Speisen wie Artischocken-Schwarztrüffel-Suppe mit Briocheschichten – echte Savoy-Klassiker halt.

Bastille & östliches Paris

Marché Bastille Markt €

(Karte S. 234; bd Richard Lenoir, 11e; ⏲Do 7–14.30, So 7–15 Uhr; Ⓜ Bastille, Bréguet–Sabin) Wer nur einen Straßenmarkt in sein Paris-Programm einbauen kann, sollte sich diesen hier aussuchen. Er erstreckt sich zwischen den Métrostationen Bastille und Richard-Lenoir und gehört zu den besten der Stadt.

Marché d'Aligre Markt €

(rue d'Aligre, 12e; ⏲Di–So 8–13 Uhr; Ⓜ Ledru-Rollin) Die Stände auf dem chaotischen, bei Parisern sehr beliebten Straßenmarkt ächzen unter dem Gewicht von Obst, Gemüse und saisonalen Leckereien wie Trüffeln. Dahinter werden in Spezialitätenläden Käse, Kaffee, Schokolade, Fleisch, Fisch und Wein verkauft. Weitere Stände locken in der historischen Markthalle **Marché Beauvau** (place d'Aligre, 12e; ⏲Di–Fr 9–13 & 16–19.30, Sa 9–13 & 15.30–19.30, So 9–13.30 Uhr; Ⓜ Ledru-Rollin). Auf dem Platz findet ein kleiner Flohmarkt voller Schnäppchen statt, der **Marché aux Puces d'Aligre** (place d'Aligre, 12e; ⏲Di–So 8–13 Uhr; Ⓜ Ledru-Rollin).

Septime Modern französisch €€€

(Karte S. 234; ☎01 43 67 38 29; www.septime-charonne.fr; 80 rue de Charonne, 11e; 4-Gänge-Mittagsmenü 42 €, Abendmenü 80 €, mit Wein 135 €; ⏲Mo 19.30–22, Di–Fr 12.15–14 & 19.30–22 Uhr; Ⓜ Charonne) Die Alchemisten in Bertrand Grébauts Sternerestaurant zaubern wahrhaft schöne Kreationen, während die Bedienung im blauen Kittel dafür sorgt, dass die kulinarische Überraschung gelingt. Jedes Gericht auf der Speisekarte ist nur mit drei Zutaten aufgelistet und beim geheimnisvollen Menü *carte blanche* liegt das Geschmackserlebnis ganz in den Händen des innovativen Kochs. Einen Tisch zu erwischen, das erfordert Planung und Beharrlichkeit – er sollte drei Wochen im Voraus reserviert werden.

Käse auf einem Markt

Eiffelturm & westliches Paris

Bustronome Feinschmecker €€€

(Karte S. 238; ☎09 54 44 45 55; www.bustronome.com; 2 av. Kléber, 16e; 4-Gänge-Mittagsmenü 65 €, mit Weinbegleitung 85 €, 6-Gänge-Abendmenü 100 €, mit Weinbegleitung 130 €; ⌚mit Reservierung 12.15, 12.45, 19.45 & 20.45 Uhr; ; Ⓜ Kléber, Charles de Gaulle–Étoile) Das Bustronome lädt in einem Bus mit Glasdach zu einer Reise durch die französische Gastronomie ein: Während die berühmtem Pariser Sehenswürdigkeiten wie der Triumphbogen, das Grand Palais, das Palais Garnier, Notre-Dame und der Eiffelturm vorbeigleiten, erfreuen sich die Fahrgäste an saisonalen Schöpfungen, die in der eigens für den Bus geschaffenen Küche zubereitet werden. Kindermenüs kosten mittags/abends 40/50 €; es können auch vegetarische, vegane und glutenfreie Menüs serviert werden.

AUSGEHEN & NACHTLEBEN

Bar Hemingway Cocktailbar

(Karte S. 238; www.ritzparis.com; Hôtel Ritz Paris, 15 place Vendôme, 1er; ⌚18–2 Uhr; ; Ⓜ Opéra) Schwarz-Weiß-Fotos und Erinnerungsstücke wie Jagdtrophäen, alte Schreibmaschinen und gerahmte handgeschriebene Briefe des großen Schriftstellers füllen diese kleine Bar im **Ritz** (☎01 43 16 30 30; www.ritzparis.com; 15 place Vendôme, 1er; DZ ab 1000 €, Suite ab 1900 €; ; Ⓜ Opéra). Chefbarkeeper Colin Field mixt monumentale Cocktails, darunter drei verschiedene Bloody Marys mit Saft von frisch gepressten Tomaten. Angeblich soll Hemingway selbst, ein Maschinengewehr schwingend, an der Befreiung der Bar im Zweiten Weltkrieg beteiligt gewesen sein.

Lockwood Cocktailbar

(Karte S. 234; ☎01 77 32 97 21; www.lockwoodparis.com; 73 rue d'Aboukir, 2e; ⌚Mo–Fr 18–2, Sa 10–16 & 18–2, So 10–16 Uhr; Ⓜ Sentier) In der stylischen Erdgeschoss-Lounge und im kerzenbeschienenen Keller des Lockwood werden Cocktails mit erstklassigen Spirituosen wie Hendrick's-Gin und Pierre-Ferrand-Curaçao gemixt. Besonders viel ist hier am Wochenende los: Dann zieht sich der Brunch von 10 bis 16 Uhr, mit Bloody Marys, Kaffee aus Bohnen, die in Paris von der **Belleville Brûlerie** (Karte S. 234; ☎09 83 75 60 80; http://cafesbelleville.com; 10 rue Pradier, 19e; ⌚Sa 11.30–17.30 Uhr; Ⓜ Pyrénées) geröstet wurden, und Speisen wie Eiern Benedikt und Florentine (Gerichte 8,50–13 €).

Abendessen unter freiem Himmel

Le Syndicat Cocktailbar

(Karte S. 234; http://syndicatcocktailclub.com; 51 rue du Faubourg St-Denis, 10e; Mo–Sa 18–2, So 19–2 Uhr; M Château d'Eau) Hinter einer mit Plakaten vollgeklebten, aber ansonsten unscheinbaren Fassade verbirgt sich eine der angesagtesten Cocktailbars von Paris, fürwahr keine Eintagsfliege. Der Zweitname von Le Syndicat, Organisation de Défense des Spiritueux Français, zeugt von seinem Engagement für die französischen Spirituosen. Einer der genial konzipierten (und benannten) Cocktails ist etwa der Saix en Provence mit Armagnac, Chili-Sirup, Limette und Lavendel.

Le Mary Céleste Cocktailbar

(Karte S. 234; www.quixotic-projects.com/venue/mary-celeste; 1 rue Commines, 3e; 18–2 Uhr, Küche 19–23.30 Uhr; M Filles du Calvaire) Diese obercoole, schicke Cocktailbar im Marais hat ein spezielles nautisches Flair. Wer fürchtet, keinen Platz an der runden Bar in der Mitte zu ergattern, geht auf Nummer sicher und kümmert sich vorab um eine Reservierung (online), denn es gibt gerade mal eine Handvoll Tische. Die Cocktails wie Ahha Kapehna (Grappa, Absinth, Rote Bete, Fenchel und Champagner) sind phantasievoll und schmecken gut zu einem Dutzend Austern (29–38 €) oder den kleinen Gerichten im Tapas-Stil (7–14 €).

Wild & the Moon Saftbar

(Karte S. 234; www.wildandthemoon.com; 55 rue Charlot, 3e; Mo–Fr 8–19, Sa & So 9–19 Uhr; M Filles du Calvaire) Die gesundheitsbewussten Schönen des angesagten Haut Marais treffen sich hier zu Nussmilch, Vitalitätsdrinks, Smoothies, frisch gepressten Säften und Rohkost. Alle Zutaten sind frisch, saisonal und von Bioqualität. Und wo sonst gibt's zum Frühstück Mond-Porridge oder mit Avocadoscheiben belegte Mandel-Rosmarin-Cracker?

Little Bastards Cocktailbar

(Karte S. 241; 5 rue Blainville, 5e; Mo 19–2, Di–Do 18–2, Fr & Sa 18–4 Uhr; M Place Monge) Auf die Karte des megahippen Little Bastards haben es nur Cocktail-Eigenkreationen geschafft wie der Fal' in Love (Beefeater-Gin, Cranberrysaft, Limette, Minze, Guavenpüree und Falernum-Sirup mit Nelke, Ingwer und Mandel), Be a Beet Smooth (Jameson, Koriander, Sherry, Einweiß und Pfeffer) und Deep Throat (Absolut-Wodka, Wassermelonensirup und Pernod) – aber wenn man fragt, wird einem auch ein Klassiker gemixt.

Les Deux Magots Café

(Karte S. 238; www.lesdeuxmagots.fr; 170 bd St-Germain, 6e; ⌚7.30–1 Uhr; Ⓜ St-Germain des Prés) Wenn es noch ein Café gibt, dass das Flair der Literaturszene im St-Germain des Prés des frühen 20. Jhs. widerspiegelt, dann ist es das ehemalige Stammlokal von allen „Großen", die damals etwas galten. Für einen Kaffee in einem der Korbstühle auf der Terrasse, beschattet von dunkelgrünen Markisen und zwischen Blumenkästen voller Geranien, zahlen die Gäste wahrlich *beaucoup*, dafür bekommt man hier aber auch zweifellos ein Stück Pariser Geschichte vorgesetzt.

Coutume Kaffee

(www.coutumecafe.com; 47 rue de Babylone, 7e; ⌚Mo–Fr 8–18, Sa & So 9–18 Uhr; 📶; Ⓜ St-François Xavier) Wenn die Kaffeequalität in Paris in letzter Zeit gestiegen ist, liegt das nicht zuletzt an dieser kleinen Kaffeerösterei, die eine ganze Reihe von Lokalen mit Premiumbohnen beliefert. Ihr helles, sachlich eingerichtetes Café dient als Experimentierfeld für innovative Zubereitungsarten wie Kaltextraktion und Kaffee aus dem Siphon. Gebäck und Biokost sind ebenfalls lecker.

Le Baron Rouge Weinbar

(☎01 43 43 14 32; www.lebaronrouge.net; 1 rue Théophile Roussel, 12e; ⌚Mo 17–22, Di–Fr 10–14 & 17–22, Sa 10–22, So 10–16 Uhr; Ⓜ Ledru-Rollin) Wie eine echte Pariser Weinbar aussehen kann, zeigt dieses einfache Lokal. Ein Dutzend Fässer stapelt sich an den mit Weinregalen bestückten Wänden. Hier ist jeder willkommen und vor allem sonntags, nach einem Bummel über den Marché d'Aligre (S. 248), trifft sich hier alle Welt auf ein Gläschen. Für die notwendige Grundlage sorgen Käse, Wurstwaren und Austern. Es gibt sogar Pfandflaschen, um den Wein vom Fass (Literpreis unter 5 €) mitnehmen zu können.

Café des Anges Café

(Karte S. 234; ☎01 47 00 00 63; www.cafedesangesparis.com; 66 rue de la Roquette, 11e; ⌚7.30–2 Uhr; 📶; Ⓜ Bastille) Das „Café der Engel" mit seinen türkisblauen Farben und den Anwohnern, die an den Straßentischen unter einer rotbraunen Markise Kaffee trinken, entspricht dem Ideal des „typischen Pariser Cafés". Im Winter können sich die Gäste draußen in Decken hüllen oder sich drinnen an der dicht gedrängten Zinntheke vorbeikämpfen, um einen der begehrten Tische zu ergattern. Happy Hour ist von 17 bis 21 Uhr.

Jazzclubs

Café Universel (Karte S. 241; ☎01 43 25 74 20; www.cafeuniversel.com; 267 rue St-Jacques, 5e; ⌚Di–Sa 21–2 Uhr; 📶; Ⓜ Censier–Daubenton oder RER Port Royal) Lockere Atmosphäre und kein Eintritt.

New Morning (Karte S. 234; www.newmorning.com; 7 & 9 rue des Petites Écuries, 10e; Ⓜ Château d'Eau) Buntes Programm.

Le Baiser Salé (Karte S. 234; ☎01 42 33 37 71; www.lebaisersale.com; 58 rue des Lombards, 1er; ⌚tgl.; Ⓜ Châtelet) Karibische und lateinamerikanische Musik.

Sunset & Sunside (Karte S. 234; ☎01 40 26 46 60; www.sunset-sunside.com; 60 rue des Lombards, 1er; ⌚tgl.; Ⓜ Châtelet) Blues, Fusion und Weltmusik.

Le Caveau des Oubliettes (Karte S. 241; ☎01 46 34 23 09; www.caveau-des-oubliettes.com; 52 rue Galande, 5e; ⌚So & Di 17–2, Mi–Sa bis 4 Uhr; Ⓜ St-Michel) Jamsessions in einem Kerker.

HILL STREET STUDIOS/GETTY IMAGES ©

St. James Paris Bar

(Karte S. 238; www.saint-james-paris.com; 43 av. Bugeaud, 16e; ⌚Mo–Sa 19–1 Uhr; 📶; Ⓜ Porte Dauphine) Das St. James ist „nur" eine Hotelbar, aber was für eine! Hinter einer Mauer verbirgt sich ein Herrenhaus, dessen Bar

Eintrittskarten kaufen

Am einfachsten bekommt man Karten für Konzerte, Theater, Kultur- und Sportveranstaltungen über **Fnac** (☎08 92 68 36 22; www.fnactickets.com), das Megakaufhaus für Unterhaltungselektronik, ob an den Kartenschaltern *(billeteries)*, telefonisch oder online. Filialen gibt's in ganz Paris, z. B. im Forum des Halles. Eine Ticketrückgabe gegen Erstattung ist normalerweise nicht möglich.

Am Vorstellungstag gibt es beim **Kiosque Théâtre Madeleine** (Karte S. 238; www.kiosqueculture.com; gegenüber 15 place de la Madeleine, 8e; ⌚Di–Sa 12.30–19.30, So bis 15.45 Uhr; Ⓜ Madeleine) Theater-, Opern- und Ballettkarten zum halben Preis (plus 3 € Vorverkaufsgebühr).

abends auch für Nicht-Hotelgäste geöffnet ist. Das Ambiente ist außergewöhnlich. Im Winter kehrt man in der Bibliothek ein, im Sommer in dem geradezu unfassbar romantischen Garten mit ballonförmigen Pavillons – hier fand die erste Heißluftballonfahrt aller Zeiten statt. Die Gäste haben die Qual der Wahl aus über 70 Cocktails und nebenan befindet sich ein Sternerestaurant.

UNTERHALTUNG

Palais Garnier — Oper, Ballett

(Karte S. 238; www.operadeparis.fr; place de l'Opéra, 9e; Audioguidetour 5 €, Führungen Erw./Kind 15,50/11 €; ⌚Audioguidetouren 10–17 Uhr, an Tagen mit Matinee bis 13 Uhr, Führungen n. V. Ⓜ Opéra) Das erste Opernhaus der Stadt ist kleiner als die moderne Opéra Bastille, trumpft aber mit perfekter Akustik. Baubedingt haben einige Sitzplätze schlechte oder gar keine Bühnensicht – also Vorsicht bei der Platzauswahl. Kartenpreise und Verkaufsbedingungen (wie Last-Minute-Rabatte) sind am **Kartenschalter** (Karte S. 238; ☎aus dem Ausland 01 71 25 24 23, in Frankreich 08 25 05 44 05; ⌚Mo–Sa 11–18.30 Uhr) zu erfragen. Mittwochs finden ab 12 Uhr im Internet Blitzverkäufe statt.

Opéra Bastille — Oper

(Karte S. 234; ☎aus dem Ausland 01 71 25 24 23, in Frankreich 08 92 89 90 90; www.operadeparis.fr; 2–6 place de la Bastille, 12e; ⌚Kasse Mo–Sa 11.30–18.30 Uhr, So 1 Std. vor Aufführungsbeginn; Ⓜ Bastille) Der Hauptsaal des größten Opernhauses der Stadt hat 2745 Plätze. Neben Opern stehen gelegentlich auch Ballettabende und Klassikkonzerte auf dem Programm. Online sind Eintrittskarten bis zu drei Wochen vor dem Verkaufsbeginn per Telefon und am Schalter erhältlich. Der Blitzverkauf mittwochs ab 12 Uhr bietet erhebliche Rabatte. Stehplätze *(places débouts)* kosten nur 5 €, Karten dafür gibt's ab 90 Minuten vor Vorstellungsbeginn. Tagsüber kann das unästhetische Opernhaus im Rahmen einer 90-minütigen **Führung** (Karte S. 234; ☎in Frankreich 08 92 89 90 90; Führungen Erw./Kind 15/11 €) besichtigt werden.

Point Éphémère — Livemusik

(☎01 40 34 02 48; www.pointephemere.org; 200 quai de Valmy, 10e; ⌚Mo–Sa 12.30–2, So bis 22 Uhr; 📶; Ⓜ Louis Blanc) In einer alten Feuerwache – später ein besetztes Haus – am Canal St-Martin, die heute ein Veranstaltungsort für Kunst und Musik ist, vergnügt sich die Alternativszene bei Konzerten, Partynächten und Kunstaustellungen. Im quirligen Restaurant **Animal Kitchen** trifft Gourmetküche auf Musik von Animal Records (ein Highlight ist der Sonntagsbrunch ab 13 Uhr); bei gutem Wetter ist auch die Dachbar **Le Top** geöffnet.

Le Batofar — Club

(www.batofar.fr; gegenüber 11 quai François Mauriac, 13e; ⌚Club Di–Sa 23.30–6 Uhr, Bar Mai–Sept. Di–Sa 18–23 Uhr, Okt.–April Di–Sa 19–24 Uhr; Ⓜ Quai de la Gare, Bibliothèque) Der beliebte rote Schleppkahn aus Metall hat eine Dachbar, die im Sommer super ist, und ein angesehenes Restaurant. Im Club unter Deck passen Bullaugen und Metallwände zu der Aquariumsakustik. Das Batofar ist bekannt für seine trendigen, experimentellen Sounds und Liveacts ab 19 Uhr, hauptsächlich aus der Electro-Ecke, aber auch mit Hip-Hop, New Wave, Rock, Punk oder Jazz.

Essen im Restaurant gibt's dienstags und mittwochs von 19.30 bis 24 Uhr, donnerstags bis samstags bis 2 Uhr.

PRAKTISCHE INFORMATIONEN

INTERNETZUGANG

- WLAN (*wi-fi* auf Frz.) bieten die meisten Pariser Hotels und einige Museen ohne zusätzliche Kosten.
- Kostenloses WLAN gibt's täglich von 7 bis 23 Uhr an rund 300 öffentlichen Orten wie Parks, Bibliotheken und städtischen Einrichtungen. Entsprechende Parks sind am Eingang mit einem „Zone Wi-Fi"-Schild gekennzeichnet. Um sich mit dem WLAN zu verbinden, wählt man das Netz „PARIS_WI-FI_"; die Zeit ist jeweils auf zwei Stunden begrenzt. Nähere Infos und eine Karte mit WLAN-Hotspots findet man auf www.paris.fr/wifi.

MEDIZINISCHE VERSORGUNG

Pharmacies (Apotheken) sind an einem großen beleuchteten grünen Kreuz draußen zu erkennen. In jedem Viertel ist mindestens eine Apotheke abends länger geöffnet; ein komplettes Verzeichnis der Nachtapotheken gibt's auf www.parisinfo.com.

American Hospital of Paris (☎01 46 41 25 25; www.american-hospital.org; 63 bd Victor Hugo, Neuilly-sur-Seine; Ⓜ Pont de Levallois) Privatkrankenhaus; 24-Stunden-Notaufnahme und Zahnmedizin.

Hôpital Hôtel Dieu (☎01 42 34 88 19; www.aphp.fr; 1 place du Parvis Notre-Dame, 4e; Ⓜ Cité) Eines der wichtigsten öffentlichen Krankenhäuser der Stadt; nach 20 Uhr den Eingang der Notaufnahme in der Rue de la Cité benutzen.

L'Institut Hospitalier Franco-Britannique Hertford British Hospital (IHFB; ☎01 46 39 22 00; www.ihfb.org; 4 rue Kléber, Levallois-Perret; Ⓜ Anatole France) Nicht so teuer, privat, mit Englisch sprechendem Personal.

SICHERHEIT

Im Allgemeinen ist Paris eine sichere Stadt und Raubüberfälle auf offener Straße sind selten. Die Stadt ist generell gut beleuchtet und es gibt auch keinen Grund, die Métro nicht bis zum Ende der Betriebszeit zwischen 0.30 und nach 1 Uhr (am Wochenende 2.15 Uhr) zu nutzen.

Das größte Problem ist gewöhnlich Taschendiebstahl. Höchste Vorsicht ist geboten: in Montmartre (besonders rund um Sacré-Cœur), in Pigalle, in der Gegend rund ums Forum des Halles und das Centre Pompidou, im Quartier

Palais Garnier

Latin (besonders im Rechteck zwischen Rue St-Jacques, Boulevard St-Germain, Boulevard St-Michel und Quai St-Michel), unter dem Eiffelturm und während der Stoßzeiten in der Métro (insbesondere auf der Linie 4 und dem westlichen Teil der Linie 1).

TOURISTENINFORMATION

Office du Tourisme et des Congrès de Paris (Karte S. 238; www.parisinfo.com; 25 rue des Pyramides, 1er; ⏲Mai–Okt. 9–19 Uhr, Nov.–April 10–19 Uhr; Ⓜ Pyramides) Die Hauptfiliale liegt 500 m nordwestlich des Louvre. Hier sind Tickets für Touren und verschiedene Attraktionen erhältlich, außerdem Museumspässe und Ermäßigungskarten für die öffentlichen Verkehrsmittel. Es können auch Unterkünfte gebucht werden.

ℹ AN- & WEITERREISE

AUTO

Autos sind in Paris eher eine Last und sein eigenes mitzubringen lohnt sich nur, wenn man größere Ausflüge unternehmen möchte. Um die Stadt montags bis freitags von 8 bis 20 Uhr innerhalb des Boulevard Périphérique (Autobahnring) befahren zu können, benötigen nach 1997 zugelassene Fahrzeuge, auch ausländische, eine Crit'Air Vignette (Umweltplakette); ältere Fahrzeuge dürfen zu diesen Zeiten nicht in die Stadt fahren.

FLUGZEUG

Paris ist ein wichtiger Verkehrsknotenpunkt mit drei Flughäfen. Es wird von fast allen großen Airlines angeflogen.

Aéroport Charles de Gaulle (CDG; ☎01 70 36 39 50; www.parisaeroport.fr) Die meisten Flüge aus dem Ausland landen auf dem Flughafen Charles de Gaulle, 28 km nordöstlich vom Pariser Stadtzentrum, meist „Roissy" genannt.

Aéroport Paris-Orly (ORY; ☎01 70 36 39 50; www.parisaeroport.fr) Der Flughafen Orly liegt 19 km südlich von Paris, er wird von ausländischen Fluglinien jedoch nicht so oft angeflogen.

Aéroport Beauvais (BVA; ☎08 92 68 20 66; www.aeroportbeauvais.com) Liegt 75 km nördlich der Stadt und hat eigentlich nichts mit Paris zu tun, wird aber von einigen Billigfliegern genutzt.

ZUG

Paris verfügt über sechs große Bahnhöfe. Informationen über Zugverbindungen bietet die SNCF (www.sncf-voyages.com).

Gare du Nord (rue de Dunkerque, 10e; Ⓜ Gare du Nord) Züge nach Großbritannien, Belgien, Deutschland und Nordfrankreich.

Gare de l'Est (bd de Strasbourg, 10e; Ⓜ Gare de l'Est) Züge nach Deutschland, in die Schweiz und nach Ostfrankreich.

Gare de Lyon (bd Diderot, 12e; Ⓜ Gare de Lyon) Züge in die Provence, zur Côte d'Azur, in die Alpen und nach Italien, außerdem nach Genf.

Gare d'Austerlitz (bd de l'Hôpital, 13e; Ⓜ Gare d'Austerlitz) Züge nach Spanien und Portugal sowie Züge (außer TGV) nach Südwestfrankreich.

Gare Montparnasse (av. du Maine & bd de Vaugirard, 15e; Ⓜ Montparnasse Bienvenüe) Züge nach Westfrankreich (Bretagne, Atlantikküste) und in den Südwesten.

Gare St-Lazare (Esplanade de la Gare St-Lazare, 8e; Ⓜ St-Lazare) Züge in die Normandie.

ℹ UNTERWEGS VOR ORT

Die Stadt der Flaneure lässt sich wunderbar zu Fuß erkunden und wartet überdies mit einem der effizientesten und günstigsten öffentlichen Verkehrsnetze überhaupt auf – sich durch Paris zu bewegen ist also kein Problem.

Bus Gut für Eltern mit Kinderwagen und Menschen mit eingeschränkter Mobilität.

Fahrrad Das supergünstige Radleihsystem **Vélib** (☎01 30 79 79 30; www.velib.paris.fr; Tages-/Wochenabo 1,70/8 €, Leihräder bis 30/60/90/120 Min. frei/1/2/4 €) ist in der ganzen Stadt mit 1800 Leihstationen vertreten.

Métro & RER Die schnellste Art der Fortbewegung. Die Bahnen fahren je nach Linie von etwa 5.30 bis etwa 0.35 oder 1.15 Uhr (freitag- und samstagnachts bis 2.15 Uhr).

Schiff/Fähre Der **Batobus** (www.batobus.com; Tagespass Erw./Kind 17/8 €, 2 Tage 19/10 €; ⏲April–Aug. 10–21.30 Uhr, Sept.–März bis 19 Uhr) ist ein praktischer Hop-on/Hop-off-Bootsservice mit neun Stopps an der Seine.

Wohin zum Schlafen?

Stadtviertel	Merkmale
Eiffelturm & westliches Paris	Nah am Wahrzeichen von Paris und den Museen. Nobler Wohnbezirk mit ruhigen Straßen. Eher zahmes Nachtleben.
Champs-Élysées & Grands Boulevards	Luxushotels, berühmte Boutiquen und Warenhäuser, Gourmetrestaurants, Top-Nachtleben. Manche Ecken sind superteuer. Wo das Nachtleben tobt, kann es laut werden.
Louvre & Les Halles	Sehr zentral, tolle Verkehrsanbindung, Museen und Shoppingmöglichkeiten. Nur wenige Schnäppchen. Teils laut.
Montmartre & nördliches Paris	Dörfliche Atmosphäre. Weniger zentrale Lage. Der Rotlichtbezirk um Pigalle ist sicher, aber nicht jedermanns Sache.
Marais, Ménilmontant & Belleville	Ausgelassenes Nachtleben, hippe Einkaufsgegenden, geniale Restaurants. Muntere Schwulen- & Lesbenszene. In Ecken mit vielen Bars und Clubs teils unangenehm laut.
Bastille & östliches Paris	Kaum Touristen, tolle Märkte und viele Ausgehmöglichkeiten. Ein paar Bezirke liegen etwas weit ab vom Schuss.
Seine-Inseln	Geografisch das Herz von Paris. Keine Métrostation auf der Île St-Louis. Schlecht für Selbstversorger, Nachtleben gleich null.
Quartier Latin	Quirliges Studentenviertel, Restaurants und Bars en masse, bis spät geöffnete Buchläden. Von März bis Juni und im Oktober kaum ein Zimmer zu finden.
St-Germain & Les Invalides	Stylisch, zentral, nicht weit vom Jardin du Luxembourg. Budgetunterkünfte sind hier Mangelware.
Montparnasse & südliches Paris	Preiswert, kaum Touristen, gute Anbindung an die Flughäfen. Teils abgelegen mit schlechter oder ohne Métroanbindung.

In diesem Kapitel

Provence, Frankreich

Wer in diesem sonnenverwöhnten Teil Südfrankreichs auf kleinen Sträßchen unterwegs ist, erlebt wunderbare Landschaften mit Lavendelfeldern, uralten Olivenhainen und schneebedeckten Bergen. Und mit ihren prähistorischen Stätten, mittelalterlichen Abteien und eleganten Kirchen wirkt die Provence geradezu wie ein Geschichtsbuch. Hier kann man sich ganz gemütlich umschauen – durch kleine Dörfer bummeln, Wein verkosten oder auf einer Panoramaterrasse einen langen Nachmittag vertrödeln – oder auch aktiv unterwegs sein: Die Region lockt mit Rad- und Wanderwegen und tollen Entdeckungen wie den Ockerbrüchen von Roussillon. Aber alles mit Muße!

Zwei Tage in der Provence

Der erste Tag gehört **Avignon** (S. 264), samt Stadterkundung und Besichtigung des **Palais des Papes** (S. 264) sowie vielleicht einer Weinprobe. Für den zweiten Tag bietet sich ein Ausflug ins Bergdorf **Les Baux-de-Provence** (S. 262) oder zum römischen **Pont du Gard** (S. 258) an, wo man auf dem Fluss Gard auch schöne Kanutouren unternehmen kann.

Vier Tage in der Provence

Am dritten Tag geht's in die Bergdörfer, mit einer Wanderung über rote Erde in **Roussillon** (S. 263) oder mit Wein und Trüffeln in **Ménerbes** (S. 263). Wenn's geht, sollte man zum Sonnenuntergang in **Gordes** (S. 262) sein. Am vierten Tag steht schließlich das reizende **Moustiers-Ste-Marie** (S. 270) auf dem Programm.

Fertig mit der Provence? Wie wär's mit einem Zug nach Barcelona (S. 272) oder einem Flug nach London (S. 54)?

Ankunft

Aéroport Marseille-Provence Busse nach Aix-en-Provence (alle 20 Min.). Direkte Züge u. a. nach Marseille, Arles und Avignon.

Aéroport Avignon-Provence Bus 30 (www.tcra.fr; 1,40 €; 30 Min.) zum Postamt und LER-Bus 22 (www.info-ler.fr; 1,50 €) zum Busbahnhof und TGV-Bahnhof von Avignon. Taxis ca. 35 €.

Schlafen

Die Provence hat vielleicht die vielfältigste Palette an Unterkünften in ganz Frankreich zu bieten, von superluxuriösen Hotels bis zu gemütlichen kleinen Häuschen inmitten von Weinreben und Lavendelfeldern. Im Sommer explodieren die Preise und Unterkünfte sind Mangelware. Avignon ist eine ausgezeichnete Basis für den Pont du Gard (30. Min. mit dem Auto). Das zauberhafte Moustiers-Ste-Marie ist eine wichtige Zwischenstation für Leute, die die Gorge du Verdon erkunden. Und Apt und sein Umland eignen sich perfekt für Touren zu den Bergdörfern des Luberon.

Pont du Gard

Südfrankreich wartet ja mit einer Reihe von faszinierenden römischen Stätten auf, aber der 25 km westlich von Avignon im Languedoc gelegene Pont du Gard ist nicht zu toppen. Der atemberaubende dreistöckige Aquädukt ist Unesco-Weltkulturerbe.

Toll für ...

☑ Nicht versäumen

Der Nachwuchs hat jede Menge Spaß im lehrreichen Spielbereich Ludo.

Der dreigeschossige Aquädukt 21 km nordöstlich von Nîmes war einst Teil eines 50 km langen Kanalsystems, das um 19 v. Chr. angelegt wurde, um Wasser von Uzès nach Nîmes zu leiten. Die Ausmaße des Bauwerks sind gewaltig: 48,8 m hoch, 275 m lang und dazu 35 äußerst präzise gearbeitete Bögen – die Brücke war stabil genug, um 20 000 m³ Wasser pro Tag zu tragen.

Musée de la Romanité

Jeder Block wurde von Hand gemeißelt und von nahe gelegenen Steinbrüchen hierher befördert, was in Anbetracht der Tatsache, dass die größten Blöcke über 5 t wiegen, eine beachtliche Leistung war. Die Brücke büßt auf ihrer gesamten Länge nur 2,5 cm an Höhe ein, gerade so viel, dass das Wasser fließt – ein wunderbares Beispiel für die

SIGURCAMP/SHUTTERSTOCK ©

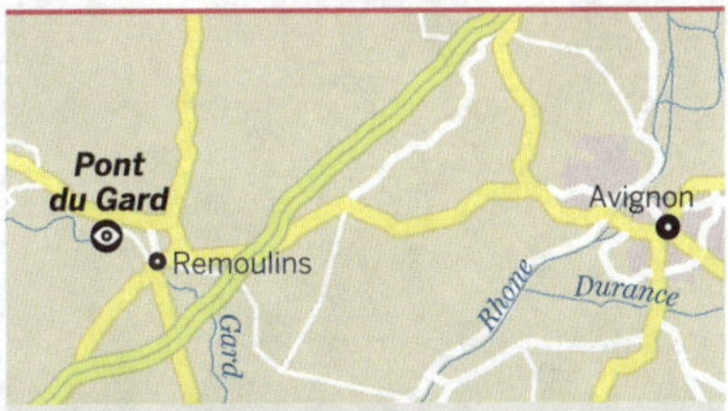

Gut zu wissen

☎04 66 37 50 99; www.pontdugard.fr; Auto & bis zu 5 Insassen 18 €, nach 20 Uhr 10 €, Radfahrer & Fußgänger 7 €, nach 20 Uhr 3,50 €; Stätte ganzjährig 24 Std., Besucherzentrum & Museum Juli & Aug. 9–20 Uhr, Sept.–Mitte Jan. & Mitte Feb.–Juni kürzer

Kleine Stärkung

Im herausragenden Restaurant **Le Tracteur** (www.lucietestud.com/letracteur) im nahen Argilliers.

★ Top-Tipp

Eine gute Besuchszeit ist abends: Dann kostet der Eintritt weniger und der Aquädukt ist angestrahlt.

Präzision römischer Ingenieurskunst. Die Hintergrundinformationen zum Bau der Brücke liefert das Musée de la Romanité, für Kinder gibt's den vergnüglichen Spielbereich Ludo (jeweils Mitte Jan.–Mitte Feb. geschl.).

Mémoires de Garrigue

Von der Brücke bieten sich schöne Ausblicke auf den Fluss Gard, den besten Blick auf den Aquädukt selbst genießt man flussabwärts am 1,4 km langen Wanderweg Mémoires de Garrigue.

Kanutouren auf dem Gard

Unter dem Pont du Gard hindurchzupaddeln ist unvergesslich! Der beste Zeitpunkt dafür ist das Frühjahr zwischen April und Juni, da hohe Wassermengen im Winter und die Dürre im Sommer den Fluss unpassierbar machen können. Auf seinem Weg durch die Cevennen führt der Gard durch die Gorges du Gardon, bevor er unter dem Aquädukt hindurchfließt.

Kanuverleihe befinden sich in Collias, 8 km vom Aquädukt entfernt, mit dem Kajak rund zwei Stunden. Je nach Jahreszeit und Wasserstand kann man auch längere Strecken paddeln, indem man sich flussaufwärts am Pont St-Nicholas (19 km, 4–5 Std.) oder in Russan (32 km, 6–7 Std.) absetzen lässt. Ab Russan paddelt man auch durch die Gorges du Gardon.

Das Mindestalter beträgt sechs Jahre. Es werden immer Schwimmwesten gestellt, man muss aber trotzdem gut schwimmen können.

Bergdörfer

Befestigt oder von Burgen gekrönt, schmiegen sie sich verborgen im Hinterland an die Felsen und harren der Erkundung: die eindrucksvollen villages perchés der Provence. Die meist mittelalterlichen Dörfer sind aus golden schimmerndem Stein erbaut, mit Kopfsteinpflaster, blumengeschmückten Gassen und Brunnenplätzen. Mit einem ausgedehnten Mittagessen ein perfekter Tag!

Toll für ...

Gut zu wissen

Touristeninformation Apt (04 90 74 03 18; www.luberon-apt.fr; 20 av. Philippe de Girard; Juli & Aug. Mo–Sa 9.30–13 & 14.30–19, So 9.30–12.30 Uhr, Sept.–Juni Mo–Sa 9.30–12.30 & 14–18 Uhr)

Gordes (S. 262)

★ Top-Tipp

Am schönsten – und leersten – sind die Bergdörfer am Morgen und kurz vor Sonnenuntergang.

FESUS ROBERT/SHUTTERSTOCK ©

Les Baux-de-Provence

Das befestigte Bergdorf klammert sich an einen uralten Kalkstein-*aou* (provenzalisch für „Felsvorsprung") und ist eines der meist besuchten Dörfer Frankreichs: Hier winden sich schmale Kopfsteinpflastersträßchen an alten Häusern vorbei hoch zu den wunderbaren Ruinen des **Château des Baux** (☎04 90 54 55 56; www.chateau-baux-provence.com; Erw./Kind April–Sept. 10/8 €, Okt.–März 8/6 €; ⌚Juli & Aug. 9–20 Uhr, April–Juni & Sept. bis 19 Uhr, Okt.–März kürzer) aus dem 10. Jh. Die Burg wurde 1633 während der Herrschaft Ludwigs XIII. größtenteils zerstört und eignet sich toll zum Erkunden: Von zerbröselnden Türmen bieten sich unglaubliche Ausblicke, man kann in alte Kerker hinabsteigen und seine ritterlichen Künste an riesigen mittelalterlichen Waffen ausprobieren. Im Sommer gibt's dazu noch Unterhaltung im Mittelalterstil.

Gordes

Das wie eine gigantische Hochzeitstorte über den Flüssen Sorgue und Calavon aufgetürmte Gordes erhebt sich spektakulär aus dem Vaucluse-Plateau. Bei Sonnenuntergang erstrahlt das Dorf in goldenem Licht.

Vom Dorfplatz führt die Rue Baptistin Picca hinunter zur **Boulangerie de Mamie Jane** (☎04 90 72 09 34; rue Baptistin Picca; Mittagsmenüs ab 6,50 €; ⌚Do–Di 6.30–13 & 14–18 Uhr): Die Bäckerei bietet Brot, Backwaren und Kuchen von außergewöhnlicher Qualität, darunter *navettes* mit Lavendelgeschmack und köstliches Erdnuss-Mandel-Krokant, das vom französischen Wort für Eichhörnchen als *écureuil* bekannt ist.

Abbaye Notre-Dame de Sénanque

Roussillon

Roussillon war einst das Zentrum des Ockerabbaus und erstrahlt noch heute in leuchtendem Purpur. Die Straßen des Orts sind mit Künstlerateliers gesäumt. Der **Sentier des Ocres** (Ockerweg; Erw./Kind 2,50 €/frei; ⏲9.30–17.30 Uhr; 👪) führt in eine Miniwüste mit Kastanienhainen, Kiefern und Ockerformationen in den Farben des Sonnenuntergangs. An den beiden Rundwegen (30 bzw. 50 Min.) wird auf Infotafeln die örtliche Flora vorgestellt. Wanderschuhe tragen und keine weiße Kleidung!

☑ Nicht versäumen

Vor der **Abbaye Notre-Dame de Sénanque** (www.abbayedesenanque.com), einer Zisterzienserabtei 4 km nordwestlich von Gordes, erblüht im Sommer der Lavendel.

PROCHASSON FREDERIC/SHUTTERSTOCK ©

Ménerbes

Das auf einem Hügel gelegene Ménerbes wurde durch den britischen Schriftsteller Peter Mayles bekannt, der in seinem Buch *Ein Jahr in der Provence* von der Renovierung eines Bauernhauses unmittelbar außerhalb des Orts in den späten 1980er-Jahren erzählt. Die **Maison de la Truffe et du Vin** (Haus des Trüffels & des Weins; ☎04 90 72 38 37; www.vin-truffe-luberon.com; place de l'Horloge; ⏲April–Okt. tgl. 10–12 & 14.30–18 Uhr, Nov.–März Do–Sa) gegenüber der Dorfkirche aus dem 12. Jh. repräsentiert 60 örtliche Winzer. Von April bis Oktober werden Gratis-Verkostungen angeboten, im Winter finden Trüffel-Workshops statt.

Lacoste

2001 erwarb der Modeschöpfer Pierre Cardin das aus dem 9. Jh. stammende **Château de Lacoste** (☎04 90 75 93 12; www.chateau-la-coste.com). Die 45-Zimmer-Burg wurde 1789 von Revolutionären geplündert, und bis Cardin auf den Plan trat, war sie eine Ruine. Er ließ ein Theater mit 1000 Plätzen und eine Opernbühne errichten, die nur zum **Festival de Lacoste** (www.festivaldelacoste.com) im Juli geöffnet ist. Besichtigung nur mit Voranmeldung!

Bonnieux

Das in römischer Zeit besiedelte Bonnieux hat sich seinen mittelalterlichen Charakter bewahrt. Von der Place de la Liberté führen 86 Stufen zu einer Kirche aus dem 12. Jh. Das **Musée de la Boulangerie** (☎04 90 75 88 34; 12 rue de la République; Erw./Stud./Kind 3,50/1,50 €/frei; ⏲April–Okt. Mi–Mo 10–12.30 & 14.30–18 Uhr) in einem Gebäude des 17. Jhs. erforscht die Geschichte des Brotbackens. Am besten kommt man freitags her: Dann findet auch ein quirliger Markt statt.

Kleine Stärkung

In den Dörfern lassen sich wunderbar provenzalische Spezialitäten wie das reichhaltige Ragoutgericht *daube provençale* probieren.

Rue des Teinturiers

Die am Fluss gelegene **Rue des Teinturiers** (Straße der Färber) ist eine malerische, für ihr alternatives Flair bekannte Fußgängerstraße im alten Färberviertel der Stadt. Bis ins 19. Jh. hinein wurde hier noch hart gearbeitet, doch heute ist die Straße für ihre Szenebistros, Cafés, Ateliers und Werkstätten bekannt. Auf Steinbänken unter alten Platanen kann man sich in das Vorbeigleiten des Flusses Sorgue versenken.

Avignon

Na, wo residierte der Papst im frühen 14. Jh.? In Rom? Falsch! Rund 70 Jahre lang war die provenzalische Stadt Avignon das Zentrum der römisch-katholischen Welt. Und auch wenn der Stadt diese Bedeutung nur für eher kurze Zeit vergönnt war, so bleibt ihr aus dieser Epoche doch ein beachtliches architektonisches Erbe, allen voran der gewaltige Papstpalast, ein Unesco-Weltkulturerbe.

Avignon ist außerdem berühmt für sein Kulturfestival, das größte Frankreichs, das jedes Jahr im Juli Tausende von Besuchern anzieht. Das restliche Jahr ist Avignon eine nette Stadt mit Straßen, die von kleinen Geschäften gesäumt sind, schattigen Plätzen und einigen ausgezeichneten Restaurants – sowie einer imposanten mittelalterlichen Mauer, die die gesamte Altstadt umschließt.

SEHENSWERTES

Palais des Papes Palast

(Papstpalast; www.palais-des-papes.com; place du Palais; Erw./Kind 11/9 €, mit Pont St-Bénézet 13,50/10,50 €; ⌚Juli 9–20 Uhr, Aug. bis 20.30 Uhr, Sept.–Juni kürzer) Der größte gotische Palast der Welt gehört zum Unesco-Welterbe und wurde erbaut, als Papst Clemens V. 1309 aus Rom floh und sich in Avignon niederließ; der Palast war 70 Jahre Sitz des päpstlichen Hofstaats. Von der ungeheuren Macht der katholischen Kirche zeugen die gewaltigen Ausmaße des Palastes. Die von 3 m dicken Mauern umgebenen Säle, Kapellen und Vorzimmer sind heute zumeist leer, doch ein Audioguide (2 €) liefert den historischen Hintergrund.

Pont St-Bénézet Brücke

(bd du Rhône; Erw./Kind 24-Std.-Ticket 5/4 €, mit Palais des Papes 13,50/10,50 €; ⌚Juli 9–20 Uhr, Aug. bis 20.30 Uhr, Sept.–Juni kürzer) Der Überlieferung zufolge hatte Pastor Bénézet drei Visionen, die ihn zum Bau einer Brücke über die Rhone aufforderten. Die Brücke mit ihren 20 Bögen zwischen Avignon und Villeneuve-lès-Avignon wurde 1185 fertiggestellt und mehrmals wieder aufgebaut, bis sie im 17. Jh. mit Ausnahme von vier Brückenbögen fortgeschwemmt wurde.

Wer nicht für den Besuch der Brücke zahlen möchte, kann sie sich umsonst vom Park Rocher des Doms, vom Pont Édouard Daladier oder vom Chemin des Berges auf der Île de la Barthelasse aus anschauen.

In Frankreich ist die Brücke auch als die Pont d'Avignon aus dem Volkslied bekannt: „Sur le pont d'Avignon/L'on y danse, l'on y danse ..." (auf der Brücke von Avignon tanzt man, tanzt man ...).

Musée du Petit Palais Museum

(☎04 90 86 44 58; www.petit-palais.org; place du Palais; Erw./Kind 6 €/frei; ⌚Mi–Mo 10–13 & 14–18 Uhr) Der erzbischöfliche Palast des 14. und 15. Jhs. beherbergt heute eine hervorragende Sammlung primitiver, Prä-Renaissance- und italienischer sakraler Gemälde aus dem 13. bis 16. Jh. von Künstlern wie Botticelli, Carpaccio und Giovanni di Paolo – das berühmteste ist Botticellis *Jungfrau mit Kind* (1470).

Musée Angladon Kunstmuseum
(☎04 90 82 29 03; www.angladon.com; 5 rue Laboureur; Erw./Kind 8/6,50 €; ⏱April–Sept. Di–So 13–18 Uhr, Okt.–März Di–Sa 13–18 Uhr) Im winzigen Musée Angladon werden impressionistische Schätze gezeigt, darunter Werke von Cézanne, Sisley, Manet und Degas. Der Star der Sammlung ist jedoch das Gemälde *Wagons de chemin de fer* (Eisenbahnwaggons) von van Gogh, das einzige Werk des Malers in der Provence – wer genau hinschaut, sieht, dass die „Erde" nicht gemalt ist, sondern aus nackter Leinwand besteht.

Collection Lambert Kunstmuseum
(☎04 90 16 56 20; www.collectionlambert.com; 5 rue Violette; Erw./Kind 10/8 €; ⏱Sept.–Juni Di–So 11–18 Uhr, Juli & Aug. tgl. bis 19 Uhr) Das im Sommer 2015 nach umfassender Renovierung und Erweiterung wiedereröffnete Museum für zeitgenössische Kunst ist auf Werke von den 1960er-Jahren bis zur Gegenwart spezialisiert, von Minimal Art und Konzeptkunst bis zu Video und Fotografie – ein schöner Kontrast zum klassischen Stadtpalais aus dem 18. Jh., in dem das Museum ansässig ist.

AKTIVITÄTEN & GEFÜHRTE TOUREN

Le Carré du Palais Weinprobe
(☎04 90 27 24 00; www.carredupalaisavignon.com; 1 place du Palais) Das historische Hôtel Calvet de la Palun im Zentrum von Avignon beherbergt heute ein Zentrum für die Weinvermarktung, in dem Besucher Côtes-du-Rhône- und Vallée-du-Rhône-Tropfen verkosten können.

Avignon Wine Tour Touren
(☎06 28 05 33 84; www.avignon-wine-tour.com; 80–110 € pro Pers.) Die Weingüter der Region mit einem Führer erkunden, der sich auskennt – dabei wird auch Wein verkostet.

ESSEN

Die Place de l'Horloge ist von touristischen Restaurants gesäumt, die keineswegs die beste Küche der Stadt oder das beste Preis-

„70 Jahre Sitz des päpstlichen Hofstaats"

Palais des Papes

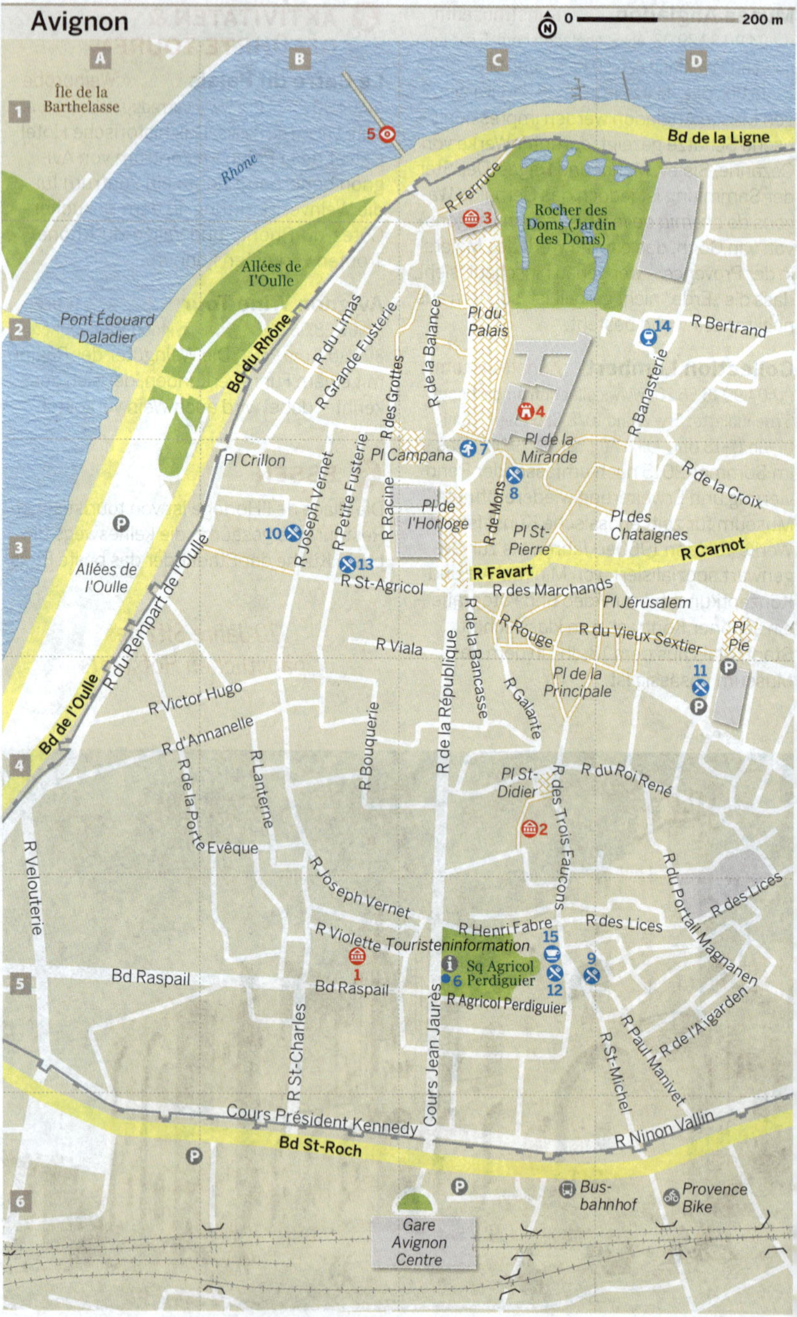
Avignon
0
200 m
A
B
C
D
1
2
3
4
5
6
Île de la Barthelasse
Rhone
Bd de la Ligne
R Ferruce
3
5
Rocher des Doms (Jardin des Doms)
Allées de l'Oulle
Pont Édouard Daladier
Bd du Rhône
R du Limas
R Grande Fusterie
R des Grottes
R de la Balance
Pl du Palais
4
14
R Bertrand
R Banasterie
Pl Crillon
Pl Campana
7
Pl de la Mirande
R de la Croix
8
R Joseph Vernet
R Petite Fusterie
R Racine
Pl de l'Horloge
R de Mons
Pl St-Pierre
Pl des Chataignes
R Carnot
10
13
R Favart
R St-Agricol
R des Marchands
Pl Jérusalem
Allées de l'Oulle
R du Rempart de l'Oulle
R Rouge
R du Vieux Sextier
Pl Pie
R Viala
11
Pl de la Principale
Bd de l'Oulle
R Victor Hugo
R d'Annanelle
R de la République
R de la Bancasse
R Galante
R Bouquerie
R Lanterne
R de la Porte Evêque
Pl St-Didier
R des Trois Faucons
R du Roi René
2
R Velouterie
R Joseph Vernet
R du Portail Magnanen
R des Lices
R Henri Fabre
R des Lices
15
R Violette
Touristeninformation
1
Sq Agricol Perdiguier
6
12
9
Bd Raspail
Bd Raspail
R Agricol Perdiguier
R Paul Manivet
R de l'Aigarden
R St-Michel
R St-Charles
Cours Jean Jaurès
Cours Président Kennedy
R Ninon Vallin
Bd St-Roch
Busbahnhof
Provence Bike
Gare Avignon Centre

Avignon

Sehenswerte
1 Collection Lambert B5
2 Musée Angladon C4
3 Musée du Petit Palais C1
4 Palais des Papes C2
5 Pont St-Bénezet B1

Aktivitäten, Kurse & Touren
6 Stadtführungen C5
7 Le Carré du Palais C3

Essen
8 Christian Etienne C3
9 Ginette et Marcel C5
10 Les 5 Sens B3
11 Les Halles D4
12 Maison Violette C5
13 Restaurant L'Essentiel B3

Ausgehen & Nachtleben
14 La Manutention D2
15 Milk Shop C5

Leistungs-Verhältnis bieten. Stattdessen sollte man sich in die autofreie Altstadt mit ihren hübschen Plätzchen aufmachen: Besonders schöne Plätze mit Restaurants sind die Place des Châtaignes und die Place de la Principle.

Während der Festivalsaison im Sommer sind die Restaurants jeden Tag geöffnet; dann ist Reservieren unerlässlich.

Maison Violette — Bäckerei €

(☎06 59 44 62 94; place des Corps Saints; ⊙Mo–Sa 7–19.30 Uhr) Keine Frage: Wer diese Bäckerei betritt, wird magnetisch von den Baguettes, *ficelles* und *pains de campagnes* am Tresen sowie den ordentlich aufgereihten *eclairs*, *millefeuilles*, Obsttörtchen und Keksen in der Vitrine angezogen. Keine falsche Bescheidenheit: Ein bisschen was Süßes kann doch nicht schaden, oder?

Ginette et Marcel — Café €

(☎04 90 85 58 70; 27 place des Corps Saints; Tartines 4,30–6,90 €; ⊙Mi–Mo 11–23 Uhr; 👪) Mit Tischen an einem der angesagtesten, von Platanen beschatteten Plätze der Stadt ist dieses alte Café, das wie ein Lebensmittelladen der 1950er-Jahre gestylt ist, ein wunderbares Plätzchen zum Abhängen. Bei einer *tartine* (offenes Sandwich), einer Tarte, einem Salat oder anderen leichten Gericht kann man wunderbar Leute beobachten, ebenso bei einem köstlichen Mittagessen oder einem *apéro* am frühen Abend. Kinder freuen sich über Ginettes Sirupsäfte mit Kirsch- und Veilchengeschmack sowie Marcels Gläser mit altmodischen Süßigkeiten.

Restaurant L'Essentiel — Französisch €€

(☎04 90 85 87 12; www.restaurantlessentiel.com; 2 rue Petite Fusterie; Menüs 32–46 €; ⊙Di–Sa 12–14 & 19–21.45 Uhr) Das in einem eleganten, karamellfarbenen *hôtel particulier* ansässige Essentiel ist eines der besten Restaurants der Stadt – egal ob drinnen oder auf der wunderbaren Hofterrasse. Los geht's vielleicht mit Zucchiniblüten an Langusten-Trüffel-Sauce, gefolgt von mit kandierten Auberginen gefülltem Kaninchen.

Au Jardin des Carmes — Französisch €€

(☎09 54 25 10 67; 21 place des Carmes; Hauptgerichte 20 €; ⊙Di–Sa 12–22.30 Uhr) Ein Mittagessen in diesem hübschen kleinen Restaurant lohnt sich vor allem wegen des reizenden Hofgartens, dem Segel, hoher Bambus und Kletterpflanzen Schatten spenden. Vorspeisen kosten 10 €, Hauptgerichte 20 € und Desserts 9 €; der *plat du jour* schlägt mit 16 € zu Buche. Das Essen ist ehrlich statt *haute cuisine*, aber schön präsentiert und sehr aromatisch.

Christian Etienne — Französisch €€€

(☎04 90 86 16 50; www.christian-etienne.fr; 10 rue de Mons; Menüs mittags/abends ab 35/75 €; ⊙Di–Sa 12–14 & 19.30–22 Uhr) Eines der besten Häuser am Platze residiert in einem Palais des 12. Jhs. mit schattiger Terrasse neben dem Papstpalast. Drinnen sieht's etwas altbacken aus, doch die erlesene provenzalische Küche ist nach wie vor herausragend und wurde nicht umsonst mit einem Stern belohnt.

Schlemmen unter freiem Himmel in Avignon

Les 5 Sens Feinschmecker €€€
(☎04 90 85 26 51; www.restaurantles5sens.com; 18 rue Joseph Vernet; Menüs mittags 16–22 €, abends 40–59 €; ⏲Di–Sa 12–13.30 & 19.45–23.30 Uhr) Küchenchef Thierry Baucher ist einer der *meilleurs ouvriers* (Top-Köche) Frankreichs.Davon zeugen Speisen wie *cassoulet* und Foie gras, in Gerichten wie Kürbis-Ravioli mit Schnecken bietet er auch Varianten moderner Mittelmeerküche. Schickes Ambiente, makelloser Service.

AUSGEHEN & NACHTLEBEN

Das schicke, aber entspannte Avignon strotzt vor wunderschönen, schattigen Plätzen, auf denen sich die Cafés ausbreiten – Autos sind ja ausgesperrt. Zu den schönsten zählen die Place Crillon, die Place Pie, die Place de l'Horloge und die Place des Corps Saints.

Die Studenten zieht es hauptsächlich in die vielen Kneipen an der passend benannten Rue de la Verrerie (Glaswarenstraße).

La Manutention Bar
(4 rue des Escaliers Ste-Anne; ⏲12–24 Uhr) Keine Bar verkörpert das künstlerische Herz Avignons besser als diese Bistro-Bar im Kulturzentrum La Manutention. Der begrünten Terrasse spenden die Steinmauern des Papstpalastes Schatten und durch große Fenster im Wintergartenstil blickt man auf die ausgefallene Einrichtung der klitzekleinen Bar Utopia. Auch ein Kino gibt's hier.

Milk Shop Café
(☎09 82 54 16 82; www.milkshop.fr; 26 place des Corps Saints; ⏲Mo–Fr 7.45–19, Sa 9.30–19 Uhr; 📶) Wer sich unter die Studenten der Stadt mischen möchte, kann das in diesem *salon au lait* („Milchbar") tun. Hier schlürft man durch extradicke Strohhalme supersämige Milchshakes (4,50 €). Bagels (5–7 €), Cupcakes und andere amerikanische Snacks sorgen für ein USA-Flair, während bequeme Sessel und das WLAN zum Verweilen einladen.

PRAKTISCHE INFORMATIONEN

Touristeninformation (☎04 32 74 32 74; www.avignon-tourisme.com; 41 cours Jean Jaurès; ⏲April–Okt. Mo–Sa 9–18, So 10–17 Uhr, Nov.–März kürzer) Bietet geführte Stadtrundgänge sowie Informationen über andere Touren und Aktivitäten wie Bootsfahrten auf der Rhone und Weinproben auf Weingütern der Umgebung. Und es gibt auch Smartphone-Apps.

Informationsschalter (Gare Avignon TGV; ⌚Juni–Aug.) Im Sommer ist am TGV-Bahnhof von Avignon ein Informationsschalter geöffnet.

ℹ AN- & WEITERREISE

BUS

Der **Busbahnhof** (bd St-Roch; ⌚Informationsschalter Mo–Fr 8–19, Sa bis 13 Uhr) befindet sich neben dem Hauptbahnhof. Fahrkarten sind im Bus erhältlich. Fahrpläne gibt's auf www.lepilote.com, www.info-ler.fr und www.vaucluse.fr. Die Fernbusgesellschaften **Linebús** (☎04 90 85 30 48; www.linebus.com) und **Eurolines** (☎04 90 85 27 60; www.eurolines.com) haben Büros am Ende der Bussteige und bieten Busverbindungen z. B. nach Barcelona.

Aix-en-Provence 17,40 €, LER-Linie 23, 1¼ Std., Mo–Sa 6-mal tgl., So 2-mal.

Carpentras 2 €; TransVaucluse-Linie 5.1, 45 Min., Mo–Sa 2- bis 3-mal stündl., So alle 2 Std.

FLUGZEUG

Aéroport Avignon-Provence (AVN; ☎04 90 81 51 51; www.avignon.aeroport.fr; Caumont) In Caumont, 8 km südöstlich von Avignon. Derzeit mit Direktflügen nach London.

ZUG

Von anderen Städten in Frankreich aus ist man gewöhnlich einfacher, billiger und meistens auch schneller mit dem Zug in Avignon als mit dem Flugzeug.

In Avignon gibt's zwei Bahnhöfe: die **Gare Avignon Centre** (42 bd St-Roch) am Südrand der Innenstadt und die **Gare Avignon TGV** (Courtine) 4 km südwestlich in Courtine. Zwischen beiden verkehren alle 20 Minuten Züge (1,60 €, 5 Min., 6–23 Uhr). Keine Gepäckaufbewahrung.

Mit dem TGV sind von Avignon aus Paris Gare du Lyon (35–80 €, 3½ Std.), Marseille (17,50 €, 35 Min.) und Nizza (31–40 €, 3¼ Std.) zu erreichen. Ein- bis fünfmal wöchentlich verkehrt der **Eurostar** (www.eurostar.com) zwischen Marseille und London (ab 59,50 €, 5¾ Std.) und hält auch an der Gare Avignon TGV.

Marseille 17,50 €, 1¼–2 Std.

Marseille Flughafen (Bahnhof Vitrolles) 14,50 €, 1–1½ Std.

Provenzalische Genüsse

Avignons Markthalle, **Les Halles** (www.avignon-leshalles.com; place Pie; ⌚Di–Fr 6–13.30, Sa & So bis 14 Uhr), beherbergt über 40 Stände mit provenzalischen Lebensmitteln. Und samstags um 11 Uhr werden sogar kostenlose Kochvorführungen geboten. Draußen an der Place Pie ist Patrick Blancs wundervolle Pflanzenwand zu bewundern.

KEN SCICLUNA/GETTY IMAGES ©

ℹ UNTERWEGS VOR ORT

AUTO & MOTORRAD

An beiden Bahnhöfen sind Autovermietungen vertreten (besonders für den Juli reservieren!). Dank schmaler Einbahnstraßen und einer verheerenden Parkplatzsituation ist das Fahren in der Altstadt schwierig: Am besten parkt man außerhalb der Stadtmauern. 900 bzw. 1150 Plätze gibt's auf den bewachten Parkplätzen **Parking de l'Île Piot** und **Parking des Italiens**. Von beiden fährt der kostenlose **TCRA-Shuttlebus** (Transports en Commun de la Région d'Avignon; ☎04 32 74 18 32; www.tcra.fr). Auf den Schildern verweist ein gelbes „P" auf einen kostenpflichtigen, ein grünes „P" auf einen kostenlosen Parkplatz. Direkt beim Bahnhof ist das kostenpflichtige **Parking Gare Centre** (☎04 90 80 74 40; bd St-Roch; ⌚24 Std.).

FAHRRAD

Vélopop (☎08 10 45 64 56; www.velopop.fr) Fahrradleihsystem mit 17 Stationen in der Stadt. Die erste halbe Stunde ist kostenlos, jede weitere halbe Stunde kostet 1 €. Die Mitgliedschaft kostet 1/5 € pro Tag/Woche.

Übernachten in Avignon

Avignon ist ein ausgezeichneter Ausgangspunkt mit großem Angebot an Hotels und B&Bs. Ein Tourismusportal mit Unterkunftsverzeichnissen ist **Avignon & Provence** (www.avignon-et-provence.com). Innerhalb der Stadtmauern kann man so gut wie gar nicht parken: Man muss also sein Gepäck ausladen, dann auf einem der großen Parkplätze vor den Mauern parken und zu Fuß gehen.

Provence Bike (☎04 90 27 92 61; www.provence-bike.com; 7 av. St-Ruf; Leihräder pro Tag/Woche ab 12/65 €, Motorroller 25/150 €; ⏲Mo–Sa 9–18.30 Uhr, Juli außerdem So 10–13 Uhr) Verleiht Stadträder, Mountainbikes, Motorroller und Motorräder.

Moustiers-Ste-Marie

Die „Étoile de Provence" (Stern der Provence), wie Moustiers-Ste-Marie auch genannt wird, erstreckt sich zu Füßen hoch aufragender Kalksteinklippen, die den Anfang der Alpen und das Ende der Hügel der Haute-Provence markieren. Hoch über der Stadt hängt eine 227 m lange Kette mit einem glänzenden goldenen Stern – diese Tradition wurde der Überlieferung zufolge vom Ritter von Blacas begründet, der dankbar war, wohlbehalten aus den Kreuzzügen zurückgekehrt zu sein. Zweimal im Jahrhundert reißt die verwitterte Kette und der Stern wird ersetzt, zuletzt 1996. Im Sommer zeigt sich übrigens, dass Moustiers kein Geheimtipp ist!

SEHENSWERTES

Chapelle Notre-Dame de Beauvoir Kirche
(Führungen Erw./Kind 3 €/frei) Unterhalb des Sterns von Moustiers klammert sich über dem Dorf diese Kirche aus dem 14. Jh. wie ein Adlerhorst an den Fels. Ein steiler Pfad führt an einem Wasserfall sowie an 14 Kreuzwegsstationen vorbei zu der Kapelle. An jedem 8. September wird mit einem Gottesdienst um 5 Uhr morgens die Geburt der Jungfrau Maria gefeiert, gefolgt von Flötenspiel und Getrommel sowie einem Frühstück auf dem Platz.

Musée de la Faïence Museum
(☎04 92 74 61 64; rue Seigneur de la Clue; Erw./Stud./Kind unter 16 J. 3/2 €/frei; ⏲Juli & Aug. 10–12.30 Uhr, sonst bis 17 oder 18 Uhr, ganzjährig Di geschl.) Dekorative Fayencen aus Moustiers zierten einst die Tafeln der meisten Adelshäuser Europas. Heute hat jede der 15 Werkstätten in Moustiers ihren eigenen Stil, von gegenständlich bis abstrakt. In diesem kleinen Museum neben dem Rathaus sind kleine Meisterstücke versammelt.

AKTIVITÄTEN

Des Guides pour l'Aventure Outdooraktivitäten
(☎06 85 94 46 61; www.guidesaventure.com) Bietet Aktivitäten wie Canyoning (halber Tag ab 45 €), Klettern (3 Std. 40 €), Rafting (2½ Std. 45 €) und „Floating" (3 Std. 50 €): Letzteres ist wie Rafting, nur mit einer Schwimmhilfe statt einem Boot.

ESSEN

La Grignotière Provenzalisch €
(☎04 92 74 69 12; rte de Ste-Anne; Hauptgerichte 6–15 €; ⏲Mai–Sept. 11.30–22 Uhr, Feb.–Mitte Mai bis 18 Uhr) Hinter der sanftrosa Fassade des Musée de la Faïence verbirgt sich dieses äußerst reizvolle und wunderbar stille Gartenrestaurant. Die Tische stehen inmitten von Olivenbäumen. Die bunte Einrichtung mit handgefertigten Glasarbeiten sind das Werk der talentierten und dynamischen Eigentümerin Sandrine. Zu essen gibt es „picknickschicke" Speisen wie kreative Salate, Tapenaden und Quiches.

La Treille Muscate Provenzalisch €€
(☎04 92 74 64 31; www.restaurant-latreillemuscate.fr; place de l'Église; Menüs mittags/abends ab 24/32 €; ⏲Fr–Mi 12–14, Fr–Di 19.30–22.30 Uhr)

Moustiers Ste-Marie

Das beste Restaurant im Dorf selbst: Hier wird klassische provonzalische Küche mit viel Verve serviert, entweder im Gastraum mit seinen Steinwänden oder auf der Terrasse mit Talblick. Geboten werden köstliche Gerichte wie Ofenlamm mit saisonalem Gemüse und Regenbogenforelle mit *sauce vierge*. Es empfiehlt sich eine Tischreservierung.

La Ferme Ste-Cécile Feinschmecker **€€**
(☎04 92 74 64 18; D952; Menüs 29–38 €; ⏲Di–So 12–14, Di–Sa 19.30–22 Uhr) Diese wunderbare *ferme auberge* (Landgasthof) vor den Toren von Moustiers bietet das volle provenzalische Speiseerlebnis, von der sonnigen Terrasse und den örtlichen Weinen bis hin zur akribisch zubereiteten mediterranen Küche des Küchenchefs. Das Restaurant liegt 1,2 km von Moustiers entfernt und ist Richtung Castellane ausgeschildert.

La Bastide de Moustiers Feinschmecker **€€€**
(☎04 92 70 47 47; www.bastide-moustiers.com; chemin de Quinson; Menüs mittags 40–50 €, abends 64–82 €; ⏲Mai–Sept. 12–14 & 19.30–21.30 Uhr, Okt.–April Di & Mi geschl.; ❄) Der legendäre Koch Alain Ducasse hat sich sein eigenes provenzalisches Refugium erschaffen und hier zu speisen ist von Anfang bis Ende ein wahres Vergnügen, von den verspielten *amuses bouches* bis zu den schweren, saucenlastigen Hauptgerichten und den dekadenten Desserts. Auch die Ausblicke von der Terrasse sind traumhaft. Schick anziehen und in der Hauptsaison reservieren! Das Restaurant liegt 500 m ein Landsträßchen entlang und ist an der D952 nach Ste-Croix-du-Verdon ausgeschildert.

Die hier ebenfalls angebotenen Zimmer (DZ ab 280 €) sind geräumig und luxuriös und warten fast allesamt mit Talblick auf.

ℹ AN- & WEITERREISE

Mit einem Auto lassen sich die Gorges du Verdon erheblich leichter erkunden, aber wer fit ist, kann auch radeln. Busse verkehren nach Castellane und Moustiers, doch in den Schluchten selbst fahren kaum öffentliche Verkehrsmittel.

In diesem Kapitel

Barcelona, Spanien

Barcelona ist eine Mischung aus sonnig-mediterranem Charme und europäisch-urbanem Schick. Die Stadt strotzt vor toller Kunst und Architektur, die katalanische Küche zählt zur besten Spaniens. Im Sommer tummeln sich an den Stränden der Stadt und der Umgebung die Sonnenhungrigen und in den Bars und Clubs ist immer etwas los. Von den Anfängen der Stadt in römischer Zeit sind noch Spuren erkennbar und in der Altstadt ist so viel gotische Baukunst zu bestaunen wie kaum sonst irgendwo. Dazu erheben sich hier einige der bizarrsten Bauten der Welt – wie Gaudís surreale Kirche Sagrada Família.

Zwei Tage in Barcelona

Los geht's im Barri Gòtic. Nach einem Bummel über die **Rambla** (S. 282) stattet man der **Kathedrale** (S. 292) und dem **Museu d'Història de Barcelona** (S. 292) an der historischen **Plaça del Rei** (S. 293) einen Besuch ab, danach folgen die **Basílica de Santa Maria del Mar** (S. 296) und das **Museu Picasso** (S. 297) ganz in der Nähe. Mit einem Abendessen und Cocktails in El Born klingt der Tag aus. Der zweite Tag steht ganz im Zeichen des **Park Güell** (S. 298) und der **Sagrada Família** (S. 274). Anschließend geht's zum Abendessen ins **Suculent** (S. 304).

Vier Tage in Barcelona

Der dritte Tag beginnt mit noch mehr Gaudí, nämlich der **Casa Batlló** (S. 298) und **La Pedrera** (S. 299). Zum Entspannen am Strand und bei einem Meeresfrüchtemahl geht's dann nach **Barceloneta** (S. 297). Der vierte Tag wird dem **Montjuïc** (S. 288) mit seinen Museen, Festungen, Gärten und dem Olympiastadion gewidmet.

Mehr Spanien? Dann geht's per Auto oder Zug ins Baskenland (S. 314).

Ankunft

Vom **Flughafen El Prat** fahren von 6 bis 1 Uhr regelmäßig *aerobúses* (5,90 €) in die Stadt (35 Min.). Ein Taxi kostet etwa 25 €. Vom Fernbahnhof **Estació Sants** nicht weit vom Stadtzentrum fahren U-Bahnen in andere Stadtteile. Der Bahnhof für Fernbusse ist der **Estació del Nord** im Eixample, etwa 1,5 km nordöstlich der Plaça de Catalunya. Er liegt nur einen kurzen Spaziergang von mehreren Metrostationen entfernt.

Schlafen

Barcelona wartet mit einigen fabelhaften Unterkünften auf, aber man sollte nie – wirklich nie! – ohne Reservierung in der Stadt ankommen. Eine Spezialität von Barcelona sind Design-Herbergen, besonders in der Mittel- und gehobenen Klasse. Eine gute Alternative zu Hotels sind die in ebenfalls großer Zahl vorhandenen Ferienappartements. Die Preise liegen in Barcelona in der Regel höher als im restlichen Spanien.

Nähere Infos zu den einzelnen Stadtteilen siehe S. 313.

In der Sagrada Família

JASON WALTMAN/500PX ©

Sagrada Família

Wer nur Zeit für eine Sehenswürdigkeit hat – dies ist sie! Die Sagrada Família fordert schon durch ihre himmelwärts strebenden Dimensionen, durch Gaudís geniale Nutzung des Lichts und seine bizarren Gestaltungselemente Ehrfurcht ein.

Toll für ...

☑ Nicht versäumen

Die Apsis, die außergewöhnlichen Pfeiler und die Buntglasfenster.

Wie bei mittelalterlichen Kathedralen wird auch an der Sagrada Família nach über 100 Jahren immer noch gebaut. Ihr höchster Turm wird einmal nochmals um die Hälfte höher sein als diejenigen, die jetzt schon stehen.

Eine heilige Mission

Der Temple Expiatori de la Sagrada Família (Sühnekirche der Heiligen Familie) war Antoni Gaudís alles verzehrende Obsession. Den Auftrag erhielt er von einer konservativen Gesellschaft: Die Kirche sollte eine Buße für die Sünden der Moderne darstellen. Für Gaudí war ihre Vollendung eine heilige Mission. Als das Geld zur Neige ging, zahlte er aus eigener Tasche. Am Ende ging er jeden denkbaren Mäzen um Geld an.

Gaudí entwarf eine 95 m lange und 60 m breite Kirche mit Platz für 13 000 Men-

VISIONS OF OUR LAND/GETTY IMAGES ©

Gut zu wissen

Karte S. 300; ☎93 208 04 14; www.sagradafamilia.cat; Carrer de Mallorca 401; Erw./erm./Kind unter 11 J. 15/13 €/frei; ⊙April–Sept. 9–20 Uhr, Okt.–März bis 18 Uhr; Ⓜ Sagrada Família

Kleine Stärkung

Gut für ein Bier ist der Pub **Michael Collins** (Karte S. 300; ☎93 459 19 64; www.michaelcollinspubs.com; Plaça de la Sagrada Família 4; ⊙So–Do 13–2.30, Fr & Sa 13–3 Uhr; 📶; Ⓜ Sagrada Família).

★ Top-Tipp

Die Warteschlangen können unendlich lang sein – Karten vorher übers Internet besorgen!

schen. Der Vierungsturm sollte sich 170 m hoch über der Vierung erheben. Dazu kamen weitere 17 Türme, jeder einzelne rund 100 m hoch. Die zwölf Türme an den drei Seitenfassaden repräsentieren die Apostel, die restlichen fünf die Jungfrau Maria und die vier Evangelisten. Da Gaudí gerade Linien ablehnte – er meinte, in der Natur gäbe es auch keine –, haben auch die Kirchtürme unregelmäßige Konturen und ihre Skulpturen scheinen aus ihnen herauszuwachsen. Als Vorbild für die Türme dienten z. B. die Gipfel des heiligen Bergs Montserrat nicht weit von Barcelona.

Als Gaudí starb, waren nur die Krypta, die Wände der Apsis, ein Portal und ein Turm fertig. Bis 1930 wurden drei weitere Türme vollendet: Sie vervollständigten die Weihnachtsfassade im Nordosten. 1936 zerstörten Anarchisten die Inneneinrichtung der Kirche, so auch Werkstätten, Pläne und Modelle. 1952 wurden die Arbeiten zwar wieder aufgenommen, aber durchgängig von Kontroversen überschattet. Die Gegner des Projekts meinen, dass die auf der Grundlage der wenigen erhaltenen Originalpläne Gaudís basierenden Computermodelle zur Schaffung eines Monstrums führen, das nur wenig mit Gaudís Plänen und seinem Stil zu tun hat. Ein Ende der Debatte ist nicht abzusehen. Ob man das Projekt nun liebt oder hasst: Seine Faszination ist unbestreitbar.

Wann der Bau fertig sein wird? Schätzungen reichen von den 2020er- bis zu den 2040er-Jahren. Aber bereits jetzt müssen einige der älteren Teile der Kirche wie insbesondere die Apsis restauriert werden.

Innenraum & Apsis

2010 wurden die Dacharbeiten im Innenraum abgeschlossen. Das Gewölbe wird von einem Wald aus ungewöhnlich gewinkelten Pfeilern getragen, die sich oben zu einem Netz aus Ästen verzweigen und wie eine Baumkrone wirken – so hatte Gaudí es geplant. Denn alles war gründ lich durchdacht, so auch die Form und Platzierung der Fenster: Es sollte ein Lichteffekt entstehen als würde Sonnenlicht durch ein dichtes Blätterdach fallen. Die Pfeiler bestehen aus vier in Farbe und Tragfähigkeit unterschiedlichen Steinarten. Die Pfeiler der Seitenschiffe sind aus weichem Montjuïc-Stein, andere aus Granit und dunkelgrauem Basalt, die tragenden Säulen an der Kreuzung von Haupt- und Querschiff aus weinrot schimmerndem iranischem Porphyr. Bei Sonnenlicht erschaffen Rot, Blau, Grün und Ocker der Buntglasfenster eine zauberhaft schöne Stimmung. Auf den Emporen über den Seitenschiffen finden zwei Chöre Platz, auf der Hauptempore bis zu 1300 und auf der Kinderempore bis zu 300 Personen.

Weihnachtsfassade

Das Highlight des Bauwerks ist die Weihnachtsfassade, die größtenteils unter Gaudís persönlicher Aufsicht entstand. Mit Aufzügen und über enge Wendeltreppen gelangt man in den vier Türmen hoch hinauf – ein schwindelerregendes Erlebnis. Besucher mit Atemwegs- oder Herzproblemen sollten die Treppen lieber nicht nehmen. Das Glockenspiel, das dereinst in den Türmen hängen soll, soll anspruchsvolle Musik in großer Lautstärke zum Besten geben können. Auf Mosaiken oben an den Türmen steht „Sanctus, Sanctus, Sanctus, Hosanna in Excelsis, Amen, Alleluia". Als Gaudí gefragt wurde, weshalb er sich für die Turmspitzen, die doch niemand aus der Nähe sehen wür-

Weihnachtsfassade

de, so sehr ins Zeug legte, meinte er: „Die Engel werden sie sehen."

Von links nach rechts repräsentieren die drei Teile des Portals Hoffnung, Barmherzigkeit und Glauben. Unter den vielen Figuren am Barmherzigkeitsportal sind auch die von Ochs und Esel, den Hirten und den Königen umgebene Krippe sowie musizierende Engel zu sehen. Rund 30 katalanische Pflanzenarten sind hier dargestellt; die Gesichter der zahlreichen Figuren entstanden nach Gipsabgüssen von Einheimischen oder auch nach Totenmasken aus dem Leichenschauhaus.

★ Schon gewusst?

Die Sagrada Família ist zwar noch nicht fertig, aber mit 4,5 Mio. Besuchern pro Jahr ist sie das meistbesuchte Baudenkmal Spaniens.

PEGOLD/SHUTTERSTOCK ©

Direkt über dem blauen Buntglasfenster ist Mariä Verkündigung zu sehen. Die grüne Zypresse ganz oben bietet den weißen Friedenstauben darüber Zuflucht bei Sturm. Für die Mosaiken an der Spitze der Türme benutzte Gaudí Muranoglas aus Venedig.

Rechts neben der Fassade befindet sich der merkwürdige Claustre del Roser, ein gotischer Mini-Kreuzgang an der Außenseite der Kirche (im Gegensatz zu den klassischen Rechtecken im Innern der großen gotischen Klöster). Drinnen lohnt sich der Blick zurück zum reich verzierten Eingang. Rechts unten übergibt ein reptilienhafter Teufel einem Terroristen eine Bombe. In den Jahrzehnten vor dem Bürgerkrieg wurde Barcelona regelmäßig von politischer Gewalt und Anschlägen erschüttert. Die Skulptur gehört zur Serie „Versuchungen für Männer und Frauen".

Passionsfassade

Die Passionsfassade an der Südwestseite der Kirche widmet sich den letzten Tagen und dem Tod Christi. Sie entstand nach Gaudís Originalplänen zwischen 1954 und 1978 und umfasst vier Türme und ein großes, üppig mit Skulpturen verziertes Portal. An der Ausgestaltung arbeitete der Bildhauer Josep Subirachs von 1986 bis 2006. Er versuchte nicht, Gaudí zu imitieren, sondern schuf umstrittene eigene, kantige Werke. Die Hauptserie von Skulpturen auf drei Ebenen weist eine S-Form auf: Sie beginnt links unten mit dem Abendmahl und endet rechts oben mit der Grablegung. Auch heute noch wird an der Passionsfassade gearbeitet, während der Bau der Glorienfassade voranschreitet.

Die Escoles de Gaudí vor der Passionsfassade rechts zählen zu den einfacheren Glanzstücken Gaudís: eine Schule für Kinder mit einem originellen gewellten Ziegel-

ⓘ Besuchszeit

In der Sagrada Família ist es immer voll. Am wenigsten Besucher sind gleich nach der Öffnung am Morgen anzutreffen.

dach, das Architekten bis heute bezaubert. Innen ist ein Nachbau von Gaudís bescheidenem Büro im Zustand zur Zeit seines Todes zu sehen, mit Erläuterungen der geometrischen Muster und Pläne, die den Kern seiner Baukunst darstellten.

Ein verstecktes Porträt

Bei genauem Hinschauen entdeckt man an der Passionsfassade eine Hommage des Bildhauers Josep Subirachs an Gaudí. Von rechts nach links zeigt die mittlere Skulpturengruppe unterhalb des Kruzifixes Christus, der sein Kreuz trägt, Veronika mit dem Tuch mit dem Blut Christi, zwei Soldaten und einen Evangelisten. Als Vorlage für dessen Gesicht diente Subirachs ein seltenes Foto von Gaudí, das ein paar Jahre vor seinem Tod aufgenommen worden war.

Glorienfassade

An der Glorienfassade wird noch immer gearbeitet. Wie auch die anderen soll sie von vier Türmen gekrönt werden – zusammen repräsentieren die Türme dann die zwölf Apostel. Die Glorienfassade sollte die prächtigste der Kirche werden. Innen soll ein Narthex entstehen, eine Art Vorraum aus 16 „Laternen", bestehend aus hyperbelförmigen Gebilden mit Kegeln an der Spitze. Der Gesamtbau soll zu einem Symbol des Christentums werden: Der 170 m hohe Turm über dem Querhaus soll Christus repräsentieren, die fünf übrigen geplanten Türme sollen die Jungfrau Maria und die vier Evangelisten symbolisieren.

Museu Gaudí

Das unterirdische Museu Gaudí beherbergt Material zum Leben und Werk Gaudís sowie Modelle und Fotos der Sagrada Família. Ausgestellt ist auch eines der Modelle, mit denen Gaudí feststellte, welche Belastungen seine Bauten aushalten konnten. Am östlichen Ende führt ein Seitengang zu einem Aussichtspunkt oberhalb der Krypta, in dem das Genie bestattet ist. Die Krypta, in der heute Gottesdienste abgehalten werden, ist auch von der dem Carrer de Mallorca zugewandten Seite der Kirche aus zu erreichen.

Was gibt's in der Nähe?

Església de les Saleses Kirche

(Karte S. 300; ☎93 458 76 67; www.parroquiaconcepciobcn.org; Passeig de Sant Joan 90; ⏲Mo–Fr 7.30–13 & 17–21, So 7.30–14 & 17–21 Uhr; Ⓜ Tetuan) Die Kirche, ein Meisterwerk neugotischer Architektur, wurde von Gaudís Architekturprofessor Joan Martorell i Montells (1833–1906) entworfen. An der Kirche und dem benachbarten Kloster, das im Bürgerkrieg stark beschädigt wurde und heute eine Schule ist, wurde von 1878 bis 1885 gebaut. Das Buntglas, der Backstein und die Mosaiken lassen erahnen, welche Richtung der Modernisme einmal einschlagen sollte.

Recinte Modernista de Sant Pau Architektur

(☎93 553 78 01; www.santpaubarcelona.org; Carrer de Sant Antoni Maria Claret 167; Erw./

Passionsfassade (S. 277)

Kind 13 €/frei; ⏲April–Okt. Mo–Sa 10–18.30, So bis 14.30 Uhr, Nov.–März Mo–Sa 10–16.30 Uhr; Ⓜ Sant Pau/Dos de Maig) Mit dem 2014 in „Recinte Modernista" umgetauften Hospital de la Santa Creu i de Sant Pau hat sich der Architekt und Philanthrop Domènech i Montaner selbst übertroffen. Lange galt der Bau als eines der bedeutendsten Hospitäler der Stadt. Heute sind hier Kultureinrichtungen und Büroräume untergebracht. Der Komplex mit seinen einzigartigen 16 Pavillons ist üppig verziert. Zusammen mit dem Palau de la Música Catalana bildet der Recinte Modernista ein Weltkulturerbe.

Museu del Disseny de Barcelona Museum

(☎93 256 68 00; www.museudeldisseny.cat; Plaça de les Glòries Catalanes 37; Dauer-/Sonderausstellungen 6/4,40 €, Kombiticket 8 €; ⏲Di–So 10–20 Uhr; Ⓜ Glòries) Barcelonas Designmuseum befindet sich in einem neuen monolithischen Bau mit geometrischen Fassaden und Anklängen an den Brutalismus – was ihm bei Einheimischen schon den Spitznamen *la grapadora* (der Hefter) eingebracht hat. Drinnen beeindruckt er mit einer umwerfenden Sammlung – wer sich für die Welt des Designs interessiert, ist hier goldrichtig.

★ Schon gewusst?

Im November 2010 weihte Papst Benedikt XVI. die Sagrada Família in einer gigantischen Zeremonie.

★ Top-Tipp

Audioguides – darunter spezielle für Kinder – sind gegen eine zusätzliche Gebühr erhältlich.

CRISTINA NIXAU/SHUTTERSTOCK ©

Sagrada Família

ZEITLEISTE

1882 Die Bauarbeiten an einer neogotischen Kirche, entworfen von Francisco de Paula del Villar y Lozano, beginnen.

1883 Antoni Gaudí übernimmt als Chefarchitekt und plant eine weitaus größere Kirche für 13 000 Gläubige.

1926 Nach Gaudís Tod Fortsetzung der Arbeiten unter Domènec Sugrañes. Große Teile der **Apsis** ❶ und der **Weihnachtsfassade** ❷ sind fertig.

1930 **Glockentürme** ❸ der Weihnachtsfassade fertiggestellt.

1936 Bauarbeiten durch den Spanischen Bürgerkrieg unterbrochen; Gaudís Pläne werden von Anarchisten vernichtet.

1939–1940 Architekt Francesc de Paula Quintana i Vidal restauriert die Krypta und setzt viele von Gaudís verlorenen Modellen mühsam wieder zusammen; einige davon sind im **Museum** ❹ zu sehen.

1976 **Passionsfassade** ❺ fertiggestellt.

1986–2006 Bildhauer Josep Subirachs ergänzt die Passionsfassade durch Skulpturen, die u. a. den Leidensweg Jesu darstellen und für ihren Gaudí-untypischen Stil kritisiert werden.

2000 **Mittelschiffgewölbe** ❻ fertiggestellt.

2010 Vollendung des Dachs; Papst Benedikt XVI. weiht die Kirche; Arbeiten an einem Bahntunnel unter der **Fassade der Herrlichkeit** ❼ beginnen.

2020–2040 Anvisierte Fertigstellung

TOP-TIPPS

- Am späten Nachmittag fällt das Licht am schönsten durch die Buntglasfenster der Passionsfassade.
- Am besten kommt man an einem Werktag gleich zur Öffnungszeit und kauft die Tickets vorher online.
- Da sich vor der Passionsfassade gewöhnlich lange Schlangen bilden, besteigt man besser die Glockentürme der Weihnachtsfassade.

KIEV.VICTOR/SHUTTERSTOCK ©

Weihnachtsfassade
Als Vorlagen für die Gesichter in der Geburtsszene benutzte Gaudí Gipsabdrücke von Einheimischen und manchmal auch von Leichen aus dem Leichenschauhaus.

Apsis
Die kurz nach der Krypta in überwiegend neugotischem Stil errichtete Apsis weist in ihren Fialen auf das Genie Gaudís hin, das in dem Kirchenbau zur Höchstform aufläuft.

STEFAN CIOATA/GETTY IMAGES ©

Glockentürme

Die Türme der drei Fassaden – acht sind inzwischen fertig – repräsentieren die zwölf Apostel. Fahrstühle bringen Besucher auf je einen Turm der Weihnachts- und der Passionsfassade (hier sind die Schlangen länger) hinauf.

NIKADA/GETTY IMAGES ©

Fertiggestellte Kirche

Neben der Fassade der Herrlichkeit und ihren vier Türmen müssen noch sechs weitere Türme vollendet werden. Diese stellen die vier Evangelisten, die Jungfrau Maria und – über der Vierung und mit 170 m Höhe der größte – Christus dar.

Fassade der Herrlichkeit

Dies wird die phantasievollste Fassade werden. Geplant ist eine Vorhalle mit 16 hyperboloiden Laternen, die von Kegeln gekrönt werden und in etwa wie eine Orgel aus geschmolzener Eiscreme aussehen.

Museu Gaudí

Das mit alten Fotos, Zeichnungen und restaurierten Modellen gefüllte Museum beherbergt auch ein an Schnüren hängendes Statikmodell, mit dem Gaudí seine ambitionierten Bauten berechnete.

Krypta

Die größtenteils neugotische Krypta unter der psis war der erste vollendete Teil der Kirche. Gaudís Grab ist vom Museu Gaudí aus zu sehen.

FOTOKON/SHUTTERSTOCK ©

Passionsfassade

In einer S-förmigen Sequenz ist an der Fassade von unten nach oben die Geschichte der letzten Tage Christi vom Letzten Abendmahl bis zu seiner Grablegung zu sehen. In einem Kryptogramm addieren sich alle Zahlen immer zu 33, das Alter Jesu bei seinem Tod.

YURY DMITRIENKO/SHUTTERSTOCK ©

La Rambla

Barcelonas berühmteste Straße ist nicht nur ein Touristenmagnet, sondern mit Kulturzentren, Theatern und interessanten Gebäuden auch ein Fenster zur katalanischen Kultur. Auf dem Fußgängerboulevard drängt sich inmitten von Souvenirverkäufern, Straßenmusikanten, Pflastermalern und lebenden Statuen eine bunte Menschenmenge.

Toll für ...

Gut zu wissen

Die **Rambla** (Karte S. 294; Ⓜ Catalunya, Liceu, Drassanes) erstreckt sich über 1,5 km von der Plaça de Catalunya bis zur Plaça del Portal de la Pau. Metrostationen: Catalunya, Liceu und Drassanes.

★ Top-Tipp

In den letzten Jahren ist es zwar besser geworden, aber auf der Rambla sind immer viele Taschendiebe aktiv.

NIKADA/GETTY IMAGES ©

Geschichte

Ihren Namen verdankt die Rambla (von Arabisch *raml*, Sand) dem meist ausgetrockneten Fluss, der einst hier verlief. Ab dem frühen Mittelalter als Cagalell (Kotfluss) bekannt, lag er bis zum 14. Jh. außerhalb der Stadtmauern. In der Folgezeit wurden Klostergebäude errichtet und vom 16. bis zum frühen 19. Jh. ließen Wohlhabende sich Häuser bauen. Inoffiziell ist die Rambla in fünf Abschnitte unterteilt, was erklärt, warum viele die Straße Las Ramblas nennen.

La Rambla de Canaletes

Der Teil der Rambla nördlich der Plaça de Catalunya verdankt seinen Namen der **Font de Canaletes** (Karte S. 294; Ⓜ Catalunya), einem Trinkbrunnen von der Wende zum 20. Jh. Gespeist wird er angeblich von den einstigen sogenannten Quellen der Canaletes. Wer das Wasser von Les Canaletes trank, galt früher als echter Einwohner von Barcelona. Heute sagt man: Wer Wasser aus diesem Brunnen trinkt, kehrt bestimmt in die Stadt zurück – nicht schlecht, oder? Außerdem feiern an dem Brunnen die Fans des FC Barcelona Meisterschaften und Pokale.

La Rambla dels Estudis

Die Rambla dels Estudis zieht sich vom Carrer de la Canuda Richtung Süden bis zum Carrer de la Portaferrissa. Hier gab es einst einen Vogelmarkt, der im Jahr 2010 nach 150 Jahren geschlossen wurde.

Església de Betlem

Bei dieser **Kirche** (Karte S. 294; ☎93 318 38 23; www.mdbetlem.net; Carrer d'en Xuclà 2; ⏲8.30–13.30 & 18–21 Uhr; Ⓜ Liceu) nördlich des Carrer del Carme handelt es sich um

eine im späten 17. und frühen 18. Jh. von den Jesuiten erbaute Barockkirche – die Vorgängerkirche war 1671 niedergebrannt. Aber auch die neue Kirche wurde vom Feuerteufel heimgesucht: Einst galt sie als einer der herrlichsten Barockbauten Barcelonas, doch 1936 wurde sie von Linksradikalen in Brand gesteckt.

Palau Moja

Der **Palau Moja** (Karte S. 294; ☎933 16 27 40; https://palaumoja.com; Carrer de Portaferrissa 1; ⏲Infocenter/Shop 10–21 Uhr, Café Mo–Fr –24, Sa & So 11–24 Uhr; Ⓜ Liceu) GRATIS auf der Ostseite der Rambla ist ein klassizistisches Gebäude aus der zweiten Hälfte des 18. Jhs. Die klaren klassischen Linien des Bauwerks sind am besten von der anderen Seite der Rambla zu erkennen. Da hier vor allem Ämter ansässig sind, ist der Zugang zum Gebäude leider beschränkt.

★ Schon gewusst?

Im Bürgerkrieg war auf der Rambla einiges los. In *Mein Katalonien* beschreibt George Orwell anschaulich, wie die revolutionäre Glut auf dem Boulevard tobte.

KARSOL/SHUTTERSTOCK ©

La Rambla de Sant Josep

Der Rambla-Abschnitt vom Carrer de la Portaferrissa bis zur Plaça de la Boqueria heißt nach einem Kloster, das hier einst stand, offiziell Rambla de Sant Josep. Er ist von Blumenständen gesäumt und wird daher auch La Rambla de les Flors genannt.

Palau de la Virreina

Der **Palau de la Virreina** (Karte S. 294; La Rambla 99; Ⓜ Liceu) ist ein Rokoko-Palais mit klassizistischen Elementen. Hier ist ein städtisches Informations- und Ticketbüro für Kultur und Unterhaltung untergebracht. Das Gebäude wurde von Manuel d'Amat i de Junyent errichtet, dem korrupten Generalkapitän von Chile, der spanischen Kolonie mit den Silberminen von Potosí, und ist ein seltenes Exemplar eines Rokoko-Gebäudes in Barcelona. Hier befindet sich auch das **Centre de la Imatge** (Karte S. 294; ☎93 316 10 00; www.ajuntament.barcelona.cat; Palau de la Virreina; ⏲Di–So 12–20 Uhr; Ⓜ Liceu) GRATIS, in dem Fotoausstellungen stattfinden (Eintritt unterschiedlich).

Mosaïc de Miró

An der Plaça de la Boqueria, wo nördlich der Metrostation Liceu vier Straßen zusammentreffen, kann man über einen Miró gehen, ein buntes **Mosaik** (Karte S. 294; Plaça de la Boqueria; Ⓜ Liceu) im Bürgersteig – eine Kachel wurde vom Künstler signiert.

★ Insiderwissen

Zwar gibt's in der Nähe einige recht gute Speiselokale, doch die meisten Cafés und Restaurants an der Rambla sind teure, mittelprächtige Touristenfallen.

Miró wählte diese Stelle, da sie sich nicht weit von seinem Geburtshaus in der Passatge del Crèdit befindet. Fans erkennen sofort Mirós kräftige Farben und prägnante Kreisformen, viele Touristen stapfen jedoch achtlos über das Mosaik hinweg.

La Rambla dels Caputxins

Die nach dem einst hier angesiedelten Kapuzinerkloster benannte Rambla dels Caputxins reicht von der Plaça de la Boqueria bis zum Carrer dels Escudellers. Der Carrer verdankt seinen Namen der im 13. Jh. gegründeten Töpferzunft, deren Mitglieder hier arbeiteten. Auf der Westseite der Rambla steht das **Gran Teatre del Liceu** (Karte S. 294; ☎93 485 99 00; www.liceubarcelona.cat; La Rambla 51–59; Führungen 45/30 Min. 9/6 €; ⌚45-min. Führungen Mo–Fr 14–18 Uhr stündl., Sa ab 9.30 Uhr, 30-min. Führungen tgl. 13.30 Uhr; Ⓜ Liceu). Südöstlich befindet sich der Zugang zur palmenbeschatteten Plaça Reial. Ab diesem Punkt wird die Rambla schäbiger: Jetzt tauchen hier und da Stripteaselokale und Peepshows auf.

La Rambla de Santa Mònica

Das letzte Teilstück der Rambla weitet sich hin zum Mirador de Colom am Port Vell. Benannt ist dieser Abschnitt nach dem ehemaligen Convent de Santa Mònica auf der Westseite der Straße. Heute ist das Kloster ein Kulturzentrum.

Was gibt's in der Nähe?

Església de Santa Maria del Pi — Kirche

(Karte S. 294; ☎93 318 47 43; www.basilicadelpi.com; Plaça del Pi; Erw./erm./Kind unter 6 J. 4/3 €/frei; ⌚10–18 Uhr; Ⓜ Liceu) Mit ihrer imposanten Fassade und einem weiten, einschiffigen Innenraum ist diese auffallende Kirche aus dem 14. Jhs. eine klassische Vertreterin der katalanischen Gotik. Die Schlichtheit des Kirchenschiffs kontrastiert schön mit den in Gold getauchten Kapellen und den feinen Buntglasfenstern, die die Kirche in ein himmlisches Licht tauchen. Die herrliche Fensterrose über dem Hauptportal an der Plaça del Pi ist eine der größten der Welt. Gelegentlich finden hier Konzerte statt.

Plaça Reial — Platz

(Karte S. 294; Ⓜ Liceu) Auf der Plaça Reial, einem der fotogensten Plätze der Stadt, kann man sich vom Trubel der nahen Rambla zurückziehen. Unter den Arkaden der klassizistischen Gebäude aus dem 19. Jh. verbergen sich viele Restaurants, Bars und Nachtlokale – hier ist immer etwas los.

Via Sepulcral Romana — Archäologische Stätte

(Karte S. 294; ☎93 256 21 00; www.museuhistoria.bcn.cat; Plaça de la Vila de Madrid; Erw./erm./Kind 2/1,50 €/frei; ⌚Di & Do 11–14, Sa & So bis 19 Uhr; Ⓜ Catalunya) Am Carrer de la Canuda, eine Straße östlich des oberen Endes der Rambla, sind freigelegte römi-

Plaça Reial

sche Grabstätten zu sehen. Dazu werden römische Beerdigungsriten und -bräuche erklärt. Außerdem sind ein paar Töpferwaren ausgestellt, darunter eine Bestattungsamphore mit dem Skelett eines dreijährigen römischen Kindes.

Mirador de Colom Aussichtspunkt

(☎93 302 52 24; www.barcelonaturisme.com; Plaça del Portal de la Pau; Erw./erm. 6/4 €; ⌚8.30–20.30 Uhr; Ⓜ Drassanes) Während unten auf dem Kreisel der Verkehr braust, hält Kolumbus hoch oben auf der 1888 für die Weltausstellung errichteten Säule Wache und weist grob in Richtung Mittelmeer. Mit dem Aufzug geht's auf 60 m Höhe hinauf, von wo sich ein schöner Blick auf die Rambla und den Hafen von Barcelona bietet.

Centre d'Art Santa Mònica Kulturzentrum

(☎93 567 11 10; http://artssantamonica.gencat.cat; La Rambla 7; ⌚Di–Sa 11–21, So 11–17 Uhr; Ⓜ Drassanes) GRATIS Der ehemalige Convent de Santa Mònica an der Westflanke der Rambla beherbergt heute das Centre d'Art Santa Mònica. In dem Kulturzentrum werden bei freiem Eintritt v. a. moderne Multimedia-Installationen gezeigt.

Nicht versäumen

Einen Spaziergang vom einen Ende der Rambla zum anderen mit Blick auf die sich wandelnde Architektur.

★ Top-Tipp

Auf Spaziergängen am frühen Morgen und späten Abend lässt sich die unterschiedliche Stimmung einfangen.

MANFRED GOTTSCHALK/GETTY IMAGES ©

Montjuïc

Auf dem von einer Burg und Gärten gekrönten Montjuïc oberhalb des Hafens sind einige der besten Kunstsammlungen der Stadt ansässig: das Museu Nacional d'Art de Catalunya, die Fundació Joan Miró und das CaixaForum.

Toll für ...

☑ Nicht versäumen

Die romanischen Fresken im Museu Nacional d'Art de Catalunya.

Museu Nacional d'Art de Catalunya

Selbst vom anderen Ende der Stadt ist die bombastische neobarocke Silhouette des **Museu Nacional d'Art de Catalunya** (MNAC; Karte S. 307; ☎93 622 03 76; www.museunacional.cat; Mirador del Palau Nacional; Erw./Stud./Kind 12/8,40 €/frei, Sa nach 15 Uhr & 1. So des Monats frei; ⏲Mai–Sept. Di–Sa 10–20, So bis 15 Uhr, Okt.–April Di–Sa bis 18 Uhr; Ⓜ Espanya) an den Hängen des Montjuïc zu erkennen. Das für die Weltausstellung 1929 erbaute und 2005 restaurierte Museum beherbergt eine riesige Sammlung zumeist katalanischer Kunst vom frühen Mittelalter bis ins 20. Jh. Den Höhepunkt bilden die einzigartigen romanischen Werke mit 21 Fresken, Holzschnitzereien und bemalten Altarfronten, die aus Landkirchen in ganz Nordkatalonien gerettet wurden.

Museu Nacional d'Art de Catalunya

BRIAN KINNEY/SHUTTERSTOCK ©

Gut zu wissen

Die Metro hält am Fuß des Montjuïc; nach oben fahren Bus und Seilbahn.

Kleine Stärkung

Die Restaurants am Montjuïc sind meist überteuert. Die Gärten des Fundació Joan Miró sind pefekt für ein Picknick.

★ Top-Tipp

Im Transbordador Aeri ab Barceloneta bietet sich ein Blick auf den Montjuïc aus der Vogelperspektive.

Fundació Joan Miró

Joan Miró, Barcelonas berühmtester Künstler des 20. Jhs., hinterließ seiner Heimatstadt 1971 den **Fundació Joan Miró** (Karte S. 307; ☎93 443 94 70; www.fmirobcn.org; Parc de Montjuïc; Erw./Kind 12 €/frei; ⊙April–Okt. Di, Mi & Fr 10–20, Do bis 21, So bis 15 Uhr, sonst kürzer; 🚌55, 150, Ⓜ Paral·lel). Die lichtdurchfluteten Gebäude wurden von Mirós engem Freund errichtet, dem Architekten Josep Lluís Sert. In ihnen sind wegweisende Werke Mirós versammelt, von zurückhaltenden ersten Zeichnungen bis zu Malereien aus seinen letzten Lebensjahren. Zu den Highlights zählen die **Sala Joan Prats** mit Arbeiten aus den frühen Jahren bis 1919, die **Sala Pilar Juncosa** zu seiner surrealistischen Phase 1932 bis 1955 und die Säle 18 und 19 mit Meisterwerken aus den Jahren 1956 bis 1983.

CaixaForum

Die Bausparkasse Caixa ist stolz darauf, die Künste zu fördern, und besitzt auch eine Menge v. a. moderner Kunst. Ein Teil der umfangreichen Sammlung mit Werken aus aller Welt ist im **CaixaForum** (Karte S. 307; ☎93 476 86 00; www.fundacio.lacaixa.es; Avinguda de Francesc Ferrer i Guàrdia 6–8; Erw./Stud. & Kind 4 €/frei, 1. So des Monats frei; ⊙10–20 Uhr; Ⓟ; Ⓜ Espanya) untergebracht, in einer komplett sanierten ehemaligen Fabrik: Die Fàbrica Casaramona ist ein einzigartiges Backsteingebäude im Modernista-Stil von Puig i Cadafalch. Manchmal werden Teile der Caixa-Sammlung ausgestellt, doch meist locken große internationale Ausstellungen zahlreiche Besucher hierher.

Castell de Montjuïc

Das abschreckende *castell* (Burg oder Festung) dominiert die Südosthöhen des Montjuïc und bietet weite Ausblicke aufs Mittelmeer. Seine heutige Form weist es seit dem späten 17. und 18. Jh. auf. In seiner düsteren Vergangenheit hielt es Wache über die Stadt und wurde als politisches Gefängnis und Hinrichtungsstätte genutzt.

Schätze im Barri Gòtic

Der schöne Spaziergang durch das Barri Gòtic ermöglicht eine Zeitreise von der Frühzeit des römischen Barcino bis zum Mittelalter.
Start La Catedral
Länge 1,5 km
Dauer 1½ Stunden

Fotospot: La Catedral

1 Vor dem Rundgang durch die prächtige **Kathedrale** (S. 292) lohnt sich ein Blick auf die drei Picasso-Friese an dem Gebäude am Platz.

2 Durch die Stadttore geht's zur **Plaça de Sant Felip Neri**. Die Granateinschläge an der Kirche stammen von einem Beschuss durch Franco-Anhänger 1939.

3 Die **Església de Santa Maria del Pi** (S. 286) aus dem 14. Jh. Richtung Westen ist für ihre herrliche Fensterrose berühmt.

4 Der Brunnen auf der hübschen **Plaça Reial** (S. 286) ist von Lampen flankiert, die Gaudí entworfen hat.

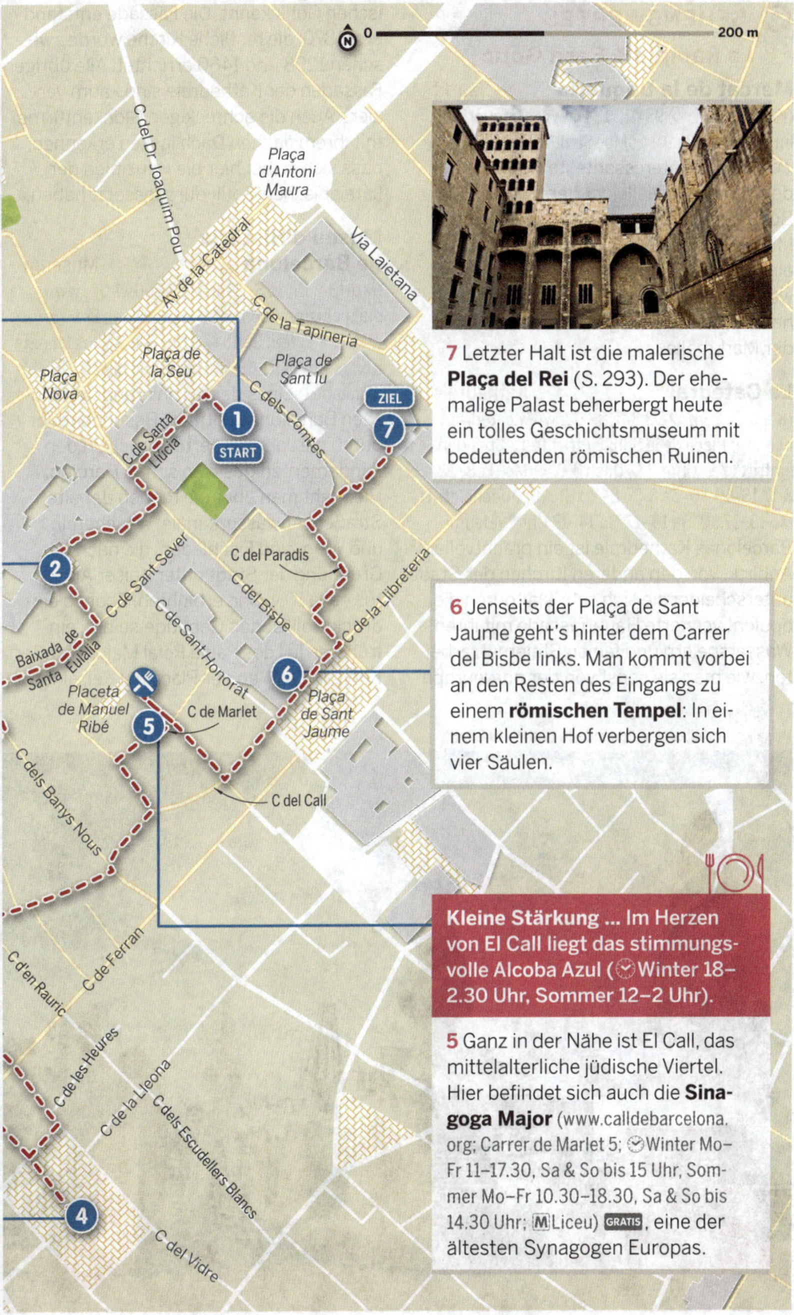

7 Letzter Halt ist die malerische **Plaça del Rei** (S. 293). Der ehemalige Palast beherbergt heute ein tolles Geschichtsmuseum mit bedeutenden römischen Ruinen.

6 Jenseits der Plaça de Sant Jaume geht's hinter dem Carrer del Bisbe links. Man kommt vorbei an den Resten des Eingangs zu einem **römischen Tempel**: In einem kleinen Hof verbergen sich vier Säulen.

Kleine Stärkung ... **Im Herzen von El Call liegt das stimmungsvolle Alcoba Azul (Winter 18–2.30 Uhr, Sommer 12–2 Uhr).**

5 Ganz in der Nähe ist El Call, das mittelalterliche jüdische Viertel. Hier befindet sich auch die **Sinagoga Major** (www.calldebarcelona.org; Carrer de Marlet 5; Winter Mo–Fr 11–17.30, Sa & So bis 15 Uhr, Sommer Mo–Fr 10.30–18.30, Sa & So bis 14.30 Uhr; M Liceu) GRATIS, eine der ältesten Synagogen Europas.

SEHENSWERTES

La Rambla & Barri Gòtic

Mercat de la Boqueria Markt

(Karte S. 294; ☎93 412 13 15; www.boqueria.info; La Rambla 91; ⌚Mo–Sa 8–20.30 Uhr; Ⓜ Liceu) Das interessanteste Gebäude an der Rambla ist vielleicht der Mercat de la Boqueria, nicht unbedingt wegen seiner Modernisme-Anklänge – er entstand über einen langen Zeitraum von 1840 bis 1914, wo früher das Josefskloster gestanden hatte –, sondern wegen des Treibens in der Markthalle.

La Catedral Kathedrale

(Karte S. 294; ☎93 342 82 62; www.catedralbcn.org; Plaça de la Seu; Eintritt frei, „Spendeneintritt" 7 €, Chor 3 €, Dach 3 €; ⌚Mo–Fr 8–12.45 & 17.15–19.30, Sa & So 8–20 Uhr, Spendeneintritt Mo 13–17.30, Sa 13–17, So 14–17 Uhr; Ⓜ Jaume I) Barcelonas Kathedrale ist ein prachtvoller Anblick. Von den anderen Kirchen der Stadt unterscheidet sie sich sehr klar durch die opulent verzierte Hauptfassade mit ihren Wasserspeiern und feinen Steinmetzarbeiten, wie man sie sonst von der nordeuropäischen Gotik kennt. Die Fassade entstand erst 1870, die restliche Kirche wurde zwischen 1298 und 1460 errichtet. Alle übrigen Fassaden der Kathedrale sind kaum verziert. Auch die achteckigen Glockentürme mit ihrem flachen Dach lassen erkennen, dass sich selbst hier die Prinzipien der katalanischen Gotik durchgesetzt haben.

Museu d'Història de Barcelona Museum

(MUHBA; Karte S. 294; ☎93 256 21 00; www.museuhistoria.bcn.cat; Plaça del Rei; Erw./erm./Kind 7/5 €/frei, So 15–20 Uhr & 1. So des Monats frei; ⌚Di–Sa 10–19, Mo bis 14, So bis 20 Uhr; Ⓜ Jaume I) Eines der faszinierendsten Museen Barcelonas entführt Besucher quer durch die Jahrhunderte zurück zu den Fundamenten des römischen Barcino. Hier geht man über die Ruinen der alten Straßen, Abwasserkanäle, Wäscherein und Wein- und Fischläden, die nach der Gründung der Stadt unter Kaiser Augustus etwa 10 v. Chr. erblühten. Ebenso eindrucksvoll ist das Gebäude selbst, ein früherer Teil des Palau Reial Major (Großer Königspalast) an der Plaça del Rei, einer

Mosaikschornsteine auf dem Dach des Palau Güell

der wichtigsten Stätten mittelalterlicher Machtentfaltung in Barcelona.

Museu Frederic Marès Museum

(Karte S. 294; ☎93 256 35 00; www.museumares.bcn.cat; Plaça de Sant Iu 5; Erw./erm./Kind 4,20/2,40 €/frei, So nach 15 Uhr & 1. So des Monats frei; ⏲Di–Sa 10–19, So 11–20 Uhr; Ⓜ Jaume I) Dieser riesige mittelalterliche Komplex, einst Teil des Königspalasts, beherbergt eine der wildesten Sammlungen historischer Kuriositäten. Hier hatte eine Weile auch die spanische Inquisition ihren Sitz, wie das verwitterte Wappen an der Mauer zeigt. Frederic Marès i Deulovol (1893–1991) war ein reicher Bildhauer, Weltenbummler und besessener Sammler und so tummelt sich in dem Museum neben sakraler Kunst auch ein umfangreiches Sammelsurium an Krimskrams.

Plaça del Rei Platz

(Karte S. 294; Ⓜ Jaume I) An der malerischen Plaça del Rei (Königsplatz) empfingen Ferdinand und Isabella den heimkehrenden Kolumbus nach dessen erster Reise in die Neue Welt. Der Platz ist der Innenhof des ehemaligen Palau Reial Major. Im ehemaligen Königspalast ist heute ein hervorragendes Geschichtsmuseum (S. 292) mit bedeutenden römischen Ruinen untergebracht.

El Raval

MACBA Kulturzentrum

(Museu d'Art Contemporani de Barcelona; ☎93 481 33 68; www.macba.cat; Plaça dels Àngels 1; Erw./erm./Kind unter 12 J. 10/8 €/frei; ⏲Mo & Mi–Fr 11–19.30, Sa 10–21, So & Feiertage 10–15 Uhr; Ⓜ Universitat) Das von Richard Meier entworfene und 1995 eröffnete MACBA hat sich zum wichtigsten Zentrum für Gegenwartskunst der Stadt entwickelt und verwöhnt echte Kunstliebhaber mit spannenden Ausstellungen. Die ständige Sammlung mit spanischer und katalanischer Kunst ab der zweiten Hälfte des 20. Jhs. und Arbeiten von z. B. Antoni Tàpies, Joan Brossa und Miquel Barceló befindet sich im Erdgeschoss. Aber auch Werke ausländische Künstler wie Paul Klee, Bruce Nauman und John Cage sind im MACBA zu sehen.

Gaudí: Katholik & Katalane

Gaudí war gläubiger Katholik und katalanischer Nationalist. Seine Inspiration bezog er einerseits aus der Natur, andererseits von den großartigen katalanischen Kirchen des Mittelalters. Er war stolz darauf, die Baumaterialien des Landes zu nutzen: vor allem Lehm, Stein und Holz.

Im Gegensatz zu seinen Bauwerken war Gaudís Leben einfach. Er war sich nicht zu schade, an Türen zu klopfen und um Geld für seine Kathedrale zu betteln. Als er zunehmend abenteuerlustig wurde, erschien er immer mehr als einsamer Wolf. Im Alter motivierten ihn fast nur noch seine strengen religiösen Überzeugungen und seine späte Lebensphase widmete er zum größten Teil dem großen Wahrzeichen Barcelonas, der bis heute unfertigen Sagrada Família. Er starb 1926, nachdem er auf seinem täglichen Spaziergang zur Kirche Sant Felip Neri von einer Straßenbahn angefahren worden war.

Da er zerlumpte Kleidung trug und seine Taschen bis auf ein paar Orangenschalen leer waren, hielt man ihn zunächst für einen Bettler. Er wurde in ein Krankenhaus in der Nähe gebracht und kam auf eine Armenstation, wo er zwei Tage später verstarb. An seinem Begräbnis nahmen dann Tausende Menschen teil: Sie bildeten eine knapp 1 km lange Prozession zur Sagrada Família, wo er in der Krypta beigesetzt wurde.

Genau wie sein *work in progress*, die Sagrada Família, ist Gaudís Geschichte noch lange nicht vorbei. Im März 2000 entschied sich der Vatikan, das Verfahren zu seiner Seligsprechung einzuleiten, und schon heute kommen Pilger zur Krypta, um ihm zu huldigen. Einer der wichtigsten Bildhauer, die an der Kirche arbeiten, der Japaner Etsuro Sotoo, konvertierte Gaudí zu Ehren zum Katholizismus.

Barcelona Zentrum

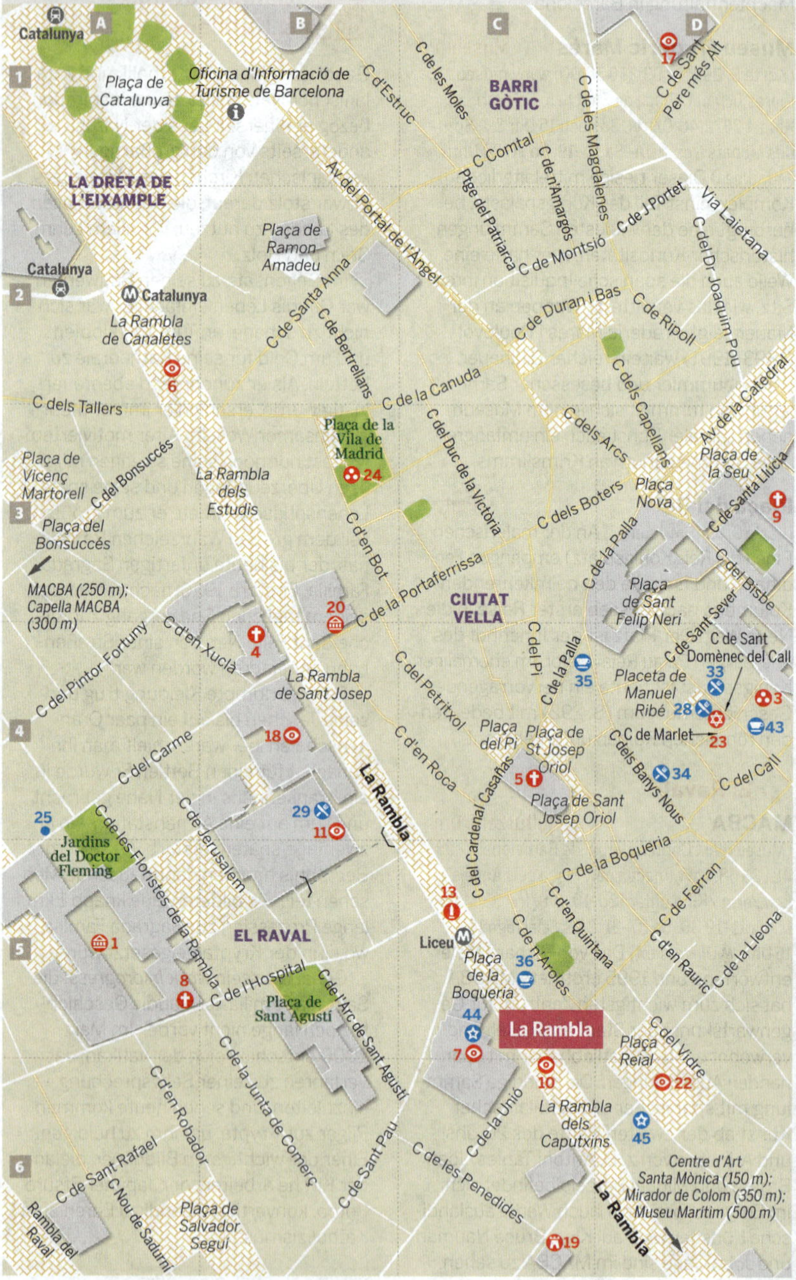

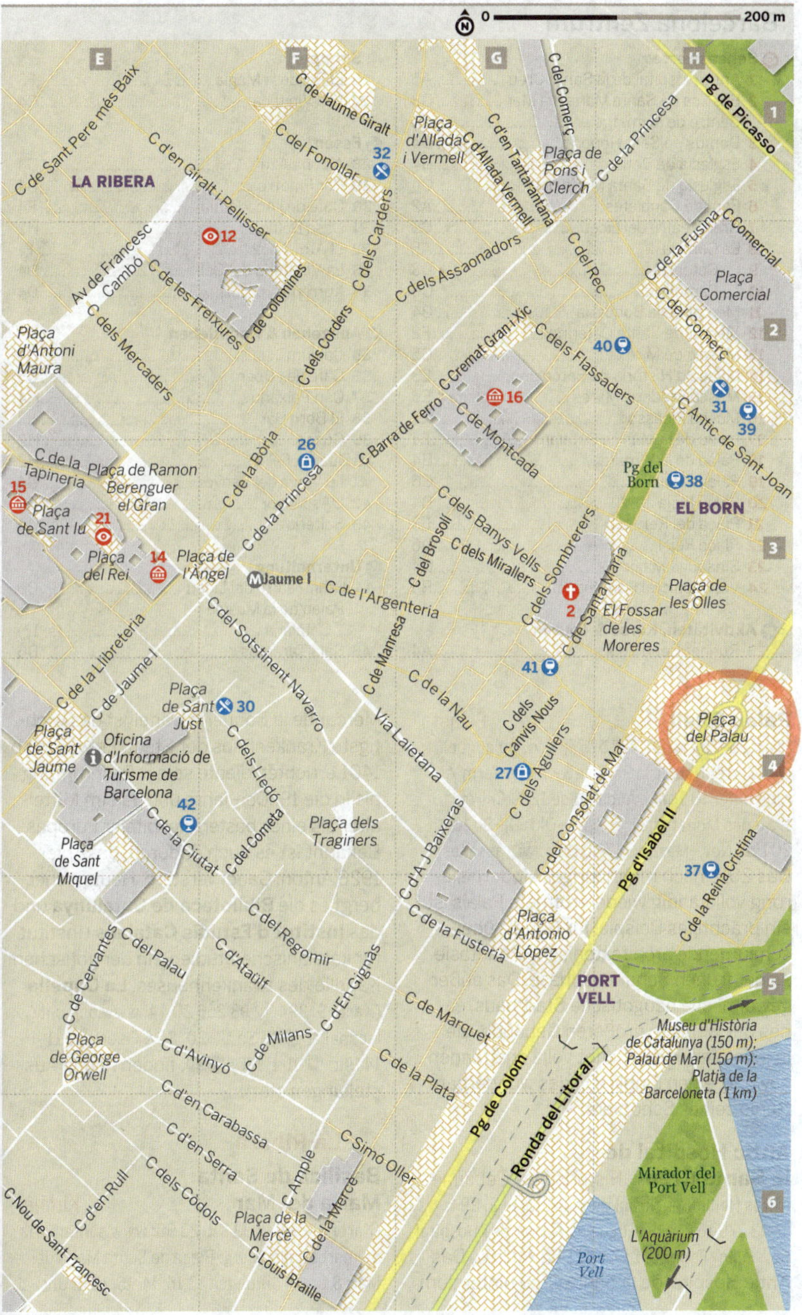
0
200 m
E
F
G
H
1
2
3
4
5
6
LA RIBERA
EL BORN
PORT VELL
C de Sant Pere més Baix
C d'en Giralt i Pellisser
C de Jaume Giralt
C del Fonollar
Plaça d'Allada i Vermell
C d'Allada Vermell
C d'en Tantarantana
C del Comerç
Plaça de Pons i Clerch
C de la Princesa
Pg de Picasso
C dels Carders
C dels Assaonadors
C del Rec
C de la Fusina
C Comercial
Plaça Comercial
Av de Francesc Cambó
C de les Freixures
C de Colomines
C dels Corders
Plaça d'Antoni Maura
C dels Mercaders
C Cremat Gran i Xic
C dels Flassaders
C Barra de Ferro
C de Montcada
C Antic de Sant Joan
Pg del Born
C de la Tapineria
Plaça de Ramon Berenguer el Gran
Plaça de Sant Iu
Plaça del Rei
Plaça de l'Àngel
C de la Bòria
C de la Princesa
Jaume I
C dels Banys Vells
C del Brosoli
C dels Miralles
C dels Sombrerers
C de Santa Maria
El Fossar de les Moreres
Plaça de les Olles
C de l'Argenteria
C del Sotstinent Navarro
C de la Llibreteria
C de Jaume I
Plaça de Sant Just
C de Manresa
C de la Nau
C dels Canvis Nous
C dels Agullers
Plaça del Palau
Plaça de Sant Jaume
Oficina d'Informació de Turisme de Barcelona
C dels Lledó
Via Laietana
C del Consolat de Mar
Pg d'Isabel II
C de la Ciutat
C del Cometa
Plaça dels Traginers
C d'A J Baixeras
C de la Reina Cristina
Plaça de Sant Miquel
C de la Fusteria
Plaça d'Antonio López
C de Cervantes
C del Palau
C d'Ataülf
C del Regomir
C d'En Gignàs
C de Marquet
Museu d'Història de Catalunya (150 m); Palau de Mar (150 m); Platja de la Barceloneta (1 km)
Plaça de George Orwell
C d'Avinyó
C de Milans
C de la Plata
Pg de Colom
Ronda del Litoral
C d'en Carabassa
C d'en Serra
C Simó Oller
C Ample
Mirador del Port Vell
C d'en Rull
C dels Còdols
Plaça de la Mercè
C de la Mercè
C Louis Braille
C Nou de Sant Francesc
Port Vell
L'Aquàrium (200 m)
12
32
40
16
31
39
26
38
15
21
14
2
41
30
27
42
37

Barcelona Zentrum

Sehenswertes

1 Antic Hospital de la Santa Creu A5
2 Basílica de Santa Maria del Mar G3
Centre de la Imatge .... (s. 18)
3 Domus de Sant Honorat D4
4 Església de Betlem B4
5 Església de Santa Maria del Pi C4
6 Font de Canaletes A2
7 Gran Teatre del Liceu C5
8 La Capella A5
9 La Catedral D3
10 La Rambla C6
11 Mercat de la Boqueria B4
12 Mercat de Santa Caterina........................F2
13 Mosaïc de Miró C5
14 Museu d'Història de Barcelona.................E3
15 Museu Frederic Marès E3
16 Museu Picasso G2
17 Palau de la Música Catalana D1
18 Palau de la Virreina B4
19 Palau Güell C6
20 Palau Moja B4
21 Plaça del Rei E3
22 Plaça Reial D6
23 Sinagoga Major D4
24 Via Sepulcral Romana B3

Aktivitäten, Kurse & Touren

25 Runner Bean Tours A4

Shoppen

26 El Rei de la Màgia F3
27 Vila Viniteca G4

Essen

28 Alcoba Azul D4
29 Bar Pinotxo B4
30 Cafè de l'Acadèmia F4
31 Casa Delfín H2
32 El Atril F1
33 La Vinateria del Call D4
34 Xurreria D4

Ausgehen & Nachtleben

35 Caelum C4
36 Cafè de l'Òpera C5
37 Can Paixano H4
38 El Born Bar H3
39 Guzzo H2
40 Juanra Falces H2
41 La Vinya del Senyor G4
42 L'Ascensor E4
43 Salterio D4

Unterhaltung

44 Gran Teatre del Liceu C5
Palau de la Música
Catalana .... (s. 17)
45 Sala Tarantos D6

Palau Güell Palast

(Karte S. 294; ☎93 472 57 75; www.palauguell.cat; Carrer Nou de la Rambla 3–5; Erw./erm./Kind unter 10 J. inkl. Audioguide 12/9 €/frei, 1. So des Monats frei; ⏰April–Okt. Di–So 10–20 Uhr, Nov.–März bis 17.30 Uhr; Ⓜ Drassanes) Das 2012 nach mehrjähriger Modernisierung vollständig wiedereröffnete Palais ist ein prächtiges Beispiel für Gaudís überschäumende architektonische Phantasie seiner frühen Schaffensphase. Das außergewöhnliche neugotische Stadthaus, eines der wenigen größeren Gebäude, die in jener Zeit in der Ciutat Vella entstanden, gewährt einen Einblick in das wunderbare Genie seines Schöpfers.

Antic Hospital de la Santa Creu Historisches Gebäude

(Altes Heiligkreuzkrankenhaus; Karte S. 294; ☎93 270 16 21; www.bcn.cat; Carrer de l'Hospital 56; ⏰Mo–Fr 9–20, Sa bis 14 Uhr; Ⓜ Liceu) Das Antic Hospital de la Santa Creu hinter dem Mercat de la Boqueria war einst das wichtigste Krankenhaus der Stadt. Es wurde ab 1401 errichtet, diente seiner Bestimmung bis in die 1930er-Jahre und galt im Mittelalter als eines besten Hospitäler Europas. Bekannt ist es auch dadurch, dass hier 1926 Antoni Gaudí verstarb. Heute beherbergt es die **Biblioteca de Catalunya** und das **Institut d'Estudis Catalans** (Institut für katalanische Studien). In der gotischen Kapelle des Krankenhauses, **La Capella** (Karte S. 294; ☎93 256 20 44; www.bcn.cat/lacapella; ⏰Di–Sa 12–20, So & Feiertage 11–14 Uhr; 🚌91, 1, 120) GRATIS, finden häufig Ausstellungen statt.

La Ribera

Basílica de Santa Maria del Mar Kirche

(Karte S. 294; ☎93 310 23 90; www.santamariadelmarbarcelona.org; Plaça de Santa Maria del Mar; 8 €; ⏰Führungen 13.15, 14, 15, 17.15 Uhr;

Ⓜ Jaume I) Am südwestlichen Ende des Passeig del Born erhebt sich die Apsis der schönsten im Stil der katalanischen Gotik erbauten Kirche Barcelonas, der Santa Maria del Mar (hl. Maria des Meeres). Die im 14. Jh. in für diese Zeit erstaunlich kurzer Zeit erbaute Kirche – der Bau dauerte nur 54 Jahre – zeichnet sich durch eine außerordentliche Harmonie und Schlichtheit aus.

Museu Picasso Museum

(Karte S. 294; ☎93 256 30 00; www.museupicasso.bcn.cat; Carrer de Montcada 15–23; Erw./erm./Kind alle Sammlungen 14/7,50 €/frei, Dauerausstellung 11/7 €/frei, Sonderausstellungen 4,50/3 €/frei, So 15–19 Uhr & 1. So des Monats frei; ⌚Di–So 9–19, Do bis 21.30 Uhr; Ⓜ Jaume I) Schon durch seine Lage in fünf aneinandergrenzenden mittelalterlichen Steinhäusern ist das Museu Picasso etwas ganz Besonderes, das auch die Warteschlangen rechtfertigt, die sich hier meist bilden. Die hübschen Höfe, Galerien und Treppen der ersten drei Gebäude sind genauso reizvoll wie die Ausstellung drinnen.

Zwar konzentriert sich die Sammlung auf die prägenden Jahre des Künstlers, was einige Besucher, die gerne seine bekannteren Arbeiten sehen würden, etwas enttäuscht. Aber es sind auch genügend Werke aus den späteren Schaffensphasen zu sehen, sodass man einen guten Eindruck von der Vielseitigkeit und vom Genie Picassos erhält. Vor allem verlässt man das Museum mit dem Gefühl, dass sich Picasso auf der Suche nach neuen Ausdrucksformen selbst immer einen Schritt voraus war – von anderen Leuten ganz zu schweigen.

Palau de la Música Catalana Architektur

(Karte S. 294; ☎93 295 72 00; www.palaumusica.cat; Carrer de Palau de la Música 4–6; Erw./erm./Kind 18/11 €/frei; ⌚Führungen 10–15.30 Uhr, Ostern, Juli & Aug. bis 18 Uhr; Ⓜ Urquinaona) Dieser Konzertsaal stellt einen Höhepunkt der Modernisme-Architektur Barcelonas dar, ein Zusammenspiel aus Kacheln, Backstein, behauenem Stein und Buntglas. Der zwischen 1905 und 1908 von Domènech i Montaner für die Musikvereinigung Orfeo Català erbaute Musikpalast sollte ein Tempel für die katalanische Renaixença (Renaissance) sein.

Mercat de Santa Caterina Markt

(Karte S. 294; ☎93 319 57 40; www.mercatsantacaterina.com; Avinguda de Francesc Cambó 16; ⌚Mo, Mi & Sa 7.30–15.30, Di, Do & Fr bis 20.30 Uhr, Juli & Aug. nachmittags geschl.; Ⓜ Jaume I) In dieser außergewöhnlichen Markthalle, die nach Plänen von Enric Miralles und Benedetta Tagliabue erbaut wurde, um einen Bau des 19. Jhs. zu ersetzen, kann man wunderbar seine Tomaten einkaufen. Das 2005 fertiggestellte Gebäude zeichnet sich durch sein buntes, welliges Dach aus, das von schlanken Ästen getragen wird, die wie graue Stahlbäume aussehen. Darunter befinden sich die Marktstände, Restaurants, Cafés und Bars.

Barceloneta & die Uferpromenade

Museu Marítim Museum

(☎93 342 99 20; www.mmb.cat; Avinguda de les Drassanes; Erw./Kind 5/2,50 €, So 15–20 Uhr frei; ⌚10–20 Uhr; Ⓜ Drassanes) Die mächtigen gotischen Werften, ein einzigartiges Relikt aus Barcelonas Tagen als Seemacht, beherbergen das Museu Marítim. Zu den Highlights zählen ein aus den 1970er-Jahren stammender Nachbau in Originalgröße des Flaggschiffs von Don Juan de Austria, Fischerboote, alte Navigationskarten und Dioramen von Barcelonas Hafenviertel.

Platjes Strände

(🚌36, 41, Ⓜ Ciutadella Vila Olímpic, Bogatell, Llacuna, Selva de Mar) Von der Marina des Port Olímpic erstrecken sich mehrere nette Strände Richtung Nordosten. Zumeist sind sie künstlich aufgeschüttet, doch das hält geschätzte 7 Mio. Strandhungrige nicht davon ab, sie jedes Jahr zu stürmen.

Museu d'Història de Catalunya Museum

(Museum für katalanische Geschichte; ☎93 225 47 00; www.mhcat.net; Plaça de Pau Vila 3;

Park Güell

Nördlich von Gràcia liegt etwa 4 km von der Plaça de Catalunya entfernt der **Park Güell** (☎93 409 18 31; www.parkguell.cat; Carrer d'Olot 7; Erw./Kind 8/6 €; ⏲Mai–Aug. 8–21.30 Uhr, Sept.–April bis 20 Uhr; 🚌24, Ⓜ Lesseps, Vallcarca), in dem sich Gaudí der Landschaftsgestaltung zuwandte. In der seltsamen, zauberhaften Grünanlage konnte seine Leidenschaft für natürliche Formen richtig zur Geltung kommen – und hier wirkt das Künstliche fast schon natürlicher als die Natur selbst.

Erw./Kind 4,50/3,50 €, Okt.–Juni letzter Di des Monats frei; ⏲Di & Do–Sa 10–19, Mi bis 20, So bis 14.30 Uhr; Ⓜ Barceloneta) Das lohnende Museum im **Palau de Mar** führt seine Besucher anhand von Dioramen, Gegenständen, Videos, Modellen, Dokumenten und interaktiven Exponaten von der Steinzeit bis in die frühen 1980er-Jahre – insgesamt eine unterhaltsame Entdeckungsreise durch 2000 Jahre katalanischer Geschichte. Die Beschriftung ist auf Katalanisch und Spanisch.

L'Aquàrium Aquarium

(☎93 221 74 74; www.aquariumbcn.com; Moll d'Espanya; Erw./Kind 20/15 €, Tauchen 300 €; ⏲Juli & Aug. 9.30–23 Uhr, Sept.–Juni bis 21 Uhr; Ⓜ Drassanes) Wenn ein Hai über einen hinweggleitet und sein zahnbewehrtes breites Grinsen sehen lässt, können einem schon die Haare zu Berge stehen. Doch der 80 m lange Haitunnel ist das Highlight eines der größten Aquarien Europas. Es nennt nicht nur die weltweit beste Sammlung an Mittelmeerfischen sein Eigen, sondern auch jede Menge bunte Tiere aus dem Roten Meer, der Karibik und vom Great Barrier Reef. Insgesamt tummeln sich hier 11 000 Fischlein aus 450 Arten, darunter ein Dutzend Haie.

Platja de la Barceloneta Strand

(Ⓜ Barceloneta) Dieser Strand unmittelbar östlich des gleichnamigen Stadtteils geizt nicht mit mediterranen Reizen. Und wer Hunger und Durst verspürt, kann beide in Restaurants und Bars nicht weit vom Strand stillen.

Eixample

Casa Batlló Architektur

(Karte S. 300; ☎93 216 03 06; www.casabatllo.es; Passeig de Gràcia 43; Erw./erm./Kind unter 7 J. 23,50/20,50 €/frei; ⏲9–21 Uhr, letzter Einlass 20 Uhr; Ⓜ Passeig de Gràcia) Die Casa Batlló, eines der seltsamsten Wohnhäuser Europas, zeugt von Gaudís halluzinatorischer Schöpferkraft. Die mit blauen, malvenfarbenen und grünen Kachelstücken gesprenkelte Fassade führt mit ihren wellenförmigen Fensterrahmen und Balkonen hinauf zu einem unregelmäßigen, blau gekachelten Dach und einem einzelnen Turm.

Die Casa Batlló ist eines von drei Gebäuden in dem Häuserblock zwischen dem Carrer del Consell de Cent und dem Carrer d'Aragó, die diesem den Namen Manzana de la Discordia, „Zankapfel" oder auch „Häuserblock des Zanks", eingetragen haben. Bei den beiden anderen handelt es sich um die **Casa Amatller** (Karte S. 300; ☎93 461 74 60; www.amatller.org; Passeig de Gràcia 41; Erw./Kind 6–12 J./unter 6 J. 1-stündige Führung 17/8,50 €/frei, 30-min. Führung 14/7 €/frei; ⏲11–18 Uhr) von Puig i Cadafalch und um die **Casa Lleó Morera** (Karte S. 300; ☎93 676 27 33; www.casalleomorera.com; Passeig de Gràcia 35; Führung Erw./erm./Kind unter 12 J. 15/13,50 €/frei, Express-Führung Erw./unter 12 J. 12 €/frei; ⏲Di–So 10–13.30 & 15–19 Uhr) von Domènech i Montaner. Sie wurden alle zwischen 1898 und 1906 renoviert und zeigen, wie vielfältig der Modernisme als Stil ist.

Bei den Einheimischen heißt die Casa Batlló auch *casa dels ossos* (Haus der Knochen) oder *casa del drac* (Haus des Drachen) und es ist leicht zu erkennen, warum das der Fall ist: Die Balkone sehen aus wie die knochigen Kiefer eines merkwürdigen Ungeheuers und das Dach repräsentiert Sant Jordi – den hl. Georg – und den Drachen. Sogar das Dach selbst wirkt

Platja de la Barceloneta

wie der Rücken eines Tieres mit glänzenden Schuppen und das „Rückgrat" ändert seine Farbe, wenn man die Position wechselt. Wer das Gebäude lange genug anstarrt, bekommt den Eindruck, dass es sich fast um ein lebendiges Wesen handelt. Bevor man hineingeht, sollte man einen Blick auf den Bürgersteig werfen. Die Gehsteigplatten sind mit stilisierten Tintenfischen und Seesternen verziert: Diese Designs hatte Gaudí für die Casa Batlló entworfen.

Als Gaudí mit der Umgestaltung des Gebäudes beauftragt wurde, ließ er quasi keinen Stein auf dem anderen. Die Lichtschächte im Innern des Baus verzierte er mit Fliesen in tiefem Meeresblau. Gerade Linien waren Gaudí ein Greuel und so führt eine geschwungene Treppe hinauf in die erste Etage – die Hauptetage – mit ihrem Salon zum Passeig de Gràcia hinaus. Alles ist ein einziger Strudel: Die Decke windet sich rund um die sonnengleiche Lampe; Türen, Fenster und Oberlichter sind zauberhafte Wellen aus Holz und Buntglas. Auch in den übrigen Räumen und auf der überdachten Terrasse setzen sich diese Muster fort. Das Dachgeschoss ist durch die für Gaudí typischen hyperboloiden Bögen geprägt; auf dem Dach selbst sorgen gewundene gekachelte Schornsteinaufsätze für einen surrealen Touch.

La Pedrera Architektur

(Casa Milà; Karte S. 300; ☎902 202138; www.lapedrera.com; Passeig de Gràcia 92; Erw./erm./Kind unter 13 J./unter 7 J. 22/16,50/11 €/frei; ⏲tgl. 9–18.30 & 19–21 Uhr; Ⓜ Diagonal) Das wellenförmige Monstrum ist ein weiteres verrücktes Gaudí-Meisterwerk. Es wurde von 1905 bis 1910 als Wohn- und Bürogebäude errichtet. Offiziell heißt das Haus nach dem Geschäftsmann, der den Bau in Auftrag gegeben hatte, Casa Milà. Wegen der unebenen grauen Steinfassade, die sich um die Ecke des Carrer de Provença windet, ist das Haus aber zumeist als La Pedrera (der Steinbruch) bekannt.

Pere Milà hatte die ältere und erheblich wohlhabendere Roser Guardiola, die Witwe von Josep Guardiola, geheiratet und gab deren Geld in vollen Zügen aus: Er war z. B. einer der ersten Autobesitzer der Stadt und

Sagrada Família & L'Eixample

Sehenswertes

1 Casa Amatller C3
2 Casa Batlló C3
3 Casa de les Punxes C2
4 Casa Lleó Morera C3
5 Església de les Saleses D2
6 La Pedrera B3
7 La Sagrada Família D1
8 Palau del Baró Quadras B2
9 Palau Montaner C2

Essen

10 Cerveseria Catalana B3
11 Speakeasy A3
12 Tapas 24 .... C3

Ausgehen & Nachtleben

Dry Martini .... (s. 11)
13 Les Gens Que J'Aime C3
14 Michael Collins Pub D1

Gaudí baute ihm eine Garage ins Haus – auch das eine Neuheit. Als Pere Milà Gaudí den Auftrag zum Bau des Wohnhauses erteilte, wollte Gaudí alle anderen Gebäude im Eixample in den Schatten stellen.

Die Fundació Caixa Catalunya hat die Wohnung im obersten Stockwerk, den Dachboden und das Dach als Espai Gaudí (Gaudí-Raum) für die Öffentlichkeit zugänglich gemacht. Am außergewöhnlichsten ist das Dach mit seinen riesigen Kaminaufsätzen, die an bunte Mittelalterritter erinnern. Hier oben finden im Sommer oft kleine Konzerte statt. Gaudí wollte auf dem Dach auch noch eine große Marienstatue aufstellen – das lehnte die Familie Milà aus Furcht vor Angriffen durch Anarchisten jedoch ab. Entrüstet zog sich Gaudí aus dem Projekt zurück.

Im Stockwerk unter dem Dach ist Gaudís Vorliebe für parabolische Bögen zu erkennen. Hier beschäftigt sich ein kleines Museum mit seinem Werk.

Im nächsten Stockwerk ist die Wohnung El Pis de la Pedrera zu besichtigen. Ein Rundgang durch diese elegant eingerichtete Wohnung ist wirklich faszinierend: Sie ist in einem Stil gehalten, wie ihn wohlhabende Familien im frühen 20. Jh. pflegten. Die sinnlichen Rundungen und unerwarteten Akzente bei allem – von Lampen bis zu Bettgestellen und von Türgriffen bis zu Balkonen – wirkt auf uns heute bewundernswert, doch damals teilten nicht alle diese Auffassung. Angeblich beschwerte sich eine Mieterin, eine gewisse Frau Comes i Abril, darüber, dass sie in all den geschwungenen Räumen gar nicht wisse, wo sie ihr Klavier hinstellen solle. Gaudís Antwort: Vielleicht sollte sie Flöte spielen lernen ...

Mit einem „Premium"-Ticket für ein paar Euro mehr muss man sich nicht in die Warteschlange stellen.

Casa de les Punxes Architektur

(Casa Terrades; Karte S. 300; ☎93 016 01 28; www.casadelespunxes.com; Avinguda Diagonal 420; Erw./erm./Kind unter 5 J. 12,50/11,25 €/frei; ⏰9–20 Uhr; Ⓜ Diagonal) Die Casa Terrades von Puig i Cadafalch ist wegen ihrer spitzen Türme besser als Casa de les Punxes (Haus der Nadeln) bekannt. Der 1905 fertiggestellte Wohnblock wirkt wie ein Märchenschloss und zeichnet sich überdies dadurch aus, dass er als einziges Gebäude im Eixample vollkommen freistehend ist.

Palau Montaner Architektur

(Karte S. 300; ☎93 317 76 52; www.fundaciotapies.org; Carrer de Mallorca 278; Erw./Kind 7 €/frei; ⏰Führungen Sa 11 Uhr; Ⓜ Passeig de Gràcia) Das 1896 von Lluis Domènech i Montaner fertiggestellte Gebäude ist schon von außen interessant und einen zusätzlichen Reiz verleihen ihm seine Gärten. Doch richtig spektakulär ist es dann drinnen. Das zentrale Element des Baus ist die stattliche Treppe unter einem breiten, verzierten Oberlicht. In den Innenräumen sind überall Skulpturen – einige davon von Eusebi Arnau –, Mosaiken und feine Holzschnitzereien zu sehen. Derzeit ist das Gebäude nur für Gruppenführungen des Fundació Tàpies in katalanischer Sprache geöffnet.

Palau del Baró Quadras Architektur

(Karte S. 300; ☎93 467 80 00; www.llull.cat; Avinguda Diagonal 373; ⏰Mo–Fr 8–20 Uhr; Ⓜ Diagonal) GRATIS Für den von 1902 bis 1906 erbauten Palau del Baró Quadras schuf Puig i Cadafalch einen überschwänglichen, von der Gotik inspirierten Stil. Am interessantesten ist die Hauptfassade mit ihrer hohen verglasten Galerie. Einen genaueren Blick lohnen auch die Wasserspeier und Reliefs: Die beiden Fische, die ihre Zähne zeigen, und der Ritter, der ein Schwert schwingt, tragen eindeutig dieselbe architektonische Handschrift wie die Casa Amatller. Drinnen ist das Haus sehr abwechslungsreich gestaltet, wobei orientalische und ostasiatische Motive den Ton angeben.

GEFÜHRTE TOUREN

Oficina d'Informació de Turisme de Barcelona (Karte S. 294; ☎93 285 38 34; www.barcelonaturisme.com; Plaça de Catalunya 17; ⏰9.30–21.30 Uhr; Ⓜ Catalunya) Organisiert eine Reihe von geführten Stadtrundgängen, z. B. durchs Barri Gòtic (Erw./Kind 16 €/frei), auf den Spuren Picassos zum Museu Picasso (Erw./Kind 22/7 € inkl. Eintritt zum Museum) oder zu den Glanzstücken des Modernisme (Erw./Kind 16 €/frei). Eine Gourmettour führt zu traditionellen Lebensmittelgeschäften in der Ciutat Vella (Erw./Kind 22/7 €). Die aktuellen Termine sind in der Touristeninformation und auf der Website zu erfahren. Die Führungen dauern in der Regel zwei Stunden und beginnen bei der Touristeninformation.

Barcelona Metro Walks Die sieben Stadttouren in Eigenregie umfassen Fahrten mit der Metro oder anderen öffentlichen Verkehrsmitteln sowie Abschnitte, die zu Fuß zu bewältigen sind. Die Pakete (16 €) mit Streckenführer, 2-Tages-Karte für die öffentlichen Verkehrsmittel und Stadtplan sind in den Touristeninformationen an der Plaça de Catalunya und der Plaça de Sant Jaume erhältlich.

My Favourite Things (☎637 265405; www.myft.net; Touren ab 26 €) Bietet Touren mit maximal zehn Teilnehmern zu verschiedenen Themen wie Design und Essen. Hat außerdem Flamenco- und Salsa-Unterricht

Flohmarktstände

sowie Radtouren durch Barcelona und das Umland im Programm.

Runner Bean Tours (Karte S. 294; ☎636 108 776; www.runnerbeantours.com; Carrer del Carme 44; ⏲Touren ganzjährig 11 Uhr & April–Sept. 16.30 Uhr, März 15 Uhr; Ⓜ Liceu) Bietet jeden Tag mehrere Themenführungen, bei denen die Teilnehmer dem Guide am Ende zahlen, was sie möchten. Die Altstadttour erkundet die römische und mittelalterliche Geschichte Barcelonas, die Gaudí-Tour führt zu den Meisterwerken des Modernisme, wobei zwei Metrofahrten notwendig sind. Außerdem werden abendliche Geistertouren und Führungen für Familien mit Kindern angeboten. Termine siehe Website.

SHOPPEN

Wer Lust auf eine ausgiebige Shoppingtour hat, ist in jeder Hinsicht goldrichtig in Barcelona. Die Ciutat Vella (Barri Gòtic, El Raval und La Ribera), das Eixample und Gràcia strotzen nur so vor Boutiquen, alten Läden, einzigartigen originellen Geschäften, Gourmetecken, Weinhandlungen und Designerläden, die selbst eine goldene Kreditkarte schnell blass aussehen lassen. Was immer das Shopping-Herz begehrt, hier wird man fündig!

El Rei de la Màgia Zauberartikel

(Karte S. 294; ☎93 319 39 20; www.elreydelamagia.com; Carrer de la Princesa 11; ⏲Mo–Sa 10.30–14 & 16–19.30 Uhr; Ⓜ Jaume I) Seit mehr als hundert Jahren erstaunen und amüsieren die Leute, die diesen Zaubereiladen betreiben, die Einheimischen. Sollte sich jemand dafür entscheiden, in Barcelona zu bleiben und sich seinen Unterhalt als Zauberer zu verdienen, dann findet er hier schwebende Besen, Gläser mit verschwindender Milch und Zauberspielkarten.

Vila Viniteca Wein

(Karte S. 294; ☎902 327777; www.vilaviniteca.es; Carrer dels Agullers 7; ⏲Mo–Sa 8.30–20.30 Uhr; Ⓜ Jaume I) Dies ist eine der besten Weinhandlungen Barcelonas – und davon gibt's hier nicht wenige! Schon seit 1932 macht sie die besten spanischen und ausländischen Tröpfchen ausfindig. An ein paar Novemberabenden organisiert der Laden im

Carrer dels Agullers und in den umliegenden Gassen eine Weinverkostung, die sich fast schon zu einem Tumult auswächst: Dabei präsentieren Winzer aus ganz Spanien ihre jungen neuen Weine.

Els Encants Vells Markt

(Fira de Bellcaire; ☎93 246 30 30; www.encantsbcn.com; Plaça de les Glòries Catalanes; ⌚Mo, Mi, Fr & Sa 9–20 Uhr; Ⓜ Glòries) Der Flohmarkt „Alte Reize" in einem glitzernden, offenen Komplex bei der Plaça de les Glòries Catalanes ist der größte seiner Art in Barcelona. Unter den riesigen spiegelartigen Paneelen bieten über 500 Händler ihre Waren feil. Hier gibt's alles von alten Möbeln bis zu gebrauchter Kleidung, darunter auch viel Ramsch, doch hin und wieder findet sich eine *ganga* (Schnäppchen)

ESSEN

Barcelona besticht mit seiner kulinarischen Szene: Sie ist geprägt von Weltklasseköchen, phantasievollen Rezepten und großartigen Zutaten, frisch vom Feld und aus dem Meer. Katalanische Spitzenköche wie Ferran Adrià und Carles Abellán sind inzwischen internationale Stars und haben die Welt der Haute Cuisine maßgeblich verändert. Gleichzeitig erfreuen sich klassische Rezepte in den Restaurants und Tapasbars der ganzen Stadt nach wie vor großer Beliebtheit.

La Rambla & Barri Gòtic

Xurreria Churros €

(Karte S. 294; ☎93 318 76 91; Carrer dels Banys Nous 8; Tüte 1,20 €; ⌚7.30–13.30 & 15.30–20.15 Uhr; Ⓜ Jaume I) Von außen macht es nicht viel her, aber dieses hell erleuchtete Straßenlokal ist Barcelonas beste Adresse für heiße *churros* – längliches, mit Zucker bestreutes Fettgebackenes, das man am besten in dickflüssige heiße Schokolade gestippt genießt.

Cafè de l'Acadèmia Katalanisch €€

(Karte S. 294; ☎93 319 82 53; Carrer dels Lledó 1; Hauptgerichte 15– 20 €; ⌚Mo–Fr 13–15.30 & 20–23.30 Uhr; 📶; Ⓜ Jaume I) Hier werden verschiedene traditionelle katalanische Gerichte serviert, die teils mit kreativem

Shoppingmeilen

Avinguda del Portal de l'Àngel Die breite Fußgängerzone ist von den üblichen Kettenfilialen gesäumt; dazu kommen noch andere Läden wie Schuhgeschäfte und Buchhandlungen. Sie mündet in den Carrer dels Boters und den Carrer de la Portaferrissa, die von Geschäften mit junger Mode und fröhlichem Modeschmuck geprägt sind.

Avinguda Diagonal Auf diesem Boulevard drängen sich die großen internationalen Modemarken und Designläden. Dazwischen gibt's nette Cafés, in denen sich müde Einkäufer ausruhen können.

Carrer d'Avinyó Früher ziemlich verwahrlost, ist der Carrer d'Avinyó heute eine dynamische Straße mit junger Mode.

Carrer de la Riera Baixa Die Straße ist ein Tummelplatz für Läden mit Secondhand-Klamotten.

Carrer del Petritxol Am besten für Schokolade und Kunst.

Carrer dels Banys Nous Zusammen mit dem nahen Carrer de la Palla ist die Banys Nous die beste Adresse für Antiquitäten.

Passeig de Gràcia Am führenden Einkaufsboulevard der Stadt liegen die schicken Läden der großen internationalen Designer.

Geschäft am Passeig de Gràcia

J2R/SHUTTERSTOCK ©

Klassische katalanische Küche

Traditionelle katalanische Rezepte bringen die herrlichen Erzeugnisse des Mittelmeerraums bestens zur Geltung: Fisch, Garnelen, Tintenfisch, Venusmuscheln, Schwein, Kaninchen, Wild und erstklassiges Olivenöl. Typisch sind auch ungewöhnliche Kombinationen (Meeresfrüchte mit Fleisch, Obst mit Geflügel): Tintenfisch mit Kichererbsen, gepökeltes Schwein mit Kaviar, Kaninchen mit Garnelen, Ente mit Birnen.

Tolle katalanische Restaurants findet man in fast jedem Viertel der Stadt. Oft spielt das Ambiente in den Lokalen eine besondere Rolle: Kerzenbeschienene mittelalterliche Kellergewölbe der Altstadt und Speisesäle im Stil des Modernisme im Eixample bilden die Kulisse für einen erinnerungswürdigen Festschmaus. Zwar wartet die Stadt mit zahlreichen Nobelrestaurants auf, doch Barceloner Gourmets speisen auch gern in bescheideneren, weniger eleganten Lokalen, in denen manchmal das beste Essen überhaupt auf den Tisch kommt.

Einschlag zubereitet werden. Zur Mittagszeit laben sich die Bürokraten aus dem *ajuntament* (Rathaus) am *menú del día* (Tagesmenü). Romantischer ist es abends: Dann setzt gedämpftes Licht die Deckenbalken und die Holzmöbel in Szene. An warmen Tagen kann man auch auf dem hübschen Platz vor dem Café speisen.

La Vinateria del Call Spanisch €€
(Karte S. 294; ☎93 302 60 92; www.lavinateriadelcall.com; Carrer de Sant Domènec del Call 9; Raciones 7–12 €; ⌚19.30–1 Uhr; Ⓜ Jaume I) Dieses klitzekleine Juwel in zauberhafter Lage im alten jüdischen Viertel serviert köstliche iberische Gerichte wie galizischen Oktopus, in Cidre gekochte Chorizo und katalanische *escalivada* (geröstete Paprika, Aubergine und Zwiebeln) mit Anchovis. Die Portionen sind klein und die Idee ist, dass man sich mehrere davon teilt. Die Auswahl an Weinen ist gut und erschwinglich. Vor Kurzem wurde das Restaurant durch einen weiteren Gastraum erweitert.

El Raval

Mami i Teca Katalanisch €€
(☎93 441 33 35; Carrer de la Lluna 4; Hauptgerichte 10–12 €; ⌚Mo, Mi–Fr & So 13–16 & 20–24, Sa 20–24 Uhr; Ⓜ San Antoni) Das winzige Mam i Teca mit nur einem halben Dutzend Tischen ist nicht nur ein Restaurant, sondern steht auch für einen Lebensstil. Die Nachbarn kommen vorbei und bleiben an der Bar hängen, die übrigen Gäste werden mit katalanischen Gerichten verwöhnt, die aus regionalen Zutaten nach den Prinzipien der Slow-Food-Bewegung zubereitet werden: z. B. Kabeljau mit Knoblauch und Paprika in Olivenöl gebraten oder Schweinerippchen mit Kichererbsen.

Suculent Katalanisch €€
(☎93 443 65 79; www.suculent.com; Rambla del Raval 43; Hauptgerichte 16–22 €; ⌚Mi–So 13–16 & 20–23.30 Uhr; Ⓜ Liceu) Der Michelin-besternte Küchenchef Carles Abellan betreibt nun auch dieses Bistro im alten Stil mit dem Besten, was die katalanische Küche zu bieten hat. Von Kabeljau-Brandade bis zum Ochsenschwanzeintopf mit Süßkartoffeln – es werden nur die besten Zutaten verwendet. Das Ganze kann sich zu einer hübschen Rechnung summieren, trotzdem ist dies ein tolles Lokal für Leute, die die regionalen Highlights kosten möchten.

Bar Pinotxo Tapas €€
(Karte S. 294; www.pinotxobar.com; Mercat de la Boqueria; Hauptgerichte 8–17 €; ⌚Mo–Sa 7–16 Uhr; Ⓜ Liceu) Die Bar Pinotxo, eine von rund einem Dutzend lockerer Tapasbars in der Markthalle La Boqueria, ist möglicherweise die beste des Markts und sogar von ganz Barcelona. Der beliebte Eigentümer Juanito serviert vielleicht Kichererbsen mit Pinienkernen und Rosinen, eine weiche, mit

Salz bestreute Mischung aus Kartoffeln und Spinat, zarten jungen Tintenfisch mit Cannellini-Bohnen oder süßen Schweinebauch.

La Ribera

El Atril International €€

(Karte S. 294; ☎93 310 12 20; www.atrilbarcelona.com; Carrer dels Carders 23; Hauptgerichte 11–15 €; ⏲12–24 Uhr; ☉; Ⓜ Jaume I) Brenden, der australische Eigentümer, hat sich von kulinarischen Aromen aus aller Welt inspirieren lassen. Neben zahlreichen Tapas – wegen der hausgemachten Sauce sind die *patatas bravas* sehr zu empfehlen – stehen auf der Karte deshalb z. B. auch Kängurufilet, Lachs-Dattel-Röllchen mit Mascarpone und Truthahn vom Holzkohlegrill mit gebratener Yucca.

Casa Delfín Katalanisch €€

(Karte S. 294; ☎93 319 50 88; www.tallerdetapas.com; Passeig del Born 36; Hauptgerichte 10–15 €; ⏲So–Do 8–24, Fr & Sa bis 1 Uhr; ☉; Ⓜ Barceloneta) Eines der kulinarischen Highlights Barcelonas: Die Casa Delfín bietet alles, was man sich von der katalanischen und mediterranen Küche erträumt. Das Mahl könnte mit pikant-süßen *calçots* (Frühlingszwiebeln; nur von Februar bis März) oder mit Salz bestreuten *pimientos de padrón* (Paprikaschoten) beginnen. Anschließend folgen vielleicht gegrillte Sardinen mit Petersilie, bevor man es mit dem in Weißwein und Knoblauch gegarten Seeteufel aufnimmt.

La Barceloneta & die Uferpromenade

La Cova Fumada Tapas €

(☎93 221 40 61; Carrer del Baluard 56; Tapas 4–8 €; ⏲Mo–Mi 9–15.20, Do & Fr 9–15.20 & 18–20.15, Sa 9–13 Uhr; Ⓜ Barceloneta) Kein Schild weist den Weg und die Lage ist nun wirklich eher bescheiden, doch diese winzige, familiengeführte Tapasbar ist immer rappelvoll. Das Geheimnis? Köstlicher *pulpo* (Oktopus), *calamar, sardinias* und etwa 15 weitere Häppchen-Gerichte, die in einer kleinen offenen Küche perfekt zubereitet werden.

Essen unter freiem Himmel im Barri Gòtic

Gut sind auch die *bombas* (Kartoffelkroketten mit Aioli) und die gegrillten *carxofes* (Artischocken) und alles ist wunderbar frisch.

Can Recasens Katalanisch €€
(☎93 300 81 23; www.canrecasens.com; Rambla del Poblenou 102; Hauptgerichte 8–15 €; ⏲Mo–Fr 21–1, Sa 13–16 & 21–1 Uhr; Ⓜ Poblenou) Das Can Recasens ist eines der romantischsten Restaurants von Poblenou, ein Labyrinth aus Räumen, die in warmes Licht getaucht sind und voller Ölgemälde hängen mit flackernden Kerzen, Lichterketten und Obstkörben. Das Essen ist herausragend: Serviert werden z. B. Salate, Fondues, Räucherfleisch, Käse und reich mit Köstlichkeiten wie Pilzen und Brie, *escalivada* (Grillgemüse) und Gruyère oder pikanter Chorizo gefüllte Sandwiches.

Eixample

Tapas 24 Tapas €
(Karte S. 300; ☎93 488 09 77; www.carlesabellan.com; Carrer de la Diputació 269; Tapas 4–9, 50 €; ⏲9–24 Uhr; 📶; Ⓜ Passeig de Gràcia) Carles Abellan, der ehemalige Chef des inzwischen geschlossenen Comerç 24 in La Ribera, betreibt dieses Keller-Tapasmekka, das für seine Feinschmeckervariationen beliebter Klassiker bekannt ist. Zu den Spezialitäten zählen z. B. *bikini* – ein getoastetes Schinken-Käse-Sandwich; dabei ist der Schinken luftgetrocknet und Trüffeln sorgen für eine besondere Note – und ein dicker, schwarzer *arròs negre de sípia* (Tintenfischreis).

Cerveseria Catalana Tapas €€
(Karte S. 300; ☎93 216 03 68; Carrer de Mallorca 236; Tapas 4–11 €; ⏲Mo–Fr 8–1.30, Sa & So 9–1.30 Uhr; Ⓜ Passeig de Gràcia) Die „katalanische Brauerei" bietet sich sowohl zum Frühstücken als auch fürs Mittag- und Abendessen an, morgens mit Kaffee und Croissants, mittags mit Tapas und *montaditos* (Kanapees). Die Gäste können an der Bar, an den Tischen auf dem Bürgersteig oder im Restaurant im hinteren Teil des Lokals Platz nehmen. Das Angebot an heißen Tapas, Salaten und anderen kleinen Speisen lockt eine schick gekleidete Kundschaft aus Einheimischen und Touristen an.

Disfrutar Modern europäisch €€€
(☎93 348 68 96; www.en.disfrutarbarcelona.com; Carrer de Villarroel 163; Probiermenüs 110–180 €; ⏲Di–Sa 13–14.30 & 20–21.30 Uhr; Ⓜ Hospital Clínic) In den ersten paar Monaten seines Bestehens schoss das Disfrutar förmlich an die Spitze der Nobelrestaurants der Stadt – am besten bucht man jetzt einen Tisch, solange das noch möglich ist. Der Gourmettempel wird von einem Koch aus Ferran Adriàs wegweisendem Restaurant El Bulli geführt und ist ähnlich ausgerichtet.

Montjuïc & Poble Sec

Quimet i Quimet Tapas €€
(Karte S. 307; ☎93 442 31 42; Carrer del Poeta Cabanyes 25; Tapas 4–10 €, Montaditos ca. 3 €; ⏲Mo–Fr 12–16 & 19–22.30, Sa 12–16 Uhr; Ⓜ Paral·lel) Das Quimet i Quimet ist ein von Generation zu Generation vererbtes Familienunternehmen. In der wirklich klitzekleinen, von Flaschenregalen gesäumten Tapasbar gibt's nur Stehplätze, aber das Essen ist ein Fest für den Gaumen: So werden die *montaditos* (Tapas auf einer Scheibe Brot) z. B. ganz nach den Wünschen der Gäste frisch zubereitet.

Palo Cortao Tapas €€
(Karte S. 307; ☎93 188 90 67; www.palocortao.es; Carrer de Nou de la Rambla 146; Hauptgerichte 10–15 €; ⏲Di–So 20–1, Sa & So 13–17 Uhr; Ⓜ Paral·lel) Wegen seiner schön zubereiteten und zu fairen Preisen erhältlichen Meeresfrüchte- und Fleischgerichte genießt das Palo Cortao einen sehr guten Ruf. Zu den Highlights zählen Tintenfisch mit Hummus aus weißen Bohnen, Steak mit Foie Armagnac und Thunfisch-*tataki*-Tempura. Von allen Gerichten kann man auch halbe Portionen bestellen – so ist es möglich, mehrere Sachen zu probieren.

Tickets Modern spanisch €€€
(Karte S. 307; ☎606 225545; www.ticketsbar.es; Avinguda del Paral·lel 164; Tapas 5–27 €; ⏲Di–Fr 18.30–22.30, Sa 13–15 & 19–22.30 Uhr, Aug.

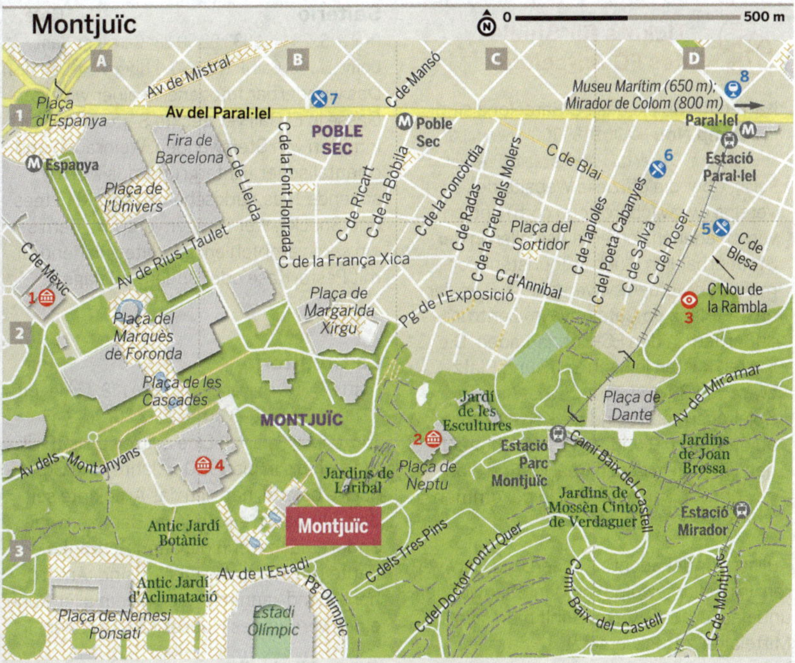

Montjuïc

Sehenswertes
1 CaixaForum A2
2 Fundació Joan Miró C2
3 MUHBA Refugi 307 .... D2
4 Museu Nacional d'Art de Catalunya B3

Essen
5 Palo Cortao D2
6 Quimet i Quimet D1
7 Tickets B1

Ausgehen & Nachtleben
8 La Confitería D1

geschl.; MParal·lel) Dies ist eine der spannendsten Adressen der Restaurantwelt überhaupt: eine von Ferran Adrià aus dem legendären El Bulli und seinem Bruder Albert eröffnete Tapasbar. Und im Gegensatz zum El Bulli ist sie erschwinglich – falls man einen Tisch bekommt natürlich: Man kann online buchen (zwei Monate im Voraus) oder es telefonisch versuchen – vielleicht hat ja gerade jemand abgesagt.

AUSGEHEN & NACHTLEBEN

Mit seinen in Kerzenlicht getauchten Weinlokalen, altmodischen Kneipen, stilvollen Lounges und schillernden Nachtclubs, in denen bis zum Morgengrauen gefeiert wird, ist Barcelona das Paradies für Nachteulen. Ruhiger geht es in den stimmungsvollen Cafés und Teesalons zu – wunderbare Zufluchtsstätten an grauen Tagen.

La Rambla & Barri Gòtic

Caelum Café

(Karte S. 294; 93 302 69 93; www.caelumbarcelona.com; Carrer de la Palla 8; Mo–Do 10–20.30, Fr & Sa 10.30–22, So bis 21 Uhr; MLiceu) In diesem wundervollen mittelalterlichen Gebäude im Herzen der Stadt finden jahrhundertelange göttliche kulinarische Traditionen aus ganz Spanien ihren Niederschlag. Das Café oben bietet eine niedliche

Tickets für Spiele des FC Barcelona

Karten für Spiele des FC Barcelona sind im **Camp Nou** (☎902 189900; www.fcbarcelona.com; Carrer d'Arístides Maillol; Ⓜ Palau Reial), über die offizielle Website des Vereins (www.fcbarcelona.com) und an verschiedenen Vorverkaufsstellen in der Stadt erhältlich. Auch in Touristeninformationen werden sie verkauft, z. B. in der an der Plaça de Catalunya im Zentrum, außerdem in den FC-Botiga-Läden. Die Karten kosten je nach Spiel und Platz zwischen 39 und über 250 €. An den Spieltagen selbst sind die Kartenschalter an den Toren 9 und 15 ab 9.15 Uhr geöffnet. Für Spiele gegen Real Madrid sind gewöhnlich keine Karten zu bekommen.

Kulisse für dekadente Kuchen und Backwaren, im Kellergewölbe mit den Steinwänden und flackernden Kerzen fühlt man sich ins Mittelalter zurückversetzt.

Cafè de l'Òpera Café

(Karte S. 294; ☎93 317 75 85; www.cafeoperabcn.com; La Rambla 74; 🕒8.30–2.30 Uhr; 📶; Ⓜ Liceu) Das interessanteste Café der Rambla befindet sich seit 1929 gegenüber vom Gran Teatre del Liceu – ein angenehmer Ort für einen Kaffee samt Croissant am Vormittag oder einen Drink am frühen Abend. Von der oberen Etage genießen die Gäste einen Blick auf den quirligen Boulevard. Na, wer lässt sich vom *cafè de l'Òpera* (Kaffee mit Schokoladenmousse) verführen?

L'Ascensor Cocktailbar

(Karte S. 294; ☎93 318 53 47; Carrer de la Bellafila 3; 🕒So–Do 18–2.30, Fr & Sa bis 3 Uhr; 📶; Ⓜ Jaume I) Die elegante Bar mit Backstein-Gewölbedecken, alten Spiegeln und Marmortheke verdankt ihren Namen den Fahrstuhltüren, die als Eingangstür dienen. Mit ihren altmodischen Cocktails und ihrer munteren Geselligkeit bei einem Soundtrack aus Jazz und Funk lockt sie ein treues Publikum an.

Salterio Café

(Karte S. 294; ☎933 02 50 28; Carrer de Sant Domènec del Call 4; 🕒12.30–1 Uhr; 📶; Ⓜ Jaume I) Das wunderbar fotogene, in einer winzigen Gasse in El Call versteckte Salterio serviert inmitten von Steinwänden, Weihrauch und orientalischer Hintergrundmusik erfrischende Tees, türkischen Kaffee, Minztees und Snacks. Wer Hunger verspürt, dem sei ein *sardo* empfohlen: gegrilltes Fladenbrot mit Pesto, Käse oder anderen Belägen.

El Raval

La Confitería Bar

(Karte S. 307; Carrer de Sant Pau 128; 🕒Mo–Do 19.30–2.30, Fr 18–3.30, Sa 17–3.30, So 12.45–2.45 Uhr; Ⓜ Paral·lel) Eine Zeitreise ins 19. Jh.: Wo sich bis in die 1980er-Jahre eine Confiserie befand, hat sich das Ambiente seit dem Umbau in eine relaxte Bar kaum verändert, auch wenn die alten Schränke heute mit Alkoholika gefüllt sind. Am frühen Abend kann man sich hier in aller Ruhe einen *vermut* des Hauses (3 €) gönnen.

Casa Almirall Bar

(www.casaalmirall.com; Carrer de Joaquín Costa 33; 🕒Mo–Do 18–2.30, Fr 18.30–3, Sa 12–3, So 12–0.30 Uhr; Ⓜ Universitat) Schon seit den 1860er-Jahren ist diese seither kaum veränderte Eckkneipe im Geschäft. Sie ist noch immer eher düster und geheimnisvoll im katalanischen Jugendstil eingerichtet und lockt ein gemischtes Publikum an. Zu den herrlichen alten Einrichtungselementen gehören der Marmortresen und die gusseiserne Statue der Muse von der Weltausstellung, die 1888 in Barcelona stattfand.

La Ribera

El Born Bar Bar

(Karte S. 294; ☎93 319 53 33; www.elbornbar.neositios.com; Passeig del Born 26; 🕒Mo–Do 10–2, Fr & Sa bis 3, So 12–2.30 Uhr; 📶; Ⓜ Jaume I) Die El Born Bar lockt alles an von coolen Leuten in den Dreißigern aus der ganzen Stadt bis zu Einheimischen, die die Welt auf dem Passeig del Born kritisch begutachten.

Dass die Bar so gut läuft, liegt nicht zuletzt auch am breiten Angebot in Sachen Bier und Spirituosen sowie an den *empanadas* und anderen Snacks.

Guzzo Cocktailbar
(Karte S. 294; ☎93 667 00 36; www.guzzoclub.es; Plaça Comercial 10; ⏲Mo–Do 18–3, Fr & Sa bis 3.30, So 12–3 Uhr; 📶; Ⓜ Barceloneta) Die schicke, aber zwanglose Cocktailbar wird vom beliebten einheimischen DJ Fred Guzzo geführt, der hier auch oft seine tolle Mischung aus Funk, Soul und seltenen Grooves auflegt. Außerdem finden hier regelmäßig Konzerte von durchgängig guter Qualität statt und es herrscht fast immer eine flippige Atmosphäre.

Juanra Falces Cocktailbar
(Karte S. 294; ☎93 310 10 27; Carrer del Rec 24; ⏲So & Mo 10–15, Di–Do 20–3, Fr & Sa 19–3 Uhr; Ⓜ Jaume I) In der schmalen kleinen Bar fühlt man sich in einen Film mit Humphrey Bogart versetzt. Früher hieß die Bar Gimlet und die meisten Einheimischen nennen sie noch immer so. Und einen Gimlet oder irgendeinen anderen Cocktailklassiker (um 10 €) kann man sich von einem der souveränen Barkeeper in weißer Livree mixen lassen.

La Vinya del Senyor Weinbar
(Karte S. 294; ☎93 310 33 79; Plaça de Santa Maria del Mar 5; ⏲Mo–Do 12–1, Fr & Sa 12–2, So 12–24 Uhr; 📶; Ⓜ Jaume I) Hier entspannen sich die Gäste auf der netten Terrasse im Schatten der Basílica de Santa Maria del Mar oder sie drängen sich drinnen in der winzigen Bar. Die Weinkarte ist so lang wie *Krieg und Frieden* und für Leute, die lieber gleich eine ganze Flasche statt nur ein Glas leeren wollen, steht oben ein Tisch zur Verfügung.

La Barceloneta & die Uferpromenade

Absenta Bar
(☎93 221 36 38; Carrer de Sant Carles 36; ⏲Di & Mi 19–1, Do–Mo ab 11 Uhr; Ⓜ Barceloneta) Diese seltsame, kreative Kneipe ist mit alten Gemälden, Retrolampen und merkwüdigen Kunstwerken eingerichtet, darunter eine von der Decke baumelnde Schmetterlingsfrau und bemalte Fernseher. Dem Alkohol widmet man sich hier mit großer Ernsthaftigkeit, etwa dem hausgemachten Wermut oder – wer mehr Umdrehungen im Glas bevorzugt – den verschiedenen Absinthsorten. Aber Vorsicht: Mit ihren 50 bis 90 % Alkohol können einen diese Sachen echt aus den Schuhen heben!

Can Paixano Weinbar
(Karte S. 294; ☎93 310 08 39; www.canpaixano.com; Carrer de la Reina Cristina 7; ⏲Mo–Sa 9–22.30 Uhr; Ⓜ Barceloneta) Diese stolze alte, auch La Xampanyeria genannte Champagnerbar floriert schon seit Langem dank einem echten Erfolgsrezept. Meist wird hier aus eleganten kleinen Gläsern schäumender Rosé konsumiert; dazu passen bestens die kleinen *bocadillos* (belegte Baguettes) und Tapas (3–7 €). Hier ist es immer rappelvoll und es kann zu einem echten Kampf ausarten, wenn man sich mithilfe seiner Ellbogen einen Weg zur Theke zu bahnen versucht.

Eixample

Dry Martini Bar
(Karte S. 300; ☎93 217 50 80; www.drymartiniorg.com; Carrer d'Aribau 162-166; ⏲Mo–Do 13–2.30, Fr & Sa 18–3, So 19–2.30 Uhr; Ⓜ Diagonal) Hier kümmern sich Kellner mit einem diskreten wissenden Lächeln um die Cocktail-Wünsche der Kundschaft und können oft unglaublich passende Vorschläge unterbreiten – eine sichere Bank ist jedoch der Drink des Hauses, den man an der Bar oder auf einer der edlen grünen Lederbänke genießen kann. Der Gin Tonic wird in einem bechergroßen Glas serviert – viele nippen den ganzen Abend lang an einem einzigen!

Monvínic Weinbar
(☎93 272 61 87; www.monvinic.com; Carrer de la Diputació 249; ⏲Di–Fr 13–23, Mo & Sa 19–23 Uhr; Ⓜ Passeig de Gràcia) Der Sommelier des El Bulli hält das Monvínic angeblich für

RODRIGO GARRIDO/SHUTTERSTOCK ©

Palau de la Música Catalana

ein absolutes Muss: Diese Weinbar ist eine wahre Hymne an den Weingenuss. Auf einem Tablet an der Bar können die Gäste die Weinkarte mit über 3000 Sorten studieren.

Les Gens Que J'Aime Bar

(Karte S. 300; ☎93 215 68 79; www.lesgensquejaime.com; Carrer de València 286; ⏲So–Do 18–2.30, Fr & Sa 19–3 Uhr; Ⓜ Passeig de Gràcia) Die kleine Kellerbar, ein Relikt aus den 1960er-Jahren, funktioniert nach einem scheinbar einfachen Rezept: Im Hintergrund läuft cooler Jazz, die Beleuchtung durch Lampen vom Flohmarkt ist auf das Notwendigste reduziert und um kleine dunkle Tischchen sind roten Samtstühle angeordnet.

✪ UNTERHALTUNG

Palau de la Música Catalana Klassische Musik

(Karte S. 294; ☎93 295 72 00; www.palaumusica.cat; Carrer de Palau de la Música 4–6; Tickets ab 15 €; ⏲Kasse Mo–Sa 9.30–21, So 10–15 Uhr; Ⓜ Urquinaona) Dieses Glanzstück des Modernisme ist ein echtes Fest für die Augen! Und gleichzeitig ist dies das traditionellste Konzerthaus der Stadt für klassische und Chormusik. Doch damit erschöpft sich das Programm noch nicht, denn es werden z. B. auch Flamenco, Pop und besonders Jazz geboten. Hier einem Konzert beizuwohnen ist auf jeden Fall ein besonderes Erlebnis – und am besten gönnt man sich vor dem Musikgenuss im Foyer mit seinen funkelnden gekachelten Säulen einen Drink.

Gran Teatre del Liceu Theater, Livemusik

(Karte S. 294; ☎93 485 99 00; www.liceubarcelona.cat; La Rambla 51–59; ⏲Kasse Mo–Fr 9.30–20, Sa & So 9.30–18 Uhr; Ⓜ Liceu) Barcelonas herrliches altes Opernhaus wurde nach einem Feuer 1994 restauriert und zählt nun zu den technisch modernsten Theatern weltweit. So funkelt das prächtige Auditorium wieder im alten Glanz des 19. Jhs., beeindruckt aber gleichzeitig mit einer hochmodernen Akustik – eine wunderbare Zeitreise!

Sala Tarantos Flamenco
(Karte S. 294; ☎93 304 12 10; www.masimas.com/tarantos; Plaça Reial 17; Tickets 15 €; ⏲Vorstellungen 20.30, 21.30 & 22.30 Uhr; Ⓜ Liceu) Seit 1963 bietet das Kellerlokal aufstrebenden Flamenco-Gruppen, die in Barcelona auftreten, eine Bühne. Heute sind im Tarantos v. a. Touristen zu Gast: Dreimal am Abend finden halbstündige Flamenco-Darbietungen statt. Trotzdem wird einem hier eine gute Einführung in den Flamenco geboten und ein schlechtes Plätzchen für einen Drink ist der Laden auch nicht.

PRAKTISCHE INFORMATIONEN

SICHERHEIT

- Gewaltverbrechen sind selten in Barcelona, ein großes Problem ist dagegen Kleinkriminalität wie Taschendiebstahl.
- Am leichtesten wird man Opfer von Dieben, wenn man mit Gepäck zum Hotel unterwegs ist – am besten schaut man sich vorher genau an, wo es langgehen soll.
- Besonders in vollen Gegenden sollte man auf seine Habseligkeiten achten.
- In El Raval und am Südende der Rambla sollte man spätabends am besten nicht mehr herumlaufen.

TOURISTENINFORMATION

In Barcelona gibt's mehrere Touristeninformationen; die zentrale Touristeninformation befindet sich an der Plaça de Catalunya (S. 301). Nützlich für allgemeine Infos sind die Nummern ☎010 (mit Infos über Barcelona) und ☎012 (mit Infos über Katalonien). Manchmal erwischt man einen Mitarbeiter mit Englischkenntnissen, die meisten sprechen allerdings nur Katalanisch und Spanisch. Neben den Touristeninformationen gibt es noch Infoschalter am Busbahnhof Estació del Nord und am Portal de la Pau beim Mirador de Colom an dem Ende der Rambla, die dem Hafen zugewandt ist. In den Sommermonaten gibt es an diversen Stellen im Stadtzentrum zusätzliche Infoschalter.

Plaça Sant Jaume (Karte S. 294; ☎93 285 38 32; www.barcelonaturisme.com; Carrer de la Ciutat 2; ⏲Mo–Fr 8.30–20.30, Sa 9–19, So & Feiertage 9–14 Uhr; Ⓜ Jaume I)

Regionale Touristeninformation Palau Robert (Karte S. 300; ☎93 238 80 91; www.palaurobert.gencat.cat; Passeig de Gràcia 107; ⏲Mo–Sa 10–20, So bis 14.30 Uhr; Ⓜ Diagonal) Bietet jede Menge Material zu Katalonien, audiovisuelle Infos, einen Buchladen und eine Filiale des Turisme Juvenil de Catalunya (für Jugendreisen).

AN- & WEITERREISE

BUS

Fernbusse nutzen den Busbahnhof **Estació del Nord**. Zahlreiche Busunternehmen steuern unterschiedliche Teile Spaniens an; viele davon sind unter dem Dachunternehmen **Alsa** (☎902 422242; www.alsa.es) zusammengefasst. Nach anderen Busfirmen kann man sich am Busbahnhof erkundigen. Es fahren regelmäßig Busse nach Madrid, Valencia und Zaragoza (mind. 20-mal tgl.) sowie mehrmals täglich zu entfernteren Zielen wie Burgos, Santiago de Compostela und Sevilla.

Eurolines (www.eurolines.com), die größte internationale Busgesellschaft, arbeitet mit regionalen Anbietern in ganz Europa zusammen und über die Eurolines-Website gelangt man auch zu den Busunternehmen in den einzelnen Ländern. Ab dem Estació del Nord und dem **Estació d'Autobusos de Sants** (☎93 339 73 29; www.adif.es; Carrer de Viriat; Ⓜ Estació Sants) neben dem Estació Sants Barcelona werden Busverbindungen nach ganz Europa und nach Marokko angeboten.

Ein großer Teil der Pyrenäen und die gesamte Costa Brava sind nur mit dem Bus zu erreichen; Züge fahren nur zu wichtigen Bahnhöfen am jeweiligen Streckenende wie Girona, Figueres, Lleida, Ripoll und Puigcerdà.

FLUGZEUG

Nach Madrid ist Barcelona der größte internationale Flughafen Spaniens. Der **Flughafen El Prat** (☎902 404704; www.aena.es) wird aus ganz Europa von zahlreichen Fluggesellschaften angeflogen, auch von Billigfliegern. Ryanair nutzt die Flughäfen Girona und Reus, von denen jeweils Busse nach Barcelona pendeln.

Iberia, Air Europa, Spanair und Vueling haben im ganzen Land ein dichtes Streckennetz. Zwar können die Flüge teuer sein, doch kann erheblich an Zeit sparen, wer von Barcelona etwa nach Sevilla oder Málaga fliegt.

ZUG

- Von großen spanischen Städten wie Madrid und Valencia kommt man am besten mit dem Zug nach Barcelona. Aus anderen europäischen Ländern ist die Anreise mit dem Zug lang – da stellen Billigflüge meist die schnellere und preisgünstigere Alternative dar.
- In die Städte rund um Barcelona und zum Flughafen fahren *rodalies-/cercanías*-Züge. Näheres bei **Renfe** (☎902 320320; www.renfe.es).
- Zwischen Madrid und Barcelona verkehren jeden Tag achtzehn Hochgeschwindigkeitszüge (Trenes de Alta Velocidad Española, AVE). Neun davon bewältigen die Strecke in unter drei Stunden.
- Die meisten Fernzüge (*largo recorrido* oder *Grandes Línias*) haben eine 1. und eine 2. Klasse (*preferente* und *turista*). Nach den AVE-, Euromed- und anderen ähnlich modernen Zügen handelt es sich bei den meisten Fernzügen um die langsameren Talgos.
- Der Hauptbahnhof von Barcelona ist der **Estació Sants** (www.adif.es; Plaça dels Països Catalans; ⓂEstació Sants) 2,5 km westlich der Rambla. Hier kommen auch die Nachtzüge aus Paris, Genf, Mailand und Zürich an.

UNTERWEGS VOR ORT

In Barcelona hat man jede Menge Möglichkeiten, sich in der Stadt zu bewegen. Die meisten Ziele sind mit der ausgezeichneten Metro zu erreichen; die Lücken werden durch Busse und Straßenbahnen geschlossen. Spätabends sind Taxis die beste Option.

Bus Für Leute, die die Highlights der Stadt an einem oder zwei Tagen sehen wollen, ist der **Bus Turístic** (☎93 298 70 00; www.barcelonabusturistic.cat; Tageskarte Erw./Kind 29/16 €; ⌚9–20 Uhr) praktisch. Er fährt an der Plaça de Catalunya ab und man kann unterwegs so oft aus- und wieder zusteigen, wie man möchte.

Zu Fuß Für die Altstadt braucht man nur ein gutes Paar Schuhe.

Metro Das praktischste Verkehrsmittel. Verkehrt sonntags bis donnerstags von 5 bis 24 Uhr, freitags bis 2 Uhr und samstags rund um die Uhr. Am billigsten fährt man mit der Targeta T-10, einer Zehnerkarte für 10,30 €. Ansonsten kostet die einfache Fahrt 2,15 €.

Taxi Taxis kann man an der Straße heranwinken, z. B. an der Rambla, der Via Laietana, der Plaça de Catalunya und dem Passeig de Gràcia – oder man geht zu einem Taxistand.

Wohin zum Schlafen?

Barcelona bietet eine breite Palette an Unterkünften, von billigen Hostels in der Altstadt bis zu Luxushotels am Meer. Preisgünstig sind Ferienwohnungen, die in der ganzen Stadt angeboten werden.

Stadtviertel	Merkmale
La Rambla & Barri Gòtic	Tolle Lage in der Nähe wichtiger Sehenswürdigkeiten, mit lebendigem Nachtleben und guten Restaurants; perfekt für Erkundungen zu Fuß. Kann teils sehr touristisch und laut sein; manche Hotelzimmer sind klein und haben keine Fenster.
El Raval	Zentral, mit gutem Nachtleben und Zugang zu Sehenswürdigkeiten; Künstlerflair mit nur wenigen Touristen. Kann teilweise laut, zwielichtig und heruntergekommen sein; viele Absteigen, die man besser meidet.
La Ribera	Tolle Restaurantszene und gut für Viertelerkundungen; zentral; Top-Sehenswürdigkeiten wie Museu Picasso und Palau de la Música Catalana. Kann laut sein; sehr voll; touristisch.
Barceloneta & die Uferpromenade	Ausgezeichnete Fischrestaurants; lockere Stimmung, normaler Alltag; schneller Zugang zu Promenade und Stränden. Nur wenige Unterkünfte; teilweise kann man weit ab vom Schuss sein, besser für Geschäftsreisende.
Sagrada Família & Eixample	Großes Angebot an Unterkünften in allen Preislagen; nahe bei den Jugendstil-Attraktionen; gute Restaurants und lebendiges Nachtleben; die beste LGBT-Szene (in „Gaixample"). Kann wegen des vielen Straßenverkehrs laut sein; nicht so gut für Erkundungen zu Fuß, da ein bisschen weit weg von der Altstadt.

In diesem Kapitel

Baskenland, Spanien

Auf Baskisch heißt es Euskadi oder Euskal Herria („Land der Baskisch Sprechenden"), auf Spanisch wird es El País Vasco genannt. Egal, woher man gerade kommt, ob aus den heißen Ebenen des spanischen Südens oder aus dem charmanten Frankreich – das Baskenland ist anders. Hier strecken sich die Berge gen Himmel und der Atlantik tost an schöne Felsbuchten. Eine echte Leidenschaft der Basken ist das Essen, ob in Gourmettempeln mit drei Michelin-Sternen oder in den fabelhaften* pintxo*-Bars in San Sebastián oder Bilbao mit ihren lokaltypischen Tapas. Und dank des Guggenheim-Museums in Bilbao hat auch das Baskenland eine Stilikone vorzuweisen.

Zwei Tage im Baskenland

Bei so wenig Zeit verbringt man natürlich einen Tag in **Bilbao** (S. 322) mit dem **Museo Guggenheim Bilbao** (S. 316), gefolgt von einem Nachmittag mit köstlichen *pintxos*. Am zweiten Tag lädt der **Casco Viejo** (S. 323) zu einem Einkaufsbummel ein – wer an einem Sonntag hier ist, sollte den Markt besuchen. Zum Abschluss des Tages gibt's abends Livemusik.

Vier Tage im Baskenland

Am dritten und vierten Tag steht **San Sebastián** (S. 331) auf dem Programm. Hier wird Essen geboten, das zum Besten in Europa gehört, und die herrliche **Playa de la Concha** (S. 332) lädt zu einem Bummel ein.

Nächster Stopp: das nur zwei Flugstunden von Bilbao entfernte Lissabon (S. 336).

Ankunft

Bilbao ist von zahlreichen Städten in Spanien und im restlichen Europa auf dem Luftweg zu erreichen; vom Flughafen fährt ein Bus ins Stadtzentrum. Außerdem verkehren Züge und Busse von anderen Orten im Baskenland sowie von Madrid, Barcelona und anderen nordspanischen Städten nach Bilbao und San Sebastián.

Schlafen

Bilbao und San Sebastián bieten die breiteste Palette an Unterkünften, doch man muss das ganze Jahr über im Voraus buchen. Diese beiden Städte sind nicht nur selbst phantastische Ziele, sie sind auch tolle Ausgangspunkte für die Erkundung der gesamten Region. Das baskische Amt für Tourismus bietet eine sehr praktische Zimmervermittlung (S. 328); wer ohne Zimmerreservierung in San Sebastián ankommt, sollte zur Touristeninformation (S. 335) gehen, die Zimmerverzeichnisse bereithält.

Museo Guggenheim Bilbao

Das Guggenheim-Museum in Bilbao ist eines der wichtigsten Bauwerke der zeitgenössischen Architektur. Es katapultierte Bilbao mehr oder weniger im Alleingang in die erste Riege der internationalen Kulturtourismusziele.

Toll für ...

☑ Nicht versäumen

Das Atrium – das Gegenstück im Innern zu den Höhenflügen der Fassade.

Das Äußere

Wahrscheinlich ist das Guggenheim eher für seine Architektur berühmt als für das, was im Innern zu sehen ist. Doch wie sich der kanadische Architekt Frank Gehry Baldachine, Klippen, Felsvorsprünge, Schiffsformen, Türme und Flossen zum Vorbild nahm, ist tatsächlich toll.

Gehry entwarf das Museum mit Blick auf historische und geografische Zusammenhänge. Beim Baugrundstück handelte es sich um eine Industriebrache, die zum heruntergekommenen Lagerhausareal an der Ría del Nervión gehörte. Die traditionellen Erwerbszweige der Stadt, Schiffsbau und Fischfang, entsprachen Gehrys eigenen Interessen und seiner Nutzung industrieller Materialien bei früheren Bauten. Die Titanplatten, die das Gebäude wie Heringsschuppen überziehen, sollen auf die Kindheitsleidenschaft des Architekten für Fisch zurückgehen.

FMGB GUGGENHEIM BILBAO MUSEUM, PHOTO: ERIKA BARAHONA EDE ©

Gut zu wissen

☎ 944 35 90 16; www.guggenheim-bilbao.es; Avenida Abandoibarra 2; Erw./Stud./Kind je nach Ausstellung ab 13/7,50 €/frei; ⌚10–20 Uhr, Sept.–Juni Mo geschl.

Kleine Stärkung

Das Museum verfügt über ein erstklassiges Restaurant (S. 326).

★ Top-Tipp

Sparfüchse freuen sich über den Artean Pass (16 €), ein Kombiticket für das Museo Guggenheim Bilbao und das Museo de Bellas Artes. Der Pass ist in beiden Museen erhältlich.

Nicht nur Gehry

Doch auch andere Künstler haben das Guggenheim mitgeprägt. Zwischen den Glaspfeilern des zentralen Atriums und der Ría del Nervión befindet sich ein einfaches Wasserbecken mit einer Nebelinstallation vonFuyiko Nakaya. Beim Flussufer steht Louise Bourgeois' *Maman*, ein skelettartiges Spinnengebilde, das eine schützende Umarmung symbolisieren soll. Auf dem Freiplatz westlich des Museums versprüht eine Brunnenskulptur willkürlich Wasserfontänen. Und die Stadtseite des Museums schmückt Jeff Koons' kitschiger Hund *Puppy*, ein 12 m großer Highland Terrier aus Tausenden von Begonien.

Das Innere

Drinnen ist das Guggenheim riesig. Das kirchenartige Atrium, das durch Glasklippen beleuchtet wird, ist mehr als 45 m hoch. Die Dauerausstellung im Erdgeschoss umfasst irre Sachen wie Metalllabyrinthe und himmelwärts strebende Lichtinstallationen.

Für die meisten Besucher sind jedoch die grandiosen Sonderausstellungen die Hauptattraktion des Museums.

Praktische Tipps

Der Eintritt variiert je nach Sonderausstellung und Jahreszeit. Die letzten Tickets werden eine halbe Stunde vor Schließung verkauft. Kostenlose Führungen auf Spanisch finden um 12.30 und 17 Uhr statt, es sind aber auch Führungen in anderen Sprachen möglich (am Infoschalter fragen!). Im Eintritt inbegriffen sind ausgezeichnete Audioguides in verschiedenen Sprachen und auch ein spezieller Audioguide für Kinder. Die Warteschlangen an der Kasse können irre lang sein, besonders an nassen Sommertagen und um Ostern herum – dann steht man meist über eine Stunde an. Das Museum ist barrierefrei.

Pintxo-Bar

Pintxo-Bars

San Sebastián gilt als einer der kulinarischen Hotspots der Welt. In den zahllosen Bars, die sich über die Stadt verteilen, quellen die Theken über vor Bergen mit den besten spanischen Tapas, hier pintxos genannt.

Toll für ...

☑ Nicht versäumen

Die Bar Border Berri verkörpert die *pintxo*-Kultur von San Sebastián.

Die Kunst des Pintxo-Essens

Schon das Wort *pintxo* auszusprechen verweist auf das Wesen dieses fröhlichen und frechen kleinen Teils der baskischen Küche. Geschmack, Konsistenz und Aussehen des perfekten *pintxo* sollten exquisit sein und das kleine Kunstwerk sollte in zwei eleganten Bissen verschlungen werden. Der *pintxo*, die baskische Version der Tapa, hat durchaus einen kulinarischen Anspruch, mit dem er sich von herkömmlicher Kost absetzt. Besonders in San Sebastián haben baskische Köche den *pintxo* zu einem Kunstwerk erhoben.

Viele *pintxos* haben als Grundlage kleine Brot- oder Baguettescheiben, auf denen dann die jeweilige Kreation aufgebaut wird, oft zusammengehalten durch köstliche Mayonnaise und große Zahnstocher. Einige Bars sind auf Fisch und Meeresfrüchte spe-

CULTURA EXCLUSIVE/RUSS ROHDE/GETTY IMAGES ©

zialisiert, z. B. marinierte Sardellen, Garnelen oder Tintenfisch, alles gekrönt von etwa Krebsfleisch oder Pastete. Andere widmen sich Pfeffer- und Pilzleckereien oder bieten einfach von allem ein bisschen. Und die Auswahl beschränkt sich gewöhnlich nicht nur auf das, was vor einem auf dem Tresen steht: Viele der besten *pintxos* sind die warmen, die man extra bestellen muss. In der Regel sind diese auf einer Tafel irgendwo an der Wand verzeichnet.

Pintxo-Bars in San Sebastián

La Cuchara de San Telmo (☎043 44 16 55; www.lacucharadesantelmo.com; Calle de 31 de Agosto 28; Pintxos ab 2,50 €; ⏲Di 19.30–23, Mi–So 12–15.30 & 19.30–23 Uhr) Die schnörkellose, schwer zu findende Bar bietet extrem kreative neue baskische Küche im Miniaturformat.

Gut zu wissen

Dem Thekenpersonal sagen, was man haben möchte – keine Selbstbedienung!

Kleine Stärkung

Bei einem Bummel an der Playa de la Concha kann man Kalorien verbrennen!

★ Top-Tipp

Die Spezialität einer Bar probieren und dann zur nächsten wechseln.

Bar Borda Berri (☎943 43 03 42; www.bordaberri.com; Calle Fermín Calbetón 12; Pintxos ab 2,50 €; ⏲12–24 Uhr) Diese senfgelbe *pintxo*-Bar ist wirklich besonders. Spezialitäten des Hauses sind Schweinsohren in Knoblauchsuppe – das ist viel besser, als es sich anhört! –, in Wein geschmorte Kalbsbacken und ein Risotto mit Pilzen und *idiazabal*, einem baskischen Käse.

Astelena (☎943 42 58 67; www.restauranteastelena.com; Calle de Iñigo 1; Pintxos ab 2,50 €; ⏲Di & Do–Sa 13–16.30 & 20–23, Mi 13–16.30 Uhr) Die *pintxos* auf dem Tresen dieser Bar an der Plaza de la Constitución sind echt klasse, viele davon eine Mischung aus Baskisch und Asiatisch. Dank der Lage sind die Preise hier etwas höher.

Bodega Donostiarra (☎943 42 58 67; www.bodegadonostiarra.com; Calle de Peña y Goñi 13; Pintxos ab 2,50 €, Hauptgerichte ab 11 €; ⏲Mo–Sa 9.30–24 Uhr) Steinwände, Topfpflanzen und Fensterschmuck verleihen der Bodega Donostiarra den altmodischen Look eines französischen Bistros, doch gleichzeitig wirkt sie sehr modern. Am besten bekannt für *jamón*, Chorizo und vor allem Tortilla.

Bar Goiz-Argi (Calle de Fermín Calbetón 4; Pintxos ab 2,50 €; ⏲Mi–So 9.30–15.30 & 18.30–23.30, Mo 9.30–15.30 Uhr) Die Spezialität des Hauses sind *gambas a la plancha* (auf einer Grillplatte gegrillte Garnelen). Hört sich einfach an, aber diese Garnelen sind wirklich perfekt!

La Mejillonera (Calle del Puerto 15; Pintxos ab 2,50 €; ⏲11.30–15 & 18–23 Uhr) Hier werden Muscheln in allen nur erdenklichen Arten serviert. Wer keine Muscheln mag, kann auf Calamari und *patatas bravas* (frittierte Kartoffelwürfel mit scharfer Tomaten-Majo-Sauce) ausweichen.

Bar Martinez (☎943 42 49 65; www.barmartinezdonosti.com; Calle 31 de Agosto 13; Pintxos ab 2,50 €; ⏲Di–So 9.30–23 Uhr, Fr & Sa bis spät) Diese kleine Bar mit aufgestapelten verstaubten Weinflaschen hat für ihre *morros de bacalao* (feine Kabeljaustreifen auf einem Stück Brot) schon Preise eingeheimst und ist eine der stimmungsvolleren *pintxo*-Bars.

Bar Diz (Calle Zabaleta 17; Pintxos ab 2,50 €; ⏲8 Uhr bis spät) Die winzige Bar Diz im Strandvorort Gros bietet sehr gute *pintxos* – und auch das Frühstück ist nicht schlecht – und es verirren sich nur wenige Touristen hierher. Hungrige können eine *ración* (größere Portion) bestellen.

Bergara Bar (www.pinchosbergara.es; General Artetxe 8; Pintxos ab 2,50 €; ⏲9–23 Uhr) Die an einem geschäftigen Platz gelegene Bergara Bar ist eine der renommiertesten *pintxo*-Bars in Gros, das in der *pintxo*-Szene immer mehr an Ansehen gewinnt. Auf dem Tresen finden sich allerlei umwerfende Köstlichkeiten und auf der Schiefertafel stehen noch mehr davon.

Pintxo-Bars in Bilbao

Zwar genießt Bilbao in Sachen *pintxos* nicht denselben Ruf wie San Sebastián, doch die Qualität ist in etwa gleich – bei etwas niedrigeren Preisen. Bilbao ist mit Hunderten

Pintxos auf einer Theke, Bilbao

von *pintxo*-Bars gesegnet, doch besonders viele tummeln sich an der Plaza Nueva am Rand der Altstadt sowie an der Calle de Perro und der Calle Jardines. Hier einige der besten Bars der Stadt:

Bar Gure Toki (Plaza Nueva 12; Pintxos ab 2,50 €) Bietet kreative *pintxos* z. B. mit Straußenfleisch.

Sorginzulo (Plaza Nueva 12; Pintxos ab 2,50 €; ⏲9.30–0.30 Uhr) Eine klitzekleine Bar mit einer beispielhaften Palette an *pintxos*. Die Spezialität hier sind Calamari, die es aber nur am Wochenende gibt.

Berton Sasibil (Calle Jardines 8; Pintxos ab 2,50 €; ⏲Mo–Sa 8.30–24, So 10–16 Uhr) Hier kann man sich informative Filmchen über die Herstellung einiger der tollen *pintxos* anschauen, die man gerade verspeist.

CULTURA EXCLUSIVE/RUSS ROHDE/GETTY IMAGES ©

Claudio: La Feria del Jamón (Calle Iparragirre 9-18; Pintxos ab 2,50 €; ⏲Mo–Fr 10–14 & 17–21, Sa 10–14 & 18–21.30 Uhr) Ein alter Laden voller antiker Möbel. Wie man schon am Namen und dann auch an den von der Decke baumelnden Schinken sieht: Hier dreht sich alles ums Schwein.

La Viña del Ensanche (☎944 15 56 15; www.lavinadelensanche.com; Calle de la Diputación 10; Pintxos ab 1,35 €, Menü 30 €; ⏲Mo–Fr 8.30–23.30, Sa 12–1 Uhr) Hunderte Flaschen Wein säumen die Wände dieser herausragenden *pintxo*-Bar – dies ist vielleicht die beste der Stadt.

Museo del Vino (Calle de Ledesma 10; Pintxos ab 2,50 €; ⏲Mo–Fr 13–17 & 20–23 Uhr) Weiße Kacheln, Fenster im Stil Gaudís, köstliche Tintenfisch-*pintxos* und eine ausgezeichnete Auswahl an Weinen – wie der Name schon hoffen lässt. Sehr schön!

Bitoque de Albia (www.bitoque.net; Alameda Mazarredo 6; Pintxos ab 2,50 €; ⏲Mo–Mi 13.30–16, Do–Sa 13.30–16 & 20.30–23.15 Uhr) Preisgekrönte moderne *pintxo*-Bar mit ungewöhnlichen Gerichten wie Thunfisch-Miniburgern, Lachs-Sushi und Venusmuscheln mit Pilzen. Außerdem gibt's hier ein *pintxos*-Probiermenü (12 €).

Mugi (www.mugiardotxoko.es; Licenciado Poza 55; Pintxos ab 2,50 €; ⏲Mo–Sa 7–24, So 12–24 Uhr) In dieser renommierten *pintxo*-Bar kann es so voll werden, dass man vielleicht draußen stehen muss.

ℹ Der Preis der Pintxos

In den meisten der hier aufgeführten Bars in San Sebastián kostet ein *pintxo* 2,50 bis 3,50 €. Nicht viel, aber ein einziger *pintxo* ist auch nie genug!

Bilbao

Bilbao ist keine Stadt, die einen gleich vor Schönheit umhaut, doch sie weiß langsam von sich zu überzeugen. Und Bilbao hatte schließlich eine harte Kindheit. Mit all der Schwerindustrie und den Industriebrachen bekamen die Flusslandschaften und die originelle Architektur der Stadt nie wirklich Gelegenheit, sich Reisenden zu präsentieren – denn diese waren unterwegs zu angenehmeren Zielen. Doch dann bescherten ein paar kluge Investitionen der Stadt ein glitzerndes Wahrzeichen aus Titan, das Guggenheim-Museum – und nun strömten die Kunstbeflissenen aus aller Welt scharenweise her, um sich anzuschauen, was es mit dem ganzen Bohei denn so auf sich hat.

Der *Botxo* (Loch), wie die Stadt von ihren Bewohnern liebevoll genannt wird, hat sich inzwischen zu einem der bedeutendsten Kulturzentren Europas gemausert. Doch im Grunde ihres Herzen bleibt sie eine Arbeiterstadt – eine mit viel Flair. Und genau dieser bodenständige Geist macht die wahre Anziehungskraft der quirligen und spannenden Stadt Bilbao aus.

SEHENSWERTES

Viele Erstbesucher verbinden mit Bilbao nur das weltberühmte Guggenheim-Museum. Doch die Stadt wartet mit allerlei interessanten Sehenswürdigkeiten auf, von architektonischen Highlights bis zu tollen Brücken und von lebhaften Plätzen bis zu den Gassen des Casco Viejo, der Altstadt.

Museo de Bellas Artes — Kunstmuseum

(☎944 39 60 60; www.museobilbao.com; Plaza del Museo 2; Erw./Stud./Kind 9/7 €/frei, Mi frei; ⌚Mi–Mo 10–20 Uhr) Das Museo de Bellas Artes beherbergt eine spannende Sammlung mit allem von gotischen Skulpturen bis zu Pop-Art des 20. Jhs. Die Sammlung besteht aus drei Hauptabteilungen: Die klassische Kunst ist mit Arbeiten von Murillo, Zurbarán, El Greco, Goya und van Dyck vertreten; an moderner Kunst gibt's Werke von Paul Gauguin, Francis Bacon und Anthony Caro; dazu kommt noch baskische Kunst von bedeutenden Bildhauern wie Jorge de Oteiza und Eduardo Chillida und Malern wie Ignacio Zuloago und Juan de Echevarria.

Die Brücke Zubizuri

Casco Viejo — Altstadt

Der kompakte Casco Viejo, Bilbaos stimmungsvolle Altstadt, ist voller reizender Straßen, munterer Bars und origineller Läden. Im Herzen der Altstadt befinden sich Bilbaos ursprüngliche sieben Straßen, Las Siete Calles, aus dem 15. Jh.

Die gotische **Catedral de Santiago** (www.bilbaoturismo.net; Plaza de Santiago; ⏲Di–Sa 10–13 & 17–19.30, So & Feiertage 10–13 Uhr) aus dem 14. Jh. verfügt über ein prächtiges Renaissance-Portal und einen hübschen kleinen Kreuzgang. Etwas nördlich säumen die von Arkaden gesäumte **Plaza Nueva** aus dem 19. Jh. zahlreiche *pintxo*-Bars. Sonntagvormittags findet hier ein bunter **Flohmarkt** mit Bücher- und Schallplattenständen statt, auf dem auch Tiere wie Singvögel – einige davon in altmodischen Holzkäfigen –, flauschige Mäuse und winzige Wasserschildkröten verkauft werden. Anderswo auf dem Markt feilschen Erwachsene und Kinder um Fußballkarten und alte Briefmarken und zwischendurch schlängeln sich Straßenkünstler und Kellner mit hoch beladenen Tabletts. Im Winter geht's auf dem Markt erheblich ruhiger zu. Sonntagvormittags findet auf der nahen Plaza del Arenal ein **Blumenmarkt** statt.

Basilica de Begoña — Basilika

(Calle Virgen de Begoña; ⏲Mo–Sa 8.30–13.30 & 17–20.30, So 9–14 & 17–21 Uhr) Auf einem nahen Hügel thront diese Basilika aus dem 16. Jh. über der Altstadt. Sie ist überwiegend gotisch, doch im Verlauf der Jahrhunderte haben sich auch andere Baustile eingeschlichen, z. B. beim Renaissance-Hauptportal. Dem kargen Innenraum verleiht ein goldener Altar mit einer Statue der Jungfrau Begoña, der Schutzheiligen der Provinz Biskaya, die hier als Amatxu (Mutter) verehrt wird, etwas Glanz.

Euskal Museoa — Museum

(Museo Vasco; ☎944 15 54 23; www.euskal-museoa.org/es/hasiera; Plaza Miguel Unamuno 4; Erw./Kind 3 €/frei, Do frei; ⏲Mo & Mi–Fr 10–19, Sa 10–13.30 & 16–19, So 10–14 Uhr) Dies ist wahrscheinlich das umfassendste Museum

Las Siete Calles

Das Herz der Altstadt von Bilbao bilden als Las Siete Calles (Baskisch: Zazpi Kaleak) bekannte sieben Straßen. Diese düsteren, stimmungsvollen Sträßchen – Barrenkale Barrena, Barrenkale, Carnicería Vieja, Belostikale, Tendería, Artekale und Somera – stammen aus dem 15. Jh., als das Ostufer der Ría del Nervión bebaut wurde. Einst bildeten sie das Zentrum von Kommerz und Flusshandel. Heute tummeln sich hier Cafés, *pintxo*-Bars und Boutiquen.

Casco Viejo

zur baskischen Kultur in ganz Spanien. Los geht's in der dunklen Vorgeschichte, aber dann schnell weiter in die Moderne; dabei wird auch erklärt, wie lange diese Ecke der Welt schon die Heimat der Basken ist.

Doch für Leute, die kein Spanisch sprechen – oder hat jemand in der Schule gar Baskisch gelernt? –, bleibt das alles ein bisschen unklar, da es keine Erläuterungen auf Englisch gibt.

Das Museum residiert in einem schönen alten Gebäude mit einem stillen Kreuzgang in der Mitte, der einst zu einem Jesuitenkolleg aus dem 17. Jh. gehörte. Im Kreuzgang steht das Götzenbild von Mikeldi aus vorchristlicher Zeit, vielleicht aus der Eisenzeit.

Zubizuri — Brücke

Die auffallendste der modernen Brücken über die Ría del Nervión, die Zubizuri („Weiße Brücke"), ist seit ihrer Fertigstellung 1997 ein Wahrzeichen von Bilbao. Die vom spa-

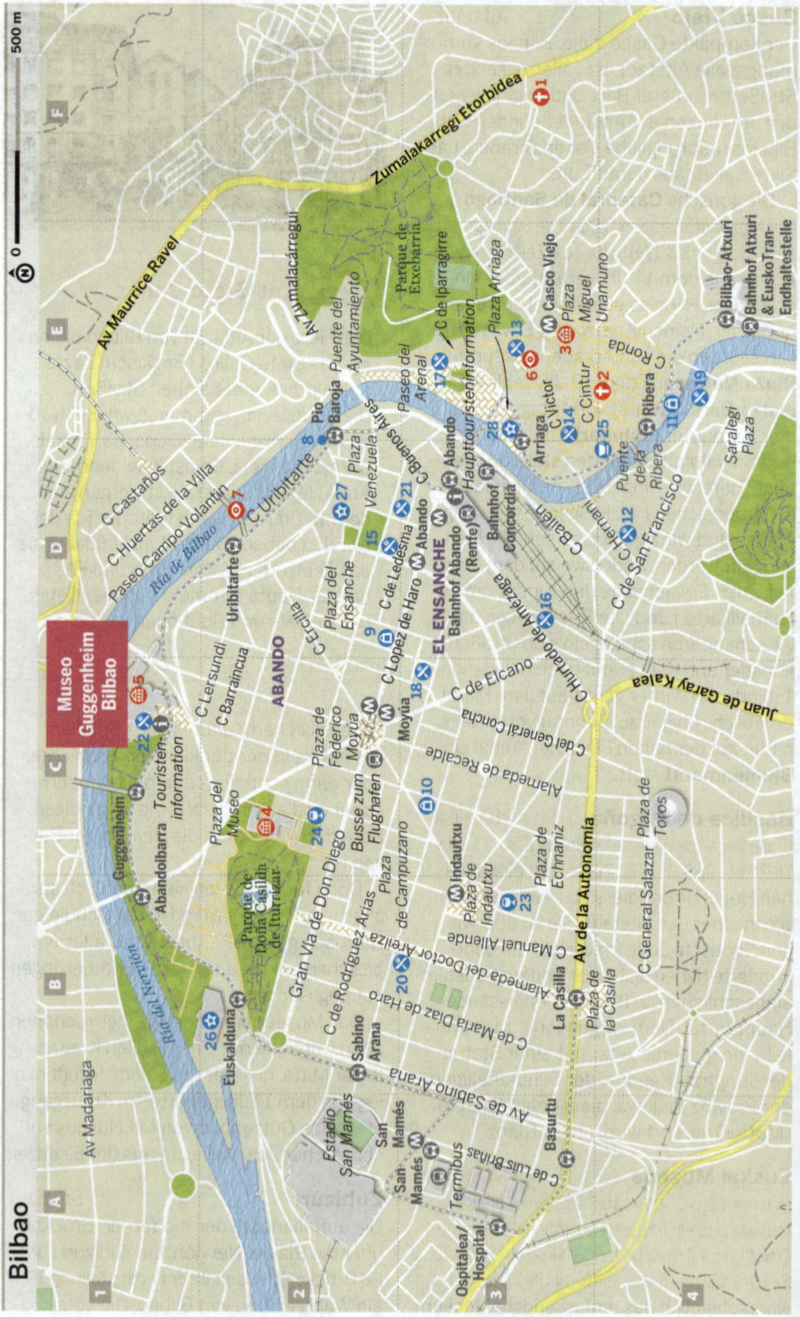
Bilbao
Museo Guggenheim Bilbao
500 m
ABANDO
EL ENSANCHE
Casco Viejo
Ría de Bilbao
Ría del Nervión
Av Maurice Ravel
Zumalakarregi Etorbidea
Av Zumalacárregui
Parque de Etxebarria
C de Iparraguirre
Puente del Ayuntamiento
Paseo del Arenal
Plaza Arriaga
Plaza Miguel Unamuno
C Ronda
C Víctor
C Cintur
Ribera
Puente de la Ribera
Saralegi Plaza
Bilbao-Atxuri
Bahnhof Atxuri & EuskoTran-Endhaltestelle
Arriaga
Hauptturisteninformation
Abando
Bahnhof Concordia
Bahnhof Abando (Renfe)
C Bailén
C Hernani
C de San Francisco
C Hurtado de Amézaga
C de Elcano
Juan de Garay Kalea
C del General Concha
Alameda de Recalde
Av de la Autonomía
Plaza de Toros
C General Salazar
Plaza de Echnaniz
Indautxu
Plaza de Indautxu
C Manuel Allende
Alameda del Doctor Areilza
La Casilla
Plaza de la Casilla
C de María Díaz de Haro
Av de Sabino Arana
Basurtu
C de Luis Briñas
Termibus
San Mamés
Estadio San Mamés
Ospitalea/Hospital
Av Madariaga
Euskalduna
Sabino Arana
C de Rodríguez Arias
Gran Vía de Don Diego
Plaza de Campuzano
Busse zum Flughafen
Plaza de Federico Moyúa
Moyúa
C López de Haro
C de Ledesma
C Buenos Aires
Plaza Venezuela
Plaza del Ensanche
C Ercilla
Parque de Doña Casilda de Iturrizar
Plaza del Museo
Abandoibarra
Guggenheim
Touristeninformation
C Lersundi
C Barraincua
Uribitarte
C Uribitarte
Pío Baroja
Paseo Campo Volantín
C Huertas de la Villa
C Castaños
A
B
C
D
E
F
1
2
3
4

Bilbao

Sehenswertes

1	Basilica de Begoña	F3
2	Catedral de Santiago	E4
3	Euskal Museoa	E3
4	Museo de Bellas Artes	C2
5	Museo Guggenheim Bilbao	C1
6	Plaza Nueva	E3
7	Zubizuri	D2

Aktivitäten, Kurse & Touren

8	Bilboats	D2

Shoppen

9	Arrese	D2
10	Chocolates de Mendaro	C3
11	Mercado de la Ribera	E4

Essen

12	Agape Restaurante	D4
13	Bar Gure Toki	E3
14	Berton Sasibil	E3
15	Bitoque de Albia	D2
16	Casa Rufo	D3
17	Claudio: La Feria del Jamón	E3
18	La Viña del Ensanche	C3
19	Mina Restaurante	E4
20	Mugi	B3
21	Museo del Vino	D3
22	Nerua Guggenheim Bilbao	C1
	Sorginzulo	(s. 13)

Ausgehen & Nachtleben

23	Cotton Club	B3
24	Geo Cocktail Lounge	C2
25	Lamiak	D4

Unterhaltung

26	Palacio Euskalduna	B2
27	Kafe Antzokia	D2
28	Teatro Arriaga	E3

nischen Architekten Santiago Calatrava entworfene Brücke verfügt unter einem weißen Bügel über einen durch Stahlspeichen mit diesem verbundenen Gehsteig.

GEFÜHRTE TOUREN

Die Touristeninformation (S. 328) von Bilbao organisiert 1½-stündige Rundgänge durch die Altstadt sowie zu den architektonischen Highlights der neueren Stadtteile. Wenn mehr los ist, werden meist auch mehr Führungen angeboten.

Bilboats (☎946 42 41 57; www.bilboats.com; Plaza Pío Baroja; Erw./Kind ab 12/7 €) bietet mehrmals am Tag Bootstouren auf der Nervión.

Eine originelle und interessante Art, die Stadt zu erleben, ist eine Führung mit Einheimischen, vermittelt durch die Organisation **Bilbao Greeters** (www.bilbaogreeters.com; Erw. 12 €). Sie zeigen Besuchern ihre Lieblingsplätze, -kneipen und natürlich *-pintxo*-Bars. Mindestens zwei Wochen im Voraus über die Website buchen!

SHOPPEN

Große Kaufhäuser und Filialen bekannter Modemarken finden sich in El Ensanche. Ungewöhnlichere kleine Läden sind in der Altstadt ansässig, obwohl die Kettenläden sich auch hier immer mehr ausbreiten. Natürlich kann man in Bilbao auch wunderbar Fressalien einkaufen!

Mercado de la Ribera — Markt

(Calle de la Ribera) Der am Fluss gelegene Mercado de la Ribera ist angeblich eine der größten Markthallen Spaniens. Sie ist kürzlich renoviert worden und kommt jetzt vielleicht etwas zu geleckt daher, doch nach wie vor besorgen sich viele Top-Köche aus der Stadt hier morgens ihre Zutaten.

Arrese — Lebensmittel

(www.arrese.biz; Calle Lopez de Haro 24; ⏲Mo–Sa 9–21, So 9–15 & 17–21 Uhr) Mit 160 Jahren Backerfahrung sollte diese kleine Bäckerei wirklich guten Kuchen bieten, aber der ist noch besser als erwartet – göttlich!

Chocolates de Mendaro — Lebensmittel

(www.chocolatesdemendaro.com; Calle de Licenciado Poza 16; ⏲Mo–Sa 10–14 & 16–20 Uhr) Schon seit 1850 werden in dieser altmodischen Confiserie süße Leckereien produziert – dies ist bei Weitem der beste Laden in Bilbao, um Schluss zu machen mit der Diät.

ESSEN

Wenn es um den Handel geht, sind die Basken natürlich der Außenwelt zugewandt, doch beim Essen weigern sie sich zu glauben, dass andere Völker mit ihren kulinarischen Fertigkeiten Schritt halten können. Das bedeutet, dass man beim Essengehen in Bilbao die Wahl zwischen Baskisch, Baskisch und Baskisch hat. Doch das Leben könnte schrecklicher sein und tatsächlich gibt's hier einige phantastische Restaurants.

Die von Arkaden gesäumte Plaza Nueva ist besonders im Sommer ein schönes Plätzchen zum Kaffeetrinken und Leutegucken.

Agape Restaurante Baskisch €€

(☎944 16 05 06; www.restauranteagape.com; Calle de Hernani 13; Tagesmenü 12,90 €, sonst 21–36 €; ⏲So–Mi 13–16, Do–Sa 13–16 & 20.30–23.30 Uhr; 📶) Dieses Restaurant genießt bei den Einheimischen mit seinen preisgünstigen, aber trotzdem guten Speisen einen soliden Ruf: Hier kann man wunderbar ein wenig in die kulinarische Szene der Stadt eintauchen. Das Restaurant liegt ein Stück abseits der üblichen Touristenpfade, lohnt aber auf jeden Fall den kleinen Abstecher. Das Mittagsmenü für 12,20 € mit Vorspeisen wie Pilzrisotto und Hauptgerichten wie gebratenen Sardellen mit süßer Ratatouille ist ein echtes Schnäppchen. Reservieren!

Casa Rufo Baskisch €€

(☎944 43 21 72; www.casarufo.com; Hurtado de Amézaga 5; Hauptgerichte 10–15 €; ⏲Mo–Sa 13.30–16 & 20.30–23 Uhr) Trotz der vielen neuen glitzernden Gourmettempel ist dieses hartnäckig altmodische Lokal mit Regalen voller staubiger Flaschen, in denen erstklassiges Olivenöl und Wein lagern, immer noch eines der besten Restaurants für traditionelle baskische Küche in Bilbao. Die Spezialität des Hauses sind die liebevoll über Holzkohle gegrillten Steaks.

Mina Restaurante Baskisch €€€

(☎944 79 59 38; www.restaurantemina.es; Muelle Marzana; Probiermenü 60–110 €; ⏲Mi–Sa 14–15.30 & 21–22.30, So & Di 14–15.30 Uhr) Das Restaurant am Fluss bietet in einem ansonsten recht düsteren Viertel unerwartete Raffinesse und edle Küche. Bei einigen Kritikern steht es sogar derzeit auf Platz eins der Hitliste in Bilbao. Geboten wird kulinarische Kreativität, etwa bei der Krabbenspinne mit Passionsfrucht oder dem gefrorenen „Meerwasser" mit Seetang und Zitronensorbet.

Ohne Reservierung geht fast nichts.

Nerua Guggenheim Bilbao Baskisch €€€

(☎944 00 04 30; www.neruaguggenheimbilbao.com; Probiermenü ab 65 €, Hauptgerichte 30–35 €; ⏲Do–Sa 13–15 & 20.30–21.30, Di, Mi & So 13–15 Uhr) Das schicke und sehr weiße Restaurant des Guggenheim wird vom Sternekoch Josean Alija geleitet, einem Schützling von Ferran Adria. Daher versteht es sich von selbst, dass die gebotene *nueva cocina vasca* (baskische Nouvelle Cuisine) atemberaubend ist – selbst die Oliven sind ein guter Jahrgang: Sie stammen alle von tausend Jahre alten Olivenbäumen.

Reservierung dringend zu empfehlen!

AUSGEHEN & NACHTLEBEN

Im Casco Viejo säumen zahlreiche tolle winzige, schnörkellose Bars mit gewöhnlich jüngerem Publikum die Calle Barrenkale, Ronda und de Somera.

In den Straßen um Muelle Marzana und Bilbao la Vieja auf der anderen Seite des Flusses sind noch jede Menge weitere kleine Bars und Clubs zu finden. Dies ist das düstere Bilbao aus der Zeit vor der Neugeburt der Stadt als Kulturmekka. Die Gegend ist sowohl baskische Hochburg als auch Ausländerviertel. Die Kneipen hier sind in der Regel freundlich, doch die eine oder andere kann auch etwas zwielichtig sein. Frauen sollten hier abends nicht allein herumlaufen.

Lamiak Café

(Calle Pelota 8; ⏲So–Do 16–24, Fr & Sa 15.30–2.30 Uhr) Das quirlige Lamiak, ein beliebtes

Mittagsgäste in einem Restaurant in Bilbao

alteingesessenes Café im Casco Viejo, wartet mit einem großen rot-schwarzen Gastraum, gusseisernen Säulen und Sitzmöglichkeiten auf einem Zwischengeschoss auf. Hier kann man in einem lockeren, szenigen Ambiente gut Kaffee und Cocktails trinken. Am Wochenende ist hier ein cooles Publikum zugegen.

Geo Cocktail Lounge Cocktailbar
(☎944 66 84 42; Calle Maximo Aguirre 12; ⌚Di–So 15–1.30 Uhr) Für einen Cocktail nach dem Abendmahl bietet sich diese Loungebar südlich des Guggenheim mit gedämpftem Licht, leiser Hintergrundmusik und fachkundig gemixten Cocktails an.

Cotton Club Club
(☎944 10 49 51; www.cottonclubbilbao.es; Calle de Gregorio de la Revilla 25; ⌚Di & Mi 20.30–3, Do bis 5, Fr & Sa bis 6.30, So 19–1.30 Uhr) Der Cotton Club, ein altehrwürdiges Nachtlokal, lockt mit seinen DJ-Nächten und Konzerten mit zumeist Blues, Jazz und Rock ein gemischtes Publikum an. Der Laden ist winzig – es wird also eng!

✪ UNTERHALTUNG

Bilbao hat zahlreiche Clubs und Konertläden zu bieten und die Stimmung ist in der Regel freundlich und locker. Über anstehende Events informieren gewöhnlich die Websites der einzelnen Veranstaltungsorte.

Kafe Antzokia Livemusik
(☎944 24 46 25; www.kafeantzokia.com; Calle San Vicente 2) Dies ist das quirlige Herz des zeitgenössischen baskischen Bilbao, mit internationalem Rock, Blues und Reggae, aber auch der Crème de la Crème des baskischen Rock und Pop. Die Wochenendkonzerte dauern von 22 bis 1 Uhr; danach legen bis 5 Uhr DJs auf. Tagsüber ist das Ganze ein Café, Restaurant und Kulturzentrum mit teils spannenden Veranstaltungen.

Palacio Euskalduna Livemusik
(☎944 03 50 00; www.euskalduna.net; Avenida Abandoibarra) Rund 600 m flussabwärts vom Guggenheim steht dieses moderne Juwel, erbaut in einem Stil, der an die großen Schiffsbauten des 19. Jhs. erinnert. Im Euskalduna sind das Bilbao-Symphonie-

orchester und das Baskische Symphonieorchester zu Hause, es finden aber auch noch zahlreiche andere Veranstaltungen statt.

Teatro Arriaga Theater
(☎944 79 20 36; www.teatroarriaga.com; Plaza Arriaga) Die Barockfassade dieses Theaters dominiert die offenen Flächen von El Arenal zwischen Altstadt und Fluss. Neben Theater gibt's hier auch klassische Musik.

PRAKTISCHE INFORMATIONEN

Das freundliche Personal der Touristeninformation von Bilbao ist extrem hilfsbereit und kennt sich bestens aus – hier arbeiten engagierte Vertreter ihrer Stadt. In allen Filialen kann man nach dem kostenlosen *Bilbao Guía* mit Veranstaltungskalender und Restaurant- und Ausgehtipps fragen.

Die neue, hochmoderne Hauptfiliale der **Touristeninformation** (☎944 79 57 60; www.bilbaoturismo.net; Plaza Circular 1; ⏰9–21 Uhr; 📶) bietet kostenloses WLAN, Touchscreen-Informationsterminals und tatsächlich auch echte Menschen, die gerne Fragen beantworten. Weitere Filialen befinden sich am **Flughafen** (☎944 71 03 01; www.bilbaoturismo.net; Flughafen Bilbao; ⏰Mo–Sa 9–21, So 9–15 Uhr) und im **Guggenheim** (www.bilbaoturismo.net; Alameda Mazarredo 66; ⏰tgl. 10–19 Uhr, Sept.–Juni So bis 15 Uhr).

Das Fremdenverkehrsamt von Bilbao unterhält einen sehr praktischen **Reservierungsservice** (☎902 87 72 98; www.bilbaoreservas.com).

AN- & WEITERREISE

BUS

Der wichtigste Busbahnhof von Bilbao, **Termibus** (☎944 39 50 77; www.termibus.es; Gurtubay 1, San Mamés), liegt westlich des Stadtzentrums.

Bizkaibus bietet Verbindungen ins gesamte Baskenland, u. a. in Küstenorte wie Mundaka und Guernica (2,50 €). Nach Lekeitio (6,65 €) fahren Busse von Euskotren.

Casco Viejo (S. 323)

FLUGZEUG

Bilbaos **Flughafen** (BIO; ☎902 404 704; www.aena.es) ist bei Sondika nordöstlich der Stadt. Er wird von einigen staatlichen Fluggesellschaften angeflogen. Von den Billigfliegern bieten EasyJet (www.easyjet.com) und Vueling (www.vueling.com) die meisten Flugverbindungen nach Bilbao.

ZUG

Der Bahnhof Abando liegt von der Plaza Arriaga und dem Casco Viejo gesehen gleich auf der anderen Seite des Flusses. Regelmäßig fahren Züge nach Barcelona (ab 19,60 €, 6¾ Std.), Burgos (ab 7 €, 3 Std.), Madrid (ab 20 €, 5 Std.) und Valladolid (ab 12,55 €, 4 Std.).

Ganz in der Nähe befindet sich der **Bahnhof Concordia** mit seiner Art-nouveau-Fassade aus Schmiedeeisen und Kacheln. Er wird von **FEVE** (www.renfe.com/viajeros/feve) genutzt, einer einst privaten Eisenbahngesellschaft, die kürzlich von RENFE aufgekauft wurde. Von hier fahren Züge Richtung Westen nach Kantabrien. Dreimal am Tag verkehren Züge nach Santander (ab 12,55 €, 3 Std.), wo man zu Zielen in Asturien umsteigen kann.

Der **Bahnhof Atxuri** liegt etwas flussaufwärts vom Casco Viejo. Von hier betreibt **Eusko Tren/Ferrocarril Vasco** (www.euskotren.es) jede halbe Stunde Züge nach Bermeo (3,70 €, 1½ Std.), Guernica (3,70 €, 1 Std.) und Mundaka (3,70 €, 1½ Std.).

UNTERWEGS VOR ORT

VOM/ZUM FLUGHAFEN

Der **Flughafenbus** (Bizkaibus A3247; 1,45 €) fährt von einer Haltestelle ganz rechts, wenn man aus der Ankunftshalle kommt. Er fährt durch die nordwestlichen Stadtteile, dann am Guggenheim-Museum vorbei und hält an der Plaza de Federico Moyúa, bevor er sein Ziel erreicht, den Termibus (Busbahnhof). Im Sommer fährt er von 6.20 bis 24 Uhr alle 20 Minuten, im Winter jede halbe Stunde. Außerdem gibt es vom Flughafen von 7.45 bis 23.45 Uhr jede Stunde einen Direktbus nach San Sebastián (16,85 €, 1¼ Std.).

Die baskische Sprache

Victor Hugo beschrieb das Baskische als ein „Land“ und nur wenige Basken würden ihm widersprechen. Die als *Euskara* bekannte Sprache ist die älteste Europas, ohne jede Verbindung zu irgendeiner indo-europäischen Sprache. Das unter Franco unterdrückte Baskische wurde später als eine der regionalen Amtssprachen Spaniens anerkannt und ist heute bei vielen jungen Basken die Sprache der Wahl.

MONKEY BUSINESS IMAGES/GETTY IMAGES ©

Taxis vom Flughafen zum Casco Viejo kosten je nach Verkehr rund 23 bis 30 €.

METRO

Metrostationen findet man an allen wichtigen Punkten in El Ensanche und dem Casco Viejo. Eine Fahrt kostet ab 1,65 €. Von U-Bahnhöfen beiderseits des Flusses fährt die Metro an die Nordküste, sodass man von der Stadt aus gut die Strände in der Nähe erreichen kann.

STRASSENBAHN

Bilbaos Straßenbahn Eusko Tren ist sowohl für die Einheimischen als auch für Besucher toll. Sie verkehrt zwischen Basurtu im Südwesten der Stadt und dem Bahnhof Atxuri und hält unterwegs u. a. am Busbahnhof Termibus, dem Guggenheim und dem Teatro Arriaga nahe der Altstadt. Die Fahrkarten kosten 1,50 € und müssen vor Fahrtantritt an dem Automaten neben dem Fahrkartenautomaten entwertet werden.

San Sebastián
1 km
Mar Cantábrico (Kantauri Itsasoa)
Bahía de la Concha (Kontxako Badia)
Isla de Santa Clara
Monte Igueldo
Parque Igueldo
Parque de Atracciones
Paseo del Faro
Punta Torrepea
Monte Urgull
Paseo Nuevo
Plaza Carlos Blasco de Imaz
Paseo del Muelle
Fischereihafen
S. Detailplan Parte Vieja
PARTE VIEJA
Plaza de Zuloaga
Plaza Sarriegi
Busse nach Hondarribia, Irún & zum Flughafen
Parque de Alderdi Eder
Plaza de Cervantes
Paseo de la Concha
Pico del Loro
Cuesta de Aldapeta
Parque Basoerdi
Bahnhof Amara (ET/FV)
C de Manterola
C de Easo
C de Moraza
Plaza de Buen Pastor
C de San Martín
C de Prim
C San Marzial
C de Arasate
Av de la Libertad
C de Andia
C de Okendo
Puente de Santa Catalina
C de Iztueta
C de Miracruz
C Nueva
Trueba
C de Usandizaga
Av de Zurriola
Puente de Zurriola
Paseo de Zurriola
C de Zabaleta
C de San Francisco
Paseo de Francia
Paseo del Duque de Mandas
Renfe-Bahnhof
Puente de María Cristina
Río Urumea
Paseo de Árbol de Guernica
C de Mundaiz
Parque de Kristina Enea
Parte Vieja
Monte Urgull
Plaza de la Trinidad
C de 31 de Agosto
C de Iñigo
C Juan de Bilbao
C de Narrica
C Fermín Calbetón
C San Jerónimo
C de Embeltrán
C de San Juan
C de Aldamar
Oficina de Turismo
Nagusía Kalea (C Mayor)
C del Portu
C Mari Igentea
Fischereihafen
200 m
A
B
C
D
E
F
1
2
3
4

San Sebastián

Sehenswertes

1 Aquarium C2
2 Monte Igueldo A2
3 Monte Urgull D1
4 Parque de Cristina Enea F4
5 Peine del Viento A2
6 Playa de la Concha D3
7 Plaza de la Constitución B4

Aktivitäten, Kurse & Touren

8 Parque de Atracciones A2
9 San Sebastián Food E2

Shoppen

10 Aitor Lasa B4
11 Chocolates de Mendaro E2
12 Follow Me San Sebastián D3

Essen

13 Astelena B4
14 Bar Borda Berri B4
15 Bar Diz F2
16 Bar Goiz-Argi B4
17 Bar Martinez B3
18 Bergara Bar F2
19 Bodega Donostiarra F2
20 La Cuchara de San Telmo A3
21 La Fábrica A4
La Mejíllonera (s. 21)

San Sebastián

In das atemberaubende San Sebastián (Baskisch: Donostia) muss man sich quasi auf den ersten Blick verlieben: Die Stadt ist abends cool und quirlig und tagsüber charmant und wohlgesittet. Und die Bewohner genießen die schönen Seiten des Lebens: Hier fallen die Michelin-Sterne quasi vom Himmel und die Tapas-Kultur sucht ihresgleichen – wobei die Tapas hier *pintxos* heißen. Auf Listen mit den angesagtesten kulinarischen Destinationen weltweit steht San Sebastián regelmäßig an der Spitze.

San Sebastián hat eigentlich vier Zentren. Unterhalb des Monte Urgull, der östlichen Landspitze der Bucht, liegt die Parte Vieja (Altstadt): Hier befinden sich die beliebtesten *pintxo*-Bars und viele günstige Unterkünfte. Südlich der Altstadt erstreckt sich das Geschäftsviertel, die Área Romántica, mit hübschen Gebäuden vom ausgehenden 19. Jh. zwischen der Playa de la Concha und dem Río Urumea. Auf der Ostseite des Flusses liegt der angenehme Stadtteil Gros mit einem relaxten Ambiente und dem Surferstrand Playa de Gros – eine freundliche Alternative zu den Besuchermagneten westlich des Flusses. Am Westrand der Stadt liegt an einem noblen Stadtteil, der dank seiner opulenten Ferienhäuser als Millionärsgürtel bekannt ist, die Playa de Ondarreta, im Grunde eine Fortsetzung der Playa de la Concha.

SEHENSWERTES

In San Sebastián dreht sich alles mehr um den schönen Strand sowie die weltbekannten *pintxo*-Bars und die urigen Straßen der Altstadt als um bestimmte Sehenswürdigkeiten. Doch auch wer von Sonne und Strand genug hat, dem wird bestimmt nicht langweilig.

Aquarium Aquarium

(www.aquariumss.com; Plaza Carlos Blasco de Imaz 1; Erw./Kind 13/6,50 €; Juli & Aug. 10–21 Uhr, Ostern–Juni & Sept. Mo–Fr 10–20, Sa & So 10–21 Uhr, sonst kürzer) Es kann einem schon das Herz in die Hose rutschen, wenn riesige Haie – natürlich hinter Glas – auf einen zuschießen. Oder man glotzt mit ungläubigem Staunen auf die irre kunterbunten Leuchtquallen. Die Highlights des hervorragenden Aquariums der Stadt sind die Tiefsee- und Korallenriffausstellungen im Kinoleinwandformat und der lange Tunnel, um den herum die Ungetüme des Meeres herumschwimmen. Außerdem gibt's noch eine seefahrtgeschichtliche Abteilung. Für den Besuch des Aquariums sollte man mindestens 1½ Stunden einplanen.

Parque de Cristina Enea Park

(Paseo Duque de Manda) Der vom Herzog von Mandas zu Ehren seiner Gemahlin angelegte Parque de Cristina Enea ist bei den Einheimischen ein beliebtes Naherholungsziel. Der formell angelegte Park, der schönste der Stadt, beherbergt Zierpflanzen, Enten und Pfauen sowie offene Rasenflächen.

Playa de la Concha — Strand

(Paseo de la Concha) Die Playa de la Concha (und ihre westliche Verlängerung, die Playa de Ondarreta) erfüllt so gut wie alle Anforderungen an einen perfekten Stadtstrand. In den langen Sommermonaten herrscht hier eine Art Feststimmung und Tausende sonnen sich am Strand. Fast immer kann man hier gefahrlos baden.

Plaza de la Constitución — Platz

Die Plaza de la Constitución erstreckt sich im Herzen der Altstadt. In der jetzigen Form stammt der Platz von 1813. Einst diente er auch als Stierkampfarena: Die Balkone der Häuser wurden zum Ereignis an Zuschauer vermietet.

Peine del Viento — Skulptur

Die Skulptur *Peine del Viento* (Windkamm), ein Wahrzeichen der Stadt, steht am westlichen Ende der Bahía de la Concha unterhalb des Monte Igueldo. Sie ist ein Werk des berühmten baskischen Bildhauers Eduardo Chillida und des Architekten Luis Peña Ganchegui.

Monte Igueldo — Aussichtspunkt

(www.monteigueldo.es; ⌚Juni–Sept. 10–22 Uhr, sonst kürzer) Die Ausblicke vom Gipfel des Monte Igueldo am Westrand der Stadt umfassen ein weites Panorama mit der Bahía de la Concha und der umliegenden Küste mitsamt ihren Bergen. Am besten gelangt man hinauf mit der altmodischen **Standseilbahn** (www.monteigueldo.es; Plaza del Funicular; Erw./Kind hin & zurück 3,15/2,35 €; ⌚Juni–Aug. 10–21 Uhr, sonst kürzer) zum **Parque de Atracciones** (☎943 21 35 25; www.monteigueldo.es; Paseo de Igeldo; Erw./Kind 3,15/2,35 €; ⌚Juli–Sept. Mo–Fr 11–14 & 16–20.30, Sa & So bis 21 Uhr, sonst kürzer), einem etwas kitschigen Freizeitpark oben auf dem Berg.

Monte Urgull — Burg

Der Gipfel des Monte Urgull mit den niedrigen Burgmauern des Castillo de la Mota und einer stattlichen Christusstatue ist auf einem Pfad von der Plaza de Zuloaga aus gut zu Fuß zu erreichen; man kann auch hinter dem Aquarium losgehen. Die Ausbli-

Von links: Playa de Ondarreta (S. 332) und Monte Igueldo; San Sebastiáns Parte Vieja (Altstadt); Bahía de la Concha

cke sind atemberaubend und unterwegs genießt man in schattigem Parkland ein schönes ruhiges Päuschen vom Trubel der Stadt.

GEFÜHRTE TOUREN

Die Touristeninformation (S. 335) bietet für ab 10 € mehrere Stadttouren (darunter auch eine Kinotour).

Sabores de San Sebastián Touren
(☎902 44 34 42; www.sansebastianreservas.com; Tour 18 €; ⌚Juli & Aug. Di & Do 11.30 Uhr) Die Touristeninformation hat die zweistündige Tour Sabores de San Sebastián (auf Spanisch und Englisch) zu einigen der *pintxo*-Bars der Stadt im Programm. In der Nebensaison finden die Touren nicht so oft statt wie in der Hauptsaison – Termine sind in der Touristeninformation zu erfahren.

San Sebastián Food Lebensmittel
(☎943 42 11 43; www.sansebastianfood.com; Hotel Maria Cristina, Paseo de la República Argentina 4) Der sehr empfehlenswerte Veranstalter bietet in der Stadt und deren Umland verschiedene *pintxo*-Probiertouren (ab 95 €) und Kochkurse (ab 145 €) sowie Weinproben (ab 45 €). Im Geschäft sind außerdem hochwertige regionale Lebensmittel und Getränke erhältlich.

SHOPPEN

Die Parte Vieja strotzt vor kleinen Läden, an der Área Romántica sind die üblichen Kettenfilialen angesiedelt.

Aitor Lasa Lebensmittel
(www.aitorlasa.com; Calle de Aldamar 12) In diesem Feinkostladen kann man sich mit den Zutaten für ein Feinschmeckerpicknick eindecken. Spezialisiert ist das Geschäft auf Käse, Pilze und saisonale Produkte.

Follow Me San Sebastián Lebensmittel & Getränke
(www.justfollowme.com; Calle de Zubieta 7; ⌚Mo–Sa 10–14 & 16–20 Uhr) Hier wird eine kleine Auswahl an erstklassigen regionalen Tröpfchen und Leckereien geboten. Auf einer der kulinarischen Führungen kann

Meeresfrüchte-Paella

> *San Sebastián zählt zu den absoluten kulinarischen Hotspots der Welt.*

man außerdem etwas über diese Erzeugnisse erfahren.

Chocolates de Mendaro Lebensmittel
(www.chocolatesdemendaro.com; Calle de Echaide 6; ⏲10–14 & 16–20 Uhr) Wer an dieser herrlichen alten Confiserie vorbeikommt, muss einfach reingehen!

ESSEN

Mit 16 Michelin-Sternen – davon entfallen neun auf drei Restaurants mit den begehrten drei Sternen – zählt San Sebastián zu den absoluten kulinarischen Hotspots der Welt. Und wem das noch nicht reicht: Die Stadt quillt über vor Bars, deren Theken zumeist unter dem Gewicht von Bergen von *pintxos* (S. 318) ächzen, die den allermeisten Spaniern zufolge die besten Tapas des Landes sind. Das lässt San Sebastián jetzt schon ziemlich beeindruckend aussehen. Und das ist nicht nur unsere Meinung: Viele der besten Köche der Welt, darunter Größen wie der katalanische Superkoch Ferran Adriá, halten San Sebastián für eines der besten Feinschmeckerziele weltweit, wenn nicht gar für das beste.

La Fábrica Baskisch €€
(☎943 98 05 81; www.restaurantelafabrica.es; Calle del Puerto 17; Hauptgerichte 15–20 €, Menü ab 28 €; ⏲Mo–Fr 12.30–16 & 19.30–23.30, Sa & So 13–16 & 20–23 Uhr) Wände aus roten Ziegeln und weiße Tischdecken verleihen diesem Restaurant ein klassisches Flair. Die Küche – baskische Spezialitäten modern aufbereitet – hat in den letzten Jahren ordentlich Wellen gemacht in San Sebastián. Für nur 25 € ist das mehrgängige Probiermenü das so ziemlich beste Schnäppchen der Stadt. Ohne Reservierung geht normalerweise nichts.

Arzak Baskisch €€€
(☎943 27 84 65; www.arzak.info; Avenida Alcalde Jose Elosegui 273; Mahlzeiten ca. 195 €; ⏲Di–Sa, Nov. & Ende Juni geschl.) Wenn es um *nueva*

cocina vasca geht, macht dem mit drei funkelnden Michelin-Sternen gekrönten Koch Juan Mari Arzak so schnell keiner etwas vor – sein fabelhaftes Restaurant gilt unter Gourmets als eines der besten auf der ganzen Welt. Jetzt hat sich Arzak noch Tochter Elena ins Boot geholt; gemeinsam zaubern sie immer wieder Neues. Nur mit (frühzeitiger!) Reservierung.

Das Restaurant liegt etwas östlich von San Sebastián.

Martín Berasategui Restaurant Baskisch €€€
(☎943 36 64 71; www.martinberasategui.com; Calle Loidi 4, Lasarte-Oria; Probiermenü 195 €; ⏲Mi–So mittags) Dieser Gourmettempel rund 9 km südwestlich von San Sebastián zählt nach Meinung von Feinschmeckern zu den besten der Welt. Küchenchef Martín Berasategui betrachtet das Kochen als Wissenschaft. Das Ergebnis sind Geschmackserlebnisse, von denen man nie gedacht hätte, dass es sie gibt. Weit im Voraus reservieren!

Akelaŕe Baskisch €€€
(☎943 31 12 09; www.akelarre.net; Paseo Padre Orcolaga 56; Probiermenü 170 €; ⏲Juli–Dez. Di–Sa 13–15.30 & 20.30–23 Uhr, Jan.–Juni Mi–Sa) Hier kreiert Chefkoch Pedro Subijana Speisen, die ein Fest für alle fünf Sinne sind. Wie bei allen Top-Restaurants der Region mit *nueva cocina vasca* liegt auch hier der Schwerpunkt auf der Verarbeitung frischer regionaler Zutaten zu etwas völlig Unerwartetem. Das Restaurant befindet sich im Vorort Igeldo unmittelbar westlich der Stadt.

AUSGEHEN & NACHTLEBEN

Eine Stadt mit mehr Kneipen als San Sebastián – kaum vorstellbar! Die meisten Bars der Stadt verwandeln sich im Verlauf des Tages von stillen Cafés für die morgendliche Koffeinzufuhr zu *pintxo*-Läden mit allerlei Köstlichkeiten und schließlich am Ende zu lauten Bars voller schwitzender Körper. Die Nächte in San Sebastián beginnen spät, aber dann geht's weiter bis in die frühen Morgenstunden.

PRAKTISCHE INFORMATIONEN

Oficina de Turismo (☎943 48 11 66; www.sansebastianturismo.com; Alameda del Boulevard 8; ⏲Juli–Sept. Mo–Sa 9–20, So 10–19 Uhr, sonst kürzer) Nettes Büro mit umfassenden Infos über die Stadt im Speziellen und das Baskenland im Allgemeinen.

AN- & WEITERREISE

BUS

Der Busbahnhof liegt 20 Fußminuten südlich der Parte Vieja zwischen der Plaza de Pío XII und dem Fluss. Die Stadtbusse 26 und 28 fahren vom Busbahnhof zur Alameda del Boulevard (1,65 €, 10 Min.), aber der Weg in die Altstadt ist auch ein netter Spaziergang, besonders wenn man am Fluss entlanggeht. Es handelt sich eigentlich nicht um einen richtigen Busbahnhof, doch in der Nähe der Bushaltestelle haben alle Busunternehmen Büros und Ticketschalter.

FLUGZEUG

Der **Flughafen** (☎gebührenfrei 902 404704; www.aena.es) liegt 22 km außerhalb der Stadt bei Hondarribia. Es gibt regelmäßige Verbindungen nach Madrid und Barcelona sowie Charterflüge in andere Städte Europas. Biarritz gleich hinter der französischen Grenze wird von Ryanair und EasyJet sowie anderen Billigfliegern angeflogen. Gewöhnlich ist es erheblich günstiger, nach Biarritz zu fliegen statt nach San Sebastián.

ZUG

Der **Renfe-Bahnhof** (Paseo de Francia) befindet sich auf der anderen Seite des Río Urumea und liegt an der Bahnlinie zwischen Paris und Madrid. Mehrmals täglich fahren Züge nach Madrid (ab 27 €, 5½ Std.) und Barcelona (2-mal tgl., ab 19,25 €, 6 Std.).

UNTERWEGS VOR ORT

Busse nach Hondarribia (2,35 €, 45 Min.) und zum Flughafen (2,35 €, 45 Min.) fahren ab der Plaza de Gupúzkoa.

In diesem Kapitel

Lissabon, Portugal

Schon seit Jahrhunderten fasziniert das auf mehreren Hügeln am Tejo gelegene Lissabon die Besucher mit seiner Schönheit: mit römischen und maurischen Ruinen, weißen Kirchen und großen Plätzen. Besonders zauberhaft zeigt es sich in seinen alten Gässchen.

Während gelbe Straßenbahnen durch die von Bäumen gesäumten Straßen rumpeln, bummeln die lisboêtas durch die Altstadtviertel. In winzigen Restaurants wird bei einem Wein getratscht und derweil im Hintergrund Fado gespielt. In anderen Vierteln zeigt Lissabon mit Szenebars und Straßenpartys am späten Abend sein jugendliches Gesicht.

Zwei Tage in Lissabon

Am ersten Tag steht die Lissabonner Altstadt, die **Alfama** (S. 342), auf dem Programm, vielleicht mit einer Fahrt der **Linie 28** (S. 341). Den Tag krönt eine **Fado-Aufführung** (S. 353) am Abend. Am zweiten Tag geht es nach **Belém** (S. 347) mit dem **Mosteiro dos Jerónimos** (S. 338). Der Tag klingt aus mit einem Bummel durchs berühmte Lissabonner **Nachtleben** (S. 352).

Vier Tage in Lissabon

Der dritte Tag steht im Zeichen der Museen – Lissabon hat genügend davon zu unterschiedlichsten Themen, aber ein Highlight ist sicher das **Museu Nacional do Azulejo** (S. 343) mit traditionellen Kacheln. Am vierten Tag geht's zum Mittagessen zum **Mercado da Ribeira** (S. 350). Den restlichen Tag nutzt man zur Entspannung im **Jardim da Cerca da Graça** (S. 343).

Genug von Lissabon? Wie wär's mit Kopenhagen (S. 140) oder Prag (S. 530)?

Karte Lissabon Zentrum (S. 344)

Ankunft

Aeroporto de Lisboa Direktflüge zu wichtigen internationalen Drehkreuzen wie London, New York, Paris und Frankfurt.

Busbahnhof Sete Rios Der wichtigste Busbahnhof für Fernbusse.

Busbahnhof Gare do Oriente Busse nach Nordportugal und Spanien.

Bahnhof Gare do Oriente Der größte Bahnhof Lissabons.

Schlafen

Lissabon hat sowohl Boutiquehotels und noble Hostels als auch moderne und altmodische Pensionen im Angebot. Für die Hauptsaison (Juli–Sept.) muss man auf jeden Fall vorausbuchen. In vielen Pensionen gibt's übrigens keinen Aufzug – wer sein Gepäck also nicht drei Etagen hochschleppen kann oder will, sollte bei der Buchung darauf achten, dass einer vorhanden ist.

Nähere Informationen darüber, was die einzelnen Lissabonner Stadtteile zu bieten haben, gibt's auf S. 355.

Mosteiro dos Jerónimos

Eine der Top-Sehenswürdigkeiten von Lissabon ist dieses Kloster, ein wundervolles Beispiel für den verschnörkelten manuelinischen Baustil und ein Unesco-Weltkulturerbe.

Toll für ...

☑ Nicht versäumen

Die Verzierungen der Kirchenbänke stellen den ersten Renaissance-Holzschmuck Portugals dar.

Die Geschichte des Klosters

Beléms unnachahmliches Highlight ist das Ergebnis einer märchenhaften Verbindung, nämlich der Kunstvorstellung von Diogo de Boitaca mit dem aus dem Gewürzhandel stammenden Reichtum von Manuel I.: Der ließ es zur Feier der Entdeckung des Seewegs nach Indien durch Vasco da Gama 1498 erbauen. Das Bauwerk verkörpert das goldene Zeitalter der portugiesischen Entdeckungen und wurde durch die Gewinne aus dem Verkauf der Gewürze finanziert, die da Gama aus Indien mitbrachte. Die Bauarbeiten begannen 1502, dauerten jedoch fast ein ganzes Jahrhundert. In dem Kloster wirkten Mönche des Hieronymiter-Ordens: Deren Aufgabe bestand vier Jahrhunderte lang darin, Seeleuten Trost zu spenden und für die Seele des Königs zu beten. Dem Erdbeben von 1755 widerstand

Der Kreuzgang

TAKASHI IMAGES/SHUTTERSTOCK ©

Gut zu wissen

www.mosteirojeronimos.pt; Praça do Império; Erw./Kind 10/ €5, 1. So des Monats frei; Di–So 10–18.30 Uhr, Okt.–Mai bis 17.30 Uhr

Kleine Stärkung

Der beliebte Imbiss **Pão Pão Queijo Queijo** (213 626 369; Rua de Belém 124; Hauptgerichte 4–8 €; Mo–Sa 10–24, So bis 20 Uhr;) verkauft Sandwiches und Snacks.

★ Top-Tipp

Für 12 € gibt's ein Kombiticket für das Kloster und den nicht weit entfernten Torre de Belém.

das Kloster, verfiel aber nach der Auflösung des Ordens 1833. Später diente es bis etwa 1940 als Schule und Waisenhaus. 2007 wurde hier der Lissabonner Vertrag unterzeichnet.

Vasco da Gama

Der in den 1460er-Jahren im Alentejo geborene Vasco da Gama war der erste Europäer, der Indien auf dem Seeweg erreichte – ein Schlüsselmoment der portugiesischen Geschichte: Es wurden Handelswege nach Asien eröffnet und es wurde der Grundstein für die Rolle Portugals als Weltmacht gelegt. Auf seiner dritten Indienfahrt starb da Gama 1524 an der Malaria.

Die Kirche

Wer die Kirche durchs Westportal betritt, erblickt sogleich baumartige Säulen, die in die Decke zu wachsen scheinen, die selbst wiederum ein steinernes Spinnennetz darstellt. Durch die Fenster fällt ein sanftes goldenes Licht in den Innenraum. Superstar Vasco da Gama liegt gleich links vom Eingang bestattet, gegenüber vom bedeutenden Dichter des 16. Jhs. Luís Vaz de Camões. Von der Empore genießt man einen wunderschönen Blick in die Kirche.

Der Kreuzgang

Die fein verzierten Bögen, Schraubenschnecken-Türmchen und mit Blättern, Ranken und Knoten verzierten Säulen des honigfarbenen manuelinischen Kreuzgangs fügen sich zu einem umwerfenden Gesamtgefüge. Interessant sind die zeittypischen Symbole wie die Armillarsphäre und das Ritterordenskreuz sowie die Wasserspeier und die phantastischen Schreckenswesen an der oberen Balustrade.

Lissabonner Straßenbahnen

Ein urtypisches Lissabon-Erlebnis ist eine Fahrt mit einer der gelben Straßenbahnen der Stadt. Die Linie 28 ächzt hinauf in die Alfama – ein Muss für jeden Besucher.

Toll für ...

☑ Nicht versäumen

Neben der 28 fahren auch die Linien 12, 15, 18 und 25 durchs Stadtzentrum.

Die alten Trambahnen

Die alten gelben Lissabonner Straßenbahnen, ein Relikt aus der Frühzeit städtischen Transportwesens, wären in den meisten anderen Ländern Europas schon längst im Ruhestand. Ihr Überleben verdanken sie vor allem der Tatsache, dass sie für einen bestimmten Zweck entwickelt wurden: Sie sollten die starken Steigungen in der Lissabonner Innenstadt überwinden, und es wäre viel zu teuer, sie zu ersetzen. Die nostalgischen Bahnen, *remodelados* (die Umgestalteten) genannt, stammen aus den 1930er-Jahren. Der Name rührt daher, dass die Bahnen in den 1990er-Jahren mit Dingen wie besseren Bremsen leicht modernisiert wurden. Einst verkehrten in der Stadt 27 Linien, doch dank der Metro sind es heute erheblich weniger, nämlich nur noch fünf.

PETER ADAMS/GETTY IMAGES ©

Haltestellen & Fahrpreise

Die Haltestellen sind an Laternenpfählen oder Oberleitungen mit kleinen gelben *paragem*-Schildern markiert. Wer sein Ticket erst an Bord kauft, zahlt mehr als mit einer Prepaid-Chipkarte, nämlich 2,90 € für die einfache Fahrt. Eine 24 Stunden in allen öffentlichen Verkehrsmitteln der Stadt gültige Tageskarte kostet 6,15 €.

Taschendiebe

Da sich in der Linie 28 auf engem Raum oft sehr viele Touristen drängen, ist sie ein bevorzugtes Revier von Taschendieben – also die üblichen Vorsichtsmaßnahmen ergreifen!

Gut zu wissen

Die **Companhia Carris de Ferro de Lisboa** (Carris; ☎213 500 115; http://carris.transporteslisboa.pt) betreibt alle öffentlichen Verkehrsmittel außer der Metro.

Kleine Stärkung

Die Strecke der Linie 28 säumen zahlreiche Cafés und Restaurants.

★ Top-Tipp

Mit der beliebten Linie 28 fährt man am besten frühmorgens oder abends.

Linie 28

Die berühmte Linie 28, die längste Straßenbahnlinie Lissabons, ist bei Touristen extrem beliebt: Sie durchquert die Viertel Baixa, Graça, Alfama und Estrela und erklimmt dabei unterwegs den steilen Berg von der Baixa zur Burg und zur Alfama sowie drei der sieben anderen Hügel der Stadt. Zwischen dem Campo Ourique im westlichen Stadtzentrum und Martim Moniz liegen 34 Haltestellen, doch der interessanteste Teil ist der zwischen Estrela und Graça. Die Bahnen fahren alle elf Minuten, die letzte je nach Tag schon vor 22 Uhr. Die Fahrt mit den alten Klapperkisten voller Touristen ist nicht unbedingt angenehm, doch die Mühsal lohnt sich: Eine Tour mit der 28 ist eine wunderbare Art, die Stadt zu sehen, und überdies eine tolle Alternative, wenn das Wetter mal nicht mitspielt.

SEHENSWERTES

Am Ufer des Tejo liegt die weitläufige Praça do Comércio. Dahinter erstrecken sich bis zur Praça da Figueira und zur Praça Dom Pedro IV (auch Rossio genannt) die Einkaufsstraßen der Baixa (Unterstadt). Von der Baixa geht's Richtung Westen steil hinauf durchs schicke Einkaufsviertel Chiado in die engen Straßen des Ausgehviertels Bairro Alto. Östlich der Baixa geht's wiederum hoch zum Castelo de São Jorge und zur verschlungenen maurischen Alfama. Die Welterbestätten von Belém liegen weiter westlich am Tejo – eine einfache Straßenbahnfahrt ab der Praça do Comércio.

Alfama, Castelo & Graça

Castelo de São Jorge Burg

(www.castelodesaojorge.pt; Erw./Stud./Kind 8,50/5 €/frei; ⌚März–Okt. 9–21 Uhr, Nov.–Feb. bis 18 Uhr) Die Hügelfestung Castelo de São Jorge von der Mitte des 11. Jhs. in atemberaubender Lage über Lissabon drängt sich fast in jeden Schnappschuss. Von den Burgmauern und den Höfen, denen Kiefern Schatten spenden, bieten sich grandiose Ausblicke über die roten Dächer der Stadt hinunter zum Fluss. Im Eintrittspreis inbegriffen sind die drei täglichen Führungen (auf Portugiesisch, Englisch und Spanisch) um 13 und 17 Uhr.

Die abgewetzten Pflastersteine haben bereits alles gesehen: Westgoten im 5. Jh., Mauren im 9. Jh., Christen im 12. Jh., Angehörige des Königshauses vom 14. bis zum 16. Jh. – und in allen Jahrhunderten Gefangene.

In der **Torre de Ulisses** bietet eine Camera obscura ein einzigartiges Lissabon-Panorama – Vorführungen finden alle 20 Minuten statt. Außerdem sind diverse Hinterlassenschaften aus vergangenen Jahrhunderten zu sehen, u. a. an der **archäologischen Stätte** Zeugnisse des Maurenviertels aus dem 11. Jh. Doch das eigentliche Highlight ist die Aussicht – und das Gefühl, sich auf einer Zeitreise zu befinden. Wer möchte, kann hier außerdem in einigen Cafés und Restaurants ein wenig Zeit vertrödeln.

Bus 737 von der Sé oder der Praça da Figueira fährt direkt bis vors Tor der Burg. Die Straßenbahn 28 fährt ebenfalls in der Nähe vorbei.

„Das Gefühl, sich auf einer Zeitreise zu befinden."

Miradouro do Castelo de São Jorge Aussichtspunkt

Von diesem herrlichen Aussichtspunkt auf dem Gelände der Burg bieten sich tolle Ausblicke auf die Stadt.

Castelo de São Jorge

Jardim da Cerca da Graça — Park

(Calçada Do Monte 46; 🚸) Die jahrhundertelang gesperrte, 1,7 ha große Grünanlage ist seit 2015 öffentlich zugänglich und der zweitgrößte Park der Stadt – ein üppig grüner Puffer zwischen den Stadtteilen Graça und Mouraria. Von mehreren Stellen eröffnen sich herrliche Ausblicke auf die Burg und die Stadt. Außerdem findet man hier einen schattigen Picknickplatz mit Spielplatz, einen Obstgarten sowie einen ruhigen Kiosk mit Terrasse.

Bei Wein und Käse lässt sich hier bestens der Nachmittag vertrödeln!

Museu do Fado — Museum

(www.museudofado.pt; Largo do Chafariz de Dentro; Erw./Kind 5/3 €; ⏲Di–So 10–18 Uhr) Der portugiesische Fado, der traditionelle melancholische Gesang, erblickte in der Alfama das Licht der Welt. Im Museu do Fado kann man sich seinen bittersüßen Harmonien hingeben. Das fesselnde Museum verfolgt die Geschichte des Fado von seinen Wurzeln in der Arbeiterklasse bis zum Weltruhm.

Museu de Artes Decorativas — Museum

(Museum der dekorativen Künste; www.fress.pt; Largo das Portas do Sol 2; Erw./Kind 4 €/frei; ⏲Mi–Mo 10–17 Uhr) Das Museu de Artes Decorativas in einem kleinen Palast des 17. Jhs. bricht fast unter der Last all seiner Schätze zusammen, von glitzernden französischen Silberarbeiten über unbezahlbare Qing-Vasen bis zu indochinesischen Möbeln. Die Sammlung trug ein reicher portugiesischer Bankier ab dem zarten Alter von 16 Jahren zusammen. Schon die üppig verzierten Räumlichkeiten mit ihren barocken *azulejos*, Fresken und Kronleuchtern lohnen den Besuch.

Mittwochs um 18 Uhr bildet das Museum einen besonders stimmungsvollen Rahmen für **Fado**-Darbietungen.

Mosteiro de São Vicente de Fora — Kirche

(Largo de São Vicente; Erw./Kind 5 €/frei; ⏲Di–So 10–18 Uhr) Das Mosteiro de São Vicente de Fora in Graça wurde 1147 gegründet und im späten 16. Jh. vom italienischen Architekten Felipe Terzi umgestaltet. Da die Kirche beim Erdbeben von 1755 stark beschädigt wurde – ihre Kuppel krachte in die **Sakristei** –, zieren nun opulente blau-weiße *azulejos* fast alle Wände und spiegeln die geschwungenen Rundungen des Gebäudes wider.

Die beste Reisezeit für Lissabon

Die heiße Hochsaison (Juni–Aug.) ist am besten für Open-Air-Festivals, Tage am Strand und Speisen unter freiem Himmel. Die beste Zeit für Erkundungstouren ist eher der Frühling (März–Mai), mit milderen, oft sonnigen Tagen und günstigeren Übernachtungsmöglichkeiten.

Museu Nacional do Azulejo — Museum

(www.museudoazulejo.pt; Rua Madre de Deus 4; Erw./Kind 5/2,50 €, 1. So des Monats frei; ⏲Di–So 10–18 Uhr) Das in einem prächtigen Kloster aus dem 16. Jh. untergebrachte Museu Nacional do Azulejo deckt das gesamte Spektrum der Fliesenkunst ab. Zu den Highlights zählen ein 36 m langes Bild von Lissabon aus der Zeit vor dem großen Erdbeben, ein manuelinischer Kreuzgang mit Gewölbe und feinen blau-weißen *azulejos* und eine vor Gold strotzende Barockkapelle.

Das Museum wartet mit *azulejos* aller Art auf, von osmanischen Fliesen mit geometrischen Mustern über solche mit herrschaftlichen Jagdszenen bis zu goanischen Schmuckkacheln. Das mit Fliesen zum Thema Essen gestaltete **Restaurant** liegt schön an einem mit Weinreben berankten Innenhof.

Sé de Lisboa — Kathedrale

(Largo de Sé; ⏲Di–Sa 9–19, Mo & So bis 17 Uhr) GRATIS Eines der Wahrzeichen von Lissabon ist die festungshafte Sé de Lisboa, 1150 kurz nach der Rückeroberung der Stadt von den Mauren erbaut an der Stelle, wo vorher eine Moschee gestanden hatte.

Lissabon

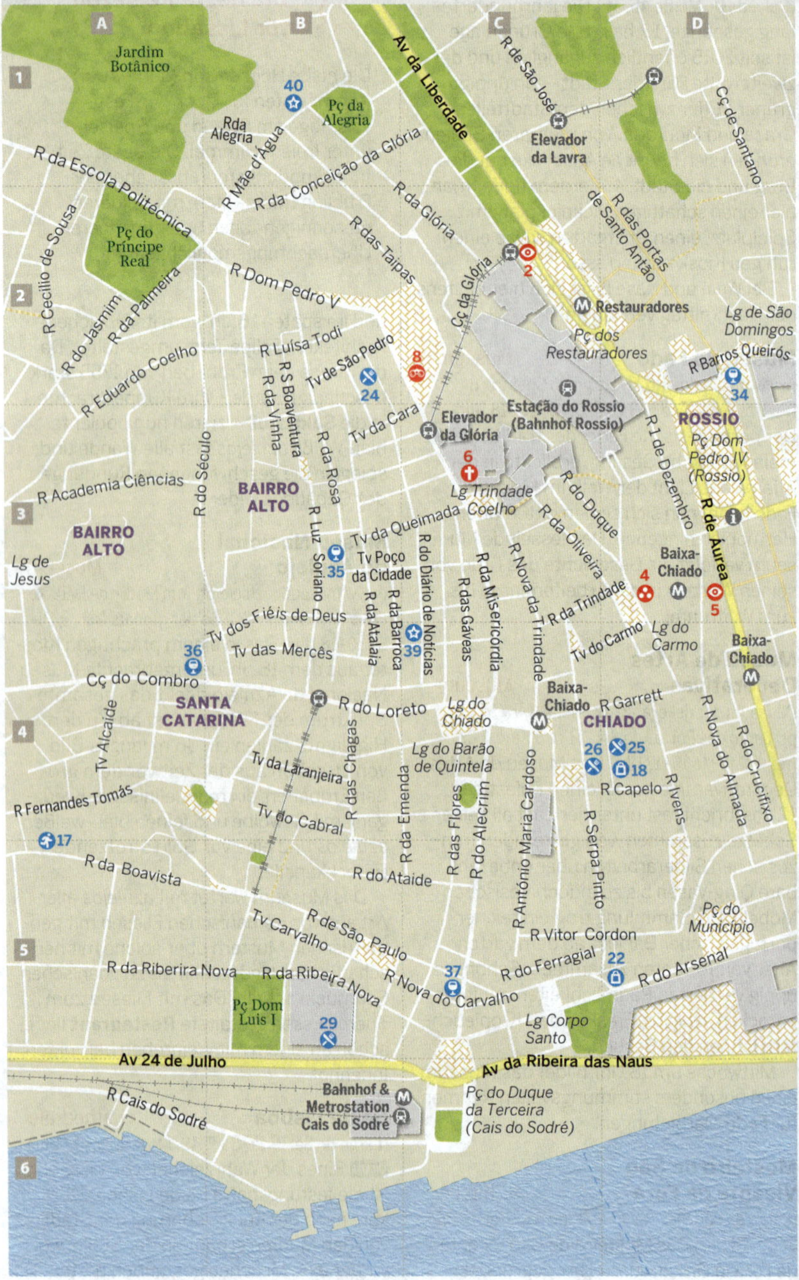

A
B
C
D
1
2
3
4
5
6
Jardim Botânico
Pç da Alegria
Rda Alegria
R Mãe d'Água
R da Conceição da Glória
Av da Liberdade
R de São José
Elevador da Lavra
Cç de Santano
R da Escola Politécnica
Pç do Príncipe Real
R Cecílio de Sousa
R do Jasmim
R da Palmeira
R Dom Pedro V
R da Glória
R das Taipas
R das Portas de Santo Antão
Cç da Glória
Restauradores
Pç dos Restauradores
Lg de São Domingos
R Barros Queirós
R Eduardo Coelho
R Luísa Todi
Tv de São Pedro
R S Boaventura
R da Vinha
Tv da Cara
Elevador da Glória
Estação do Rossio (Bahnhof Rossio)
ROSSIO
Pç Dom Pedro IV (Rossio)
R 1 de Dezembro
R Academia Ciências
R do Século
BAIRRO ALTO
R da Rosa
Lg Trindade Coelho
R do Duque
R de Áurea
Lg de Jesus
Tv da Queimada
R Luz Soriano
Tv Poço da Cidade
R do Diário de Notícias
R da Misericórdia
R Nova da Trindade
R da Oliveira
Baixa-Chiado
R da Trindade
Tv dos Fiéis de Deus
Tv das Mercês
R da Atalaia
R da Barroca
R das Gáveas
Tv do Carmo
Lg do Carmo
Cç do Combro
SANTA CATARINA
R do Loreto
Lg do Chiado
R Garrett
CHIADO
Tv Alcaide
Tv da Laranjeira
R das Chagas
R da Emenda
Lg do Barão de Quintela
R das Flores
R do Alecrim
R António Maria Cardoso
R Capelo
R Ivens
R Nova do Almada
R do Crucifixo
R Fernandes Tomás
Tv do Cabral
R Serpa Pinto
R da Boavista
R do Ataide
Pç do Município
Tv Carvalho
R de São Paulo
R Vitor Cordon
R da Riberira Nova
R da Ribeira Nova
R Nova do Carvalho
R do Ferragial
R do Arsenal
Pç Dom Luis I
Lg Corpo Santo
Av 24 de Julho
Av da Ribeira das Naus
R Cais do Sodré
Bahnhof & Metrostation Cais do Sodré
Pç do Duque da Terceira (Cais do Sodré)
2
4
5
6
8
17
18
22
24
25
26
29
34
35
36
37
39
40

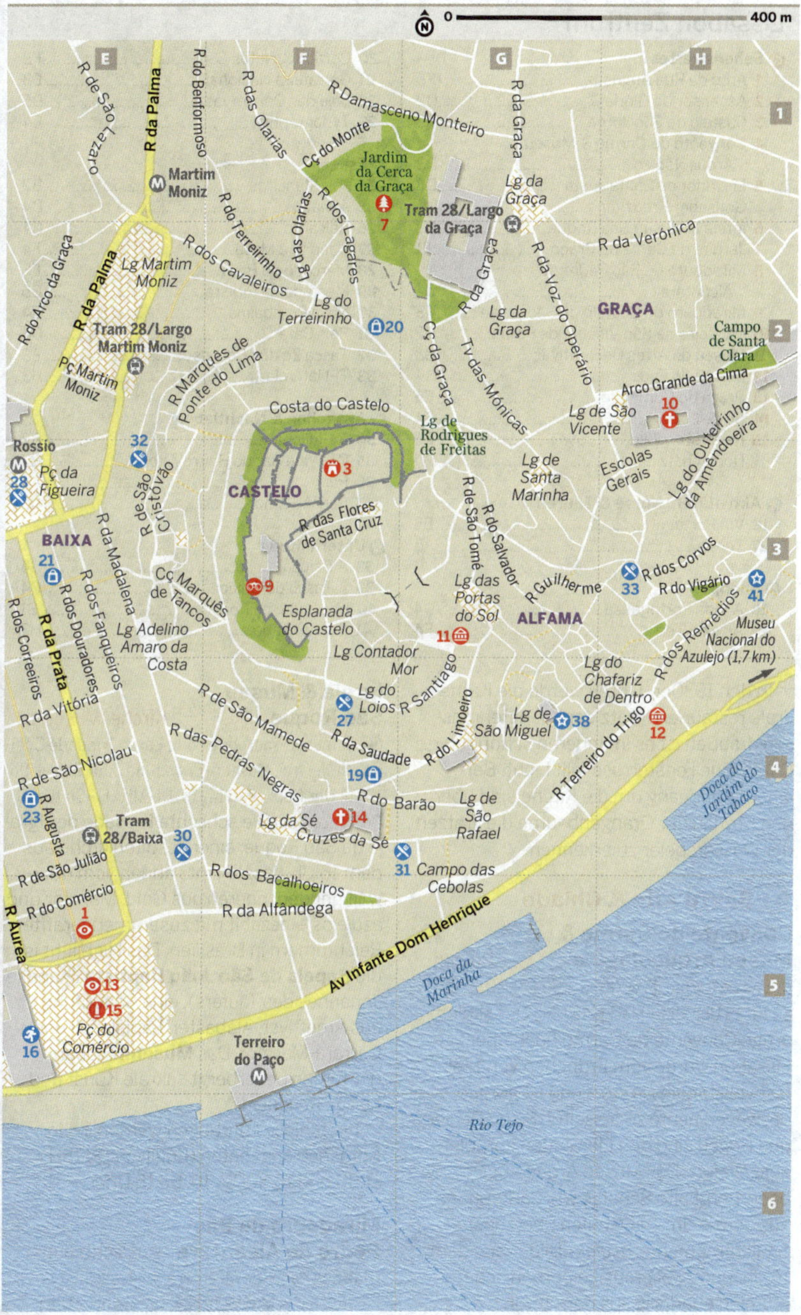
0
400 m
E
F
G
H
1
2
3
4
5
6
R de São Lázaro
R da Palma
R do Benformoso
R das Olarias
R Damasceno Monteiro
R da Graça
Cç do Monte
Jardim da Cerca da Graça
7
Martim Moniz
R do Terreirinho
Lg das Olarias
R dos Lagares
Tram 28/Largo da Graça
Lg da Graça
R da Verónica
R do Arco da Graça
R da Palma
Lg Martim Moniz
R dos Cavaleiros
Lg do Terreirinho
20
R da Graça
Lg da Graça
R da Voz do Operário
GRAÇA
Campo de Santa Clara
Tram 28/Largo Martim Moniz
Pç Martim Moniz
R Marquês de Ponte do Lima
Cç da Graça
Tv das Mónicas
Arco Grande da Cima
Lg de São Vicente
10
Costa do Castelo
Lg de Rodrigues de Freitas
Rossio
32
28
Pç da Figueira
R de São Cristóvão
3
CASTELO
R das Flores de Santa Cruz
R de São Tomé
R do Salvador
Lg de Santa Marinha
Escolas Gerais
Lg do Outeirinho da Amendoeira
BAIXA
21
R da Madalena
R dos Fanqueiros
R dos Douradores
R dos Correeiros
R da Prata
Cç Marquês de Tancos
9
Esplanada do Castelo
Lg das Portas do Sol
R Guilherme
33
R dos Corvos
R do Vigário
41
Lg Adelino Amaro da Costa
11
ALFAMA
R dos Remédios
Museu Nacional do Azulejo (1,7 km)
Lg Contador Mor
Lg do Chafariz de Dentro
R da Vitória
R de São Mamede
Lg do Loios
R Santiago
27
R do Limoeiro
Lg de São Miguel
38
R Terreiro do Trigo
12
R das Pedras Negras
R da Saudade
19
R de São Nicolau
23
R Augusta
R do Barão
Lg de São Rafael
Doca do Jardim do Tabaco
Tram 28/Baixa
30
Lg da Sé
14
Cruzes da Sé
R de São Julião
R dos Bacalhoeiros
31
Campo das Cebolas
R do Comércio
1
R da Alfândega
R Áurea
13
15
Av Infante Dom Henrique
Doca da Marinha
Pç do Comércio
16
Terreiro do Paço
Rio Tejo

Lissabon Zentrum

Sehenswertes
1 Arco da Rua Augusta ... E5
2 Ascensor da Glória ... C2
3 Castelo de São Jorge ... F3
4 Convento do Carmo & Museu Arqueológico ... D3
5 Elevador de Santa Justa ... D3
Gotischer Kreuzgang ... (s. 14)
6 Igreja & Museu São Roque ... C3
7 Jardim da Cerca da Graça ... F1
8 Miradouro de São Pedro de Alcântara ... C2
9 Miradouro do Castelo de São Jorge ... F3
10 Mosteiro de São Vicente de Fora ... H2
11 Museu de Artes Decorativas ... G3
12 Museu do Fado ... H4
13 Praça do Comércio ... E5
14 Sé de Lisboa ... F4
15 Reiterstandbild von José I. ... E5
Domschatz ... (s. 14)

Aktivitäten, Kurse & Touren
16 ViniPortugal ... E5
17 Zeev ... A5

Shoppen
18 A Vida Portuguesa ... D4
19 Arte da Terra ... F4
20 Cortiço & Netos ... F2
21 Garrafeira Nacional ... E3
22 Loja das Conservas ... D5
23 Typographia ... E4

Essen
24 100 Maneiras ... B2
25 Alma ... D4
26 Belcanto ... C4
27 Chapitô à Mesa ... F4
28 Mercado da Baixa ... E3
29 Mercado da Ribeira ... B5
30 Nova Pombalina ... E4
31 Pois Café ... G4
32 Tasca Zé dos Cornos ... E3
33 Ti-Natércia ... H3

Ausgehen & Nachtleben
34 A Ginjinha ... D2
35 BA Wine Bar do Bairro Alto ... B3
36 Park ... A4
37 Pensão Amor ... C5

Unterhaltung
38 A Baîuca ... G4
39 A Tasco do Chico ... C4
40 Hot Clube de Portugal ... B1
41 Senhor Fado ... H3

In den 1930er-Jahren wurde die Kathedrale restauriert. Trotz der Touristenmassen draußen ist es im Inneren schön ruhig. Durch eine Fensterrose fällt Licht. Bei einem Rundgang um die Kirche sind über den Kronen der Orangenbäume die Fratzen der Wasserspeier zu erkennen.

Bairro Alto & Chiado

Convento do Carmo & Museu Arqueológico — Ruinen

(Largo do Carmo; Erw./Kind 3,50 €/frei; Mo–Sa 10–19 Uhr, Okt.–Mai bis 18 Uhr) Der skelettartige Convento do Carmo hoch über Lissabon wurde vom Erdbeben von 1755 fast vollständig zerstört und ist gerade deswegen heute so fesselnd. Seine Pfeiler und Bögen sind den Elementen komplett ausgeliefert. Das Museu Arqueológico beherbergt alte Schätze wie Sarkophage aus dem 4. Jh., mit Greifen überzogene Säulenfragmente, *azulejo*-Bilder aus dem 16. Jh. und zwei grausige peruanische Mumien ebenfalls aus dem 16. Jh.

Igreja & Museu São Roque — Kirche, Museum

(www.museu-saoroque.com; Largo Trindade Coelho; Kirche frei, Museum Erw./Kind 2,50 €/frei, So 10–14 Uhr frei; Mo 14–19, Di–Mi & Fr–So 10–19, Do 10–20 Uhr) Die schlichte Fassade der Igreja de São Roque, einer Jesuitenkirche aus dem 16. Jh., lässt nichts ahnen vom überwältigenden Inneren aus Gold, Marmor und *azulejos* – bezahlt mit zusammengerafften Reichtümern in Brasilien. Das Highlight ist die **Capela de São João Baptista** (Kapelle Johannes des Täufers), eine Schöpfung aus Amethyst, Alabaster, Lapislazuli und Carrara-Marmor. Das **Museum** neben der Kirche beherbergt sakrale Kunst und heilige Reliquien.

Kostenlose Führungen werden in vier Sprachen angeboten (Englisch Do 15, Fr 11.30 und 16.30, Sa 10, So 15 Uhr).

Miradouro de São Pedro de Alcântara — Aussichtspunkt

(Rua São Pedro de Alcântara; Aussichtspunkt 24 Std., Kiosk Mo–Mi 10–24, Do–So bis 2 Uhr)

Von der Praça dos Restauradores fährt die altmodische Standseilbahn **Ascensor da Glória** (www.transporteslisboa.pt; hin & zurück 3,60 €; ⏲Mo–Do 7–24, Fr 7–0.30, Sa 8.30–0.30, So 9–24 Uhr) hier hinauf oder man kraxelt über die steile Calçada da Glória hoch zu diesem herrlichen Aussichtspunkt. Brunnen und griechische Büsten verleihen der Umgebung etwas Fürstliches und an einem Freiluftkiosk sind Wein, Bier und Snacks erhältlich – dazu kann man die Ausblicke auf die Burg und Livemusik genießen.

Elevador de Santa Justa Aufzug

(www.transporteslisboa.pt; Ecke Rua de Santa Justa & Largo do Carmo; hin & zurück 5 €; ⏲7–23 Uhr, Okt.–Mai bis 22 Uhr) Wenn einem der schlanke, schmiedeeiserne Elevador de Santa Justa merkwürdig bekannt vorkommt, dann liegt das daran, dass dieses neugotische Wunderwerk von Raul Mésnier stammt, einem Schützling von Gustave Eiffel. Dies ist der einzige Straßenaufzug Lissabons, erbaut zwischen 1902 und 1907 und mit Dampfkraft betrieben. Am besten ist man früh da, um dann oben mit einem weiten Ausblick auf die Stadt belohnt zu werden.

Manche halten allerdings den Fahrpreis von 5 € für Wucher! Wer die Aussichtsplattform von oben betritt (hinter dem Convento do Carmo), zahlt nur 1,50 €.

Baixa & Rossio

Praça do Comércio Platz

(Terreiro do Paço) Mit ihren stattlichen Arkaden aus dem 18. Jh., den zitronengelben Fassaden und dem gemusterten Pflaster ist die Praça do Comércio am Tejo ein echter Vorzeigeplatz. Jeder, der mit dem Schiff in Lissabon ankam, stieg hier von Bord, und auch heute noch wirkt der quirlige Platz, an dem die Straßenbahnen vorbeirumpeln, wie das Tor zur Stadt.

In der Mitte des Platzes erhebt sich ein **Reiterstandbild von Dom José I.**: Vor dem Erdbeben stand hier der königliche Palácio da Ribeira. Zudem zeugt der Platz vom Ende der Monarchie 1908, als Dom Carlos I. und sein Sohn von Anarchisten ermordet wurden. Eine Augenweide am Platz ist der triumphale **Arco da Rua Augusta** (Rua Augusta 2–10; 2,50 €; ⏲9–19 Uhr) von Verissimo da Costa mit den Bildnissen von prominenten Persönlichkeiten wie Vasco da Gama, dem großen Entdecker des 15. Jhs. In der Abenddämmerung erglüht der Bogen in goldenem Glanz.

Belém

Torre de Belém Turm

(www.torrebelem.pt; Erw./Kind 6/3 €, 1. So des Monats frei; ⏲Di–So 10–18.30 Uhr, Okt.–April bis 17.30 Uhr) Die in den Tejo hineinragende Festung, ein Unesco-Weltkulturerbe, verkörpert das Zeitalter der Entdeckungen. Drinnen führt eine enge Wendeltreppe nach oben zu herrlichen Ausblicken auf Belém und den Fluss.

Der 1515 von Francisco de Arruda entworfene perlgraue Turm sollte dem Schutz des Lissabonner Hafens dienen – hier ist auch schon die Nähe zum Atlantik zu spüren. Das manuelinische Meisterwerk ist reich mit Steinmetzarbeiten, kleinen Kuppeln und – unmittelbar unterhalb des Westturms – einem steinernen Nashorn verziert.

Das Nashorn stellt dasjenige dar, das Manuel I. 1515 Papst Leo X. schenkte und das Dürer zu seinem berühmten Holzschnitt inspirierte. Am Wochenende, besonders sonntags, kann hier sehr viel los sein – dann ist der Turm nichts für Leute mit Klaustrophobie.

Museu Colecção Berardo Museum

(www.museuberardo.pt; Praça do Império; ⏲10–19 Uhr) GRATIS Im Museu Colecção Berardo, dem Star des Centro Cultural de Belém, können sich Kulturfreaks kostenlos ihre Ration zeitgenössische Kunst holen. Die grellweiße, minimalistische Galerie beherbergt die atemberaubende Sammlung abstrakter und surrealistischer Kunst und Popart des Millionärs José Berardo, mit Werken etwa von Hockney, Lichtenstein, Warhol und Pollack.

Die hiesigen Sonderausstellungen zählen zu den interessantesten Portugals. Außerdem befindet sich hier an einer Rasenfläche ein Café-Restaurant, dazu gibt's einen Buchladen und einen Museumsshop.

SEAN PAVONE/SHUTTERSTOCK ©

Torre de Belém (S. 347)

AKTIVITÄTEN

Auf einer der zahlreichen Hügel- und Fluss-*esplanadas* (Terrassen) oder an den Kiosken der Plazas auf den Sommer anzustoßen zählt zu den echten Lissabon-Erlebnissen. Zwei der drei bekannten Fußballvereine Portugals, Benfica und Sporting, sind in Lissabon ansässig. Extrem beliebt sind geführte Stadttouren und für Strandfreunde gibt's eine einfache Zugfahrt entfernt in Carcavelos, Parede, Estoril und Cascais idyllische Strände.

ViniPortugal Wein

(www.winesofportugal.info; Praça do Comércio; ⏲Di–Sa 11–19 Uhr) Der Winzerverband unter den Arkaden an der Praça do Comércio bietet bei Vorausbuchung thematische Weinproben für 6 €. Oder man geht einfach so vorbei und besorgt sich für 3 € eine „Enocard", mit der man zwei bis vier portugiesische Weine verkosten kann, von Weißen aus dem Alentejo bis zu Roten vom Douro.

Kiss the Cook Kochen

(☎968 119 652; www.kissthecook.pt; Rua Rodrigues Faria 103, LX Factory; Kurs 65 €; ⏲12–15 Uhr) Wer sich für portugiesische Küche begeistert und Experten-Tipps sucht, schaut bei Kiss the Cook vorbei. Hier werden traditionelle Gerichte zubereitet (und verspeist). Essen und Wein inklusive.

Teleférico Seilbahn

(Telecabine Lisboa; www.telecabinelisboa.pt; Passeio do Tejo; einfach Erw./Kind 3,95/2 €; ⏲10.30–20 Uhr, Nebensaison 11–19 Uhr) Die 20 m hohe Seilbahn verbindet die Torre Vasco da Gama mit dem Oceanário und bietet Ausblicke auf die Skyline des Parque das Nações und den funkelnden Tejo.

Zeev Radfahren

(☎915 100 242; www.rent.zeev.pt; Rua da Boavista 166; Leihräder 3/8/24 Std. 16/22/30 €; ⏲Mo–Sa 9–19 Uhr) Verleiht E-Bikes (toll für die Lissabonner Berge), elektrische Renault-Twizy-Zweisitzer und normale Elektroautos. Den Strom gibt's kostenlos, genauso wie Parkplätze im Lissabonner Stadtgebiet.

GEFÜHRTE TOUREN

Culinary Backstreets Essen & Trinken

(☎963 472 188; www.culinarybackstreets.com/culinary-walks/lisbon; 3-/6-stündige Touren 85/118 €) Célia Pedroso, Koautorin von *Eat Portugal*, bietet phantastische kulinarische Streifzüge durch Lissabon – eine tolle Art, die Köstlichkeiten der Stadt kennenzulernen, z. B. *ginjinha* (Kirschlikör), *pastel de nata* (Puddingtörtchen) und *porco preto* (Iberisches Schwein), dazu leckere portugiesische Weine. Die Führungen werden montags bis samstags angeboten.

Lisbon Explorer Spaziergang
(☎213 629 263; www.lisbonexplorer.com; Tour ab 60/150 € pro Pers./Gruppe) Auf den dreistündigen Stadtrundgängen erläutern einem die erstklassigen englischsprachigen Guides dieses sehr empfehlenswerten Anbieters die Lissabonner Geschichte. In den Preisen sind Eintrittsgebühren nicht inbegriffen, dafür aber oft die Kosten für die Nutzung der öffentlichen Verkehrsmittel während der Tour. Los geht's gewöhnlich an der Praça do Comércio oder anderswo im Zentrum – den Treffpunkt bekommt man bei der Buchung mitgeteilt.

SHOPPEN

Der Bairro Alto lockt Schallplattenfreaks und Freunde von Vintage-Mode in seine bis spät am Abend geöffneten Läden. In der Alfama, der Baixa und rund um den Rossio gibt's altmodische Läden, die z. B. ausschließlich Knöpfe, Glacéhandschuhe, Portwein oder Fischdosen führen. Das elegante Chiado ist die Adresse für Kettenläden und Modetempel.

Arte da Terra Geschenke & Souvenirs
(www.aartedaterra.pt; Rua Augusto Rosa 40; ⌚11–20 Uhr) Das in den Stallungen eines alten Bischofspalastes residierende Arte da Terra ist prall gefüllt mit portugiesischem Kunstgewerbe wie Stickereien aus Castello Branco, Krippenfiguren, handbemalten *azulejos*, Fado-CDs und hochwertigen Artikeln aus Kork wie Regenschirmen, Schürzen und Notizbüchern. Einige Waren sind schön angestrahlt in alten Trögen ausgestellt.

Cortiço & Netos Haushaltswaren
(www.corticoenetos.com; Calçada de Santo André 66; ⌚Mo–Sa 10–13 & 14–19 Uhr) In diesem sehr speziellen Laden wird man von einer fabelhaften Fliesenwand begrüßt. Hier sind die Gebrüder Pedro, João, Ricardo und Tiago Cortiço am Werk, deren Großvater 30 Jahre lang portugiesische Industriekachelserien, die nicht weiter hergestellt wurden, sammelte, lagerte und verkaufte. Die Brüder haben das alte Familiengeschäft wiederbelebt und sind nun wahre Experten für *azulejos* und ihre Nutzung in heutiger Zeit.

Garrafeira Nacional Wein
(www.garrafeiranacional.com; Rua de Santa Justa 18; ⌚Mo–Fr 9.30–19.30, Sa bis 19.30 Uhr) Dieses Lissabonner Wahrzeichen handelt schon seit 1927 mit portugiesischen Tröpfchen und ist bei Weitem die beste Adresse für heimische Weine und Spirituosen. Das Personal ist sehr hilfsbereit und weist einem auch den Weg zu weniger bekannten Weinen von kleinen Erzeugern und zu alten Portweinen. Im kleinen Museum sind Jahrgänge versammelt, die bis ins 18. Jh. zurückreichen.

Eine kleinere Filiale befindet sich im Mercado da Ribeira.

Typographia Bekleidung
(www.typographia.com; Rua Augusta 93; T-Shirts 16–24 €; ⌚10–21 Uhr) Dieser noble T-Shirt-Shop mit Ablegern in Porto und Madrid zählt zu den besten Europas. Geboten wird eine monatlich wechselnde Kollektion von cleveren und künstlerisch gestalteten T-Shirts nach portugiesischem Design – solche Shirts trägt zu Hause garantiert niemand!

A Vida Portuguesa Geschenke & Souvenirs
(www.avidaportuguesa.com; Rua Anchieta 11; ⌚Mo–Sa 10–20, So ab 11 Uhr) Mit ihren hohen Decken und polierten Holzschränken lockt die ehemalige Parfümfabrik aus dem späten 19. Jh. Nostalgiker mit portugiesischen Produkten an: im Retro-Stil verpackte Tricona-Sardinen, Claus-Porto-Seifen, Stickereien aus Viana do Castelo oder Porzellanschwalben von Bordallo Pinheiro. Filiale in Intendente.

Loja das Conservas Lebensmittel
(www.facebook.com/lojadasconservas; Rua do Arsenal 130; ⌚Mo–Sa 10–21, So 12–20 Uhr) Was auf den ersten Blick wie eine Galerie aussieht, entpuppt sich bei näherem Hinschauen als faszinierende Huldigung an Fischkonserven, das Ergebnis eines totgeglaubten Industriezweigs, der durch

Craft-Bier

Die Lissabonner sind nun endlich aus dem jahrzehntelangen Bier-Fegefeuer erlöst worden, in das Super Bock und Sagres sie gestürzt hatten. Nun boomen IPAs, Stouts, Porters, Saison- und Sauerbiere – man halte Ausschau nach heimischen Craft-Bieren wie Dois Corvos, Oitava Colina, Passarola, Mean Sardine, Amnesia und Musa. Serviert werden diese z. B. in mehreren neuen Craft-Bier-Bars und Brauhäusern. Die Hopfenrevolution hat begonnen!

AFRICA STUDIO/SHUTTERSTOCK ©

cleveres Marketing und neue Generationen von Hipstern wiederbelebt wurde. Die im altmodischen Stil verpackten Dosen, zu denen auch die Geschichte der jeweiligen Konservenfabrik geliefert wird, sind die eigentlichen Kunstwerke hier.

ESSEN

Mercado da Baixa Markt €

(www.adbaixapombalina.pt; Praça da Figueira; ⌚Fr–So 10–22 Uhr) Auf diesem Markt auf der Praça da Figueira werden schon seit 1855 Käse, Wein, Räucherwurst und andere Leckereien feilgeboten. Er findet an jedem letzten Wochenende des Monats statt und es ist ein großes Vergnügen, an den Ständen vorbeizubummeln und sich an allerlei Köstlichkeiten gütlich zu tun.

Nova Pombalina Portugiesisch €

(www.facebook.com/anovapombalina; Rua do Comércio 2; Sandwiches 2,20–4 €; ⌚7–19.30 Uhr, So geschl.) Das quirlige traditionelle Restaurant ist mittags vor allem wegen seiner köstlichen Sandwiches mit *leitão* (Spanferkel) und frisch gebackenem Brot sehr beliebt, die das Personal blitzschnell unters Volk bringt.

Ti-Natércia Portugiesisch €

(☎218 862 133; Rua Escola Gerais 54; Hauptgerichte 5–12 €; ⌚Mo–Fr 19–24, Sa 12–15 & 19–24 Uhr) Nach einem Jahrzehnt ist sie schon fast zur Legende geworden: „Tante" Natércia mit ihrer köstlichen Hausmannskost. Es gibt hier nur sechs Tische, die natürlich schnell besetzt sind. Und während man ihre hervorragenden Varianten alter Klassiker verschlingt, kaut Tantchen einem gerne ein Ohr ab und nimmt dabei kein Blatt vor den Mund. Ohne Reservierung geht fast nichts. Nur Barzahlung.

Wer hier also einen Tisch ergattert, kann sich glücklich schätzen, besonders wenn es *bacalhau com natas* (zerrupfter Kabeljau mit Béchamalsauce, serviert *au gratin*) oder *à Brás* (mit Eiern und Kartoffeln) gibt – aber eigentlich ist alles klasse. Präsident Marcelo Rebelo de Sousa ließ es sich hier ebenfalls schmecken: Sein Foto hängt an der Wand.

Pois Café Café €

(www.poiscafe.com; Rua de São João da Praça 93; Hauptgerichte 7–10 €; ⌚Mo 12–23, Di–So 10–23 Uhr; 📶) Das stimmungsvolle, lockere Pois Café bietet kreativ zubereitete Salate, Sandwiches und frische Säfte sowie eine Handvoll herzhafter Tagesgerichte wie Lachsquiche oder Steak. Die Sofas verleiten dazu, hier den Nachmittag mit einem guten Buch und einem Kaffee zu vertrödeln, doch man muss sich schon mit den Laptop-Jüngern um einen Platz raufen.

Mercado da Ribeira Markt €

(www.timeoutmarket.com; Av 24 de Julho; ⌚So–Mi 10–24, Do–Sa bis 2 Uhr; 📶) In der Markthalle mit ihrer orientalischen Kuppel werden schon seit 1892 frisches Obst und Gemüse, Fisch und Blumen verkauft. Seit *Time Out* die Hälfte des Markts 2014 in einen gehobenen Food Court verwandelte, ist die Halle in aller Munde. Heute ist dies ein kulinarisches Lissabon im Kleinformat, mit allem von Garrafeira-Nacional-Weinen bis zu Fisch der

Conserveira de Lisboa und von Arcádia-Schokolade bis zu Santini-Eiscreme.

Nach einem Marktbummel am Vormittag kann man an einem der 35 Essenstände zu Mittag essen: Hier sind sowohl das Café de São Bento mit seinen berühmten Steaks mit Pommes als auch Top-Koch Henrique Sá Pessoa vertreten. Lohnt sich auf jeden Fall!

Dona Quitéria Portugiesisch €

(☎213 951 521; Travessa de São José 1; kleine Teller 5–12 €; ⏰Di–So 19–24 Uhr) Die Einheimischen geben sich jede nur erdenkliche Mühe, diese urige *petiscaria* (eine Art Tapas-Restaurant) in einem ehemaligen Lebensmittelladen von 1870 für sich zu behalten – aber umsonst. Schöne Gaumenfreuden wie das Thunfisch-*pica-pau* oder eine Frischkäse-Mousse mit Kürbis als Nachspeise bieten kreative Neuinterpretationen traditioneller Speisen. Ein winziger Laden, zum Wohlfühlen – also reservieren!

Chapitô à Mesa Portugiesisch €€

(☎218 875 077; www.facebook.com/chapitoamesa; Rua Costa do Castelo 7; Hauptgerichte 18–21 €; ⏰Mo–Fr 12–23, Sa & So 19.30–23 Uhr; 📶) Vom lockeren Café der Zirkusschule führt eine eiserne Wendeltreppe hinauf zu diesem Restaurant, in dem die schöpferischen Kreationen von Küchenchef Bertílio Gomes mit umwerfenden Ausblicken konkurrieren. Geboten werden moderne Variationen von klassischen Gerichten wie *bacalhau à Brás*, gedämpften Kalbsbacken oder Spanferkel sowie abenteuerlichere Gerichte wie Hähnchenhoden – dazu passt übrigens bestens ein Tröpfchen Quinta da Silveira Reserva.

Tasca Zé dos Cornos Portugiesisch €€

(☎218 869 641; www.facebook.com/ZeCornos; Beco Surradores 5; Hauptgerichte 10–15 €; ⏰Mo–Sa 8–23 Uhr) In der familienbetriebenen Taverne werden Stammgäste wie Neulinge gleichermaßen aufmerksam bedient. Besonders viel ist hier mittags los, doch die Bedienung ist schnell. Viel Platz gibt's nicht, sodass man sich gewöhnlich einen Tisch mit anderen Gästen teilt. Auf der Karte steht typisch portugiesische Küche mit einem Schwerpunkt auf Schwein und *bacalhau* (Stockfisch), die in großen Portionen serviert werden.

Alma Modern Portugiesisch €€€

(☎213 470 650; www.almalisboa.pt; Rua Anchieta 15; Hauptgerichte 25–29 €, Probiermenüs 60–80 €; ⏰Di–So 12–15 & 19–23 Uhr; 📶) Henrique Sá Pessoa, einer von Portugals talentiertesten Köchen, ist mit seinem Vorzeigerestau-

Mercado da Ribeira

rant Alma 2015 von Santos nach Chiado umgezogen. Mit seinen alten Steinböden und wunderschönen Holztischen verströmt das Alma eine dezente Eleganz, doch im Mittelpunkt steht ganz klar Pessoas außergewöhnliche neue portugiesische Küche, die Feinschmecker von nah und fern anlockt.

100 Maneiras Fusionsküche €€€
(☎910 307 575; www.restaurante100maneiras.com; Rua do Teixeira 35; Probiermenü 58 €, mit klassischer/Premium-Weinbegleitung 93/118 €; ⏲19.30–2 Uhr; 📶) Das 100 Maneiras ist ein echter Hammer! Das zweimal im Jahr wechselnde 9-Gänge-Probiermenü bietet phantasievolle, liebevoll zubereitete Gerichte. Alle Gänge sind eine Überraschung – was mit zum Reiz des Ganzen beiträgt –, doch leider geht der Koch kaum auf Unverträglichkeiten und Allergien ein. Für das kleine Restaurant muss man auf jeden Fall reservieren.

Belcanto Portugiesisch €€€
(☎213 420 607; www.belcanto.pt; Largo de São Carlos 10; Hauptgerichte 45 €, Probiermenü 125–145 €, mit 5/7 Weinen 50/60 €; ⏲Di–Sa 12.30–15 & 19.30–23 Uhr; 📶) Der mit zwei Michelin-Sternen ausgezeichnete Gourmettempel von José Avillez lockt Gäste mit akribisch und kreativ zubereitetem Essen, makellosem Service und einem Top-Sommelier. Zu den Highlights der Lissabonner Gastroszene zählen Spanferkel mit Orangenpüree, Seebarsch mit Seetang und Muscheln sowie gerösteter Butternusskürbis mit Miso; die Weine stammen teils aus den 1970er-Jahren! Unbedingt reservieren.

AUSGEHEN & NACHTLEBEN

Park Bar
(www.facebook.com/00park; Calçada do Combro 58; Cocktails 6,50–8 €; ⏲Di–Sa 13–2, So 13–20 Uhr; 📶) Wenn doch nur alle Parkhäuser so aussehen würden … Man fährt mit dem Fahrstuhl in den fünften Stock, geht dann ganz nach oben und landet in einer der hippsten Dachbars Lissabons, mit weiten Ausblicken bis runter zum Tejo und zu den Glockentürmen der Kirche Santa Catarina.

Pensão Amor Bar
(www.pensaoamor.pt; Rua do Alecrim 19; Cocktails 5,50–13 €; ⏲Mo–Mi 12–3, Do–Sa bis 4, So bis 3 Uhr) Die in einem ehemaligen Bordell untergebrachte freche Bar spielt mit bunten Wandbildern, einer Bibliothek der erotischen Literatur und einer kleinen Bühne, auf der manchmal Varietéshows geboten werden, auf ihre Vergangenheit an. Zur Zeit der Recherche steckte das Museu Erótico de Lisboa (MEL) gerade in den Startlöchern.

Fado-Sängerin

BA Wine Bar do Bairro Alto Weinbar

(☎213 461 182; bawinebar@gmail.com; Rua da Rosa 107; Wein ab 3 €, Tapas ab 12 €; ⌚Di–So 18–23 Uhr; 📶) In der besten Weinbar im Bairro Alto muss man reservieren. Hier bietet man den Gästen drei tolle Kostproben auf der Grundlage ihrer Weinvorlieben an. Der Käse von kleinen Erzeugern und die Wurst (die zarten Iberico-*presuntos* zergehen auf der Zunge) sind ebenfalls Spitze. Hier kann man leicht den ganzen Abend verbringen.

A Ginjinha Bar

(Largo de Saõ Domingos 8; ⌚9–22 Uhr) Hipster, alte Männer mit Schiebermützen, Büroangestellte und Touristen: Sie alle treffen sich in dieser klitzekleinen *ginjinha*-Bar, um sich am namengebenden Sauerkirschlikör (1,40 € pro Gläschen) zu laben. Unter dem kritischen Blick des Erfinders des Getränks, Herrn Espinheira, reiht der Eigentümer der Bar die Schnäpse auf der Theke auf. Hier geht's vor allem um das Gesamterlebnis.

Lux-Frágil Club

(www.luxfragil.com; Av Infante Dom Henrique, Armazém A - Cais de Pedra, Santo Apolónia; ⌚Do–Sa 23–6 Uhr) In Lissabons supercoolem Club Lux legen bekannte DJs Electro und House auf. Betrieben wird der Club vom ehemaligen Frágil-Maestro Marcel Reis und zu Teilen gehört er John Malkovich. Von der Terrasse aus kann man der Sonne beim Aufgehen über dem Tejo zusehen. Oder man sitzt wie ein König oder eine Königin auf einem der thronartigen Stühle drinnen.

Der Dresscode wird erfreulich locker gehandhabt, aber wer am Wochenende nach 4 Uhr aufkreuzt, kommt vielleicht nicht mehr rein – weil's zu voll ist!

✪ UNTERHALTUNG

Der von maurischen Gesängen und den Liedern heimwehkranker Seefahrer beeinflusste bittersüße Fado verkörpert die Lissabonner Psyche wie sonst nichts. In den Fado-Restaraunts gilt gewöhnlich ein Mindestverzehr von 15 bis 25 €. Am Wochenende sollte man einen Tisch reservieren. Wer gerne spontan unterwegs ist, kann sich an den *fado vadio* halten, wo jeder einen Fado zum Besten geben kann.

> ### ⓘ Lissabon online
>
> **Lonely Planet** (www.lonelyplanet.com/lisbon) Informationen, Hotelbuchung, Forum und mehr.
>
> **Visit Lisboa** (www.visitlisboa.com) Website der Touristeninformation.
>
> **Lisbon Lux** (www.lisbonlux.com) Trendiger Cityguide.
>
> **Spotted by Locals** (www.spottedbylocals.com/lisbon) Insidertipps.
>
> **Go Lisbon** (www.golisbon.com) Essen, Ausgehen und Nachtleben.

Hot Clube de Portugal Jazz

(☎213 460 305; www.hcp.pt; Praça da Alegria 48; ⌚Di–Sa 22–2 Uhr) In dem kleinen, mit Plakaten zugepflasterten Keller (jetzt mit Garten) treten schon seit den 1940er-Jahren Top-Jazzmusiker auf. Der Club gilt als einer der besten Europas.

A Baîuca Fado

(☎218 867 284; Rua de São Miguel 20; ⌚Do–Mo 20–24 Uhr) An einem guten Abend hat man, wenn man das A Baîuca betritt, das Gefühl, auf einer Familienfeier gelandet zu sein. Hier wird *fado vadio* geboten: Es trällern die Einheimischen, und wenn jemand während der Darbietung redet, wird er durch empörtes Zischen zum Schweigen gebracht. Es gilt ein Mindestverzehr von 25 € und das Essen ist nicht gerade top, doch der Fado ist spektakulär. Reservieren!

A Tasca do Chico Fado

(☎961 339 696; www.facebook.com/atasca.dochico; Rua Diário de Notícias 39; ⌚12–2, Fr & Sa bis 3 Uhr) Diese beliebte Kneipe (reservieren!) voller Fußballbanner und Leute aus allen Schichten ist ein echtes Fado-Mekka. Es ist nicht ungewöhnlich, dass etwa ein Taxifahrer reinkommt, ein paar Takte singt und dann wieder zurück ins Taxi springt und davonbraust. Portugals berühmteste Fado-Sängerin, Mariza, brachte uns 2005 hierher. Cool!

Senhor Fado Fado
(☎218 874 298; www.sr-fado.com; Rua dos Remédios 176; ⏱Mi–Sa 20–2 Uhr) Das gemütliche kleine Lokal ist ein gutes Plätzchen für *fado vadio* (Straßenfado). *Fadista* Ana Marina und Gitarrist Duarte Santos sind ein tolles Duo.

PRAKTISCHE INFORMATIONEN

Die größte und nützlichste Touristeninformation Lissabons, **Ask Me Lisboa** (☎213 463 314; www.askmelisboa.com; Praça dos Restauradores, Palácio Foz; ⏱9–20 Uhr), befindet sich im Palácio Foz an der Praça dos Restauradaures. Hier sind Karten und Infos erhältlich und das Personal bucht Unterkünfte und Mietwagen.

Ask Me Lisboa unterhält mehrere praktische Informationskioske für Karten und schnelle Infos:

Flughafen (☎218 450 660; Aeroporto de Lisboa, Ankunftshalle; ⏱Di–Sa 7.30–21.30 Uhr)

Belém (☎213 658 435; Largo dos Jernónimos; ⏱Di–Sa 10–13 & 14–18 Uhr)

Santa Apolónia (☎910 517 982; Tür 48, Bahnhof Santa Apolónia; ⏱Di–Sa 7.30–21.30 Uhr)

Rossio (☎910 517 914; Praça Dom Pedro IV; ⏱10–13 & 14–18 Uhr)

Parque das Nações (☎910 518 028; Alameda dos Oceanos; ⏱April–Sept. 10–13 & 14–19 Uhr, Okt.–März bis 18 Uhr)

AN- & WEITERREISE

BUS

Der wichtigste Fernbusbahnhof Lissabons ist der **Rodoviário de Sete Rios** (Praça General Humberto Delgado, Rua das Laranjeiras) bei der Metrostation Jardim Zoológico und dem Bahnhof Sete Rios. Die großen Busunternehmen wie **Rede Expressos** (☎707 223 344; www.rede-expressos.pt) und **Eva** (☎707 223 344; www.eva-bus.com) bieten regelmäßige Verbindungen in fast alle größeren Orte Portugals. Fahrkarten sind bis zu sieben Tage im Voraus erhältlich.

FLUGZEUG

Der rund 6 km nördlich vom Stadtzentrum gelegene, ultramoderne **Aeroporto de Lisboa** (Flughafen Lissabon; ☎218 413 700; www.ana.pt; Alameda das Comunidades Portuguesas) hat Direktflüge zu allen wichtigen internationalen Drehscheiben wie London, New York, Paris und Frankfurt. Mehrere Billigfluglinien wie easyJet, Ryanair, Transavia und Norwegian starten am weniger gut organisierten Terminal 2 – wer mit der Metro am Flughafen ankommt, muss extra Zeit für den Shuttlebus zum Terminal einplanen.

ZUG

Lissabon ist auch per Zug zu erreichen. Fahrpläne stehen auf der Website der **Comboios de Portugal** (☎707 210 220; www.cp.pt).

UNTERWEGS VOR ORT

BUS, STRASSENBAHN & SEILBAHN

Die **Companhia Carris de Ferro de Lisboa** (Carris; ☎213 500 115; http://carris.transporteslisboa.pt) betreibt außer der Metro sämtliche öffentlichen Verkehrsmittel im Lissabonner Stadtgebiet. Die Busse und Straßenbahnen verkehren von etwa 5 oder 6 bis etwa 22 oder 23 Uhr; dazu kommen einige Nachtbusse und -straßenbahnen.

In den Touristeninformationen ist die Karte *Rede de Transportes de Lisboa* mit den Verbindungen des öffentlichen Nahverkehrs erhältlich. Auf der Carris-Website stehen Fahr- und Streckenpläne.

METRO

Die **Metro** (www.metro.transporteslisboa.pt; Einzelfahrt/Tageskarte 1,40/6 €; ⏱6.30–1 Uhr) ist gut für kurze Strecken und Fahrten zu den Bahnhöfen geeignet.

Fahrkarten gibt's an Automaten. Es gilt auch die Lisboa Card.

Die Eingänge sind mit einem großen roten „M" markiert. Das Schild *correspondência* verweist auf Anschlussbahnen, *saída* weist den Weg zum Ausgang.

FAHRKARTEN

Normale Einzelfahrkarten kosten 1,85 € für Busse, 2,90 € für Straßenbahnen und 3,70 € (hin & zurück) für Seilbahnen (keine Fahrkarten für eine einfache Fahrt). Eine Tageskarte für sämtliche öffentliche Verkehrsmittel kostet 6,15 €.

Wohin zum Schlafen?

In der portugiesischen Hauptstadt haben Besucher bei den Unterkünften die Qual der Wahl. Die Preise liegen insgesamt zumeist niedriger als im restlichen Westeuropa.

Stadtviertel	Merkmale
Alfama, Castelo & Graça	Die Alfama ist Lissabons malerischstes Viertel, mit evtl. lauten Fado-Häusern. Nach Castelo und Graça geht's steil hinauf, aber oben bieten sich tolle Ausblicke. Nur eingeschränkt öffentliche Verkehrsmittel.
Bairro Alto & Chiado	Der teure Chiado bietet erstklassiges Shoppen. Der Bairro Alto verströmt historisches Flair und ist ein lautes Ausgehviertel.
Baixa & Rossio	Sehr zentral und touristisch; tolle Anbindung ans Verkehrsnetz. Hier ist rund um die Uhr etwas los.
Belém	Gut gelegen zu den Weltkulturerbestätten. Zehn Minuten mit dem Zug ins Stadtzentrum.
Lapa & Alcântara	Gentrifizierte Viertel mit angesagten Bars, Clubs und Restaurants. Nur wenige Sehenswürdigkeiten gleich vor der Tür.
Marquês de Pombal & Umgebung	Mit den edelsten Restaurants und Boutiquen der Stadt. Breite Boulevards und Hochhäuser mit eher wenig Charme.
Parque das Nações	Außer Rand und Band geratene Stadterneuerung; beim Oceanário. Weit weg; wirkt eher wie Singapur als Portugal.
Príncipe Real, Santos & Estrela	Das Szeneviertel Príncipe Real ist top für hippe Mode, Shoppen, Restaurants und die LGBT-Community; Santos und Estrela sind ideal für Menschen, die es eher ruhig mögen.

Dorfstraße in der Toskana

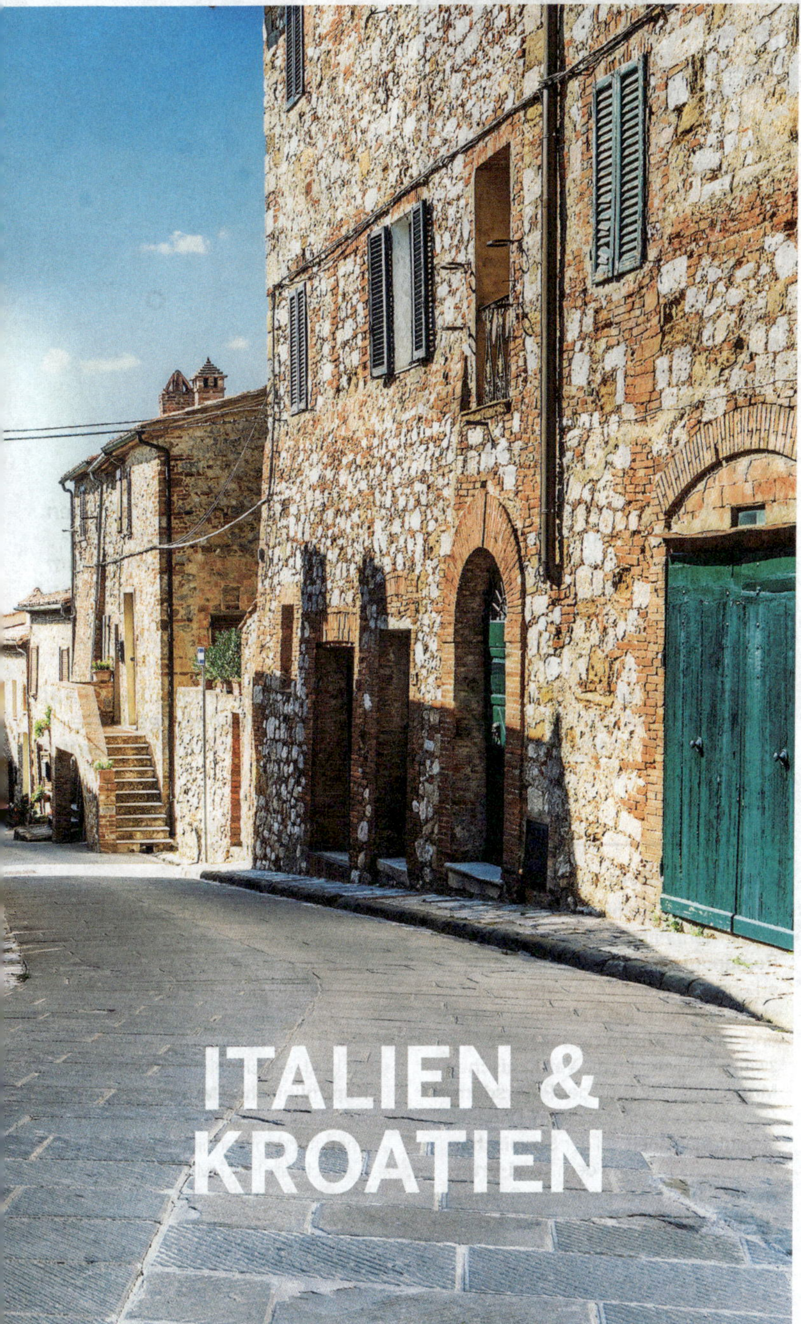

ITALIEN & KROATIEN

In diesem Kapitel

Rom, Italien

Mit stimmungsvollen Ruinen, Kunst von Weltrang, quirligen Straßen und unglaublichem Essen ist die Hauptstadt Italiens eine der herrlichsten Städte Europas. Antike Wahrzeichen wie Kolosseum, Forum Romanum und Pantheon erinnern an das goldene Zeitalter der Stadt als **Caput Mundi** ***(Hauptstadt der Welt), monumentale Kirchen zeugen von der machtvollen Rolle, die große Päpste in der Geschichte der Stadt gespielt haben. Das architektonische Erbe Roms ist einzigartig und bei einem Bummel durch das Zentrum stößt man überall auf Werke der ganz großen Meister: Skulpturen von Michelangelo, Gemälde von Caravaggio, Fresken von Raffael und Brunnen von Bernini.***

Zwei Tage in Rom

Los geht's am **Kolosseum** (S. 360), gefolgt vom **Palatin** (S. 386) und **Forum Romanum** (S. 378). Am Nachmittag erkundet man das *centro storico* (Altstadt) mit der **Piazza Navona** (S. 387) und dem **Pantheon** (S. 364). Am zweiten Tag stehen die **Vatikanischen Museen** (S. 372) und der **Petersdom** (S. 368) auf dem Programm. Danach schaut man noch bei der **Spanischen Treppe** (S. 393) und dem **Trevi-Brunnen** (S. 393) vorbei. Auf dem **Campo de' Fiori** (S. 389) kann der Tag ausklingen.

Vier Tage in Rom

Der dritte Tag gehört der **Villa Borghese** (S. 395) – vorher für das **Museo e Galleria Borghese** (S. 395) Tickets besorgen! – und der **Piazza del Popolo** (S. 393). Den Tag beschließt ein Abendessen in Trastevere. Am nächsten Morgen steht klassische antike Kunst in den **Kapitolinischen Museen** (S. 386) an. Anschließend schaut man sich die Kirchen auf dem Esquilin an.

Nächster Halt? Mit dem Zug nach Florenz (S. 424) oder eine Zeitreise nach Pompeji (S. 468).

Ankunft

Flughafen Leonardo da Vinci (Fiumicino) Jede halbe Stunde fahren Leonardo-Express-Züge zur Stazione Termini (14 €, 30 Min.). Ein Taxi ins Zentrum kostet 48 €.

Flughafen Ciampino Hier kommen Ryanair-Flüge nach Rom an. SIT Bus und Terravision bieten regelmäßige Verbindungen zur Via Marsala vor dem Bahnhof Termini (ab 5 €, 45 Min.). Ein Taxi kostet 30 €.

Stazione Termini Roms Hauptbahnhof.

Schlafen

Rom wartet mit zahlreichen Boutiquehotels auf, die schicke Übernachtungsmöglichkeiten auf mittlerem bis hohem Preisniveau bieten. Oder man versucht es mit einer *pensione*, einem kleinen Familienbetrieb mit einfachen Zimmern, zumeist mit eigenem Bad. Christliche Einrichtungen bieten ebenfalls preiswerte Zimmer, jedoch gelten hier teils strenge Sperrstunden und die Zimmer sind sehr schlicht.

Informationen darüber, was die einzelnen Stadtviertel Roms zu bieten haben, stehen auf S. 405.

Kolosseum

Unter allen antiken Sehenswürdigkeiten Roms ist das Kolosseum, ein Monument überragender Macht, sicherlich das spannendste. Hier fanden vor einem tobenden Publikum Gladiatoren- und Tierkämpfe statt. Nach 2000 Jahren ist dieses Bauwerk immer noch Italiens Top-Attraktion: Jedes Jahr strömen über 5 Mio. Besucher her.

Toll für ...

Gut zu wissen

Colosseo; 06 3996 7700; www.coopculture.it; Piazza del Colosseo; Erw./erm. mit Forum Romanum & Palatin 12/7,50 €; 8.30 Uhr bis 1 Std. vor Sonnenuntergang; Colosseo

★ Top-Tipp

Am besten besorgt man sich Karten fürs Kolosseum auf dem Palatin (Via di San Gregorio 30).

Die Arena wurde unter Vespasian (reg. 69–79 n. Chr.) auf dem Gelände des riesigen Nero-Palastes Domus Aurea errichtet und 80 n. Chr. eingeweiht, nur acht Jahre, nachdem sie in Auftrag gegeben worden war. Zur Eröffnung veranstaltete Vespasians Sohn und Nachfolger Titus (reg. 79–81) 100 Tage und Nächte andauernde Spiele, bei denen 5000 Tiere getötet wurden. Trajan (reg. 98–117) setzte später noch eins drauf: Er organisierte einen 117-tägigen Blutmarathon mit 9000 Gladiatoren und 10 000 Tieren.

Die Arena mit 50 000 Plätzen war zwar die berüchtigste Roms und das größte Amphitheater der Welt, aber im benachbarten Circus Maximus fanden bis zu 250 000 Zuschauer Platz. Der ab dem Mittelalter verwendete Name Kolosseum bezieht sich nicht auf die Größe des Baus, sondern geht auf den Colosso di Nerone zurück, eine riesige Nerostatue in der Nähe.

Nach dem Untergang des Römischen Reiches im 5. Jh. wurde das Kolosseum aufgegeben und verfiel. Im Mittelalter diente es als Festung für zwei rivalisierende Familien der Stadt, die Frangipani und die Anibaldi. In der Renaissance und im Barock wurde der kostbare Travertin der Arena geplündert und der Marmor fand Wiederverwendung in riesigen Palästen wie dem Palazzo Venezia, Palazzo Barberini und Palazzo Cancelleria.

In jüngerer Zeit haben Umweltverschmutzung und vom Straßen- und U-Bahn-Verkehr verursachte Erschütterungen leider ihren Tribut gefordert, doch nach der ersten Phase einer 25 Mio. € teuren Sanierung, der ersten in der 2000-jährigen Geschichte des Bauwerks übehaupt, erstrahlen die Mauern des Kolosseums heute wieder in ihren ursprünglichen Cremetönen.

Das Äußere

Die Außenmauern sind auf drei Ebenen mit Bögen gestaltet, die von ionischen, dorischen und korinthischen Säulen getragen werden. Diese waren ursprünglich mit Travertin verkleidet, in den Nischen der zweiten und dritten Ebene standen Marmorstatuen. Die oberste Ebene mit Fenstern und schlanken korinthischen Pilastern verfügte über Stützen für 240 Masten, an denen eine riesige Plane über die Arena gespannt wurde, die die Zuschauer vor Sonne und Regen schützte. Durch 80 Eingangsbögen gelangte das Publikum in die Arena.

☑ Nicht versäumen

Das Hypogäum mit seinen feuchtkalten Tunneln unter der Hauptarena. Die Besichtigung muss gebucht werden und kostet 9 € extra.

GEORGY KURYATOV/SHUTTERSTOCK ©

Die Arena

Ursprünglich verfügte die Arena über einen Holzboden, der mit Sand bedeckt war, damit die Kämpfer nicht ausrutschten und das Blut aufgesaugt wurde. Außerdem konnte die Arena für Wasserschlachten geflutet werden. Durch Klappen geht es hinunter ins Hypogäum unter dem Boden der Arena in einen unterirdischen Komplex mit Gängen, Käfigen und Hebebühnen.

Die Zuschauerränge

Die *cavea* (Plätze für die Zuschauer) war in drei Ränge untergliedert: Auf dem untersten Rang saßen Magistrate und Staatsbeamte, in der Mitte reiche Bürger und auf dem obersten Rang die Plebejer (das Volk). Frauen – mit Ausnahme der Vestalinnen – mussten mit den billigsten Plätzen ganz oben Vorlieb nehmen. Wie in modernen Stadien waren die Plätze nummeriert. 2015 fanden Restauratoren Spuren von roten Ziffern an den Bögen, die wohl die einzelnen Sitzblöcke kennzeichneten. Das Podium vor den Rängen war dem Kaiser, den Senatoren und anderen Persönlichkeiten vorbehalten.

Das Hypogäum

Das Hypogäum war quasi der Backstage-Bereich. Hier wurden die Kulissen für die inszenierten Schlachten gebaut und mit einem komplizierten System von Seilzügen in die Arena befördert. Hier wurden auch in Käfigen die Tiere gehalten und versammelten sich die Gladiatoren vor dem Kampf; sie gelangten durch einen unterirdischen Gang aus dem Ludus Magnus (Gladiatorenschule) hierher.

✕ Kleine Stärkung

Das **Cafè Cafè** (☎06 700 87 43; www.cafecafebistrot.it; Via dei Santi Quattro 44; Mahlzeiten 15–20 €; ⏲9.30–20.50 Uhr; 🚌Via di San Giovanni in Laterano) ist die perfekte Adresse für eine Stärkung nach dem Kolosseumbesuch, mit Tee und Kuchen oder einer kleinen Mahlzeit.

Pantheon

Das Pantheon, ein 2000 Jahre alter Tempel, der heute als Kirche genutzt wird, ist das besterhaltene antike Bauwerk Roms und eines der architektonisch wegweisendsten Gebäude der Welt. Von außen ist sein Alter zwar nicht zu leugnen, doch wer durch die riesigen Bronzetüren schreitet und in die gewaltige Kuppel hinaufschaut, wird überwältigt sein.

Toll für ...

Gut zu wissen

Karte S. 390; www.pantheonroma.com; Piazza della Rotonda; Mo–Sa 8.30–19.15, So 9–17.45 Uhr; Largo di Torre Argentina GRATIS

★ Top-Tipp

Im Pantheon werden samstags um 17 Uhr und sonntags um 10.30 Uhr Messen gelesen.

TTSTUDIO/SHUTTERSTOCK ©

In seiner heutigen Form stammt das Pantheon von etwa 125 n. Chr. Der ursprüngliche, unter Marcus Agrippa 27 v. Chr. erbaute Tempel brannte 80 n. Chr. nieder; er wurde zwar unter Domitian wieder aufgebaut, 110 n. Chr. jedoch durch einen Blitzeinschlag erneut zerstört. Kaiser Hadrian ließ den Tempel zwischen 118 und 125 rekonstruieren – es ist die Version, die noch heute steht.

Hadrian weihte den Tempel den römischen Göttern – daher der Name Pantheon, eine Ableitung der griechischen Worte *pan* (alle) und *theos* (Gott). Im Jahr 608 wurde das Pantheon in eine christliche Kirche umgewidmet. Der offizielle Name lautet Basilica di Santa Maria ad Martyres.

Da der Bau als Kirche geweiht war, entging er im Mittelalter dem Schicksal so vieler antiker Gebäude in Rom, aus denen man sich allseits als Steinbruch bediente. Doch ganz ohne Plünderung ging es auch hier nicht vonstatten: Die bronzene Kuppelverkleidung wurde entfernt und Bernini nutzte Bronze aus der Vorhalle für seinen Baldachin im Petersdom.

Das Äußere

An den dunkelgrauen Außenmauern an der geschäftigen, von Cafés gesäumten Piazza della Rotonda hat der Zahn der Zeit zwar schon sichtbar genagt, doch das Pantheon ist noch immer ein imposanter Anblick. Die monumentale **Vorhalle** besteht aus 16 korinthischen Säulen aus ägyptischem Granit (je 13 m hoch), die das **Giebeldreieck** tragen. Hinter den Säulen geht es durch zwei 20 t schwere **Bronzetüren**, Nachbildungen der Originaltüren aus dem 16. Jh., und man gelangt in die Rotunde.

Die Öffnung in der Kuppel des Pantheon

Die Inschrift

Gemäß der Inschrift unter dem Giebeldreieck – M:AGRIPPA.L.F.COS.TERTIUM.FECIT (Marcus Agrippa, Sohn des Lucius, Konsul zum dritten Mal, erbaute dies) – nahm die Forschung lange an, dass es sich bei dem heutigen Bau um Agrippas ursprünglichen Tempel handelte. Jedoch förderten Ausgrabungen im 19. Jh. Reste eines älteren Tempels zutage – Hadrian hatte also offenbar die alte Inschrift einfach beibehalten.

Das Innere

Zwar ist das Pantheon auch von außen eindrucksvoll, doch erst im Inneren erschließt sich die gewaltige Größe. Der zylindrische, mit Marmor verkleidete Innenraum, in den Licht durch das 8,7 m messende **Kuppelauge** fällt, ist schlicht überwältigend.

Gegenüber dem Eingang liegt der **Hauptaltar** der Kirche. Über ihm hängt die Ikone *Madonna col Bambino* (Madonna mit Kind) aus dem 7. Jh. Links befinden sich die Gräber des Renaissance-Künstlers Raffael, von König Umberto I. und Margarethe von Italien. Auf der anderen Seite der Rotunde ist das Grabmal von König Vittorio Emanuele II.

☑ Nicht versäumen

Die 7 m hohen Bronzetüren bilden einen angemessenen Auftakt für die Innenbesichtigung des Pantheons.

SLOW IMAGES/GETTY IMAGES ©

Die Kuppel

Die Kuppel des Pantheons – sie gilt als größte architektonische Leistung der römischen Antike – war die größte Kuppel der Welt, bis Brunelleschi sie mit seiner Domkuppel in Florenz übertraf. Die harmonische Anmutung verdankt sie ihrer präzisen Symmetrie: Der Durchmesser entspricht genau der Höhe des Gebäudes (43,3 m). Eine wichtige statische Rolle spielt das Kuppelauge, die symbolische Verbindung der Menschen zu den Göttern.

Was gibt's in der Nähe?

Basilica di Santa Maria Sopra Minerva — Basilika

(Karte S. 390; www.santamariasopraminerva.it; Piazza della Minerva 42; ⏲Mo–Fr 6.40–19, Sa 6.40–12.30 & 15.30–19, So 8–12.30 & 15.30–19 Uhr; 🚌Largo di Torre Argentina) Die dominikanische Basilica di Santa Maria Sopra Minerva wurde an der Stelle erbaut, an der drei heidnische Tempel gestanden hatten – einer war Minerva geweiht –, und ist Roms einzige gotische Kirche. Vom ursprünglichen Bau aus dem 13. Jh. ist nur noch wenig übrig. Heute kommen die Besucher vor allem, um die reiche Innenausstattung zu bewundern, darunter eine Statue von Michelangelo.

✕ Kleine Stärkung

Das **Caffè Sant'Eustachio** (S. 401) serviert einen der besten Kaffees der Stadt.

Petersdom

In dieser Stadt der grandiosen Kirchen kann keine dem Petersdom, Italiens größtem, reichstem und spektakulärstem Gotteshaus, auch nur das Wasser reichen.

Toll für ...

☑ Nicht versäumen

Den langen, steilen und mühsamen Aufstieg zur Kuppel – von oben bieten sich Panoramablicke über Rom.

Schon Kaiser Konstantin ließ etwa 349 an der Stelle, wo der hl. Petrus zwischen 64 und 67 n. Chr. begraben worden sein soll, eine Kirche errichten, doch diese verfiel im Laufe der Jahrhunderte zusehends. Mitte des 15. Jhs. setzten Bemühungen ein, diese Kirche zu restaurieren, zuerst unter Papst Nikolaus V. und dann – erfolgreicher – unter Julius II.

Mit den Bauarbeiten wurde 1506 nach Plänen von Bramante begonnen. Als der Architekt 1514 starb, kamen die Arbeiten zum Erliegen. 1547 übernahm Michelangelo das Projekt. Er vereinfachte Bramantes Pläne und präsentierte gleichzeitig seinen größten architektonischen Wurf: die Kuppel. Ihre Vollendung erlebte er nicht mehr. Giacomo della Porta, Domenico Fontana und Carlo Maderno brachten den Bau zu Ende, der schließlich 1626 geweiht wurde.

Petersdom und Tiber

MAPICS/SHUTTERSTOCK ©

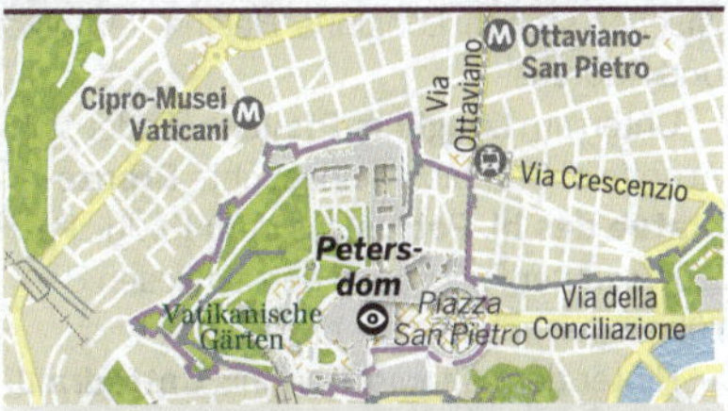

Gut zu wissen

Basilica di San Pietro; 06 6988 5518; www.vatican.va; Petersplatz; Sommer 7–19 Uhr, Winter bis 18.30 Uhr; Piazza del Risorgimento, M Ottaviano-San Pietro GRATIS

Kleine Stärkung

Im **Makasar Bistrot** (06 687 46 02; www.makasar.it; Via Plauto 33; Mo–Do 12–24, Fr & Sa bis 2, So 17–24 Uhr; Piazza del Risorgimento) gibt es über 200 Teesorten zur Wahl – da ist sicher für jeden das Passende dabei!

★ Top-Tipp

Es gelten strenge Kleidervorschriften: keine Shorts, Miniröcke oder nackten Schultern!

Die Fassade

Madernos zwischen 1608 und 1612 errichtete Fassade ist gewaltig: 48 m hoch und 118,6 m breit. Acht 27 m hohe Säulen stützen die Attika mit 13 Statuen von Christus dem Erlöser, Johannes dem Täufer und elf Aposteln. Vom mittleren Balkon, der **Loggia della Benedizione**, spricht der Papst zu Weihnachten und Ostern den Segen *Urbi et Orbi*.

Der Innenraum

Im rechten Seitenschiff steht direkt zu Beginn Michelangelos betörend schöne **Pietà**. Diese Darstellung der Muttergottes mit dem toten Jesus schuf er 1499 im Alter von 25 Jahren und sie ist das einzige Werk, das er je signierte: Sein Name ist auf der Schärpe über Marias Brust zu finden.

Am Pfeiler gleich hinter der *Pietà* erinnert Carlo Fontanas **Denkmal für Königin Christina von Schweden** aus Gold und Bronze an die Monarchin, die 1655 im protestantischen Schweden zum Katholizismus konvertierte und abdankte.

Anschließend kommt man zur **Cappella di San Sebastiano** mit dem Grabmal von Papst Johannes Paul II. und zur opulenten **Cappella del Santissimo Sacramento**.

Die Mitte der Kirche beherrscht Berninis 29 m hoher **Baldachin**. Er wird von vier gewundenen Säulen getragen und besteht aus Bronze vom Pantheon. Er überspannt den **Hochaltar**, der sich über dem Grab des Petrus befinden soll.

Über dem Baldachin erhebt sich 119 m hoch Michelangelos **Kuppel**. Sie basiert auf Brunelleschis Kuppel in Florenz und wird von vier gewaltigen Vierungspfeilern getragen, die nach den Heiligen benannt sind, die in den von Bernini entworfenen

Nischen stehen: Longinus, Helena, Veronika und Andreas.

Unten am **Longinus-Pfeiler** befindet sich Arnolfo di Cambios vielbesuchte **Bronzestatue des hl. Petrus** aus dem 13. Jh.: Petrus' rechter Fuß ist von den zahllosen Berührungen schon ganz blank.

Hinter dem Altar ist Berninis **Cattedra di San Pietro** mit einem hölzernen Thron, der einst der des Petrus gewesen sein soll, aber aus dem 9. Jh. stammt.

Berninis **Grabmal für Urban VIII.** rechte Seite vom Thron zeigt den Papst flankiert von Allegorien der Barmherzigkeit und der Gerechtigkeit.

Fast am Ende des linken Seitenschiffs befinden sich die sogenannten **Stuart-Grabmäler**. Rechts ist das Grabmal von Clementina Sobieska, der Gattin von James Stuart, gestaltet von Filippo Barigioni, links Canovas fast erotisches Grabmal der letzten drei Angehörigen des Stuart-Clans, die einen Anspruch auf den englischen Thron erhoben und im römischen Exil starben.

Die Kuppel

Vom Eingang zur **Kuppel** (mit/ohne Lift 8/6 €; ⌚Sommer 8–18 Uhr, Winter bis 17 Uhr) rechts in der Vorhalle der Kirche führen 551 Stufen nach oben – oder man nimmt für die Hälfte der Strecke einen kleinen Aufzug und muss dann nur noch 320 Stufen bewältigen. Jedenfalls ist der Aufstieg lang und steil und nichts für Menschen mit Klaustrophobie oder Höhenangst. Von oben bieten sich atemberaubende Aussichten.

Museo Storico Artistico

Das vom Langhaus zugängliche **Museo Storico Artistico** (Tesoro, Schatzkammer;

Kolonnaden am Petersplatz und Petersdom

Erw./erm. 7/5 €; ⏲Sommer 8–18.50 Uhr, Winter bis 17.50 Uhr) stellt allerlei glänzende sakrale Gegenstände aus. Zu den Highlights zählen ein Tabernakel von Donatello und die *Crux Vaticana* (Vatikan-Kreuz) aus dem 6. Jh.

Vatikanische Grotten

Die **Vatikanischen Grotten** (⏲Sommer 8–18 Uhr, Winter bis 17.30 Uhr) GRATIS unter der Kirche beherbergen Gräber und Sarkophage zahlreicher Päpste sowie mehrere Säulen der ursprünglichen Kirche aus dem 4. Jh. Der Eingang befindet sich im Andreas-Pfeiler.

★ Kostenlose Führungen

Von Oktober bis Ende Mai bieten Seminaristen des Pontifical North American College ab dem Centro Servizi Pellegrini e Turisti kostenlose englischsprachige Führungen (meist Mo–Fr 14.15 Uhr) durch die Kirche an.

MARIIA GOLOVIANKO/SHUTTERSTOCK ©

Petrusgrab

Durch Ausgrabungen unter dem Petersdom sind Teile der ursprünglichen Kirche sowie – so wird angenommen – auch das **Petrusgrab** (☎06 6988 5318; www.scavi.va; 13 €, ab 15 J.) freigelegt worden.

Die Ausgrabungen sind nur im Rahmen von Führungen zu besichtigen, für die man sich per E-Mail beim Ufficio Scavi (scavi@fsp.va) anmeldet, am besten so weit im Voraus wie möglich.

Was gibt's in der Nähe?

Petersplatz Piazza

(Piazza San Pietro; Ⓜ Ottaviano-San Pietro) Der Petersplatz vor dem Petersdom wurde zwischen 1656 und 1667 nach Plänen von Gian Lorenzo Bernini angelegt. Von oben betrachtet sieht er aus wie ein riesiges Schlüsselloch mit zwei halbrunden Kolonnaden aus jeweils vier Reihen dorischer Säulen und dem sich zur Kirche hin verbreiternden Vorplatz. So wurden die Gläubigen in die Kirche geleitet – Bernini beschrieb die Kolonnaden als „die mütterlichen Arme der Kirche".

Castel Sant'Angelo Museum, Burg

(Karte S. 390; ☎06 681 91 11; www.castelsantangelo.beniculturali.it; Lungotevere Castello 50; Erw./erm. 10/5 €; ⏲9–19.30 Uhr, Ticketschalter bis 18.30 Uhr; 🚌Piazza Pia) Mit ihrem massiven runden Aufbau ist die Engelsburg ein gut sichtbares Wahrzeichen. Sie wurde als Mausoleum für Kaiser Hadrian errichtet, dann im 6. Jh. in eine päpstliche Festung verwandelt und nach einer Engelserscheinung benannt, die Papst Gregor der Große 590 hatte. Heute ist hier das **Museo Nazionale di Castel Sant'Angelo** mit Gemälden, Skulpturen und mittelalterlichen Waffen untergebracht.

★ Insiderwissen

Beim Haupteingang markiert eine rote Scheibe im Boden die Stelle, an der Karl der Große im Jahr 800 vom Papst zum römischen Kaiser gekrönt wurde.

Wendeltreppe

GIORGIO ART/SHUTTERSTOCK ©

Vatikanische Museen

Die im 16. Jh. gegründeten Vatikanischen Museen bergen eine der bedeutendsten Kunstsammlungen der Welt. Zu den Highlights zählen antike Statuen, Fresken von Raffael und die von Michelangelo ausgeschmückte Sixtinische Kapelle.

Toll für ...

☑ Nicht versäumen

Das Leintuch mit der *Dama del Vaticano* (Vatikanische Dame, 3. Jh.) im Museo Gregoriano Egizio.

Die Museen sind in den üppig ausgestalteten Sälen des Palazzo Apostolico Vaticano untergebracht. Dieser 5,5 ha große Komplex besteht aus zwei Palästen direkt am Petersdom, die durch lange Galerien miteinander verbunden sind: dem Papstpalast und dem Belvedere. Dazu kommen drei Höfe: Cortile della Pigna, Cortile della Biblioteca und im Süden Cortile del Belvedere. Das alles ist natürlich nicht an einem Tag zu schaffen – auswählen!

Pinacoteca

Die päpstliche Gemäldegalerie wird relativ wenig besucht, dabei beherbergt sie Raffaels letztes Werk, *La Trasfigurazione* (1517–20), sowie Gemälde von Giotto, Fra Angelico, Filippo Lippi, Perugino, Tizian, Guido Reni, Guercino, Pietro da Cortona, Caravaggio und Leonardo da Vinci, dessen er-

Galerie in den Vatikanischen Museen

IZZET KERIBAR/GETTY IMAGES ©

Gut zu wissen

Musei Vaticani; 06 6988 4676; www.museivaticani.va; Viale Vaticano; Erw./erm. 16/8 €, letzter So des Monats frei; Mo–Sa 9–18, letzter So des Monats 9–14 Uhr, letzter Einlass 2 Std. vor Schließung; Piazza del Risorgimento, Ottaviano-San Pietro

Kleine Stärkung

Ein mit der Schere abgeschnittenes Stück Pizza oder eine Reiskrokette vom Pizzarium (S. 399).

★ Top-Tipp

Tickets am besten online (http://biglietteriamusei.vatican.va/musei/tickets/do) kaufen; die Gebühr beträgt 4 €.

greifender *San Gerolamo* (Hl. Hieronymus; um 1480) unvollendet blieb.

Museo Chiaramonti & Braccio Nuovo

Beim Museo Chiaramonti handelt es sich um den langen Korridor an der Ostseite des Belvedere. An den Wänden sind Tausende Statuen und Büsten aneinandergereiht – sie verkörpern unsterbliche Götter, verspielte Engelchen und römische Patrizier. Am Ende der Halle geht rechts der Braccio Nuovo (Neue Flügel) ab, mit einer berühmten Statue des Nils als liegendem Gott mit 16 Babys.

Museo Pio-Clementino

Hier sind einige besonders schöne Statuen der Vatikanischen Museen zu sehen, etwa der *Apoll von Belvedere* und die *Laokoon-Gruppe* aus dem 1. Jh., beide im **Cortile Ottagono** (Achteckiger Hof). Bevor es in den Hof geht, sollte man sich noch den *Apoxyomenos* aus dem 1. Jh. anschauen: Es ist eine der ersten bekannten Skulpturen mit erhobenem Arm.

Beim *Apoll von Belvedere* links im Hof handelt es sich um eine römische Kopie aus dem 2. Jh. einer griechischen Bronzestatue aus dem 4. Jh. v. Chr. Die schön proportionierte Darstellung des Sonnengottes Apollon gilt als ein Meisterwerk der klassischen Bildhauerei. Die *Laokoon-Gruppe* in der Nähe zeigt einen muskelbepackten trojanischen Priester und seine beiden Söhne im Todeskampf mit Seeschlangen.

Die **Sala degli Animali** ist mit Tierskulpturen gefüllt und weist prachtvolle Bodenmosaike aus dem 4. Jh. auf. Die **Sala delle Muse** beherbergt den *Torso vom Belvedere*, ein weiteres absolutes Highlight. Das Fragment einer griechischen Skulptur aus dem

1. Jh. v. Chr. wurde auf dem Campo de' Fiori gefunden und diente Michelangelo als Vorlage für seine *ignudi* (männlichen Nackten) in der Sixtinischen Kapelle. Derzeit wird der Torso restauriert.

Der nächste Saal, die **Sala Rotonda**, enthält Kolossalstatuen wie einen vergoldeten Bronze-Herkules sowie ein schönes Fußbodenmosaik. Das große Becken mitten im Saal wurde in Neros Palast, Domus Aurea, gefunden und besteht aus einem einzigen Stück roten Porphyrs.

Museo Gregoriano Egizio

Das 1839 von Gregor XVI. gegründete Museum beherbergt Stücke, die in römischer Zeit aus Ägypten mitgebracht wurden. Zur kleinen Sammlung gehören faszinierende Stücke wie der *Thron Ramses II.* (Teil einer Statue des sitzendes Königs), bunt bemalte Sarkophage von etwa 1000 v. Chr. und einige (makabre) Mumien.

Museo Gregoriano Etrusco

Das Museo Gregoriano Etrusco ganz oben an der Simonetti-Treppe aus dem 18. Jh. umfasst Artefakte aus etruskischen Grabstätten im nördlichen Latium sowie eine erstklassige Sammlung von Vasen und römischen Antiken. Besonders interessant ist der *Mars von Todi*, die schwarze Bronze eines Kriegers aus dem späten 5. Jh. v. Chr.

Galleria delle Carte Geografiche & Sala Sobieski

Die letzte von drei Galerien – die anderen beiden sind die **Galleria dei Candelabri** (Galerie der Kandelaber) und die **Galleria**

Cortile della Pigna

degli Arazzi (Galerie der Wandteppiche) – ist ein 120 m langer Korridor mit 40 topografischen Karten. Sie entstanden zwischen 1580 und 1583 für Papst Gregor XIII. nach Entwürfen von Ignazio Danti, einem der führenden Kartografen seiner Zeit.

Die **Sala Sobieski** ist nach einem gewaltigen Gemälde aus dem 19. Jh. benannt, auf dem der Sieg des polnischen Königs Johann III. Sobieski über die Türken 1683 dargestellt ist.

★ Insiderwissen

Die ruhigsten Tage sind Dienstag und Donnerstag; auch gut ist Mittwoch vormittags, die Nachmittage sind generell besser als die Vormittage. Schlechteste Zeit ist montags, denn dann sind viele andere Museen geschlossen. Sonntags sind die Vatikanischen Museen hingegen teils zu!

GUZEL STUDIO/SHUTTERSTOCK ©

Stanze di Raffaello

Diese vier mit Fresken verzierten Räume, die derzeit teils restauriert werden, gehörten zu den Privatgemächern Papst Julius II. Raffael selbst schuf die Stanza della Segnatura (1508–11) und die Stanza d'Eliodoro (1512–14), während die Stanza dell'Incendio (1514–17) und die Sala di Costantino (1517–24) nach seinen Entwürfen von seinen Schülern verziert wurden.

Der erste Raum, die **Sala di Costantino**, hat ein riesiges Fresko, das den Sieg Konstantins über Maxentius in der Schlacht an der Milvischen Brücke zeigt.

Die **Stanza d'Eliodoro**, die für private Empfänge genutzt wurde, verdankt ihren Namen der *Cacciata d'Eliodoro* (Vertreibung des Heliodorus aus dem Tempel), die die Vertreibung ausländischer Mächte von Kirchenland durch Julius II. darstellen soll. Die *Messa di Bolsena* (Messe von Bolsena) rechts davon zeigt Julius, wie er einem Wunder huldigt, das im 13. Jh. in Bolsena geschah. Als Nächstes kommt der *Incontro di Leone Magno con Attila* (Begegnung Leos des Großen mit Attila) von Raffael und seiner Schule, schließlich an der vierten Wand die *Liberazione di San Pietro* (Befreiung des hl. Petrus), eine brillante Arbeit, die beweist, wie meisterhaft Raffael Licht darstellte.

Die **Stanza della Segnatura**, Julius' Arbeitszimmer und Bibliothek, war der erste Raum, den Raffael ausmalte, und hier ist sein großes Meisterwerk zu finden, *La Scuola di Atene* (Die Schule von Athen): Um Platon und Aristoteles versammeln sich Philosophen und Gelehrte. Bei der sitzenden Figur vorne (Heraklit) soll es sich um Michelangelo handeln, während Platon von Leonardo da Vinci verkörpert wird; Euklid wiederum (der sich nach vorn beugende Kahlköpfige) ist von Bramante ver-

★ Top-Tipp

Die meisten Ausstellungsstücke sind nicht beschriftet – da hilft ein Audioguide (7 €) oder der ausgezeichnete *Guide to the Vatican Museums and City* (14 €, auch mit deutschem Text).

körpert. In der rechten unteren Ecke (die zweite Figur von rechts) versteckte Raffael ein Selbstporträt.

Das berühmteste Werk in der **Stanza dell'Incendio di Borgo** ist ebenjenes *Incendio di Borgo* (Brand des Borgo): Papst Leo IV. löscht ein Feuer, indem er das Zeichen des Kreuzes schlägt. Die Decke schuf Raffaels Lehrer Perugino.

Sixtinische Kapelle

Das definitive Highlight im Vatikan, die Sixtinische Kapelle (Cappella Sistina), birgt zwei der berühmtesten Kunstwerke der Welt: Michelangelos Deckenfresken und sein *Giudizio Universale* (Das Jüngste Gericht).

Ursprünglich wurde die Kapelle für Papst Sixtus IV. erbaut, nach dem sie auch benannt ist. Sie wurde am 15. August 1483 geweiht. Jedoch ist außer den Wandfresken und dem Boden von der ursprünglichen Ausgestaltung kaum etwas erhalten – sie musste Michelangelos beiden Meisterwerken weichen. Die Decke gab Papst Julius II. in Auftrag und sie entstand zwischen 1508 und 1512; das zweite Meisterwerk, das spektakuläre *Jüngste Gericht*, entstand zwischen 1535 und 1541.

Michelangelos Deckenfresko, das am besten vom Haupteingang der Kapelle an der Ostwand zu betrachten ist, füllt die gesamten 800 m² der Decke aus. Es nimmt architektonische Elemente auf und zeigt verschiedene bunte biblische Figuren. Auf neun zentralen Bildfeldern sind Szenen aus der Schöpfungsgeschichte, die Geschichte von Adam und Eva, der Sündenfall und das Opfer Noahs dargestellt.

Von der Ostwand aus gesehen zeigt das erste Feld die *Trunkenheit Noahs*, gefolgt von der *Sintflut* und dem *Opfer Noahs*. Das nächste Feld, *Der Sündenfall und die Vertreibung aus dem Paradies*, zeigt Adam und Eva, wie sie aus dem Paradies verjagt werden, nachdem sie vom Teufel, dargestellt in Form einer um einen Baum gewickelten Schlange mit Frauenkörper, die verbotene Frucht angenommen haben. Auf die *Erschaffung Evas* folgt die *Erschaffung Adams*. Letzteres, eines der berühmtesten Bilder der Kunstgeschichte, zeigt den bärtigen Gott, der mit seinem Finger auf Adam zeigt und ihn so zum Leben erweckt. Den Abschluss der Bilderfolge bilden die *Scheidung von Land und Wasser*, die *Erschaffung der Sonne, des Mondes und der Pflanzen* und die *Scheidung von Licht und Finsternis* mit einem Furcht einflößenden Gott, der seinen Arm ausstreckt, um die Sonne zu berühren. Zwischen den mittleren Bildfeldern sind 20 athletische nackte Männer, die sogenannten *ignudi*, abgebildet.

An der Westwand befindet sich Michelangelos *Jüngstes Gericht*: Es zeigt Christus, wie er über die Seelen der aus ihren Gräbern gerissenen Toten zu Gericht sitzt. Die Geretteten dürfen im Himmel bleiben (oben rechts), die Verdammten müssen

Raffaels Stanza della Segnatura

sich den Teufeln in der Hölle stellen (unten rechts).

Rechts unten ist ein Mann mit Eselsohren zu sehen, um den sich eine Schlange wickelt: Das ist Biagio de Cesena, der päpstliche Zeremonienmeister, der Michelangelos Werk entschieden ablehnte. Eine weitere berühmte Figur ist der hl. Bartholomäus gleich unterhalb von Jesus: Er hält seine eigene Haut in der Hand. Das Gesicht in der Haut soll ein Selbstporträt Michelangelos sein – der gepeinigte Gesichtsausdruck spiegelt seinen von Zweifeln gequälten Glauben wider.

Auch an den Wänden der Kapelle sind einzigartige Fresken zu sehen. Sie wurden 1481 und 1482 von anderen Superstars der Renaissance wie Botticelli, Ghirlandaio, Pinturicchio, Perugino und Luca Signorelli geschaffen und zeigen Szenen aus dem Leben Mose und Christi. Zu den Highlights zählen Botticellis *Versuchung Christi* und Peruginos *Schlüsselübergabe*.

In der Sixtinischen Kapelle kommt übrigens auch das Konklave zusammen, um einen neuen Papst zu wählen.

Kleine Stärkung

Köstliche Salate und Sandwiches gibt's bei **Fa-Bìo** (06 6452 5810; www.fa-bio.com; Via Germanico 43; Sandwiches 5 €; Mo–Fr 10.30–17.30, Sa bis 16 Uhr; Piazza del Risorgimento, M Ottaviano-San Pietro).

★ Schon gewusst?

Oft wird behauptet, Michelangelo habe die Deckenfresken im Liegen gemalt, tatsächlich entwarf er ein gebogenes Gerüst, sodass er im Stehen arbeiten konnte.

VVOE/SHUTTERSTOCK ©

Forum Romanum

Das Forum Romanum war Glanzstück und Mittelpunkt des alten Roms, ein grandioser Bezirk mit Tempeln, Basiliken und öffentlichen Plätzen. Heute ist es eine Ansammlung eindrucksvoller, wenn auch schlecht beschrifteter Ruinen. Doch mit ein bisschen Phantasie ist dies eine wirklich faszinierende Stätte– man stelle sich vor, auf den Spuren Julius Cäsars und anderer legendärer Römer zu wandeln.

Toll für ...

Gut zu wissen

Foro Romano; Karte S. 388; ☎06 3996 7700; www.coopculture.it; Largo della Salara Vecchia, Piazza di Santa Maria Nova; Erw./erm. mit Kolosseum & Palatin 12/7,50 €; ⏲8.30 Uhr bis 1 Std. vor Sonnenuntergang; 🚌Via dei Fori Imperiali

Tempio di Saturno (Tempel des Saturn; S. 380)

★ Top-Tipp

Vom Palatin und Kapitolsplatz bieten sich großartige Ausblicke auf das Forum Romanum.

MARTIN M303/SHUTTERSTOCK ©

Das Gelände einer alten etruskischen Begräbnisstätte wurde ab dem 7. Jh. v. Chr. erschlossen und entwickelte sich im Laufe der Zeit zum sozialen, politischen und wirtschaftlichen Zentrum des Römischen Reiches. Im Mittelalter diente es als Weideland und Steinbruch. Im 18. und 19. Jh. wurde das Areal umfassend ausgegraben und auch heute finden noch Grabungen statt.

Via Sacra Richtung Kapitol

Wer das Forum vom Largo della Salara Vecchia betritt, sieht links den **Tempio di Antonino e Faustina**. Der 141 n. Chr. erbaute Tempel wurde im 8. Jh. zur Kirche, der **Chiesa di San Lorenzo in Miranda**, umgewidmet. Rechts ist die **Basilica Fulvia Aemilia** von 179 v. Chr.

Am Ende des Wegs gelangt man zur **Via Sacra**, der Hauptstraße des Forums, und zum **Tempio di Giulio Cesare**: Er steht an der Stelle, an der Julius Cäsar eingeäschert wurde.

Rechts geht's zur **Curia**, dem Sitz des römischen Senats. Was man heute hier sieht, ist allerdings ein Nachbau der Kurie, wie sie zur Zeit Diokletians (reg. 284–305) aussah.

Der **Arco di Settimio Severo** (Septimius-Severus-Bogen) am Ende der Via Sacra ist dem namensgebenden Kaiser und seinen Söhnen Caracalla und Geta gewidmet. In der Nähe erhebt sich über dem einstigen Hauptplatz des Forums, der Piazza del Foro, die **Colonna di Foca** (Phokas-Säule).

Die acht Granitsäulen hinter der Colonna sind alles, was vom **Tempio di Saturno** (Saturntempel) übrig ist: In dem bedeutenden Tempel wurde teils der Staatsschatz verwahrt.

Basilica di Massenzio

Tempio di Castore e Polluce & Casa delle Vestali

Auf dem Pfad, der parallel zur Via Sacra verläuft, kommt man an den Ruinen der **Basilica Giulia** vorbei. Der Bau wurde unter Cäsar begonnen und unter Augustus vollendet. Am Ende der Basilika sind noch drei Säulen vom **Tempio di Castore e Polluce** (Castor-und-Pollux-Tempel) aus dem 5. Jh. v. Chr. übrig. Die **Chiesa di Santa Maria Antiqua** (derzeit geschl.) aus dem 6. Jh. ganz in der Nähe ist die älteste christliche Kirche auf dem Forum.

Zurück Richtung Via Sacra ist die **Casa delle Vestali** (Haus der Vestalinnen); hier waren die Jungfrauen zu Hause, die über die Flamme im **Tempio di Vesta** wachten.

☑ Nicht versäumen

Die Basilica di Massenzio: Hier erhält man einen Eindruck von der gewaltigen einstigen Größe der Gebäude.

VIACHESLAV LOPATIN/SHUTTERSTOCK ©

Via Sacra Richtung Kolosseum

Geht man am **Tempio di Romolo** (Romulustempel) vorbei die Via Sacra hinauf, gelangt man zur **Basilica di Massenzio** (Basilica di Costantino; Piazza di Santa Maria Nova), dem größten Gebäude auf dem heutigen Forum.

Der **Arco di Tito** (Titusbogen; Piazza di Santa Maria Nova) hinter der Basilika wurde 81 n. Chr. zu Ehren der Siege Vespasians und Titus' gegen die aufständischen Juden in Jerusalem errichtet.

Was gibt's in der Nähe?

Kaiserforen Archäologische Stätte

(Fori Imperiali; Via dei Fori Imperiali; Karte S. 388; Via dei Fori Imperiali) Die Foren des Trajan, Augustus, Nerva und Cäsar sind zusammen als Kaiserforen bekannt. Sie kamen größtenteils unter die Räder, als Mussolini 1933 die Via dei Fori Imperiali hier durchpflügen ließ, doch durch Ausgrabungen konnte eine ganze Menge wieder zutage gefördert werden. Am wichtigsten sind die **Mercati di Traiano** (Trajansmärkte), die durch das Museo dei Fori Imperiali zugänglich sind, und die berühmte **Colonna di Traiano** (Trajanssäule).

Mercati di Traiano Museo dei Fori Imperiali Museum

(Karte S. 388; 06 06 08; www.mercatiditraiano.it; Via IV Novembre 94; Erw./erm. 11,50/9,50 €; 9.30–19.30 Uhr, letzter Einlass 18.30 Uhr; Via IV Novembre) Dieses tolle Museum erweckt die **Mercati di Traiano** aus dem 2. Jh. zum Leben und liefert anhand von Multimedia-Exponaten, Erläuterungstafeln und archäologischen Funden gleichzeitig eine faszinierende Einführung zu den Kaiserforen und ihrer Geschichte.

Kleine Stärkung

Bei den Kapitolinischen Museen (S. 386) gibt's schöne Ausblicke und Kaffee im Caffè Capitolino.

Forum Romanum

EINE HISTORISCHE TOUR

Ein Forum diente in der Antike als Marktplatz, Verwaltungszentrum und religiöser Komplex in einem und das größte überhaupt war das in Rom. Das Forum Romanum – gelegen zwischen den Hügeln Palatin, der vornehmsten Wohngegend im antiken Rom, und Kapitol – war das geschäftige, quirlige Herz der Stadt, das an keinem Tag der Woche stillstand. In der **Curia** ❶ debattierten die Senatoren über Staatsangelegenheiten, auf Plätzen und Straßen drängten sich die Käufer, unter der **Phokas-Säule** ❷ versammelten sich Menschen, um Politiker auf dem **Rostrum** ❸ reden zu hören. In Basiliken wie etwa der **Basilica di Massenzio** ❸ verrichteten Rechtsgelehrte ihre Arbeit, während die Priesterinnen der Vesta in der **Casa delle Vestali** ❹ still ihren Tätigkeiten nachgingen.

Das Forum war auch Ort besonderer Festlichkeiten: Zu religiösen Feiertagen gehörten Zeremonien in den Tempeln, im **Tempio di Saturno** ❺ ebenso wie im **Tempio di Castore e Polluce** ❻. Militärische Siege wurden mit aufwendigen Aufmärschen auf der Via Sacra und dem Bau von Triumphbögen wie dem **Arco di Settimio Severo** ❼ und dem **Arco di Tito** ❽.

Die heutigen Ruinen sind zwar beeindruckend, vermitteln aber nicht ohne Weiteres eine Vorstellung vom einstigen Forum. Die Abbildung zeigt das Forum in seiner Blütezeit, mit all seinen Tempeln, öffentlichen Gebäuden und imposanten, zu Ehren der Helden des Römischen Reiches errichteten Bauwerken.

TOP-TIPPS

- ➜ Großartige Blicke auf das Forum bieten Palatin und Kapitol.
- ➜ Frühmorgens oder spätnachmittags kommen, zwischen 11 und 14 Uhr ist am meisten los.
- ➜ Im Sommer wird es heiß und das Forum bietet kaum Schatten, also Sonnenhut und Wasser mitbringen.

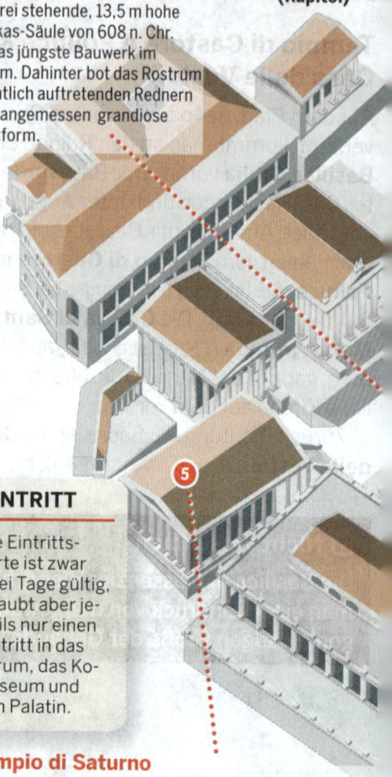

Colonna di Foca & Rostrum
Die frei stehende, 13,5 m hohe Phokas-Säule von 608 n. Chr. ist das jüngste Bauwerk im Forum. Dahinter bot das Rostrum öffentlich auftretenden Rednern eine angemessen grandiose Plattform.

EINTRITT

Die Eintrittskarte ist zwar zwei Tage gültig, erlaubt aber jeweils nur einen Eintritt in das Forum, das Kolosseum und den Palatin.

Tempio di Saturno
Im Tempel des Saturn, dem Fort Knox des antiken Roms, wurde der römische Staatsschatz aufbewahrt. Zu Zeiten Caesars lagen hier 13 t Gold, 114 t Silber und 30 Mio. Sesterzen in Silbermünzen.

IASCIC/SHUTTERSTOCK©

VIACHESLAV LOPATIN/SHUTTERSTOCK ©

Tempio di Castore e Polluce
Nur drei Säulen sind vom Tempel des Castor und des Pollux noch erhalten. Er war den beiden aus der Mythologie bekannten Zwillingen, den Dioskuren, geweiht, die den Römer zu ihrem Sieg über die Latiner verholfen haben sollen.

Arco di Settimio Severo

Eines der Erkennungszeichen des Forums ist der imposante Triumphbogen, der an die militärischen Erfolge des Septimius Severus erinnert. Die Relieftafeln zeigen seine Feldzüge gegen die Parther.

Curia

Das schlichte, große Gebäude war Sitz des Römischen Senats. Das heutige Gebäude ist zum größten Teil eine Rekonstruktion, der Marmorboden im Inneren aber stammt noch aus der Regierungszeit Diokletians im 3. Jh.

JIPEN/SHUTTERSTOCK ©

Basilica di Massenzio

Die Ausmaße dieser Basilika aus dem 4. Jh. sind schlichtweg überwältigend. In ihrer ursprünglichen Form war die Haupthalle in weiträumige Schiffe unterteilt, von denen heute nur noch das nördliche Seitenschiff erhalten ist.

JULIUS CAESAR

Dort, wo heute die Ruinen des Caesar-Tempels stehen, wurde Julius Caesar eingeäschert.

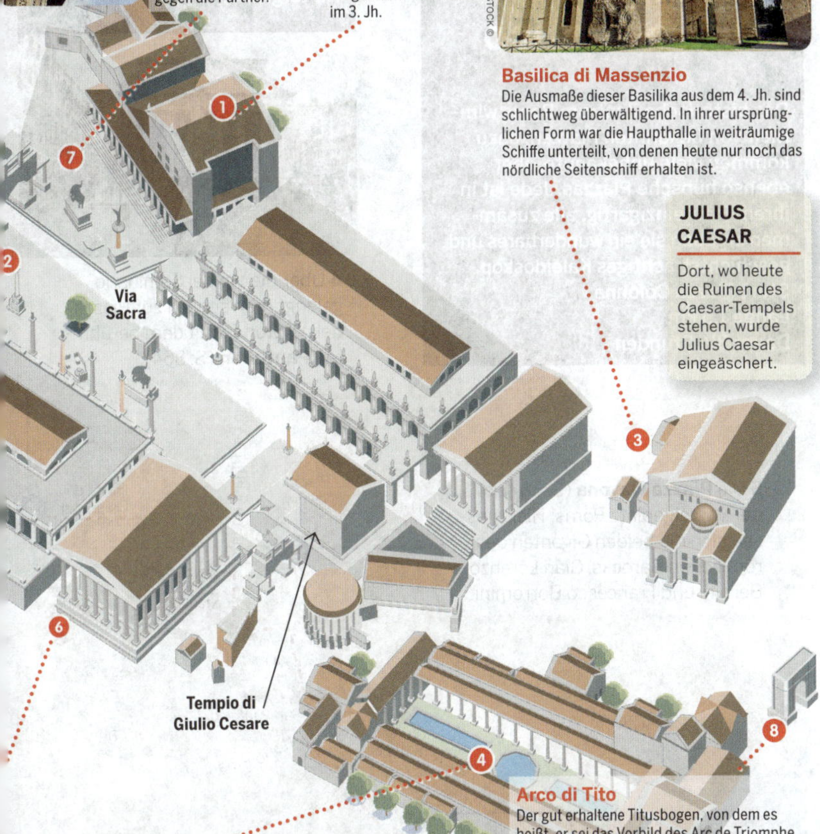

Arco di Tito

Der gut erhaltene Titusbogen, von dem es heißt, er sei das Vorbild des Arc de Triomphe in Paris gewesen, wurde von Kaiser Domitian zu Ehren seines älteren Bruders Titus errichtet.

Casa delle Vestali

Weiße Statuen säumen das grasbewachsene Atrium des einst prunkvollen Hauses der Vestalinnen. Diese Jungfrauen waren Priesterinnen der Göttin Vesta und spielten im religiösen Leben Roms eine wichtige Rolle.

DRAGAN JOVANOVIC/SHUTTERSTOCK ©

Piazzas im Centro Storico

Das historische Zentrum Roms wimmelt von bekannten Plätzen, dazu kommen viele unbekannte, aber ebenso hübsche Piazzas. Jede ist in ihrem Flair einzigartig, alle zusammen ergeben sie ein wunderbares und geschichtsträchtiges Kaleidoskop.

Start Piazza Colonna
Länge 1,5 km
Dauer 3½ Stunden

Fotospot: Die Piazza della Rotonda mit dem Pantheon im Hintergrund.

4 Über die Via del Seminario gelangt man schnell zur Piazza della Rotonda mit dem berühmten **Pantheon** (S. 364).

5 Die **Piazza Navona** (S. 387) ist der Vorzeigeplatz Roms: Hier messen sich die beiden Giganten des römischen Barocks, Gian Lorenzo Bernini und Francesco Borromini.

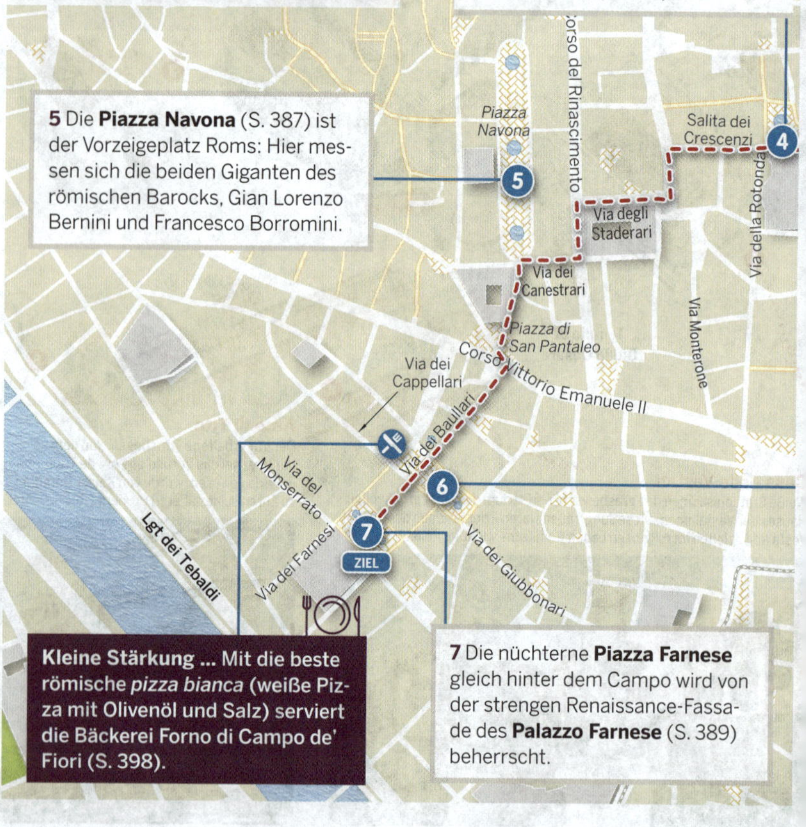

Kleine Stärkung ... Mit die beste römische *pizza bianca* (weiße Pizza mit Olivenöl und Salz) serviert die Bäckerei Forno di Campo de' Fiori (S. 398).

7 Die nüchterne **Piazza Farnese** gleich hinter dem Campo wird von der strengen Renaissance-Fassade des **Palazzo Farnese** (S. 389) beherrscht.

1 Die **Piazza Colonna** wird von der 30 m hohen Marc-Aurel-Säule bestimmt. Der Palazzo Chigi ist die offizielle Residenz des italienischen Ministerpräsidenten.

2 Durch die Via dei Bergamaschi geht's anschließend zur schönen **Piazza di Pietra** mit dem Tempio di Adriano aus dem 2. Jh.

3 Die Via de' Burro führt sodann zur kleinen **Piazza di Sant'Ignazio Loyola**. Hier steht eine Kirche mit wunderbaren Trompe-l'œil-Fresken.

6 Auf dem **Campo de' Fiori** (S. 389) auf der anderen Seite des Corso Vittorio Emanuele II findet ein quirliger Markt statt.

SEHENSWERTES

Antikes Rom

Palatino Archäologische Stätte

(Palatinhügel; Karte S. 388; ☎06 3996 7700; www.coopculture.it; Via di San Gregorio 30, Piazza di Santa Maria Nova; Erw./erm. mit Kolosseum & Forum Romanum 12/7,50 €; ⏲8.30 Uhr bis 1 Std. vor Sonnenuntergang; Ⓜ Colosseo) Der Palatin-Hügel zwischen dem Forum Romanum und dem Circus Maximus ist heute ein stimmungsvoller, grüner Stadtteil mit hoch aufragenden Pinien, majestätischen Ruinen und wundervollen Ausblicken. Hier gründete Romulus 753 v. Chr. der Legende nach die Stadt und hier lebten die römischen Kaiser in Saus und Braus. Ein Erlebnis sind das **stadio** (Stadion), die Ruinen des **Domus Flavia** (Kaiserpalast) und die tollen Blicke aufs Forum von den **Orti Farnesiani** (Farnesinische Gärten).

> *Ein stimmungsvoller, grüner Stadtteil mit hoch aufragenden Pinien, majestätischen Ruinen und wundervollen Ausblicken.*

Kapitolinische Museen Museum

(Musei Capitolini; Karte S. 388; ☎06 06 08; www.museicapitolini.org; Piazza del Campidoglio 1; Erw./erm. 11,50/9,50 €; ⏲9.30–19.30 Uhr, letzter Einlass 18.30 Uhr; 🚌Piazza Venezia) Die 1471 gegründeten Kapitolinischen Museen sind die ältesten öffentlichen Museen der Welt. Ihre Sammlung antiker Skulpturen zählt zu den schönsten Italiens, darunter sind Publikumsrenner wie die berühmte *Lupa capitolina* (Kapitolinische Wölfin, die Romulus und Remus säugt) und der *Galata morente* (Sterbender Gallier), eine bewegende Darstellung eines sterbenden Kriegers. Auch die Gemäldesammlung kann sich sehen lassen, mit Meisterwerken u. a. von Tizian, Tintoretto, Rubens und Caravaggio.

Wenn Sonderausstellungen stattfinden, ist der Eintritt teurer.

Vittoriano Wahrzeichen

(Victor-Emmanuel-Denkmal; Karte S. 388; Piazza Venezia; ⏲Sommer 9.30–17.30 Uhr, Winter bis 16.30 Uhr; 🚌Piazza Venezia) GRATIS Ob man ihn mag oder – wie viele Römer – verabscheut, ignorieren kann man den gewaltigen Vittoriano (oder Altare della Patria) aus weißem Marmor an der Piazza Venezia nicht. Der „Altar des Vaterlands" wurde ab 1885 zu Ehren des ersten Königs Italiens errichtet: Victor Emmanuel II. ist hier in einem großen

Das Stadion auf dem Palatin

Reiterstandbild verewigt. Das Nationaldenkmal umfasst das **Museo Centrale del Risorgimento** (☎06 679 35 98; www.risorgimento.it; Erw./erm. 5/2,50 €; ⏲9.30–18.30 Uhr), das sich mit der Entstehung des italienischen Nationalstaats befasst, und das **Grab des unbekannten Soldaten**.

Vom Dach des Riesendenkmals, das mit dem Aufzug **Roma dal Cielo** (Erw./erm. 7/3,50 €; ⏲9.30–19.30 Uhr, letzter Einlass 19 Uhr) zu erreichen ist, bietet sich der schönste Panoramablick über Rom.

Bocca della Verità Legende

(Mund der Wahrheit; Karte S. 388; Piazza Bocca della Verità 18; ⏲9.30–17.50 Uhr; 🚌Piazza Bocca della Verità) Dies ist eine der beliebtesten Kuriositäten Roms. Gemeint ist ein großes rundes Marmorrelief, das ein bärtiges Gesicht zeigt. Wer – der Legende nach – seine Hand in den Mund hält und dabei lügt, dem wird die Hand abgebissen.

Der Mund, einst Teil eines Brunnens oder vielleicht ein antiker Kanaldeckel, befindet sich in der Vorhalle der **Chiesa di Santa Maria in Cosmedin**, einer hübschen mittelalterlichen Kirche.

Centro Storico

Piazza Navona Piazza

(Karte S. 390; 🚌Corso del Rinascimento) Mit ihren protzigen Brunnen, barocken Palazzi und der bunten Mischung aus Straßenkünstlern, Händlern und Touristen ist die elegante Piazza der Vorzeigeplatz im Stadtzentrum. Im 1. Jh. befand sich hier der **Stadio di Domiziano** (Stadion des Domitian; ☎06 4568 6100; www.stadiodomiziano.com; Via di Tor Sanguigna 3; Erw./erm. 8/6 €; ⏲So–Fr 10–19, Sa bis 20 Uhr; 🚌Corso del Rinascimento). Die Piazza wurde im 15. Jh. gepflastert und fast 300 Jahre lang fand hier der Hauptmarkt statt. Den Mittelpunkt des Platzes bildet Berninis **Fontana dei Quattro Fiumi** (Brunnen der vier Flüsse), ein prächtiger Brunnen mit einem ägyptischen Obelisken und den muskulösen Personifizierungen der Flüsse Nil, Ganges, Donau und Río de la Plata.

Galleria Doria Pamphilj Galerie

(Karte S. 390; ☎06 679 73 23; www.doriapamphilj.it; Via del Corso 305; Erw./erm. 12/8 €; ⏲9–19 Uhr, letzter Einlass 18 Uhr; 🚌Via del Corso) Verborgen hinter der grauen Fassade des Palazzo Doria Pamphilj wartet diese wunderbare Galerie mit einer der bedeutendsten privaten Kunstsammlungen Roms auf. Sie umfasst Werke von Raffael, Tintoretto, Tizian, Caravaggio, Bernini und Velázquez sowie von mehreren flämischen Meistern.

Via Appia Antica

Die 190 v. Chr. fertig gestellte Via Appia verband Rom mit Brindisi an der südlichen Adriaküste. Heute stellt sie ein Naherholungsgebiet mit malerischen Ruinen, Feldern und Pinien dar. Dabei weist die Straße (*via*) eine dunkle Vergangenheit auf: Hier wurden 71 v. Chr. nicht nur Spartakus und 6000 seiner rebellischen Sklaven gekreuzigt, sondern bestatteten die alten Römer auch ihre Toten. Wohlhabende ließen sich aufwendig gestaltete Mausoleen errichten, die frühen Christen wiederum schufen ein 300 km langes Netz von unterirdischen Begräbniskammern unter der Via Appia – die Katakomben.

Zu den Highlights zählen die **Catacombe di San Sebastiano** (☎06 785 03 50; www.catacombe.org; Via Appia Antica 136; Erw./erm. 8/5 €; ⏲Jan.–Nov. Mo–Sa 10–17 Uhr; 🚌Via Appia Antica) und die nahen **Catacombe di San Callisto** (☎06 513 01 51; www.catacombe.roma.it; Via Appia Antica 110–126; Erw./erm. 8/5 €; ⏲März–Jan. Do–Di 9–12 & 14–17 Uhr; 🚌Via Appia Antica).

Bus 660 ab Metrostation Colli Albani (Linie A) fährt, Bus 118 ab Circo Massimo (Linie B).

Antikes Rom
0
200 m
A
B
C
D
1
2
3
4
5
6
Piazza Venezia
Via di San Marco
Via Foro Traiano
Via IV Novembre
Largo Magnanapoli
Via Panisperna
Via Alessandrina
Via di Sant'Agata dei Goti
Piazza Venezia
Piazza d'Ara Coeli
Via d'Aracoeli
Aracoeli-Treppe
Cordonata
Via del Teatro di Marcello
Piazza del Campidoglio
Via di San Pietro in Carcere
Clivio Argentario
Via dei Fori Imperiali
Via Tor de' Conti
Via Baccina
Via della Madonna dei Monti
Via Cavour
Via del Colosseo
Via dell'Agnello
Largo C Ricci
Via Frangipane
Via della Curia
Largo Romolo e Remo
Largo della Salara Vecchia
Clivius Capitolinus
Campidoglio (Kapitol)
Via del Foro Romano
Vicus Tuscus
Forum Romanum
Via di Monte Caprino
Via Consolazione
Vic Jungario
Via dei Foraggi
Via Sacra
Via Bucimazza
Via dei Fienili
Via di San Giovanni Decollato
Piazza di Santa Maria Nova
Via Sacra
Via di San Teodoro
Vigna Barberini
Via Petroselli
Piazza Bocca della Verità
Via Santa Maria in Cosmedin
Palatino (Palatin)
Piazza di Sant'Anastasia
Via d Ara Mass di Ercole
Via della Greca
Circo Massimo
Via dei Cerchi
Clivo dei Publici
Via di San Gregorio
Parco Savello
1
2
3
4
5
6
7
8
9
10
11
12
13
14
15
16
17
18
19
20
21
22
23
24
25
26
27
28
29
30
31
32
33
34
35
36
37

Antikes Rom

Sehenswertes

1	Arcate Severiane	C6
2	Arco di Settimio Severo	B3
3	Arco di Tito	D4
4	Basilica di Massenzio	D3
5	Basilica Fulvia Aemilia	C3
6	Basilica Giulia	B3
7	Bocca della Verità	A5
8	Capanne Romulee	B5
9	Kapitolinische Museen	A3
10	Casa delle Vestali	C3
11	Casa di Augusto	B5
12	Casa di Livia	C5
13	Chiesa di San Lorenzo in Miranda	C3
14	Chiesa di Santa Maria Antiqua	C4
15	Colonna di Foca	B3
16	Complesso del Vittoriano	B2
17	Criptoportico Neroniano	C4
18	Curia	B3
19	Domus Augustana	C5
20	Domus Severiana	C6
21	Kaiserforen	C2
22	Mercati di Traiano Museo dei Fori Imperiali	C1
23	Museo Centrale del Risorgimento	A2
24	Museo Palatino	C5
25	Orti Farnesiani	C4
26	Palatin	C5
27	Roma dal Cielo	A2
28	Forum Romanum	C3
29	Stadio	C6
30	Tempio di Antonino e Faustina	C3
31	Tempio di Castore e Polluce	C3
32	Tempio di Romolo	C3
33	Tempio di Saturno	B3
34	Tempio di Vesta	C3
35	Terme di Settimio Severo	D6
36	Via Sacra	C3
37	Vittoriano	A2

Meisterwerke gibt's zuhauf, aber das unbestrittene Highlight ist Velázquez' Porträt des unerbittlichen Papstes Innozenz X., der sich darüber beschwerte, dass die Darstellung „zu realistisch" geraten sei. Zum Vergleich schaue man sich Gian Lorenzo Berninis Skulptur des Papstes an.

Chiesa del Gesù Kirche

(Karte S. 390; ☎06 69 70 01; www.chiesadelgesu.org; Piazza del Gesù; ⏰7–12.30 & 16–19.45 Uhr, St.-Ignatius-Räume Mo–Sa 16–18, So 10–12 Uhr; 🚌Largo di Torre Argentina) Die bedeutendste Jesuitenkirche Roms, ein imposantes Beispiel gegenreformatorischer Architektur, ist eine Schatzkammer barocker Kunst. Zu den Glanzlichtern zählen ein Gewölbefresko von Giovanni Battista Gaulli (Il Baciccia) und Andrea del Pozzos opulentes Grabmal für Ignatius Loyola, den spanischen Soldaten und Heiligen, der den Jesuitenorden 1540 gründete. Der hl. Ignatius lebte von 1544 bis zu seinem Tod 1556 in der Kirche. Seine Privaträume sind rechts vom Hauptgebäude in der Cappella di Sant'Ignazio zu besichtigen.

Palazzo Farnese Historisches Gebäude

(Karte S. 390; www.inventerrome.com; Piazza Farnese; 9 €; ⏰Führungen Mo, Mi & Fr 15, 16 & 17 Uhr; 🚌Corso Vittorio Emanuele II) Mit dem Bau dieses wuchtigen Renaissance-Palazzos, eines der schönsten Roms, wurde 1514 unter Antonio da Sangallo dem Jüngeren begonnen, er wurde von Michelangelo fortgeführt und von Giacomo della Porta abgeschlossen. Im Inneren wartet der Palast mit Fresken von Annibale und Agostino Carracci auf, die es einigen Kennern zufolge mit denen von Michelangelo in der Sixtinischen Kapelle aufnehmen können. Das Highlight, entstanden zwischen 1597 und 1608, ist das monumentale Deckenfresko *Amori degli Dei* (Die Lieblinge der Götter) in der Galleria dei Carracci.

Campo de' Fiori Piazza

(Karte S. 390; 🚌Corso Vittorio Emanuele II) Der laute, bunte „Campo" ist ein Herzstück des römischen Alltags: Tagsüber findet hier einer der bekanntesten Märkte Roms statt, abends, wenn sich die Gäste in den zahlreichen Kneipen und Restaurants drinnen und draußen tummeln, verwandelt er sich in ein einziges großes Wohnzimmer. Jahrhundertelang fanden hier die öffentlichen Hinrichtungen statt: So wurde 1600 etwa der Philosoph und Astronom Giordano Bruno wegen Ketzerei auf dem Scheiterhaufen verbrannt. Die Stelle ist heute mit einer finsteren Statue des Mönchs mit Kapuze markiert, geschaffen 1889 von Ettore Ferrari.

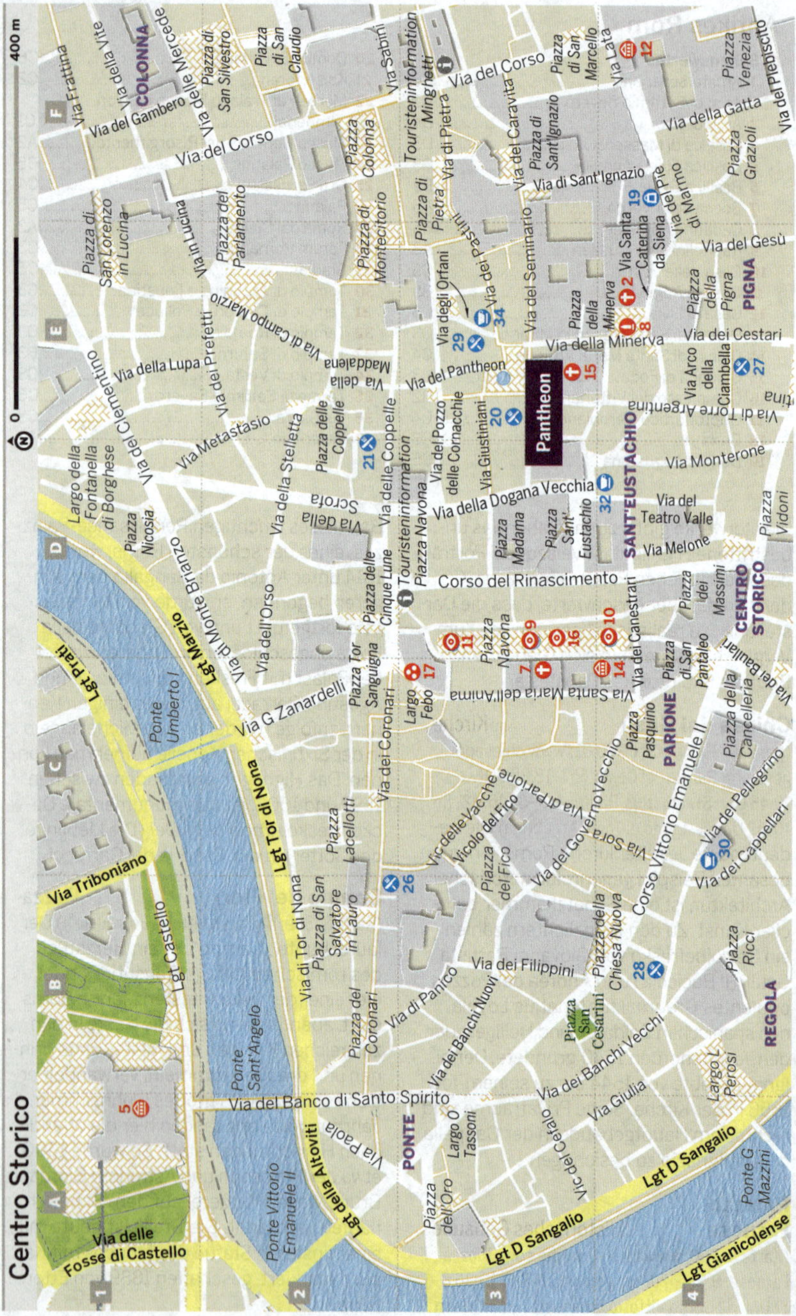
Centro Storico
0
400 m
Via Frattina
Via della Vite
COLONNA
Via del Gambero
Via delle Mercede
Piazza di San Silvestro
Piazza di San Claudio
Via Sabini
Touristeninformation Minghetti
Via del Corso
Piazza di San Marcello
Via Lata
Piazza Venezia
Via del Plebiscito
Via della Gatta
Piazza Grazioli
Piazza Colonna
Via di Pietra
Via del Caravita
Piazza di Sant'Ignazio
Via di Sant'Ignazio
Piazza di San Lorenzo in Lucina
Via in Lucina
Piazza del Parlamento
Piazza di Montecitorio
Piazza di Pietra
Via dei Pastini
Via del Seminario
Via Santa Caterina da Siena
Via del Piè di Marmo
Via del Gesù
Via di Campo Marzio
Via della Maddalena
Via degli Orfani
Piazza della Minerva
Via della Minerva
Piazza della Pigna
PIGNA
Via dei Cestari
Via della Lupa
Via dei Prefetti
Via del Pantheon
Pantheon
Via Arco della Ciambella
Via di Torre Argentina
Via del Clementino
Via Metastasio
Via della Stelletta
Piazza delle Coppelle
Via delle Coppelle
Via del Pozzo delle Cornacchie
Via Giustiniani
SANT'EUSTACHIO
Via Monterone
Largo della Fontanella di Borghese
Piazza Nicosia
Via della Scrofa
Touristeninformation Piazza Navona
Via della Dogana Vecchia
Piazza Madama
Piazza Sant'Eustachio
Via del Teatro Valle
Via Melone
Piazza Vidoni
Via di Monte Brianzo
Via dell'Orso
Piazza delle Cinque Lune
Touristeninformation
Corso del Rinascimento
Via dei Canestrari
Piazza dei Massimi
CENTRO STORICO
Lgt Prati
Lgt Marzio
Ponte Umberto I
Via G Zanardelli
Piazza Tor Sanguigna
Largo Febo
Piazza Navona
Via Santa Maria dell'Anima
Piazza di San Pantaleo
Via dei Baullari
Lgt Tor di Nona
Via dei Coronari
Piazza Lancellotti
Vic delle Vacche
Vicolo del Fico
Via di Parione
Via del Governo Vecchio
Piazza Pasquino
PARIONE
Corso Vittorio Emanuele II
Piazza della Cancelleria
Via del Pellegrino
Via TribonIano
Via di Tor di Nona
Piazza di San Salvatore in Lauro
Piazza del Fico
Via Sora
Via dei Cappellari
Lgt Castello
Via dei Filippini
Piazza della Chiesa Nuova
Piazza Ricci
Piazza del Coronari
Via di Panico
Via dei Banchi Nuovi
Piazza San Cesarini
Via dei Banchi Vecchi
REGOLA
Ponte Sant'Angelo
Via del Banco di Santo Spirito
Via Giulia
Largo L Perosi
Via delle Fosse di Castello
Ponte Vittorio Emanuele II
Lgt della Altoviti
Via Paola
PONTE
Largo O Tassoni
Vic del Cefalo
Lgt D Sangallo
Ponte G Mazzini
Piazza dell'Oro
Lgt Gianicolense
A
B
C
D
E
F
1
2
3
4
2
5
7
8
9
10
11
12
14
15
16
17
19
20
21
26
27
28
29
30
32
34

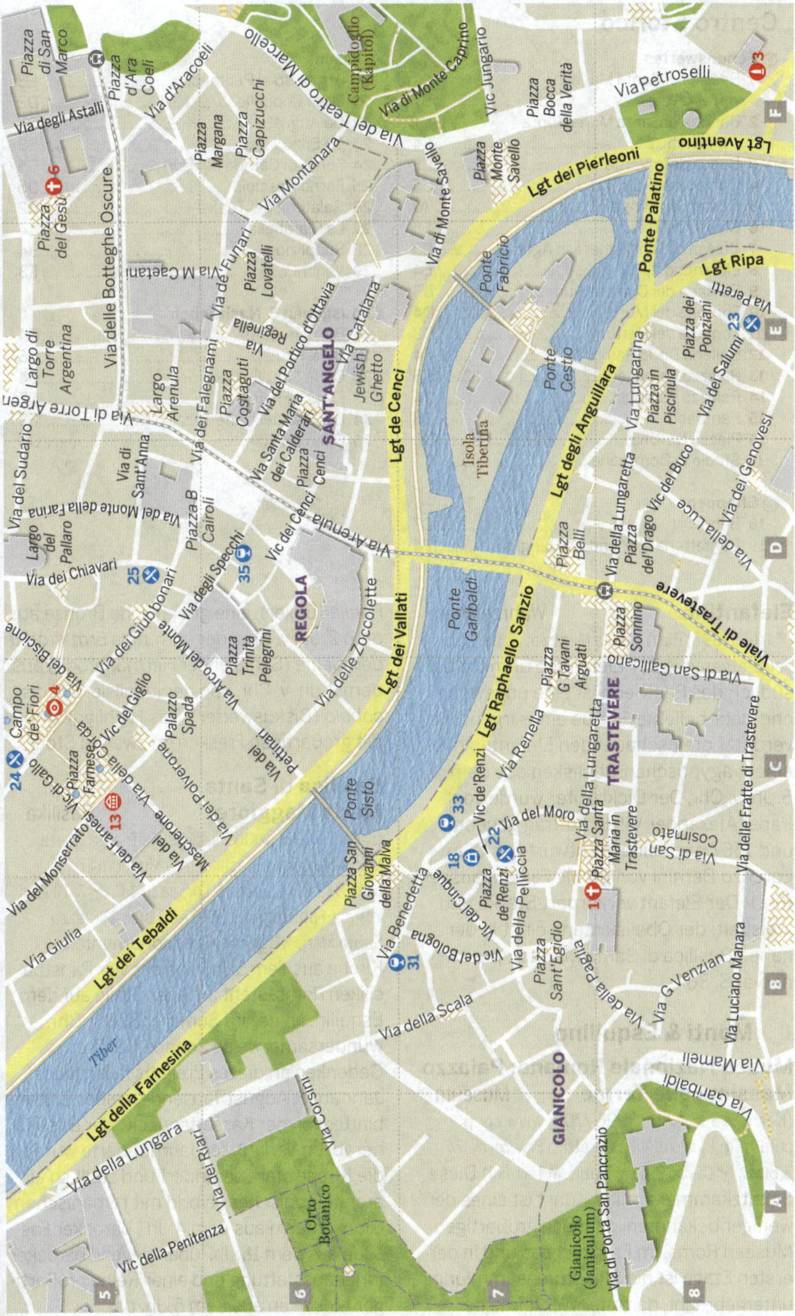
Piazza di San Marco
Via degli Astalli
Piazza d'Ara Coeli
Via d'Aracoeli
Campidoglio (Kapitol)
Via del Teatro di Marcello
Via di Monte Caprino
Vic Jungario
Piazza Bocca della Verità
Via Petroselli
Lgt Aventino
Piazza del Gesù
Via delle Botteghe Oscure
Piazza Margana
Piazza Capizucchi
Via Montanara
Via del Portico d'Ottavia
Piazza Monte Savello
Via di Monte Savello
Lgt dei Pierleoni
Ponte Palatino
Lgt Ripa
Via M Caetani
Via de' Funari
Piazza Lovatelli
Ponte Fabricio
Largo di Torre Argentina
Via di Torre Argentina
Largo Arenula
Via Reginella
Piazza Costaguti
Via dei Falegnami
SANT'ANGELO
Via Catalana
Jewish Ghetto
Lgt de Cenci
Isola Tiberina
Ponte Cestio
Via Lungarina
Piazza dei Ponziani
Via Peretti
Piazza in Piscinula
Via dei Salumi
Lgt degli Anguillara
Via del Sudario
Via di Sant'Anna
Via Santa Maria dei Calderari
Piazza Cenci
Via dei Genovesi
Via della Luce
Vic del Buco
Largo del Pallaro
Via del Monte della Farina
Piazza B Cairoli
Vic dei Cenci
Via Arenula
Piazza Belli
Via della Lungaretta
Piazza dell'Drago
Via dei Chiavari
Via dei Giubbonari
Via degli Specchi
REGOLA
Ponte Garibaldi
Piazza Sonnino
Viale di Trastevere
Via del Biscione
Via Arco del Monte
Piazza Trinità Pelegrini
Via delle Zoccolette
Lgt dei Vallati
Lgt Raphaello Sanzio
Piazza G Tavani Arguati
Via di San Gallicano
Campo de' Fiori
Vic del Giglio
Palazzo Spada
Via del Pettinari
Via Renella
TRASTEVERE
Via di Gallo
Piazza Farnese
Via del Polverone
Ponte Sisto
Vic de'Renzi
Via del Moro
Piazza Santa Maria in Trastevere
Via di San Cosimato
Via delle Fratte di Trastevere
Via del Monserrato
Via dei Farnesi
Via del Mascherone
Piazza San Giovanni della Malva
Via Benedetta
Vic del Cinque
Piazza de' Renzi
Via della Pelliccia
Via Giulia
Lgt dei Tebaldi
Vic del Bologna
Piazza Sant'Egidio
Via della Paglia
Via G Venzian
Via Luciano Manara
Via della Scala
Tiber
Lgt della Farnesina
Via Mameli
GIANICOLO
Via Garibaldi
Via della Lungara
Via del Riari
Via Corsini
Orto Botanico
Vic della Penitenza
Gianicolo (Janiculum)
Via di Porta San Pancrazio

Centro Storico

Sehenswertes

1 Basilica di Santa Maria in Trastevere ... B7
2 Basilica di Santa Maria Sopra Minerva ... E4
3 Bocca della Verità ... F8
4 Campo de' Fiori ... C5
5 Castel Sant'Angelo ... A1
6 Chiesa del Gesù ... F5
7 Chiesa di Sant'Agnese in Agone ... C3
8 Elefantino ... E4
9 Fontana dei Quattro Fiumi ... D3
10 Fontana del Moro ... D4
11 Fontana del Nettuno ... D3
12 Galleria Doria Pamphilj ... F4
13 Palazzo Farnese ... C5
14 Palazzo Pamphilj ... C4
15 Pantheon ... E3
16 Piazza Navona ... D3
17 Stadio di Domiziano ... C3

Shoppen

18 Benheart ... C7
19 Confetteria Moriondo & Gariglio ... F4

Essen

20 Armando al Pantheon ... E3
21 Casa Coppelle ... D2
22 Da Augusto ... C7
23 Da Enzo ... E8
24 Forno di Campo de' Fiori ... C5
25 Forno Roscioli ... D5
26 Gelateria del Teatro ... B2
27 La Ciambella ... E4
28 Supplizio ... B4
29 Venchi ... E3

Ausgehen & Nachtleben

30 Barnum Cafe ... C4
31 Bir & Fud ... B6
32 Caffè Sant'Eustachio ... D4
33 Freni e Frizioni ... C7
34 La Casa del Caffè Tazza d'Oro ... E3
35 Open Baladin ... D6

Elefantino — Wahrzeichen

(Karte S. 390; Piazza della Minerva; Largo di Torre Argentina) Der Elefantino unmittelbar südlich des Pantheon ist eine ungewöhnliche, sehr beliebte Statue eines irgendwie verdutzt dreinschauenden Elefanten mit einem ägyptischen Obelisken aus dem 6. Jh. v. Chr. Der Dickhäuter wurde von Papst Alexander VII. in Auftrag gegeben und 1667 nach einem Entwurf von Gian Lorenzo Bernini von Ercole Ferrata ausgeführt. Der Elefant verkörpert Stärke und Weisheit; der Obelisk stand einst in der nahen Basilica di Santa Maria Sopra Minerva (S. 367).

Monti & Esquilino

Museo Nazionale Romano: Palazzo Massimo alle Terme — Museum

(Karte S. 396; ☎06 3996 7700; www.coopculture.it; Largo di Villa Peretti 1; Erw./erm. 7/3,50 €; Di–So 9–19.45 Uhr; Ⓜ Termini) Diese Schatzkammer antiker Kunst ist eines der weniger bekannten, dennoch großartigen Museen Roms. Im Erdgeschoss und in der ersten Etage ist die Skulpturensammlung untergebracht, darunter Werke wie der *Pugile* (Boxer), eine griechische Bronze aus dem 2. Jh. v. Chr., der anmutige *Ermafrodite dormiente* (Schlafender Hermaphrodit) aus dem 2. Jh. v. Chr. und der idealisierte *Il discobolo* (Diskuswerfer). Das Highlight sind die großartigen Fresken im zweiten Stock.

Basilica di Santa Maria Maggiore — Basilika

(Karte S. 396; ☎06 6988 6800; Piazza Santa Maria Maggiore; Basilika frei, Museum Erw./erm. 3/2 €, Museum & Loggia 5/4 €; 7–19 Uhr, Loggia-Führungen 9.30–17.45 Uhr; Piazza Santa Maria Maggiore) Die monumentale Kirche aus dem 5. Jh., eine der vier Papstbasiliken Roms, steht an jener Stelle auf dem Esquilin, an der im Sommer 358 n. Chr. wundersamerweise Schnee fiel. Zum Gedenken an dieses Ereignis fallen jedes Jahr am 5. August Tausende weißer Blütenblätter von der Kassettendecke der Basilika herab. Im Verlauf der Jahrhunderte wurde die Kirche stark verändert und stellt so ein architektonisches Hybrid mit romanischem Glockenturm aus dem 4. Jh., barocker Fassade aus dem 18. Jh., überwiegend barocker Innenausstattung und einer Reihe großartiger Mosaiken aus dem 5. Jh. dar.

Basilica di San Pietro in Vincoli Basilika
(Piazza di San Pietro in Vincoli 4a; ⌚Sommer 8–12.30 & 15–19 Uhr, Winter bis 18 Uhr; Ⓜ Cavour) Pilger und Kunstliebhaber zieht es aus zwei Gründen in diese Basilika aus dem 5. Jh.: zum einen, um Michelangelos kolossalen *Moses* (1505) zu bewundern, zum anderen, um die Ketten zu sehen, mit denen Petrus angeblich gefesselt war, als er im Carcere Mamertino nahe des Forum Romanum eingesperrt war. Zur Kirche geht es durch einen niedrigen Bogen hindurch über eine Treppe, die von der Via Cavour heraufführt.

Tridente & Trevi

Trevi-Brunnen Brunnen
(Fontana di Trevi; Karte S. 396; Piazza di Trevi; Ⓜ Barberini) Die Fontana di Trevi, in der Anita Ekberg im Kultfilm *La Dolce Vita* ein Bad nahm, ist ein überbordendes Barockensemble aus mythologischen Figuren und wilden Pferden, das die gesamte Seite des Palazzo Poli aus dem 17. Jh. einnimmt. Nach der 2015 vollendeten, von Fendi gesponserten Restaurierung glänzt der Brunnen jetzt wieder heller als viele Jahre zuvor. Der Tradition gemäß kehrt derjenige nach Rom zurück, der eine Münze in den Brunnen wirft – durchschnittlich landen so jeden Tag rund 3000 € im Wasser.

Palazzo Barberini Galerie
(Galleria Nazionale d'Arte Antica; Karte S. 396; ☎06 481 45 91; www.barberinicorsini.org; Via delle Quattro Fontane 13; Erw./erm. 5/2,50 €, mit Palazzo Corsini 10/5 €; ⌚Di–So 8.30–19 Uhr; Ⓜ Barberini) Der Palazzo Barberini sollte den Aufstieg des Barberini-Clans zu päpstlicher Macht symbolisieren und ist ein opulenter Barockpalast, der auch ohne, dass man die Kunst im Inneren gesehen hat, schon beeindruckt. An der Vollendung des Baus waren zahlreiche bedeutende Architekten beteiligt, darunter die Rivalen Bernini und Borromini: Ersterer steuerte eine große rechtwinklige Treppe bei, Letzterer eine spiralförmige. Unter den Kunstwerken sollte man auf keinen Fall Pietro da Cortonas *Il Trionfo della Divina Provvidenza* (Triumph der göttlichen Vorsehung; 1632–39) versäumen, das spektakuläre Deckenfresko im Hauptsaal des ersten Stocks.

Piazza di Spagna & Spanische Treppe Piazza
(Karte S. 396; Ⓜ Spagna) Die Spanische Treppe (Scalinata della Trinità dei Monti) lockt schon seit dem 18. Jh. Rombesucher an: Von ihren Stufen lässt sich wunderbar das Treiben beobachten. Die nach einer Säuberung nun wieder schön glänzenden 135 Stufen führen von der Piazza di Spagna zur **Chiesa della Trinità dei Monti** (Karte S. 396; ☎06 679 41 79; Piazza Trinità dei Monti 3; ⌚Di–Fr 7.30–20, Sa & So 10–17 Uhr).

Die Piazza ist nach der Spanischen Botschaft beim Heiligen Stuhl benannt, die von dem Italiener Francesco De Sanctis entworfene und 1725 angelegte Treppe wurde hingegen von einem französischen Diplomaten finanziert.

Piazza del Popolo Piazza
(Ⓜ Flaminio) Die hinreißende Piazza wurde 1538 angelegt, um für den damaligen wichtigsten Zugang nach Rom aus Richtung Norden ein grandioses Entree zu schaffen. Seither wurde der Platz mehrmals umgestaltet, zuletzt 1823 von Giuseppe Valadier. An der Südseite erheben sich Carlo Rainaldis zwei Kirchen aus dem 17. Jh., die **Chiesa di Santa Maria dei Miracoli** (Via del Corso 528; ⌚Mo–Sa 6.45–12.30 & 16.30–19.30, So 8–13.15 & 16.30–19.45 Uhr) und die **Chiesa di Santa Maria in Montesanto** (Chiesa degli Artisti; www.chiesadegliartisti.it; Via del Babuino 198; ⌚Mo–Fr 17.30–20, So 11–13.30 Uhr). Den 36 m hohen **Obelisken** (Piazza del Popolo) in der Mitte des Platzes brachte Augustus aus Ägypten mit – ursprünglich stand er im Circus Maximus.

Villa Medici Palast
(☎06 676 13 11; www.villamedici.it; Viale Trinità dei Monti 1; 1½-stündige Führung Erw./erm. 12/6 €; ⌚Di–So 10–19 Uhr; Ⓜ Spagna) Der opulente Renaissance-Palast wurde 1540 ursprünglich für Kardinal Ricci da Montepulciano errichtet, dann aber 1576 von Ferdinando dei Medici gekauft. In den Händen der Medici verblieb er bis 1801, als Napoleon ihn für die Französische Akademie er-

VALERIOMEI/GETTY IMAGES ©

Von links: Tempel und See, Villa Borghese; Pizzeria in Trastevere; Trevi-Brunnen (S. 393)

warb. Auf Führungen gelangen die Teilnehmer in wunderbar angelegte Gärten und üppig ausgestaltete Gemächer des Kardinals, hinzu kommen unglaubliche Ausblicken auf Rom – Zeiten für die Führungen in verschiedenen Sprachen siehe Website. In den Mauern der Villa sind übrigens Stücke alter römischer Skulpturen von der Ara Pacis zu finden.

Keats-Shelley House Museum

(Karte S. 396; ☎06 678 42 35; www.keats-shelley-house.org; Piazza di Spagna 26; Erw./erm. 5/4 €; ⏲Mo–Sa 10–13 & 14–18 Uhr; Ⓜ Spagna) Im Keats-Shelley House verstarb der romantische Dichter John Keats im Februar 1821 im Alter von 25 Jahren an Tuberkulose. Der Brite Keats kam 1820 nach Rom, wo er hoffte, im italienischen Klima von seiner Krankheit zu genesen. Er mietete zusammen mit dem Maler Joseph Severn (1793–1879) im dritten Stock eines Stadthauses an der Spanischen Treppe zwei Zimmer an. Im ersten Stock wird ein Film über die Romantiker gezeigt, oben ist zu sehen, wie Keats und Severn lebten und arbeiteten.

Trastevere

Trastevere ist eines der quirligsten Viertel im Zentrum von Rom, es ist ein dichtes Labyrinth aus ockerfarbenen Palazzi, efeuberankten Fassaden und fotogenen Gassen. Der alte Arbeiterbezirk ist heute ein angesagtes Ausgehviertel mit vielen Bars und Restaurants.

Basilica di Santa Maria in Trastevere Basilika

(Karte S. 390; ☎06 581 4802; Piazza Santa Maria in Trastevere; ⏲Sept.–Juli 7.30–21 Uhr, Aug. 8–12 & 16–21 Uhr; 🚌Viale di Trastevere, 🚋Viale di Trastevere) Bei der Basilika in einer stillen Ecke am Hauptplatz von Trastevere soll es sich um die älteste Marienkirche Roms handeln. In ihrer ursprünglichen Form stammt sie aus dem frühen 3. Jh., jedoch erhielt sie bei einem großen Umbau im 12. Jh. einen romanischen Glockenturm und eine goldglitzernde Fassade. Die Vorhalle wurde 1702 von Carlo Fontana hinzugefügt. Das Glanzstück im Innern des Gotteshauses sind die Mosaiken aus dem 12. Jh.

San Giovanni & Testaccio

Basilica di San Giovanni in Laterano Basilika

(Piazza di San Giovanni in Laterano 4; Basilika/Kreuzgang frei/5 € mit Audioguide; 7–18.30 Uhr, Kreuzgang 9–18 Uhr; M San Giovanni) Tausend Jahre lang war diese monumentale Kirche das wichtigste Gotteshaus der Christenheit. Die erste christliche Basilika Roms wurde von Kaiser Konstantin in Auftrag gegeben und 324 n. Chr. geweiht; bis zum späten 14. Jh. war sie die päpstliche Hauptkirche. Noch heute ist die Lateranbasilika die offizielle Kathedrale der Stadt und Sitz des Papstes als Bischof von Rom.

Die Basilika wurde mehrmals umgebaut. Die meisten Spuren hinterließen Borromini im 17. Jh. und Alessandro Galilei, der 1735 die gewaltige weiße Fassade vorsetzte.

Basilica di San Clemente Basilika

(www.basilicasanclemente.com; Piazza San Clemente; Ausgrabungen Erw./erm. 10/5 €; Mo–Sa 9–12.30 & 15–18, So 12.15–18 Uhr; Via Labicana) Kein anderes Bauwerk verkörpert die unterschiedlichen Epochen der turbulenten Geschichte Roms so wie diese faszinierende Kirche. Die Basilika aus dem 12. Jh. steht auf einer Kirche aus dem 4. Jh.; diese wiederum steht an der Stelle eines heidnischen Tempels aus dem 2. Jh. und eines römischen Hauses aus dem 1. Jh. Unter all dem befinden sich Fundamente aus der Zeit der Römischen Republik.

Villa Borghese

Villa Borghese (www.sovraintendenzaroma.it; Eingänge an der Piazzale San Paolo del Brasile, Piazzale Flaminio, Via Pinciana, Via Raimondo und am Largo Pablo Picasso; Sonnenauf- bis Sonnenuntergang; Via Pinciana) bezeichnet die bekannteste Parkanlage Roms. Erreichbar ist sie über die Piazzale Flaminio, den Pincio-Hügel und das obere Ende der Via Vittorio Veneto.

Museo e Galleria Borghese Museum

(06 3 28 10; www.galleriaborghese.it; Piazzale del Museo Borghese 5; Erw./erm. 15/8,50 €; Di–So 9–19 Uhr; Via Pinciana) Wer nur Zeit für – oder Lust auf – eine einzige Kunstgalerie in Rom hat, sollte diese hier ansteuern. Die „Königin aller privaten Kunstsammlungen", wie sie oft genannt wird, beherbergt Gemälde von Caravaggio, Raffael und

Trevi & Esquilino

Sehenswertes

1 Basilica di Santa Maria Maggiore D3
2 Chiesa della Trinità dei Monti A1
3 Fontana della Barcaccia A1
Keats-Shelley House ....(s. 6)
4 Museo Nazionale Romano: Palazzo Massimo alle Terme D2
5 Palazzo Barberini.....................................B2
6 Piazza di Spagna & Spanische Treppe A1
7 Trevi-Brunnen A2

Essen

8 I Caruso D1
9 L'Asino d'Oro B3

Unterhaltung

10 Teatro dell'Opera di Roma C2

Tizian sowie sensationelle Skulpturen von Bernini. Highlights gibt es hier in Hülle und Fülle, etwa Berninis *Ratto di Proserpina* (Raub der Proserpina) und Antonio Canovas *Venere vincitrice* (Siegreiche Venus).

Um die Zahl der Besucher zu begrenzen, werden sie in Zweistundenintervallen eingelassen – die Eintrittskarte muss also für eine feste Zeit gebucht werden.

Museo Nazionale Etrusco di Villa Giulia — Museum

(☎06 322 65 71; www.villagiulia.beniculturali.it; Piazzale di Villa Giulia; Erw./erm. 8/4 €; ⊙Di–So 8.30–19.30 Uhr; 🚊Via delle Belle Arti) Die Villa aus dem 16. Jh. von Papst Julius III. stellt eine bezaubernde Kulisse für die beste italienische Sammlung etruskischer und vorrömischer Schätze dar. Die zum großen Teil aus Grabstätten der Region Latium stammenden Exponate reichen von Bronzestatuetten und schwarzem *bucchero*-Geschirr bis zu Tempelornamenten, Terrakottavasen und wunderbar filigranen Schmuckstücken.

Auf jeden Fall sehenswert sind eine mehrfarbige Terrakottastatue des Apollon aus einem Tempel in Veio und der *Sarcofago degli Sposi* (Sarkophag der Brautleute) aus dem 6. Jh. v. Chr., den man 1881 in Cerveteri fand.

SHOPPEN

Rom hat neben den üblichen Ladenketten zwar auch schicke Designer-Outlets, doch was das Einkaufen hier so interessant macht, sind die zahllosen kleinen Geschäfte, die von Familien geführten Feinkostläden, unabhängigen Boutiquen, uralten Werkstätten von Kunsthandwerkern und ganz alltäglichen Wochenmärkte.

Antica Caciara Trasteverina Lebensmittel & Getränke

(☎06 581 28 15; www.anticacaciara.it; Via San Francesco a Ripa 140; ⏲Mo–Sa 7–14 & 16–20 Uhr; Viale di Trastevere, Viale di Trastevere) In diesem alteingesessenen Feinkostladen ist frischer Ricotta ein so heiß begehrtes Gut, das er in der Regel schon mittags ausverkauft ist. Wer zu spät kommt, kann sich mit dem himmlischen *ricotta infornata* (im Ofen gebackener Ricotta), 35 kg schweren Rädern des berühmten *pecorino romano* DOP (16,50 € pro Kilo) und aromatischem *guanciale* (Schweinsbackenspeck) trösten, Letzterer ist gebraten eine perfekte Zutat zu einer Carbonara.

Benheart Lederwaren

(Karte S. 390; ☎06 5832 0801; www.benheart.it; Via del Moro 47; ⏲11–23 Uhr; Piazza Triussa) Vom bunten Harzboden mit Kinderzeichnungen bis zur alten Schreibmaschine, zum Wählscheibentelefon und Werkzeug: In diesem Lederfachgeschäft ist alles wunderbar lässig dekoriert. Benheart, ein junger Florentiner Designer, ist eines der vielversprechendsten Talente Italiens und seine modischen handgemachten Schuhe (ab 190 €), Taschen und Lederjacken für Männer und Frauen sind großartig.

Confetteria Moriondo & Gariglio Schokolade

(Karte S. 390; ☎06 699 0856; Via del Piè di Marmo 21–22; ⏲Mo–Sa 9–19.30 Uhr; Via del Corso) Der römische Dichter Trilussa (1871–1950) war einst so angetan von diesem alten, von den Turiner Hofkonditoren des Hauses Savoyen gegründeten Pralinenladen, dass er ihn in seinen Versen verewigte. Und tatsächlich: Der Laden ist ein echtes Juwel. Mit den purpurfarbenen Wänden, den Tischen und Glasvitrinen ist er wie ein eleganter Teesalon eingerichtet. Spezialisiert ist er auf köstliche handgemachte Pralinen, die teils auf Rezepten des 19. Jhs. basieren.

Re(f)use Design

(☎06 6813 6975; www.carminacampus.com; Via della Fontanelle di Borghese 40; ⏲11–19 Uhr; Via del Corso) Das Geschäft, das wunderbar zum Stöbern einlädt, zeigt einzigartige Carmina-Campus-Stücke – vor allem Taschen und Schmuck – aus wiederverwendeten Gegenständen und Stoffen. Das Label ist ein Lieblingsprojekt der römischen Designerin Ilaria Venturini Fendi, die sich leidenschaftlich für ethisch einwandfreie Mode engagiert. Sie kreiert Armbänder aus Bier- und anderen Getränkedosen sowie auffällige Taschen aus recycelten Materialien.

Porta-Portese-Markt Markt

(Piazza Porta Portese; ⏲So 6–14 Uhr; Viale di Trastevere, Viale di Trastevere) Eine andere Seite Roms präsentiert sich auf diesem riesigen Flohmarkt. An Tausenden von Ständen wird hier alles von seltenen Büchern und Fahrrädern zweifelhafter Herkunft bis zu peruanischen Schultertüchern und MP3-Playern verkauft. Es ist jede Menge los und ein Bummel ist ein tolles Vergnügen. Auf sein eigenes Hab und Gut passt man hier am besten höllisch auf. Feilschen ist angesagt!

ESSEN

Die stimmungsvollsten Viertel zum Essengehen sind das *centro storico* und Trastevere. Auch Monti und Testaccio warten mit ausgezeichneten Restaurants auf. Von den überteuerten Touristenfallen rund um den Bahnhof Termini und den Vatikan hält man sich am besten fern.

Centro Storico

Supplizio — Imbiss €

(Karte S. 390; ☎06 8987 1920; www.facebook.com/supplizioroma; Via dei Banchi Vecchi 143; supplì 3–7 €; ⏲Mo–Do 12–20, Fr & Sa 12–15.30 & 18.30–22.30 Uhr; 🚌Corso Vittorio Emanuele II) Roms beliebtester Imbiss, die *supplì*, sind frittierte, mit Reis, Tomatensauce und Mozzarella gefüllte Kroketten. Sie werden in diesem eleganten Laden einer Gourmetverfeinerung unterzogen. Auf einem alten Ledersofa kann man sich an einem knusprigen Klassiker erfreuen oder z. B. Kroketten mit frischen Sardellen, Käse, Brot und Rosinen probieren.

Forno Roscioli — Pizza, Bäckerei €

(Karte S. 390; ☎06 686 4045; www.anticoforno roscioli.it; Via dei Chiavari 34; Pizzastücke ab 2 €, Snacks 2 €; ⏲Mo–Sa 6–20, So 9–19 Uhr; 🚊Via Arenula) Diese Bäckerei, eine der besten Roms, erfreut sich mittags großer Beliebtheit bei den Einheimischen: Sie drängen sich hier, um sich opulente Pizzastücke, leckere Backwaren und sättigende *supplì* (frittierte Reiskroketten) einzuverleiben. Hervorragend, wenn auch nicht leicht zu essen, ist die Pizza Margherita. An einem Tresen sind außerdem warme Pastagerichte und Gemüsebeilagen zu haben.

Forno di Campo de' Fiori — Pizza, Bäckerei €

(Karte S. 390; www.fornocampodefiori.com; Campo de' Fiori 22; Pizzastücke ca. 3 €; ⏲Mo–Sa 7.30–14.30 & 16.45–20 Uhr, Juli & Aug. Sa abends geschl.; 🚌Corso Vittorio Emanuele II) Die beliebte, in zwei benachbarte Läden geteilte Bäckerei am Campo de' Fiori macht mit Panini und köstlichen Pizzastücken frisch aus dem Ofen ein Bombengeschäft. Kenner schwören auf die *pizza bianca* („weiße" Pizza mit Olivenöl, Rosmarin und Salz), aber die Panini und die *pizza rossa* („rote" Pizza mit Olivenöl, Tomaten und Oregano) sind auch nicht von schlechten Eltern.

La Ciambella — Italienisch €€

(Karte S. 390; ☎06 683 2930; www.la-ciambel la.it; Via dell'Arco della Ciambella 20; Mahlzeiten 35–45 €; ⏲Bar 7.30–24 Uhr, Weinbar & Restaurant Di–So 12–23 Uhr; 🚌Largo di Torre Argentina) Die freundliche Weinbar mit Restaurant liegt zwar zentral, wurde von den Touristenmassen aber bisher noch nicht wirklich entdeckt. Die geräumigen, hellen Räumlichkeiten befinden sich über den Ruinen der Terme di Agrippa, welche durch durchsichtige Bodenplatten hindurch zu sehen sind. Aus der Küche kommt ausgezeichnetes Essen, von Tatar und Kichererb-

Markt auf dem Campo de' Fiori (S. 389)

sen-Pfannkuchen bis zu langsam gegartem Rind und traditioneller römischer Pasta.

Armando al Pantheon Römisch **€€**
(Karte S. 390; ☎06 6880 3034; www.armandoalpantheon.it; Salita dei Crescenzi 31; Mahlzeiten 40 €; ⏲Mo–Sa 12.30–15 & Mo–Fr 19–23 Uhr; 🚌Largo di Torre Argentina) Mit seiner behaglichen Holzeinrichtung und unerschütterlichen Liebe zur altmodischen römischen Küche ist das Armando al Pantheon eine bei den Feinschmeckern der Stadt beliebte Adresse. Schon seit mehr als 50 Jahren werden hier auch immer diverse Promis bedient, doch der Ruhm ist dem Laden nicht zu Kopf gestiegen und er ist so beliebt wie eh und je. Ohne Reservierung geht nichts.

Casa Coppelle Ristorante **€€€**
(Karte S. 390; ☎06 6889 1707; www.casacoppelle.it; Piazza delle Coppelle 49; Mahlzeiten 65 €, Probiermenü 85 €; ⏲12–15.30 & 18.30–23.30 Uhr; 🚌Corso del Rinascimento) Opulente, theatralische Einrichtung mit Samtvorhängen, schwarzen Lacktischen und Bücherregalen – die in beneidenswerter Lage beim Pantheon gelegene Casa Coppelle bildet eine romantische Bühne für die gehobene römisch-französische Küche. Zu gallischen Klassikern wie Schnecken und Zwiebelsuppe gesellen sich modernisierte römische Lieblingsspeisen wie *pasta amatriciana* mit Tomatensauce und Pancetta und *cacio e pepe* (Pecorino und schwarzer Pfeffer), hier neu erfunden als Risotto mit Garnelen.

Vatikanstadt, Borgo & Prati

Pizzarium Pizza **€**
(☎06 3974 5416; Via della Meloria 43; Pizzastücke 5 €; ⏲11–22 Uhr; Ⓜ Cipro-Musei Vaticani) Wenn eine Pizzeria an einem feuchten Wintermittag brechend voll ist, dann weiß man, dass sie etwas Besonderes ist. Das Pizzarium, der Takeaway von Gabriele Bonci, Roms gefeiertem Pizzakönig, serviert die absolut beste Pizza der Stadt. Die mit Scheren zugeschnittenen Rechtecke mit weichem, fedrigem Boden sind mit originell kombinierten saisonalen Zutaten belegt und werden auf Papptellern zum sofortigen Verzehr gereicht. Zu empfehlen sind außerdem die frisch frittierten *suppli* (Reiskroketten).

Das beste Gelato in Rom

Fatamorgana (☎06 3265 2238; www.gelateriafatamorgana.com; Via Laurina 10; 2/3/4/5 Kugeln 2,50/3,50/4,50/5 €; ⏲12–23 Uhr; Ⓜ Flaminio) Geniale Geschmacksrichtungen in zahlreichen Filialen im Zentrum.

Gelateria del Teatro (Karte S. 390; ☎06 4547 4880; www.gelateriadelteatro.it; Via dei Coronari 65; Gelato 2,50–5 €; ⏲Winter 10.30–20 Uhr, Sommer 10–22.30 Uhr; 🚌Via Zanardelli) Saisonale Früchte und würzige Schokoladenvariationen, alles vor Ort hergerstellt.

I Caruso (Karte S. 396; ☎06 4201 6420; Via Collina 13–15; Waffel & Becher ab 2,50 €; ⏲12–24 Uhr; Ⓜ Repubblica) Kleine, perfekte Auswahl an cremigen Sorten.

Venchi (Karte S. 390; ☎06 6992 5423; www.venchi.com; Via degli Orfani 87; Gelato 2,50–5 €; ⏲Sommer So–Do 10.30–23, Fr & Sa bis 24 Uhr, Winter So–Do 10–22, Fr & Sa bis 23 Uhr; 🚌Via del Corso) Ein Paradies für Schokoladenliebhaber.

Monti & Esquilino

L'Asino d'Oro Italienisch **€€**
(Karte S. 396; ☎06 4891 3832; www.facebook.com/asinodoro; Via del Boschetto 73; Mittagsmenü Mo–Fr 16 €, Mahlzeiten 45 €; ⏲Di–Sa 12.30–14.30 & 19.30–23 Uhr; Ⓜ Cavour) Der umbrische Ursprung des Restaurants spiegelt sich in Lucio Sforzas außergewöhnlicher Küche. Die schnörkellosen, innovativen Gerichte weisen jede Menge aromatische Kontraste auf, z. B. Lammfrikadellen mit Birne und Blauschimmelkäse. Platz für die

Rom gratis

Einige der berühmtesten Sehenswürdigkeiten Roms sind kostenlos, so etwa alle staatlichen Museen und Monumente am ersten Sonntag des Monats, ebenso alle Kirchen der Stadt.

Vatikanische Museen (S. 372) Kostenlos am letzten Sonntag des Monats.

Trevi-Brunnen (S. 393)

Spanische Treppe (S. 393)

Pantheon (S. 364)

Petersdom (S. 368)

gleichermaßen grandiosen Nachspeisen lassen! Das intime, informelle und noble Restaurant bietet mit das beste Preis-Leistungs-Verhältnis der Stadt – das Mittagsmenü ist ein Schnäppchen!

Trastevere

Da Augusto Trattoria €

(Karte S. 390; ☎06 580 37 98; Piazza de' Renzi 15; Mahlzeiten 25 €; ⏰12.30–15 & 20–23 Uhr; 🚌Viale di Trastevere, 🚋Viale di Trastevere) An einem der wackeligen Tische draußen auf einer der hübschesten Piazzaterassen von Trastevere lässt sich fabelhafte Hausmannskost genießen. Hier werden sämtliche römischen Klassiker in ordentlichen Portionen serviert, außerdem jede Menge Kaninchen, Kalb, Hase und *pajata* (Kalbsinnereien). Im Winter speist man drinnen an alten Resopaltischen in kargem Ambiente, das sich seit Jahrzehnten nicht verändert hat. Wahrscheinlich muss man auf einen Tisch warten. Nur Barzahlung.

Da Enzo Trattoria €

(Karte S. 390; ☎06 581 22 60; www.daenzoal29.com; Via dei Vascellari 29; Mahlzeiten 30 €; ⏰Mo–Sa 12.30–15 & 19–23 Uhr; 🚌Viale di Trastevere, 🚋Viale di Trastevere) Verblichene cremefarbene Wände, rot-weiß karierte Tischtücher und eine Karte mit römischen Klassikern: Was diese traditionelle Trattoria so außergewöhnlich macht, sind die sorgsam ausgewählten Zutaten, viele von Bauernhöfen in Latium. Die frittierten Artischocken, ein Gericht aus der römisch-jüdischen Küche, und die *pasta cacio e pepe* (Pasta mit Käse und schwarzem Pfeffer) zählen jeweils zu den besten der Stadt.

San Giovanni & Testaccio

Sbanco Pizza €€

(☎06 78 93 18; Via Siria 1; Pizza 7,50–12,50 €; ⏰19.30–24 Uhr; 🚌Piazza Zama) Mit seinem lockeren Lagerhausambiente und seiner munteren Atmosphäre ist das Sbanco eine der angesagtesten Pizzerien der Stadt. Seit der Eröffnung 2016 hat es sich mit kreativen Holzofenpizzen und opulenten frittierten Vorspeisen – Tipp: die Carbonara-*supplì* – schnell einen guten Ruf erbrutzelt. Und zu allem werden köstlich-süffige Craft-Biere kredenzt.

AUSGEHEN & NACHTLEBEN

Ein großer Teil der Ausgehszene ist im *centro storico* angesiedelt: Der Campo de' Fiori ist bei Studenten beliebt, etwas vornehmer geht's rund um die Piazza Navona zu. Beliebt ist auch Trastevere auf der anderen Seite des Tiber mit Dutzenden von Bars und Kneipen.

Roms Clubszene konzentriert sich in den Stadtvierteln Testaccio und Ostiense, es finden sich auch Clubs in Trastevere und im *centro storico*. Der Eintritt ist oft frei, doch die Getränke sind teuer.

Il Tiaso Bar

(☎06 4547 4625; www.iltiaso.com; Via Ascoli Piceno 25; ⏰18–2 Uhr; 📶; 🚋Circonvallazione Casilina) Ein Wohnzimmer mit Zebrastreifensesseln, Indie-Kunst an den Wänden, Lou-Reed-Biografien zwischen Weinflaschen und dazu der junge Eigentümer Gabriele, der den Neo-Beatnik-Mädels, Professoren in Kordhosen und dem einen oder anderen Nachbarschaftshund ein New-York-Dolls-Album vorspielt – das ist das Tiaso. Hier ist der Wein erschwinglich, es herrscht eine persönliche, chillige Stimmung, regelmäßig gibt's Livemusik; mit Straßenterrasse.

Barnum Café Café

(Karte S. 390; ☎06 6476 0483; www.barnumcafe.com; Via del Pellegrino 87; ⏰Mo 9–22, Di–Sa bis 2 Uhr; 📶; 🚌Corso Vittorio Emanuele II) An das altehrwürdige, relaxte Barnum könnte man sich schnell gewöhnen. Mit seinen abgewetzten Möbeln und den weißen Backsteinwänden ist es ein hübsches Plätzchen für einen morgendlichen Cappuccino, für ein kleines Mittagsmahl oder für einen Drink am späten Nachmittag. Abends nippt ein cool-lässig gekleidetes Publikum an echt guten Cocktails.

Caffè Sant'Eustachio Kaffee

(Karte S. 390; www.santeustachioilcaffe.it; Piazza Sant'Eustachio 82; ⏲So–Do 8.30–1, Fr bis 1.30, Sa bis 2 Uhr; 🚍Corso del Rinascimento) Das kleine, unscheinbare Café, in dem die Leute meist in Dreierreihen an der Theke stehen, serviert den vielleicht besten Kaffee der Stadt. Er wird zubereitet, indem die ersten Tropfen Espresso mit Zucker zu einer schaumigen Paste verrührt werden – erst dann kommt der restliche Kaffee hinzu. Er ist wunderbar cremig und verleiht jeder Sightseeing-Tour neuen Schwung.

Open Baladin Bar

(Karte S. 390; ☎06 683 8989; www.openbaladinroma.it; Via degli Specchi 6; ⏲12–2 Uhr; 📶; 🚍Via Arenula) Seit ein paar Jahren ist die coole, moderne Bar beim Campo de' Fiori wegweisend in der Craft-Bier-Szene Roms. Mit mehr als 40 Bieren vom Fass und bis zu 100 Sorten aus der Flasche, viele davon von italienischen Kleinbrauereien, ist sie eine tolle Adresse für einen Gerstensaft. Das recht gute Angebot an Speisen umfasst z. B. Panini, Hamburger und Tagesgerichte.

La Casa del Caffè Tazza d'Oro Kaffee

(Karte S. 390; ☎06 678 9792; www.tazzadorocoffeeshop.com; Via degli Orfani 84–86; ⏲Mo–Sa 7–20, So 10.30–19.30 Uhr; 🚍Via del Corso) Das gut besuchte Stehcafé mit Einrichtungselementen aus poliertem Messing aus den 1940er-Jahren ist eines der besten Cafés in Rom. Der Espresso trifft genau ins Schwarze, dazu kommen weitere köstliche Getränke wie die erfrischende *granita di caffè*, ein Kaffee mit zerstoßenem Eis und Schlagsahne. Zum Haus gehört ein kleiner Laden und draußen gibt's sogar einen Kaffee-Automaten für alle, die außerhalb der Öffnungszeiten einen Koffein-Schuss brauchen.

Bir & Fud Craft-Bier

(Karte S. 390; ☎06 589 40 16; www.birandfud.it; Via Benedetta 23; ⏲12–2 Uhr; 🚍Piazza Trilussa) Diese Bar und Pizzeria mit Backsteingewölbe liegt an einer schmalen Straße mit jeder Menge lärmender Kneipen. Sie zeichnet sich besonders durch ihre Palette an Craft-Bieren aus, von denen es viele vom Fass gibt, und durch das ebenso köstliche Essen für den späten Hunger. Besonders gut ist die neapolitanische Holzofenpizza.

Restaurants in Trastevere

Teatro dell'Opera di Roma

Freni e Frizioni Bar

(Karte S. 390; ☎06 4549 7499; www.freniefrizioni.com; Via del Politeama 4–6; ⌚19–2 Uhr; 🚌Piazza Trilussa) Die coole Bar in Trastevere logiert in einer alten Autowerkstatt – daher der Name „Bremsen und Kupplungen" und die schäbige Fassade. Hier tummeln sich junge Leute bis zur kleinen Piazza davor, um Cocktails (10 €) und Punsche zu schlürfen und sich am üppigen *aperitivo*-Buffet (19–22 Uhr) zu stärken. Für Freitag- und Samstagabend muss man unbedingt reservieren.

✪ UNTERHALTUNG

Rom hat eine tolle Kulturszene. Infos stehen auf www.turismoroma.it und www.inromenow.com.

Auditorium Parco della Musica Konzerthaus

(☎06 8024 1281; www.auditorium.com; Viale Pietro de Coubertin; 🚌Viale Tiziano) Das Auditorium ist das Zentrum der florierenden Kulturszene der Stadt und das wichtigste Konzerthaus Roms. Die drei Konzertsäle verfügen über eine perfekte Akustik. Hier und in einer Freiluftarena mit 3000 Plätzen finden alle möglichen Veranstaltungen statt, von Klassik bis zu Jazz und von Lesungen bis zu Filmabenden. Im Auditorium ist auch das **Orchestra dell'Accademia Nazionale di Santa Cecilia** (www.santacecilia.it) zu Hause.

Alexanderplatz Jazz

(☎06 8377 5604; www.facebook.com/alexander.platz.37; Via Ostia 9; ⌚20.30–1.30 Uhr; Ⓜ Ottaviano-San Pietro) Der bekannteste Jazzclub Roms – intim, im Keller und schwer zu finden (nach der schwarzen Tür Ausschau halten) – zieht italienische und ausländische Spitzenmusiker sowie ein Publikum aus aller Welt an. Wer den besten Blick auf die Bühne genießen oder essen möchte, sollte einen Tisch reservieren – doch im Mittelpunkt steht hier eindeutig die Musik.

Teatro dell'Opera di Roma Oper, Ballett

(Karte S. 396; ☎06 48 16 01; www.operaroma.it; Piazza Beniamino Gigli 1; ⌚Kasse Mo–Sa 10–18, So 9–13.30 Uhr; Ⓜ Repubblica) Roms führendes Opernhaus beeindruckt mit opulenten goldglitzernden Räumen, einer Fassade aus der Zeit des Faschismus der 1920er-Jahre und einer imposanten Geschichte: Hier fand die Premiere von Puccinis *Tosca* statt und hier sang einst die großartige Maria Callas. Die Spielzeit für Oper und Ballett dauert von September bis Juni.

PRAKTISCHE INFORMATIONEN

GEFAHREN & ÄRGERNISSE

An touristischen Hauptorten, Stazione Termini und in öffentlichen Verkehrsmitteln (Bus 64 zum Vatikan!) vor Taschendieben auf der Hut sein.

MEDIZINISCHE VERSORGUNG

Policlinico Umberto I (☎06 4 99 71; www.policlinicoumberto1.it; Viale del Policlinico 155; Ⓜ Policlinico, Castro Pretorio) Größtes Krankenhaus, nahe Stazione Termini.

TOURISTENINFORMATION

Telefonauskünfte erteilt die **Touristeninformation** (☎06 06 08; www.060608.it; ⏲9–21 Uhr), Auskünfte über den Vatikan das **Centro Servizi Pellegrini e Turisti** (☎06 6988 1662; Petersplatz; ⏲Mo–Sa 8.30–18.30 Uhr; 🚌Piazza del Risorgimento, ⓂOttaviano-San Pietro). Touristeninformationen gibt's an den Flughäfen **Fiumicino** (Internationale Ankünfte, Terminal 3; ⏲8–20.45 Uhr) und **Ciampino** (Ankunftshalle; ⏲8.30–18 Uhr)

Touristeninformation Fori Imperiali (Via dei Fori Imperiali; ⏲9.30–19 Uhr; 🚌Via dei Fori Imperiali) Gut für Forum Romanum, Kaiserforen.

Touristeninformation Minghetti (☎06 06 08; www.turismoroma.it; Via Marco Minghetti; ⏲9.30–19 Uhr; 🚌Via del Corso) Infokiosk zwischen Via del Corso und Trevi-Brunnen.

Touristeninformation Piazza Navona (Piazza delle Cinque Lune; ⏲9.30–19 Uhr; 🚌Corso del Rinascimento) Nicht weit von der Piazza Navona.

Touristeninformation Stazione Termini (☎06 06 08; www.turismoroma.it; Via Giovanni Giolitti 34; ⏲9–17 Uhr; ⓂTermini) Nicht weit von der Autovermietung und der Gepäckaufbewahrung. Stadtpläne und Stadtführungen.

Touristeninformation Via Nazionale (☎06 06 08; www.turismoroma.it; Via Nazionale 184; ⏲9.30–19 Uhr; 🚌Via Nazionale) Palazzo delle Esposizioni.

AN- & WEITERREISE

AUTO & MOTORRAD

Um Rom führt die Ringautobahn Grande Raccordo Anulare (GRA), von der sämtliche *autostrade* (Autobahnen) abzweigen, so auch die A1, die Nord-Süd-Hauptverbindung, und die A12 nach Civitavecchia und zum Flughafen Fiumicino.

Autos kann man am Flughafen und an der Stazione Termini mieten.

BUS

Fernbusse aus dem In- und Ausland nutzen die **Autostazione Tiburtina** (Tibus; Largo Guido Mazzoni; ⓂTiburtina). Tickets sind am Busbahnhof und in Reisebüros erhältlich.

FLUGZEUG

Roms internationaler Flughafen, **Leonardo da Vinci** (Fiumicino; ☎06 6 59 51; www.adr.it/fiumicino), besser bekannt als Fiumicino, liegt 30 km westlich der Stadt an der Küste.

Der viel kleinere **Ciampino Airport** (www.ciampino-airport.info) 15 km südöstlich des Stadtzentrums wird von der Billigfluglinie Ryanair bedient.

SCHIFF/FÄHRE

Der Rom am nächsten gelegene Hafen ist Civatavecchia rund 80 km nördlich. Hier kommen Fähren aus Spanien, Tunesien, Sizilien und Sardinien an. Fährtickets gibt's bei Reisebüros, online auf www.traghettiweb.it und direkt am Hafen.

Halbstündlich fahren Züge zwischen Civitavecchia und Termini (5–15,50 €, 40 Min. bis 1¼ Std.).

Roma Pass

Der Roma Pass (www.romapass.it), eine Ermäßigungskarte für Sehenwürdigkeiten und öffentliche Verkehrsmittel, ist im Internet, in den Touristeninformationen und in teilnehmenden Museen erhältlich. Es gibt ihn in zwei Varianten:

72 Stunden (38,50 €) Freier Eintritt zu zwei Museen oder Stätten sowie ermäßigter Eintritt zu zusätzlichen Stätten, unbegrenzte Nutzung der öffentlichen Verkehrsmittel und ermäßigter Eintritt zu anderen Ausstellungen und Veranstaltungen.

48 Stunden (28 €) Freier Eintritt zu einem Museum oder einer Stätte, ansonsten wie die 72-Stunden-Karte.

ZUG

Roms Hauptbahnhof ist die **Stazione Termini** (www.romatermini.com; Piazza dei Cinquecento; Ⓜ Termini). Von hier gibt's zahlreiche Verbindungen ins In- und Ausland. Die **Gepäckaufbewahrung** (Stazione Termini; erste 5 Std. 6 €, 6–12 Std. 0,90 € pro Std., 13 Std. & mehr 0,40 € pro Std.; ⏲6–23 Uhr; Ⓜ Termini) befindet sich bei der Touristinformation in dem Bahnhofsflügel, der an der Via Giolitti liegt.

Weitere größere Bahnhöfe in Rom sind die Stazione Tiburtina und die Stazione Roma-Ostiense.

UNTERWEGS VOR ORT

VON/ZU DEN FLUGHÄFEN

FIUMICINO

Die einfachste Verbindung vom und zum Fiumicino ist der Zug, aber es fahren auch Busse. Die Taxifahrt ins Stadtzentrum kostet 48 €; der Festpreis gilt für bis zu vier Personen plus Gepäck.

Leonardo Express (einfach 14 €) Von/zur Stazione Termini. Abfahrt vom Flughafen von 6.23 bis 23.23 Uhr, ab Termini von 5.35 bis 22.35 Uhr, je alle 30 Minuten. Die Fahrt dauert 30 Minuten.

FL1 (einfach 8 €) Vom Flughafen zu den Bahnhöfen Trastevere, Ostiense und Tiburtina, nicht aber zum Bahnhof Termini. Abfahrt vom Flughafen von 5.57 bis 22.42 Uhr alle 15 Minuten (an Sonn- und Feiertagen halbstündl.), ab Tiburtina von 5.01 bis 19.31 Uhr alle 15 Minuten, danach bis 22.01 Uhr halbstündlich.

CIAMPINO

Vom Ciampino gelangt man am besten mit einem der Busse ins Stadtzentrum. Der Festpreis fürs Taxi beträgt 30 €.

SIT Bus – Ciampino (☎06 591 68 26; www.sitbusshuttle.com; vom/zum Flughafen 5/6 €, hin & zurück 9 €) Regelmäßige Fahrten ab dem Flughafen zur Via Marsala vor der Stazione Termini zwischen 7.15 und 23.15 Uhr und ab der Stazione Termini zwischen 4.30 und 21.30 Uhr. Fahrscheine gibt's im Bus. Fahrzeit 45 Minuten.

Schiaffini Rome Airport Bus – Ciampino (☎06 713 05 31; www.romeairportbus.com; Via Giolitti; einfach/hin & zurück 4,90/7,90 €) Regelmäßige Verbindungen zwischen dem Flughafen und der Via Giolitti an der Stazione Termini. Vom Flughafen verkehren die Busse von 4 bis 22.50 Uhr, ab der Via Giolitti von 4.50 bis 24 Uhr. Tickets gibt's im Bus, online, am Flughafen und an der Bushaltestelle. Die Fahrt dauert etwa 40 Minuten.

ÖFFENTLICHE VERKEHRSMITTEL

Zum öffentlichen Nahverkehrsnetz von Rom gehören Busse, Straßenbahnen, die U-Bahn und Vorortzüge.

Die Fahrkarten gelten außer für die Strecken zum Flughafen Fiumicino für alle öffentlichen Verkehrsmittel Roms. Erhältlich sind sie in *tabacchi*, an Zeitungskiosken und an Fahrkartenautomaten.

BIT (1,50 €) Gültig für 100 Minuten und eine U-Bahn-Fahrt.

Roma 24h (7 €) 24 Stunden gültig.

Roma 48h (12,50 €) 48 Stunden gültig.

Roma 72h (18 €) 72 Stunden gültig.

BUS

- Die Busse und Straßenbahnen in Rom werden von **ATAC** (☎06 5 70 03; www.atac.roma.it) betrieben.
- Der zentrale Busbahnhof befindet sich vor der Stazione Termini an der Piazza dei Cinquecento. Hier gibt's auch einen **Informationsschalter** (Piazza dei Cinquecento; ⏲8–20 Uhr; Ⓜ Termini).
- Wichtige Busknotenpunkte sind außerdem der Largo di Torre Argentina und die Piazza Venezia.
- Die Busse fahren von etwa 5.30 bis 24 Uhr; nachts verkehren nur wenige Busse.

METRO

- Die beiden U-Bahnlinien Roms, die Linie A (orange) und die Linie B (blau), treffen sich am Bahnhof Termini.
- Die U-Bahnen fahren von 5.30 bis 23.30 Uhr, freitags und samstags bis 1.30 Uhr.

TAXI

- Offiziell lizenzierte Taxis sind weiß mit einer Kennnummer und dem Schriftzug *Roma Capitale* an den Seiten.
- Außer bei den Fahrten von und zu den Flughäfen sollte man sich nie auf Festpreise einlassen, sondern auf dem Taxameterpreis bestehen.

Wohin zum Schlafen?

Unterkünfte in Rom sind oft teuer und da in der Ewigen Stadt das ganze Jahr über etwas los ist, sollte man seine Unterkunft so weit im Voraus wie möglich buchen.

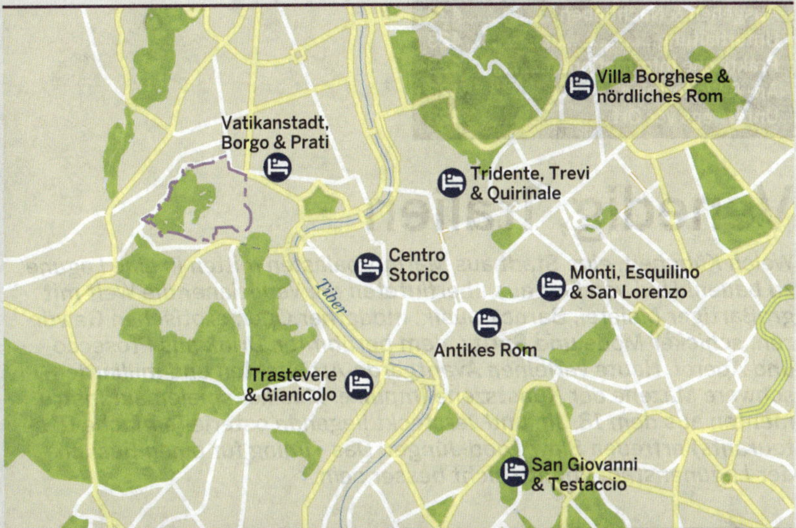

Stadtviertel	Merkmale
Antikes Rom	Hauptattraktionen wie das Kolosseum und das Forum Romanum; abends ruhig; nicht billig; Restaurants touristisch.
Centro Storico	Straßen mit Flair, viele Sehenswürdigkeiten und Einrichtungen direkt vor der Tür: Pantheon, Piazza Navona, Restaurants, Bars, Geschäfte; teuerster Teil der Stadt; kann laut sein.
Tridente, Trevi & Quirinale	Spanische Treppe, Trevi-Brunnen und Designer-Läden; tolle Mittelklasse- bis Top-Unterkünfte; gute Verkehrsanbindung.
Vatikanstadt, Borgo & Prati	Beim Petersdom; gute Palette an Unterkünften; einige tolle Läden und Restaurants; liegt an der Metro; nicht viel Nachtleben; an katholischen Feiertagen schnell ausgebucht.
Monti, Esquilino & San Lorenzo	Viele Unterkünfte rund um die Stazione Termini; Top-Restaurants in Monti und gutes Nachtleben in San Lorenzo; gute Verkehrsanbindung; einige zwielichtige Straßen beim Bahnhof.
Trastevere & Gianicolo	Schöne Gegend mit Atmosphäre; Partyviertel mit Bars, Cafés und Restaurants; teuer; besonders im Sommer laut.
San Giovanni & Testaccio	Authentische Viertel mit guten Restaurants und Kneipen; Top-Ausgehmeile Testaccio; wenige Hauptattraktionen.
Villa Borghese & nördliches Rom	Überwiegend Wohngebiet, gut fürs Auditorium und Stadio Olimpico; einige Top-Museen; gewöhnlich abends ruhig.

In diesem Kapitel

Venedig, Italien

Welch Kühnheit, eine Stadt aus Marmorpalästen mitten in eine Lagune zu bauen! Und von hier aus überfluteten die Venezianer die Welt mit großartiger Malerei, Barockmusik, moderner Oper, exotischen Gewürzen, schicker Mode und Spritz, dem berühmten Drink aus Prosecco und Aperol. Heute verleihen Avantgarde-Architekten und milliardenschwere Mäzene der Kunstszene Impulse, Musiker spielen auf Instrumenten aus dem 18. Jh. und versteckt liegende osterie (einfache Restaurants) erfreuen Slow-Food-Jünger. Das Timing für einen Besuch der Lagunenstadt könnte nicht besser sein.

Zwei Tage in Venedig

Am ersten Tag erkundet man den **Canal Grande** (S. 408), indem man nach Lust und Laune mit dem *vaporetto* (Linienboot) umherschippert.

Am zweiten Tag sollte man früh auf den Beinen sein, um den **Markusdom** (S. 410) und den **Dogenpalast** (S. 412) zu besichtigen. Für eine kleine Stärkung bietet sich dann das **Caffè Florian** (S. 422) an – auch wenn die Preise hier gepfeffert sind. Danach lockt das wunderschöne Opernhaus **La Fenice** (S. 422) und schließlich sollte man Venedig nicht verlassen, ohne eine abendliche **Gondelfahrt** unternommen zu haben.

Vier Tage in Venedig

Nach der **Ca' Rezzonico** (S. 416) hat man die Qual der Wahl zwischen der **Gallerie dell'Accademia** (S. 416) und der **Peggy Guggenheim Collection** (S. 416); den Abschluss bildet die **Basilica di Santa Maria della Salute** (S. 417). Der vierte Tag beginnt auf dem **Rialto-Markt** (S. 417), danach geht's hinüber zur gotischen Kirche **I Frari** (S. 417). Anschließend wartet die **Scuola Grande di San Rocco** (S. 417) mit dramatischen Werken von Tintoretto auf.

Anschließend geht's mit dem Zug entweder nach Rom (S. 358) oder in die Schweizer Alpen (S. 592).

Karte San Marco & San Polo (S. 418)

Ankunft

Flughafen Marco Polo Auf dem Festland 12 km von Venedig entfernt. Vom Flughafen-Fähranleger bietet Alilaguna eine Fährverbindung (15 €) nach Venedig. Wassertaxis kosten ab 110 €. Jede halbe Stunde fahren Busse (6 €) zur Piazzale Roma.

Stazione Santa Lucia Der Bahnhof von Venedig. *Vaporetti* (Linienboote) fahren von den Anlegern am Bahnhof (Ferrovia).

Stazione Venezia Mestre Der Bahnhof auf dem Festland; hier steigt man Richtung Stazione Santa Lucia um.

Schlafen

Da viele Venezianer ihre Wohnungen für Besucher öffnen, kann man über Nacht zum Einheimischen werden. Einst war Venedig für seine charmant heruntergekommenen Hotels bekannt, in denen englische Poeten in aller Stille das Zeitliche segneten, mittlerweile sind in alten Palästen neue und schicke Boutiquehotels entstanden. In den Hauptreisezeiten füllen sich die besseren Unterkünfte sehr schnell. Im Sommer weichen viele Besucher auf den Lido aus, wo die Preise vernünftiger sind.

Canal Grande

Kaum je erhielt eine Verkehrsader einen passenderen Namen als die Hauptwasserstraße Venedigs. Auf seinem gewundenen Weg durch die Stadt wird der berühmte Große Kanal von prachtvollen gotischen, maurischen, Renaissance- und Rokoko-Palästen flankiert.

Toll für ...

☑ **Nicht versäumen**

Die Rialto-Brücke, den Palazzo Grassi und die berühmte Basilica di Santa Maria della Salute.

Diese Tour auf dem Canal Grande beginnt beim Bahnhof in der Nähe des Ponte di Calatrava. Die moderne Brücke, die offiziell Ponte della Costituzione (Verfassungsbrücke) heißt und 2008 vom spanischen Avantgarde-Architekten Santiago Calatrava entworfen wurde, ist einer der wenigen modernen Bauten im Zentrum Venedigs.

Richtung Rialto-Brücke

Eines der ersten Wahrzeichen am Canal Grande ist die **Ca' d'Oro** (☎041 520 03 45; www.cadoro.org; Calle di Ca' d'Oro 3932; Erw./erm. 8,50/4,25 €; ⌚Mo 8.15–14, Di–So bis 19.15 Uhr; Ca' d'Oro), ein Palazzo aus dem 15. Jh. mit gotischer Fassade, in dem heute ein Kunstmuseum untergebracht ist.

Rialto-Brücke & Umgebung

Die Rialto-Brücke (S. 417) ist die älteste der vier Brücken über den Canal Grande. Ganz

RILINDH/GETTY IMAGES ©

Gut zu wissen

Mit dem *vaporetto* 1 oder 2 dauert die Fahrt vom Anleger Ferrovia bis zum Markusplatz 35 bis 40 Minuten.

Kleine Stärkung

Ein gemütlicher Drink in der **Cantina - Do Spade** (041 521 05 83; www.cantinadospade.com; Calle delle Do Spade 860, San Polo; 10–15 & 18–22 Uhr; ; Rialto-Mercato) an der Rialto-Brücke.

★ Top-Tipp

Am besten unternimmt man diese Tour am frühen Abend.

in der Nähe drängen sich die Einheimischen auf dem Rialto-Markt (S. 417) und dem Pescaria-Fischmarkt (S. 417).

Palazzo Grassi

Nach der ersten Biegung hinter der Rialto-Brücke erscheint die aufgeräumte Fassade des **Palazzo Grassi** (041 200 10 57; www.palazzograssi.it; Campo San Samuele 3231; Erw./erm. mit Punta della Dogana 18/15 €; Mitte April–Nov. Mi–Mo 10–19 Uhr; San Samuele). Der klassizistische Palast aus dem 18. Jh. beherbergt heute eindrucksvolle Gegenwartskunst. Auf der anderen Seite des Kanals befindet sich die opulente Ca' Rezzonico (S. 416).

Ponte dell'Accademia & Umgebung

Bald erreicht man den hölzernen Ponte dell'Accademia; mit ihrer schlichten Erscheinung ist die Brücke inmitten all der Pracht wie fehl am Platze. Wer ein bisschen Kunstgenuss einschieben möchte, kann dies in der nahen Gallerie dell'Accademia (S. 416) oder der Peggy Guggenheim Collection (S. 416) haben.

Basilica di Santa Maria della Salute

Die mächtige Kuppel der Basilica di Santa Maria della Salute (S. 417) wacht schon seit dem 17. Jh. über den Eingang des Canal Grande. Die **Punta della Dogana** (041 271 90 39; www.palazzograssi.it; Fondamente della Dogana alla Salute 2, Dorsoduro; Erw./erm. 15/10 €, mit Palazzo Grassi 18/15 €; April–Nov. Mi–Mo 10–19 Uhr; Salute) hinter der Basilika ist eine ehemalige Zollstation, in der heute Ausstellungen mit moderner Kunst stattfinden.

Markusdom & Dogenpalast

Am Ende des Kanals kann man am Markusplatz aussteigen. Hier prägt der Dogenpalast (S. 412), die alte Residenz der venezianischen Dogen, das Bild.

CLAUDIO STOCCO/SHUTTERSTOCK ©

Basilica di San Marco

Mit seinen zahlreichen Türmen und Kuppeln, seinem verschwenderischen Marmorschmuck und 8500 m² glitzernder Mosaiken bietet der Markusdom, die berühmteste Kirche Venedigs, einen unvergesslichen Anblick.

Toll für ...

☑ Nicht versäumen

Die Loggia dei Cavalli, auf der vier galoppierende Bronzepferde vom Balkon der Basilica auf den Markusplatz blicken.

Die Basilika wurde im 9. Jh. als Schrein für den Leichnam des hl. Markus gegründet; venezianische Kaufleute hatten ihn in einem Fass mit Schweinefett aus Ägypten herausgeschmuggelt. Als der Bau 932 niederbrannte, wurde die heutige Basilika errichtet – in für Venedig typischer weltläufiger Art mit byzantinischen Kuppeln, dem Grundriss in der Form eines griechischen Kreuzes und Marmor aus Syrien, Ägypten und Palästina.

Fassade & Portale

Von vorn präsentiert sich der Markusdom in Wellen: mit fünf Portalen, ausgeschmückt mit funkelnden Mosaiken, und reich verzierten Bögen. Das älteste Mosaik an der Fassade (1270) befindet sich im Bogenfeld über dem Portal ganz links: Es zeigt, wie der gestohlene Leichnam des hl. Markus an der Basilika eintrifft. Ein weiteres Bogenfeld

Goldblattmosaiken im Markusdom

LONELY PLANET/GETTY IMAGES ©

Gut zu wissen

Markusdom; ☎041 270 83 11; www.basilicasanmarco.it; Piazza San Marco; Mo–Sa 9.45–17 Uhr, Sommer So 14–17 Uhr, Winter So bis 16 Uhr; San Marco GRATIS

Kleine Stärkung

Mit einem *bellini* (Cocktail) in der weltberühmten **Harry's Bar** (☎041 528 57 77; www.harrysbarvenezia.com; Calle Vallaresso 1323; 10.30–23 Uhr) ausruhen.

★ Top-Tipp

Der Markusdom kostet keinen Eintritt, doch haben sich Besucher angemessen zu kleiden: Knie und Schultern müssen bedeckt sein!

zeigt, wie Beamte vor dem Fass mit Schweinefett, das den Leichnam des Heiligen birgt, zurückweichen.

Mosaiken

Wer die funkelnden Deckenmosaiken, von denen viele aus 24-karätigem Blattgold bestehen, erblickt, muss erst einmal die Augen zusammenkneifen. Gleich in der Vorhalle befinden sich die ältesten Mosaiken des Doms: Schon seit über 950 Jahren bewachen die Apostel zusammen mit Maria das Hauptportal. Im Dom selbst konkurrieren drei goldene Kuppeln um Aufmerksamkeit. In der Pfingstkuppel schickt der Heilige Geist, dargestellt als Taube, Flammen auf die Köpfe der im Kreis sitzenden Heiligen. In der mittleren Himmelfahrtskuppel aus dem 13. Jh. umkreisen Engel Christus in der Mitte. Über dem Chor liegt die Kuppel der Propheten.

Pala d'Oro

Der goldene Altaraufsatz hinter dem Hauptaltar (2 €) ist mit 2000 Smaragden, Amethysten, Saphiren, Rubinen, Perlen und anderen Edelsteinen geschmückt. Wertvoller noch sind die biblischen Figuren in lebhaftem Cloisonné (Email), begonnen 976 in Konstantinopel und von venezianischen Goldschmieden 1209 fortgeführt.

Tesoro & Museum

Reliquien und Beute von den Kreuzzügen füllen den Tesoro (Schatzkammer; 3 €). Im **Museum** (Erw./erm. 5/2,50 €; 9.45–16.45 Uhr) sind die Schätze der Dogen ausgestellt. Ein Glanzlicht ist die Quadriga: Die vier Bronzerosse wurden einst in Konstantinopel geraubt und viel später von Napoleon nach Paris verschleppt, bevor sie zum Markusdom zurückkehrten und auf dem Balkon eine Heimat fanden.

Palazzo Ducale

Der Dogenpalast in venezianischer Gotik war mehr als 700 Jahre lang offizielle Residenz der Dogen und Sitz der Regierung der Republik Venedig. Die Seufzerbrücke verbindet den Palast mit dem Gefängnis.

Toll für ...

☑ Nicht versäumen

Die Fratze eines Mannes mit offenem Mund oben an der Scala d'Oro: Hier konnten anonym Briefe mit Denunziationen von Bürgern hinterlegt werden.

Der viel bewunderte Komplex nahm ab etwa 1340 seine heutige Form an, ein Vorgängerbau des Dogenpalasts stand wohl schon im 9. Jh. an dieser Stelle. 1424 kam der Flügel an der Piazzetta San Marco hinzu und der Palast erhielt seine endgültige Form – von ein paar Bränden und Umbauten einmal abgesehen.

Erster Stock

In den Privatgemächern der Dogen im ersten Stock finden heute Kunstausstellungen statt, für die extra Eintritt (ca. 10 €) gezahlt werden muss. Die Dogen lebten in ihren vergoldeten Gemächern wie ein Löwe im Käfig – sie durften sie nur mit Einschränkungen verlassen. Der spannendste Raum ist die Sala dello Scudo (Schildraum) mit Weltkarten, die das Ausmaß venezianischer Macht erkennen lassen.

ANSHARPHOTO/SHUTTERSTOCK ©

Gut zu wissen

Dogenpalast; 041 271 59 11; www.palazzoducale.visitmuve.it; Piazzetta San Marco 1; Erw./erm. mit Museo Correr 19/12 € oder mit Museumspass; April–Okt. 8.30–19 Uhr, Nov.–März bis 17.30 Uhr; San Zaccaria

Kleine Stärkung

Das Schmuckkästchen-Interieur des Caffè Florian (S. 422) passt zur Ausstattung des Dogenpalasts.

★ Top-Tipp

www.palazzoducale.visitmuve.it informiert über Führungen auf „geheimen Wegen" und Sonderöffnungszeiten.

Zweiter Stock

Sansovinos mit 24-karätigem Goldblattstuck verzierte Scala d'Oro (Goldene Treppe) führt in den zweiten Stock mit ihrer prächtigen Propaganda. In Palladios Sala delle Quattro Porte (Saal der vier Türen) warteten die Botschafter, umgeben von opulenten Darstellungen der venezianischen Tugenden aus der Hand Giovanni Cambis, Tizians und Tiepolos, auf die Audienz beim Dogen. Nur wenige wurden in Palladios Collegio (Ratssaal) eingelassen: Hier schwingt Venezia auf Veroneses Deckengemälde *Die Tugenden der Republik* (1575–1578) als verführerische Blondine ihr Zepter wie einen Zauberstab über Gerechtigkeit und Frieden. Ähnlich schmeichlerisch zeigt das Vater-Sohn-Team Jacopo und Domenico Tintoretto Venedig auf dem Deckengemälde *Venedig als Herrin der Meere* für die Sala del Senato (Senatssaal) in Gesellschaft von Apoll, Mars und Merkur. Eine tolle Kulisse für Staatsgeschäfte bildet die Sala del Consiglio dei Dieci, wo der berüchtigte Zehnerrat unter Veroneses *Juno erweist Venezia ihre Gunst* tagte. Über die Sala della Bussola (Kompassraum) spannt sich ein Veronese-Gemälde des hl. Markus.

Sala del Maggior Consiglio

Die große Sala del Maggior Consiglio (Saal des Großen Rats) von 1419 ist geschmückt mit Domenico Tintorettos *Paradies*, welches eher politisch korrekt als schön ist: Im Himmel drängeln sich 500 prominente Venezianer, darunter mehrere Mäzene Tintorettos. Veroneses politische Absicht kommt in seinem ovalen Deckengemälde *Apotheose der Venezia* eleganter daher – hier wohnen Götter der Krönung der Venezia durch einen Engel bei, während sich auf dem Balkon darunter ausländische Würdenträger und venezianische Damen tummeln.

Venezianischer Gourmetbummel

Von den bunten Märkten bis zur köstlichen Eiscreme: Venedig ist ein Feinschmeckerparadies, das erkundet und probiert werden sollte.

Start Rialto-Markt
Länge 2,9 km
Dauer 2 Stunden

7 Den Abschluss bildet ein Wein oder ein Spritz in einer Bar wie **Al Prosecco** (S. 422).

6 Gelato di Natura (www.gelatodinatura.com; Calle Larga 1628) verführt zu sündhaft gutem Bio-Eisvergnügen.

5 Mit den wunderbaren Einladungen und Menükarten von **Veneziastampa** (www.veneziastampa.com; Campo Santa Maria Mater Domini 2173; ⏲Mo–Fr 8.30–19.30, Sa 9–12.30 Uhr) beeindruckt man zu Hause garantiert seine Gäste.

Fotospot: Bunte Arrangements auf dem Rialto-Markt.

1 Los geht die Feinschmeckertour auf dem **Rialto-Markt** (S. 417), wo die Händler kunstvoll ihre Waren drapieren.

2 Die **Drogheria Mascari** (www.imascari.com; Ruga degli Spezieri 381; ⏲Mo, Di & Do–Sa 8–13 & 16–19.30, Mi 8–13 Uhr) wartet mit den duftenden Gewürzen und anderen Schätzen auf, denen Venedig einst seinen Reichtum verdankte.

3 Die **Casa del Parmigiano** (www.aliani-casadelparmigiano.it; Campo Cesare Battisti 214; ⏲Mo–Mi 8–13.30, Do–Sa bis 19.30 Uhr) ist ein altehrwürdiger Feinkostladen mit ausgewählten Käse- und Wurstspezialitäten.

4 Für eine Pause mit einem herrlich duftenden Espresso bietet sich das Kaffeefachgeschäft **Caffè del Doge** (www.caffedeldoge.com; Calle dei Cinque 609; ⏲7–19 Uhr) an.

Kleine Stärkung ... Mit den vielleicht besten *cicheti* der Stadt bei All'Arco (S. 421).

SEHENSWERTES

Gallerie dell'Accademia Galerie

(041 520 03 45; www.gallerieaccademia.org; Campo della Carità 1050, Dorsoduro; Erw./erm. 12/6 €, 1. So des Monats frei; Mo 8.15–14, Di–So bis 19.15 Uhr; Accademia) Die altehrwürdige Galerie zeichnet mit Werken von Bellini, Tizian, Tintoretto, Veronese, Canaletto & Co. die Entwicklung der venezianischen Kunst vom 14. bis zum 18. Jh. nach. Das ehemalige Kloster Santa Maria della Carità, in dem die Galerie residiert, konnte sich seine Stille über die Jahrhunderte bewahren, bis Napoleon hier 1807 erbeutete venezianische Kunst lagerte. Seither dominiert die alten Klostermauern eine überbordende Fülle an großartiger Kunst.

Peggy Guggenheim Collection Museum

(041 240 54 11; www.guggenheim-venice.it; Palazzo Venier dei Leoni 704, Dorsoduro; Erw./erm. 15/9 €; Mi–Mo 10–18 Uhr; Accademia) Peggy Guggenheim, die ihren Vater beim Untergang der *Titanic* verlor, nutzte ihr Erbe, um sich zu einer der größten Kunstsammlerinnen des 20. Jhs. aufzuschwingen. In ihrem feudalen Haus am Canal Grande, dem Palazzo Venier dei Leoni, ist heute ihre Sammlung an surrealistischer, futuristischer und abstrakt-expressionischer Kunst mit Werken von rund 200 Künstlern zu sehen. Darunter befinden sich auch Werke ihres Exgatten Max Ernst sowie von Jackson Pollock (mit dem sie angeblich eine Affäre hatte), Picasso und Salvador Dalí.

Ca' Rezzonico Museum

(Museum des 18. Jahrhunderts; 041 241 01 00; www.visitmuve.it; Fondamenta Rezzonico 3136, Dorsoduro; Erw./erm. 10/7,50 €; Sommer Mi–Mo 10–18 Uhr, Winter bis 17 Uhr; Ca' Rezzonico) In Baldassare Longhenas Palast am Canal Grande werden Barockträume wahr: Eine Marmortreppe führt hinauf zu vergoldeten Ballsälen, mit Fresken geschmückten Salons und opulenten Boudoirs. Giambattista Tiepolos Deckenfresko im Thronsaal ist ein Meisterwerk des sozialen Aufstiegs – es zeigt eine wunderbare Allegorie des Verdienstes, die den Ruhmestempel mit einem Goldenen Buch mit den Namen venezianischer Adliger unter den Armen erklimmt. Unter den Namen ist auch der von Tiepolos Mäzenen, der Familie Rezzonico.

Gondel vor der Basilica di Santa Maria della Salute

Scuola Grande di San Rocco Museum

(041 523 48 64; www.scuolagrandesanrocco.it; Campo San Rocco 3052, San Polo; Erw./erm. 10/8 €; 9.30–17.30 Uhr; San Tomà) Viele Künstler suchten um die Erlaubnis nach, dieses dem Schutzpatron der Pestkranken, dem hl. Rochus, geweihte Gebäude ausmalen zu dürfen, also trickste Tintoretto: Statt Skizzen anzufertigen wie sein Rivale Veronese, stiftete er eine prächtige Deckentafel des hl. Rochus, wohl wissend, dass diese nicht abgelehnt oder von anderen Künstlern übertroffen würde. Im Versammlungssaal dokumentiert der Künstler das Leben Marias, in der Sala Grande Superiore oben zeigt er Szenen aus dem Alten und Neuen Testament.

Ponte di Rialto Brücke

(Rialto-Mercato) Antonio da Pontes Brücke aus istrischem Stein von 1592 ist eine grandiose Leistung. Ihr Bau dauerte drei Jahre und verschlang 250 000 Golddukaten. Die mit Steinreliefs des hl. Markus, des hl. Theodor und der Verkündigung geschmückte Brücke überquert den Canal Grande an seiner schmalsten Stelle und verbindet die Viertel San Polo und San Marco.

Wenn alle Urlaubsknipser gegen Sonnenuntergang das Feld räumen, bieten sich von der Südseite der Brücke romantische Ausblicke auf schwarze Gondeln, die an goldenen Palazzi anlegen.

Basilica di Santa Maria della Salute Basilika

(La Salute; www.basilicasalutevenezia.it; Campo della Salute 1b, Dorsoduro; Basilika frei, Sakristei Erw./erm. 4/2 €; Basilika 9.30–12 & 15–17.30 Uhr, Sakristei Mo–Sa 10–12 & 15–17, So 15–17 Uhr; Salute) Die Kuppelkirche aus dem 17. Jh. an der Einfahrt zum Canal Grande wurde von den Pestüberlebenden der Stadt als Dank für ihre Rettung gestiftet. Der erhebende Entwurf von Baldassare Longhena stellt eine bautechnische Meisterleistung dar, die jeder Logik trotzt – und tatsächlich werden der Kirche Wunderheilkräfte nachgesagt. Tizian entging der Pest, bis er 94 Jahre alt war – dann erlag auch er ihr. In der vor Kunst strotzenden Sakristei der Basilika hinterließ er zwölf Meisterwerke.

Top-Touren

See Venice (349 084 8303; www.seevenice.it; Touren 75 € pro Std.) Informative Kulturführungen in kleinen Gruppen mit einer Venezianerin (auch auf Deutsch).

Monica Cesarato (www.monicacesarato.com; Touren 35 €) Jede Menge Infos über Kultur und Gesellschaft, auch Touren zum Thema Wein, Kuchen, Schokolade und Essen.

Rialto-Markt Markt

(041 296 06 58; San Polo; 7–14 Uhr; Rialto-Mercato) Der Rialto-Markt sorgt schon seit sieben Jahrhunderten für gefüllte Bäuche. Um ihn von seiner schönsten Seite zu erleben, sollte man gleich morgens zusammen mit den Einheimischen hier auflaufen. Bunte Pyramiden aus aufgeschichteten Lebensmitteln locken Auge und Nase, darunter Sant'Erasmo-*castraure* (Baby-Artischocken), bitterer roter *radicchio trevisano* und dicker, saftiger weißer Spargel. Wer sich auf dem Markt mit Zutaten für ein Picknick eindecken möchte, kann bei den Händlern manchmal die eine oder andere Leckerei probieren. Die **Pescaria** (Fischmarkt; Rialto, San Polo; Di–So 7–14 Uhr; Rialto-Mercato) ist montags geschlossen.

I Frari Kirche

(Basilica di Santa Maria Gloriosa dei Frari; 041 272 86 18; www.basilicadeifrari.it; Campo dei Frari 3072, San Polo; Erw./erm. 3/1,50 €; Mo–Sa 9–18, So 13–18 Uhr; San Tomà) Zu den Schätzen in der gotischen Kirche I Frari zählen ein Chorgestühl mit Intarsienarbeiten, Canovas Pyramidenmausoleum, Bellinis schmerzhaft schönes Triptychon einer *Madonna mit Kind* in der Sakristei und Longhenas unheimliches Grabmal des Dogen Pesaro. Highlight ist ein kleines Altarbild, Tizians *Assunta* (Mariä Himmelfahrt) von 1518: Darauf streckt sich eine strahlende Madonna in rotem Umhang gen Himmel und entflieht auf einer Wolke dem irdischen Dasein. Tizian selbst starb 1576 und ist hier in der Nähe seines berühmten Meisterwerks bestattet.

San Marco & San Polo

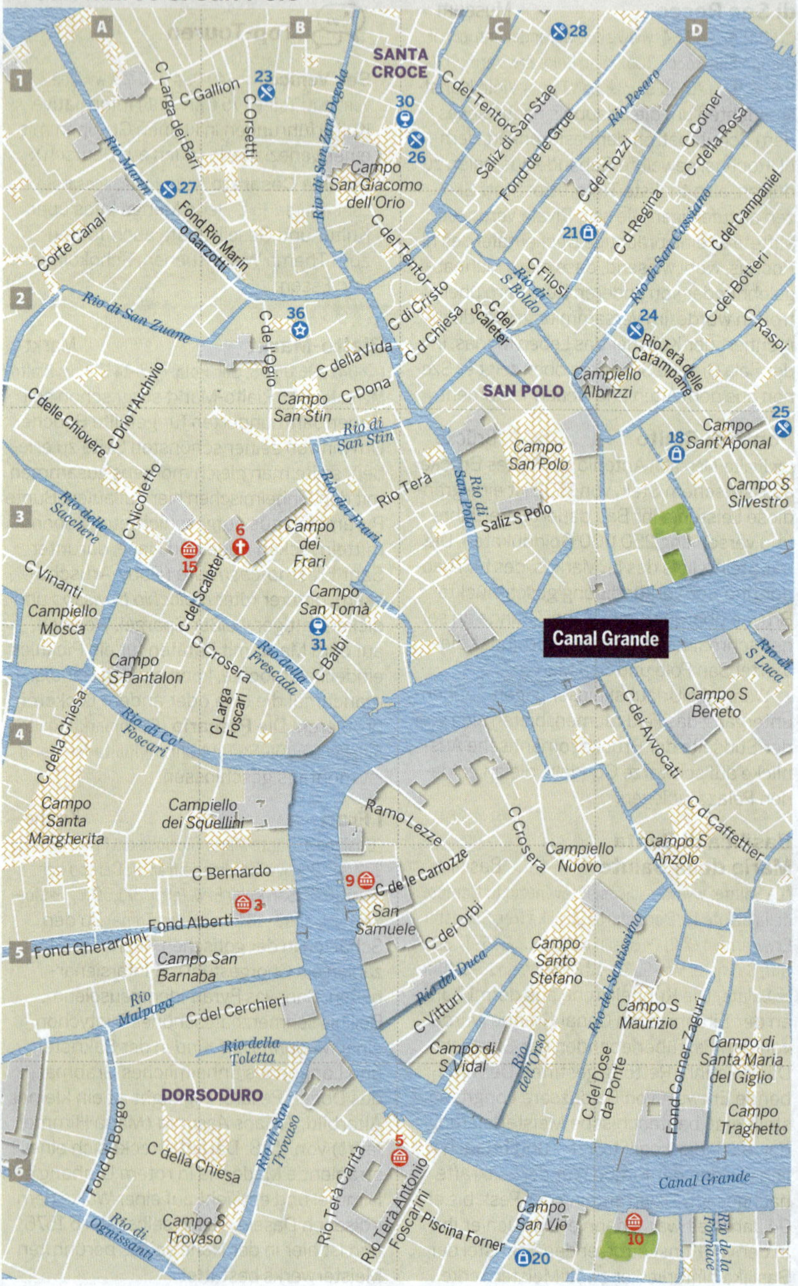

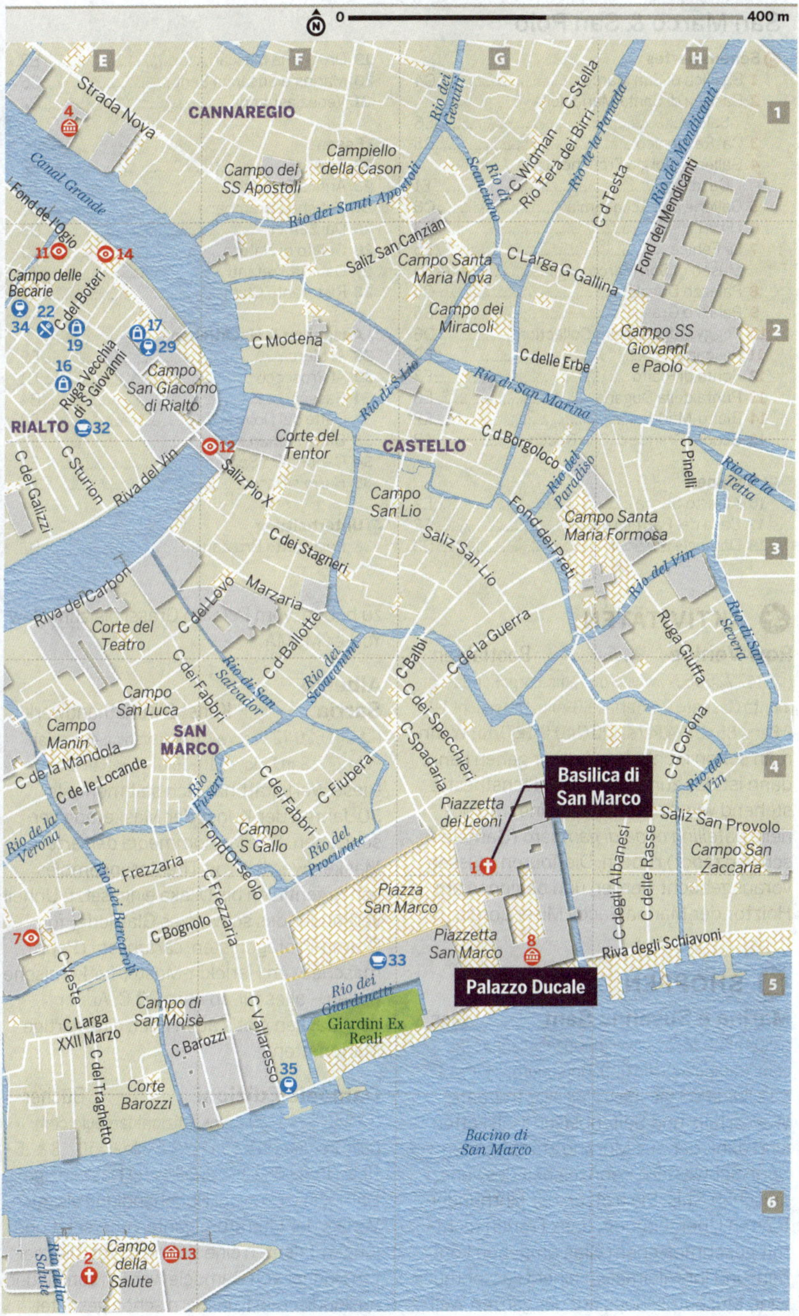
0
400 m
N
E
F
G
H
1
2
3
4
5
6
CANNAREGIO
Strada Nova
Canal Grande
Fond de l'Ogio
Campo dei SS Apostoli
Campiello della Cason
Rio dei Santi Apostoli
Rio dei Gesuiti
Rio di Sanciuno
C Widman
Rio Terà dei Birri
C Stella
Rio de la Panada
C d Testa
Rio dei Mendicanti
Fond dei Mendicanti
Saliz San Canzian
Campo Santa Maria Nova
C Larga G Gallina
Campo dei Miracoli
Campo delle Becarie
C del Boteri
Ruga Vecchia di S Giovanni
Campo San Giacomo di Rialto
C Modena
C delle Erbe
Campo SS Giovanni e Paolo
Rio di S Lio
Rio di San Marina
RIALTO
Corte del Tentor
CASTELLO
C d Borgoloco
Rio del Paradiso
C Pinelli
Rio de la Tetta
C del Galizzi
C Sturion
Riva del Vin
Saliz Pio X
Campo San Lio
Saliz San Lio
Fond dei Preti
Campo Santa Maria Formosa
C dei Stagneri
Rio del Vin
Riva del Carbon
C del Lovo
Marzaria
Corte del Teatro
C d Ballotte
Rio dei Scoacamini
C Balbi
C de la Guerra
Ruga Giuffa
Rio di San Severa
C dei Fabbri
Rio di San Salvador
Campo San Luca
C dei Specchieri
C Spadaria
Campo Manin
SAN MARCO
C de la Mandola
C de le Locande
Rio Fuseri
C dei Fabbri
C Fiubera
C d Corona
Rio del Vin
Basilica di San Marco
Piazzetta dei Leoni
Saliz San Provolo
Rio de la Verona
Campo S Gallo
Rio del Procurate
Campo San Zaccaria
Frezzaria
Fond Orseolo
C degli Albanesi
C delle Rasse
Rio dei Barcaroli
Piazza San Marco
C Frezzaria
C Bognolo
Piazzetta San Marco
Riva degli Schiavoni
C Veste
Rio dei Giardinetti
Palazzo Ducale
Campo di San Moisè
C Vallaresso
Giardini Ex Reali
C Larga XXII Marzo
C Barozzi
C del Traghetto
Corte Barozzi
Bacino di San Marco
Rio della Salute
Campo della Salute
1
2
4
7
8
11
12
13
14
16
17
19
22
29
32
33
34
35

San Marco & San Polo

Sehenswertes
1 Basilica di San Marco ... G4
2 Basilica di Santa Maria della Salute ... E6
3 Ca' Rezzonico ... B5
4 Galleria Giorgio Franchetti alla Ca' d'Oro ... E1
5 Gallerie dell'Accademia ... C6
6 I Frari ... B3
7 La Fenice ... E5
Museo di San Marco ... (s. 1)
8 Palazzo Ducale ... G5
9 Palazzo Grassi ... B5
10 Peggy Guggenheim Collection ... D6
11 Pescaria ... E2
12 Ponte di Rialto ... F3
13 Punta della Dogana ... E6
14 Rialto-Markt ... E2
15 Scuola Grande di San Rocco ... A3

Shoppen
16 Alberto Sarria ... E2
17 Casa del Parmigiano ... E2
18 Damocle Edizioni ... D3
19 Drogheria Mascari ... E2
20 Marina e Susanna Sent ... C6
21 Veneziastampa ... C2

Essen
22 All'Arco ... E2
23 Antica Besseta ... B1
24 Antiche Carampane ... D2
25 Dai Zemei ... D3
26 Gelato di Natura ... C1
27 Osteria Trefanti ... A1
28 Ristorante Glam ... C1

Ausgehen & Nachtleben
29 Al Mercà ... E2
30 Al Prosecco ... C1
31 Basegò ... B4
32 Caffè del Doge ... E2
33 Caffè Florian ... F5
34 Cantina Do Spade ... E2
35 Harry's Bar ... F5

Unterhaltung
36 Palazzetto Bru Zane ... B2

AKTIVITÄTEN

Row Venice Bootfahren

(✆347 7250637; www.rowvenice.org; Fondamenta Gasparo Contarini; 90-min. Unterricht 1–2 Pers. 85 €, 3/4 Pers. 120/140 €; Orto) Wenn man schon nicht über Wasser gehen kann, dann ist das zumindest das Nächstbeste: stehend wie die Gondolieri eine traditionelle *batellina coda di gambero* (Garnelenschwanzboot) rudern. Die Touren müssen vorausgebucht werden und beginnen am Holztor der Marina Sacca Misericordia.

SHOPPEN

Marina e Susanna Sent Glas

(✆041 520 81 36; www.marinaesusannasent.com; Campo San Vio 669, Dorsoduro; 10–13 & 13.30–18.30 Uhr; Accademia) Tragbare Wasserfälle und Seifenblasen-Halsketten sind dank der aus Murano stammenden Sent-Schwestern Kennzeichen des venezianischen Stils. Sie trotzen der jahrhundertealten Überzeugung, dass Frauen nicht mit geschmolzenem Glas umgehen können, und ihr minimalistischer Glasschmuck ist in Museumsshops auf der ganzen Welt zu haben, vom Palazzo Grassi bis zum New Yorker MoMA.

Alberto Sarria Kunst & Kunsthandwerk

(✆041 520 72 78; www.masksvenice.com; San Polo 777, San Polo; 10–19 Uhr; San Stae) Diese Werkstatt hat sich seit mehr als 30 Jahren der Kunst der Maskerade verschrieben. Sarrias *commedia dell'arte*-Masken werden von Theaterensembles von Argentinien bis Osaka eingesetzt: Unheil verkündendes schwarzes Glattleder für Drama-Protagonisten, *cartapesta* (Pappmaschee) im Harlekin-Muster für komische Rollen – alles für ab etwa 20 €. Außer den Masken gibt's auch noch einzigartige Marionetten.

Damocle Edizioni Bücher

(✆346 8345720; www.edizionidamocle.com; Calle Perdon 1311, San Polo; Mo–Fr 10–13 & 15–19, Sa 10–13 Uhr; San Silvestro) Das winzige Damocle ist sowohl Buchhandlung als auch Verlag, der Literaturgiganten übersetzt und jungen Talenten eine Bühne bietet. Die meisten Bücher von Damocle werden von in- und ausländischen Künstlern schön gestaltet.

ESSEN

All'Arco Venezianisch €

(☎041 520 56 66; Calle dell'Ochialer 436, San Polo; Cicheti ab 2 €; ⏰Sommer Mo, Di & Sa 8–14.30, Mi–Fr bis 19 Uhr, Winter Mo–Sa 8–14.30 Uhr; ⛴Rialto-Mercato) Die authentische Nachbarschafts-*osteria* (einfaches Restaurant) wartet mit den besten *cicheti* (Häppchen) der Stadt auf. Vater Francesco und Sohn Matteo zaubern aus Zutaten vom nahen Rialto-Markt Meisterwerke wie *cannocchia* (Fangschreckenkrebse) mit Kürbis und Rogen oder *otrega crudo* (roher Butterfisch) mit einer Marinade aus Minze und Olivenöl. Selbst wenn man viel Prosecco kippt, kostet eine Mahlzeit selten mehr als 20 €.

Dai Zemei Venezianisch, Cicheti €

(☎041 520 85 96; www.ostariadaizemei.it; Ruga Vecchia San Giovanni 1045, San Polo; Cicheti ab 1,50 €; ⏰Mo–Sa 8.30–20.30, So 9–19 Uhr; ⛴San Silvestro) Diese klitzekleine *cicheti*-Theke führen die *zemei* (Zwillinge) Franco und Giovanni. Sie servieren ihrer treuen Kundschaft kleine, sehr phantasievolle Mahlzeiten – echte Schnäppchen für Feinschmecker – sowie dazu passende Weine, etwa einen knackigen weißen Nosiola oder einen erfrischenden trockenen Prosecco.

Osteria Trefanti Venezianisch €€

(☎041 520 17 89; www.osteriatrefanti.it; Fondamenta Garzotti 888, Santa Croce; Mahlzeiten 40 €; ⏰Di–So 12–14.30 & 19–22.30 Uhr; 📶; ⛴Riva de Biasio) 🌿 Der Gewürzhandel der Lagunenstadt lebt fort im schlichten, eleganten Trefanti, wo ein Gericht aus marinierten Garnelen, Haselnüssen, Beeren und Karamell durch die Gewürzmischung Garam masala eine interessante Note erhält. In einer Umgebung aus alten Kirchenbänken und recycelten Kupferlampen passen dazu wunderbar die ausgewählten heimischen Weine, z.T. in Bio-Qualität.

Antica Besseta Venezianisch €€

(☎041 72 16 87; www.anticabesseta.it; Salizada de Cà Zusto 1395, Santa Croce; Mahlzeiten 35 €; ⏰Mo, Mi & Do 18.30–22, Fr–So 12–14 & 18.30–22.30 Uhr; 📶; ⛴Riva de Biasio) Holzvertäfelung und frische Blumen prägen das Ambiente dieser alten Trattoria. Sie ist dafür bekannt, regionale Klassiker mit einem modernen Touch aufzupeppen. Die *delizie di pesce dell'Adriatico* – eine Probierplatte z. B. mit scharf angebratenen Jakobsmuscheln an einer Brandy-Spargel-Salsa – bilden den Auftakt zu Hauptgerichten wie Steinbutt mit Mandelkruste, Artischocken und Kirschtomaten.

Gondelfahrten

Kitschig oder romantisch? Das muss jeder selbst entscheiden. Tagsüber kostet die Gondelei 80 € für 30 Minuten (max. 6 Pers.), von 19 bis 8 Uhr 100 € für 35 Minuten, Gesang (separat auszuhandeln) und Trinkgeld nicht inbegriffen.

Antiche Carampane Venezianisch €€€

(☎041 524 01 65; www.antichecarampane.com; Rio Terà delle Carampane 1911, San Polo; Mahlzeiten 50 €; ⏰Di–Sa 12.45–14.30 & 19.30–22.30 Uhr; ⛴San Stae) Dieser in den einst zwielichtigen Gassen hinter dem Ponte delle Tette liegende Gourmettempel ist nicht ganz leicht zu finden. Hier gibt es keine Touristen-Lasagne, sondern Speisen aus frischen Zutaten vom Markt wie seidige *crudi* (rohe Fische und Meeresfrüchte), überraschend leichte *fritto misto* (frittierte Meeresfrüchte) und einen *caramote*-Garnelensalat mit saisonalem Gemüse. Das Restaurant ist beliebt bei einem schicken, geselligen Publikum; besser reservieren.

Riviera Venezianisch €€€

(☎041 522 76 21; www.ristoranteriviera.it; Fondamenta Zattere al Ponte Lungo 1473, Dorsoduro;

Oper in La Fenice

Von Januar bis Juli und September bis Oktober ist Saison in Venedigs prächtigem Opernhaus **La Fenice** (041 78 66 75; www.teatrolafenice.it; Campo San Fantin 1977; Audioguide Erw./erm. 10/7 €; 9.30–18 Uhr; Giglio). Wer es nicht zu einer Vorstellung schafft, kann das Gebäude auch per Audioguide erkunden.

PISAPHOTOGRAPHY/SHUTTERSTOCK ©

Mahlzeiten 70–85 €; Fr–Di 12.30–15 & 19–22.30 Uhr; Zattere) Meeresfrüchtekenner sind sich einig, dass ein Schmaus in G. P. Cremoninis Restaurant ein echtes venezianisches Highlight darstellt. Der ehemalige Rockmusiker stellt seine Kochtalente unter Beweis etwa bei einem perfekt ausbalancierten Tintenfischeintopf, federleichten Gnocchi mit Lagunenkrebsen und Risotto mit Kaisergrant und Hopfensprossen. Die Lage des Lokals am Giudecca-Kanal ist einfach spektakulär: Hinter venezianischen Kuppeln geht die Sonne knallrosa unter.

Ristorante Glam Venezianisch **€€€**
(Palazzo Venart; 041 523 56 76; www.enricobartolini.net/i-ristoranti/glam; Calle Tron 1961, Santa Croce; Probiermenü 90–110 €; 12.30–14.30 & 19.30–22.30 Uhr; San Stae) Vom Wassertaxi betreten die Gäste den Garten von Enrico Bartolinis neuem venezianischem Restaurant im Hotel Venart. Bei den Probiermenüs stehen die regionalen Zutaten im Mittelpunkt und Klassiker aus dem Veneto werden mit ungewöhnlichen Gewürzen aufgepeppt, die einst auf den Tischen dieser Handelsmetropole zu finden waren.

AUSGEHEN & NACHTLEBEN

Al Mercà Weinbar
(346 8340660; Campo Cesare Battisti 213, San Polo; Mo–Do 10–14.30 & 18–20, Fr & Sa bis 21.30 Uhr; Rialto-Mercato) Anspruchsvolle Weinfreunde zieht es in diese klitzekleine Bar am Rialto-Markt, um erstklassigen Pro-secco und DOC-Weine (ab 3 € pro Glas) zu genießen. Zu essen gibt's gewöhnlich Fleischklöpse und kleine Panini (1,50 €), hergestellt aus superfrischen Zutaten.

Al Prosecco Weinbar
(041 524 02 22; www.alprosecco.com; Campo San Giacomo dell'Orio 1503, Santa Croce; Nov.–März Mo–Fr 10–20, Sa bis 17 Uhr, April–Okt. bis 22.30 Uhr; San Stae) Der Wunsch, am reizendsten *campo* Venedigs auf den Sonnenuntergang anzustoßen, ist nur allzu verständlich, und hier kann man das mit Naturweinen tun. Diese wegweisende Bar ist auf *vini naturi* aus biologischem oder biodynamischem Anbau von italienischen Winzern wie Cinque Campi und Azienda Agricola Barichel spezialisiert. Mit einem Gläschen ungefiltertem trübem Prosecco lässt sich bestens über die schönen Dinge des Lebens nachdenken.

Caffè Florian Café
(041 520 56 41; www.caffeflorian.com; Piazza San Marco 57; 9–23 Uhr; San Marco) Das Florian ist das älteste noch betriebene Café Europas und eines der ersten, in dem auch Frauen willkommen waren. Die seit 1720 geltenden Traditionen werden liebevoll gepflegt: Vornehm gewandete Kellner servieren den Capuccino auf Silbertabletts, Liebespaare schmusen auf plüschigen Bänken, und sobald die untergehende Sonne die Mosaiken des Markusdoms zum Funkeln bringt, spielt das Orchester auf. Wer während der Konzerte draußen auf der Piazza sitzt, zahlt 6 € mehr – aber das merken romantische Träumer kaum.

Basegò Bar
(041 850 02 99; www.basego.it; Campo San Tomá, San Polo; 9–23 Uhr; San Tomà) Das neue Basegò hat sich mit drei wichtigen Zutaten – gutem Essen, gutem Wein und guter Musik – schnell eine treue Gefolg-

schaft gesichert. Wer möchte, kann sich an *cicheti* wie Meeresfrüchten aus der Lagune, *prosciutto* aus Norcia, geräuchertem Thunfisch und Käse aus der Lombardei erfreuen.

UNTERHALTUNG

Palazzetto Bru Zane Klassische Musik (Centre du Musique Romantique Française; ☎041 521 10 05; www.bru-zane.com; Palazzetto Bru Zane 2368, San Polo; Erw./erm. 15/5 €; ⏲Kasse Mo–Fr 14.30–17.30 Uhr, Ende Juli–Mitte Aug. geschl.; San Tomà) Lustschlösser gibt's kaum romantischere als den Palazzetto Bru Zane an Konzertabenden: Dann scheinen die exquisiten Melodien die Sebastiano-Ricci-Engel an den Stuckdecken zu streicheln. Nach einer mehrjährigen Restaurierung erfüllt der 100 Plätze bietende Musiksaal des Casino Zane von 1695–1697 nun wieder seine ursprüngliche Funktion: Von Ende September bis Mitte Mai gibt es hier Musik von Weltrang und in genialer Akustik.

PRAKTISCHE INFORMATIONEN

Vènezia Unica (☎041 24 24; www.veneziaunica.it) betreibt sämtliche Touristeninformationen in Venedig und wartet mit den üblichen Infos auf. Ermäßigungskarten können auf der Website vorbestellt werden.

AN- & WEITERREISE

AUTO

Wer mit dem Auto nach Venedig fährt, muss am westlichen Ende der Stadt parken und dann zu Fuß gehen oder ein *vaporetto* (Linienboot)nehmen.

Parkplätze gibt's auf der Piazzale Roma und der Isola del Tronchetto. Das Parken kostet ab 3,50 € pro Stunde; fünf bis 24 Stunden kosten 32 €. Zu den Spitzenzeiten sind viele Parkplätze komplett voll. Jedoch kann man sich auf www.veneziaunica.it rechtzeitig einen Parkplatz reservieren. Wer billiger parken möchte, sollte sein Auto in Mestre abstellen und dann mit dem Bus oder Zug nach Venedig fahren.

Ein Überblick über die verschiedenen Parkmöglichkeiten in Venedig und Mestre mit Preisen und Anfahrtsbeschreibungen ist auf www.avmspa.it zu finden.

FLUGZEUG

Die meisten Flieger mit Ziel Venedig steuern den östlich von Mestre liegenden Flughafen **Venezia Marco Polo** (☎Fluginformationen 041 260 92 60; www.veniceairport.it; Via Galileo Gallilei 30/1, Tessera) 12 km außerhalb von Venedig an. Ryanair und andere Billig-Airlines nutzen auch den **Flughafen Treviso** (☎042 231 51 11; www.trevisoairport.it; Via Noalese 63) rund 4 km südwestlich von Treviso bzw. 26 km von Venedig (1 Std. mit dem Auto).

SCHIFF/FÄHRE

Venedig hat regelmäßige Fährverbindungen nach Griechenland, Kroatien und Slowenien. Man sollte jedoch bedenken, dass die riesigen Fähren genauso wie die Kreuzfahrtschiffe auf das winzige Venedig und seine fragile Lagunen-Aquakultur eine enorm schädigende Wirkung haben. Somit ist es eine Überlegung wert, vielleicht doch auf die Bahn auszuweichen – Venedig zuliebe!

ZUG

Ab Venedig gibt's Zugverbindungen in die meisten größeren Städte Italiens sowie nach Frankreich, Deutschland, Österreich, in die Schweiz und nach Slowenien und Kroatien.

UNTERWEGS VOR ORT

Vaporetto (Linienboote für Passagiere) Das wichtigste Verkehrsmittel in Venedig. Die einfache Fahrt kostet 7,50 € (75 Min.). Wer öfter unterwegs ist, sollte sich eine Zeitkarte (1-/2-/3-/7-Tagespass 20/30/40/60 €) besorgen. Sämtliche Fahrkarten sind an den ACTV-Ticketschaltern und -Fahrkartenautomaten an den Fähranlegern sowie in Tabakläden erhältlich.

Traghetto Die öffentlichen Gondeln (2 €) pendeln tagsüber zwischen den Brücken über den Canal Grande.

Wassertaxi Die schicken Teakholzboote kosten 15 € plus 2 € pro Minute; eine Vorausbuchung kostet weitere 5 € extra, für Abendfahrten, Gepäck und große Gruppen fallen ebenfalls zusätzliche Kosten an.

In diesem Kapitel

Florenz, Italien

Im romantischen, zauberhaften und unwiderstehlichen Florenz, der Wiege der Renaissance, können Besucher Kunst von Weltrang und köstliche toskanische Küche genießen. Nur wenige Städte dieser Größe bieten auf Schritt und Tritt so viel fabelhafte Kunst und Architektur. Das Gefüge der nicht sonderlich großen Stadt am Arno im Nordosten der Toskana hat sich seit der Renaissance kaum verändert: Die schmalen Straßen säumen elegante Palazzi aus dem 15. und 16. Jh., mittelalterliche Kapellen, Kirchen voller Fresken, Basiliken aus Marmor und großartige Kunstmuseen. Da überrascht es kaum, dass die gesamte Innenstadt ein Weltkulturerbe ist.

Zwei Tage in Florenz

Nach einem Kaffee an der **Piazza della Repubblica** (S. 439) geht's in die **Uffizien** (S. 432). Nach dem Mittagessen stehen dann der **Dom** (S. 426), das **Baptisterium** (S. 439) und das **Grande Museo del Duomo** (S. 438) auf dem Programm. Der zweite Tag gehört der **Galleria dell'Accademia** (S. 430) und dem **Museo di San Marco** (S. 439). Abends geht's hinüber in den Oltrarno; unterwegs genießt man die Blicke bei Sonnenuntergang vom **Ponte Vecchio** (S. 442) und von der **Piazzale Michelangelo** (S. 443).

Vier Tage in Florenz

Am dritten Tag erkundet man den **Palazzo Pitti** (S. 442) und den **Giardino di Boboli** (S. 442) oder besichtigt die Basiliken der Stadt: **San Lorenzo** (S. 443), **Santa Croce** (S. 443) und **Santa Maria Novella** (S. 443). Fürs Abendessen samt Show bietet sich das **Teatro del Sale** (S. 446) an. Der vierte Tag beginnt mit einer Führung durch den **Palazzo Vecchio** (S. 438). Danach ist ein Bummel durch die kleinen Läden der Stadt angesagt.

Und nun? In andere Städte der Toskana (S. 450) oder nach Rom (S. 358)?

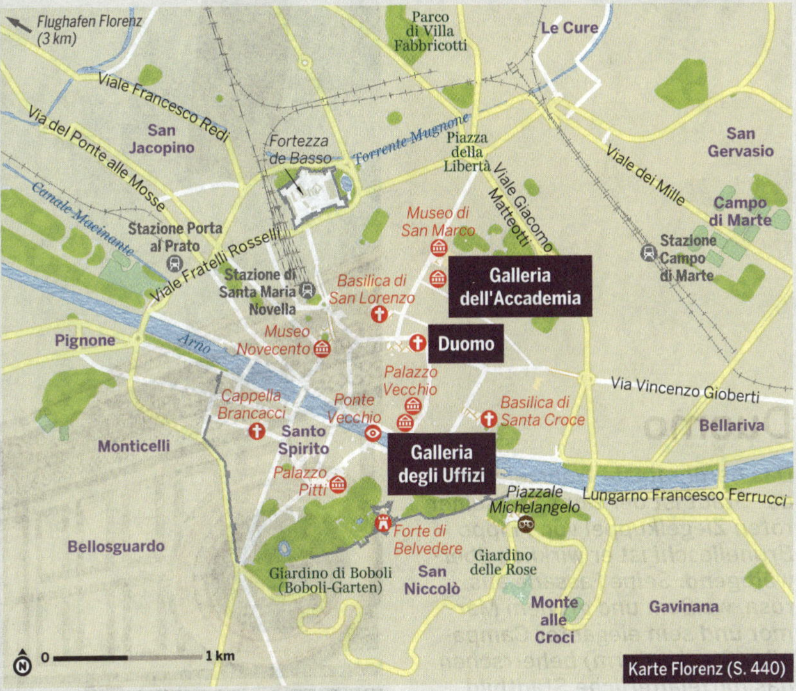

Ankunft

Internationaler Flughafen Pisa Der wichtigste internationale Flughafen der Toskana. Es fahren regelmäßig Busse zur Stazione di Santa Maria Novella (5 €). Tickets gibt's online, im Bus oder am Infoschalter in der Ankunftshalle.

Flughafen Florenz ATAF bietet jede halbe Stunde den Volainbus-Shuttle (6 €) zum Busbahnhof von Florenz. Ein Taxi kostet 20 €.

Stazione di Santa Maria Novella Der Hauptbahnhof von Florenz ist zehn Minuten zu Fuß vom historischen Zentrum entfernt und liegt an der Hauptstrecke zwischen Rom und Mailand.

Schlafen

Von Ostern bis September empfehlen sich Zimmerreservierungen dringend – im Winter locken dagegen einige Schnäppchen: Dann kosten die Zimmer fast nur noch die Hälfte. Viele edle Boutiquehotels verstecken sich in Innenhöfen oder hinter den unscheinbaren Toren einer *residenza d'epoca* (historische Residenz); sie sind nicht als Hotels gelistet und tragen auch keine Sterne – umso stimmungsvoller und florentinischer sind viele von ihnen.

Duomo

Das berühmteste Wahrzeichen der Stadt ist der Dom. Mit seiner roten Ziegelkuppel von Filippo Brunelleschi ist er wirklich überwältigend. Seine Fassade aus rosa, weißem und grünem Marmor und sein eleganter Campanile (Glockenturm) beherrschen das mittelalterliche Stadtbild.

Toll für ...

Gut zu wissen

Cattedrale di Santa Maria del Fiore; 055 230 28 85; www.ilgrandemuseodelduomo.it; Piazza del Duomo; Mo–Mi & Fr 10–17, Do bis 16.30, Sa bis 16.45, So 13.30–16.45 Uhr GRATIS

★ Top-Tipp

Die Reservierung für die Kuppelbesteigung gibt's im Internet und beim Ticketbüro an der Piazza San Giovanni 7 gegenüber vom Nordeingang des Baptisteriums.

ROSSHELEN/SHUTTERSTOCK ©

Der Sieneser Baumeister Arnolfo di Cambio begann 1296 mit den Bauarbeiten. Sie dauerten fast 150 Jahre und der Dom wurde erst 1436 geweiht.

Die Fassade

Die neugotische Fassade des Architekten Emilio de Fabris aus dem 19. Jh. ersetzte das nie vollendete Original, das im 16. Jh. abgerissen wurde. Der älteste und am eindeutigsten gotische Teil des Doms ist seine Südflanke mit der Porta dei Canonici (Kanonikerpforte), ein hochgotisches Werk von der Mitte des 14. Jhs. Hier befindet sich auch der Eingang zur Kuppel.

Die Kuppel

Die **Kuppel** (Kuppel mit Baptisterium, Campanile, Krypta & Museum Erw./erm. 15/3 €; ⏲Mo–Fr 8.30–19, Sa bis 17, So 13–16 Uhr), eines der Meisterwerke der Renaissance, ist ein Wunder der Baukunst, das man eigentlich erst dann recht würdigen kann, wenn man die 463 Stufen in seinem Inneren erklommen hat. Sie entstand von 1420 bis 1436 nach Plänen von Filippo Brunelleschi und ist wahnsinnige 91 m hoch und 45,5 m breit.

Brunelleschi hatte sich das Pantheon in Rom zum Vorbild genommen und entwarf für die Kuppel einen völlig neuen Bauplan mit achtgliedrigen inneren und äußeren Schalen, die nicht auf dem Dach des Doms ruhten, sondern auf dem Tambour. So konnten die Handwerker von unten nach oben bauen und brauchten keinen Holzrahmen. Insgesamt wurden über 4 Mio. Ziegelsteine verbaut, und zwar in Kreisen im Fischgrätverband um die Rippen herum.

Der Aufstieg über die Wendeltreppe ist recht steil. Auf jeden Fall sollte man an der

Der Dom: das berühmte Wahrzeichen der Stadt

Balustrade an der Basis der Kuppel eine Pause einlegen: Von hier blickt man auf den achteckigen *coro* (Chor) unten im Dom und die sieben runden Buntglasfenster des Tambours von Donatello, Andrea del Castagno, Paolo Uccello und Lorenzo Ghiberti.

Der Innenraum

Nach der spektakulären Fassade wirkt der 155 m lange und 90 m breite Innenraum des Doms überraschend karg – die meisten Schätze sind im Verlauf der Jahrhunderte entfernt worden und zum Teil jetzt im Grande Museo del Duomo (S. 438) zu sehen. An manchen Stellen erscheint der Innenraum dazu recht weltlich – ein erheblicher Teil des Doms wurde nicht von der Kirche finanziert: Im linken Seitenschiff sind auf zwei riesigen Fresken Reiterstandbilder zweier *condottieri* (Söldnerführer) dargestellt – links ist Niccolò da Tolentino von Andrea del Castagno (1456) zu sehen, rechts Sir John Hawkwood (der im 14. Jh. für Florenz kämpfte) von Uccello (1436).

Zwischen dem Nordteil des Querschiffs und der Apsis befindet sich die Sagrestia delle Messe (Sakristei) mit wunderschönen Intarsienarbeiten von Benedetto und Giuliano da Maiano. Die schönen Bronzetüren stammen von Luca della Robbia – sein einziges bekanntes Werk in Bronze. Über dem Eingang befindet sich seine *Resurrezione* (Auferstehung) aus glasierter Terrakotta.

Neben dem Haupteingang zum Dom führt eine Treppe hinunter in die Cripta Santa Reparata (Krypta). Hier wurden bei Ausgrabungen zwischen 1965 und 1974 Reste der Chiesa di Santa Reparata aus dem 5. Jh. gefunden, die an der Stelle ursprünglich gestanden hatte.

Der Campanile

Der Aufstieg über 414 Stufen auf den 85 m hohen **Campanile** (Glockenturm; ☑ Campanile mit Baptisterium, Kuppel, Krypta & Museum Erw./erm. 15/3 €; ⏲8.15–20 Uhr) des Doms, mit dessen Bau Giotto 1334 begann, wird mit einem umwerfenden Blick auf die Stadt belohnt. Das erste Reliefband am Sockel der opulenten gotischen Fassade des Turms zieren Kopien der von Pisano angefertigten Werke: Sie zeigen die Schöpfung und die *attività umane* (Künste und Handwerke). Darüber sind die Planeten, die Tugenden, die Künste und die sieben Sakramente dargestellt. Bei den Plastiken der Propheten und Weissagerinnen in den Nischen der oberen Etagen handelt es sich um Kopien der Arbeiten von z. B. Donatello.

☑ Nicht versäumen

Die üppigen Domfresken von Giorgio Vasari und Federico Zuccari.

ROSSHELEN/SHUTTERSTOCK ©

✕ Kleine Stärkung

Mit toskanischem Wein im stylischen **Coquinarius** (www.coquinarius.com; Via delle Oche 11r; ⏲Mi–Mo 12.30–15 & 18.30–22.30 Uhr).

SYLVAIN SONNET/GETTY IMAGES ©

Galleria dell'Accademia

Der Eingang zur Galleria dell'Accademia aus dem späten 18. Jh. ist an der langen Schlange davor zu erkennen. Hier ist eines der absoluten Meisterwerke der Renaissance zu bestaunen, Michelangelos David.

Toll für ...

☑ **Nicht versäumen**

David – an den beiden blassen Linien an seinem linken Unterarm kann man sehen, wo er 1527 zerbrach.

David

Glücklicherweise ist die berühmteste Statue der Welt das Warten wert: Der über 5 m große und 19 t schwere *David* ist wirklich umwerfend. Doch er beeindruckt nicht nur durch seine Größe, sondern auch durch die offensichtliche Liebe zum Detail – die Adern seiner sehnigen Arme, die Beinmuskeln, den sich wandelnden Ausdruck, wenn man um ihn herumgeht. Das aus einem einzigen Marmorblock gehauene, berühmteste Werk Michelangelos war auch sein schwierigstes: Er hatte den Marmor nicht selbst ausgesucht, der Marmor wies Adern auf und die gewaltigen Ausmaße des Werks waren vorgegeben.

David ist hier zum ersten Mal nicht als jungenhafter Kämpfer, sondern als Mann im besten Alter dargestellt. Als er 1504 vor dem Palazzo Vecchio auf der Piazza

Michelangelos *David*

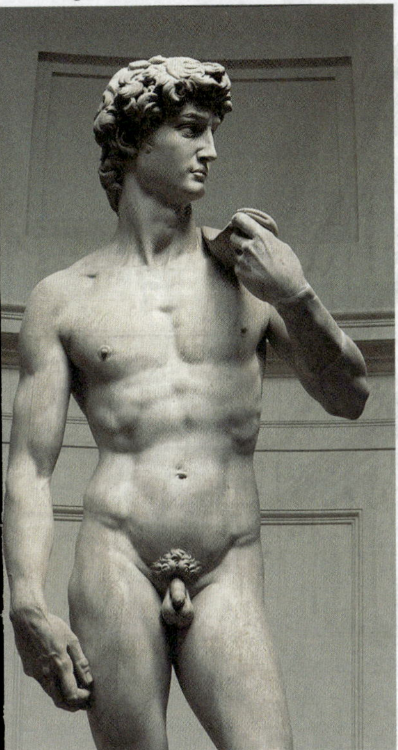
MARVIN E. NEWMAN/GETTY IMAGES ©

della Signoria aufgestellt wurde, sahen die Florentiner in ihm sogleich ein Symbol für Macht, Freiheit und Bürgerstolz ihrer Stadt. Bis 1873 blieb er auf dem Platz stehen, dann zog er in die Accademia um.

Andere Werke

Michelangelo schuf außerdem den unvollendeten *San Matteo* (hl. Matthäus; 1504–1508) und vier *Prigioni* (Gefangene oder Sklaven; 1521–1530), die hier ebenfalls zu sehen sind. Die Gefangenen scheinen sich zu winden und aus dem Marmor befreien zu wollen; sie waren für das Grabmal von Papst Julius II. gedacht, das ebenfalls nie vollendet wurde.

In den angrenzenden Sälen sind Gemälde von Andrea Orcagna, Taddeo Gaddi, Domenico Ghirlandaio, Filippino Lippi und Sandro Botticelli ausgestellt.

Gut zu wissen

www.firenzemusei.it; Via Ricasoli 60; Erw./erm. 8/4 €, mit Sonderausstellung 12,50/6,25 €; ⏲Di–So 8.15–17.50 Uhr

Kleine Stärkung

Ein Stück Pizza bei **Pugi** (☎055 28 09 81; www.focacceria-pugi.it; Piazza San Marco 9b; 15–24 € pro kg; ⏲Mo–Sa 7.45–20 Uhr, Mitte Aug. 2 Wochen geschl.), einen Katzensprung von der Galleria entfernt.

★ Top-Tipp

Tickets besorgt man sich am besten vorher online auf www.firenzemusei.it; die Buchungsgebühr beträgt 4 €.

Was gibt's in der Nähe?

Östlich der Accademia thront über der **Piazza della Santissima Annunziata** Giambolognas Reiterstandbild von Großherzog Ferdinando I. de' Medici. Den majestätischen Platz beherrschen die 1250 erbaute und dann Mitte des 15. Jhs. u. a. von Michelozzo umgebaute **Chiesa della Santissima Annunziata** und das **Ospedale degli Innocenti** (Krankenhaus der Unschuldigen), Europas erstes Waisenhaus, gegründet 1421. Brunelleschis klassischer Portikus wurde von Andrea della Robbia (1435–1525) mit Terrakotta-Medaillons von Wickelkindern ausgeschmückt.

Rund 200 m südöstlich der Piazza ist das **Museo Archeologico** (☎055 23 57; www.archeotoscana.beniculturali.it; Piazza della SS Annunziata 9b; Erw./erm. 4/2 €; ⏲Di–Fr 8.30–19, Sa–Mo bis 14 Uhr). Seine reiche Sammlung an Funden, darunter der größte Teil der von den Medici gehorteten Altertümer, führt die Besucher tief in die Vergangenheit.

Galleria degli Uffizi

Die Uffizien sind ein Paradies für Kunstliebhaber: Sie beherbergen in einem prächtigen Palast aus dem 16. Jh. die weltweit beste Sammlung an Gemälden aus der Renaissance, darunter Werke von Giotto, Botticelli, Michelangelo, Leonardo, Raffael und Tizian.

Toll für ...

☑ Nicht versäumen

Die Rückseite des Doppelbildnisses des Herzogspaars von Urbino zeigt die beiden mit Allegorien der Tugenden.

Nach einem 65 Mio. € teuren Sanierungsprojekt („Nuovi Uffizi") werden die Uffizien ihre Ausstellungsflächen verdoppeln. An der ständigen Sammlung sind die Arbeiten so gut wie fertig: Im Verlauf der Jahre hat sich diese von 45 auf 101 nun renovierte Räume auf zwei Etagen ausgedehnt. Doch in den Bereichen für Sonderausstellungen muss noch viel getan werden. Bis das Projekt vollendet ist, können einige Säle geschlossen sein, andere sind vielleicht anders bestückt.

Toskanische Meister: 13. & 14. Jahrhundert

Die Säle 2 bis 7 im Primo Corridoio (Erster Korridor) im zweiten Stock widmen sich der toskanischen Kunst der Vor- und Frührenaissance. Zu den sienesischen Werken des 13. Jhs. in Raum 2 zählen drei große

JULIAN ELLIOTT PHOTOGRAPHY/GETTY IMAGES ©

Gut zu wissen

Uffizien; 055 29 48 83; www.uffizi.beniculturali.it; Piazzale degli Uffizi 6; Erw./erm. 8/4 €, mit Sonderausstellung 12,50/6,25 €; Di–So 8.15–18.50 Uhr

Kleine Stärkung

Um nach all der Kunst wieder einen klaren Kopf zu bekommen, bietet sich das Dachcafé mit fabelhaftem Ausblick für eine Pause an.

★ Top-Tipp

An jedem ersten Sonntag des Monats ist der Eintritt frei.

Altarbilder von Duccio di Buoninsegna, Cimabue und Giotto, die vom Übergang von der Gotik zur Renaissance künden.

Das Highlight in Saal 3 ist Simone Martinis zusammen mit Lippo Memmi geschaffene glitzernde *Annunciazione* (1333), die Maria in ein Meer aus Gold taucht.

In Saal 4 fällt die *Pietà di San Remigio* (1360–1365) des Giotto-Schülers Giottino durch ihren Realismus auf.

Pioniere der Renaissance

Der Sieg von Florenz über Siena in der Schlacht von San Romano bei Pisa 1432 erscheint auf Paolo Uccellos prächtigem *Battaglia di San Romano* (1435–1440) in Saal 8 mit herausragendem Realismus und vermehrtem Einsatz der Perspektive. Im selben Saal besticht außerdem die feine *Madonna con bambino e due angeli* (Maria mit Kind und zwei Engeln; 1460–1465) von Fra' Filippo Lippi.

Piero della Francescas berühmte Profilporträts (1465) des hakennasigen Herzogs von Urbino und seiner Gemahlin in Saal 9 zeichnen sich durch ihren Humanismus aus. Der Herzog wird von der linken Seite gezeigt, da er bei einem Turnier sein rechtes Auge verloren hatte, die Herzogin im fahlen Weiß des Todes – das Porträt wurde posthum angefertigt.

Die Darstellungen der vier Kardinals- und drei Göttlichen Tugenden von den Brüdern Antonio und Piero del Pollaiolo im selben Saal wurden für das Kaufmannstribunal an der Piazza della Signoria angefertigt und sind sehr lebendig. Das einzige Gemälde dieser Serie, das nicht von den Brüdern stammt, ist die *Tapferkeit* (1470), das erste dokumentierte Werk von Botticelli.

Botticelli-Saal

Die spektakuläre Sala del Botticelli (Säle 10–14) ist einer der Hotspots der Uffizien –

hier ist es immer sehr voll. Von den 18 in den Uffizien vorhandenen Werken des für seine ätherischen Figuren bekannten Renaissance-Meisters sind am berühmtesten *La nascita di Venere* (Die Geburt der Venus; ca. 1485), *Primavera* (Frühling; ca. 1482) und die *Madonna del Magnificat* (1483). Eine eingehendere Betrachtung lohnt auf jeden Fall auch die weniger bekannte *Annunciazione* (Verkündigung), ein 6 m breites Fresko, das Botticelli 1481 für das Krankenhaus San Martino in Florenz schuf.

Fachleute halten die beiden Miniaturen der ein Schwert tragenden Judith, die aus dem Lager des Holofernes zurückkehrt, und die Entdeckung des enthaupteten Holofernes in seinem Zelt (1495–1500) für zwei seiner besten Werke.

La Tribuna

In dieser achteckigen Schatzkammer (Saal 18) verwahrten die Medici ihre wertvollsten Meisterwerke. Die Tribuna weist jetzt wieder ihr ursprüngliches exquisites Aussehen mit purpurnen Seidentapeten und 6000 mit purpurnem Lack bemalten Perlmuttschalen an der Gewölbedecke auf. Im Saal untergebracht ist eine kleine Sammlung klassischer Statuen und Gemälde.

Andere italienische Meister: 15. Jahrhundert

In den Sälen 19 bis 23 sind die im 16. und 17. Jh. mit militärischen Motiven, Allegorien, Schlachtszenen und Darstellungen von Festen auf den Piazzas von Florenz bemalten Gewölbedecken genauso interessant wie die Kunst an den Wänden.

Skulpturen im Primo Corridoio (S. 432)

Von der Hochrenaissance zum Manierismus

Auf dem Weg zum Terzo Corridoio (Dritter Korridor) genießen die Besucher vom Secondo Corridoio (Zweiter Korridor) aus wunderbare Ausblicke auf Florenz.

In Saal 35 bezaubert Michelangelo mit dem *Doni Tondo* (1506–1508), einer Darstellung der Heiligen Familie. Die Bildgestaltung ist ungewöhnlich: Joseph hält Jesus auf der muskulösen Schulter Marias, während sie sich umdreht, um ihn anzusehen. Die Farben sind immer noch genauso frisch wie damals, als sie aufgetragen wurden.

★ Schon gewusst?

Die Uffizien präsentieren ihre Werke in chronologischer Abfolge – so können die Besucher sehen, wie sich die Kunst der Renaissance entwickelte.

Säle im ersten Stock

In den Sälen 46 bis 55 im ersten Stock sind Werke ausländischer Künstler des 16. bis 18. Jhs. ausgestellt wie Rembrandt (Saal 49) sowie Rubens und van Dyck (Saal 55). In Saal 66 steht Raffaels *Madonna del cardellino* (Madonna mit Distelfink; 1505–1506) im Mittelpunkt des Interesses.

Saal 65 ist dem Medici-Porträtkünstler Agnolo Bronzino (1503–1572) gewidmet, der von 1539 bis 1555 am Hof Cosimos I. wirkte. Seine Porträts von 1545 der Großherzogin Eleonora von Toledo zusammen mit ihrem Sohn Giovanni sowie des 18 Monate alten Giovanni mit einem Distelfink – was seine Berufung für eine Kirchenlaufbahn symbolisiert – gelten als Meisterwerke europäischer Porträtkunst des 16. Jhs.

Im Rahmen des scheinbar endlosen Umbauprojekts „Neue Uffizien" sind vier frühe florentinische Werke von Leonardo da Vinci derzeit in Saal 79 zu sehen. Seine *Annunciazione* (Verkündigung; 1472) war absichtlich so gemalt, dass sie nicht von vorne – von hier erscheint Marias Arm zu lang, ihr Gesicht zu hell, die Winkel der Gebäude nicht ganz richtig – sondern eher von rechts unten betrachtet werden sollte.

Saal 90 mit seinen kanariengelben Wänden beherbergt Werke von Caravaggio, der in seiner Zeit wegen seiner direkten Zurschaustellung der Wirklichkeit als vulgär galt. Bei seinem *Kopf der Medusa* (1598–1599) handelt es sich angeblich um ein Selbstporträt des jungen Künstlers, der im Alter von 39 Jahren starb. Wunderbar in seiner Intensität ist in Caravaggios *Opferung Isaaks* (1601–1602) die Darstellung des biblischen Dramas, als ein Engel die Hand Abrahams umfasst, der sich anschickt, seinem Sohn Isaak mit einem Messer die Kehle durchzuschneiden.

★ Insiderwissen

1966 wurden die Uffizien durch eine Flutkatastrophe bedroht. Einheimische und Touristen halfen bei der Rettung der Kunstwerke – sie wurden dankbar als „Schlammengel" bezeichnet.

Herz der Stadt

Viele Florenz-Besucher verbringen Zeit in den mittelalterlichen Gassen zwischen der Via de' Tornabuoni und der Via del Proconsolo, doch nur wenige erkunden sie eingehender.
Start Piazza della Repubblica
Länge 2 km
Dauer 2 Stunden

4 Vorbei am Markt und über die Via Porta Rossa geht's zum **Palazzo Davanzati** mit seinen prächtigen beschlagenen Türen und seinem faszinierenden Museum.

6 Die schmale **Via del Parione** säumen alte Wohnhäuser und Werkstätten.

5 Hinter der unscheinbaren Fassade der **Chiesa di Santa Trìnita** verbergen sich einige der schönsten Fresken des 15. Jhs. der Stadt.

Fotospot: der Arno mit dem Ponte Vecchio

7 In der **La Terrazza Lounge Bar** (S. 448) locken Sundowner und spektakuläre Ponte-Vecchio-Blicke.

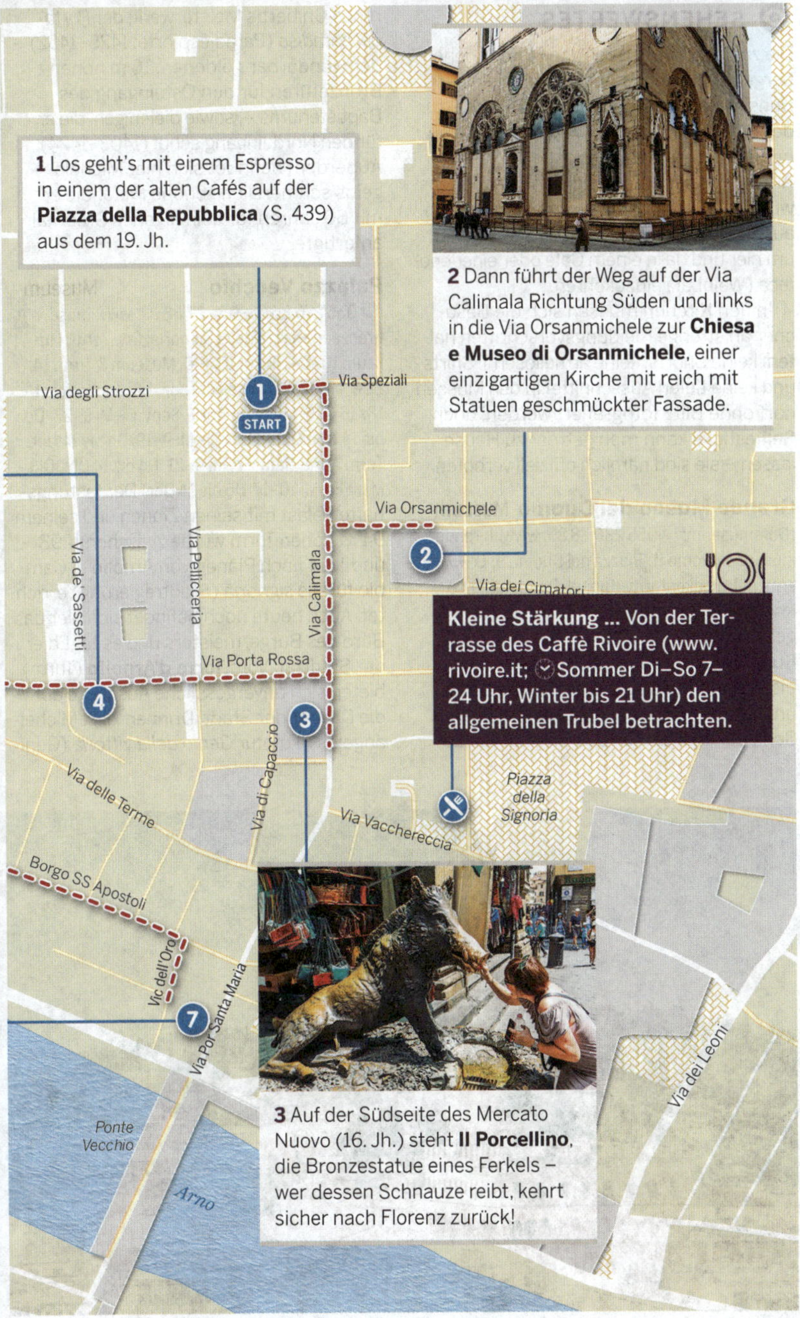

1 Los geht's mit einem Espresso in einem der alten Cafés auf der **Piazza della Repubblica** (S. 439) aus dem 19. Jh.

2 Dann führt der Weg auf der Via Calimala Richtung Süden und links in die Via Orsanmichele zur **Chiesa e Museo di Orsanmichele**, einer einzigartigen Kirche mit reich mit Statuen geschmückter Fassade.

Kleine Stärkung ... Von der Terrasse des Caffè Rivoire (www.rivoire.it; Sommer Di–So 7–24 Uhr, Winter bis 21 Uhr) den allgemeinen Trubel betrachten.

3 Auf der Südseite des Mercato Nuovo (16. Jh.) steht **Il Porcellino**, die Bronzestatue eines Ferkels – wer dessen Schnauze reibt, kehrt sicher nach Florenz zurück!

SEHENSWERTES

Die zahlreichen Museen von Florenz beherbergen viele der schönsten Beispiele der Kunst der Renaissance, und die Architektur der Stadt ist in ihrer Schönheit atemberaubend. Doch man muss nicht alles sehen: Am besten sucht man sich ein paar Sehenswürdigkeiten aus und bummelt ansonsten ausgiebig durch die schmalen Sträßchen, um hier und da in einem Café oder einer *enoteca* (Weinbar) einzukehren.

In den Kirchen müssen sich die Besucher an strenge Kleidungsvorschriften halten: keine Shorts, keine ärmellosen T-Shirts und keine tiefen Ausschnitte! In den Museen darf ohne Blitz fotografiert werden, doch Selfiesticks kann man getrost zu Hause lassen – sie sind nämlich offiziell verboten.

Grande Museo del Duomo Museum

(Dommuseum; ☎055 230 28 85; www.ilgrandemuseodelduomo.it; Piazza del Duomo 9; Erw./erm. mit Glockenturm, Kuppel, Baptisterium & Krypta 15/3 €; ⌚9–19.30 Uhr) Das Ehrfurcht gebietende Museum erzählt anhand von Kunstgegenständen und kurzen Filmen die spannende Baugeschichte des Doms und seiner Kuppel. Zu den vielen sakralen Schätzen hier zählen das Original von Lorenzo Ghibertis Meisterwerk, der *Porta del paradiso* (Paradiespforte; 1425–1452) – der wunderbar goldenen, 16 m hohen Bronzetüren für den Osteingang des Baptisteriums –, sowie diejenigen, die er für den Nordeingang schuf (1403–1424). Außerdem befindet sich hier Michelangelos schmerzlich schöne *Pietà*, die er mit 80 Jahren für sein eigenes Grabmal anfertigte.

Palazzo Vecchio Museum

(☎055 276 85 58, 055 27 68 22; www.musefirenze.it; Piazza della Signoria; Erw./erm. Museum 10/8 €, Turm 10/8 €, Museum & Turm 14/12 €, archäologische Führung 4 €, Kombiticket 18/16 €; ⌚Museum April–Sept. Fr–Mi 9–23, Do bis 14 Uhr, Okt.–März Fr–Mi 9–19, Do bis 14 Uhr, Turm April–Sept. Fr–Mi 9–21, Do bis 14 Uhr, Okt.–März Fr–Mi 10–17, Do bis 14 Uhr) Der festungshafte Palast mit seinen Zinnen und seinem 94 m hohen Turm wurde zwischen 1298 und 1314 nach Plänen von Arnolfo di Cambio für die *signoria* (Stadtregierung) errichtet. Auch heute noch befindet sich hier das Büro des Bürgermeisters und es tagt hier der Stadtrat. Vom **Torre d'Arnolfo** (Turm) bieten sich unvergessliche Ausblicke auf die Dächer der Stadt. Drinnen ziert Michelangelos Skulptur *Genio della vittoria* (Geni-

Palazzo Vecchio

© SHUTTERSTOCK / ...

us des Sieges) den Salone dei Cinquecento, einen prächtigen ausgemalten Saal für den Consiglio dei Cinquecento (Rat der 500), der die Stadt im 15. Jh. regierte.

Battistero di San Giovanni — Wahrzeichen

(Baptisterium; ☎055 230 28 85; www.ilgrandemuseodelduomo.it; Piazza di San Giovanni; Erw./erm. mit Baptisterium, Glockenturm, Kuppel, Krypta & Museum 15/3 €; ⏲Mo–Fr 8.15–10.15 & 11.15–19.30, Sa 8.15–18.30, So 8.15–13.30 Uhr) Das Baptisterium aus dem 11. Jh. ist ein romanischer achteckiger Bau mit weißen und grünen Marmorbändern sowie drei Eingängen, deren Reliefs die Geschichte der Menschheit und der Erlösung erzählen. Am berühmtesten sind die vergoldeten Bronzetüren von Lorenzo Ghiberti am Osteingang, *Porta del paradiso* (Paradiespforte). Heute sieht man nur die Kopien – die Originale befinden sich im Grande Museo del Duomo. Tickets fürs Baptisterium gibt's online oder im Ticketbüro an der Piazza di San Giovanni 7 gegenüber vom Haupteingang des Baptisteriums.

Piazza della Signoria — Piazza

Auf diesen Platz, seit dem 13. Jh. Mittelpunkt des städtischen Lebens, zieht es die Florentiner, um in alten Cafés bei *aperitivi* am frühen Abend ein Schwätzchen zu halten. Über allem thronen der Palazzo Vecchio (S. 438), das Rathaus von Florenz, und die aus dem 14. Jh. stammende **Loggia dei Lanzi** GRATIS, eine offene Galerie mit Renaissance-Skulpturen wie Giambolognas *Raub der Sabinerinnen* (ca. 1583), Benvenuto Cellinis *Perseus* (1554) und Agnolo Gaddis *Sieben Tugenden* (1384–1389).

Piazza della Repubblica — Piazza

Wo sich früher das römische Forum und im Mittelalter das Herz von Florenz befunden hatten, wurde in den 1880er-Jahren im Rahmen eines umstrittenen Verschönerungsprojekts dieser Platz geschaffen. Dafür mussten der alte Markt, das jüdische Ghetto und Elendsbehausungen weichen und fast 6000 Menschen umgesiedelt werden. Vasaris reizende *Loggia del Pesce* (Fischmarkt) wurde gerettet und an der Via Pietrapiana wieder aufgebaut.

Florenz im Fiat

Der **500 Touring Club** (☎346 8262324; www.500touringclub.com; Via Gherardo Silvani 149a) von Florenz bietet Rundfahrten in alten Kisten, bei denen man selbst hinter dem Steuer sitzt. In der Firmenflotte hat jeder wunderschöne alte Fiat 500 aus den 1960er-Jahren einen eigenen Namen. Die Rundfahrten sind geführt – man folgt mit seinem Wagen einfach dem Guide. Familien mit Kindern mögen die Picknicktour, Paare die Tour mit Weinverkostung.

ALEXSTEPANOV/GETTY IMAGES ©

Museo delle Cappelle Medicee — Mausoleum

(Medici-Kapellen; www.firenzemusei.it; Piazza Madonna degli Aldobrandini 6; Erw./erm. 8/4 €; ⏲8.15–13.50 Uhr, 1., 3. & 5. Mo, 2. & 4. So des Monats geschl.) Nirgends ist der Dünkel der Medici so gut zu erkennen wie bei den Medici-Kapellen. In den mit Granit, Marmor, Halbedelsteinen und einigen von Michelangelos schönsten Skulpturen geschmückten Grabstätten liegen 49 Angehörige der Familie begraben. In der düsteren, imposanten **Cappella dei Principi** (Fürstenkapelle) liegt neben Ferdinando I. und II. und Cosimo I., II. und III. auch Francesco I. Lorenzo il Magnifico ist in der anmutigen **Sagrestia Nuova** (Neue Sakristei) beigesetzt, Michelangelos erster Auftrag als Architekt.

Museo di San Marco — Museum

(☎055 238 86 08; Piazza San Marco 3; Erw./erm. 4/2 €; ⏲Mo–Fr 8.15–13.50, Sa & So 8.15–16.50 Uhr, 1., 3. & 5. So, 2. & 4. Mo des Monats geschl.) Im Herzen des Universitätsviertels von Florenz erhebt sich neben dem Dominikanerkloster

Florenz
400 m
0
A
B
C
D
E
F
1
2
3
4
Galleria dell'Accademia
Duomo
SAN MARCO
SAN LORENZO
SANTA CROCE
Stazione di Santa Maria Novella
Piazza della Stazione
Piazza Adua
Piazza di Santa Maria Novella
Piazza dell'Unità Italiana
Piazza Madonna degli Aldobrandini
Piazza San Lorenzo
Piazza del Mercato Centrale
Piazza Brunelleschi
Piazza di Santa Maria Nuova
Piazza del Duomo
Piazza dell'Olio
Piazza di Santa Maria Maggiore
Piazza di San Paolino
Piazza San Pancrazio
Palazzo Pucci
Via Gino Capponi
Via Laura
Via della Colonna
Via Cesare Battisti
Via Ricasoli
Via Cavour
Via San Gallo
Via Santa Reparata
Via Guelfa
Via S Orsola
Via Taddea
Via Rosina
Via Panicale
Via Nazionale
Via dell'Ariento
Via Faenza
Via Fiume
Via Valfonda
Largo Fratelli Alinari
Via Sant'Antonino
Via de' Ginori
Via della Stufa
Borgo la Noce
Via dell'Ariento
Via degli Alfani
Via dei Servi
Via del Castellaccio
Via della Pergola
Borgo Pinti
Via Sant'Egidio
Via dell'Oriuolo
Borgo degli Albizi
Via Bufalini
Via del Proconsolo
Via de' Pucci
Via de' Biffi
Via de' Gori
Via dei Martelli
Borgo San Lorenzo
Via de' Cerretani
Via F Zanetti
Via dell'Alloro
Via del Giglio
Via de' Panzani
Via dei Panzani
Via degli Avelli
Via de' Fossi
Via de' Banchi
Via del Trebbio
Via de' Rondinelli
Via degli Agli
Via dei Pecori
Via dello Studio
Via delle Oche
Via dei Calzaiuoli
Via del Corso
Via Roma
Via del Campidoglio
Via de'Corsi
Via degli Strozzi
Via del Sole
Via della Spada
Via del Moro
Via della Scala
Via Palazzuolo
1
3
4
5
7
8
10
12
16
17
18
19
22
27
30
32
37
39
40
42
44
49

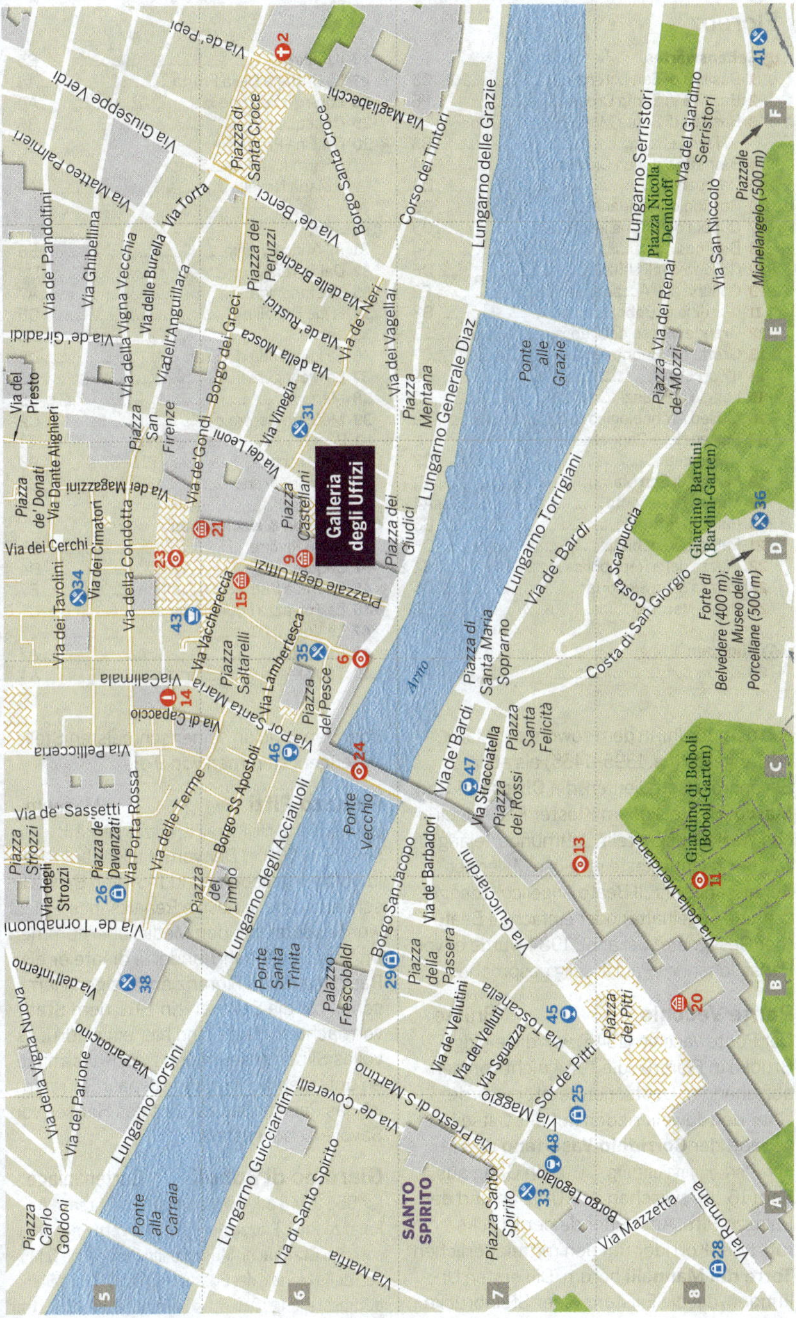
Galleria degli Uffizi
Arno
Ponte Vecchio
Ponte Santa Trinita
Ponte alla Carraia
Ponte alle Grazie
Piazza di Santa Croce
Piazza dei Peruzzi
Piazza San Firenze
Piazza Castellani
Piazza dei Giudici
Piazza Mentana
Piazza Saltarelli
Piazza del Pesce
Piazza del Limbo
Piazza de' Donati
Piazza Strozzi
Piazza de' Davanzati
Piazza Carlo Goldoni
Piazza di Santa Maria Soprarno
Piazza Santa Felicità
Piazza dei Rossi
Piazza della Passera
Piazza dei Pitti
Piazza Santo Spirito
Piazza de' Mozzi
Piazza Nicola Demidoff
Piazzale degli Uffizi
Piazzale Michelangelo (500 m)
Forte di Belvedere (400 m); Museo delle Porcellane (500 m)
Giardino Bardini (Bardini-Garten)
Giardino di Boboli (Boboli-Garten)
Palazzo Frescobaldi
SANTO SPIRITO
Via de' Pepi
Via Giuseppe Verdi
Via Matteo Palmieri
Via de' Pandolfini
Via Ghibellina
Via della Vigna Vecchia
Via delle Burella
Via Torta
Via dell'Anguillara
Borgo dei Greci
Via de' Giraldi
Via del Presto
Via Dante Alighieri
Via dei Magazzini
Via de' Gondi
Via dei Leoni
Via Vinegia
Via della Mosca
Via de' Rustici
Via delle Brache
Via de' Benci
Via de' Neri
Borgo Santa Croce
Via Magliabecchi
Corso dei Tintori
Via dei Vagellai
Lungarno delle Grazie
Lungarno Generale Diaz
Via dei Cerchi
Via dei Cimatori
Via della Condotta
Via dei Tavolini
Via Vacchereccia
Via Lambertesca
Via Calimala
Via di Capaccio
Via Por Santa Maria
Via Pellicceria
Via de' Sassetti
Via Porta Rossa
Via delle Terme
Borgo SS Apostoli
Via degli Strozzi
Via de' Tornabuoni
Lungarno degli Acciaiuoli
Via dell'Inferno
Via della Vigna Nuova
Via del Parione
Via Parioncino
Lungarno Corsini
Lungarno Guicciardini
Borgo San Jacopo
Via de' Barbadori
Via de' Bardi
Via Stracciatella
Via Guicciardini
Lungarno Torrigiani
Costa Scarpuccia
Costa di San Giorgio
Via della Meridiana
Via de' Velluti
Via dei Velluti
Via Toscanella
Via Sguazza
Sdr de' Pitti
Via Maggio
Via de' Coverelli
Via Presto di S. Martino
Via di Santo Spirito
Via Maffia
Borgo Tegolaio
Via Mazzetta
Via Romana
Lungarno Serristori
Via dei Renai
Via del Giardino Serristori
Via San Niccolò
2
6
9
11
13
14
15
20
21
23
24
25
26
28
29
31
33
34
35
36
38
41
43
45
46
47
48
A
B
C
D
E
F
5
6
7
8

Florenz

Sehenswertes

- 1 Basilica di San Lorenzo C3
- 2 Basilica di Santa Croce F6
- 3 Basilica di Santa Maria Novella B3
- 4 Battistero di San Giovanni D4
- 5 Campanile D4
- 6 Corridoio Vasariano C6
- 7 Cupola del Brunelleschi D3
- 8 Duomo D4
- 9 Galleria degli Uffizi D6
- 10 Galleria dell'Accademia E2
- 11 Giardino di Boboli B8
- 12 Grande Museo del Duomo E3
- 13 Grotta del Buontalenti C7
- 14 Il Porcellino C5
- 15 Loggia dei Lanzi D6
- 16 Museo Archeologico F2
- 17 Museo delle Cappelle Medicee C3
- 18 Museo di San Marco E1
- 19 Museo Novecento A4
- 20 Palazzo Pitti B8
- 21 Palazzo Vecchio D6
- 22 Piazza della Repubblica C4
- 23 Piazza della Signoria D5
- 24 Ponte Vecchio C6

Shoppen

- 25 &Co A7
- 26 Il Papiro B5
- 27 La Bottega Della Frutta A4
- 28 Lorenzo Perrone A8
- 29 Obsequium B6
- 30 Officina Profumo-Farmaceutica di Santa Maria Novella A3

Essen

- 31 All'Antico Vinaio E6
- 32 Dal Barone D3
- 33 Gustapanino A7
- 34 I Due Fratellini D5
- 35 'Ino D6
- 36 La Leggenda dei Frati D8
- 37 La Ménagère D2
- 38 Mariano B5
- 39 Mercato Centrale C2
- 40 Pugi E1
- 41 San Niccolò 39 .... F8
- 42 Trattoria Mario C2

Ausgehen & Nachtleben

- 43 Caffè Rivoire D5
- 44 Coquinarius D4
- 45 Enoteca Pitti Gola e Cantina B7
- 46 La Terrazza Lounge Bar C6
- 47 Le Volpi e l'Uva C7
- 48 Rasputin A7
- 49 Todo Modo A4

aus dem 15. Jh., in dem sowohl der Maler Fra' Angelico (ca. 1395–1455) als auch Savonarola Gott dienten, die **Chiesa di San Marco**. Heute sind im Kloster Fra' Angelicos Werke ausgestellt. Jahrhundertelang war der talentierteste religiöse Maler der Renaissance als „Il Beato Angelico" (der gesegnete Engelhafte) oder einfach „Il Beato" (der Gesegnete) bekannt; 1984 wurde er von Papst Johannes Paul II. selig gesprochen.

Ponte Vecchio Brücke

Der Ponte Vecchio (1345) war die einzige Brücke in Florenz, die 1944 nicht von den abziehenden Deutschen zerstört wurde. Über den Juwelierläden auf der Ostseite verläuft der **Corridoio Vasariano** (Vasari-Korridor; ⌚mit Führung; B), ein Gang aus dem 16. Jh. zwischen den Uffizien und dem Palazzo Pitti. Am Südende der Brücke führt der Korridor um den mittelalterlichen **Torre dei Mannelli** herum. Die ersten Urkunden, die die Existenz einer Steinbrücke über den Arno an seiner schmalsten Stelle bezeugen, stammen von 972.

Palazzo Pitti Museum

(www.uffizi.beniculturali.it; Piazza dei Pitti; ⌚Di–So 8.15–18.50 Uhr) Der vom Bankier Luca Pitti in Auftrag gegebene und 1457 von Brunelleschi entworfene riesige Renaissance-Palast wurde später von den Medici übernommen. Im Verlauf der Jahrhunderte diente er als Residenz der in Florenz ansässigen Herrscher, bis die Savoyer ihn 1919 dem Staat vermachten. Heute sind hier ein eindrucksvolles Silbermuseum und zwei Kunstmuseen untergebracht und in ein paar Räumen ist das Palastleben zur Zeit des Hauses von Savoyen nachgestellt.

Giardino di Boboli Gartenanlage

(☎055 29 48 83; www.polomuseale.firenze.it; Palazzo Pitti, Piazza dei Pitti; Erw./erm. mit Tesoro del Granduchi, Museo delle Porcellane & Museo della Moda e del Costume 7/3,50 €, mit Sonderausstellung 10/5 €; ⌚Sommer 8.15–19.30 Uhr,

Winter kürzer, 1. & letzter Mo des Monats geschl.) Der Boboli-Garten hinter dem Palazzo Pitti wurde Mitte des 16. Jhs. nach Plänen des Architekten Niccolò Pericoli angelegt. An der oberen – südlichen – Grenze eröffnen sich hinter dem Rosengarten und dem **Museo delle Porcellane** (Porzellanmuseum) schöne Ausblicke auf das Umland von Florenz. Interessant im unteren Teil des Gartens ist die von Muscheln und Edelsteinen geschmückte phantastische **Grotta del Buontalenti**, eine Ziergrotte, die Bernardo Buontalenti zwischen 1583 und 1593 für Francesco I. de' Medici errichtete.

Basilica di San Lorenzo Basilika

(www.operamediceaIaurenziana.org; Piazza San Lorenzo; 6 €, mit Biblioteca Medicea Laurenziana 8,50 €; ⌚Mo–Sa 10–17 Uhr, März–Okt. auch So 13.30–17 Uhr) Diese unvollendete Basilika gilt als eines der harmonischsten Beispiele für Renaissance-Architektur in Florenz – sie war die Gemeindekirche und Grablege der Medici. Brunelleschi entwarf sie 1425 für Cosimo den Älteren; vorher hatte hier eine Kirche aus dem 4. Jh. gestanden. Brunelleschis auf schlichte Weise schöne **Sagrestia Vecchia** (Alte Sakristei) im ehrwürdigen Innenraum der Kirche ist mit skulpturalen Ausschmückungen von Donatello versehen. Michelangelo erhielt 1518 den Auftrag, die Fassade zu entwerfen, doch sein Entwurf in weißem Carrara-Marmor wurde nie ausgeführt – daher das unfertige Erscheinungsbild der Kirche.

Basilica di Santa Maria Novella Kirche

(☎055 21 92 57; www.smn.it; Piazza di Santa Maria Novella 18; Erw./erm. 5/3,50 €; ⌚Sommer Mo–Do 9–19, Fr 11–19, Sa 9–18.30, So 12–18.30 Uhr, Winter kürzer) Die einzigartige Fassade aus grünem und weißem Marmor der Basilica di Santa Maria Novella aus dem 13. bis 15. Jh. steht am Eingang eines großen Klosterkomplexes mit romantischen Kreuzgängen und einer mit Fresken ausgemalten Kapelle. Die Basilika selbst ist eine Schatzkammer mit künstlerischen Meisterwerken – den Höhepunkt bilden die Fresken von Domenico Ghirlandaio. Der untere Teil der Marmorfassade der Kirche bildet den Übergang von der Romanik zur Gotik ab, der obere Teil und das Hauptportal (1456–1470) stammen von Leon Battista Alberti. Wer nicht so lange anstehen möchte, kauft sich seine Tickets vorher im Internet.

Museo Novecento Museum

(Museum des 20. Jahrhunderts; ☎055 28 61 32; www.museonovecento.it; Piazza di Santa Maria Novella 10; Erw./erm. 8,50/4 €; ⌚Sommer Mo–Mi, Sa & So 9–19, Do bis 14, Fr bis 23 Uhr, Winter Fr–Mi 9–18, Do bis 14 Uhr) Durch die vielen Renaissance-Kunstwerke der Stadt sollte man sich nicht vom phantastischen Museum für moderne Kunst in einem Palazzo des 13. Jhs. ablenken lassen, der früher als Pilgerhospiz, Krankenhaus und Schule diente. Auf einem Rundgang werden die Besucher durch die moderne italienische Malerei vom frühen 20. Jh. bis zu den späten 1980er-Jahren geleitet. Eine Loggia im ersten Stock wird sehr schön für Installationen genutzt, im zweiten Stock wird auch Mode und Theater Platz eingeräumt. Der Rundgang endet mit einem 20-minütigen Video, das aus Kinofilmen mit Drehort Florenz zusammengeschnitten ist.

Basilica di Santa Croce Kirche, Museum

(☎055 246 61 05; www.santacroceopera.it; Piazza di Santa Croce; Erw./erm. 8/4 €; ⌚Mo–Sa 9.30–17.30, So 14–17.30 Uhr) Das karge Innenleben dieser franziskanischen Basilika ist nach der prächtigen neugotischen Fassade mit unterschiedlich farbigem Marmor schon ein Schock. Die meisten Besucher kommen wegen der Grabmale von Michelangelo, Galileo und Ghiberti in die Kirche, doch die wirklichen Glanzpunkte sind die Fresken von Giotto in den Kapellen rechts vom Altar. Die Basilika wurde zwischen 1294 und 1385 nach Plänen von Arnolfo di Cambio erbaut. Ihren Namen verdankt sie dem Splitter vom Heiligen Kreuz, den der französische König Ludwig IX. 1258 stiftete.

Piazzale Michelangelo Aussichtspunkt

(🚌13) Den Platz ziert eine der beiden *David*-Kopien in Florenz. Wer den zahlreichen Ständen mit kitschigen Souvenirs wie *David*-Miniaturen und *David*-Boxershorts den Rü-

Die besten Panini von Florenz

Semel (Piazza Ghiberti 44r; Panini 3,50–5 €; ⏲Mo–Sa 11.30–15 Uhr) Unwiderstehlich kreative Sandwiches zum Mitnehmen in Sant'Ambrogio.

'Ino (☎055 21 45 14; www.inofirenze.com; Via dei Georgofili 3r–7r; Bruschette/Panini 6/8 €; ⏲12–16.30 Uhr) Maßgeschneiderte Feinschmecker-Panini an den Uffizien.

Mariano (☎055 21 40 67; Via del Parione 19r; Panini 3,50 €; ⏲Mo–Fr 8–15 & 17–19.30, Sa 8–15 Uhr) Nachbarschaftscafé mit superfrischen Panini.

Gustapanino (www.facebook.com/pages/Gustapanino; Piazza Santa Spirito; Focacce ab 3,50 €; ⏲Mo–Sa 11–20, So 12–17 Uhr) Winzige *enopaninoteca* (Wein- und Sandwich-Laden) in Santa Croce.

Dal Barone (☎366 1479432; https://dalbarone.jimdo.com; Borgo San Lorenzo 30; Panini 5–10 €; ⏲11–20 Uhr) Heiße, käsige Panini zum Mitnehmen am Markt von San Lorenzo.

I Due Fratellini (☎055 239 60 96; www.iduefratellini.com; Via dei Cimatori 38r; Panini 4 €; ⏲10–19 Uhr) Toller, seit 1875 existierender Laden.

ANTONIO GRAVANTE/SHUTTERSTOCK ©

cken kehrt, kann von diesem riesigen Platz aus ein spektakuläres Stadtpanorama genießen. Besonders eindrucksvoll sind von hier oben die Sonnenuntergänge. Vom Arno und der Piazza Giuseppe Poggi sind es über die gewundene Straße, die Pfade und Treppen zu Fuß zehn Minuten hier hinauf; von der Piazza San Niccolò geht man bergan und nimmt man links die lange, mit Viale Michelangelo beschilderte Treppe. Oder man besteigt an der Stazione di Santa Maria Novella einfach den Bus Nr. 13.

SHOPPEN

Officina Profumo-Farmaceutica di Santa Maria Novella Drogerie, Geschenke

(☎055 21 62 76; www.smnovella.it; Via della Scala 16; ⏲9.30–20 Uhr) Die exquisite Parfümerie und Apotheke besteht seit 1612 und geht darauf zurück, dass die Dominikaner von Santa Maria Novella damit begannen, aus den Kräutern in ihrem Klostergarten Heilmittel und duftende Salben zuzubereiten. In dem Laden mit seiner Einrichtung von 1848 sind Düfte, Hautpflegemittel, alte Kräuterheilmittel und alles Mögliche erhältlich, was gegen schwere Beine hilft oder für elastische Haut, ein gutes Gedächtnis oder Vitalität sorgt.

Außerdem werden hier Tees, Liköre und Duftkerzen verkauft. Im Laden gibt es Touchscreen-Kataloge und ein hypermodernes Bezahlsystem und dennoch ist der Charme alter Zeiten zu spüren. Nach einem Tag inmitten der Besuchermassen in den Uffizien oder der Accademia kann man hier bestens bei einem Tässchen Tee in der **Tisaneria** (Teesalon) entspannen oder eine Flasche Aqua di Santa Maria Novella erwerben, eines der ältesten Kräuterelixiere der Apotheke, mit dem schon 1614 Hysterie geheilt wurde.

La Bottega Della Frutta Lebensmittel & Getränke

(☎055 239 85 90; Via dei Federighi 31r; ⏲Mo–Sa 8.30–19.30 Uhr, Aug. geschl.) Auf den Fersen von Florentinern, die sich auskennen, geht's an einem draußen abgestellten Fahrrad mit Blumen und Gemüse vorbei in diese einladende Lebensmittelhandlung voller feiner Käsesorten, Obst und Gemüse aus biologischem Anbau, Kekse, Pralinen, Konserven und sehr preiswerter Weine. Rohmilch-Mozzarella kommt hier jeden Dienstag frisch aus Eboli in Sizilien an, und wer gerne Olivenöl mit nach Hause nehmen möchte – hier kann man verschiedene Sorten probieren. Einfach Elisabeta oder ihren Gatten Francesco fragen!

Piazza Santa Trinita

&Co Kunst & Kunsthandwerk

(And Company; ☎055 21 99 73; www.andcompanyshop.com; Via Maggio 51r; ⏲Mo–Sa 10.30–13 & 15–19 Uhr) Souvenirsuche vom Feinsten! Mit diesem Schatzkästchen der schönen Dinge haben sich die in Florenz geborene und in Großbritannien aufgewachsene Kalligrafin und Designerin Betty Soldi und ihr in alte Dinge vernarrter Ehemann Matteo Perduca einen Traum verwirklicht. In ihrem einzigartigen Laden sind Bettys individuelle Karten, dekorative Papierwaren, wiederverwertete Haushaltswaren und besondere Düfte zu haben, außerdem Arbeiten anderer Designer wie superschicke Accessoires aus bedrucktem Leder der dänischen Firma Edition Poshette.

Obsequium Wein

(☎055 21 68 49; www.obsequium.it; Borgo San Jacopo 17/39; ⏲Mo 10–22, Di & Mi bis 21, Do–Sa bis 24, So 12–24 Uhr) Toskanische Weine, Weinzubehör und Gourmetleckerbissen wie Trüffel in einer der edelsten Weinhandlungen der Stadt – und das auch noch im Erdgeschoss eines der besterhaltenen mittelalterlichen Türme von Florenz. Welcher Wein soll's denn sein? Vielleicht gönnt man sich erstmal ein Gläschen oder auch eine kleine Weinverkostung mit drei Gläsern mit (20–40 €) oder ohne (15–30 €) Käse- und Salamiteller.

Lorenzo Perrone Kunst

(☎340 274402; www.libribianchi.info; Borgo Tegolaio 59r; ⏲unterschiedlich) In dieser absolut faszinierenden Künstlerwerkstatt erzählt jedes „Buch" eine andere Geschichte. Hier schafft der aus Mailand stammende Lorenzo Perrone aus Gips, Leim, Acryl und verschiedenen wiederverwerteten Produkten schneeweiße *Libri bianchi* (Weiße Bücher), wunderbare Buchskulpturen. Seine Arbeitszeiten sind eher unregelmäßig – vorher anrufen!

Il Papiro Geschenke & Souvenirs

(☎055 21 65 93; http://ilpapirofirenze.eu/en/; Via Porta Rosso 76; ⏲10–19 Uhr) Dieses elegante Geschäft, eine von mehreren Filialen in der Stadt, ist auf Bücher, Journale, Schreibpapier, Karten und andere Schreibwaren aus dem für Florenz typischen handverzierten marmorierten Papier spezialisiert.

ESSEN

Mercato Centrale Markthalle €

(☎055 239 97 98; www.mercatocentrale.it; Piazza del Mercato Centrale 4; Gerichte 7–15 €; ⏲10–24 Uhr; 📶) Auf dem ältesten und größten Lebensmittelmarkt von Florenz im Erdgeschoss eines phantastischen Gebäu-

Straßencafé

des aus Eisen und Glas des Architekten Giuseppe Mengoni von 1874 ächzen die Stände unter dem Gewicht der frischen Waren. Im ersten Stock befindet sich eine muntere, durch und durch moderne Markthalle mit Buchladen, Kochschule und Essensständen mit Steaks, Burgern, Panini mit Innereien, vegetarischen Gerichten, Pizza, Eis, Backwaren und Pasta.

Wenn man dann sein Tablett vollgeladen hat, braucht man sich nur noch einen freien Tisch zu suchen.

Trattoria Mario Toskanisch €

(☎055 21 85 50; www.trattoria-mario.com; Via Rosina 2; Mahlzeiten 25 €; ⌚Mo–Sa 12–15.30 Uhr, Aug. 3 Wochen geschl.; ❄) Eine Legende, die sich ihre Seele und ihren Reiz für die Einheimischen bewahrt hat, obwohl sie in jedem Reiseführer steht: Um sich in dieser lauten, vollen, brillanten Trattoria einen Stuhl an einem Gemeinschaftstisch zu sichern, sollte man spätestens um 12 Uhr da sein. Der charmante Fabio, dessen Großvater das Lokal 1953 eröffnete, schmeißt den Laden vorne, während sein großer Bruder Romeo und sein Neffe Francesco rasant in der Küche werkeln. Keine Tischreservierung möglich, keine Kreditkarten.

All'Antico Vinaio Osteria €

(☎055 238 27 23; www.allanticovinaio.com; Via de' Neri 65r; Probierteller 10–30 €; ⌚Di–Sa 10–16 & 18–23, So 12–15.30 Uhr) Bei diesem lauten Florentiner Vollblüter stehen die Gäste bis auf die Straße. Entweder man kämpft sich durch zu den Tischen im hinteren Bereich, um vor Ort Käse und Salami zu probieren (Reservierung empfohlen), oder man reiht sich am Feinkosttresen in die Schlange ein, um sich eine in Wachspapier eingewickelte, großzügig belegte Focaccia zum Mitnehmen zu besorgen – die Qualität ist auf jeden Fall erstklassig! Und während man wartet, kann man sich ein Gläschen Wein genehmigen.

Il Teatro del Sale Toskanisch €€

(☎055 200 14 92; www.teatrodelsale.com; Via dei Macci 111r; mittags/abends/Wochenendbrunch 15/35/20 €; ⌚Di–Sa 11–15 & 19.30–23, So 11–15 Uhr, Aug. geschl.) Der Florentiner Koch Fabio Picchi ist eine der lebenden Legenden der Stadt und stiehlt mit seinem exzentrischen Club nur für Mitglieder (jeder kann beitreten; die Mitgliedschaft kostet 7 €) in einem alten Theater allen anderen am Markt von Sant' Ambrogio die Show. Er brutzelt einen Wochenendbrunch, Mittag- und Abendessen. Seinen Höhepunkt hat das Ganze dann um 21.30 Uhr mit einer Theater-, Musik- oder Comedy-Vorstellung, die seine Frau organisiert, die künstlerische Leiterin und Komödiantin Maria Cassi.

Das Abendessen geht recht hektisch vonstatten: Man schnappt sich einen Stuhl und nimmt sich Wasser, Wein und Antipasti. Dann wartet man darauf, dass der Koch ausruft, was gleich serviert wird, und stellt sich dann an der Ausgabe für den ersten und den zweiten Gang an.

San Niccolò 39 Fisch & Meeresfrüchte €€
(☎055 200 13 97; www.sanniccolo39.com; Via di San Niccolò 39; Mahlzeiten 40 €; 🕒Di 19–22.30, Mi–Sa 12.30–14.30 & 19–22.30 Uhr; 📶) Dieses moderne Restaurant im urigen San Niccolò ist mit seiner Bürgersteigterrasse vorne und seinem versteckten Sommergarten hinterm Haus ein echtes Juwel. Die Spezialität des Hauses ist Fisch, sowohl roh als auch gekocht, und Küchenchef Vanni legt sich mit seinen kreativen Stockfisch-Burgern, Schwertfischsteaks mit Radicchio und seinen berühmten Linguine in Tintenfischsud und Cetara-Sardellenöl ordentlich ins Zeug.

Essenziale Toskanisch €€
(☎055.247 69 56; http://essenziale.me; Piazza di Cestello 3r; 3-/5-/7-Gänge-Probiermenü 35/55/75 €, Brunch 28 €; 🕒Di–Sa 19–22, So 11–16 Uhr; 📶) Für die moderne toskanische Küche gibt's keine bessere Bühne als dieses loftartige Restaurant in einem Lagerhaus aus dem 19. Jh. Der umwerfende junge Koch Simone Cipriani bereitet seine Gerichte mit hochgekrempelten Ärmeln und in marineblauer Fleischerschürze am Küchentresen zu. Die gesamte Palette seiner kreativen, durch und durch modernen Küche, die sich von klassischen toskanischen Speisen inspirieren lässt, kostet man am besten mit einem seiner Probiermenüs.

La Ménagère International €€
(☎055 075 06 00; www.lamenagere.it; Via de' Ginori 8r; Mahlzeitzen 15–70 €; 🕒7–2 Uhr; 📶) Ob zum Frühstück, Mittag- oder Abendessen, zu einem guten Kaffee oder zu Cocktails am Abend – dieses helle Restaurant im Industriestil lockt die Hippen von Florenz an. Der Conceptstore Housewife ist eine angesagte Adresse für schickes Geschirr und Besteck, Designer-Küchenklamotten und frische Blumen. Wer tagsüber etwas essen oder trinken möchte, kann sich auf den alten Sofas im Ladenbereich oder auf den Bänken oder Barhockern im vollen Bistro niederlassen.

Zeit für einen Aperitivo

Kein Ritual ist heiliger als der *aperitivo* – oder die Happy Hour, wie einige Bars die Aperitif-Zeit nennen: Dann treffen sich Freunde zu einem von köstlichen Tapas oder verschiedenen herzhaften Snacks begleiteten Umtrunk vor dem Abendessen. Ob es sich um einen perfekt gemixten Cocktail bei **Mad Souls & Spirits** (☎055 627 16 21; www.facebook.com/madsoulsandspirits; Borgo San Frediano 38r; 🕒Do–So 18–2, Mo & Mi bis 24 Uhr; 📶) oder ein Glas toskanischen Weins zu Aufschnitt in der **Enoteca Pitti Gola e Cantina** (S. 449) oder bei **Le Volpi e l'Uva** (S. 448) handelt: Der *aperitivo* ist eine in Ehren gehaltene Florentiner Tradition, der man sich als Besucher mit ganzem Herzen anschließen sollte.

Aperol Spritz
DALLAS STRIBLEY/GETTY IMAGES ©

La Leggenda dei Frati Toskanisch €€€
(☎055 068 05 45; www.laleggendadeifrati.it; Villa Bardini, Costa di San Giorgio 6a; Menü 60 & 75 €, Mahlzeiten 70 €; 🕒Di–So 12.30–14 & 19.30–22 Uhr; 📶) Die angesagteste Adresse für den Sommer: Das Sternerestaurant „Die Legende der Brüder" auf dem Gelände der historischen Villa Bardini protzt mit der romantischsten Terrasse mit Ausblick in ganz Florenz. Das Gemüse stammt frisch

Florenz online

The Florentine (www.theflorentine.net) Englischsprachige Zeitung.

Girl in Florence (www.girlinflorence.com) Betrachtungen, praktische Tipps und Empfehlungen für schicke Bars und Restaurants von einer Amerikanerin namens Georgette, die in Florenz lebt.

Lost in Florence (www.lostinflorence.it) Informiert über neue Boutiquen und andere Hipster-Adressen in Florenz.

Art Trav (www.arttrav.com) Empfehlungen zu Museen und anderen Sehenswürdigkeiten einer in Florenz ansässigen Kunsthistorikerin.

Emiko Davies (www.emikodavies.com) Florentiner Foodbloggerin und Fotografin; Autorin von *Florenz: Das Kochbuch* (2017).

aus dem Garten zwischen Wasserfällen und Zierbeeten im Giardino Bardini und das klassisch-schicke Interieur wird noch durch moderne Kunst aufgewertet. Zu essen gibt es toskanische Feinschmeckerkost; man muss auf jeden Fall reservieren, aber es lohnt sich!

AUSGEHEN & NACHTLEBEN

Le Volpi e l'Uva Weinbar

(☎055 239 81 32; www.levolpieluva.com; Piazza dei Rossi 1; ⌚Mo–Sa 11–21 Uhr) Diese unscheinbare, bei der Chiesa di Santa Felicità versteckte Weinbar ist noch genauso ansprechend wie an dem Tag vor über zehn Jahren, als sie eröffnete. Essen und Weinbegleitung sind erstklassig. Hier kann man Weine von kleinen Erzeugern aus ganz Italien probieren und kaufen und der dazu gereichte Käse, die Wurst und die besten Crostini der Stadt passen jeweils perfekt. Es wird auch ein lehrreiches Seminar mit Weinverkostung angeboten.

Rasputin Cocktailbar

(☎055 28 03 99; www.facebook.com/rasputinfirenze; Borgo Tegolaio 21r; ⌚20–2 Uhr) Die „geheime" Flüsterkneipe, die jeder kennt! Draußen weist kein Schild auf die Bar hin und sie ist auch eher als eine Art Kapelle getarnt – man halte Ausschau nach dem winzigen Eingang mit einer zweisitzigen Kirchenbank, einem Kreuz an der Wand, alten Bildern und im Flur flackernden Teelichtern. Drinnen bietet sich eine Zeitreise zurück in die 1930er-Jahre, mit entsprechenden Möbeln, einem exklusiven Ambiente und Cocktails aus der amerikanischen Prohibitionszeit. Reservierung (telefonisch oder über die Facebook-Seite) empfohlen.

Todo Modo Café

(☎055 239 91 10; www.todomodo.org; Via dei Fossi 15r; ⌚Di–So 10–20 Uhr) Dieser moderne Buchladen mit hippem Café und Mini-Theater hinten bietet eine willkommene Abwechslung zum üblichen Angebot. Im relaxten Café, das nach einem fiktiven Ort aus einer Kurzgeschichte des argentinischen Schriftstellers Jorges Luis Borges eigentlich „UqBar" heißt, stehen zwischen Regalen voller Bücher und Flaschen alte Tische und Stühle.

Besonders beliebt ist das gesunde Mittagessen am Wochenende: Dann gibt es Salate, ein paar hausgemachte Hauptgerichte, die auf einer Tafel verzeichnet sind, und köstliche Muffins und Kuchen.

La Terrazza Lounge Bar Bar

(☎055 272 659 87; www.lungarnocollection.com; Vicolo dell' Oro 6r; ⌚April–Sept. 14.30–23.30 Uhr) Diese Dachbar mit Holzterrasse, die vom fünften Stock des im Stil der 1950er-Jahre gehaltenen Designhotels Continentale aus zugänglich ist, ist genauso schick, wie man es von einem Modehaushotel erwarten würde. Das *aperitivo*-Buffet ist eine eher bescheidene Angelegenheit, doch wen stört's angesichts des umwerfenden Panoramas einer der schönsten Städte Europas. Wer sich hier nicht aufbrezelt, fühlt sich etwas fehl am Platze. Ein Cocktail kostet mindestens 19 €.

Santarosa Bistrot Bar

(☎055 230 90 57; www.facebook.com/santarosa.bistrot; Lungarno di Santarosa; ⌚8–24 Uhr; 📶) In dieser Hipster-Garten-Bistrobar an einem Stückchen der alten Stadtmauer

Weinbar

in den blumigen Santarosa-Gärten lässt es sich gut aushalten. Unter den Bäumen stehen hier gemütliche Sofas aus alten Holzkisten und Liegestühle. Das Essen (Mahlzeiten 30 €) ist hervorragend und die Mixer an der Bar setzen der ausgezeichneten Weinkarte, für die die **Enoteca Pitti Gola e Cantina** (☎055 21 27 04; www.pittigolaecantina.com; Piazza dei Pitti 16; ⏲Mi–Mo 13–24 Uhr) bekannt ist, ihre toll kreierten Cocktails entgegen.

PRAKTISCHE INFORMATIONEN

Informationen für Touristen gibt's an mehreren Stellen in der Stadt, darunter:

Touristeninformation Flughafen (☎055 31 58 74; www.firenzeturismo.it; Flughafen Florenz, Via del Termine 11; ⏲Mo–Sa 9–19, So bis 14 Uhr)

Zentrale Touristeninformation (☎055 29 08 32; www.firenzeturismo.it; Via Cavour 1r; ⏲Mo–Fr 9–13 Uhr)

Infopoint Bigallo (☎055 28 84 96; www.firenzeturismo.it; Piazza San Giovanni 1; ⏲Mo–Sa 9–19, So bis 14 Uhr)

Infopoint Stazione (☎055 21 22 45; www.firenzeturismo.it; Piazza della Stazione 4; ⏲Mo–Sa 9–18.30, So bis 13.30 Uhr)

AN- & WEITERREISE

Die meisten Besucher kommen mit dem Flugzeug an den internationalen Flughäfen von Florenz oder Pisa an oder mit dem Zug an der Stazione Campo di Marte oder der **Stazione di Santa Maria Novella** (Piazza della Stazione), beide im Zentrum von Florenz. Florenz liegt an der Hauptstrecke zwischen Rom und Mailand.

UNTERWEGS VOR ORT

Florenz ist klein und am besten zu Fuß zu erkunden. Die meisten Sehenswürdigkeiten liegen in fußläufiger Nähe voneinander entfernt.

Auto & Motorrad In die Altstadt dürfen nur Anwohner mit dem Auto fahren; Parken ist eine echte Qual.

Fahrrad Vor der Stazione di Santa Maria Novella und anderswo in der Stadt befinden sich Leihstationen für Fahrräder.

Öffentliche Verkehrsmittel Es verkehren Busse und Straßenbahnen; gut für Fahrten nach Fiesole und hoch zur Piazzale Michelangelo.

Taxis Können nicht an der Straße angehalten werden; Taxis warten an den Zug- und Busbahnhöfen oder können unter ☎055 42 42 und ☎055 43 90 telefonisch angefordert werden.

In diesem Kapitel

Toskana, Italien

Die Toskana bietet Reisenden eine großartige Mixtur aus lyrischen Landschaften, herrlicher Kunst und einer grandiosen cucina contadina (Bauernküche). Kein Landstrich in Italien steht in engerer Vebindung zu den Früchten seines ergiebigen Bodens als die Toskana – sie ist ein wunderbares Ziel für Feinschmecker. Dazu kommt die Kultur. Im Mittelalter und in der Renaissance schufen toskanische Baumeister, Maler und Bildhauer Meisterwerke von Weltrang. Die heute in Kirchen und Museen in der gesamten Region zu besichtigenden Kulturgüter sind wahrlich einzigartig.

Zwei Tage in der Toskana

Man nistet sich in **Siena** (S. 458) ein und erkundet am ersten Tag diese reizende Stadt mit dem Dom und dem Museo Civico. Am zweiten Tag geht es Richtung Nordwesten nach San Gimignano mit seinen berühmten **Geschlechtertürmen** (S. 452) oder Richtung Osten nach **Arezzo** (S. 461) mit seinen Kirchen, Museen und, wenn das Timing stimmt, vielleicht auch Antiquitäten.

Vier Tage in der Toskana

Wer noch zwei weitere Tage Zeit hat, steuert am dritten Tag die südlich gelegenen Städte **Montepulciano** und **Montalcino** an und am vierten Tag Pisa mit seinem berühmten **Turm** (S. 454). Wer sich etwas verwöhnen lassen möchte, kann auch Zeit in einer der hiesigen **Thermalbäder** (S. 463) verbringen.

Als nächste Stopps bieten sich Rom (S. 358) und Venedig (S. 406) an.

Ankunft

Internationaler Flughafen Pisa Der wichtigste internationale Flughafen der Toskana; von hier fahren Busse nach Pisa, Florenz und Siena.

Flughafen Florenz An diesem kleineren Flughafen kommen Flugzeuge aus Italien und dem restlichen Europa an.

Stazione di Santa Maria Novella Der Bahnhof von Florenz ist der größte der Region; er liegt an der Hauptstrecke zwischen Rom und Mailand.

Schlafen

Das toskanische Landleben lernt man am besten in einem *agriturismo* kennen, einer Unterkunft auf einem Land- oder Weingut. Das ist perfekt für Reisende, die mit einem eigenen fahrbaren Untersatz unterwegs sind, und in der Regel auch toll für Familien mit Kindern. Außerdem wartet die Toskana mit zahlreichen historischen Palazzo-Hotels sowie in kleineren und größeren Städten mit Boutique-Unterkünften der Mittel- bis gehobenen Klasse auf.

San Gimignano

Türme von San Gimignano

Das nordwestlich von Siena tief in der Toskana gelegene San Gimignano ist ein Mekka für Tagesausflügler. Über diesem „Manhattan des Mittelalters" erheben sich 15 Geschlechtertürme aus dem 11. Jh.

Toll für ...

☑ Nicht versäumen

Die **Galleria Continua** (☎0577 94 31 34; www.galleriacontinua.com; Via del Castello 11; ⏲10–13 & 14–19 Uhr) GRATIS.

Das ursprünglich etruskische Städtchen wurde nach dem Bischof von Modena und Heiligen Germinianus benannt: Er soll San Gimignano vor dem Hunnenkönig Attila gerettet haben. 1199 wurde es eine freie *comune* und florierte insbesondere dank seiner Lage an der Pilgerstraße Via Francigena. Mit den einst bis zu 72 Geschlechtertürmen demonstrierten die Familien der Stadt ihre Macht und ihren Reichtum.

Collegiata

San Gimignanos romanische Kathedrale, die **Collegiata** (Duomo; Basilica di Santa Maria Assunta; ☎0577 94 01 52; www.duomosangimignano.it; Piazza del Duomo; Erw./erm. 4/2 €; ⏲Mo–Sa 10–19 Uhr, Winter bis 16.30 Uhr), verdankt ihren Namen dem Priesterkolleg, das sie einst verwaltete. Teile des Gebäu-

CANADASTOCK/SHUTTERSTOCK ©

des entstanden in der zweiten Hälfte des 11. Jhs., die bemerkenswert lebendigen Fresken stammen aus dem 14. Jh.

Man betritt die Kirche über eine Treppe an der Seite und durch eine Loggia, die einst als Baptisterium (Taufkapelle) diente. Links vom Altar der Kirche (also Richtung Norden) sind an der Wand Szenen aus der Genesis und dem Alten Testament von Bartolo di Fredi von etwa 1367 zu sehen. Rechts (Richtung Süden) befinden sich Szenen aus dem Neuen Testament aus der Werkstatt von Simone Martini, die 1336 vollendet wurden. Die Innenwand der Westfassade ziert Taddeo di Bartolos wundervolle Darstellung des Jüngsten Gerichts – links oben zeigt ein Fresko das Paradies *(paradiso)*, rechts oben ein anderes die Hölle *(inferno)*.

Gut zu wissen

Es verkehren regelmäßig Busse von/nach Florenz (6,80 €, 1¼–2 Std.) und Siena (6 €, 1–1½ Std.).

Kleine Stärkung

Bodenständige Kost in der **Locanda Sant'Agostino** (0577 94 31 41; Piazza Sant'Agostino 15; Mahlzeiten 35 €, Pizza 8–10 €; Do–Di 12–15 & 19–22 Uhr).

★ Top-Tipp

Die Touristeninformation (0577 94 00 08; www.sangimignano.com; Piazza del Duomo 1; Sommer 10–13 & 15–19 Uhr, Winter 10–13 & 14–18 Uhr) **von San Gimignano organisiert verschiedene Führungen.**

Palazzo Comunale

Im **Palazzo Comunale** (0577 99 03 12; www.sangimignanomusei.it; Piazza del Duomo 2; Kombiticket Musei Civici Erw./erm. 9/7 €; Sommer 10–19.30 Uhr, Winter 11–17.30 Uhr) aus dem 12. Jh. hatte schon immer die Stadtregierung ihren Sitz. 1299 versuchte in der Sala di Dante der große Dichter den Stadtrat davon zu überzeugen, die Sache der Guelfen zu unterstützen. In dem auch als Sala del Consiglio bekannten Saal ist Lippo Memmis *Maestà* aus dem frühen 14. Jh. zu sehen: Die thronende Maria mit dem Jesuskind ist von Engeln, Heiligen und örtlichen Würdenträgern umgeben dargestellt.

Oben ist die Pinacoteca mit einer schönen Sammlung von Gemälden der Sieneser und Florentiner Schule aus dem 12. bis 15. Jh. zu sehen.

In der Camera del Podestà befindet sich ein makellos restaurierter Freskenzyklus von Memmo di Filippuccio mit einer moralischen Botschaft: Die Freuden der Ehe sind anhand von Mann und Frau gemeinsam in Bad und Bett dargestellt.

Zum Schluss sollten noch die 218 Stufen der 54 m hohen Torre Grossa mit spektakulärem Ausblick auf die Stadt und das Umland erklommen werden.

Schiefer Turm von Pisa

Die Torre Pendente, eine der berühmtesten Sehenswürdigkeiten Italiens, wird ihrem Namen wirklich gerecht: Sie neigt sich um 3,9 Grad. Pisa ist gut als Tagesausflug ab Florenz oder von einem der Städtchen weiter südlich machbar.

Toll für ...

☑ Nicht versäumen

Zauberhafter Besuch am Abend: Von Mitte Juni bis Ende August ist der Turm bis 22 Uhr zugänglich.

An dem 56 m hohen Turm, dem Campanile des Doms, wurde fast 200 Jahre lang gebaut, doch bereits bei seiner Einweihung 1372 neigte er sich. Im Lauf der Zeit kippte der Bau immer stärker zur Seite, bis er in den 1990er-Jahren schließlich aufwendig stabilisert wurde.

Praktische Informationen

Den Turm dürfen immer nur 40 Personen gleichzeitig besteigen. Kinder unter acht Jahren haben keinen Zutritt, Kinder von acht bis zehn müssen von einem Erwachsenen an der Hand gehalten werden.

Um die 251 teils rutschigen Stufen zu erklimmen, hat man 35 Minuten Zeit. Alle Taschen müssen an der Gepäckaufbewahrung neben dem Kartenschalter des Doms abgegeben werden – nur Kameras dürfen mitgenommen werden.

Dom und Schiefer Turm

JAVEN/SHUTTERSTOCK ©

Gut zu wissen

Torre Pendente; ☎050 83 50 11; www.opapisa.it; Piazza dei Miracoli; 18 €; ⏲April–Sept. 8–20 Uhr, Okt. 9–19 Uhr, März bis 18 Uhr, Nov.–Feb. 10–17 Uhr

Kleine Stärkung

Einen riesigen Panino von **L'Ostellino** (Piazza Cavallotti 1; Panini 3,50–7 €; ⏲Mo–Fr 12–16.30, Sa & So bis 18 Uhr) bei einem Picknick am Turm verspeisen.

★ Top-Tipp

Bei 2 Mio. Besuchern im Jahr ist hier immer jede Menge los. Am kürzesten sind die Warteschlangen von November bis März.

Turm- & Kombitickets

Besonders in der Hauptsaison besorgt man sich sein Ticket am besten vorher im Internet (max. 20 Tage vorher) oder gleich nach der Ankunft an einem der Kartenhäuschen.

Karten gibt's beim zentralen **Ticketschalter** (⏲Sommer 8.30–19.30 Uhr, Winter bis 17.30 Uhr) hinter dem Turm und am kleineren Schalter im Museo delle Sinopie an der Piazza dei Miracoli. An den Ticketschaltern in Pisa sind auch Kombitickets für andere Sehenswürdigkeiten der Stadt erhältlich.

Was gibt's in der Nähe?

Das mittelalterliche Zentrum Pisas liegt nördlich des Arno. Hier bietet sich ein Bummel von der **Piazza Cairoli** mit ihren Bars und Eisdielen die **Via Cavour** entlang an. Auf der **Piazza delle Vettovaglie** findet jeden Tag ein Lebensmittelmarkt statt.

Duomo Dom

(Duomo di Santa Maria Assunta; ☎050 83 50 11; www.opapisa.it; Piazza dei Miracoli; ⏲April–Sept. 10–20 Uhr, Okt. bis 19 Uhr, Nov.–März bis 18 Uhr) GRATIS Der romanische Dom wurde ab 1064 errichtet und 1118 geweiht. Der Eintritt ist frei, jedoch benötigt man einen Eintrittscoupon vom Kartenschalter oder ein Ticket für eine der anderen Sehenswürdigkeiten an der Piazza dei Miracoli.

Battistero Baptisterium

(Battistero di San Giovanni; ☎050 83 50 11; www.opapisa.it; Piazza dei Miracoli; 5 €, Kombiticket mit Camposanto oder Museo delle Sinopie 7 €, Camposanto & Museo 8 €; ⏲April–Sept. 8–20 Uhr, Okt. 9–19 Uhr, März bis 18 Uhr, Nov.–Feb. 10–17 Uhr) Die ungewöhnliche runde Taufkapelle (1395) hat zwei Kuppeln übereinander, jede mit Blei und Ziegeln verkleidet. Obendrauf steht eine vergoldete Bronzestatue von Johannes dem Täufer.

Autotour durch die Toskana

Diese Autotour führt nach Florenz und Siena, die einst miteinander konkurrierten, in die Weinberge des Chianti und ins Val d'Orcia, ein Unesco-Welterbe; zu sehen gibt es Kulturschätze, herrliche Landschaften und faszinierende Renaissance-Städte.
Start Florenz
Länge 185 km
Dauer 4 Tage

1 Ausgangspunkt der Rundfahrt ist **Florenz**, die Wiege der Renaissance, mit Brunelleschis Domkuppel, den Uffizien und Michelangelos *David* in der Galleria dell'Accademia.

Kleine Stärkung ... Eine Mahlzeit in der Osteria di Passignano (www.osteriadipassignano.com; Via di Passignano 33; ⌚Mo–Sa 12.15–14.15 & 19.30–22 Uhr) in Badia a Passignano, rund 20 Minuten von Greve entfernt.

3 Das mittelalterliche **Siena** gehört zu den schönsten Städten Italiens: mit der reich verzierten Fassade des Doms, der quirligen Piazza del Campo und schöner Kunst im Museo Civico.

4 Über die SR2 (Via Cassia) geht's nach **Montalcino**, das unter Weinkennern auf der ganzen Welt für seinen Brunello berühmt ist.

2 Die SR222 (Via Chiantigiana) führt Richtung Süden ins Weinland des Chianti. Nach einem Zwischenstopp in der alten Weinstadt **Greve** geht's weiter nach Siena.

Fotospot: Das herrliche Val d'Orcia mit sanft gewellten Feldern, alten Steinhäusern und Reihen eleganter Zypressen.

5 Richtung Osten erstreckt sich das Val d'Orcia mit dem hübschen **Pienza**. Die Renaissance-Gebäude um die Piazza Pio II, die im 15. Jh. in nur vier Jahren angelegt wurde, weisen noch ihr ursprüngliches Aussehen auf.

6 Das steile **Montepulciano** wartet mit zahlreichen Palazzi und anderen schönen Gebäuden sowie tollen Blicken auf das Val di Chiana und das Val d'Orcia auf. Den krönenden Abschluss der Reise bildet ein Gläschen Vino Nobile.

Siena

Siena ist eine der reizendsten mittelalterlichen Städte Italiens. Das ummauerte Stadtzentrum ist ein wunderschön erhaltenes Labyrinth aus Gassen und gotischen Palazzi. Das Herzstück bildet die abschüssige Piazza del Campo, auf der zwei Mal im Jahr das berühmte Pferderennen der Stadt, der Palio, ausgetragen wird.

SEHENSWERTES

Piazza del Campo Platz

Die abschüssige Piazza, gewöhnlich einfach Il Campo genannt, ließ der Consiglio dei Nove (Neunerrat) Mitte des 12. Jhs. auf einem ehemaligen römischen Marktplatz anlegen. Seitdem ist sie das administrative und gesellschaftliche Zentrum Sienas. Die Zahl der tortenstückähnlichen Abschnitte des Pflasters entspricht der Anzahl der Ratsmitglieder.

Palazzo Pubblico Historisches Gebäude

(Palazzo Comunale; Piazza del Campo) Der schlichte Palazzo Comunale aus dem 14. Jh. ist das Schmuckstück des Campo – seine konkave Fassade passt sich der gegenüberliegenden konvexen Biegung bestens an. Das Rathaus wird von einem grazilen Glockenturm gekrönt, der 102 m hohen **Torre del Mangia** (✆0577 29 23 43; www.enjoysiena.it; 10 €; ⏲Sommer 10–18.15 Uhr, Winter bis 15.15 Uhr), auf die rund 500 Stufen hinaufführen. Von oben bieten sich prächtige Ausblicke.

Museo Civico Museum

(✆0577 29 22 32; Palazzo Pubblico, Piazza del Campo 1; Erw./erm. 9/8 €; ⏲Sommer 10–18.15 Uhr, Winter bis 17.15 Uhr) Die Säle des berühmtesten Museums der Stadt wurden von Künstlern der Sieneser Schule reich mit Fresken verziert. Sie wurden von der Stadtregierung statt von der Kirche in Auftrag gegeben und weisen daher – was ungewöhnlich ist – weltliche Motive auf. Das Highlight ist Simone Martinis berühmte *Maestà* (Thronende Madonna mit Kind; 1315) in der **Sala del Mappamondo** (Saal der Weltkarte). Sie zeigt Maria unter einem Baldachin umgeben von Heiligen und Engeln und ist Martinis erstes bekanntes Werk.

Duomo Dom

(Cattedrale di Santa Maria Assunta; ✆0577 28 63 00; www.operaduomo.siena.it; Piazza Duomo; Sommer/Winter 4 €/frei, wenn der Boden zu sehen ist 7 €; ⏲Sommer Mo–Sa 10.30–19, So 13.30–18 Uhr, Winter bis 17.30 Uhr) Der Dom zu Siena ist eine der beeindruckendsten Kirchen Italiens. Mit dem Bau der Kirche wurde 1215 begonnen und im Verlauf der Jahrhunderte leisteten viele bedeutende Künstler ihren Beitrag: Giovanni Pisano entwarf die aufwendige Fassade aus weißem, grünem und rotem Marmor, Nicola Pisano schuf die Kanzel, Pinturicchio malte einige Fresken und Michelangelo, Donatello und Gian Lorenzo Bernini steuerten Skulpturen bei. Karten gibt's am **Ticketschalter des Doms** (Santa Maria della Scala, Piazza del Duomo; ⏲Sommer 10–18.30 Uhr, Winter bis 17 Uhr).

Museale Santa Maria della Scala Museum

(✆0577 53 45 71, 0577 53 45 11; www.santamariadellascala.com; Piazza Duomo 1; Erw./erm. 9/7 €; ⏲Mo, Mi & Do 10–17, Fr bis 20, Sa & So bis 19 Uhr, im Sommer länger) Das ehemalige Krankenhaus, das teilweise aus dem 13. Jh. stammt, entstand als Hospiz für Pilger, die auf der Via Francigena unterwegs waren. Das Highlight des Museums ist der Pellegrinaio (Pilgersaal) mit lebendigen Fresken aus dem 15. Jh. von Lorenzo Vecchietta, Priamo della Quercia und Domenico di Bartolo, die das gute Werk des Krankenhauses und seiner Gönner preisen.

Pinacoteca Nazionale Galerie

(✆0577 28 11 61; http://pinacotecanazionale.siena.it; Via San Pietro 29; Erw./erm. 4/2 €; ⏲Di–Sa 8.15–19.15, So & Mo 9–13 Uhr) Der einst prächtige, heute heruntergekommene Palazzo Buonsignori aus dem 14. Jh. beherbergt gotische Meisterwerke der Sieneser Schule. Die Glanzstücke befinden sich im zweiten Stock, darunter Werke von Duccio di Buoninsegna, Simone Martini, Niccolò di Segna, Lippo Memmi, Ambrogio und Pietro Lorenzetti, Bartolo di Fredi und Taddeo di Bartolo.

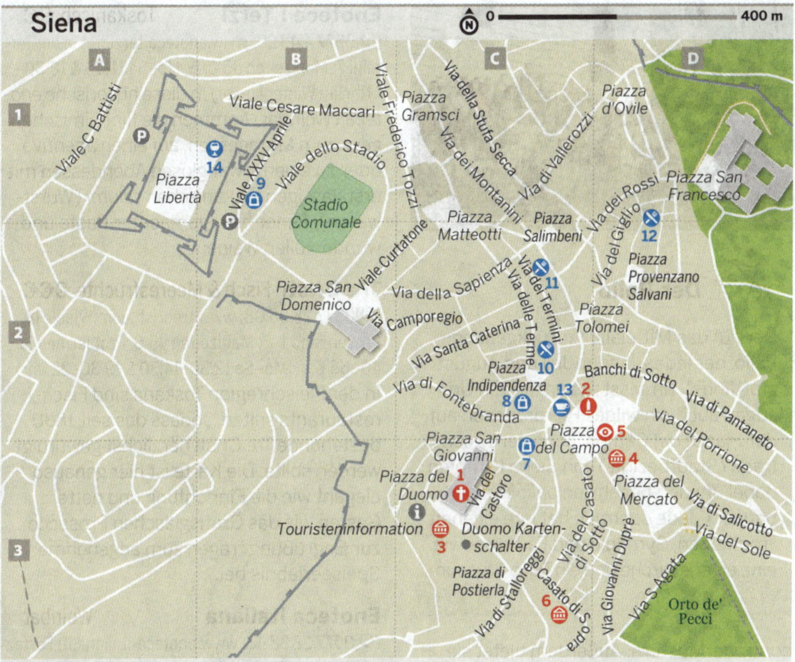

Siena

Sehenswertes

1	Duomo	C3
2	Fonte Gaia	C2
3	Museale Santa Maria della Scala	C3
4	Museo Civico	D3
	Palazzo Pubblico	(s. 4)
5	Piazza del Campo	D2
6	Pinacoteca Nazionale	C3
	Torre del Mangia	(s. 4)

Shoppen

7	Il Magnifico	C3
8	Il Pellicano	C2
9	Mittwochsmarkt	B1

Essen

10	Enoteca I Terzi	C2
11	Morbidi	C2
12	Tre Cristi	D1

Ausgehen & Nachtleben

13	Caffè Fiorella	C2
14	Enoteca Italiana	B1

SHOPPEN

Il Magnifico Lebensmittel

(☎0577 28 11 06; www.ilmagnifico.siena.it; Via dei Pellegrini 27; ⌚Mo–Sa 7.30–19.30 Uhr) Lorenzo Rossi ist Sienas bester Bäcker und sein *panforte,* die *ricciarelli* (zuckerbestäubte Mandelkekse) und *cavallucci* (Mandelkekse mit tokanischem Millefiori-Honig) stehen bei vielen Haushalten der Stadt auf dem wöchentlichen Einkaufszettel. Wer die Köstlichkeiten in der Bäckerei hinter dem Dom probiert, weiß warum.

Il Pellicano Keramik

(☎0577 24 79 14; www.siena-ilpellicano.it; Via Diacceto 17a; ⌚Sommer 10.30–19 Uhr, im Winter unterschiedlich) Elisabetta Ricci fertigt seit über 30 Jahren traditionelle handbemalte Sieneser Keramik an. Sie formt, brennt und bemalt ihre Kreationen häufig im Stil der Renaissance oder in typischen

Der Palio

Der auf das Mittelalter zurückgehende Palio, der jedes Jahr im Juli und August stattfindet, umfasst neben bunten Umzügen auch ein wildes Pferderennen auf der Piazza del Campo. Zehn der 17 *contrade* (Stadtbezirke) von Siena kämpfen dabei um den begehrten *palio* (Seidenbanner). Jede *contrade* hat ihre eigenen Traditionen, Symbole und Farben sowie eine eigene Kirche und ein Palio-Museum.

contrade-Mustern. Außerdem bietet sie Unterricht im traditionellen Töpfern an.

Mittwochsmarkt Markt

(⏲7.30–14 Uhr) Der Markt rund um die Fortezza Medicea und Richtung Stadio Comunale ist einer der größten der Toskana. Hier kann man sich preiswert einkleiden; auch Lebensmittel werden verkauft. An jedem dritten Sonntag des Monats findet außerdem ein Antiquitätenmarkt statt.

ESSEN & AUSGEHEN

Morbidi Feinkost €

(☎0577 28 02 68; www.morbidi.com; Via Banchi di Sopra 75; Mittagessen 12 €, Aperitivo-Buffet ab 7 €; ⏲Mo–Do 8–20, Fr & Sa bis 22 Uhr) Vielleicht das preisgünstigste Essen in Siena: Im stylischen Untergeschoss des Feinkostladens Morbidi gibt's ein hervorragendes Mittagsbuffet. Für nur 12 € stehen Antipasti, Salate, Risotto, Pasta und ein Dessert zur Wahl. Flaschenwasser ist inbegriffen, Wein und Kaffee kosten extra. Bevor man runtergeht, kauft man sich oben ein Buffetticket.

Enoteca I Terzi Toskanisch €€

(☎0577 4 43 29; www.enotecaiterzi.it; Via dei Termini 7; Mahlzeiten 35 €; ⏲Mo–Sa 11–15 & 18.30–1 Uhr, im Winter kürzer) In diese historische *enoteca* (Weinbar) kommen die Einheimischen gern zum Mittagessen, auf einen *aperitivo* oder zu einem zwanglosen Abendessen mit erstklassigen toskanischen *salumi* (Wurstwaren), feiner hausgemachter Pasta und wundervollen Weinen.

Tre Cristi Fisch & Meeresfrüchte €€€

(☎0577 28 06 08; www.trecristi.com; Vicolo di Provenzano 1–7; Mahlzeiten 45 €, Probiermenüs 40–65 €; ⏲Mo–Sa 12.30–14.30 & 19.30–22 Uhr) In der Fleischregion Toskana sind Fischrestaurants selten, sodass das seit 1830 bestehende Tre Cristi herzlichst gewürdigt werden sollte. Die Karte ist hier genauso elegant wie die Einrichtung und nette Gesten wie das Gratisgläschen Prosecco zur Begrüßung tragen zum angenehmen Speiseerlebnis bei.

Enoteca Italiana Weinbar

(☎0577 22 88 43; www.enoteca-italiana.it; Fortezza Medicea, Piazza Libertà 1; ⏲Mo & Di 12–19.30, Mi–Sa bis 24 Uhr) Der ehemalige Munitionskeller und Kerker dieser Medici-Festung ist sorgfältig in eine edle *enoteca* mit über 1500 italienischen Weinen verwandelt worden. Man kann ein Fläschchen mitnehmen, sich eine Kiste Wein nach Hause schicken lassen oder einfach an Ort und Stelle ein Glas im hübschen Innenhof oder im Gewölbekeller genießen. Gewöhnlich wird auch etwas zu essen angeboten.

Caffè Fiorella Café

(Torrefazione Fiorella; www.torrefazionefiorella.it; Via di Città 13; ⏲Mo–Sa 7–18 Uhr) In diesem winzigen Laden mitten im Geschehen wird mit der beste Kaffee der Stadt kredenzt. Im Sommer ist die Kaffee-Granita mit einem Schlag Sahne ein wunderbarer Genuss.

PRAKTISCHE INFORMATIONEN

Touristeninformation (☎0577 28 05 51; www.enjoysiena.it; Piazza Duomo 1, Santa Maria della Scala; ⏲Sommer 9–18 Uhr, Winter bis 17 Uhr)

Der Dom von Siena (S. 458)

AN- & WEITERREISE

Busse von **Siena Mobilità** (☎800 922984; www.sienamobilita.it) verbinden Siena mit Florenz (7,80 €, 1¼ Std., mind. stündl.) und San Gimignano (6 €, 1¼ Std., Mo–Sa 10-mal tgl.).

Arezzo

Arezzo ist vielleicht keine toskanische Schönheit, doch diejenigen Teile der Altstadt, die die erbarmungslosen Bombardements des Zweiten Weltkriegs überlebten, sind so faszinierend wie jedes andere Ziel in der Region: Der Hauptplatz der Stadt ist tatsächlich so schön, wie er in Roberto Benignis Filmklassiker *La vita è bella* (Das Leben ist schön) erscheint.

Heute ist die Stadt für ihre Kirchen, Museen und die fabelhaft abschüssige Piazza Grande bekannt, auf der an jedem ersten Wochenende des Monats ein riesiger Antiquitätenmarkt stattfindet. Wenn der Abend anbricht, bummeln die Arentini, die Einwohner von Arezzo, bei ihrer rituellen *passeggiata* (Abendspaziergang) über den von Geschäften gesäumten Corso Italia.

> *Der Dom zu Siena ist eine der beeindruckendsten Kirchen Italiens.*

SEHENSWERTES

Cappella Bacci Kirche
(☎0575 35 27 27; www.pierodellafrancesca.it; Piazza San Francesco; Erw./erm. 8/5 €; ⏲Mo–Fr 9–18, Sa bis 17.30, So 13–17.30 Uhr) Diese Kapelle in der Apsis der **Basilica di San Francesco** aus dem 14. Jh. beherbergt einen der bedeutendsten Kunstschätze Italiens: Piero della Francescas Freskenzyklus der *Legende vom Wahren Kreuz* von 1452 bis 1466, der die Geschichte des Kreuzes erzählt, an der Christus starb. Jede halbe Stunde erhalten nur 25 Besucher Einlass, sodass man in der Hauptsaison auf jeden Fall vorbuchen muss, entweder telefonisch oder per Mail. Der Kartenschalter befindet sich beim Eingang zur Basilika die Treppe hinunter.

Chiesa di Santa Maria della Pieve Kirche
(Corso Italia 7; ⏲8–12.30 & 15–18.30 Uhr) GRATIS
Diese Kirche aus dem 12. Jh., die älteste

Arezzos, wartet mit einer außergewöhnlichen romanischen Fassade mit jeweils auf einzigartige Weise verzierten Säulen auf. Über dem Hauptportal befinden sich Reliefs aus dem 13. Jh. zu den zwölf Monaten des Jahres, genannt *ciclo dei mesi*. Das Highlight im schlichten Innenraum – zur Zeit der Recherche wegen Restaurierung entfernt – ist Pietro Lorenzettis Wandelaltar *Madonna und die Heiligen* (1320–1324) unter der Halbkuppel der Apsis. Unter dem Hochalter befindet sich ein Reliquiar in Form einer Silberbüste des Schutzheiligen der Stadt, San Donato.

Duomo di Arezzo Dom

(Cattedrale di SS Donato e Pietro; Piazza del Duomo; ⏲7–12.30 & 15.30–18.30 Uhr) GRATIS Mit dem Bau des Doms von Arezzo wurde im 13. Jh. begonnen, doch fertig war er erst im 15. Jh. In der Nordostecke befindet sich links des fein gearbeiteten Hauptaltars ein exquisites Fresko der *Maria Magdalena* (ca. 1459) von Piero della Francesca. Interessant sind auch fünf Arbeiten aus glasierter Terrakotta von Andrea della Robbia und seiner Werkstatt. Hinter dem Dom steht oben auf dem anderen Hügel der Stadt die fünfeckige **Fortezza Medicea** (1502).

Museo Archeologico Nazionale Gaio Cilnio Mecenate Museum

(Archäologisches Museum Gaius Cilnius Maecenas; ☎0575 2 08 82; www.facebook.com/archeologicoarezzo; Via Margaritone 10; Erw./erm. 6/3 €; ⏲8.30–19.30 Uhr, Nov. bis 13.30 Uhr) Das Museum befindet sich in einem Klostergebäude aus dem 14. Jh. oberhalb der Ruinen eines römischen Amphitheaters, in dem einst bis zu 10 000 Zuschauer Platz fanden. Ausgestellt sind etruskische und römische Artefakte. Das Highlight ist der *Cratere di Euphronios*, eine etruskische Vase aus dem 6. Jh. v. Chr., auf der in anschaulicher Weise Herkules in der Schlacht dargestellt ist. Ebenfalls interessant ist ein klitzekleines Porträt eines bärtigen Mannes aus dem 3. Jh. n. Chr. Das Porträt entstand, indem ein dünnes Goldblatt graviert und dann zwischen zwei Glasplatten gelegt wurde.

ESSEN & AUSGEHEN

Antica Osteria Agania Toskanisch €

(☎0575 29 53 81; www.agania.com; Via G Mazzini 10; Mahlzeiten 20 €; ⏲Di–So 12–15 & 18–

Kopfsteinpflaster und Katzen: typisch toskanisch

FOTODRUK.PL/SHUTTERSTOCK ©

22.30 Uhr) Agania tischt schon seit Langem ihre eingefleischte traditionelle Küche auf und ihre Innereien und *grifi con polenta* (Lammbacken mit Polenta) sind sensationell. Eigentlich sind es zeitlose, freundliche Lokale wie dieses, die das Wesen der toskanischen Küche verkörpern. Am besten beginnt man mit einem *antipasto misto* (gemischte Vorspeisenplatte), gefolgt von Pasta (es besteht die Auswahl aus sechs Sorten) mit Sauce (acht Sorten).

Um dem Andrang der Einheimischen zu entgehen, sollte man möglichst schon vor 13 Uhr hier sein.

Osteria dell'Acquolina Toskanisch **€€**
(☎055 97 74 97; www.acquolina.it; Via Setteponti Levante 26, Terranuova Bracciolini; Mahlzeiten 30 €; ⌚Di–So 12–16 & 19–23 Uhr) Auf dem Weg von Florenz Richtung Osten nach Arezzo ist diese knallrosa Villa in einem Olivenhain der perfekte Stopp zum Mittagessen – besonders im Sommer, denn dann kann man auch auf der Terrasse mit schönem Panoramablick auf Olivenbäume, Weinreben und die Berge speisen. Gekocht wird toskanisch und eine Karte gibt's nicht – der Koch bereitet jeden Tag unterschiedliche Gerichte zu.

Von der A1 nimmt man die Ausfahrt Valdarno und folgt dann den Wegweisern „Terranuova Bracciolini" und „Arezzo", bis die Osteria dell'Acquolina ausgeschildert ist.

Trattoria del Leone Toskanisch **€€**
(☎0575 35 79 27; www.trattoriadelleone.it; Piazza del Popolo 11; Mahlzeiten 30 €; ⌚Di–So 12–14.30, Di–Sa 19.30–22 Uhr, Aug. geschl.) Die Trattoria del Leone ist ein typisches Beispiel für die in der Toskana derzeit so angesagte Art von Speiselokal. Das Essen ist köstlich: eher kleine Portionen von schön zubereiteten modernen Interpretationen toskanischer Klassiker. Die Trattoria liegt etwas versteckt an einer Treppe, die zur Piazza del Popolo hinunterführt.

Caffè dei Costanti Café
(☎0575 182 40 75; www.caffedeicostanti.it; Piazza San Francesco 19–20; ⌚Sommer 7.30–2 Uhr, Winter Mi–So bis 21.30 Uhr) Arezzos ältestes und stimmungsvollstes Café liegt direkt gegenüber der Basilica di San Francesco und bietet sich daher bestens für eine kleine Pause vor oder nach einer Besichtigung der Cappella Bacci an. Der Kaffee ist herausragend, genauso wie die Backwaren

Thermalbäder

Die Toskana und insbesondere die Provinz Siena zählen zu den Gegenden Italiens mit den meisten warmen Quellen. Ob schicke Wellnessoase oder natürliche Becken im Wald – im Wasser zu planschen macht immer Spaß!

Terme di Saturnia (☎0564 60 01 11; www.termedisaturnia.it; Tageskarte 25 €, nach 14 Uhr 20 €; ⌚Sommer 9.30–19 Uhr, Winter bis 17 Uhr) Tolle Becken unter freiem Himmel bei Pitigliano.

Bagni di Lucca Terme (☎0583 8 72 21; www.termebagnidilucca.it; Piazza San Martino 11) Thermalbäder und Massagen in einem Kurort im Nordwesten.

Bagni San Filippo (⌚24 Std.) GRATIS
Kostenloses Baden in der freien Natur im Val d'Orcia, rund 15 km südlich von Bagno Vignoni an der SR2.

Calidario Terme Etrusche (☎0565 85 15 04; www.calidario.it; Via del Bottaccio 40, Venturina; Pool Erw./Kind 20/10 € pro Tag, Spapaket 29–55 € pro Pers.; ⌚Mo–Fr 13–16 & 16.30–19.30, Sa & So 9.30–12.30, 13–16 & 16.30–19.30 Uhr, Anfang Jan.–Anfang März geschl. & Juli & Aug. Sa & So geschl.) Anwendungen und stimmungsvolles Baden unter freiem Himmel an der Etruskischen Riviera.

Bagni San Filippo
BUS/GETTY IMAGES ©

Mit den Einheimischen kommunizieren

Viele Italiener, vor allem in Städten, sprechen mindestens eine Fremdsprache: Englisch, Deutsch oder Französisch. Aber auf dem Land ist ein Reisewörterbuch Italienisch schon sehr praktisch. In der gesamten Region haben viele traditionelle Restaurants entweder gar keine Karte oder nur eine per Hand gekrakelte Tafel auf Italienisch.

ZERO CREATIVES/GETTY IMAGES ©

des Hauses. Die Tische draußen erfreuen sich besonders zur *aperitivo*-Zeit großen Zuspruchs.

PRAKTISCHE INFORMATIONEN

Touristeninformation (☎0575 40 19 45; Piazza della Libertà; ⊙14–16 Uhr) Ein **Ableger** (☎0575 2 68 50; Piazza della Repubblica 22–23; ⊙10.30–12.30 Uhr) befindet sich, wenn man den Bahnhof verlässt, auf der rechten Seite.

Una Vetrina per Arezzo e Le Sue Vallate (☎0575 182 27 70; www.arezzoturismo.it; Emiciclo Giovanni Paolo II, Scale Mobili di Arezzo; ⊙Mo–Fr 9–18, Sa & So bis 19 Uhr) Private Touristeninformation an der Rolltreppe (*scala mobile*) hoch zur Piazza del Duomo mit Toiletten (0,50 €).

AN- & WEITERREISE

Von Florenz ist Arezzo über die A1 zu erreichen. Am Bahnhof zu parken kostet 2 € pro Stunde. Arezzo liegt außerdem an der Bahnstrecke von Florenz nach Rom.

Montepulciano

Wer diesen schmalen vulkanischen Bergrücken erkundet, wird seine Wadenmuskeln ordentlich strapazieren. Aber zur Belohnung für all die Mühsal winkt ein Tröpfchen vom renommierten Vino Nobile, zu dem man außerdem noch die spektakulären Ausblicke aufs Val di Chiana und Val d'Orcia genießen kann.

SEHENSWERTES

Il Corso Straße

Montepulcianos Hauptstraße – die in ihren einzelnen Abschnitten Via di Gracciano, Via di Voltaia, Via dell'Opio und Via del Poliziano heißt – erklimmt von der **Porta al Prato** den östlichen Bergrücken und trifft im Westen auf die Via di Collazzi. Zum Ortszentrum, der Piazza Grande, geht's auf der Via del Teatro im spitzen Winkel zurück.

Die **Colonna del Marzocca** an der Piazza Savonarola oberhalb der Porta al Prato wurde 1511 errichtet, um die Bindung Montepulcianos an Florenz zu bekunden. Bei dem prächtigen Steinlöwen, der zahm wie ein Stubentiger auf seiner Säule hockt, handelt es sich um eine Kopie; das Original befindet sich im Museo Civico des Orts.

Zu den interessanten Gebäuden im Verlauf der Straße zählen der **Palazzo Avignonesi** (Via di Gracciano nel Corso 91) aus der Spätrenaissance, **Palazzo di Bucelli** (Via di Gracciano nel Corso 73) mit etruskischen und lateinischen Inschriften und Reliefs unten an der Fassade und der **Palazzo Cocconi** (Via di Gracciano nel Corso 70).

Weiter den Berg hinauf steht Michelozzos **Chiesa di Sant'Agostino** (www.montepulcianochiusipienza.it; Piazza Michelozzo; ⊙9–12 & 15–18 Uhr). Das Bogenfeld über dem Eingang zeigt in Terrakotta eine Madonna mit Kind, Johannes den Täufer und den hl. Augustinus. Die **Torre di Pulcinella** gegenüber, ein mittelalterlicher Wohnturm, wird von der Stadtuhr und der gebeugten Figur des Pulcinella gekrönt, der die Stunden schlägt. Hinter dem historischen **Caffè**

Poliziano (0578 75 86 15; www.caffepoliziano.it; Via di Voltaia 27; Mo–Fr 7–20, Sa bis 23, So bis 21 Uhr;) führt der Corso geradeaus weiter; rechts zweigt die Via del Teatro ab.

Museo Civico & Pinacoteca Crociani Museum
(0578 71 73 00; www.museocivicomontepulciano.it; Via Ricci 10; Erw./erm. 5/3 €; Sommer Mi–Mo 10.30–18.30 Uhr, Winter kürzer) Das kleine Museum und die Gemäldegalerie von Montepulciano ereilte jüngst ein traumhaftes Schicksal: Ein Gemälde aus der Sammlung des Hauses wurde Caravaggio zugeordnet. Bei dem Meisterwerk handelt es sich um das *Porträt eines noblen Herrn*. Das Gemälde lohnt schon allein das Eintrittsgeld; per Touchscreens werden das Bild, seine Restaurierung und seine Zuschreibung erläutert.

Palazzo Comunale Palast
(Piazza Grande; Terrasse & Turm Erw./erm. 5/2,50 €, nur Terrasse 2,50 €; 10–18 Uhr) Der im 14. Jh. im gotischen Stil erbaute und im 15. Jh. von Michelozzo umgestaltete Palazzo Comunale fungiert noch immer als Rathaus. Ein Besuch lohnt sich in erster Linie wegen der hervorragenden Ausblicke von der Terrasse und vom Turm – vom Turm kann man bis nach Pienza, Montalcino und an klaren Tagen sogar bis nach Siena sehen.

ESSEN & AUSGEHEN

Osteria Acquacheta Toskanisch €€
(0578 71 70 86; www.acquacheta.eu; Via del Teatro 22; Mahlzeiten 25–30 €; Mitte April–Dez. Mi–Mo 12.30–15 & 19.30–22.30 Uhr) Diese quirlige *osteria* (Gaststätte) ist sowohl bei den Einheimischen als auch bei Touristen beliebt. Sie ist auf *bistecca alla fiorentina* (über Holzkohle gegrilltes T-Bone-Steak) spezialisiert, das in großen, leicht angeschwärzten Scheiben auf den Tisch kommt und außergewöhnlich köstlich ist – es sich auf andere Weise zubereiten zu lassen sollte man erst gar nicht in Erwägung ziehen! Vorausbuchen; keine Reservierung per E-Mail.

Speisen unter freiem Himmel in Montalcino (S. 467)

Weinbar in Montalcino

La Grotta Ristorante **€€€**

(0578 75 74 79; www.lagrottamontepulciano.it; Via di San Biagio 15; Mahlzeiten 40 €; Do–Di 12.30–14 & 19.30–22 Uhr, Mitte Jan.–Mitte März geschl.) Die Zutaten und teils auch die Gerichte mögen traditionell sein, aber die Präsentation ist raffiniert, mit kunstvoll drapierten Parmesanflocken und Kräuterzweigen, die Türmchen aus Nudeln, Gemüse und Fleisch krönen. Der Service ist herausragend, der Gartenhof himmlisch. Das Lokal liegt vor den Toren des Orts an der Straße nach Chiusi. Reservieren!

E Lucevan Le Stelle Weinbar

(0578 75 87 25; www.lucevanlestelle.it; Piazza San Francesco 5; Mitte März–Dez. 11.30–23.30 Uhr;) Die Terrasse hier ist das schönste Plätzchen in Montepulciano, um der Sonne beim Untergehen zuzuschauen. Drinnen verleihen softe Sofas, moderne Kunst und leise Jazzklänge der Bar ein chilliges Ambiente. Die Gerichte (Antipasti-Teller 4,50–8 €, *piadinas* 6 €, Pastagerichte 6,50–9 €) sind einfach, aber schmackhaft und es wird Montepulciano Nobile im Glas (5–7 €) ausgeschenkt.

Oder man entscheidet sich für das Verkostungsset mit drei Weinen (15 €): Toskana-Set (Chianti, Montepulciano Nobile und Brunello) oder Montepulciano-Set (Rosso, Nobile und Nobile Riserva).

PRAKTISCHE INFORMATIONEN

Touristeninformation (0578 75 73 41; www.prolocomontepulciano.it; Piazza Don Minzoni 1; 9–13 Uhr)

AN- & WEITERREISE

Von Florenz kommend nimmt man an der A1 die Ausfahrt Valdichiana (Richtung Bettolle-Sinalunga) und folgt dann der Ausschilderung. Von Siena nimmt man die Superstrada Siena–Bettolle–Perugia.

Siena Mobilità hat vier Busse täglich zwischen Siena und Montepulciano (6,60 €, 1 Std.). Diese halten unterwegs in Pienza (2,50 €). Nach/ab Florenz (11,20 €, 1½ Std.) verkehren drei Busse am Tag.

Montalcino

Die mittelalterlichen Straßen des schönen Hügelorts Montalcino, weltweit bekannt als Heimat eines der besten Weine der Welt, des Brunello di Montalcino, säumen Weinlokale. Außerdem ist der Ort von malerischen Weinbergen umgeben. Auch mit Geschichte kann das Örtchen aufwarten: Die Bemühungen der Stadt, sich selbst nach dem Fall von Siena noch gegen Florenz zu wehren, brachten ihr den Ehrentitel „Republik von Siena in Montalcino" ein.

ESSEN & AUSGEHEN

Poggio Antico Wein **€€**
(☎0577 84 80 44, Restaurant 0577 84 92 00; www.poggioantico.com; Località Poggio Antico, abseits der SP14; ⏲Cantina 10–18 Uhr, Restaurant Di–So 12–14.30 & 19–21.30 Uhr, Winter So abends geschl.) Das Weingut Poggio Antico 5 km außerhalb von Montalcino an der Straße nach Grosseto ist eine wunderbare Adresse für Genießer. Hier werden preisgekrönte Weine wie der Brunello Altero und Riserva gekeltert, es werden – auch auf Deutsch – kostenlose Kellerführungen sowie Weinverkostungen (je nach Weinen ca. 25 €) angeboten und es gibt hier ein Restaurant (Mahlzeiten 40 €). Führungen im Voraus reservieren!

Il Leccio Toskanisch **€€**
(☎0577 84 41 75; www.illeccio.net; Via Costa Castellare 1/3, Sant'Angelo in Colle; Mahlzeiten 30 €, 4-Gänge-Menü 36 €; ⏲Do–Di 12–14.30 & 19–21 Uhr; 🖉) Wenn man dem Koch dabei zuschaut, wie er zwischen Herd und Küchengarten pendelt, um Zutaten für eine neue Bestellung zu holen, erhält das Wort „frisch" eine ganz neue Bedeutung. Sowohl das Essen als auch der Brunello des Hauses sind spektakulär!

Sant'Angelo in Colle liegt 10 km südwestlich von Montalcino und ist über die Via del Sole zu erreichen. Es liegt außerdem 10 km westlich der Abbazia di Sant'Antimo.

Enoteca Osteria Osticcio Weinbar
(☎0577 84 82 71; www.osticcio.it; Via Giacomo Matteotti 23; Antipasto- & Käseplatten 7–17 €, Mahlzeiten 40 €; ⏲Fr–Mi 12–16 & 19–23 Uhr, Sommer auch Do 12–19 Uhr) In einem Ort voller Weinlokale ist dies definitiv eins der besten! Zu verführerischen Gerichten wie eingelegten Sardellen, Crostini mit *cinta senese* (toskanisches Schwein) und Pasta mit Kürbis und Pecorino (Schafskäse) kann man aus einer umfangreichen Auswahl an Brunello und dessen bescheidenerem Bruder Rosso di Montalcino wählen. Vielleicht noch besser ist der Panoramablick.

Caffè Fiaschetteria Italiana 1888 Café
(☎0577 84 90 43; Piazza del Popolo 6; ⏲7.30–23 Uhr, Winter Do geschl.) Man könnte sich draußen auf den schmalen Platz setzen, doch dann würde man die schöne Einrichtung aus dem 19. Jh. mit viel Messing, Spiegeln und Schmucklampen dieses stimmungsvollen Weinlokals und Cafés versäumen. Schon seit 1888 – daher der Name – serviert man hier den Einheimischen Kaffee und Brunello. Der Laden ist noch genauso charmant wie am ersten Tag.

PRAKTISCHE INFORMATIONEN

Die **Touristeninformation** (☎0577 84 93 31; www.prolocomontalcino.com; Costa del Municipio 1; ⏲10–13 & 14–17.50 Uhr, Winter Mo geschl.) liegt gleich beim Hauptplatz. Hier kann man Kellereiführungen und Unterkünfte buchen.

AN- & WEITERREISE

Von Siena nimmt man die SS2 (Via Cassia); hinter Buonconvento geht's auf die SP45. Rund um die *fortezza* gibt's jede Menge Parkplätze (8–20 Uhr 1,50 € pro Std.).

Busse von Siena Mobilità (5 €, 1½ Std., Mo–Sa 6-mal tgl.) bieten Verbindungen von/nach Siena.

Die Ruinen von Pompeji

Rund eine halbe Stunde mit dem Zug von Neapel entfernt liegt die spannendste archäologische Stätte Europas: Pompeji. Die weitläufige Anlage ermöglicht einen Einblick in den Alltag der Antike – während man über römische Straßen schlendert, uralte Häuser betritt oder Tempel, Läden, Cafés, Amphitheater, ja sogar ein Bordell unter die Lupe nimmt.

Toll für ...

Gut zu wissen

☎081 857 53 47; www.pompeiisites.org; Eingänge Porta Marina, Piazza Esedra & Piazza Anfiteatro; Erw./erm. 13/7,50 €, mit Herculaneum 22/12 €; ⏰9–19.30 Uhr, April–Okt. letzter Einlass 18 Uhr, Nov.–März bis 17 Uhr, letzter Einlass 15.30 Uhr

Teatro Grande (S. 471)

★ Top-Tipp

Die Ruinen sind nicht gut beschriftet, daher sollte man sich die kostenlose Broschüre oder den Audioguide (6,50 €) vor Ort besorgen.

DE AGOSTINI / L. ROMANO/GETTY IMAGES ©

Praktische Informationen

Der Wert der Stätte liegt u. a. darin begründet, dass die Stadt 79 n. Chr. vom Vesuv nicht einfach hinweggefegt wurde, sondern unter Asche und Bimsstein begraben wurde. Die Ruinen kamen 1594 ans Tageslicht, doch mit der systematischen Erforschung wurde erst 1748 begonnen. Seitdem sind 44 ha der ursprünglich 66 ha großen Stadt ausgegraben worden.

Auf dem Gelände gibt's eine Cafeteria und direkt vor den Toren der Stätte mittelprächtige Esslokale. Bessere Restaurants finden sich in der modernen Stadt. Oder man bringt sich seinen Proviant selbst mit.

Bevor man die Stätte durch die **Porta Marina** betritt, das Tor, das früher eine Verbindung zwischen Stadt und Hafen darstellte, sollte man in die **Terme Suburbane** schauen. Das Badehaus aus dem 1. Jh. v. Chr. ist berühmt für seine erotischen Fresken, die, als sie 2001 freigelegt wurden, den Vatikan in Aufruhr versetzten. Die Bilder zierten das einstige *apodyterium* (Umkleideraum). In dem Raum, der zum bunt ausgemalten *frigidarium* (Kaltbad) führt, sind noch Stuckreste zu sehen sowie eines der wenigen erhaltenen Dächer in Pompeji.

Anschließend geht's durch das Tor in der Stadtmauer in den Hauptteil der Stätte. Zu den Highlights hier zählen:

Foro

Das **Foro** (Forum), ein riesiges Rasenrechteck mit Kalksteinsäulen an den Rändern, war der Hauptplatz des antiken Pompeji. Hier fanden vor dem Bau des Amphithea-

Impluvium (Regenbecken) in einem Haus in Pompeji

ters die Gladiatorenkämpfe statt. Die Gebäude um das Forum herum zeugen von der Bedeutung des Platzes als Mittelpunkt des städtischen Lebens.

Lupanare

Beim **Lupanare**, dem einzigen offiziellen Bordell des antiken Pompeji, handelt es sich um ein kleines zweistöckiges Gebäude mit fünf Zimmern auf jeder Etage. Die anzüglichen Fresken stellten für die Kundschaft eine Art „Speisekarte" dar. Die Wände sind mit Kritzeleien in verschiedenen Sprachen versehen, in denen die Prostituierten wie die Freier ihre Gedanken hinterließen.

★ Top-Tipp

Am ersten Sonntag eines jeden Monats ist der Eintritt frei – siehe www.pompeiisites.org.

DE AGOSTINI / L. ROMANO/GETTY IMAGES ©

Teatro Grande

Das **Teatro Grande** aus dem 2. Jh. v. Chr. war ein Theater mit 5000 Plätzen. Es war in die Lava gehauen worden, auf der Pompeji ursprünglich erbaut worden war.

Anfiteatro

Im 70 v. Chr. erbauten **Anfiteatro**, dem ältesten bekannten römischen Amphitheater, das es noch gibt, wohnten den Gladiatorenkämpfen bis zu 20 000 Zuschauer bei.

Casa del Fauno

(Haus des Fauns) Das größte **Privathaus** von Pompeji nahm einen ganzen Häuserblock ein und verfügte vorne über zwei Atrien – normale Häuser hatten nur eins. Seinen Namen verdankt es einer Bronzestatue im *impluvium* (Regenbecken). Hier wurden zu Beginn der Ausgrabungen die schönsten Mosaiken gefunden – die meisten sind heute im **Museo Archeologico Nazionale** (☎848 80 02 88, Mobil 06 399 67050; www.museoarcheologiconapoli.it; Piazza Museo Nazionale 19, Neapel; Erw./erm 12/6 €; ⌚Mi–Mo 9–19.30 Uhr; Ⓜ Museo, Piazza Cavour) in Neapel. Noch im Haus zu sehen ist ein schöner Marmorboden mit geometrischem Muster.

Villa dei Misteri

Die **Villa** mit 90 Zimmern zählt zu den vollständigsten Bauten Pompejis. Die Wände des Speisezimmers zieren dionysische Friese, das bedeutendste Fresko, das noch an Ort und Stelle ist, und eins der größten und faszinierendsten Gemälde der antiken Welt. Es zeigt die Einführung einer angehenden Braut in den Kult des Dionysos.

✕ Kleine Stärkung

Im Sternerestaurant **President** (☎081 850 72 45; www.ristorantepresident.it; Piazza Schettini 12; Mahlzeiten ab 40 €, Probiermenüs 65–90 €; ⌚Di–So 12–15.30 & 19 Uhr bis spät; 🚉FS bis Pompei, 🚉Circumvesuviana bis Pompei Scavi-Villa dei Misteri) in Pompeji kann man nach alten römischen Rezepten gebackenes Brot und langsam gegarten Schnapper probieren.

Die Villa diente zumeist als Gutshaus und verfügt am nördlichen Ende über einen Bereich zum Weinkeltern.

Die Via Consolare führt durch die **Porta Ercolano** aus der Stadt hinaus. Hinter der **Villa di Diomede** geht's rechts zur Villa dei Misteri.

Körperabgüsse

Einer der bewegendsten Anblicke in Pompeji sind die Gipsabgüsse im **Granai del Foro** (Forumskornspeicher). Diese wurden Ende des 19. Jhs. angefertigt, indem die von verwesten Leichnamen hinterlassenen Hohlräume mit Gips ausgegossen wurden. Unter den Gipsabgüssen befindet sich auch der einer schwangeren Sklavin.

Führungen

Vor dem Schalter für Karten zu den *scavi* (Ausgrabungen) wird man ziemlich sicher von einem Guide angesprochen. Die offiziellen Guides tragen ein Ausweisschildchen. Zu den zuverlässigen Anbietern von Führungen zählen **Yellow Sudmarine** (329 1010328; www.yellowsudmarine.com; 2½ Std. Pompeji 135 € plus Eintritt) und **Walks of Italy** (www.walksofitaly.com; 3 Std. Pompeji 59 € pro Pers.). Beide bieten außerdem Touren in andere Teile Kampaniens.

Anfahrt nach Pompeji

Von Neapel (3,20 €, 36 Min.) und Sorrento (2,80 €, 30 Min.) fahren Circumvesuviana-Züge zum Bahnhof Pompei-Scavi-Villa dei Misteri. Mit dem Auto nimmt man ab Neapel die A3, dann die Ausfahrt Pompeji und folgt den Schildern zu den Pompeii Scavi. Die Parkplätze (5 € pro Std.) sind klar ausgeschildert.

Was gibt's in der Nähe?

Wer noch Zeit hat, kann sich die folgenden antiken Stätten anschauen.

Ruinen von Herculaneum — Archäologische Stätte

(081 857 53 47; www.pompeiisites.org; Corso Resina 187, Ercolano; Erw./erm 11/5,50 €, mit Pompeji 22/12 €; April–Okt. 8.30–19.30 Uhr, Nov.–März bis 17 Uhr; Circumvesuviana bis Ercolano-Scavi) Herculaneum steht zwar im Schatten des größeren Pompeji, wartet jedoch auch mit einem reichen Schatz archäologischer Funde auf, darunter alte Werbung und stilvolle Mosaiken, verkohlte Möbel und erstarrte Skelette. Der gut erhaltene antike Fischerort ist leichter zu erkunden als Pompeji – mit Karte und Audioguide (6,50 €) ausgestattet an einem halben Tag.

Vom Haupteingang der Stätte am Corso Resina führt ein Weg zum Kartenschalter links unten. Von hier geht's dann zum eigentlichen Eingang zu den Ruinen.

MAV — Museum

(Museo Archeologico Virtuale; 081 1777 6843; www.museomav.com; Via IV Novembre 44; Erw./erm. 7,50/6 €, mit 3D-Dokumentation 11,50/10 €;

⌚März–Mai tgl. 9–17.30 Uhr, Juni–Sept. tgl. 10–18.30 Uhr, Okt.–Feb. Di–So 10–16 Uhr; 📶👪; 🚆Circumvesuviana bis Ercolano-Scavi) Mit Hologrammen und computergenerierten Nachbildungen erweckt dieses virtuelle archäologische Museum die Ruinen zum Leben – besonders toll für Kinder. Es befindet sich an der Hauptstraße zwischen dem Bahnhof Ercolano-Scavi und den Ruinen von Herculaneum.

Vesuv

Der 1281 m hohe Vesuv (Vesuvio) ragt düster über Neapel und Umgebung auf – er ist der einzige aktive Vulkan auf dem europäischen Festland. Vom Parkplatz am Gipfel führt ein 860 m langer Weg zum **Krater** (Nationalpark Vesuv; www.epnv.it) des Vulkans.

Busse von **Vesuvio Express** (☎081 739 36 66; www.vesuvioexpress.it; Piazzale Stazione Circumvesuviana, Ercolano; hin & zurück mit Zutritt zum Gipfel 20 €; ⌚9.30–16 Uhr alle 40 Min.) fahren vom Bahnhof von Ercolano zum Parkplatz am Gipfel. Die Fahrt dauert 20 Minuten.

Ab Pompeji betreibt **Busvia del Vesuvio** (☎081 878 21 03; www.busviadelvesuvio.com; Via Villa dei Misteri, Pompei; hin & zurück mit Zutritt zum Gipfel Erw./erm. 22/7 €; ⌚9–17 Uhr stündl.) Busse vom Bahnhof Pompei-Scavi-Villa dei Misteri gleich bei den Ruinen zum Busbahnhof von Boscoreale; von dort fährt anschließend ein weiterer Bus hoch zum Gipfelparkplatz.

★ Top-Tipp

Für den Aufstieg auf den Vesuv ist neben Wasser, Sonnencreme und Hut auch robustes Schuhwerk erforderlich.

DE AGOSTINI / L. ROMANO/GETTY IMAGES ©

Tragödie in Pompeji

24. AUGUST 79 N. CHR.

8 Uhr Gebäude wie die **Terme Suburbane** ❶ und das **Forum** ❷ werden noch nach einem Erdbeben im Jahr 63 n. Chr., das der Stadt erheblichen Schaden zugefügt hatte, repariert. Trotz heftiger nächtlicher Erdbeben ahnen die Einwohner nichts von der kommenden Katastrophe.

Mittags Hungrige Bewohner strömen ins **Thermopolium di Vetutius Placidus** ❸. Lüsterne schleichen ins **Lupanar** ❹, und Gladiatoren trainieren für die abendlichen Spiele im **Amphitheater** ❺. Ein gewaltiger Knall kündigt den Ausbruch an. Geschockte Menschen beobachten, wie eine dunkle Wolke aus Vulkanasche um die 14 km aus dem Krater emporschießt.

15–17 Uhr Lapilli (brennender Bimsstein) regnen auf Pompeji. Entsetzte Menschen fliehen oder suchen Schutz. Nach zwei Stunden ist die Aschewolke 25 km hoch und der Himmel schwarz. Dächer stürzen unter dem schweren Geröll ein und begraben die Bewohner unter sich.

25. AUGUST 79 N. CHR.

Mitternacht Schlammlawinen stürzen auf Herculaneum herab. Lapilli und Asche regnen weiterhin auf Pompeji, brechen durch Gebäude und ersticken alle, die in ihnen Zuflucht suchen.

4–8 Uhr Asche und Gas rollen über Herculaneum. Weitere Ströme bedecken Pompeji und töten alle verbliebenen Einwohner, auch jene im **Orto dei Fuggiaschi** ❻. Die vulkanische „Decke" wird über zwei Jahrtausende Schätze wie die **Casa del Menandro** ❼ und die **Villa dei Misteri** ❽ bewahren.

TOP-TIPPS

- Besichtigung am Nachmittag
- Drei Stunden einplanen
- Bequeme Schuhe und Hut tragen
- Trinkwasser nicht vergessen
- Nicht mit Blitzlicht fotografieren

VIACHESLAV LOPATIN / SHUTTERSTOCK ©

Terme Suburbane
Nicht nur das Laconicum (Sauna), Caldarium (Dampfbad) und das große, beheizte Schwimmbecken erhitzten die Körper; auch die Wände dieses Vorstadtbadehauses heizten mit den frivolsten Fresken der Stadt ordentlich ein.

Forum
Das Forum, eine Art antiker Times Square, liegt an der Kreuzung der Hauptstraßen von Pompeji und war im 1. Jh. n. Chr. für den Verkehr gesperrt. Auf den Sockeln am Südrand standen Statuen der kaiserlichen Familie.

PHOOEY / GETTY IMAGES ©

Villa dei Misteri

In der Villa befindet sich der weltberühmte *Dionysische Fries*. Weitere Highlights sind die Trompe-l'œil-Wandverzierungen im Cubiculum (Schlafzimmer) und die ägyptisierenden Kunstwerke im Tablinum (Empfangsraum).

Lupanar

Die Prostituierten in dem Bordell waren oft griechische oder asiatische Sklavinnen. Auf den Steinbetten lagen einst Matratzen und bei den eingravierten Namen an den Wänden handelt es sich wohl um die der Frauen und ihrer Kunden.

POROJNICU STELIAN / SHUTTERSTOCK ©

Thermopolium di Vetutius Placidus

Auf der Theke dieser antiken Snackbar standen einst Urnen mit warmem Essen. Das Lararium (Hausschrein) an der Rückwand stellt Dionysos (Gott des Weins) und Merkur (Gott der Diebe und Kaufleute) dar.

AUGENZEUGENBERICHT

In seinen Briefen an Tacitus (56–117 n. Chr.) gibt Plinius der Jüngere (61–112 n. Chr.) einen spannenden Katastrophenbericht.

Casa del Menandro

Das Haus gehörte wahrscheinlich der Familie von Poppaea Sabina, Neros zweiter Frau. Im Raum links vom Atrium sind Gemälde zum Trojanischen Krieg und ein mehrfarbiges Mosaik von Pygmäen, die auf dem Nil rudern.

Orto dei Fuggiaschi

Der Garten der Flüchtenden zeigt die Gipsformen von 13 Menschen, die dort beim Vesuvausbruch Zuflucht suchten – die höchste Opferzahl, die an einem Ort gefunden wurde. Die zusammengekauerten Leichen sind ein bewegender Anblick.

EDELLA / GETTY IMAGES ©

Amphitheater

Richter, Senatoren und die Sponsoren und Veranstalter der Spiele saßen in dem altgedienten Amphitheater bei Gladiatorenkämpfen und gelegentlichen Krawallen in der ersten Reihe. Die Brüstung um das Stadion ist mit Szenen von Kämpfen, Siegesfeiern und Jagden bemalt.

WDJ / GETTY IMAGES ©

In diesem Kapitel

Dubrovnik, Kroatien

Ob man nun zum ersten oder zum hundersten Mal in Dubrovnik ist: Die Schönheit der Altstadt löst immer wieder ein Gefühl von Ehrfurcht und Ergriffenheit aus. Unglaublich ist das Bild, dass die Straßen und Gebäude bieten, dazu das endlose Glitzern der Adria ... Die alte Stadtmauer, die lange Zeit eine kulturell reiche Republik schützte, bietet sich wunderbar für einen Spaziergang an.

Die Belagerung Dubrovniks 1991 schockierte die Welt, doch die Stadt ist schnell wieder auf die Beine gekommen und verzaubert ihre Besucher heute wie eh und je.

Zwei Tage in Dubrovnik

Es geht früh los, bevor es zu heiß ist, mit einem Spaziergang über die **Stadtmauer** (S. 478). Anschließend bummelt man durch die Straßen und kehrt nach Lust und Laune in Kirchen, Palästen oder Museen ein.

Am zweiten Tag geht's per **Seilbahn** (S. 485) auf den Berg Srđ; dort besucht man die Ausstellung **Dubrovnik während des Unabhängigkeitskampfes** (S. 483). Danach setzt man die Erkundung der Altstadt fort. Wenn es zu heiß wird, geht's an den **Strand von Banje** (S. 485).

Vier Tage in Dubrovnik

Wer noch mehr Zeit hat, kann seine Altstadterkundungen auf den Abend beschränken – dann ist es leerer. Am dritten Tag steht die Insel **Lokrum** (S. 483) auf dem Programm, am vierten besteigt man ein Boot nach **Cavtat** (S. 486) und erkundet bei einem Bummel zwei oder drei Stunden lang den geschichtsträchtigen Ort.

Und weiter? Von Dubrovnik ist man per Flugzeug oder Zug schnell in Rom (S. 358) oder Venedig (S. 406).

Karte Dubrovnik (S. 484)

Ankunft

Flughafen Dubrovnik In Čilipi, 19 km südöstlich von Dubrovnik. Ein Taxi kostet bis zu 280 KN. Atlas bietet einen Flughafenbus (40 KN, 30 Min.), der am Pile-Tor und am Busbahnhof hält.

Busbahnhof Dubrovnik Fahrpläne gibt's auf www.libertasdubrovnik.hr.

Schlafen

In der kompakten Altstadt sind nur wenige Unterkünfte zu finden. Besonders für den Sommer sollte man weit im Voraus buchen.

Eine gute, preisgünstige Alternative können Privatunterkünfte sein. Infos dazu haben örtliche Reisebüros und die Touristeninformation.

Der Minčeta-Turm (S. 481) an der Stadtmauer

ANSHARPHOTO/SHUTTERSTOCK ©

Stadtmauer & Festungen

Ein Besuch in Dubrovnik wäre nicht vollständig ohne einen Bummel über die spektakuläre Stadtmauer – die vielleicht schönste der Welt, in jedem Fall aber das bedeutendste Wahrzeichen der Stadt.

Toll für ...

☑ Nicht versäumen

Die wunderbaren Ausblicke über die Altstadt und die glitzernde Adria.

Rundgang über die Stadtmauer

Zugänge zur Stadtmauer bieten sich beim Pile-Tor (S. 482), beim **Ploče-Tor** (Vrata od Ploča) und beim **Seefahrtsmuseum** (Pomorski muzej; www.dumus.hr). Der meiste Andrang ist gewöhnlich am Pile-Tor. Wer die Stadtmauer von der Ploče-Seite erklimmt, hat dagegen außerdem den Vorteil, den steilsten Anstieg gleich am Anfang hinter sich zu haben. Besucher müssen die Stadtmauer übrigens gegen den Uhrzeigersinn begehen.

Der runde Minčeta-Turm schützt die landwärtige Seite der Stadt, die Festungen Revelin und Sv. Ivan den Osten und den Alten Hafen.

Gen Westen und hinaus aufs Meer blicken der Bokar-Turm und die Festung Lovrijenac. Von den Mauern der großen freistehenden **Festung Lovrijenac** (Tvr-

ROMAN BABAKIN/SHUTTERSTOCK©

đava Lovrijenac; Eintritt 30 KN; ⌚8–19.30 Uhr) schaut der hl. Blasius herab. Drinnen gibt's nicht viel zu sehen, doch von den Wehrmauern bieten sich wunderbare Blicke über die Altstadt. Im großen Innenhof finden im Sommer oft Theateraufführungen und Konzerte statt.

Vergangenheit

Die erste Stadtmauer entstand im 9. Jh. Mitte des 14. Jhs. wurden die 1,5 m dicken Mauern mit 15 viereckigen Forts verstärkt. Angesichts der Bedrohung durch die Türken im 15. Jh. baute die Stadt die bestehenden Festungen aus und ließ dazu neue errichten, sodass die gesamte Altstadt in einem 2 km langen Ring von bis zu 25 m hohen Mauern umschlossen war. Auf der Landseite sind die Mauern dicker – bis zu 6 m; auf der Seeseite sind sie 1,5 bis 3 m stark.

ℹ Gut zu wissen

Gradske zidine; Erw./Kind 150/50 KN; ⌚April–Okt. 8–19.30 Uhr, Nov.–März 9–15 Uhr

Kleine Stärkung

Snacks und besonders Getränke besser selbst mitbringen – die wenigen Händler, die unterwegs Wasser verkaufen, tun dies zu überhöhten Preisen.

★ Top-Tipp

Ein Spaziergang über die Stadtmauer kann besonders an heißen Tagen sehr anstrengend sein!

Jüngere Geschichte

Gefangen im Fadenkreuz des Krieges, der das ehemalige Jugoslawien heimsuchte, wurde Dubrovnik 1991 und 1992 mit rund 2000 Granaten beschossen und erheblich beschädigt. An der Stadtmauer waren 111 Einschläge zu verzeichnen.

Die Stadtmauer selbst wie auch alle beschädigten Gebäude sind inzwischen wiederaufgebaut bzw. restauriert worden. Doch beim Rundgang über die Stadtmauer kann man sich ein recht gutes Bild vom Ausmaß der Schäden machen, indem man über die Stadt blickt: All die Häuser, deren Dächer neue Ziegel haben, waren vom Krieg unmittelbar betroffen.

Geführte Touren

Dubrovnik Walks (☎095 80 64 526; www.dubrovnikwalks.com; Brsalje bb; ⌚April–Nov.) bietet ausgezeichnete englischsprachige Führungen, die nicht weit vom Pile-Tor beginnen. Der zweistündige Rundgang „Walls & Wars" kostet 120 KN (16 €). Eine Buchung ist nicht erforderlich.

Rektorenpalast

Drehorte von Game of Thrones

Dubrovnik empfinden viele Besucher als märchenhaft, für alle Fans von* Game of Thrones *ist die Stadt ein im wahrsten Sinne des Wortes phantastischer Ort: Die international erfolgreiche Serie wurde zum großen Teil hier gedreht.

Toll für ...

☑ Nicht versäumen

Die Stadtmauer, die in der Serie oft eine Rolle spielt, besonders bei der Belagerung von Königsmund.

Stadtmauer & Festung Lovrijenac

Tyrion Lennister steuert während der Schlacht am Schwarzwasser die Verteidigung von Königsmund von der dem Meer zugewandten Seite der Stadtmauer (S. 479). Die Festung Lovrijenac (S. 478) ist der berühmte Rote Bergfried von Königsmund und dürfte Fans sowohl von außen als auch innen bekannt sein. Am kleinen Hafen unterhalb der Festung verabschiedete Cersei ihre Tochter Myrcella.

Rektorenpalast

Der große Innenhof des **Rektorenpalasts** (Knežev dvor; ☎020-321 422; www.dumus.hr; Pred Dvorom 3; Erw./Kind Museumspass 100/25 KN; ⏲April–Okt. 9–18 Uhr, Nov.–März bis 16 Uhr) diente im Film als Palast des Gewürzkönigs von Qarth – dafür wurde noch nicht

Festung Lovrijenac

SABINE LUBENOW/GETTY IMAGES ©

einmal die Statue entfernt! Der Palast aus Gotik- und Renaissance-Elementen wurde im späten 15. Jh. für den gewählten Rektor erbaut, der Dubrovnik regierte. Das Gebäude umfasste das Büro des Rektors, seine Privatgemächer, öffentliche Säle, Verwaltungsbüros und einen Kerker. Heute beherbergt der Palast ein kulturhistorisches Museum mit kunstvoll restaurierten Räumen, Porträts, Wappen und Münzen, die von der glanzvollen Geschichte der Stadt erzählen.

Arboretum von Trsteno

Der Garten des Roten Bergfrieds, wo die Tyrells in Staffel 3 und 4 endlos schwatzen und Pläne schmieden, ist im echten Leben das **Arboretum von Trsteno** (✆020-751 019; Erw./Kind 45/25 KN; ⏲Juni–Sept. 8–19 Uhr, Okt.–Mai bis 16 Uhr). Diese schattigen Gärten 14 km nordwestlich von Dubrovnik sind die ältesten ihrer Art in Kroatien und lohnen auf jeden Fall einen Besuch. Die Anlage im Stil der Renaissance präsentiert sich mit geometrisch gestutzten Pflanzen und Büschen, dazu gibt's Zitrusgärten, ein Labyrinth, eine schöne Palmensammlung und einen wunderbaren Teich. Nach Trsteno fahren vom Busbahnhof von Dubrovnik die Busse 12, 15, 22 und 35.

ℹ Gut zu wissen

Dubrovnik diente als Kulisse für die fiktiven Städte Königsmund und Qarth.

Kleine Stärkung

Die Oliva Pizzeria (S. 487) beim Rektorenpalast backt hervorragende Pizza.

★ Top-Tipp

Sowohl Dubrovnik Day Tours (S. 486) als auch Dubrovnik Walks (S. 478) bieten *Game of Thrones*-Touren.

Andere Drehorte

Minčeta-Turm (Tvrđava Minčeta; Stadtmauer) Außenansicht des Hauses der Untoten in Qarth.

Uz Jezuite Die Treppe zwischen der St.-Ignatius-Kirche und dem Gundulić-Platz war der Ausgangspunkt für Cersei Lennisters Bußgang. Von hier ging sie die Stradun entlang.

Gradac-Park Hier fand das Fest zur Purpurnen Hochzeit statt, bei dem König Joffrey schließlich der Garaus gemacht wurde.

Sv.-Dominika-Straße Die Straße und Treppe vor dem Dominikanerkloster (S. 485) wurden für verschiedene Marktszenen in Königsmund genutzt.

Ethnografisches Museum (Etnografski muzej; www.dumus.hr; Od Rupa 3; Erw./Kind Museumspass 100/25 KN; ⏲Mi–Mo 9–16 Uhr) Kleinfingers Bordell.

Lokrum (S. 483) Der Empfang für Daenerys in Qarth fand im Kreuzgang des Klosters statt.

SEHENSWERTES

Dubrovnik ist die wohlhabendste, eleganteste und teuerste Stadt Kroatiens. In vielerlei Hinsicht wirkt sie noch immer wie ein Stadtstaat, getrennt vom Rest des Landes durch ihre Lage und Geschichte. Inzwischen ist die Stadt so ein Touristenmagnet, dass darüber nachgedacht wird, die Zahl der Besucher in der autofreien Altstadt zu begrenzen – auf den Hauptgassen kann es unglaublich voll sein, besonders wenn mehrere Kreuzfahrtschiffe gleichzeitig ihre Passagiere in die Straßen spülen.

Pile-Tor Tor

(Gradska vrata Pile) Das fabelhafte Stadttor von 1537 ist der natürliche Ausgangspunkt einer jeden Stadtbesichtigung. Wenn man die Zugbrücke überschreitet, kann man sich vorstellen, wie diese allabendlich hochgezogen, das Tor geschlossen und der Schlüssel dem Rektor übergeben wurde. In einer Nische über dem Renaissance-Bogen befindet sich eine Statue des hl. Blasius, des Schutzheiligen der Stadt.

Auf das äußere Tor folgt ein inneres Tor von 1460 und kurz darauf öffnet sich der Blick auf die Hauptstraße und Promeniermeile, die Placa – allgemein Stradun genannt.

Onofrio-Brunnen Brunnen

(Velika Onofrijeva fontana; Placa bb) Dieser große Brunnen, eines der berühmtesten Wahrzeichen Dubrovniks, wurde 1438 als Teil eines Wasserversorgungsnetzes erbaut, mit dem Wasser aus einer 12 km entfernten Quelle in die Stadt geleitet wurde. Ursprünglich war der Brunnen mit Bauplastik geschmückt, doch wurde er 1667 bei einem Erdbeben stark beschädigt und so sind heute nur noch 16 Steinmasken erhalten, aus denen Wasser in das Becken plätschert.

War Photo Limited Galerie

(☎020-322 166; www.warphotoltd.com; Antuninska 6; Erw./Kind 50/40 KN; ⏲Mai–Sept. tgl. 10–22 Uhr, April & Okt. Mi–Mo 10–16 Uhr) Der Besuch der Galerie ist ein sehr berührendes Erlebnis: Die Ausstellungen werden von dem neuseeländischen Fotojournalisten Wade Goddard kuratiert, der in den 1990er-Jahren auf dem Balkan arbeitete. Sinn und Zweck der Galerie ist nach eigenem Bekunden, den Mythos des Krieges

Onofrio-Brunnen

zu entlarven und die Menschen den Krieg so sehen zu lassen, wie er ist: rau, korrupt, beängstigend. Der Blick wird hier darauf gelenkt, wie der Krieg sowohl Unschuldige als auch Kämpfende mit Unrecht überhäuft hat. Im oberen Geschoss befindet sich eine Dauerausstellung zu den Jugoslawien-Kriegen, bei den Wechselausstellungen werden unterschiedliche Konflikte behandelt.

Lokrum Insel

(www.lokrum.hr; Erw./Kind inkl. Boot 100/20 KN; ⌚April–Nov.) Lokrum ist eine schöne bewaldete Insel voller Steineichen, Schwarzeschen, Pinien und Olivenbäume und ein idealer Rückzugsort vor dem Trubel in Dubrovnik. Die Strände sind zwar felsig, dennoch wird hier gern gebadet. Um zum FKK-Strand zu gelangen, geht man vom Fähranleger links und folgt den Schildern. Bei den Felsen am Ende befindet sich der Schwulenstrand von Dubrovnik. Beliebt ist auch der kleine Salzsee, der als **Totes Meer** bekannt ist.

Die wichtigste Anlaufstelle auf der Insel ist das große mittelalterliche **Benediktinerkloster** mit Restaurant und Ausstellungen zur Geschichte der Insel und zur Serie *Game of Thrones*, die ja zum Teil in Dubrovnik gedreht wurde. Hier haben Fans die Gelegenheit, herrschaftlich auf einem Nachbau des Eisernen Throns zu posieren. Das Kloster wartet mit einem hübschen Klostergarten und einem bedeutenden botanischen Garten mit riesigen Agaven und Palmen aus Südafrika und Brasilien auf.

Lokrum befindet sich nur zehn Minuten mit dem Boot vom Alten Hafen Dubrovniks entfernt. Im Sommer fahren ungefähr jede Stunde Boote zur Insel (Juli & Aug. halbstündl.). Auf jeden Fall sollte man sich vergewissern, wann das letzte Boot zurück zum Festland fährt. Auf der Insel darf nicht übernachtet und auch nirgendwo geraucht werden.

Museum des Unabhängigkeitskampfes Museum

(Dubrovnik u domovinskom ratu; Fort Imperial, Srđ; Erw./Kind 30/15 KN; ⌚8–22 Uhr) Das Museum in einem napoleonischen Fort bei der Bergstation der Seilbahn befasst sich mit der Belagerung Dubrovniks während des „Heimatkrieges", wie der Kroatienkrieg der 1990er-Jahre im Land selbst genannt wird. Die Verteidigungstruppen, die hier im Fort stationiert waren, sorgten dafür, dass die Stadt nicht eingenommen wurde. Zwar ist die Ausstellung sehr subjektiv, doch werden die Ereignisse detailreich z. B. mit Filmmaterial aufbereitet.

Zerstörung & Wiederaufbau

Von Ende 1991 bis Mai 1992 dominierte die Belagerung von Dubrovnik weltweit die Schlagzeilen. Zwar ist die Erinnerung daran bei denjenigen, die weit von dem Konflikt entfernt waren, vielleicht inzwischen verblasst, doch die, die die Belagerung erlebten, werden sie nie vergessen – und Dubrovnik möchte auch, dass Besucher ihrer gedenken. In der Altstadt, besonders an den Haupttoren, erinnern Gedenktafeln an diese furchtbare Zeit.

Von den 824 Gebäuden der Altstadt wurden 68 % von Granaten getroffen, zwei von drei Dächern waren am Ende zerstört. Fassaden und Pflastersteine von Straßen und Plätzen wurden 314 Mal direkt getroffen, die Stadtmauer 111 Mal. Neun historische Paläste brannten komplett aus, der Sponza-Palast, der Rektorenpalast, die St.-Blasius-Kirche, das Franziskanerkloster und der Amerling- und Onofrio-Brunnen wurden stark beschädigt. Schnell entschieden die Verantwortlichen der Stadt, dass Wiederaufbau und Reparaturen mit traditionellen Methoden und möglichst mit Originalmaterialien durchgeführt werden sollten.

So hat Dubrovnik sich seine einstige Pracht größtenteils wiederbeschafft. Die Stadtmauer ist wieder intakt, die Marmorstraßen sind glatt gepflastert und Handwerker und Steinmetze aus dem In- und Ausland haben berühmte Wahrzeichen sorgfältig restauriert.

Dubrovnik
0
200 m
N
A
B
C
D
E
F
1
2
3
4
Stadtmauer
Museum des Unabhängigkeitskampfes (1,2 km)
Museum für moderne & zeitgenössische Kunst (350 m)
Alter Hafen
ADRIA
Pile-Tor
Onofrio-Brunnen
Ploče-Tor
Vrata od Ploča
Dominikaner-Kloster & Museum
Luža-Platz
Placa (Stradun)
Branitelja Dubrovnika
Između Vrta
Đura Pulića
Uz Posat
Srednji Kono
Put Iza Grada
Zagrebačka
Frana Supila
Petra Krešimira IV
Celestina Medovića
Peline
Od Sigurate
Palmotićeva
Antuninska
Nalješkovićeva
Kunićeva
Prijeko
Petilovrijenci
Vetranićeva
Zamanjina
Dropćeva
Žudioska
Kovačka
Zlatarska
Sv Dominika
Između Polača
Široka
Od Puča
Sv Josipa
Od Domina
Nikole Božidarovića
Miha Pracata
Cvijete Zuzorić
Lučarica
M Kaboge
Dinke Ranjine
Zlatarićeva
Getaldićeva
Garište
Poljana Paška Miličevića
Za Rokom
Od Rupa
Na Andriji
Od Šorte
Od Kaštela
Zvijezdićeva
Strossmayerova
Od Margarite
Poljana Ruđera Boškovića
Gundulićeva Poljana
Držićeva Poljana
Androvićeva
Kneza Hrvaša
Ilije Sarake
Pobjana
Restićeva
Đura Beljavi
Pred Dvorom
Kneza Damjana Jude
Od Pustijerne
U Jezuite
1
2
3
4
5
6
7
8
9
10
11
12
13
14
15
16
17
18
19
20
21

Dubrovnik

Sehenswertes
1 Stadtmauer ... C2
2 Ethnografisches Museum ... C3
3 Seefahrtsmuseum ... E3
4 Minčeta-Turm ... D1
5 Rektorenpalast ... E3
6 War Photo Limited ... D2

Aktivitäten, Kurse & Touren
7 Seilbahn (Talstation) ... E1
8 Dubrovnik Shore Tours ... B2
9 Dubrovnik Walks ... B2

Shoppen
10 Algoritam ... D2
11 Markt auf dem Gundulić-Platz ... D3
12 KAWA ... F2
13 Uje ... D3

Essen
14 Nishta ... D2
15 Oliva Pizzeria ... D3
16 Pizzeria Tabasco ... E1
17 Restaurant 360° ... E2
18 Restaurant Dubrovnik ... D3

Ausgehen & Nachtleben
19 Bard ... D4
20 Buža ... D4
21 D'vino ... D2

Museum für moderne & zeitgenössische Kunst Museum
(Umjetnička galerija; ☎020-426 590; www.ugdubrovnik.hr; Frana Supila 23; Erw./Kind Museumspass 100/25 KN; ⊙Di–So 9–20 Uhr) Das ausgezeichnete Museum zeigt auf drei Etagen eines bedeutenden modernistischen Gebäudes östlich der Altstadt kroatische Kunst, besonders des Malers Vlaho Bukovac aus dem nahen Cavtat. Von der Skulpturenterrasse eröffnen sich weite Ausblicke.

Dominikanerkloster & Museum Kloster
(Muzej Dominikanskog samostana; Sv Dominika 4; 30 KN; ⊙9–17 Uhr) Der imposante Bau ist ein echtes architektonisches Highlight, erbaut in einem Übergangsstil von der Gotik zur Renaissance. Er beherbergt eine eindrucksvolle Kunstsammlung. Das etwa zur selben Zeit wie die Stadtmauer im 14. Jh. entstandene Bauwerk wirkt mit seinen nackten Mauern eher wie eine Festung als wie ein sakrales Gebäude. Drinnen befindet sich ein harmonischer **Kreuzgang** aus dem 15. Jh., den Handwerker aus der Stadt nach Plänen des Florentiner Architekten Maso di Bartolomeo schufen.

AKTIVITÄTEN

Seilbahn Seilbahn
(Žičara; ☎020-414 355; www.dubrovnikcablecar.com; Petra Krešimira IV bb; hin & zurück Erw./Kind 120/50 KN; ⊙Nov.–März 9–17 Uhr, April, Mai, Sept. & Okt. bis 21 Uhr, Juni–Aug. bis 24 Uhr) Die Seilbahn fährt von der Talstation gleich nördlich der Stadtmauer in knapp vier Minuten auf den Berg Srđ. Oben wartet in 405 m Höhe ein grandioser Ausblick auf die Altstadt mit ihren roten Dächern und die Insel Lokrum sowie die Adria und die Elafitischen Inseln im Hintergrund.

Strand von Banje Baden
(www.banjebeach.eu; Frana Supila 10) Der Banje ist der der Altstadt am nächsten gelegene Strand – er liegt, wenn man die Altstadt durchs Ploče-Tor verlässt, gleich hinter dem Lazareti, einer alten Quarantänestation aus dem 17. Jh. Zwar leihen sich viele Leute hier im Strandclub Liegen und Sonnenschirme, doch man kann sich auch auf ein Handtuch legen – sofern man ein Plätzchen findet.

Bellevue-Strand Baden
Der schönste Strand, der von der Altstadt aus gut zu Fuß zu erreichen ist, befindet sich unterhalb des Hotels Bellevue. Die Kieselbucht ist durch hohe Klippen geschützt, von denen sich todesmutige Klippenspringer stürzen. Die Felsen werfen aber ab dem späten Nachmittag auch ihren Schatten auf den Strand – schön an einem heißen Tag! Zugang über eine steile Treppe von der Kotorska-Straße.

Kreuzweg Wandern
(Križni Put; Jadranska) Die Wanderung auf den 418 m hohen Berg Srđ dauert etwa eine Stunde, atemberaubende Ausblicke auf die

Abstecher: Cavtat

Ohne Cavtat gäbe es kein Dubrovnik, denn es waren Flüchtlinge aus dem alten Cavtat, die Dubrovnik 614 gründeten. Cavtat selbst ist einen Besuch wert. Es erweist sich als erheblich authentischer als Dubrovnik, denn es wird nicht täglich von Touristen überrannt und verströmt einen ganz eigenen Charme. Außerdem liegt es hübsch an einer Bucht mit Stränden vor einer imposanten Bergkulisse.

Cavtats berühmtester Sohn ist der Maler Vlaho Bukovac (1855–1922), einer der bedeutendsten Vertreter der kroatischen Moderne. Seine Gemälde finden sich überall in der Stadt.

Von Juni bis September verkehren elf Boote pro Tag zwischen dem Alten Hafen von Dubrovnik und Cavtat (einfach/hin & zurück 50/80 KN, 45 Min.). Ansonsten fahren je nach Wetter drei bis fünf Boote täglich.

LUKASZIMILENA/SHUTTERSTOCK ©

Stadt sind garantiert. Am Wegesrand sind Reliefs zu den Stationen des Kreuzwegs zu sehen. Diese Alternative zur Seilbahn, die auch das Urlaubsportemonnaie schont, beginnt in der Nähe der östlichen Zufahrt zur Adria-Autobahn und führt hoch zum Fort Imperial. Am besten unternimmt man die Wanderung früh am Morgen oder bei Sonnenuntergang. Unterwegs gibt's keinen Schatten, also viel Wasser, eine Kopfbedeckung und Sonnencreme mitnehmen – in der größten Sommerhitze sollte man die Wanderung erst gar nicht in Angriff nehmen. Wer möchte, kann von oben mit der Seilbahn hinunter zur Altstadt fahren.

GEFÜHRTE TOUREN

Dubrovnik Shore Tours Touren
(☎095 80 33 587; www.dubrovnikshoretours.net; Branitelja Dubrovnika 15) Maßgeschneiderte Touren für kleine Gruppen. Beliebt sind z. B. eine Tour zum Berg Srđ und nach Cavtat, ein Rundgang durch die Altstadt (4 Std.) oder auch ein Ausflug zur Pelješac-Halbinsel mit Wein und Austern (4 Std.).

Dubrovnik Day Tours Touren
(☎091 44 55 846; www.dubrovnikdaytours.net) Bietet von lizenzierten Reiseleitern geführte Tagesausflüge bis nach Korčula, Split, Kotor, Mostar und Sarajevo sowie Sightseeing- und *Game of Thrones*-Touren in Dubrovnik.

SHOPPEN

Markt auf dem Gundulić-Platz Markt
(Gundulićeva poljana; ⌚Mo–Sa 6–13 Uhr) Hier gibt's vorwiegend Lebensmittel, Handwerksprodukte und Kunstgewerbeartikel.

Algoritam Bücher
(www.algoritam.hr; Placa 8; ⌚Mo–Sa 9–21, So 10–13 Uhr) Buchhandlung, auch mit ausländischen Büchern und viel Reiseliteratur zu Dubrovnik und Kroatien.

Uje Lebensmittel & Getränke
(www.uje.hr; Placa 5; ⌚9–23 Uhr) Das Geschäft ist auf Olivenöl spezialisiert; zu den besten zählt das Brachia von der Insel Brač. Dazu kommen andere lukullische Genüsse aus der Region wie Marmelade – himmlisch ist die Zitronenmarmelade –, eingelegte Kapern, Kräuter und Gewürze, Honig, Feigen in Honig, Schokolade, Wein und *rakija* (Obstbrand).

KAWA Geschenke & Souvenirs
(☎091 89 67 509; www.kawa.life; Hvarska 2; ⌚10–24 Uhr) Das einladende und schicke KAWA verkauft „wunderbare, von Kroaten hergestellte Dinge" und beweist damit seine Liebe zu kroatischem Kunsthandwerk und zu kroatischer Kultur wie auch seinen guten Geschmack. Hier ist alles von Wein und Craft-Bier bis zu Schmuck, Bekleidung

und Haushaltswaren erhältlich sowie eigene Produkte, die unter dem Namen Happy Čevapi vermarktet werden. Obendrein gibt's noch einen erstklassigen Service.

ESSEN

Pizzeria Tabasco Pizza €

(020-429 595; www.pizzeriatabasco.hr; Hvarska 48; Pizzas 55–120 KN; 9.30–24 Uhr;) Das Tabasco liegt direkt oberhalb der Altstadt und unterhalb der Talstation der Seilbahn. Es ist sehr beliebt bei den Einheimischen. Holzofenpizza mit einer großen Auswahl an Belägen, eine schattige Terrasse und labyrinthische Innenräume machen die scheinbar unschöne Lage am Ende eines Parkplatzes auf jeden Fall mehr als wett.

Oliva Pizzeria Pizza €

(020-324 594; www.pizza-oliva.com; Lučarica 5; Hauptgerichte 41–86 KN; 10–24 Uhr) Zwar stehen in diesem netten kleinen Laden auch ein paar Nudelgerichte auf der Karte, aber eigentlich dreht sich alles um Pizza. Und die ist die Aufmerksamkeit auch wirklich wert. Also schnell einen Tisch an der Straße sichern und genießen!

Pantarul Modern europäisch €€

(020-333 486; www.pantarul.com; Kralja Tomislava 1; Hauptgerichte 70–128 KN; 12–16 & 18–24 Uhr) Das hausgemachte Brot, die Pasta und das Risotto in dem luftigen Bistro sind allesamt herausragend, es werden auch Schweinebauch, Steaks, Ochsenbacken, Burger und Fisch serviert. Viele Gerichte weisen einen modernen Einschlag auf, doch Küchenchefin Ana-Marija Bujić kennt sich auch in der traditionellen Küche Dalmatiens aus – davon zeugt nicht zuletzt das Kochbuch, das sie geschrieben hat.

Nishta Vegetarisch €€

(020-322 088; www.nishtarestaurant.com; Prijeko 29; Hauptgerichte 77–85 KN; 11.30–23.30 Uhr;) Dass dieses winzige Altstadtlokal so beliebt ist – man muss wahrscheinlich auf einen Tisch warten –, zeugt nicht nur vom Mangel an Speisemöglichkeiten für Vegetarier und Veganer in Kroatien, sondern auch von der Qualität des Essens hier. Neben Curry- und Pasta-Gerichten und vegetarischen Burgern gibt's auch Auberginen-Tatar, „Tempehritos" und Zucchini-„Spaghetti".

In den Gassen der Altstadt

Shizuku Japanisch €€
(020-311 493; www.facebook.com/Shizuku Dubrovnik; Kneza Domagoja 1f; Hauptgerichte 65–99 KN; Di–So 12–24 Uhr;) Das charmante kleine Restaurant versteckt sich in einem Wohngebiet zwischen dem Hafen und der Lapad-Bucht und wartet mit einer ansprechenden Terrasse vorm Haus und einem mit Seidenstoffen, Papierlampen und bunten Schirmen eingerichteten Gastraum auf. Die japanischen Eigentümer sind in der Küche zu Werke, wo sie Sushi, Sashimi, Udon und Gyoza zubereiten – alles authentisch! Dazu passt japanisches Bier oder Sake.

Restaurant 360° Modern europäisch €€€
(020-322 222; www.360dubrovnik.com; Sv Dominika bb; Hauptgerichte 240–290 KN, 5-Gänge-Probiermenü 780 KN; 18.30–23 Uhr) Dubrovniks glamourösestes Restaurant bietet Küche vom Feinsten, mit geschmacksintensiven, schön präsentierten, kreativen Gerichten und einem makellosen professionellen Service. Die Lage oben auf der Stadtmauer ist unschlagbar: Die Tische sind so positioniert, dass man durch die Zinnen auf den Hafen blickt.

Amfora International €€€
(020-419 419; www.amforadubrovnik.com; Obala Stjepana Radića 26; Hauptgerichte 145–185 KN; 12–16 & 19–23 Uhr) Von der Straße sieht das Amfora aus wie jede beliebige Café-Bar, der eigentliche Zauber entfaltet sich erst im Restaurant hinten mit seinen sechs Tischen. Dalmatinische Klassiker wie *pašticada* (Schmorbraten mit Gnocchi) und schwarzes Risotto werden neben Fusionsgerichten wie Schwertfisch-Sashimi, Kalbs-Köfte und Miso-Fischsuppe serviert.

Restaurant Dubrovnik Europäisch €€€
(020-324 810; www.restorandubrovnik.com; Marojice Kaboge 5; Hauptgerichte 105–210 KN; 12–24 Uhr) Eins von Dubrovniks nobelsten Restaurants wartet mit einem wunderbar unspießigen Ambiente auf: Es befindet sich auf einer überdeckten Dachterrasse inmitten der altehrwürdigen Steingebäude der Altstadt. Die Karte ist stark französisch beeinflusst: Sie umfasst elegante und schwere Gerichte wie Enten-Confit und Adria-Hummerschwanz auf hausgemachter Pasta.

AUSGEHEN & NACHTLEBEN

Bard Bar
(abseits Ilije Sarake; 9–3 Uhr) Die edlere und schickere der beiden Klippenbars an der dem Meer zugewandten Seite der Stadtmauer liegt weiter unten an den Felsen. Auf der schattigen Terrasse lässt sich, verzaubert vom Ausblick auf die Adria, leicht ein ganzer Tag vertrödeln. Abends werden die umliegenden Felsen in wechselnden Farben angestrahlt.

Cave Bar More Bar
(www.hotel-more.hr; Hotel More, Šetalište Nika i Meda Pucića; 10–24 Uhr) Die kleine Strandbar serviert Badegästen am wunderbar klaren Wasser der Lapad-Bucht Kaffee, Snacks und Cocktails, doch das ist nur die Hälfte der Geschichte – die Hauptbar befindet sich in einer echten Höhle. In der Seitenkammer, in der man durch einen Glasboden auf eine mit Wasser gefüllte Höhle blickt, kann man unter Stalaktiten abkühlen.

D'vino Weinbar
(020-321 130; www.dvino.net; Palmotićeva 4a; 10 Uhr bis spät;) Wer erstklassige kroatische Weine probieren möchte, kann dies in dieser feineren kleinen Bar tun. Neben einer umfangreichen und vielfältigen Weinkarte bietet sie verschiedene Probiersets (3 Weine 50 KN); die Weine werden den Gästen vom fachkundigen Personal jeweils ausführlich erklärt.

Buža Bar
(abseits Od Margarite; 8–2 Uhr) Wer diese Klippenbar endlich findet, fühlt sich nach der Suche nach dem Eingangstunnel an der Stadtmauer wie ein echter Entdecker. Doch das Buža ist kein Geheimnis – besonders zum Sonnenuntergang wird's hier wahnsinnig voll. Man wartet auf ein Plätzchen auf einer der Betonplattformen, schnappt sich ein kühles Getränk im Plastikbecher und genießt die Stimmung und den Ausblick.

PRAKTISCHE INFORMATIONEN

Dubrovnik Touristeninformation Hat Filialen in **Pile** (☎020-312 011; www.tzdubrovnik.hr; Brsalje 5; ⏲Juni–Sept. 8–21 Uhr, Okt.–Mai Mo–Sa 8–19, So 9–15 Uhr), **Gruž** (☎020-417 983; Obala Pape Ivana Pavla II 1; ⏲Juni–Sept. 8–21 Uhr, Okt.–Mai Mo–Sa bis 15 Uhr) und **Lapad** (☎020-437 460; Kralja Tomislava 7; ⏲Juni–Sept. Mo–Fr 8–20, Sa & So 9–12 & 17–20 Uhr).

Krankenhaus Dubrovnik (Opća bolnica Dubrovnik; ☎020-431 777; www.bolnica-du.hr; Dr Roka Mišetića 2; ⏲Notaufnahme 24 Std.) Am Südrand der Lapad-Halbinsel.

Travel Corner (☎020-492 313; Obala Stjepana Radića 40; Internet 25 KN pro Std., Gepäckaufbewahrung 2 Std. 10 KN, dann 4 KN pro Std., 40 KN pro Tag; ⏲Mo–Sa 9–20, So 9–16.30 Uhr) Der praktische Laden bietet Gepäckaufbewahrung, Internetterminals und Infos, bucht Ausflüge und verkauft Kapetan-Luka-Fährtickets.

AN- & WEITERREISE

Der **Flughafen Dubrovnik** (DBV, Zračna luka Dubrovnik; ☎020-773 100; www.airport-dubrovnik.hr) ist in Čilipi, 19 km südöstlich von Dubrovnik. Sowohl Croatia Airlines als auch u. a. Air Serbia und Eurowings fliegen Dubrovnik ganzjährig an. Im Sommer kommen dazu noch Dutzende weitere Flüge.

Croatia Airlines bietet außerdem Inlandsverbindungen ab Zagreb (ganzjährig), Split und Osijek (jeweils nur Mai–Okt.).

Ein Taxi in die Altstadt kostet bis 280 KN.

UNTERWEGS VOR ORT

AUTO

Die gesamte Altstadt ist Fußgängerzone, die öffentlichen Verkehrsmittel sind gut und Parken ist teuer – also leiht man am besten erst ein Auto, wenn man Dubrovnik den Rücken kehrt. Von Mai bis Oktober sind alle Parkplätze rund um die Altstadt gebührenpflichtig (40 KN pro Std.). Weiter draußen kostet das Parken nur 20 oder gar 10 KN pro Stunde.

Wohin zum Schlafen?

Kroatien gilt gemeinhin als Sommerziel und im Juli und August sind gute Unterkünfte schnell ausgebucht. Auch im Juni und September ist viel los.

Die Altstadt von Dubrovnik verfügt nur über ein begrenztes Angebot an Unterkünften. Eine gute Alternative sind Privatzimmer, doch Vorsicht vor den Anbietern, die sich am Busbahnhof und Fähranleger tummeln. Einige von ihnen bieten wirklich das, was sie anpreisen, andere wiederum schummeln. Wer von seiner Unterkunft zu Fuß in die Altstadt gehen möchte, sollte sich die Lage der Bleibe vorher genau anschauen. Wer in einer nicht registrierten Unterkunft übernachtet, hat keinerlei Schutz, wenn es ein Problem gibt. Alle registrierten Unterkünfte sollten draußen mit einem blauen *sobe*-Schild („Zimmer frei") gekennzeichnet sein.

Dubrovniks Altstadt
IHOR PASTERNAK/SHUTTERSTOCK ©

Alle üblichen Autovermietungen sind am Flughafen und darüber hinaus meist auch in der Altstadt vertreten.

BUS

Dubrovnik verfügt über ein ausgezeichnetes Busnetz; die Busse verkehren regelmäßig und meist pünktlich. Die wichtigsten Linien für Touristen fahren im Sommer bis nach 2 Uhr. Ein einfaches Ticket kostet beim Fahrer 15 KN, an einem *tisak* (Zeitungsstand) 12 KN. Fahrpläne gibt's auf www.libertasdubrovnik.hr.

Vom Busbahnhof in die Altstadt fahren die Busse 1a, 1b, 3 und 8.

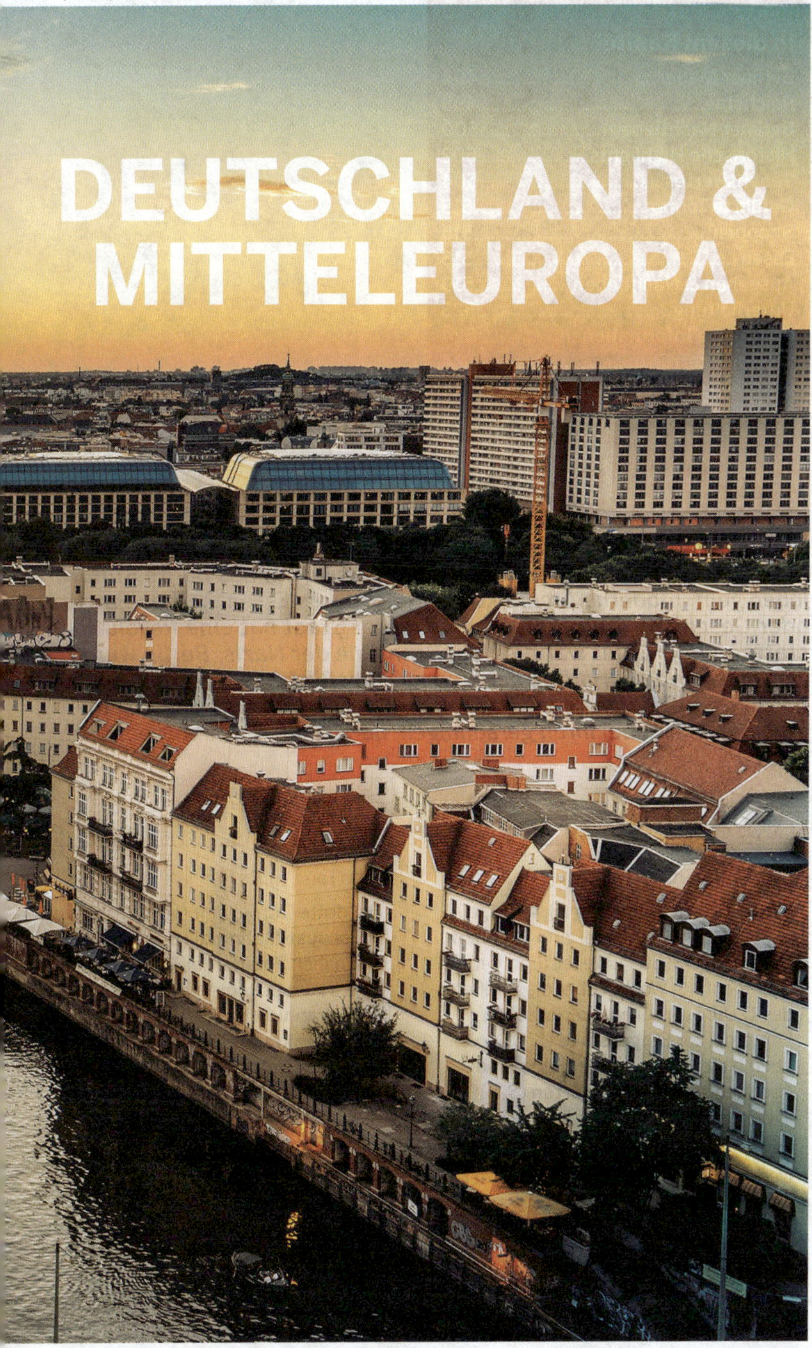
DEUTSCHLAND &
MITTELEUROPA

In diesem Kapitel

Berlin, Deutschland

Die typische Berliner Mischung aus großartig und schräg zieht die meisten Besucher sofort in ihren Bann, ob es um das bunte Kulturleben geht, moderne Architektur, fantastisches Essen, heftige Partys oder Geschichte zum Anfassen. In dieser Stadt hat eine Revolution stattgefunden, hier war die Schaltzentrale der Nazis, Berlin wurde zerbombt, in zwei Hälften geteilt und schließlich wiedervereint – und das alles im 20. Jahrhundert. Die pulsierende multikulturelle Metropole hat sich dabei ihren geradlinigen, herzlichen Charakter bewahrt.

Zwei Tage in Berlin

Los geht's am **Reichstag** (S. 498), gefolgt von einem Bummel zum **Brandenburger Tor** (S. 504). Weiter führt der Weg Richtung Westen über die Straße des 17. Juni vorbei am Sowjetischen Ehrenmal zur **Siegessäule** (S. 511). Von oben bietet sich ein tolles Panorama über den schönen **Tiergarten** (S. 510), in dem man anschließend spazierengehen kann.

Der zweite Tag ist den Museen auf der **Museumsinsel** (S. 509) gewidmet.

Vier Tage in Berlin

Der dritte Tag beginnt mit dem riesigen **Holocaust-Mahnmal** (S. 504). Über den nahen **Potsdamer Platz** (S. 510) geht's zum Dokumentationszentrum **Topographie des Terrors** (S. 510) und zum **Checkpoint Charlie** (S. 505). Am vierten Tag stehen die **Gedenkstätte Berliner Mauer** (S. 495) und die **East Side Gallery** (S. 495), der längste erhaltene Abschnitt der Berliner Mauer, auf dem Programm.

Als nächste Europastation bietet sich das Kontrastprogramm Schloss Neuschwanstein (S. 526) oder das nahe Prag (S. 530) an.

Ankunft

Flughäfen Tegel & Schönefeld In- und Auslandsflüge. Der Flughafen Tegel ist vom Zentrum aus nur per Bus oder Taxi zu erreichen. Von Schönefeld fahren auch S- und Regionalbahnen ins Stadtzentrum.

Hauptbahnhof Im Stadtzentrum. Erreichbar mit S-, U- und Straßenbahn, Bus und Taxi.

Zentraler Omnibusbahnhof (ZOB) Hier kommen die meisten Fernbusse an.

Schlafen

Berlin wartet mit über 137 000 Hotelzimmern auf, doch die begehrtesten sind besonders im Sommer und um die Feiertage herum schnell ausgebucht – dann steigen auch die Preise. Eine Vorausbuchung ist sehr zu empfehlen. Ansonsten sind die Preise im Vergleich zu anderen Hauptstädten eher gemäßigt. Das Angebot umfasst neben Kettenhotels und altmodischen Berliner Pensionen auch angesagte Hostels, Ferienwohnungen für Selbstversorger und schicke Boutiquehotels.

Informationen zu den einzelnen Berliner Stadtteilen siehe S. 525.

Berliner Mauer

28 Jahre lang war die Berliner Mauer das sinnfälligste Symbol des Kalten Krieges. Im heutigen wiedervereinten Berlin stehen überraschenderweise nur noch sehr wenige der geschichtsträchtigen Stahlbetonsegmente.

Toll für ...

☑ Nicht versäumen

Die alte und neue Mauerkunst an der East Side Gallery.

Der Bau der Mauer

Am 13. August 1961 begannen kurz nach Mitternacht Soldaten und Polizisten der DDR, kilometerweise Stacheldraht zu ziehen, der wenig später durch Betonplatten ersetzt wurde. Die Mauer war eine verzweifelte Maßnahme der Regierung, um die Bevölkerungsabwanderung seit Gründung der DDR 1949 zu stoppen. Rund 3,6 Mio. Menschen waren bereits nach Westdeutschland übergesiedelt.

Der Fall der Mauer

Der Fall der Mauer kam so unerwartet wie ihr Bau. Wieder kamen der DDR ihre Bürger abhanden, diesmal auf dem Umweg über Ungarn. Es musste etwas passieren: Am 9. November verkündete der Regierungssprecher der DDR, Günter Schabowski, bei einer Pressekonferenz, dass die Reisebeschränkungen in den Westen aufgehoben

Wandbild von Thierry Noir an der Mauer

würden. Auf Nachfrage über den Zeitpunkt äußerte er: „ ... unverzüglich." So fanden die beiden Teile Berlins nach Jahrzehnten wieder zusammen, das Volk feierte mit ausgelassenen Partys und langen Trabi-Paraden.

Im Verlauf des Jahres 1990 verschwand die Mauer fast vollständig aus Berlin. Einige Teile wurden abgeschlagen und an Touristen verhökert, andere Reste wurden in Museen, Parks, Botschaften, sogar Privatgärten in aller Welt geschafft. Der längste noch intakte Mauerabschnitt ist die East Side Gallery.

Gedenkstätte Berliner Mauer

Die **Gedenkstätte Berliner Mauer** (☎030-467 986 666; www.berliner-mauer-gedenkstaette.de; Bernauer Straße, zw. Schwedter Straße & Gartenstraße; ⌚Besucher- & Dokumentationszentrum Di–So 10–18 Uhr, Freiluftausstellung tgl. 8–22 Uhr; Ⓢ Nordbahnhof, Bernauer Straße, Eberswalder Straße) GRATIS erstreckt sich über 1,4 km an der Bernauer Straße und umfasst einen Originalabschnitt der Mauer, Reste von Grenzeinrichtungen und Fluchttunneln, eine Kapelle und ein Denkmal. Multimedia-Stationen, Tafeln und ein Dokumentationszentrum beleuchten, wie die Grenzbefestigungen aussahen und wie sie das Leben auf beiden Seiten prägten.

Gut zu wissen

Eine Doppelreihe von Pflastersteinen markiert den Mauerverlauf auf 5,7 km Länge. Mauergeschichte dokumentiert die Denkmallandschaft Berliner Mauer (denkmallandschaft-berliner-mauer.de).

Kleine Stärkung

Nicht weit von der Mauer-Gedenkstätte liegt Konnopke's Imbiss (S. 517).

★ Top-Tipp

Vom Turm des Dokumentationszentrums bietet sich ein toller Blick.

East Side Gallery

1989: Nach 28 Jahren wurde das Ende der Berliner Mauer eingeläutet. Der größte Teil wurde schnell abgerissen, doch u. a. an der Mühlenstraße blieb ein 1,3 km langer Abschnitt entlang der Spree bestehen. Die **East Side Gallery** (www.eastsidegallery-berlin.de; Mühlenstraße zw. Oberbaumbrücke & Ostbahnhof; ⌚24 Std.; Ⓤ Warschauer Straße, Ⓢ Ostbahnhof, Warschauer Straße) GRATIS ist die weltweit größte Sammlung von Wandbildern unter freiem Himmel. In mehr als 100 Bildern verwandelten Dutzende Künstler aus dem In- und Ausland die Euphorie der Zeit in politische Statements, drogengeschwängerte Fantasien und künstlerische Visionen.

Die Berliner Mauer

Einzigartig in der Geschichte war der Bau der Berliner Mauer nicht nur, weil sie eine Stadt physisch teilte, sondern auch, weil sie zur Grenzlinie zweier konkurrierender Ideologien und politischer Systeme wurde. Diese globale Bedeutung und das universelle Erbe faszinieren die Menschen bis heute, mehr als 25 Jahre nach dem spektakulären Fall der Mauer. Viele originale Mauersegmente und andere Spuren existieren noch und führen gemeinsam mit Museen und Gedenkstätten den Alltag und die Herausforderungen in Berlin zu Zeiten des Kalten Kriegs vor Augen.

Auf dieser Karte stellen wir die Top-Highlights vor, die Besuchern die verschiedenen Aspekte der oftmals angespannten Mauer-Jahrzehnte näherbringen. Idealer Startpunkt ist die **Gedenkstätte Berliner Mauer** ❶ mit einem exzellenten Überblick, wie die innerstädtische Grenze eigentlich aussah und was es hieß, in ihrem Schatten zu leben. Auf einem Abschnitt des ehemaligen Todesstreifens, auf dem sich heute der **Mauerpark** ❷ erstreckt, kann man in Ruhe über das Erfahrene nachdenken, bevor es weitergeht zur berührenden Ausstellung im **Tränenpalast** ❸, einem ehemaligen Grenz

Tränenpalast
Der Grenzpavillon von 1962 aus Stahl und Glas erhielt den Spitznamen „Tränenpalast" wegen der vielen tränenreichen Abschiede, die vor dem Gebäude zwischen Ostdeutschen und Besuchern aus dem Westen stattfanden.

Brandenburg Tor
Die Welt jubelte, als Ost- und Westberliner zusammen auf der Mauer vor dem Brandenburger Tor feierten. Das Wahrzeichen gilt heute als Symbol der deutschen Wiedervereinigung.

Potsdamer Platz
Nirgends war der Todesstreifen breiter als im früheren Niemandsland um den Potsdamer Platz. In den 1990er-Jahren entstand hier ein neues Stadtquartier. Ein winziges Teilstück der Mauer erinnert noch an die Teilung.

Checkpoint Charlie
Nur Diplomaten und Ausländer durften diesen Grenzübergang nutzen. Wochen nach dem Bau der Mauer standen sich hier US- und Sowjetpanzer in einem der kritischsten Momente des Kalten Kriegs gegenüber.

übergang. Dem Freudentaumel über den Fall der Mauer lässt sich am **Brandenburger Tor** ❹ nachspüren, anschließend kann man über die Wiederbelebung am **Potsdamer Platz** ❺ staunen. Die geopolitische Bedeutung der Mauer steht am **Checkpoint Charlie** ❻ im Fokus, und welches Motiv das schönste der **East Side Gallery** ❼ ist, darf jeder selbst entscheiden.

Die genannten Orte sind mit öffentlichen Verkehrsmitteln und ein paar Schritten zu Fuß erreichbar; um den launischen Verlauf der Mauer durch Berlins Zentrum richtig zu begreifen, ist jedoch eine Tour mit dem Fahrrad die beste Wahl.

KURZINFOS

Baubeginn: 13. August 1961

Gesamtlänge: 155 km

Höhe: 3,6m

Gewicht eines Mauersegments: 2,6 t

Anzahl der Wachtürme: 300

Mauerpark

Der Park in einem umgestalteten Abschnitt des Todesstreifens ist berühmt für seinen Flohmarkt und das Karaoke. An einem noch erhaltenen 30 m langen Mauerstück dürfen sich angehende Graffitikünstler üben.

LINKA A ODOM/GETTY IMAGES ©

Gedenkstätte Berliner Mauer

Deutschlands zentraler Erinnerungsort an die Berliner Mauer und ihre Opfer verdeutlicht die Komplexität und die barbarische Natur der Grenzanlage entlang einer 1,4 km langen Strecke des Mauerverlaufs.

East Side Gallery

Parallel zur Spree verläuft auf 1,3 km das längste Überbleibsel der Mauer. Nach dem Mauerfall hielten mehr als hundert internationale Künstler ihre Interpretation dieses historischen Moments in poppig bunten Mauerbildern fest.

EWAIS/SHUTTERSTOCK ©

HENRYK SADURA/GETTY IMAGES ©

Reichstag

Zu den berühmtesten Wahrzeichen Berlins zählt sicherlich das Reichstagsgebäude, errichtet Ende des 19. Jhs. Es diente im Kaiserreich und in der Weimarer Republik als Sitz des Reichstags. Seit 1999 ist das Gebäude wieder Sitz des Parlaments: des Deutschen Bundestags.

Toll für ...

☑ **Nicht versäumen**

Kostenlose Audioguides informieren über das Gebäude, die Geschichte und die Arbeit des Parlaments.

Anfänge

Es wurde in Brand gesetzt, zerbombt, wieder aufgebaut, von der Mauer bedrängt, in Plastikplanen verpackt und schließlich von dem Stararchitekten Norman Foster aus dem Dornröschenschlaf erweckt: Um die Geschichte des berühmten Berliner Wahrzeichens zu beschreiben, reicht das Wort „turbulent" kaum aus. Der Bau im Stil des Historismus entstand bis 1894 als Sitz des Parlaments (Reichstag) und diente als solcher bis 1933. In jenem Jahr wurde er durch einen Brandanschlag schwer beschädigt. Der Vorfall lieferte Hitler und den Nationalsozialisten einen Vorwand, um ihre Diktatur auszuweiten. 1945 war das Gebäude stark umkämpftes Ziel der Roten Armee, die auf dem Reichstag schließlich die sowjetische Flagge hissen konnte – ein Symbol für den Sieg der Sowjets über die Nazis.

TRENT ZUM MALLEN/EYEEM/GETTY IMAGES ©

Gut zu wissen

Karte S. 506; www.bundestag.de; Platz der Republik 1, Besucherdienst, Scheidemannstraße; Aufzug 8–24 Uhr, letzter Einlass 22 Uhr, Besucherdienst April–Okt. 8–20 Uhr, Nov.–März bis 18 Uhr; 100, S Brandenburger Tor, Hauptbahnhof, U Brandenburger Tor, Reichstag/Bundestag GRATIS

Kleine Stärkung

Praktisch für einen schnellen Imbiss ist der (allerdings touristische) **Berlin Pavillon** (Karte S. 506; 030-2065 4737; www.berlin-pavillon.de; Scheidemannstraße 1; Hauptgerichte 3,50–9 €; 8–21 Uhr).

★ Top-Tipp

Am besten meldet man seinen Besuch schon von zu Hause online an. Für den Zutritt zum Gebäude ist ein Ausweis notwendig.

Kalter Krieg

Der Reichstag stand nach dem Krieg in West-Berlin, allerdings nahe an der Grenze zum Ostteil der Stadt und ab den frühen 1960er-Jahren direkt an der Mauer. Die westdeutsche Regierung hatte sich im fernen Bonn eingerichtet, und so verlor der Reichstag seinen Zweck. In den 1950er-Jahren wurde sogar vorgeschlagen, das kriegszerstörte Gebäude abzureißen. Schließlich wurde beschlossen, es zu erhalten.

Wiedervereinigung & Umbau

Fast ein Jahr nach dem Mauerfall wurde die offizielle Wiedervereinigungszeremonie im Reichstag abgehalten, der, wie später entschieden wurde, auch wieder Sitz des deutschen Parlaments werden sollte. Bevor der britische Architekt Norman Foster mit den umfassenden Restaurierungsarbeiten begann, wurde das Reichstagsgebäude im Sommer 1995 spektakulär von dem bulgarisch-amerikanischen Künstler Christo in Plastikplanen verhüllt. In den folgenden vier Jahren entstand die heute berühmte Glaskuppel, ein Besuchermagnet. Von der per Aufzug zu erreichenden Kuppel bieten sich tolle Rundumblicke auf die Stadt, und man kann sogar in den Plenarsaal hinunterschauen. Hoch zur Spitze geht's über eine spiralförmige Rampe, die sich rund um den verspiegelten Kern der Kuppel zieht. Foster erhielt allerdings die Auflage, bestimmte Originalbestandteile des Reichstags zu erhalten. Ein Beispiel dafür sind die kyrillischen Kritzeleien, die sowjetische Soldaten 1945 im Gebäude hinterließen.

MAREMAGNUM/GETTY IMAGES ©

Berliner Nachtleben

Zu Recht genießt Berlin einen Ruf als eine der Party-Hauptstädte Europas. Es gibt zahllose Möglichkeiten, sich bei Cocktails, Wein oder Bier (oder auch ohne Alkohol) einen schönen Abend zu machen.

Toll für ...

☑ Nicht versäumen

Das Café am Neuen See (S. 520) gilt als bester und schönster Biergarten Berlins.

Bars & Kneipen

Berlin ist ein Paradies für Nachtschwärmer: Kneipen und Bars sind von Sonnenuntergang bis Sonnenaufgang gut besucht, und in manchen Clubs geht es erst ab 4 Uhr morgens richtig los.

Schrille und spannende Szeneläden gibt es v. a. in Kreuzberg, Friedrichshain, Neukölln, aber auch in ehemaligen Arbeiterbezirken wie Wedding im Nordwesten und Lichtenberg im Osten der Stadt. Manche Betreiber legen sich richtig ins Zeug, um ihren Laden möglichst ausgefallen zu gestalten. Lokale in Charlottenburg, Mitte und Prenzlauer Berg sind eher etwas für ein gemütliches Date, Gelegenheiten für feuchtfröhliche Feiern gibt es hier weniger.

Die Trennlinie zwischen Café und Kneipe/ Bar verwischt sich zusehends – viele Lo-

Strandbars an der Spree

kale sind das eine wie das andere, je nach Uhrzeit. Alkohl wird mehr oder weniger den ganzen Tag ausgeschenkt. Die Berliner Cocktailkultur boomt, und einige neue Läden haben die qualitative Messlatte noch einmal höher gelegt. Cocktailbars pflegen in der Regel ein eher elegantes, auch romantisches Flair, mit Schummerlicht und gedämpfter Musik. Ein guter Cocktail kostet 10 bis 15 €.

Biergärten, Strand- & Dachbars

Die Berliner sind ein sonnenhungriges Völkchen, und sobald die ersten Sonnenstrahlen des Frühlings den Weg in die Stadt finden, werden Tische schneller rausgestellt, als man ein Bier zapfen kann. Die traditionellen Orte für ein gepflegtes Pils oder Weizen unter freiem Himmel sind natürlich die Biergärten mit langen

Gut zu wissen

Bars sind meist von etwa 18 bis 1 oder 2 Uhr geöffnet. Szenelokale und Cocktailbars machen frühestens um 20 oder 21 Uhr auf und schließen erst, wenn der letzte Gast gegangen ist. Die Clubs öffnen oft um 23 oder 24 Uhr und füllen sich ab 1 oder 2 Uhr; am meisten los ist zwischen 4 und 6 Uhr.

Kleine Stärkung

In Biergärten und Strandbars gibt's auch immer etwas zu essen. In Dachbars kommt der Ausblick noch dazu.

★ Top-Tipp

In den meisten Berliner Clubs muss man sich nicht aufbrezeln. Die Einlasspolitik ist eher locker.

Tischen unter alten Kastanien, wo zum kühlen Getränk auch eine Bratwurst zu haben ist. 2002 eröffnete außerdem die erste Strandbar der Stadt, die Strandbar Mitte (S. 520) in bester Lage an der Spree. Viele Strandbars, die danach eröffneten, mussten mittlerweile Neubauten weichen, was wiederum einen anderen Trend nach sich zog: Dachbars.

Clubs

In den vergangenen 25 Jahren ist Berlin dank seiner Clubkultur zu einem bevorzugten Reiseziel von Partyvolk geworden. Es gibt über 200 Clubs – hier findet jeder die richtige Location nach seinem Geschmack. Electro-Sounds in allen Variationen prägen nach wie vor das Berliner Clubleben, aber auch Hip-Hop, Dancehall, Rock, Soul und Funk sind (wieder) vermehrt zu hören. Die schrägsten Szeneclubs haben sich in alten Kraftwerken, Umspannwerken, verlassenen Wohnblocks und anderen umgenutzten Lokalitäten eingenistet. Die Szene ist in ständiger Bewegung. Die Clubbetreiber suchen ununterbrochen nach neuen Ideen und ungewöhnlichen Flächen.

Historische Highlights

Dieser Spaziergang führt durch den Bezirk Mitte vorbei an den wichtigsten historischen Sehenswürdigkeiten. Hier liegt die Keimzelle der Stadt und hier schlägt bis heute das kulturelle, architektonische und kommerzielle Herz Berlins.

Start Reichstag
Länge 3,5 km
Dauer 3 Stunden

Fotospot: Das Brandenburger Tor ist ein Symbol des wiedervereinigten Berlin.

2 Das **Brandenburger Tor** (S. 504) befand sich in der Zeit des Kalten Krieges in nächster Nachbarschaft zur Berliner Mauer.

3 Die Straße **Unter den Linden** ist seit dem 18. Jh. der Vorzeigeboulevard der Stadt.

Kleine Stärkung … Deftige bayerische Kost im Augustiner am Gendarmenmarkt (S. 516).

1 Die funkelnde Glaskuppel des **Reichstags** (S. 498) entstand nach der Wiedervereinigung.

5 Die Nordhälfte der Spreeinsel wird **Museumsinsel** (S. 509) genannt, ein Unesco-Weltkulturerbe voller Kunst und Geschichte.

7 Der mächtige **Berliner Dom** (S. 509) war ein Symbol preußischer Macht.

6 Gegenüber der Museumsinsel nimmt das riesige **Humboldt Forum** Gestalt an. Die Fassade wird der des alten preußischen Stadtschlosses nachempfunden.

4 Der schönste Berliner Platz, der **Gendarmenmarkt** (S. 505), wird von zwei Domen flankiert; in ihrer Mitte thront das berühmte Konzerthaus.

SEHENSWERTES

Mitte

Im geschichtsträchtigsten Teil Berlins liegen nah beieinander wichtige Sehenswürdigkeiten. Daher ist dies der Top-Bezirk für Besucher.

Deutsches Historisches Museum Museum

(Karte S. 506; ☎030-203 040; www.dhm.de; Unter den Linden 2; Erw./erm./unter 18 J. 8/4 €/frei; ⏲10–18 Uhr; 🚌100, 200, Ⓤ Hausvogteiplatz, Ⓢ Hackescher Markt) Wer sich je gefragt hat, was die Deutschen in den vergangenen zwei Jahrtausenden so getrieben haben, findet Antworten in diesem spannenden Museum. Es ist im barocken ehemaligen preußischen Zeughaus untergebracht. Oben konzentrieren sich die Ausstellungen auf die Zeit vom 1. Jh. n. Chr. bis zum Ende des Ersten Weltkriegs 1918, das Erdgeschoss widmet sich dem 20. Jh. bis zur Wiedervereinigung. Im modernen Erweiterungsbau von I. M. Pei finden Sonderausstellungen statt.

Brandenburger Tor Wahrzeichen

(Karte S. 506; Pariser Platz; Ⓢ Brandenburger Tor, Ⓤ Brandenburger Tor) Während des Kalten Krieges war es ein Symbol der deutschen Teilung, seit dem Mauerfall steht das Brandenburger Tor für die deutsche Wiedervereinigung. Von Carl Gotthard Langhans nach dem Vorbild der Athener Akropolis erbaut, wurde es 1791 als königliches Stadttor eingeweiht. Das Tor steht am wohlproportionierten Pariser Platz mit Banken, dem Hotel Adlon und der amerikanischen, britischen und französischen Botschaft – prestigeträchtig war der Platz schon zu seinen Glanzzeiten im 19. Jh.

Holocaust-Mahnmal Gedenkstätte

(Denkmal für die ermordeten Juden Europas; Karte S. 506; ☎030-2639 4336; www.stiftung-denkmal.de; Cora-Berliner-Straße 1; ⏲24 Std.; Ⓢ Brandenburger Tor, Ⓤ Brandenburger Tor) GRATIS Das 2005 eingeweihte, fußballfeldgroße Mahnmal, entstanden nach einem Entwurf des amerikanischen Architekten Peter Eisenman, besteht aus einem Laby-

> *„Betonstelen ragen in andächtiger Stille wie Grabsteine auf."*

Holocaust-Mahnmal

rinth aus 2711 unterschiedlich hohen Betonstelen, die in andächtiger Stille wie Grabsteine auf gewelltem Untergrund aufragen. Das Stelenfeld ist von allen Seiten begehbar, sodass jeder seinen ganz eigenen Weg durch das Mahnmal beschreiten kann. Den historischen Kontext liefert der unterirdische **Ort der Information** (Karte S. 506; ☎030-7407 2929; www.holocaust-mahnmal.de; Audioguide Erw./erm. 4/2 €; ⏲April–Sept. Di–So 10–20 Uhr, Okt.–März bis 19 Uhr, letzter Einlass 45 Min. vor Schließung) GRATIS mit einer bewegenden Ausstellung. Es sind auch Audioguides erhältlich.

Gendarmenmarkt — Platz

(Karte S. 506; U Französische Straße, Stadtmitte) Der Gendarmenmarkt ist mit seinen Luxushotels, edlen Restaurants und Bars ein besonders glamouröser Teil Berlins. Der anmutige Platz wird vom Deutschen und vom Französischen Dom aus dem 18. Jh. flankiert; dazwischen steht das **Konzerthaus** (Karte S. 506; ☎030-203 092 333; www.konzerthaus.de; Führungen 3 €) mit seinem mächtigen Portikus. Der Platz ist nach den Gens d'Armes benannt, einem preußischen Regiment des 18. Jhs., das aus französischen Hugenotten bestand – deren Geschichte wird in einem Museum im **Französischen Dom** (Karte S. 506; www.franzoesischer-dom.de; Kirche frei, Museum Erw./erm. 3,50/2 €, Turm Erw./Kind 3/1 €; ⏲Kirche & Museum Di–So 12–17 Uhr, Turm April–Okt. 10–19 Uhr, Jan.–März 12–17 Uhr, letzter Einlass 1 Std. vor Schließung) erzählt. Vom Turm bieten sich schöne Ausblicke auf das alte Herz Berlins.

Checkpoint Charlie — Historische Stätte

(Karte S. 513; Ecke Zimmerstraße & Friedrichstraße; ⏲24 Std.; U Kochstraße) GRATIS Der Checkpoint Charlie war von 1961 bis 1990 der Hauptgrenzübergang für Alliierte, andere ausländische Besucher und Diplomaten, die in den Ostteil der Stadt einreisen wollten. Eine kostenlose Freiluftausstellung informiert über wichtige Ereignisse während des Kalten Krieges, ansonsten ist aus dem historisch bedeutsamen Ort größtenteils eine Touristenfalle geworden.

Treptower Park & Sowjetisches Ehrenmal

Der östliche Stadtteil Treptow verdankt sein Flair der Spree und zwei Parks, dem Treptower Park und dem Plänterwald. Die großen Rasenflächen, schattigen Wäldchen und stillen Flussufer sind beliebt bei Spaziergängern, Joggern und Picknickgrüppchen.

Die Hauptsehenswürdigkeit im Treptower Park ist das gigantische, 1949 eingeweihte **Sowjetische Ehrenmal** (⏲24 Std.; S Treptower Park) GRATIS auf den Gräbern von 5000 Soldaten, die 1945 im Kampf um Berlin fielen. Es erinnert in bombastischer, erschütternder Weise an die gewaltigen sowjetischen Verluste im Zweiten Weltkrieg. Wer von der S-Bahn-Station kommt, wird zunächst von **Mütterchen Russland** begrüßt, das um seine toten Kinder trauert. Dahinter säumen zwei mächtige Mauern, vor denen trauernde Soldaten knien, den Zugang zum Ehrenmal. Eine große Rasenfläche wird von **Sarkophagen** gesäumt, die die damaligen 16 Sowjetrepubliken symbolisieren, jeder Sarkophag geschmückt mit Kriegsszenen und Stalin-Zitaten. Höhepunkt dieser Dramaturgie ist das **Mausoleum** mit der 13 m hohen Statue eines russischen Soldaten, der ein Kind im Arm hält, wobei sein Schwert auf einem zerschmetterten Hakenkreuz ruht. Das Mosaik im Stil des sozialistischen Realismus im Kuppelsaal zeigt dankbare Sowjetbürger, die ihrer Toten gedenken.

Sowjetisches Ehrenmal Treptow
CAROL.ANNE/SHUTTERSTOCK ©

Mitte

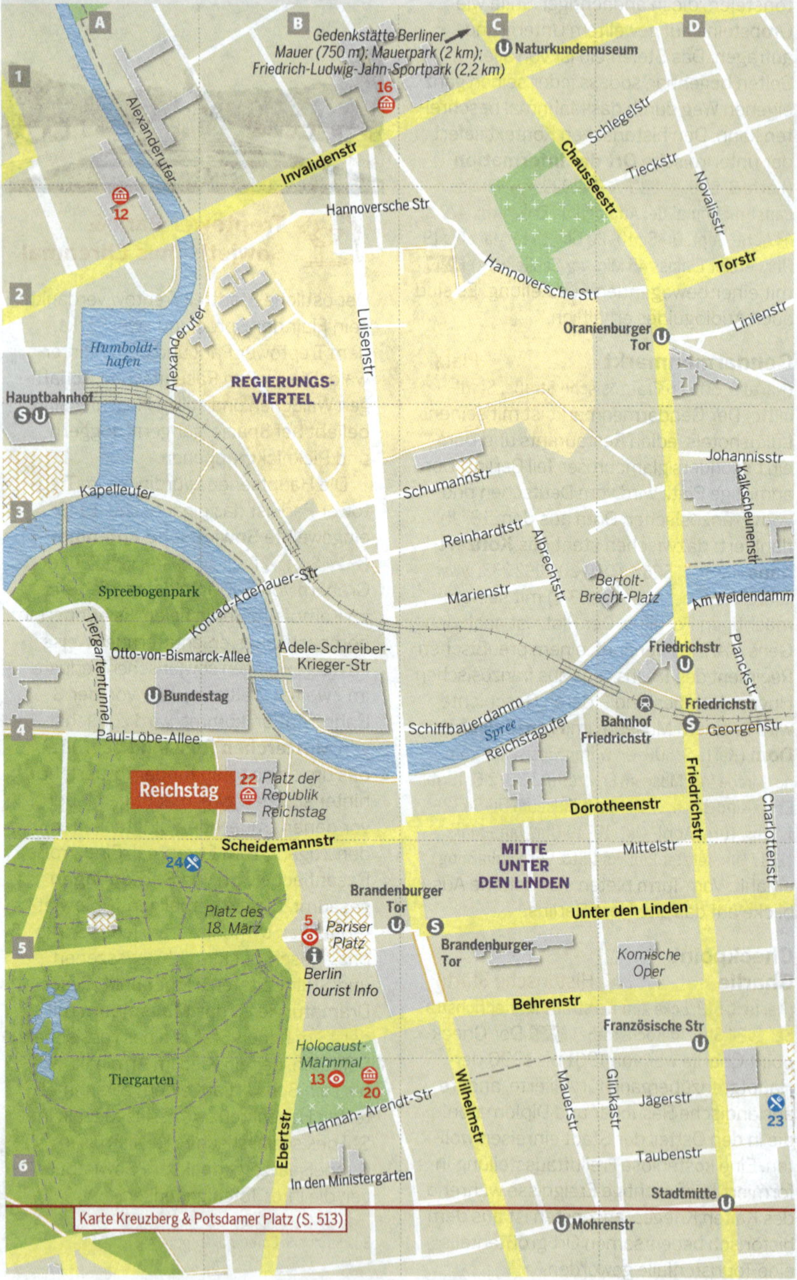
Gedenkstätte Berliner Mauer (750 m); Mauerpark (2 km); Friedrich-Ludwig-Jahn-Sportpark (2,2 km)
Naturkundemuseum
Invalidenstr
Alexanderufer
Hannoversche Str
Schlegelstr
Chausseestr
Tieckstr
Novalisstr
Torstr
Hannoversche Str
Linienstr
Oranienburger Tor
Luisenstr
Humboldthafen
Alexanderufer
REGIERUNGS-VIERTEL
Hauptbahnhof
Johannisstr
Schumannstr
Kalkscheunenstr
Kapelleufer
Reinhardtstr
Albrechtstr
Bertolt-Brecht-Platz
Spreebogenpark
Konrad-Adenauer-Str
Marienstr
Am Weidendamm
Tiergartentunnel
Otto-von-Bismarck-Allee
Adele-Schreiber-Krieger-Str
Friedrichstr
Planckstr
Bundestag
Schiffbauerdamm
Spree
Reichstagufer
Bahnhof Friedrichstr
Friedrichstr
Georgenstr
Paul-Löbe-Allee
Reichstag
Platz der Republik
Reichstag
Dorotheenstr
Friedrichstr
Charlottenstr
Scheidemannstr
MITTE UNTER DEN LINDEN
Mittelstr
Brandenburger Tor
Unter den Linden
Platz des 18. März
Pariser Platz
Brandenburger Tor
Komische Oper
Berlin Tourist Info
Behrenstr
Französische Str
Holocaust-Mahnmal
Tiergarten
Hannah-Arendt-Str
Wilhelmstr
Mauerstr
Glinkastr
Jägerstr
Ebertstr
Taubenstr
In den Ministergärten
Stadtmitte
Karte Kreuzberg & Potsdamer Platz (S. 513)
Mohrenstr

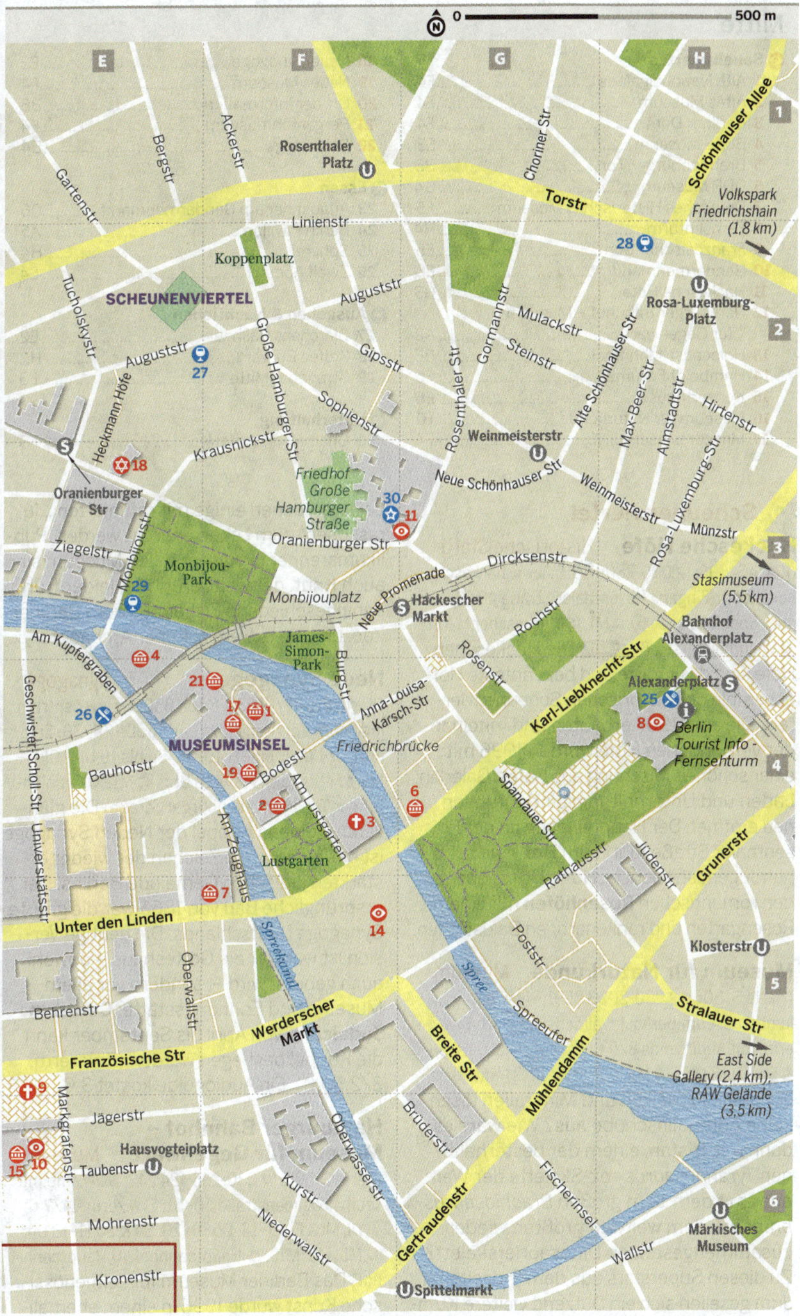
0
500 m
E
F
G
H
1
2
3
4
5
6
Rosenthaler Platz
Torstr
Schönhauser Allee
Volkspark Friedrichshain (1,8 km)
Linienstr
Koppenplatz
SCHEUNENVIERTEL
Auguststr
Gartenstr
Bergstr
Ackerstr
Choriner Str
Tucholskystr
Große Hamburger Str
Gipsstr
Sophienstr
Gormannstr
Mulackstr
Steinstr
Rosenthaler Str
Weinmeisterstr
Alte Schönhauser Str
Max-Beer-Str
Almstadtstr
Hirtenstr
Rosa-Luxemburg-Platz
Rosa-Luxemburg-Str
Münzstr
Neue Schönhauser Str
Heckmann Höfe
Krausnickstr
Oranienburger Str
Friedhof Große Hamburger Straße
Ziegelstr
Monbijoustr
Monbijou-Park
Monbijouplatz
Neue Promenade
Hackescher Markt
Dircksenstr
Rochstr
Stasimuseum (5,5 km)
Bahnhof Alexanderplatz
Alexanderplatz
Berlin Tourist Info - Fernsehturm
Am Kupfergraben
James-Simon-Park
Burgstr
Anna-Louisa-Karsch-Str
Rosenstr
Karl-Liebknecht-Str
Geschwister-Scholl-Str
MUSEUMSINSEL
Bauhofstr
Bodestr
Friedrichbrücke
Spandauer Str
Am Lustgarten
Lustgarten
Am Zeughaus
Universitätsstr
Rathausstr
Jüdenstr
Grunerstr
Unter den Linden
Spreekanal
Poststr
Klosterstr
Spree
Oberwallstr
Behrenstr
Spreeufer
Stralauer Str
Werderscher Markt
Breite Str
Mühlendamm
Französische Str
East Side Gallery (2,4 km); RAW Gelände (3,5 km)
Markgrafenstr
Jägerstr
Brüderstr
Hausvogteiplatz
Taubenstr
Oberwasserstr
Kurstr
Fischerinsel
Mohrenstr
Niederwallstr
Gertraudenstr
Wallstr
Märkisches Museum
Kronenstr
Spittelmarkt

Mitte

Sehenswertes
1 Alte Nationalgalerie F4
2 Altes Museum F4
3 Berliner Dom F4
4 Bode-Museum E3
5 Brandenburger Tor B5
6 DDR Museum G4
7 Deutsches Historisches Museum F5
8 Fernsehturm H4
9 Französischer Dom E5
10 Gendarmenmarkt E6
11 Hackesche Höfe G3
12 Hamburger Bahnhof – Museum für Gegenwart A2
13 Holocaust-Mahnmal B6
14 Humboldt Forum F5
15 Konzerthaus E6
16 Museum für Naturkunde B1
17 Museumsinsel F4
18 Neue Synagoge E3
19 Neues Museum F4
20 Ort der Information B6
21 Pergamonmuseum F4
22 Reichstag B4

Essen
23 Augustiner am Gendarmenmarkt D6
24 Berlin Pavillon A5
25 Sphere H4
26 Zwölf Apostel E4

Ausgehen & Nachtleben
27 Clärchens Ballhaus E2
28 Kaffee Burger H2
29 Strandbar Mitte E3

Unterhaltung
30 Chamäleon Varieté F3

Scheunenviertel

Hackesche Höfe — Historische Stätte

(Karte S. 506; 030-2809 8010; www.hackesche-hoefe.com; Eingang Rosenthaler Straße 40/41 oder Sophienstraße 6; M1, S Hackescher Markt, U Weinmeisterstraße) GRATIS Die Hackeschen Höfe sind das größte und bekannteste Hofensemble des historischen Scheunenviertels. Die acht 1907 erbauten und miteinander verbundenen Höfe wurden 1996 mit einer schönen Mischung aus Cafés, Galerien, Läden und Unterhaltungseinrichtungen neu eröffnet. Der Haupteingang an der Rosenthaler Straße führt zum **Hof I** mit schönen Jugendstilkacheln. Hof VII leitet über zu den romantischen **Rosenhöfen** mit einem Rosengarten und rankenartigen Balustraden.

Museum für Naturkunde — Museum

(Karte S. 506; 030-2093 8591; www.naturkundemuseum.berlin; Invalidenstraße 43; Erw./erm. mit Audioguide 8/5 €; Di–Fr 9.30–18, Sa & So 10–18 Uhr; M5, M8, M10, 12, U Naturkundemuseum) Fossilien und Mineralien lösen keine Adrenalinschübe aus? Wie wäre es dann mit Tristan, einem der besterhaltenen *Tyrannosaurus-rex*-Skelette der Welt, oder mit dem 12 m großen *Brachiosaurus branchai*, dem weltweit größten wieder zusammengesetzten Dinosaurierskelett? Zu diesen Superstars aus dem Erdzeitalter Jura gesellen sich ein Dutzend weitere Kumpels, von denen einige mit raffinierten „Juraskopen" zum Leben erweckt werden. Publikumsrenner in diesem tollen Museum sind auch Knut, der weltberühmte, leider früh dahingeschiedene Eisbär aus dem Berliner Zoo, und ein extrem seltener Archäopteryx.

Neue Synagoge — Synagoge

(Karte S. 506; 030-8802 8300; www.centrumjudaicum.de; Oranienburger Straße 28–30; Erw./erm. 5/4 €; Mo–Fr 10–18, So bis 19 Uhr, Okt.–März Fr bis 15 & So bis 18 Uhr; M1, U Oranienburger Tor, S Oranienburger Straße) Die glänzende goldene Kuppel der Neuen Synagoge ist das sichtbarste Zeichen der wieder erstarkten jüdischen Gemeinde Berlins. Der ursprüngliche Bau von 1866 war die größte Synagoge Deutschlands. Die heutige Version ist weniger ein Gotteshaus – obwohl auch gebetet wird –, sondern vor allem Museum und Erinnungsstätte: **Centrum Judaicum**. Von April bis September kann die Kuppel bestiegen werden (Erw./erm. 3/2,50 €). Ein Audioguide kostet 3 €.

Hamburger Bahnhof – Museum für Gegenwart — Museum

(Karte S. 506; 030-266 424 242; www.smb.museum; Invalidenstraße 50–51; Erw./erm. 14/7 €; Di, Mi & Fr 10–18, Do 10–20, Sa & So 11–18 Uhr; M5, M8, M10, S Hauptbahnhof, U Hauptbahnhof) Das Berliner Museum für zeitgenössische Kunst wurde 1996 in einem ehemaligen Bahnhof eröffnet, dessen Größe und Pracht eine schöne Kulisse für die Gemälde, Installationen, Skulpturen und Videokunst darstellen. Wechselnde Ausstellungen präsentieren Kunstströmungen ab den 1950er-Jahren, darunter Konzeptkunst, Pop-Art, Minimal Art und Fluxus, und zeigen Werke bedeutender Künstler wie Andy Warhol, Cy Twombly, Joseph Beuys und Robert Rauschenberg.

Alexanderplatz

Ein Berlin-Besuch ist kaum vollkommen ohne einen Abstecher in dieses Viertel. Hier sind viele große Sehenswürdigkeiten auf kleinem Raum zu finden.

Museumsinsel — Museum

(Karte S. 506; 030-266 424 242; www.smb.museum; Tageskarte für alle 5 Museen Erw./erm./unter 18 J. 18/9 €/frei; je nach Museum; 100, 200, TXL, S Hackescher Markt, Friedrichstraße) Durchs alte Babylon spazieren, eine ägyptische Königin treffen, einen griechischen Altar besteigen und sich von Monets zauberhaften Landschaften betören lassen – dies alles ist auf der Museumsinsel möglich. Berlins bedeutendstes Kulturjuwel birgt Kunst, Artefakte, Skulpturen und Architektur aus den vergangenen 6000 Jahren! Der Komplex umfasst sechs zwischen 1830 und 1930 erbaute Museen und nimmt die gesamte Nordhälfte der Spreeinsel ein, wo im 13. Jh. die Keimzelle Berlins lag.

Als Erstes entstand das **Alte Museum** (Karte S. 506; Am Lustgarten; Erw./erm. 10/5 €; Di, Mi & Fr–So 10–18, Do bis 20 Uhr) mit griechischen, etruskischen und römischen Kunstwerken. Dahinter präsentiert das **Neue Museum** (Karte S. 506; Bodestraße 1–3; Erw./erm. 12/6 €; 10–18, Do bis 20 Uhr) die ägyptische Sammlung mit der berühmten Büste der Königin Nofretete; hier befindet sich auch das Museum für Vor- und Frühgeschichte. Die tempelartige **Alte Nationalgalerie** (Karte S. 506; Bodestraße 1–3; Erw./erm. 12/6 €; Di, Mi & Fr–So 10–18, Do bis 20 Uhr) hat ihren Schwerpunkt auf europäischer Kunst des 19. Jhs. Der Besuchermagnet der Insel ist das **Pergamonmuseum** (Karte S. 506; Bodestraße 1–3; Erw./erm. 12/6 €; Fr–Mi 10–18, Do bis 20 Uhr) mit seiner monumentalen Architektur in Anlehnung an die Antike; im Inneren befindet sich der namengebende Pergamonaltar. Das **Bode-Museum** (Karte S. 506; Ecke Am Kupfergraben & Monbijoubrücke; Erw./erm. 12/6 €; Di, Mi & Fr–So 10–18, Do bis 20 Uhr) an der Nordspitze der Insel ist für seine Skulpturensammlung und Byzantinische Kunst berühmt.

DDR Museum — Museum

(Karte S. 506; 030-847 123 731; www.ddr-museum.de; Karl-Liebknecht-Straße 1; Erw./erm. 9,50/6 €; So–Fr 10–20, Sa bis 22 Uhr; 100, 200, TXL, S Hackescher Markt) Anfassen ist erlaubt in diesem Museum, das auf lebendige und interaktive Weise Einblicke in den Alltag der DDR gibt. So erzählen die Ausstellungen, dass Kindergartenkinder gemeinsames „Töpfchen-Training“ hatten, studierte Ingenieure nur wenig mehr verdienten als Bauern und FKK-Urlaub nichts Ungewöhnliches war. Ein Highlight des Museums ist eine simulierte Fahrt mit einem Trabi.

Fernsehturm — Wahrzeichen

(Karte S. 506; 030-247 575 875; www.tv-turm.de; Panoramastraße 1a; Erw./Kind 13/8,50 €, Premiumticket 19,50/12 €; März–Okt. 9–24 Uhr, Nov.–Feb. 10–24 Uhr, letzte Auffahrt 23.30 Uhr; 100, 200, TXL, U Alexanderplatz, S Alexanderplatz) Deutschlands höchstes Gebäude, der 368 m hohe Fernsehturm von 1969, ist genauso wenig aus dem Berliner Stadtbild wegzudenken wie der Eiffelturm aus Paris. An klaren Tagen ist der Blick von der Aussichtsetage in 203 m Höhe wirklich unschlagbar. Das **Restaurant** (030-247 5750; www.tv-turm.de/de/bar-restaurant; Hauptgerichte mittags 9,50–18,50 €, abends 14,50–28,50 €; 10–24 Uhr) vollführt pro Stunde eine Drehung um die eigene Achse. Wer sich nicht unten lange anstellen möchte, sollte Tickets vorab im Internet kaufen.

Berliner Dom — Kirche

(Karte S. 506; 030-2026 9136; www.berlinerdom.de; Am Lustgarten; Erw./erm./unter 18 J. 7/5 €/frei; April–Okt. 9–20 Uhr, Nov.–März bis 19 Uhr; 100, 200, TXL, S Hackescher Markt) Pompös und doch majestätisch wirkt die 1905 im Stil der italienischen Renaissance erbaute preußische Hofkirche, die heute als Gotteshaus, Museum und Konzertsaal genutzt wird. Der reich mit Gold verzierte Innenraum wartet mit einem opulenten Altar aus Marmor und Onyx auf sowie mit künstlerisch wertvollen Sarkophagen und einer Sauer-Orgel mit 7269 Pfeifen. Ein Aufstieg zur Kuppel (267 Stufen) wird mit einem grandiosen Ausblick über das historische Herz Berlins belohnt.

Potsdamer Platz & Tiergarten

Potsdamer Platz Stadtviertel

(Karte S. 513; Alte Potsdamer Straße; 200, S Potsdamer Platz, U Potsdamer Platz) Die Wiedergeburt des historischen Potsdamer Platzes und seiner Umgebung war in den 1990er-Jahren das größte Bauprojekt Europas, ein Vorzeigeprogramm der Stadterneuerung in den Händen von Stararchitekten wie Renzo Piano und Helmut Jahn. Auf einem Areal, das einst von der Mauer zerschnitten wurde, schoss ein ganzes Stadtviertel mit Büros, Theatern und Kinos, Hotels, Wohnungen und Museen in die Höhe. Zu den Highlights hier zählen das **Sony Center** (Karte S. 513; Potsdamer Straße) mit seinem zeltartigen Glasdach und der **Panoramapunkt** (Karte S. 513; 030-2593 7080; www.panoramapunkt.de; Potsdamer Platz 1; Erw./erm. 6,50/5 €, ohne Wartezeit 10,50/8 €; April–Okt. 10–20 Uhr, Nov.–März bis 18 Uhr).

Topographie des Terrors Museum

(Karte S. 513; 030-2548 0950; www.topographie.de; Niederkirchner Straße 8; 10–20 Uhr, Gelände bis zur Abenddämmerung bzw. 20 Uhr; S Potsdamer Platz, U Potsdamer Platz) GRATIS Auf demselben Gelände, auf dem sich einst die gefürchtetsten Einrichtungen des Dritten Reiches befanden (darunter das Hauptquartier der Gestapo und die Reichsführung SS), wirft heute eine hochinteressante Ausstellung Licht auf Terror und Verfolgung. Sie zeigt die Täter und erläutert, wie die brutalen NS-Organisationen in ganz Europa wüteten. Eine zweite Ausstellung draußen zeigt, wie sich das Leben in Berlin nach der Machtübernahme der Nazis veränderte.

Tiergarten Park

(Karte S. 513; Straße des 17. Juni; 100, 200, S Potsdamer Platz, Brandenburger Tor, U Brandenburger Tor) GRATIS Im weitläufigen Tiergarten machten die Berliner Fürsten einst Jagd auf Wildschweine und Fasane, bis der Gartenarchitekt Peter Lenné das Gelände im 18. Jh. umgestaltete. Heute ist der Tiergar-

DE VISU/SHUTTERSTOCK ©

ten einer der größten Stadtparks der Welt und bei Spaziergängern, Joggern, Picknickern, Frisbeewerfern, aber auch FKKlern und Schwulen – besonders rund um die Löwenbrücke – beliebt. Durch die verkehrsreiche Straße des 17. Juni wird der Park in zwei Teile geteilt. Den gesamten Park zu durchqueren dauert etwa eine Stunde, es lohnt sich aber auch ein kürzerer Spaziergang.

Gemäldegalerie Kunstmuseum

(Karte S. 513; ☎030-266 424 242; www.smb.museum/gg; Matthäikirchplatz; Erw./erm. 10/5 €; ⏲Di, Mi & Fr 10–18, Do 10–20, Sa & So 11–18 Uhr; ♿; 🚌M29, M48, M85, 200, Ⓢ Potsdamer Platz, Ⓤ Potsdamer Platz) Dieses Museum stellt eine der weltbesten und mit rund 1500 Gemälden größten Sammlungen europäischer Kunst vom 13. bis 18. Jh. aus. Bequeme Schuhe sind empfehlenswert für eine Entdeckungstour durch die 72 Galerien, denn ein Gang allein zu den Meisterwerken von Rembrandt (Saal X), Dürer, Hals, Vermeer, Gainsborough und vielen anderen Künstlern kann durchaus 2 km lang werden.

Siegessäule Wahrzeichen

(Großer Stern; Erw./erm. 3/2,50 €; ⏲April–Okt. Mo–Fr 9.30–18.30, Sa & So bis 19 Uhr, Nov.–März Mo–Fr 10–17, Sa & So bis 17.30 Uhr; 🚌100, 200, Ⓤ Hansaplatz, Ⓢ Bellevue) Am Großen Stern im Herzen des Tiergartens treffen in der Form eines Sterns fünf Straßen aufeinander. Die Siegessäule mitten auf dem Platz ist in Erinnerung an die militärischen Triumphe Preußens im 19. Jh. von einer goldenen Statue, der Siegesgöttin Viktoria, salopp „Goldelse" genannt, gekrönt. Heute ist sie auch ein Symbol der Berliner Schwulengemeinde. Wer die 285 Stufen erklimmt, genießt von oben weite Ausblicke auf den grünen Tiergarten.

Bauhaus Archiv Museum

(Karte S. 513; ☎030-254 0020; www.bauhaus.de; Klingelhöferstraße 14; Erw./erm./unter 18 J. mit Audioguide Mi–Fr 7/4 €/frei, Sa–Mo 8/5 €/frei; ⏲Mi–Mo 10–17 Uhr; 🚌100, Ⓤ Nollendorfplatz) Das 1919 gegründete Bauhaus war eine wegweisende Schule für Architektur, Design und Kunst. Das avantgardistische Gebäude, entworfen vom Bauhaus-Gründer Walter Gropius, präsentiert Gemälde, Zeichnungen, Plastiken, Modelle und andere Objekte sowie Dokumente von berühmten Künstlern und Lehrern wie Klee, Feininger und Kandinsky. Außerdem gibt

★ Top 5: Historische Stätten

Gedenkstätte Berliner Mauer (S. 495)
Topographie des Terrors (S. 510)
Jüdisches Museum (S. 512)
Gedenkstätte Sachsenhausen (S. 520)
Deutsches Historisches Museum (S. 504)

UNTERHOF/SHUTTERSTOCK ©

Von links: Sony Center, Potsdamer Platz; Bauhaus Archiv; die Göttin Viktoria auf der Siegessäule

CINEBERG/SHUTTERSTOCK ©

es ein gutes Café und einen Museumsshop. Ein Erweiterungsbau des Berliner Architekten Volker Staab soll 2021 eröffnet werden.

Prenzlauer Berg

Der Stadtteil Prenzlauer Berg zeichnet sich nicht in erster Linie durch großartige Sehenswürdigkeiten aus. Die meisten interessanten Straßen sind im hübschen Südteil rund um den Kollwitzplatz zu finden. Immerhin liegt in dem Viertel jedoch eine der wichtigsten Stätten der Stadt zur Berliner Mauer, nämlich die Gedenkstätte Berliner Mauer (S. 495). Sie erstreckt sich vom Stadtteil Wedding über 1,4 km bis nach Prenzlauer Berg.

Mauerpark — Park

(www.mauerpark.info; zw. Bernauer Straße, Schwedter Straße & Gleimstraße; M1, M10, 12, U Eberswalder Straße) Mit seinen paar Bäumen und dem kargen Rasen ist der Mauerpark nicht gerade das, was man eine Stadtoase nennt – schließlich entstand er nach dem Ende des Kalten Krieges auf einem Stück Todesstreifen. Doch irgendwie hat sich dieser Park gerade durch seinen sperrigen, bescheidenen Charakter und auch durch den unglaublich beliebten sonntäglichen Flohmarkt zum Treffpunkt von Berlinern wie Touristen gemausert.

Kreuzberg

Jüdisches Museum — Museum

(Karte S. 513; 030-2599 3300; www.jmberlin.de; Lindenstraße 9–14; Erw./erm. 8/3 €, Audioguide 3 €; Di–So 10–20, Mo bis 22 Uhr, letzter Einlass 1 Std. vor Schließung; U Hallesches Tor, Kochstraße) Rund 2000 Jahre deutsch-jüdischer Geschichte mit all ihren Höhen und Tiefen werden in Daniel Libeskinds sensationellem Museumsbau chronologisch dokumentiert und beleuchtet. Die Ausstellung führt Besucher durch alle wichtigen Epochen vom Mittelalter über die Aufklärung bis zur Wiedergeburt der Berliner jüdischen Gemeinde in den letzten Jahrzehnten. Dabei erfährt man vieles über die Beiträge jüdischer Bürger zur deutschen Kultur, über jüdische Feiertage, den schwierigen Weg zur Emanzipation und außergewöhnliche Persönlichkeiten wie den Philosophen Moses Mendelssohn und den Jeans-Erfinder Levi Strauss, aber auch über das Schicksal „einfacher" Menschen.

Deutsches Technikmuseum — Museum

(Karte S. 513; 030-902 540; www.sdtb.de; Trebbiner Straße 9; Erw./erm./unter 18 J. 8/4 €/nach 15 Uhr frei, Audioguide Erw./erm. 2/1 €; Di–Fr 9–17.30, Sa & So 10–18 Uhr; P; U Gleisdreieck, Möckernbrücke) Der von der Decke baumelnde „Rosinenbomber" – ein Flugzeug, wie es 1948 während der Luftbrücke eingesetzt wurde – ist nur der Auftakt zu diesem riesigen und sehr unterhaltsamen Tempel der Technik. Das Museum, das besonders bei Kindern bestens ankommt, beeindruckt mit dem ersten Computer der Welt, einer gigantischen Halle mit alten Lokomotiven und umfassenden Ausstellungen zu Raumfahrt und Navigation. Im benachbarten **Science Center Spectrum** (Eingang Möckernstraße 26; gleiches Ticket) können Kinder bei Experimenten mitmachen.

Friedrichshain

Das alternative Studentenviertel hat auch eine ernste Seite, es bewahrt nämlich bedeutende Spuren aus der Zeit der DDR wie die East Side Gallery (S. 495), die Karl-Marx-Allee und das Stasi-Hauptquartier. Die Sehenswürdigkeiten liegen alle recht weit auseinander und sind am besten mit öffentlichen Verkehrsmitteln zu erreichen.

Volkspark Friedrichshain — Park

(zw. Am Friedrichshain, Friedenstraße, Danziger Straße & Landsberger Allee; P; 142, 200, M5, M6, M8, M10, U Schillingstraße) Berlins ältester öffentlicher Park bietet schon seit 1840 Zuflucht vom Trubel der Stadt, doch Hügel gibt's hier erst seit den späten 1940er-Jahren: Damals entstanden aus Kriegsschutt zwei Huckel. Der höhere der beiden „Berge", der **Mont Klamott** (24 Std.) GRATIS, ist immerhin 78 m hoch. Der Park lockt mit weiten Rasenflächen zum Faulenzen, mit Tennisplätzen, einer Halfpipe für Skater, zwei praktisch gelegenen Biergärten und einem Freiluftkino.

Kreuzberg & Potsdamer Platz

Kreuzberg & Potsdamer Platz

Sehenswertes

- 1 Bauhaus Archiv A1
- 2 Checkpoint Charlie D1
- 3 Deutsches Technikmuseum C2
- 4 Gemäldegalerie B1
- 5 Jüdisches Museum D2
- 6 Panoramapunkt C1
- 7 Potsdamer Platz C1
- 8 Sony Center B1
- 9 Tiergarten A1
- 10 Topographie des Terrors C1

Shoppen

- 11 LP12 Mall of Berlin C1

Essen

- 12 Curry 36 .... D3
- 13 Restaurant Tim Raue D1

Ausgehen & Nachtleben

- 14 Fragrances C1

Unterhaltung

- 15 Berliner Philharmonie B1

Charlottenburg

Schloss Charlottenburg — Schloss

(Karte S. 514; ☎030-320 910; www.spsg.de; Spandauer Damm 10–22; Tageskarte für alle 4 Gebäude Erw./erm. 12/9 €; ⏱je nach Gebäude; P; 🚌M45, 109, 309, U Richard-Wagner-Platz, Sophie-Charlotte-Platz) Dies ist einer der wenigen Orte in Berlin, die die einstige Pracht der Hohenzollern widerspiegeln, die von 1415 bis 1918 die Region (und mehr) beherrschten. Aus dem ursprünglichen Sommerschlösschen entwickelte sich ein großer Barockkasten mit opulenten Privatgemächern, Festsälen und Sammlungen mit wertvollem Porzellan und Gemälden von französischen Meistern des 18. Jhs. Ein Besuch lohnt sich vor allem bei gutem Wetter: Dann lässt sich die Besichtigung mit einem Bummel durch den schönen Park verbinden.

Kaiser-Wilhelm-Gedächtniskirche — Kirche

(Karte S. 514; ☎030-218 5023; www.gedaechtniskirche.com; Breitscheidplatz; ⏱Kirche 9–19

Charlottenburg

Sehenswertes
1 Kaiser-Wilhelm-Gedächtniskirche D3
2 Schloss Charlottenburg A1
Schloss Charlottenburg - Altes Schloss .... (s. 2)
3 Schloss Charlottenburg - Neuer Flügel A1
4 Schloss Charlottenburg - Neuer Pavillon A1
5 Schlossgarten Charlottenburg A1
6 Story of Berlin C3

Shoppen
7 Bikini Berlin D3
8 KaDeWe D3

Essen
9 Good Friends B3
10 Restaurant am Steinplatz C2

Ausgehen & Nachtleben
Bar am Steinplatz .... (s. 10)
11 Café am Neuen See D2
12 Diener Tattersall C3
13 Monkey Bar D3

Uhr, Gedenkhalle Mo–Fr 10–18, Sa 10–17.30, So 12–17.30 Uhr; Bus 100, 200, U Zoologischer Garten, Kurfürstendamm, S Zoologischer Garten) GRATIS Der ausgebombte, inmitten des Verkehrstrubels still und würdig aufragende Turm der 1895 geweihten neoromanischen Kirche dient heute als Anti-Kriegs-Mahnmal und ist ein bedeutendes Berliner Wahrzeichen. Historische Fotos in der **Gedenkhalle** zu Füßen des Turms lassen die einstige Pracht und Größe erahnen. Die benachbarte achteckige neue Kirche von 1961 beeindruckt mit mitternachtsblauen Glaswänden und einem riesigen „schwebenden" Jesus.

Story of Berlin Museum

(Karte S. 514; Tel. 030-8872 0100; www.story-of-berlin.de; Kurfürstendamm 207–208, Eingang im Einkaufszentrum Ku'damm Karree; Erw./erm. 12/9 €; 10–20 Uhr, letzter Einlass 18 Uhr; Bus X9, X10, 109, 110, M19, M29, TXL, U Uhlandstraße)

Das spannende Museum verarbeitet 800 Jahre Berliner Stadtgeschichte in leicht verdaubare Häppchen, die aber noch groß genug sind, um den Wissenshunger zu stillen. Jeder der 23 Räume beleuchtet ein bestimmtes Thema oder eine bestimmte Epoche der Stadtgeschichte von der Gründung 1237 bis zum Mauerfall, teils mit Sounds, Licht, Technologie und Originalgegenständen inszeniert. Der schaurige, aber faszinierende Höhepunkt ist eine Führung durch einen noch immer existierenden Atomschutzbunker unter dem Gebäude.

GEFÜHRTE TOUREN

Berliner Unterwelten Touren

(☎030-4991 0517; www.berliner-unterwelten.de; Brunnenstraße 105; Erw./erm. 11/9 €; ⏲Tour „Dunkle Welten" März–Nov. Mi–Mo 12, 14 & 16 Uhr, April–Okt. außerdem Sa & So 10 Uhr, Dez.–Feb. Mi 12 & 14, Do–Mo 12, 14 & 16 Uhr; S Gesundbrunnen, U Gesundbrunnen) Nachdem man das Brandenburger Tor und den Fernsehturm abgehakt hat, bietet sich eigentlich eine Erkundung des dunklen und feuchten Untergrunds der Stadt an. Mit den Berliner Unterwelten geht's bei der Führung „Dunkle Welten" durch einen Bunker aus dem Zweiten Weltkrieg mit engen Räumen, schweren Stahltüren, Krankenbetten, Helmen, Gewehren, Stiefeln und jeder Menge anderen Originalgegenständen aus der Kriegszeit.

Berlin on Bike Radtouren

(☎030-4373 9999; www.berlinonbike.de; Knaackstraße 97, Kulturbrauerei, Hof 4; Touren inkl. Leihrad Erw./erm. 21/18 €; ⏲Mitte März–Mitte Nov. 8–20 Uhr, Mitte Nov.–Mitte März Mo–Sa 10–16 Uhr; M1, U Eberswalder Straße) Dieser renommierte Anbieter hat verschiedene interessante und vergnügliche Radtouren im Programm, die von Berlinern geführt werden, z. B. „Streetart Berlin", „Berliner Mauer" und „Kreuzberg & Spreeufer".

Original Berlin Walks Rundgänge

(☎030-301 9194; www.berlinwalks.de; Erw./erm. ab 14/12 €) Der Anbieter hat nicht nur englischsprachige Stadtrundgänge im Programm, sondern bietet u. a. seine Tour „Discover Berlin" auch auf Deutsch an.

SHOPPEN

KaDeWe Kaufhaus

(Karte S. 514; ☎030-212 10; www.kadewe.de; Tauentzienstraße 21–24; ⏲Mo–Do 10–20, Fr 10–21, Sa 9.30–20 Uhr; U Wittenbergplatz) Täglich stürmen rund 180 000 Kaufwütige das größte Kaufhaus auf dem europäischen Kontinent. Der seit 1907 bestehende Konsumtempel wirkt mit seinem umwerfend großen Angebot wie ein gigantisches Shopping-Labyrinth. Wer nicht viel Zeit hat, sollte zumindest die legendäre Lebensmittelabteilung im 6. Stock in Augenschein nehmen. „KaDeWe" steht übrigens für „Kaufhaus des Westens".

LP12 Mall of Berlin Einkaufszentrum

(Karte S. 513; www.mallofberlin.de; Leipziger Platz 12; ⏲Mo–Sa 10–21 Uhr; 📶; 200, U Potsdamer Platz, S Potsdamer Platz) Das neue Einkaufsparadies ist was für Shopping-Junkies. Mehr als 270 Läden wollen ans sauer Ersparte der Besucher, ob Karl Lagerfeld, Hugo Boss, Liebeskind, Marc Cain, Muji und andere Edelmarken oder auch die üblichen Modeketten wie Mango und H&M. Im 2. Stock kann man kostenlos sein Handy aufladen.

Bikini Berlin Einkaufszentrum

(Karte S. 514; www.bikiniberlin.de; Budapester Straße 38–50; ⏲Geschäfte Mo–Sa 10–20 Uhr, Gebäude Mo–Sa 9–21, So 13–18 Uhr; 📶; 100, 200, U Zoologischer Garten, S Zoologischer Garten) In einem spektakulär sanierten Architekturwahrzeichen aus den 1950er-Jahren eröffnete 2014 die erste Concept Mall Deutschlands. Aufgrund der Gebäudegestaltung mit einem 200 m langen Ober- und Unterteil und einem offenen Stockwerk dazwischen (heute keusch von einer Glasfassade eingefriedet), trägt der Bau den Spitznamen „Bikini". Drinnen befinden sich auf drei Stockwerken unabhängige Streetwear-Boutiquen und Pop-up-Shops, die junge Modedesigner immer für kurze Zeit anmieten können.

Flohmärkte

Die Berliner Flohmärkte finden das ganze Jahr über am Wochenende (oft sonntags) statt und sind oft auch Tummelplatz junger Modeschöpfer und Schmuckhersteller.

Flohmarkt im Mauerpark (www.flohmarktimmauerpark.de; Bernauer Straße 63–64; So 9–18 Uhr; M1, M10, 12, U Eberswalder Straße) Auf diesem stets vollen Flohmarkt mit Kultstatus auf ehemaligem Mauergelände treffen sich Schnäppchenjäger, müde Clubgänger und aufgeregte Touristen. Hier gibt es alte Klamotten, T-Shirts von Berliner Designern, Schallplatten und viel schräges Zeug, dazu Essensstände und Biergärten wie den **Mauersegler** (030-9788 0904; www.mauersegler-berlin.de; Mai–Okt. 14–2 Uhr;).

Nowkoelln Flowmarkt (www.nowkoelln.de; Maybachufer; März– mind. Okt. 2. & 4. So des Monats 10–18 Uhr; U Kottbusser Tor, Schönleinstraße) Der hippe Flohmarkt findet zweimal im Monat am Landwehrkanal statt. Hier gibt's Vintageklamotten aus zweiter Hand, handgefertigte neue Einzelstücke und kreativen Schmuck.

RAW Flohmarkt (www.raw-flohmarkt-berlin.de; Revaler Straße 99, RAW-Gelände; So 9–19 Uhr; M10, M13, S Warschauer Straße, U Warschauer Straße) Der Markt auf dem **RAW-Gelände** (www.raw-tempel.de), einem zum alternativen Kulturprojekt umfunktionierten Eisenbahn-Ausbesserungswerk, lockt mit buntem Treiben. Keine professionellen Händler, sodass alles vom Waschbecken bis zu Go-go-Stiefeln aus den 70ern zu finden ist. Streetfood, ein Biergarten und Cafés sind ebenfalls vorhanden.

ESSEN

Mitte

Augustiner am Gendarmenmarkt Bayerisch €€
(Karte S. 506; 030-2045 4020; www.augustinerbraeu-berlin.de; Charlottenstraße 55; Hauptgerichte 6,50–26,50 €; 10–2 Uhr; U Französische Straße) Touristen, Konzertbesucher und Freunde von deftigem Essen tummeln sich in diesem bayerischen Wirtshaus an rustikalen Tischen. Zum bodenständigen Ambiente passt dann auch bestens ein Krug süffiges Augustiner. Bratwürste, Schweinsbraten und Brezel sorgen für die nötige Grundlage, es werden auch leichtere – und sogar fleischlose – Gerichte sowie preisgünstige Mittagsspeisen angeboten.

Zwölf Apostel Italienisch €€
(Karte S. 506; www.12-apostel.de; Georgenstraße 2; Pizza 10–15 €, Hauptgerichte 16,50–22,50 €; M1, S Friedrichstraße, U Friedrichstraße) Ein netter Boxenstopp zwischen den Museumsbesuchen: Das Restaurant unter den Eisenbahnbögen wartet mit einer überspitzten sakralen Einrichtung und köstlichen, nach den zwölf Aposteln benannten Pizzas sowie preiswerten Mittagsgerichten auf.

Restaurant Tim Raue Asiatisch €€€
(Karte S. 513; 030-2593 7930; www.tim-raue.com; Rudi-Dutschke-Straße 26; 3-/4-Gänge-Mittagessen 48/58 €, 8-Gänge-Abendessen 198 €, Hauptgerichte 55–66 €; Mi–Sa 12–15 & 19–24 Uhr; U Kochstraße) Dies ist mal ein niedrigschwelliges 2-Sterne-Restaurant, mit unpiefigem Ambiente und einer zurückgenommenen Einrichtung aus Walnussholz und Vitra-Stühlen. Das alles passt bestens zu Raues brillanten asiatisch inspirierten Gerichten, bei denen immer nur einige wenige ausgesuchte Zutaten glänzen. Ein Publikumshit ist seine Version der Pekingente. Das Restaurant ist auch mittags sehr beliebt.

Prenzlauer Berg

Kanaan Orientalisch €
(0176 2258 6673; www.facebook.com/kanaanrestaurantberlin; Kopenhagener Straße 17; Gerichte 4–7 €; Mo–Fr 12–16, Sa & So bis 22 Uhr; ; M1, U Schönhauser Allee, S Schönhauser Allee) In diesem Wohlfühllokal haben sich ein erfolgreicher israelischer Geschäftsmann und ein palästinensischer

Straßencafé mit Imbissstand

Koch zusammengetan, um Berlin mit einer modernen Mischung orientalischer Küche zu beschenken. Die Hits von der Karte sind Hummus, Schakschuka und Sabich. Derzeit wird das Mittagessen unter der Woche an der verwegen maroden „Hütte" serviert, während am Wochenende gegenüber in der funkigen Kneipe „Kohlenquelle" (ein ehemaliger Kohlenkeller) eine größere Auswahl an Speisen geboten wird.

Konnopke's Imbiss Deutsch €

(030-442 7765; www.konnopke-imbiss.de; Schönhauser Allee 44a; Bratwurst 1,30–2 €; Mo–Fr 9–20, Sa 11.30–20 Uhr; M1, M10, U Eberswalder Straße) Vor der berühmten Wurstbude, die schon seit 1930 hier unter den Hochbahngleisen steht, bildet sich immer eine Schlange. Seine Currywurst kann man jetzt auch in einem beheizten Pavillon verspeisen. Die Geheimsauce zur Wurst gibt's übrigens in fünf Schärfegraden von „himmlisch" bis „höllisch scharf".

Lucky Leek Vegan €€

(030-6640 8710; www.lucky-leek.de; Kollwitzstraße 54; Hauptgerichte 14–20 €, 3-/5-Gänge-Abendessen 33/55 €; Mi–So 18–22 Uhr; U Senefelderplatz) Josita Hartanto hat ein gutes Händchen dafür, aus jedem Gemüse ein Maximum an Geschmack herauszukitzeln und Zutaten auf unerwartete Art und Weise zu kombinieren. Ihr Restaurant ist eins der besten veganen Adressen der Stadt. Besonders reizend ist es im Sommer, dann können die Gäste auch auf einer schattigen Terrasse auf dem Bürgersteig sitzen. Freitags und samstags gibt's keine Gerichte à la carte.

Umami Vietnamesisch €€

(030-2886 0626; www.umami-restaurant.de; Knaackstraße 16–18; Hauptgerichte 7,50–15 €; 12–23.30 Uhr; M2, U Senefelderplatz) Die großen Pluspunkte dieses Restaurants mit großer Terrasse auf dem Bürgersteig sind die sanfte Lounge-Stimmung (Stil 1950er-Jahre) und die indochinesische Hausmannskost, wahlweise mit Fleisch oder vegetarisch. Platz lassen sollte man für den Grüntee-Apfelkuchen oder den vietnamesischen „Popcake". Ein echtes Schnäppchen ist das 6-Gänge-Familienmahl für 20 € (zusätzl. Pers. jeweils 9 €).

Berliner Nachtleben

Bird Amerikanisch €€

(☎030-5105 3283; www.thebirdinberlin.com; Am Falkplatz 5; Burger 9,50–14 €, Steaks ab 22,50 €; ⏲Mo–Do 18–24, Fr 16–24, Sa & So 12–24 Uhr; 📶; Ⓜ M1, Ⓤ Schönhauser Allee, Ⓢ Schönhauser Allee) Hier trifft Berlin auf New York (und viele Expats). Die Steaks, Burger und handgeschnittenen Fritten rechtfertigen vielleicht so gerade eben den Hype um den Laden. Hier kann man seinen Hunger mit einer saftigen Halbpfundbulette zwischen einem getoasteten Brötchen stillen – das geht natürlich nicht ohne Kleckerei vonstatten, aber dafür ist auch gesorgt!

Kreuzberg

Curry 36 Deutsch €

(Karte S. 513; ☎030-2580 088 336; www.curry36.de; Mehringdamm 36; Imbiss 2–6 €; ⏲9–5 Uhr; Ⓤ Mehringdamm) Tag für Tag, Nacht für Nacht steht hier ein buntes Volk aus Polizisten, Taxifahrern, Büroangestellten, Einheimischen und Touristen Schlange, um sich an dieser seit 1981 brutzelnden Frittenbude mit Berliner Currywurst verköstigen zu lassen.

Café Jacques International €€

(☎030-694 1048; Maybachufer 14; Hauptgerichte 12–20 €; ⏲18 Uhr bis spät; Ⓤ Schönleinstraße) Das Jacques ist ein Lieblingslokal von Feinschmeckern und Berufsköchen, die gern mal an ihrem dienstfreien Tag vorbeischauen, um sich in künstlerisch-elegantem Ambiente bei Kerzenlicht, tollen Weinen und superfreundlichem Service zu entspannen. Es ist das ideale Plätzchen für ein Date, aber eigentlich verliebt man sich hier in die Küche, die französisch und nordafrikanisch inspirierte Gerichte zaubert. Die kalte Vorspeisenplatte reicht für zwei Personen, Fisch und Fleisch sind immer vom Feinsten, und die Pasta ist hausgemacht. Unbedingt reservieren!

Restaurant Richard Französisch €€€

(☎030-4920 7242; www.restaurant-richard.de; Köpenicker Straße 174; 4-Gänge-Abendessen 58 €, zusätzl. Gänge 10 €; ⏲Di–Sa 19–24 Uhr; Ⓤ Schlesisches Tor) In den 1930er-Jahren feierten hier die Nazis, in den 70ern debattierten hier die Linken – heute befindet sich in den Räumen ein fest in der französischen Tradition verankerter Gourmettempel, der sich seit 2015 auch mit einem Michelin-Stern schmücken darf. Mit Kassettendecke, Glasblasenlampen und erotischen Gemälden ist die Einrichtung ebenso opulent wie die edlen Speisen. Dabei bleibt die Stimmung reizend locker.

Charlottenburg

Good Friends Chinesisch €€

(Karte S. 514; 030-313 2659; www.goodfriends-berlin.de; Kantstraße 30; 2-Gänge-Mittagessen 7 €, Hauptgerichte abends 7–20 €; 12–1 Uhr; S Savignyplatz) Das Good Friends gilt weithin als bestes kantonesisches Restaurant Berlins. Die im Fenster baumelnden Enten bilden nur den Auftakt zu einer Speisekarte, die so lange ist, dass selbst Konfuzius konfus werden würde, darunter zahlreiche wirklich authentische Gerichte. Wem Seegurke mit Fischbauch zu ausgefallen ist, kann sich an Schweinefleisch süß-sauer oder gebratenen Reis mit Garnelen halten.

Restaurant am Steinplatz Deutsch €€€

(Karte S. 514; 030-5544 447 053; www.hotelsteinplatz.com; Steinplatz 4; Hauptgerichte 18–38 €, 4-/5-Gänge-Abendessen 56/65 €; 12–14.30 & 18.30–22.30 Uhr; P; M45, U Ernst-Reuter-Platz, Zoologischer Garten, S Zoologischer Garten) In diesem stylischen Restaurant werden die 1920er-Jahre ins 21. Jh. katapultiert – das betrifft sowohl das Essen als auch die Einrichtung. An den Speiseraum grenzt die offene Küche, in der Altmeister Marcus Zimmer überwiegend regionale Zutaten zu klassischen Berliner Gerichten verarbeitet. Selbst Rustikales wie Eisbein wird phantasievoll neu interpretiert und schön präsentiert. Großer Beliebtheit erfreuen sich stets die Königsberger Klopse.

Das Ostberliner Stasimuseum

Das **Stasimuseum** (030-553 6854; www.stasimuseum.de; Haus 1, Ruschestraße 103; Erw./erm. 6/4,50 €; Mo–Fr 10–18, Sa & So 11–18 Uhr; U Magdalenenstraße) im einst gefürchteten Stasi-Hauptquartier liefert heute einen Überblick über Struktur, Arbeitsweise und Wirkung des Ministeriums für Staatssicherheit, der Geheimpolizei der DDR. Auf dem Höhepunkt ihrer Macht waren allein in diesem Gebäudekomplex 8000 Stasi-Mitarbeiter beschäftigt – das maßstabsgetreue Modell im Foyer verdeutlicht die Dimensionen. In weiteren Räumen werden Ideologie, Rituale und Institutionen der DDR-Gesellschaft erläutert. Zu den interessantesten Ausstellungsstücken gehören die oft raffiniert getarnten Überwachungsgeräte (versteckt in Gießkannen, Steinen oder auch einem Schlips), ein Gefangenentransporter mit winzigen Zellen und die muffigen Büros von Stasichef Erich Mielke. Es gibt außerdem Hintergrundinfos über die SED und die Rolle der Jungen Pioniere.

Das Museum befindet sich gleich nördlich der U-Bahn-Station Magdalenenstraße im Stadtteil Lichtenberg.

Konferenzraum im ehemaligen Stasi-Hauptquartier
ULLSTEIN BILD/CONTRIBUTOR/GETTY IMAGES ©

AUSGEHEN & NACHTLEBEN

Mitte

Clärchens Ballhaus Club

(Karte S. 506; 030-282 9295; www.ballhaus.de; Auguststraße 24; 11 Uhr bis spät; M1, S Oranienburger Straße) In diesem Ballsaal aus dem 19. Jh., wo Tänzer jeden Alters mit großem Enthusiasmus über das Parkett fegen, fühlt man sich in vergangene Zeiten zurückversetzt. Jeden Abend steht ein anderer Musikstil auf dem Programm – von

Konzentrationslager Sachsenhausen

Das **KZ Sachsenhausen** (Gedenkstätte & Museum Sachsenhausen; ☎03301-200 200; www.stiftung-bg.de; Straße der Nationen 22, Oranienburg; ⏲Mitte März–Mitte Okt. 8.30–18 Uhr, Mitte Okt.–Mitte März bis 16.30 Uhr, Museen Mitte Okt.–Mitte März Mo geschl.; P; S Oranienburg) GRATIS 35 km nördlich von Berlin wurde von Gefangenen errichtet und 1936 als Prototyp für weitere Konzentrationslager eröffnet. Bis 1945 saßen hier rund 200 000 Personen ein, zumeist Nazigegner, Juden und Roma sowie nach 1939 auch Kriegsgefangene. Zehntausende starben durch Hunger, Erschöpfung, Krankheit, Erfrierungen, medizinische Versuche und Hinrichtungen. Weitere Tausende starben beim Todesmarsch im April 1945, als die Rote Armee vorrückte und die Nazis das Lager räumten.

Ein Rundgang durch die Gedenkstätte mit den verbleibenden Gebäuden ist sehr bewegend.

Vom Berliner Zentrum (z. B. vom Bahnhof Friedrichstraße) fährt die S1 dreimal pro Stunde nach Oranienburg (3,30 €, 45 Min.). Schneller sind der RE5 und die RB12 ab Hauptbahnhof (3,30 €, 25 Min.). Das Lager liegt rund 2 km vom Bahnhof Oranienburg entfernt.

Salsa und Swing über Tango bis Disko. Samstags spielt eine Live-Band. Der Tanz beginnt um 21 oder 21.30 Uhr. An der Einlasskontrolle vorbeizukommen ist kein Problem, aber es ist oft rappelvoll, sodass man am besten einen Tisch bucht.

Strandbar Mitte Strandbar

(Karte S. 506; ☎030-2838 5588; www.strandbar-mitte.de; Monbijoustraße 3; Tanz 4 €; ⏲Mai–Sept. 10 Uhr bis spät; 🚋M1, S Oranienburger Straße) Mit Ausblick aufs Bode-Museum, Palmen und entspannter Stimmung eignet sich Deutschlands erste Strandbar (von 2002) bestens für einen Boxenstopp mit belebenden Drinks und Pizza. Abends wird unterm Sternenhimmel zu Tango, Cha-Cha, Swing und Salsa geschwoft; oft findet vorher Tanzunterricht statt.

Kaffee Burger Club

(Karte S. 506; www.kaffeeburger.de; Torstraße 60; ⏲Mo–Do ab 21, Fr–So ab 22 Uhr; U Rosa-Luxemburg-Platz) Dieser verschwitzte Kultclub mit seiner hübsch verblassten Einrichtung aus sozialistischer Zeit hat nichts mit Kaffee oder Burgern zu tun, sondern ist ein fröhlicher Konzert- und Partyladen. Die Sounds spannen ohne mit der Wimper zu zucken den Bogen von Indie und Electro zu Klesmer-Punk und wieder zurück. Außerdem finden hier Lesungen und Poetry-Slams statt.

Potsdamer Platz & Tiergarten

Fragrances Cocktailbar

(Karte S. 513; ☎030-337 777; www.ritzcarlton.com; Ritz-Carlton, Potsdamer Platz 3; ⏲Mi–Sa ab 19 Uhr; 📶; 🚌200, S Potsdamer Platz, U Potsdamer Platz) Das neueste Baby des Berliner Cocktailhelden Arnd Heißen ist die erste „Parfümbar" der Welt: Hier mixt er trinkbare Elixiere, die berühmte Düfte nachahmen. Die schwarz verspiegelte Bar im Ritz-Carlton hält eine begehbare Karte bereit, wobei sich experimentierfreudige Genießer ihren Liebling aus einer Reihe von Flaschen erschnüffeln können; dann lehnen sie sich auf gediegenen Sofas zurück und schlürfen exotische Mixturen, die in ungewöhnlichen Behältnissen (etwa einem Vogelhäuschen) serviert werden.

Café am Neuen See Biergarten

(Karte S. 514; ☎030-254 4930; www.cafeamneuensee.de; Lichtensteinallee 2; ⏲Restaurant 9–23 Uhr, Biergarten Mo–Fr 11 Uhr bis spät, Sa & So 10 Uhr bis spät; 👪; 🚌200, U Zoologischer Garten, S Zoologischer Garten, Tiergarten) Das

Restaurant an einem idyllischen Teich im Tiergarten erfreut sich das ganze Jahr über großer Beliebtheit, denn es gibt üppiges Frühstück und leckere saisonale Küche. Am schönsten ist es hier im Sommer: Dann ermöglicht der Biergarten bei einem kühlen Getränk und einer Pizza oder Brezel einen Mini-Urlaub von der Stadthektik. Verliebte mieten ein Boot und rudern die Angebetete aufs Wasser hinaus.

Prenzlauer Berg

Prater — Biergarten

(030-448 5688; www.pratergarten.de; Kastanienallee 7–9; Imbiss 2,50–6 €; April–Sept. je nach Wetter 12 Uhr bis spät; U Eberswalder Straße) Berlins ältester Biergarten (seit 1837) hat sich viel von seinem traditionellen Charme bewahrt. Er ist ein toller Ort zum Abhängen und um unter den alten Kastanien ein Prater-Pils zu trinken. Kinder können sich auf dem kleinen Spielplatz austoben.

Weinerei Forum — Weinbar

(030-440 6983; www.weinerei.com; Fehrbelliner Straße 57; 10–24 Uhr; ; M1, U Rosenthaler Platz) Nach 20 Uhr verwandelt sich dieses Wohnzimmercafé in eine Weinbar, die nach dem Spendenprinzip funktioniert: Die Gäste „mieten" für 2 € ein Weinglas und schenken sich dann so viel Wein ein, wie sie möchten, um am Ende selbst zu entscheiden, was sie zahlen. Eine tolle Idee – die darauf baut, dass alle fair bleiben, damit sie nicht stirbt!

Zum Starken August — Event-Kneipe

(030-2520 9020; www.zumstarkenaugust.de; Schönhauser Allee 56; So & Mo 11–1, Di bis 2, Mi bis 3, Do bis 4, Fr & Sa bis 5 Uhr; M1, M10, U Eberswalder Straße) Dieser muntere, in viktorianischem Überschwang eingerichtete Laden, teils Zirkusbühne, teils Varietébar, ist ein spaßiger Neuzugang in der Kneipenszene am Prenzlauer Berg. Ein Publikum aus aller Welt erfreut sich hier an Cocktails und Craft-Bieren, am Wild Bingo einer Travestiekünstlerin, an burlesken Diven, frechem Kabarett und dem umwerfend komischen „Porno-Karaoke".

Kreuzberg

Schwarze Traube — Cocktailbar

(030-2313 5569; www.schwarzetraube.de; Wrangelstraße 24; So–Do 19–2, Fr & Sa bis 5

Bar in Kreuzberg

Uhr; ⓤGörlitzer Bahnhof) Cocktailexperte Atalay Aktas war 2013 Deutschlands bester Barkeeper, und hier in diesem klitzekleinen Laden mischen er und seine Crew ihre Zaubertränke. Es gibt keine Karte: Jedes Getränk wird auf den Geschmack und die Stimmung des Gastes eingestellt, mit hochwertigen Spirituosen, geballtem Fachwissen und einem Schuss Psychologie.

Friedrichshain

Berghain/Panorama Bar — Club

(www.berghain.de; Am Wriezener Bahnhof; Fr 24 Uhr bis Mo morgens; ⓢOstbahnhof) Das Labyrinth eines ehemaligen Elektrizitätswerks ist die Domäne von Weltklasse-DJs und begeisterten Club-Insidern. Die große Turbinenhalle (Berghain) spielt minimale Techno-Beats, die Panoramabar ein Stockwerk höher pulsiert zu House. Strenge Kontrollen an der Tür, Kameras verboten. Termine für Konzerte unter der Woche sowie CD-Release-Partys im Berghain und in der benachbarten **Kantine am Berghain** (030-2936 0210; unterschiedl. Eintritt; je nach Veranstaltung) sind auf der Website zu finden.

Briefmarken Weine — Weinbar

(030-4202 5292; www.briefmarkenweine.de; Karl-Marx-Allee 99; 19–24 Uhr; ⓤWeberwiese) Dolce vita direkt an der Karl-Marx-Allee bietet die reizend nostalgische, italienische Weinbar in einem ehemaligen Briefmarkengeschäft. In den alten Holzschränken lagern handverlesene italienische Tropfen, zu denen kleine Speisen wie köstlicher Käse, Schinken und Salami gereicht werden. Außerdem gibt's ein Pasta-Tagesgericht.

Hops & Barley — Kneipe

(030-2936 7534; www.hopsandbarley-berlin.de; Wühlischstraße 22/23; Mo–Fr ab 17, Sa & So ab 15 Uhr; M13, ⓤWarschauer Straße, ⓢWarschauer Straße) Die Konversationen fließen hier so schnell wie das ungefilterte Pils, das malzige Dunkel und das fruchtige Weizen. Sie werden allesamt in der netten kleinen Hausbrauerei in einer ausgedienten Metzgerei hergestellt. Es werden auch Fußballspiele übertragen.

„Eine herausragende Akustik auf allen Sitzplätzen."

Berliner Philharmonie

Charlottenburg

Bar am Steinplatz Bar

(Karte S. 514; 030-554 4440; www.hotelamsteinplatz.com; Steinplatz 4; 16 Uhr bis spät; M45, 245, U Ernst-Reuter-Platz) Christian Gentemanns Cocktailwelt befindet sich zwar im Hotel am Steinplatz, hat aber nichts von einer piefigen Hotelbar. In den klassischen und kreativen Drinks dürfen oft regionale Spirituosen und Zutaten glänzen; das Fassbier stammt von der Berliner Brauerei Rollberg. Zu den Drinks passen phantasievolle Barhäppchen.

Diener Tattersall Kneipe

(Karte S. 514; 030-881 5329; www.diener-berlin.de; Grolmanstraße 47; 18–2 Uhr; S Savignyplatz) Diese seit über hundert Jahren bestehende Altberliner Kneipe wurde in den 1950er-Jahren vom deutschen Schwergewichtsmeister Franz Diener übernommen und zählt seitdem zu den wichtigsten Künstlerkneipen West-Berlins. Von Billy Wilder bis Harry Belafonte – sie alle kamen auf ein Bierchen und eine Bulette hierher und hinterließen signierte Schwarzweißfotos, die das Lokal bis heute schmücken.

Monkey Bar Bar

(Karte S. 514; 030-120 221 210; www.25hours-hotel.com; Budapester Straße 40; So–Do 12–1, Fr & Sa bis 2 Uhr; ; 100, 200, S Zoologischer Garten, U Zoologischer Garten) Der „urbane Dschungel" im 10. Stock des 25hours Hotel Bikini Berlin punktet mit fabelhaften Ausblicken auf die Stadt und den angrenzenden Zoo, vor allem aufs Affenhaus. An milden Tagen ist die große Terrasse ein tolles Plätzchen für einen Sonnenuntergangsdrink, auf der Karte stehen Tiki-Cocktails wie der Original-Mai-Tai von Trader Vic und Mixgetränke auf Ginbasis.

UNTERHALTUNG

Berliner Philharmonie Klassische Musik

(Tickets 030-254 888 999; www.berliner-philharmoniker.de; Herbert-von-Karajan-Straße 1; Tickets 30–100 €; M29, M48, M85, 200, S Potsdamer Platz, U Potsdamer Platz) Diese weltberühmte Konzerthalle hat eine herausragende Akustik und dank Hans Scharouns raffinierter Weinberg-Architektur nur gute Sitzplätze. Hier sind die Berliner Philharmoniker zu Hause, die noch bis 2018 von Chefdirigent Sir Simon Rattle geleitet werden. Danach übernimmt der in Russland geborene Kirill Petrenko den Taktstock.

Chamäleon Varieté Kabarett

(030-400 0590; www.chamaeleonberlin.com; Rosenthaler Straße 40/41; Tickets 29–69 €; M1, S Hackescher Markt) In einer Kombination aus Jugendstilcharme und zeitgenössischem Zirkus-Theater bietet dieses intime Varieté

Berlin für Schwule & Lesben

Die liberale Gesinnung der Berliner hat eine der weltweit vielfältigsten Spielwiesen für Schwule, Lesben, Bi- und Transsexuelle hervorgebracht. Hier geht einfach alles, von hochgeistig bis handfest, von bürgerlich bis schräg, von Mainstream bis exzentrisch. Außer in den Hardcore-Schuppen sind in den meisten Gay-Lokalen auch Angehörige des anderen Geschlechts und Heteros willkommen.

Die schwullesbische Landschaft in Berlin umfasst die gesamte Palette: von netten Cafés, originellen Bars und einschlägigen Programmkinos bis zu Saunen, Clubs mit Darkrooms und Sexclubs. Überhaupt behandelt man im urbanen Berlin Sex als etwas Alltägliches, und es gibt nur wenige Gelüste, die man oder frau hier nicht ungeniert und legal ausleben kann.

SERGEY KOHL/SHUTTERSTOCK ©

in einem alten Ballsaal tolle Shows – frech, frivol, atemberaubend und unkonventionell oder einfach zauberhaft.

PRAKTISCHE INFORMATIONEN

Visit Berlin (030-2500 25; www.visitberlin.de), die offizielle Berliner Tourismuszentrale, unterhält fünf Filialen, Infoschalter an den Flughäfen und ein **Callcenter** (030-2500 2333; Mo–Fr 9–19, Sa 10–18, So 10–14 Uhr). Hier wird einem bei Planung, Hotelbuchung und Ticketkauf geholfen.

Brandenburger Tor (Südflügel, Pariser Platz; April–Okt. 9.30–19 Uhr, Nov.–März bis 18 Uhr; S Brandenburger Tor, U Brandenburger Tor)

Hauptbahnhof (Eingang Europaplatz, Erdgeschoss; 8–22 Uhr; S Hauptbahnhof, Hauptbahnhof)

Europa-Center (Tauentzienstraße 9, Erdgeschoss; Mo–Sa 10–20 Uhr; 100, 200, U Kurfürstendamm)

Rankestraße (Ecke Rankestraße & Kurfürstendamm; April–Okt. 10–18 Uhr, Nov.–März bis 16 Uhr; 100, 200, U Kurfürstendamm)

Fernsehturm (Panoramastraße 1a, Erdgeschoss; April–Okt. 10–18 Uhr, Nov.–März bis 16 Uhr; 100, 200, TXL, U Alexanderplatz, S Alexanderplatz)

AN- & WEITERREISE

BUS

Die meisten Fernbusse steuern den **Zentralen Omnibusbahnhof** (ZOB; 030-3010 0175; www.iob-berlin.de; Masurenallee 4–6; S Messe/ICC Nord, U Kaiserdamm) bei der Messe im Westen Berlins an. Die nächste U-Bahn-Station ist U2 Kaiserdamm, rund 400 m nördlich, mit der man in ca. 8 Minuten zum Bahnhof Zoo und in 28 Minuten zum Alexanderplatz kommt.

FLUGZEUG

Da der neue Flughafen Berlin Brandenburg (BER) noch immer nicht fertig ist, werden weiterhin die Flughäfen **Tegel** (TXL; 030-6091 1150; www.berlin-airport.de; Tegel Flughafen) und **Schönefeld** (SXF; 030-6091 1150; www.berlin-airport.de; Airport-Express, RE7 & RB14) angeflogen.

ZUG

Der Berliner **Hauptbahnhof** (www.berliner-hbf.de; Europaplatz, Washingtonplatz; S Hauptbahnhof, U Hauptbahnhof) liegt mitten in der Stadt unmittelbar nördlich des Regierungsviertels und nicht weit von wichtigen Sehenswürdigkeiten und Hotels entfernt. Von hier verkehren U-, S- und Straßenbahnen sowie Busse in alle Ecken der Stadt. Taxis findet man vor dem Nordausgang (Europaplatz) und Südausgang (Washingtonplatz).

UNTERWEGS VOR ORT

Zuständig für das weitreichende und effiziente Berliner Verkehrsnetz aus U-Bahn, S-Bahn, Bussen und Straßenbahnen ist die BVG (www.bvg.de). Über Verkehrsverbindungen informiert die 24-Stunden-Hotline (030-194 49) oder auch die Website bzw. App.

U-Bahn Das praktischste Verkehrsmittel; sie fährt von 4 bis 0.30 Uhr, freitags, samstags und feiertags die ganze Nacht. Die übrige Woche füllen halbstündliche Nachtbusse die Lücke.

S-Bahn Fährt nicht so häufig wie die U-Bahn, ist aber mit weniger Haltestellen gut für längere Strecken. Betriebszeiten wie die U-Bahn.

Bus Langsam, aber gut für preiswertes Sightseeing. Die Busse verkehren von 4.30 bis 0.30 Uhr, die übrige Zeit fahren halbstündliche Nachtbusse. MetroBusse (M1, M19) fahren rund um die Uhr.

Straßenbahn Nur in den östlichen Stadtteilen; MetroTrams (M1, M2) fahren jeden Tag rund um die Uhr.

Fahrrad Viele Radwege und Leihstationen; Räder dürfen in gekennzeichneten U-Bahn- und S-Bahnwagen mitgenommen werden.

Taxi Vergleichsweise günstig, jedoch nicht zu den Stoßzeiten empfehlenswert.

Uber Die einzige Uber-Option ist uberTaxi. Die Preise entsprechen denen regulärer Taxis; 1,50 € Zuschlag für Kartenzahlung.

Wohin zum Schlafen?

Berlin bietet die gesamte Palette an Unterkünften – man kann sogar in einer alten Bank, auf einem Boot oder in einer Fabrik, im früheren Haus einer Stummfilmdiva oder in einem „fliegenden Bett" schlafen.

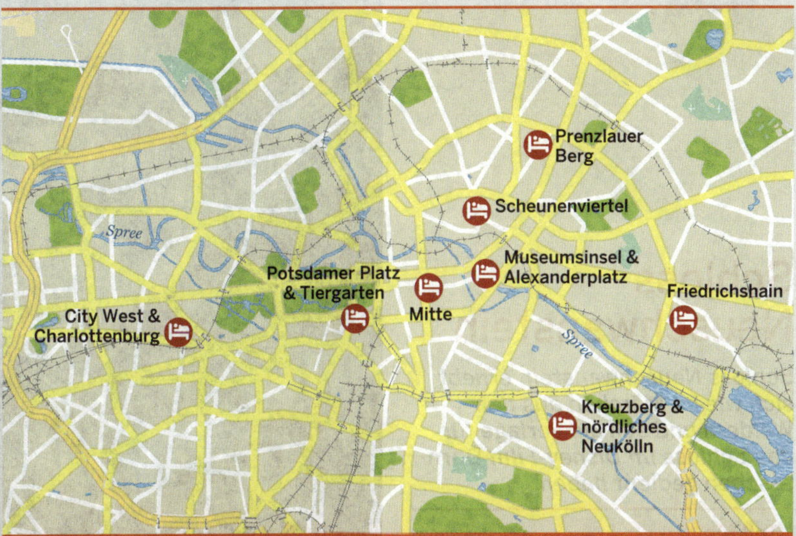

Stadtviertel	Merkmale
Mitte	Nahe an wichtigen Sehenswürdigkeiten wie dem Reichstag; beste Verkehrsverbindungen; meist Spitzenhotels und Sternerestaurants. Touristisch, teuer, nachts tote Hose.
Scheunenviertel	Hip, trendig, historisch, zentral; viele Boutique- und Designhotels; tolle Cafés; Top-Galerien und Street Art. Teuer, verkehrsreich, laut, keine Parkplätze, teils touristisch.
Museumsinsel & Alexanderplatz	Zentral mit vielen Sehenswürdigkeiten; leicht zu erreichen; gut zum normalen Shoppen. Laut, verkehrsreich, durch Großbaustellen auch staubig; kaum Nachtleben.
Potsdamer Platz & Tiergarten	Urbanes Flair im neuesten Viertel Berlins; moderne Architektur; Spitzenhotels; Top-Museen. Wenige Restaurants; teuer.
Prenzlauer Berg	Reizendes Wohnviertel; studentisch-familiär; lebendige Café- und Restaurantszene; kleine Läden und Flohmarkt im Mauerpark.
Friedrichshain	Studenten, Künstler, junge Familien; tolles Nachtleben. Wenige Unterkünfte; nicht sehr zentral; schlechte Verkehrsanbindung.
Kreuzberg & nördliches Neukölln	Ideal für Kneipen- und Clubtouren; viele Hostels; große Restaurantszene. Tolle Street Art. Alternativ, laut und verkehrsreich.
City West & Charlottenburg	Shoppen; traditionsreiche Kneipen und Restaurants; teils günstige Unterkünfte, Pensionen. Bürgerlich, weniger Attraktionen.

Schloss Neuschwanstein

Schloss Neuschwanstein erhebt sich wie im Märchen aus den Wäldern und soll als Vorlage für das Schloss im Disney-Film* Dornröschen *gedient haben.

Toll für ...

Gut zu wissen

Tickets 08362-930 830; www.neuschwanstein.de; Neuschwansteinstraße 20; Erw./erm. 12/11 €, mit Hohenschwangau 23/21 €; April–Mitte Okt. 9–18 Uhr, Mitte Okt.–März 10–16 Uhr

★ Top-Tipp

Schon um 8 Uhr da sein, um ein Ticket für den selben Tag zu erhalten!

Der Märchenkönig Ludwig II.

Ludwig II. plante Schloss Neuschwanstein selbst: Hier sollte die Welt der deutschen Mythen wiederaufleben, inspiriert von den Opern Wagners. Auch Ludwigs Leidenschaft für die französische Kultur und den Sonnenkönig Ludwig XIV. hinterließ ihre Spuren in dem phantasievollen Bau.

Ludwig war ein im Grunde gewissenhafter Herrscher, doch die Tage des eigenständigen Staates Bayern waren gezählt. Mit Eingliederung in das Deutsche Reich 1871 zog sich Ludwig gänzlich zurück, verfiel dem Alkohol, entwarf Schlösser und ließ sich privat Konzerte und Opern aufführen.

Im Januar 1886 wurde Ludwig auf Betreiben mehrerer Minister und Verwandter entmündigt und für regierungsunfähig erklärt. Im Juni verfrachtete man ihn ins Schloss Berg am Starnberger See. Ein paar Tage später unternahm der menschenscheue Junggeselle mit einem Psychiater einen Sonntagabendspaziergang am See. Stunden später fand man sie: Sie waren in seichtem Wasser ertrunken. Was an diesem Abend geschah, ist nicht mit letzter Sicherheit zu sagen, es kursieren entsprechend viele Verschwörungstheorien. Im Sommer 1886 wurde Neuschwanstein zur Begleichung der immensen Schulden Ludwigs für die Allgemeinheit geöffnet. König Ludwig war tot, doch der Mythos war geboren.

Der Bau des Schlosses

Der grauweiße Traum aus Granit war als romantische mittelalterliche Burg konzipiert, mit dem Bau wurde 1869 begonnen. Von Anbeginn war das Schloss völlig aus der Zeit gefallen: Als Ludwig 1886 starb, stan-

Schloss Hohenschwangau

den in New York schon die ersten Hochhäuser. Doch trotz seines altmodischen Stils verfügte das Schloss über zahlreiche moderne Ausstattungen wie ein Warmluft-Heizsystem und fließendes Wasser. Wie so viele von Ludwigs hochtrabenden Vorhaben wurde auch Neuschwanstein nie fertig. Ludwig selbst verbrachte hier ganze 170 Tage.

Die Innenräume

Der eindrucksvollste Saal ist der **Sängersaal** mit Szenen aus der Wagner-Oper *Tannhäuser*. Ebenfalls fertiggestellt wurden Ludwigs **Schlafgemach** mit einem riesigen neugotischen Prunkbett (inspiriert von *Tristan und Isolde*), eine kitschige künstliche Grotte – eine weitere Anspielung auf den *Tannhäuser* – und der byzantinische **Thronsaal** mit einem Fußbodenmosaik aus über 2 Mio. Steinchen. Das Gemälde gegenüber dem (thronlosen) Thronsockel zeigt ein weiteres von Ludwig erdachtes Schloss, das aber nie gebaut wurde.

☑ Nicht versäumen

Nicht weit vom Ticket Center ist das hervorragende **Museum der Bayerischen Könige** (www.museumderbayerischenkoenige.de; Alpseestraße 27; Erw./erm. 9,50/8 €; ⌚10–18 Uhr).

MESPILIA/SHUTTERSTOCK ©

Schloss Hohenschwangau

Ludwig II. wuchs im sonnengelben **Schloss Hohenschwangau** (☎08362-930 830; www.hohenschwangau.de; Alpseestraße 30; Erw./erm. 12/11 €, mit Neuschwanstein 23/21 €; ⌚April–Mitte Okt. 8–17 Uhr, Mitte Okt.–März 9–15.30 Uhr) auf und verbrachte hier bis zu seinem Tod 1886 die Sommer. Sein Vater Maximilian II. hatte das neugotische Schloss auf Ruinen aus dem 12. Jh. erbauen lassen. Hohenschwangau ist weit bodenständiger als Neuschwanstein und macht einen irgendwie bewohnten Eindruck – alle Möbel hier sind Originale, die auch benutzt wurden. Nach dem Tod seines Vaters ließ Ludwig an die Decke seines Schlafgemachs einen von versteckten Öllampen beleuchteten Nachthimmel malen.

Eintrittskarten & Führungen

Beide Schlösser sind nur im Rahmen 35-minütiger Führungen zugänglich. Die Zeitfenster-Tickets gibt es beim **Ticket Center** (☎08362-930 830; www.hohenschwangau.de; Alpseestraße 12; ⌚April–Mitte Okt. 8–17 Uhr, Mitte Okt.–März 9–15.30 Uhr) am Fuß der Schlösser.

Zwischen den Führungen ist genügend Zeit für den steilen 30- bis 40-minütigen Marsch von Schloss zu Schloss. Sämtliche Münchner Tourenveranstalter bieten Tagesausflüge zu den Schlössern an.

★ Fotospot

Ein Postkartenausblick auf Neuschwanstein bietet sich von der zehn Fußminuten entfernten Marienbrücke.

In diesem Kapitel

Prag, Tschechien

Eine Tschechien-Reise beginnt in Prag, der Wiege der tschechischen Kultur und einer der faszinierendsten Städte Europas. Prag präsentiert sich mit einer fast völlig intakten mittelalterlichen Altstadt, deren gotische Architektur Besucher 500 Jahre in die Vergangenheit zurückversetzt – der Blick auf die Karlsbrücke aus dem 14. Jh., die zwei historische Viertel über die Moldau hinweg verbindet, darüber die Burg und die Türme des Veitsdoms zählt zu den absoluten Klassikern weltweit. Aber Prag lebt nicht nur von seiner Geschichte, sondern ist auch eine quirlige Metropole mit einer reichen Kultur- und aufblühenden Restaurantszene.

Zwei Tage in Prag

Der Tag beginnt mit einem Bummel durch die Höfe der **Prager Burg** (S. 532), noch bevor die wichtigen Sehenswürdigkeiten öffnen. Am Nachmittag steht dann die **Nikolauskirche** (S. 538), eine echte Barockschönheit, auf dem Programm. Den Abschluss des Tages bildet ein Abendessen im **Augustine** (S. 547). Den Vormittag des zweiten Tages verbringt man rund um den **Altstädter Ring** (S. 538), am Nachmittag besucht man die verschiedenen Stätten des **Jüdischen Museums** (S. 538).

Vier Tage in Prag

Am dritten Tag werden zunächst die Gänge und Arkaden rund um den **Wenzelsplatz** (S. 541) erkundet. Anschließend widmet man sich den historischen und künstlerischen Schätzen des **Museums der Stadt Prag** (S. 541). Am letzten Tag geht's mit der U-Bahn hinaus nach Vyšehrad, um die zweite Prager Burg zu erkunden, die **Burg Vyšehrad** (S. 544) mit ihren wundervollen Ausblicken auf die Moldau. Am Abend steht eine Aufführung im **Nationaltheater** (S. 550) oder im **Palác Akropolis** (S. 550) auf dem Programm.

Von Prag geht's weiter nach Budapest (S. 552) oder Wien (S. 570).

Ankunft

Václav Havel Airport Prague Busse zu den U-Bahnhöfen Nádraží Veleslavín (Bus 119) und Zličín (Bus 100) fahren von 4 bis 24 Uhr alle zehn Minuten vor der Ankunftshalle ab (32 Kč). Ein Taxi in die Innenstadt kostet 500 Kč.

Praha hlavní nádraží Der Prager Hauptbahnhof befindet sich im Stadtzentrum und ist mit der U-Bahnlinie C (rot) zu erreichen. Hier kommen alle Züge aus dem Ausland an.

Busbahnhof Florenc Der Busbahnhof für Busse aus dem Ausland liegt östlich der Innenstadt und ist mit U- und Straßenbahnen angeschlossen.

Schlafen

Die Zeit, als Prag ein billiges Reiseziel war, gehört der Vergangenheit an. In Sachen Qualität, Bandbreite und Kosten liegen die Hotels heute auf dem Niveau der meisten Städte Westeuropas. Die Unterkünfte reichen von gemütlichen, romantischen Hotels in alten Stadthäusern bis zu neuen Designhotels und Hostels. Besonders für die Festivalzeit im Mai und für die Zeit um Ostern und Weihnachten/Neujahr muss man so weit wie möglich im Voraus buchen.

Veitsdom (S. 534) und Prager Burg

Prager Burg

Die Prager Burg – Pražský hrad oder einfach hrad – ist die Hauptattraktion der Stadt. Die Türme, Turmspitzen und Paläste der Burganlage ragen märchenhaft oberhalb des linken Moldau-Ufers auf und dominieren das Bild im Zentrum Prags.

Toll für ...

☑ Nicht versäumen

Die bunten Häuschen aus dem 16. Jh. im Goldenen Gässchen und die Sammlungen im Palais Lobkowitz.

Innerhalb der Mauern befinden sich ganz unterschiedliche historische Gebäude und Museen, die einige der wichtigsten Kulturschätze des Landes bergen.

Erster Burghof (Ehrenhof)

Der Erste Burghof liegt hinter dem Haupttor am Hradschiner Platz (Hradčanské náměstí) und wird von riesigen Barockstatuen kämpfender **Titanen** (1767–1770) flankiert, die die Burgwache unter ihnen ganz klein erscheinen lassen. Nach dem Ende des Kommunismus 1989 beauftragte der damalige Präsident Václav Havel seinen alten Kumpel Theodor Pistek, seines Zeichens Kostümdesigner beim Film *Amadeus* (1984), damit, die alten Khaki-Uniformen der Burgwache durch neue zu ersetzen: Heute sieht man in Anspielung

Kampf der Titanen am Haupttor

CHATMALI/SUTTERSTOCK ©

auf die Armee der ersten tschechoslowakischen Republik 1918–1938 schicke blaue Uniformen.

Jeweils zur vollen Stunde findet eine **Wachablösung** statt, die längste und eindrucksvollste ist um 12 Uhr: Dann werden Fahnen ausgetauscht und aus den Fenstern des Plečnik-Saals ertönen Fanfaren.

Zweiter Burghof

Hinter dem Matthiastor liegt der Zweite Burghof mit einem Barockbrunnen sowie einem Brunnen aus dem 17. Jh. mit hübschem Renaissance-Gitter.

Die Kapelle des Heiligen Kreuzes (1763) rechts beherbergt den **Domschatz** (Svatovítský poklad; Karte S. 539; 224 373 442; Erw./Kind 300/150 Kč oder mit Kombiticket C; April–Okt. 10–18 Uhr, Nov.–März bis 17 Uhr), eine unglaubliche Sammlung sakraler Schätze, zu der Karl IV. im 14. Jh. den Grundstein legte. Zu den ältesten Stücken zählt ein Reliquienarm des hl. Veit aus dem frühen 10. Jh., am eindrucksvollsten sind ein goldenes Krönungskreuz Karls IV. (1370) und eine mit Diamanten besetzte Barockmonstranz von 1708.

Die **Gemäldegalerie der Prager Burg** (Karte S. 539; Erw./Kind 100/50 Kč oder mit Kombiticket C; April–Okt. 9–17 Uhr, Nov.–März bis 16 Uhr) in den schönen Renaissance-Stallungen der Burg umfasst europäische Kunst des 16. bis 18. Jhs. Die Habsburger begründeten diese Sammlung 1650, um gestohlene Gemälde zu ersetzen; darunter sind Werke von Cranach, Holbein, Rubens, Tintoretto und Tizian.

Gut zu wissen

Pražský hrad; Karte S. 539; 224 372 423; www.hrad.cz; Hradčanské náměstí 1; Außenanlagen frei, Erw./erm. Kombiticket A & C 350/175 Kč, Kombiticket B 250/125 Kč; Außenanlagen ganzjährig 6–23 Uhr, Gärten April–Okt. 10–18 Uhr, Nov.–März geschl., historische Gebäude April–Okt. 9–17 Uhr, Nov.–März bis 16 Uhr; M Malostranská, 22

Kleine Stärkung

Im **Lobkowicz Palace Café** (Karte S. 539; 233 312 925; Jiřská 3; Hauptgerichte 200–300 Kč; 10–18 Uhr; 22) gibt's Gulasch und Stadtblick.

★ Top-Tipp

Um nicht im Trubel unterzugehen, kommt man am besten vor 10.30 Uhr oder nach 15.30 Uhr zur Burg und möglichst nicht am Wochenende.

Dritter Burghof

Geht man durch einen Gang auf der Ostseite des Zweiten Burghofs, steht man gleich vor der gewaltigen Fassade des Veitsdoms; rechts erstreckt sich der Dritte Burghof. An seinem Eingang ist ein 16 m hoher **Granitmonolith** zu sehen, der den Opfern des Ersten Weltkriegs gewidmet ist und 1928 von Jože Plečnik entworfen wurde, außerdem eine Bronzestatue des **hl. Georg**, der mit dem Drachen kämpft, aus dem 14. Jh. – dies ist eine Kopie, das Original befindet sich in der Ausstellung **Geschichte der Prager Burg** (Erw./Kind 140/70 Kč oder mit Kombiticket A; ⏲April–Okt. 9–17 Uhr, Nov.–März bis 16 Uhr).

Der **Alte Königspalast** (Starý královský palác; Karte S. 539; mit Kombiticket A & B; ⏲April–Okt. 9–17 Uhr, Nov.–März bis 16 Uhr) am östlichen Ende des Hofs zählt zu den ältesten Teilen der Burg: Er stammt von 1135. Ursprünglich wurde er nur von tschechischen Prinzessinnen bewohnt, vom 13. bis zum 16. Jh. residierte hier auch der König.

Den Dritten Burghof beherrscht die Südfassade des **Veitsdoms** (Katedrála sv Víta; Karte S. 539; ☎257 531 622; www.katedralasvatehovita.cz; mit Kombitickets A & B; ⏲April–Okt. Mo–Sa 9–17, So 12–17 Uhr, Nov.–März bis 16 Uhr), eine der reichsten Kathedralen Mitteleuropas und Herz des Katholizismus in Tschechien. Die Schätze hier reichen von einem Mosaik des Jüngsten Gerichts aus dem 14. Jh. und den Grabmälern des hl. Wenzels und Karls IV. bis zu dem barocken Silbergrabmal des hl. Johann von Nepomuk, der reich verzierten Wenzelska-

Goldenes Gässchen

pelle und den Jugendstil-Buntglasfenstern von Alfons Mucha.

Georgsplatz

Der Georgsplatz (Jiřské náměstí), der Platz östlich des Veitsdoms, liegt im Herzen der Burganlage.

Beherrscht wird er von der frühbarocken Backsteinfassade der **St.-Georgs-Basilika** (Bazilika sv Jiří; Jiřské náměstí; Karte S. 539; mit Kombitickets A & B; ⌚April–Okt. 9–17 Uhr, Nov.–März bis 16 Uhr), der besterhaltenen romanischen Basilika Tschechiens, gegründet im 10. Jh. von Vratislav I., dem Vater des hl. Wenzel. Das heutige Erscheinungsbild verdankt sich größtenteils zwischen 1887 und 1908 durchgeführten Restaurierungen.

★ Weltrekord

Laut *Guinness-Buch der Rekorde* ist die Prager Burg die größte alte Burganlage der Welt – 570 m lang, im Schnitt 128 m breit und mit einer Fläche von 7,28 ha.

DESPERADO/GETTY IMAGES ©

Georgsgasse

Die Georgsgasse (Jiřská) führt von der St.-Georgs-Basilika zum Osttor der Burg.

An der Nordmauer der Burg entlang verläuft ein malerisches Sträßchen, das als **Goldenes Gässchen** (Zlatá ulička; Karte S. 539; mit Kombitickets A & B; ⌚April–Okt. 9–17 Uhr, Nov.–März bis 16 Uhr) bekannt ist. Die kleinen bunten Häuschen wurden im 16. Jh. für die Scharfschützen der Burgwache errichtet, später dann von Goldschmieden genutzt. Im 19. und frühen 20. Jh. wohnten hier Künstler, so auch der Schriftsteller Franz Kafka, der 1916/17 oft das Haus seiner Schwester (Nr. 22) aufsuchte.

Das **Palais Lobkowitz** (Lobkovický palác; Karte S. 539; ☎233 312 925; www.lobkowicz.com; Jiřská 3; Erw./erm./Fam. 275/200/690 Kč; ⌚10–18 Uhr) aus dem 16. Jh. beherbergt die **Fürstlichen Sammlungen** mit wertvollen Gemälden, Möbeln und Musikalien. Der Audioguide informiert über Wilhelm Lobkowitz und seine Familie und erklärt die Exponate. So wird das Palais zu einer der interessantesten Sehenswürdigkeiten der Burg.

★ Südliche Wallgärten

Wer am Osttor der Burg scharf rechts geht, kann durch die **Südlichen Wallgärten** (Garten auf der Schanze; Zahrada Na Valech; Karte S. 539; ⌚April–Okt. 10–18 Uhr, Nov.–März geschl.) GRATIS zurück zum Hradschiner Platz spazieren. Von den Gärten eröffnen sich herrliche Ausblicke über die Dächer von Malá Strana, der Prager Kleinseite.

Prager Fluss-spaziergang

Durch das Herz von Prag fließt der Fluss, der den Komponisten Friedrich Smetana zu seiner bewegenden Sinfonie *Die Moldau* inspirierte. Auch wer die bekannte Melodie nicht im Ohr hat, wird die Brücken- und Flusspanoramen auf diesem Spaziergang in vollen Zügen genießen.

Start St.-Agnes-Kloster
Länge 8 km
Dauer 3 Stunden

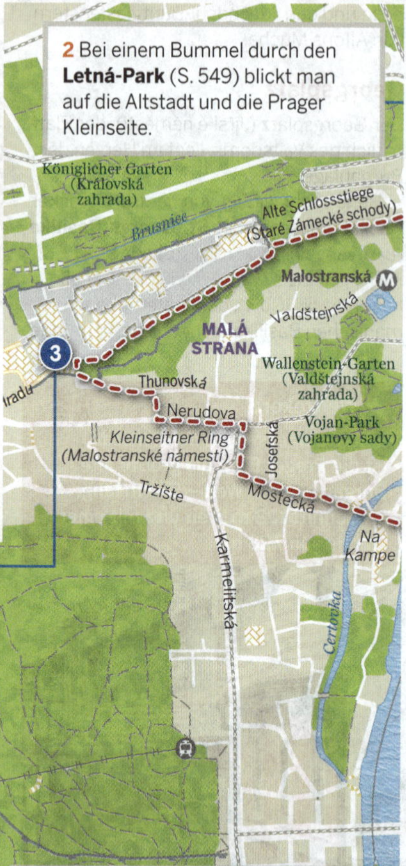

2 Bei einem Bummel durch den **Letná-Park** (S. 549) blickt man auf die Altstadt und die Prager Kleinseite.

Fotospot: Die malerische Prager Burg aus jedem Winkel.

3 Von den Mauern oder den gepflegten Wallgärten der **Prager Burg** (S. 532) bieten sich schöne Ausblicke auf die roten Dächer von Malá Strana, der Kleinseite.

6 Schräg und elegant: Das **Tanzende Haus** von Vlado Milunić und Frank Gehry harmoniert überraschend gut mit seinen Nachbarn.

1 Das **St.-Agnes-Kloster** (S. 538) ist das älteste gotische Gebäude Böhmens, erbaut ab 1231 – hier soll es spuken!

4 Auf der **Karlsbrücke** (S. 541) gibt's die berühmten Stadtansichten auf die großen mittelalterlichen Tore, die Burg und die träge dahinfließende Moldau.

Kleine Stärkung ... Kaffee und Kuchen in dem altmodischen Kaffeehaus Kavárna Slavia (Národní třída 1; ⏲Mo–Fr 8–24, Sa & So 9–24 Uhr).

5 Auf der stillen **Slaweninsel** kann man sich ein Picknick oder ein kleines Nickerchen gönnen.

SEHENSWERTES

Hradčany (Hradschin)

Loreta Kirche, Kloster

(☎220 516 740; www.loreta.cz; Loretánské náměstí 7; Erw./Kind/Fam. 150/80/310 Kč, Fotoerlaubnis 100 Kč; ⏲April–Okt. 9–17 Uhr, Nov.–März 9.30–16 Uhr; 🚋22) Das Prager Loreta ist eine 1626 von Benigna Kateřina Lobkowicz gegründete Pilgerstätte, eine Nachbildung der Santa Casa (Heiliges Haus; Haus der Jungfrau Maria) im Heiligen Land. Der Überlieferung zufolge wurde die echte Santa Casa von Engeln in die italienische Stadt Loreto geschafft, als die Mameluken gegen Nazareth vordrangen.

Strahov-Bibliothek Historisches Gebäude

(Strahovská knihovna; ☎233 107 718; www.strahovskyklaster.cz; Strahovské nádvoří 1; Erw./Kind 100/50 Kč; ⏲9–12 & 13–17 Uhr; 🚋22) Die Strahov-Bibliothek ist die größte Klosterbibliothek des Landes, mit zwei prächtigen Barocksälen aus dem 17. und 18. Jh. Besucher können durch die Türen spähen, dürfen die Säle selbst aber leider nicht betreten – durch den Atem der Besucher erhöht sich die Luftfeuchtigkeit, was den Fresken schadet. Außerdem ist eine Ausstellung mit historischen Kuriositäten zu sehen.

Malá Strana (Kleinseite)

Kirche St. Nikolaus Kirche

(Kostel sv Mikuláše; Karte S. 539; ☎257 534 215; www.stnicholas.cz; Malostranské náměstí 38; Erw./Kind 70/50 Kč; ⏲März–Okt. 9–17 Uhr, Nov.–Feb. bis 16 Uhr; 🚋12, 15, 20, 22) Die Kleinseite wird von der riesigen grünen Kuppel der Nikolauskirche beherrscht, einer der schönsten Barockkirchen Mitteleuropas. (Sie ist nicht zu verwechseln mit der Nikolauskirche am Altstädter Ring.) Johann Krackers Deckengemälde *Apotheose des hl. Nikolaus* von 1770 ist Europas größtes Fresko – durch die clevere Trompe-l'œil-Maltechnik scheint das Gemälde fast nahtlos mit der Architektur zu verschmelzen.

Petřín Berg

(🚋Nebozízek, Petřín) Der 318 m hohe Berg ist eine der größten grünen Oasen Prags. Hier kann man wunderbar in aller Ruhe spazierengehen und dabei schöne Blicke auf die „Stadt der hundert Türme" genießen. Die meisten Attraktionen oben auf dem Berg wie ein Aussichtsturm und ein Spiegellabyrinth entstanden Ende des 19. und Anfang des 20. Jhs., was dazu beiträgt, dass das Gelände ein nostalgisches Jahrmarktflair verströmt.

Staré Město (Altstadt)

St.-Agnes-Kloster Kunstmuseum

(Klášter sv Anežky; Karte S. 542; ☎224 810 628; www.ngprague.cz; U Milosrdných 17; inkl. Eintritt zu allen Häusern der Nationalgalerie Erw./Kind 300/150 Kč; ⏲Di–So 10–18 Uhr; 🚋6, 8, 15, 26) In der Nordostecke der Altstadt befindet sich das ehemalige St.-Agnes-Kloster, Prags ältestes gotisches Gebäude. Der erste Stock beherbergt die der Nationalgalerie gehörende Sammlung mit Kunst des Mittelalters und der Frührenaissance (1200–1550) aus Böhmen und Mitteleuropa, darunter gotische Altarbilder und bunte religiöse Skulpturen.

Altstädter Ring Platz

(Staroměstské náměstí; Karte S. 542; Ⓜ Staroměstská) Der Altstädter Ring (Staroměstské náměstí oder kurz Staromák), einer der größten und schönsten Stadtplätze Europas, ist schon seit dem 10. Jh. der wichtigste öffentliche Platz Prags. Hier fand bis ins 20. Jh. hinein auch der wichtigste Markt der Stadt statt.

Jüdisches Museum Prag Museum

(Židovské muzeum Praha; Karte S. 542; ☎222 749 211; www.jewishmuseum.cz; Reservierungscenter, Maiselova 15; normales Ticket Erw./Kind 300/200 Kč, Kombiticket mit Altneusynagoge 480/320 Kč; ⏲April–Okt. So–Fr 9–18 Uhr, Nov.–März bis 16.30 Uhr; Ⓜ Staroměstská) Das Museum besteht aus sechs jüdischen Einrichtungen in Josefov: der **Maiselsynagoge** (Maiselova synagóga; Karte S. 542; Maiselova 10), der **Pinkassynagoge** (Pinkasova synagóga; Karte S. 542; Široká 3), der **Spanischen Synagoge** (Španělská synagóga; Karte S. 542; Vězeňská 1), der **Klausensynagoge** (Klauzová synagóga; Karte S. 542; U starého hřbitova 1;

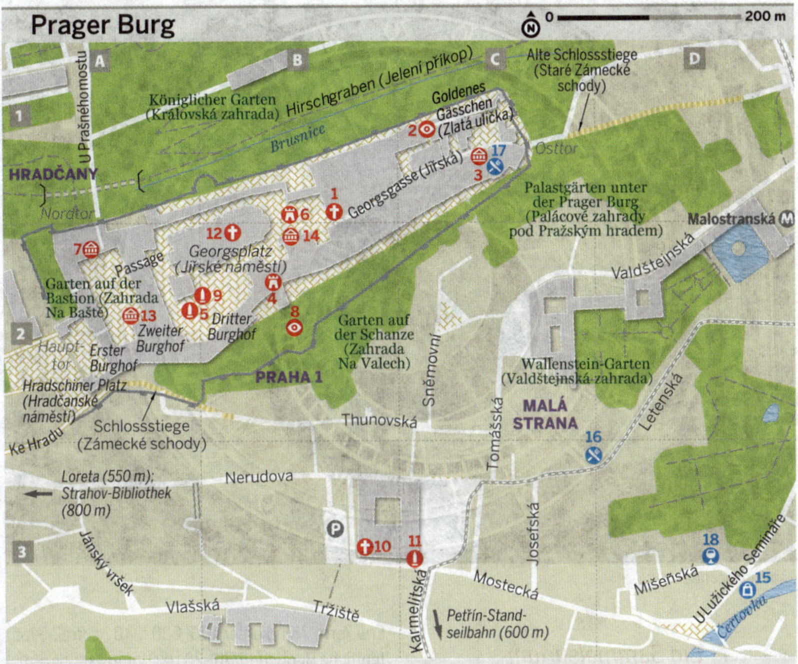

Prager Burg

Sehenswertes

1 St.-Georgs-Basilika B1
2 Goldenes Gässchen C1
3 Palais Lobkowicz C1
4 Alter Königspalast B2
5 Monolith A2
6 Prager Burg B1
7 Gemäldegalerie der Prager Burg A2
8 Südliche Wallgärten B2
9 Hl. Georg im Kampf mit dem Drachen B2
10 Kirche St. Nikolaus B3
11 St. Nikolaus Glockenturm C3
12 Veitsdom B2
13 Prager Domschatz A2
14 Geschichte der Prager Burg B2

Shoppen

15 Shakespeare & Sons D3

Essen

16 Augustine C3
17 Lobkowicz Palace Café C1

Ausgehen & Nachtleben

18 Vinograf D3

🚊17), dem **Zeremoniensaal** (Obřadní síň; Karte S. 542; Alter Jüdischer Friedhof; 🚊17) und dem **Alten Jüdischen Friedhof** (Starý židovský hřbitov; Karte S. 542; Pinkassynagoge, Široká 3), Europas ältestem noch bestehendem jüdischen Friedhof. Die **Altneusynagoge** (Staronová synagóga; Karte S. 542; Červená 2; Erw./Kind 200/140 Kč; 🚊17) wird noch immer für Gottesdienste genutzt; für sie benötigt man eine separate Eintrittskarte bzw. ein Kombiticket.

St. Maria vor dem Teyn — Kirche

(Kostel Panny Marie před Týnem; Karte S. 542; ☎222 318 186; www.tyn.cz; Staroměstské náměstí; empfohlene Spende 25 Kč; ⏱März–Dez. Di–Sa 10–13 & 15–17, So 10–12 Uhr; Ⓜ Staroměstská) Mit ihren markanten gotischen Doppeltürmen ist die Teynkirche eines der bekanntesten Wahrzeichen der Altstadt. Als wären sie einem (vielleicht etwas düsteren) Märchen aus dem 15. Jh. entsprungen, erheben sich die Türme über dem

NIK PHOT/500PX ©

Astronomische Uhr

„Ein Sammelsurium mittelalterlicher Gebäude."

Altstädter Ring. Das goldene Abbild der Jungfrau Maria auf der Fassade wurde in den 1620er-Jahren aus dem riesigen eingeschmolzenen Hussitenkelch gefertigt, der sich bis dahin in der Kirche befand.

St.-Jakobs-Kirche Kirche

(Kostel sv Jakuba; Karte S. 542; http://praha.minorite.cz; Malá Štupartská 6; Di–Sa 9.30–12 & 14–16, So 14–16 Uhr; M Náměstí Republiky) GRATIS Die gotische Jakobskirche entstand im 14. Jh. als Klosterkirche der Minoriten und wurde im frühen 18. Jh. im barocken Stil wunderschön umgestaltet. In all dem Gold und Stuck verbirgt sich jedoch ein gruseliges Memento: Drinnen an der Westwand – wenn man reinkommt, nach rechts oben schauen – hängt ein verschrumpelter menschlicher Arm.

Gemeindehaus Historisches Gebäude

(Obecní dům; Karte S. 542; 222 002 101; www.obecnidum.cz; náměstí Republiky 5; Führungen Erw./erm./Kind unter 10 J. 290/240 Kč/frei; öffentliche Bereiche 7.30–23 Uhr, Informationszentrum 10–20 Uhr; M Náměstí Republiky, 6, 8, 15, 26) Das in den 1990er-Jahren nach jahrzehntelanger Vernachlässigung restaurierte Prager Gemeindehaus ist ein Juwel von Jugendstilgebäude. Es wurde mit viel Liebe zum Detail gestaltet: Jedes Gemälde und jede Skulptur ist symbolisch aufgeladen. Das **Restaurant** (222 002 770; www.francouzskarestaurace.cz; Hauptgerichte 695 Kč; 12–23 Uhr) und das **Café** (222 002 763; www.kavarnaod.cz; 7.30–23 Uhr;) im Gebäude wirken wie Jugendstilmuseen. Die reich verzierten Säle im Obergeschoss können im Rahmen von Führungen besichtigt werden.

Altstädter Rathaus Historisches Gebäude

(Staroměstská radnice; Karte S. 542; 236 002 629; www.staromestskaradnicepraha.cz; Staroměstské náměstí 1; Führungen Erw./Kind 100/70 Kč, mit Turm 180 Kč; Mo 11–18, Di–So 9–18 Uhr; M Staroměstská) Das Altstädter Rathaus von 1338 besteht aus einem Sammelsurium mittelalterlicher Gebäude, die im Laufe der Jahrhunderte Stück für Stück hinzukamen. Über dem Ganzen erhebt sich der gotische Turm mit einer **astronomischen Uhr** (Karte S. 542; ⏲Glockenspiel 9–21 Uhr stündl.). Im Rathaus ist außerdem die zentrale Touristeninformation der Altstadt untergebracht und es sind hier mehrere historisch interessante Dinge zu sehen; im Erdgeschoss und im zweiten Stock finden Kunstausstellungen statt.

Das Schönste am Rathaus ist der Ausblick über den Altstädter Ring vom 60 m hohen **Rathausturm** (Věž radnice; Karte S. 542; Erw./Kind 130/80 Kč, mit Führung Altstädter Rathaus 180 Kč; ⏲Mo 11–22, Di–So 9–22 Uhr). Der Aufstieg über die moderne Wendeltreppe aus Stahl lohnt sich – es gibt auch einen Aufzug.

Nové Město (Neustadt)

Wenzelsplatz — Platz

(Václavské náměstí; Karte S. 542; Ⓜ Můstek, Muzeum) Der Wenzelsplatz, eher ein breiter Boulevard als ein typischer Stadtplatz, hat schon jede Menge tschechischer Geschichte erlebt: 1848 fand hier während der revolutionären Unruhen eine riesige Messe statt, 1918 wurde die Gründung der tschechoslowakischen Republik gefeiert und 1989 das Ende des Kommunismus verkündet. Im Mittelalter fand auf dem Platz ein Pferdemarkt statt. Während der Nationalbewegung Mitte des 19. Jhs. wurde der Platz dann nach dem böhmischen Schutzheiligen benannt.

Mucha-Museum — Kunstmuseum

(Muchovo muzeum; Karte S. 542; ☎221 451 333; www.mucha.cz; Panská 7; Erw./Kind 240/160 Kč; ⏲10–18 Uhr; 🚋3, 5, 6, 9, 14, 24) Dieses faszinierende und beliebte Museum präsentiert die sinnlichen Jugendstilplakate und -gemälde von Alfons Mucha (1860–1939) sowie Skizzen, Fotos und Erinnerungsstücke. Es wimmelt nur so von slawischen Schönheiten mit wallendem Haar und stechenden blauen Augen, symbolträchtigen Blumenbouquets und Lindenzweigen – Motive, die für Mucha so typisch sind.

Karlsbrücke

Ein Bummel über die **Karlsbrücke** (Karlův most; Karte S. 542; ⏲24 Std.; 🚋2, 17, 18 bis Karlovy lázně, 12, 15, 20, 22 bis Malostranské náměstí) vorbei an Verkaufsständen, Zeichnern und Straßenmusikern gehört zu jedem Prag-Besuch. Dabei sollte man auch die Brücke selbst und ihre Barockstatuen betrachten. Von der Brücke und den Brückentürmen bieten sich herrliche Aussichten über die fließende Moldau.

EMPERORCOSAR/SHUTTERSTOCK ©

National Memorial to the Heroes of the Heydrich Terror — Museum

(Národní památník hrdinů Heydrichiády; ☎224 916 100; www.pamatnik-heydrichiady.cz; Resslova 9; ⏲März–Okt. Di–So 9–17 Uhr, Nov.–Feb. Di–Sa 9–17 Uhr; Ⓜ Karlovo Náměstí) GRATIS Die Kirche St. Kyrill und Method beherbergt eine bewegende Gedenkstätte für die sieben tschechischen Fallschirmjäger, die 1942 an der Ermordung des Reichsprotektors Reinhard Heydrich beteiligt waren, sowie eine Ausstellung und einen Film zur Verfolgung der Tschechen durch die Nazis. Die Kirche war auch in dem 2016 erschienenen Film zu dem Attentat, *Operation Anthropoid*, zu sehen.

Museum der Stadt Prag — Museum

(Muzeum hlavního města Prahy; Karte S. 542; ☎224 816 773; www.muzeumprahy.cz; Na Poříčí 52; Erw./Kind 120/50 Kč; ⏲Di–So 9–18 Uhr; Ⓜ Florenc) Dieses ausgezeichnete, 1898 eröffnete Museum widmet sich der Geschichte Prags von vorgeschichtlicher Zeit bis ins 20. Jh. (Beschriftung auch auf Englisch). Zu den zahlreichen Exponaten zählen ein

Prag Zentrum

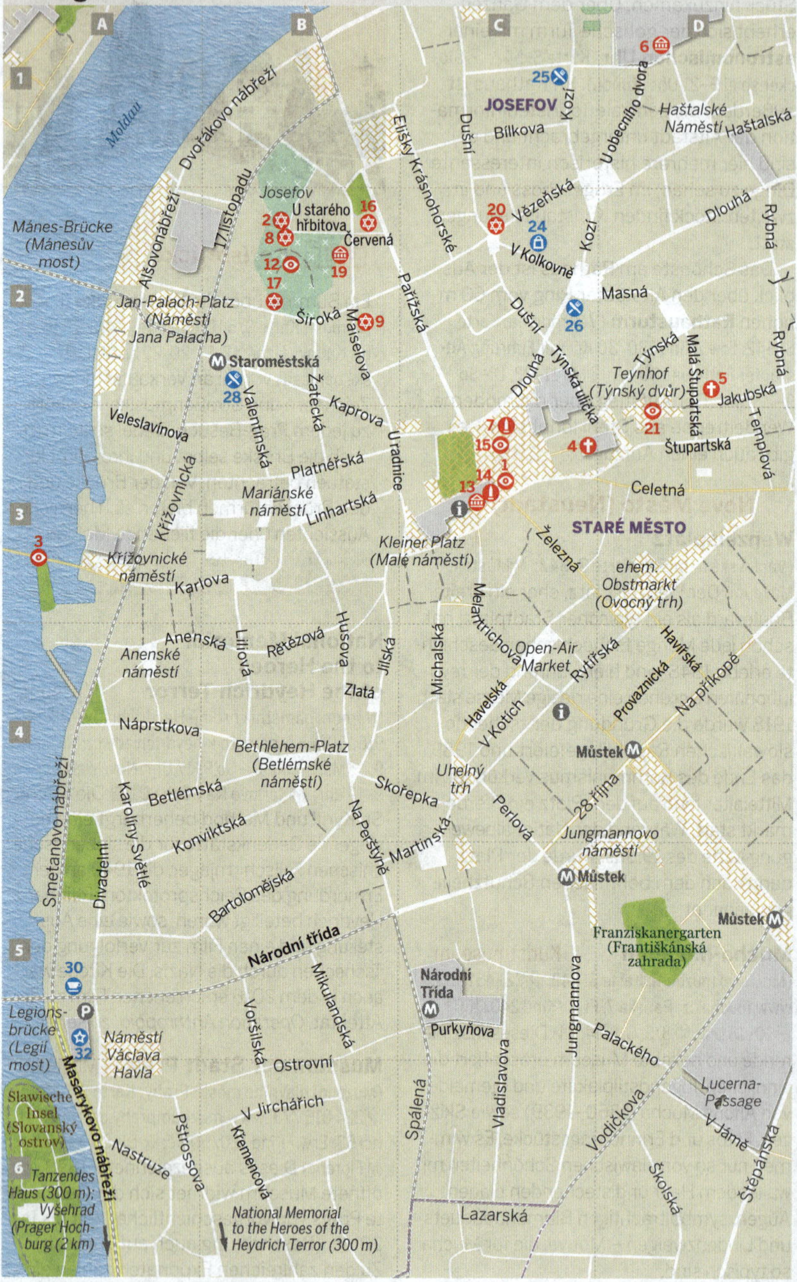

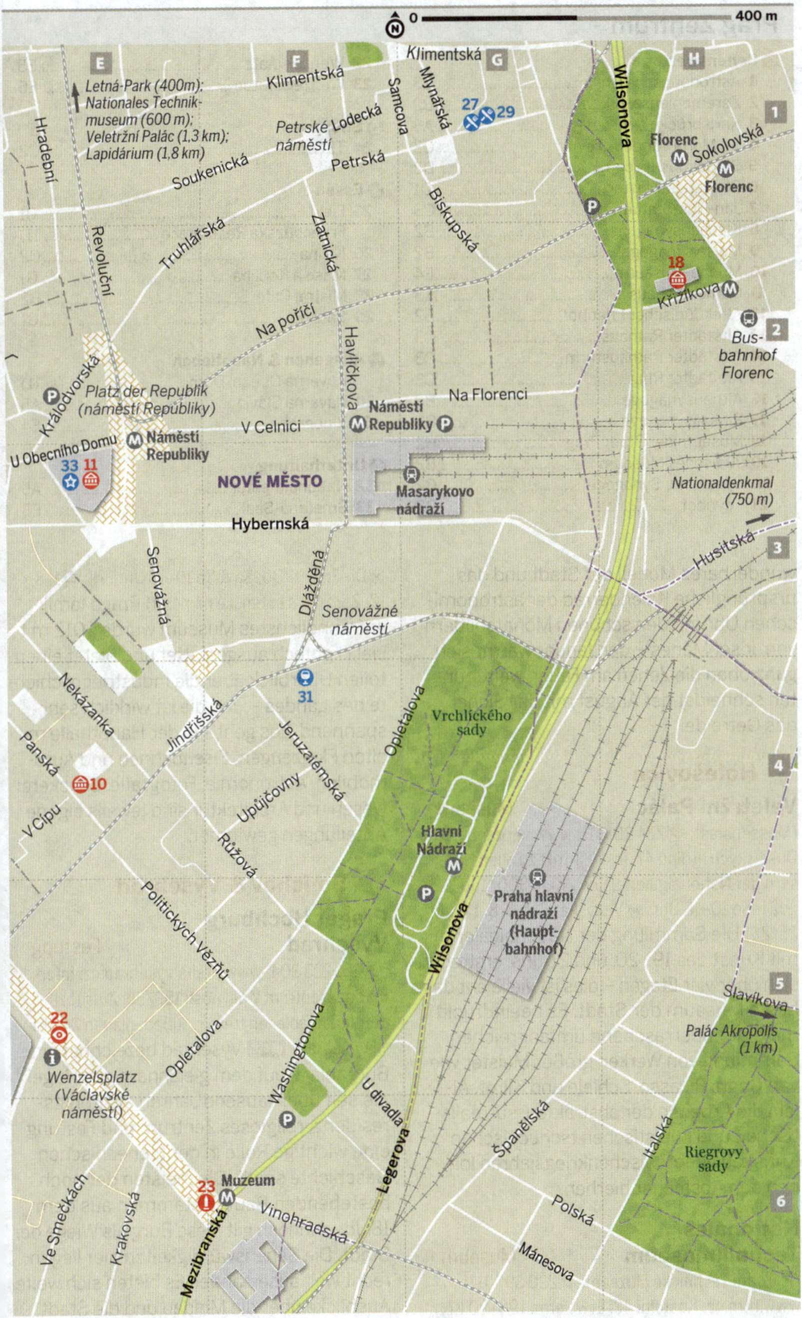
0
400 m
Letná-Park (400m); Nationales Technik-museum (600 m); Veletržní Palác (1,3 km); Lapidárium (1,8 km)
Klimentská
Petrské náměstí
Lodecká
Petrská
Soukenická
Samcova
Mlynářská
27
29
Wilsonova
Florenc
Sokolovská
Hradební
Revoluční
Truhlářská
Zlatnická
Biskupská
18
Křižíkova
Bus-bahnhof Florenc
Na poříčí
Havlíčkova
Na Florenci
Králodvorská
Platz der Republik (náměstí Republiky)
V Celnici
Náměstí Republiky
U Obecního Domu
33
11
NOVÉ MĚSTO
Masarykovo nádraží
Nationaldenkmal (750 m)
Hybernská
Husitská
Senovážná
Dlážděná
Senovážné náměstí
31
Nekázanka
Jindřišská
Jeruzalémská
Opletalova
Vrchlického sady
Panská
10
Upůjčovny
V Cipu
Růžová
Hlavní Nádraží
Politických Vězňů
Praha hlavní nádraží (Haupt-bahnhof)
Slavíkova
Palác Akropolis (1 km)
22
Wenzelsplatz (Václavské náměstí)
Washingtonova
U divadla
Španělská
Italská
Riegrovy sady
Legerova
23
Muzeum
Polská
Ve Smečkách
Krakovská
Mezibranská
Vinohradská
Mánesova

Prag Zentrum

Sehenswertes

1 Astronomische Uhr C3
2 Zeremoniensaal B2
3 Karlsbrücke A3
4 St. Maria vor dem Teyn C3
5 St.-Jakobs-Kirche D2
6 St.-Agnes-Kloster D1
7 Jan-Hus-Statue C3
8 Klausensynagoge B2
9 Maiselsynagoge B2
10 Mucha-Museum E4
11 Gemeindehaus E3
12 Alter Jüdischer Friedhof B2
13 Altstädter Rathaus C3
14 Altstädter Rathausturm C3
15 Altstädter Ring C3
16 Altneusynagoge B2
17 Pinkassynagoge B2
18 Museum der Stadt Prag H2
19 Jüdisches Museum B2
20 Spanische Synagoge C2
21 Teynhof D3
22 Wenzelsplatz E5
23 Wenzelsstatue E6

Shoppen

24 TEG1 .... C2

Essen

25 Field C1
Francouzská Restaurace .... (s. 11)
26 Kalina C2
27 Maso a Kobliha G1
28 Mistral Café B2
29 Sansho G1

Ausgehen & Nachtleben

Kavárna Obecní Dům .... (s. 11)
30 Kavárna Slavia A5
31 Vinograf F4

Unterhaltung

32 Nationaltheater A5
33 Smetana-Saal E3

wunderbares Modell der Stadt und das ursprüngliche Kalenderrad der astronomischen Uhr mit den schönen Monatsbildern von Josef Mánes – der Januar wärmt sich ganz oben die Zehen am Feuer, weiter unten schneidet der August mit der Sichel das Getreide.

Holešovice

Veletržní Palác — Museum

(Messepalast; ☎224 301 111; www.ngprague.cz; Dukelských hrdinů 47; inkl. Eintritt zu allen Häusern der Nationalgalerie; Erw./Kind 300/150 Kč; ⌚Di–So 10–18 Uhr; Ⓜ Vltavská, 🚋1, 6, 8, 12, 17, 25, 26) Die Sammlung der Nationalgalerie mit Kunst des 19., 20. und 21. Jhs. erstreckt sich über vier Etagen – dies ist vielleicht das beste Museum der Stadt. Es beeindruckt mit einer überraschend umfangreichen Sammlung von Werken großer Meister wie van Gogh, Picasso, Schiele und Klimt. Allein die Arbeiten der abstrakten, surrealistischen und kubistischen tschechischen Kunst aus den Zwischenkriegsjahren lohnen den Abstecher hierher.

Nationales Technikmuseum — Museum

(Národní Technické Muzeum; ☎220 399 111; www.ntm.cz; Kostelní 42; Erw./erm. 190/90 Kč; ⌚Di–Fr 9–17.30, Sa & So 10–18 Uhr; 👪; 🚋1, 8, 12, 25, 26 bis Letenské náměstí) Prags familienfreundlichstes Museum wurde 2012 mit viel Hightech ausgestattet und bietet einen tollen Überblick über die Industriegeschichte des Landes – und die ist wirklich sehr spannend. Los geht's in der Haupthalle mit alten Flugzeugen, Eisenbahnen und Automobilen. Astronomie, Fotografie, Druckereiwesen und Architektur sind jeweils eigene Abteilungen gewidmet.

Smíchov & Vyšehrad

Prager Hochburg Vyšehrad — Festung

(☎261 225 304; www.praha-vysehrad.cz; Informationszentrum V pevnosti 159/5b; Zutritt zu den Außenanlagen frei; ⌚Außenanlagen 24 Std.; Ⓜ Vyšehrad) GRATIS Vyšehrad bezeichnet eine Burganlage auf dem gleichnamigen Hügel, die seit über tausend Jahren als Königsresidenz, religiöses Zentrum und Festung eine wichtige Rolle in der tschechischen Geschichte spielt. Die meisten der noch bestehenden Bauten stammen aus dem 18. Jh., dennoch gilt diese Burg als Wiege der Stadt. Die Sehenswürdigkeiten hier liegen recht weit auseinander. Es bieten sich weite Ausblicke über die Moldau und die Stadt.

Ehrenfriedhof von Vyšehrad Friedhof

(Vyšehradský hřbitov; ☎274 774 835; www.praha-vysehrad.cz; K Rotundě 10, Vyšehrad; ⏰Mai–Sept. 8–19 Uhr, Okt.–April kürzer; Ⓜ Vyšehrad) GRATIS Für viele Besucher ist die Hauptattraktion der Friedhof: Hier ruhen Dutzende bedeutende tschechische Persönlichkeiten wie Antonín Dvořák, Bedřich (Friedrich) Smetana und Alfons Mucha. Viele Grabmäler und -steine sind regelrechte Kunstwerke – Dvořáks Grabstätte wurde von Ladislav Šaloun geschaffen, dem Jugendstil-Bildhauer, der auch das Jan-Hus-Denkmal am Altstädter Ring schuf.

Žižkov & Karlín

Nationaldenkmal Museum

(Národní Památník na Vítkově; ☎224 497 600; www.nm.cz; U Památníku 1900, Žižkov; Erw./Kind nur Ausstellung 80/60 Kč, Dachterrasse 80/50 Kč, Kombiticket 120/80 Kč; ⏰April–Okt. Mi–So 10–18 Uhr, Nov.–März Do–So; 🚌133, 175, 207) Das massige, funktionalistische Gebäude der nationalen Gedenkstätte hat von außen den Charme eines Atomkraftwerks, doch drinnen besticht es mit einem spektakulären Füllhorn an Marmor, Gold und Mosaiken im Stil des Art déco und beherbergt ein faszinierendes Museum zur Geschichte Tschechiens und der Tschechoslowakei im 20. Jh.

GEFÜHRTE TOUREN

Taste of Prague Essen & Trinken

(☎775 577 275; www.tasteofprague.com; 2700 Kč pro Pers.) Die Prager Jan und Zuzi hegen eine große Leidenschaft für die kulinarische Szene ihrer Stadt. Sie bieten vierstündige Feinschmeckertouren durch Prag, auf denen in unterschiedlichsten Etablissements traditionelle und moderne tschechische Gerichte und Getränke probiert werden, angereichert mit Anekdoten zur tschechischen Geschichte und Kultur. Private ein- oder zweitägige Verkostungstouren zu mährischen Weingütern werden ebenfalls angeboten.

AlenaGuide Touren

(☎724 129 201; www.alenaguide.com; Touren ab 2300 Kč) Alena Vopalkova hat an der La Salle University in Philadelphia (USA) studiert und ist nach Prag zurückgekehrt, um maßgeschneiderte Führungen durch ihre Heimatstadt anzubieten. Möglich sind normale Sightseeing-Touren sowie Themenführungen z. B. ins Jüdische Museum, durch die Gastroszene oder zum Shoppen. Das Angebot reicht von dreistündigen Rundgängen bis zu Tagesausflügen z. B. ins schöne Český raj (Böhmische Paradies; Mittelgebirge).

Biko Adventures Prague Radtouren

(☎733 750 990; www.bikoadventures.com; Vratislavova 3, Vyšehrad; Standardmiete 450 Kč pro Tag, Gruppentouren ab 1250 Kč pro Pers.; ⏰April–Okt. 9–18 Uhr; 🚋2, 3, 7, 17, 21) Das Team von Biko radelt, wandert und fährt Ski – dieses kleine Unternehmen organisiert viele Aktivitäten unter freiem Himmel. Von April bis Oktober verleiht Biko Fahrräder und bietet eintägige geführte Rad- und Wandertouren, im Winter auch Skitouren. Als Leihrad stehen u. a. gewöhnliche Mountainbikes, aber auch hochwertige Hardtails von Giant zur Auswahl.

SHOPPEN

Shakespeare & Sons Bücher

(Karte S. 539; ☎257 531 894; www.shakes.cz; U Lužického semináře 10; ⏰11–21 Uhr; 🚋12, 15, 20, 22) Die Regale ächzen unter der Last der englischen, französischen und deutschen Literatur. Dies ist mehr als nur ein Buchladen – es ist ein geselliger Literaturtreff mit fachkundigem Personal, Lesungen und einem coolen Raum unten zum Sitzen und Schmökern.

Wine Food Market Lebensmittel

(☎733 338 650; www.winemarket.cz; Strakonická 1, Smíchov; ⏰Mo–Sa 7–23, So 8–23 Uhr; 📶; Ⓜ Smíchovské Nádraží) Die wenig verheißungsvolle industrielle Ecke in einem vergessenen Viertel von Smíchov beherbergt den vielleicht besten italienischen Laden der Stadt: Hier gibt's alles von Brot, Käse und Wurst bis zu italienischen Köstlichkeiten wie eingelegten Pilzen und Paprikaschoten. Perfekte Zutaten für ein Picknick. Im hinteren Bereich ist noch ein Gastraum. Ein echtes Juwel!

Bauernmarkt Náplavka

Beim wöchentlich stattfindenden **Bauernmarkt Náplavka** (www.farmarsketrziste.cz; Rašínovo nábřeží; ⌚Sa 8–14 Uhr; 🚊2, 3, 7, 17, 21) am Moldau-Ufer zwischen Trojická und Výton wird die herrliche Lage am Fluss von Besuchern und Händlern genossen: Stände mit frischem Brot, Biogemüse aus der Region, Kuchen und Gebäck, Pilzen, Kräutern, Blumen, Honig, warmem Essen, tschechischem Cidre, Kaffee sowie Kunst und Kunsthandwerk, dazu gibt es Sitzmöglichkeiten und Livemusik.

TEG1 Mode & Accessoires
(Karte S. 542; ☎222 327 358; www.timoure.cz; V Kolkovně 6; ⌚Mo–Fr 10–19, Sa 11–17 Uhr; Ⓜ Staroměstská) TEG (Timoure et Group) wurde von Alexandra Pavalová und Ivana Šafránková, zwei der renommiertesten Modeschöpferinnen Prags, gegründet. In dieser Boutique werden ihre vierteljährlichen Kollektionen vorgestellt.

Obchod s Uměním Kunst, Antiquitäten
(☎224 252 779; Korunní 34, Vinohrady; ⌚Mo–Fr 11–17 Uhr; Ⓜ Náměstí Míru, 🚊10, 16) Der „Laden mit Kunst" ist auf Originalgemälde, drucke und -skulpturen aus der Zeit von 1900 bis 1940 spezialisiert, als tschechische Künstler im Konstruktivismus, Surrealismus und Kubismus ganz vorne mitmischten. Natürlich ist diese Kunst heute astronomisch teuer, aber mal vorbeizuschauen und sich ein bisschen umzusehen macht trotzdem Spaß.

ESSEN

Restaurace U Veverky Tschechisch €
(☎603 781 997; www.uveverky.com; Eliášova 14, Dejvice; Hauptgerichte 140–240 Kč; ⌚11–23 Uhr; Ⓜ Hradčanská) Die renommierte traditionelle Kneipe bietet mit das köstlichste und preisgünstigste Mittagessen der Stadt und lohnt immer einen Abstecher. Es herrscht die klassische Raumaufteilung mit einer Schenke vorne und zwei großen Speisesälen hinten. Und es duftet köstlich nach gebratenen Zwiebeln und Bier. Reservieren!

Mistral Café Bistro €
(Karte S. 542; ☎222 317 737; www.mistralcafe.cz; Valentinská 11; Hauptgerichte 130–250 Kč; ⌚10–23 Uhr; 📶👪; Ⓜ Staroměstská) Ist dies das vielleicht coolste Bistro der Altstadt? Heller Stein, gebleichtes Birkenholz und Kübelpflanzen sorgen für einen sauberen, knackig-modernen Look und die Kundschaft aus Studenten und Büroangestellten erfreut sich sichtlich an dem preiswerten, gut zubereiteten Essen. Fisch und Pommes in zerknittertem braunem Papier mit Zitronen-Pfeffer-Mayonnaise – lecker!

Můj Šálek Kávy Café €
(☎725 556 944; www.mujsalekkavy.cz; Křižíkova 105, Karlín; Hauptgerichte 80–160 Kč; ⌚Mo–Sa 9–22, So 10–18 Uhr; 📶👪; Ⓜ Křižíkova) „Meine Tasse Kaffee" (so der Name) zeugt davon, dass das Viertel Karlín auf dem Weg nach oben ist. Hier verarbeiten fachkundige Baristas Direct-Trade-Bohnen zu den wahrscheinlich besten Kaffees der Stadt. Dazu kommen eine freundliche, lockere Atmosphäre und exzellente Frühstücks- und Mittagsspeisen – kein Wunder, dass es hier oft voll ist. Fürs Wochenende empfiehlt sich eine Reservierung.

Café Savoy Europäisch €€
(☎257 311 562; http://cafesavoy.ambi.cz; Vítězná 5; Hauptgerichte 200–400 Kč; ⌚Mo–Fr 8–22.30, Sa & So 9–22.30 Uhr; 📶; 🚊9, 12, 15, 20, 22) Das Savoy ist ein wunderschön restauriertes Belle-Époque-Café mit schickem Personal und einer Karte nach Art eines Wiener Kaffeehauses (deftige Suppen, Salate, Braten und Schnitzel). Außerdem gibt's eine Gourmetkarte (Hauptgerichte 400–700 Kč) – Glanzstück hier ist das am Tisch zurechtgemachte Tatar – sowie eine erstklassige Weinkarte, von der die Bedienung gern etwas empfiehlt.

Sansho Asiatisch, Fusionsküche €€
(Karte S. 542; ☎222 317 425; www.sansho.cz; Petrská 25; Hauptgerichte mittags 190–245 Kč,

6-Gänge-Abendessen 900–1200 Kč; ⌚Di–Fr 11.30–14, Di–Sa 18–23 Uhr, letzte Bestellung 22 Uhr; ✎; 🚊3, 8, 14, 24) Freundlich und locker – so lässt sich die Atmosphäre in diesem wegweisenden Restaurant am besten bezeichnen. Der britische Küchenchef Paul Day unterstützt die tschechischen Bauern, indem er Fleisch und Gemüse ausschließlich aus der Region bezieht. Es gibt keine Speisekarte – die Bedienung erklärt, was sich aus den marktfrischen Zutaten zubereiten lässt. Typische Gerichte sind Kaninchencurry, Schweinebauch mit Wassermelone und Hoisin-Sauce sowie ein Rindfleisch-Rendang, das zwölf Stunden vor sich hin geköchelt hat. Reservierung empfehlenswert.

Nejen Bistro Bistro €€

(☎222 960 515; www.nejenbistro.cz; Křižíkova 24, Karlín; Hauptgerichte 200–380 Kč; ⌚10–23 Uhr; 🚊3, 8, 24) Das Nejen („Nicht nur") ist typisch für die neue Generation von Restaurants, die Karlín in einen der angesagtesten Stadtteile von Prag verwandeln. Die originelle Einrichtung wurde schon für verschiedene Designpreise nominiert. Ebenso viel Aufmerksamkeit wird dem Essen geschenkt. Dabei wird der edle Josper-Ofen in der Küche bestens genutzt: Aus ihm kommen die erstklassigen Steaks, Rippchen und Black-Angus-Burger, für die das Nejen bekannt ist.

Augustine Tschechisch, Europäisch €€€

(Karte S. 539; ☎266 112 280; www.augustine-restaurant.cz; Letenská 12, Augustine Hotel; Hauptgerichte 350–590 Kč, 4-Gänge-Probiermenü 1350 Kč; ⌚7–23 Uhr; 📶; 🚊12, 15, 20, 22) Das kultivierte, dennoch lockere Restaurant versteckt sich im historischen Augustine Hotel – nicht vergessen, einen Blick aufs Deckengemälde in der Bar zu werfen! Der Weg hierher lohnt sich auf jeden Fall. Auf der Karte stehen neben bodenständiger, schmackhafter Kost wie im hoteleigenen St.-Thomas-Bier geschmorte Schweinsbacken auch kreative Gerichte aus frischen tschechischen Zutaten. Der zweigänige Business Lunch kostet 380 Kč.

Field Tschechisch €€€

(Karte S. 542; ☎222 316 999; www.fieldrestaurant.cz; U Milosrdných 12; Hauptgerichte 590–

Caféterrasse an der Smetana-Statue mit Moldau-Blick

FRANCESCO IACOBELLI/GETTY IMAGES ©

620 Kč, 6-Gänge-Probiermenü 2800 Kč; ⏲Mo–Fr 11–14.30 & 18–22.30, Sa 12–15 & 18–22.30, So 12–15 & 18–22 Uhr; 🚋17) Das dritte Sternerestaurant Prags ist das lockerste der drei. Die Einrichtung ist eine amüsante Mischung aus künstlerisch und bäuerlich: minimalistischer Schick mit landwirtschaftlichem Gerät. Aus der Küche kommen sagenhafte Kreationen aus den besten heimischen Zutaten wie frisch gesammelte Kräuter und essbare Blüten. Wer einen Tisch ergattern möchte, muss mindestens zwei bis drei Wochen im Voraus buchen.

Kalina Französisch €€€

(Karte S. 542; ☎222 317 715; www.kalinarestaurant.cz; Dlouhá 12; Hauptgerichte 500–900 Kč; ⏲12–15 & 18–23.30 Uhr; 📶; 🚋6, 8, 15, 26) Das schicke, stets freundliche kleine Kalina ist ein Trendsetter: Hier werden die besten und frischesten tschechischen Zutaten mit einer französischen Feinschmeckernote zubereitet. Das Ergebnis sind Gerichte wie Prager Schnecken mit Rindermark und Petersilienpüree oder gebratenes Kalbsbries mit geschmortem Bocksbart und schwarzen Trüffeln. Unter der Woche werden preiswerte Mittagsgerichte für 150 bis 300 Kč geboten.

AUSGEHEN & NACHTLEBEN

Beer Geek Pub

(https://beergeek.cz; Vinohradská 62, Vinohrady; ⏲15–2 Uhr; 📶; Ⓜ Jiřího z Poděbrad) Dies ist eine der erfolgreichen Kneipen, die einer neuen Generation angehören und ein breites Angebot an Bieren vom Fass hat: Hier werden neben den besten tschechischen auch Biere aus aller Welt gezapft. Insgesamt fließt es aus 32 Hähnen, wobei die Biere regelmäßig wechseln und darunter auch solche sind, die unbekannt und sonst nur schwer zu bekommen sind. Das Ganze präsentiert sich in einem coolen, laborähnlichen Ambiente – das erklärt den Geek („Fachidiot" oder „Streber") im Namen.

Cross Club Club

(☎736 535 010; www.crossclub.cz; Plynární 23; Eintritt frei bis 200 Kč; ⏲Café 12–2 Uhr, Club 18–4 Uhr; 📶; Ⓜ Nádraží Holešovice) Die Bezeichnung „industriell" trifft den Nagel auf den Kopf und zwar in jeder Hinsicht: Zum

Cross Club

einen liegt der Cross Club in einem Industriegebiet; dazu kommen die wummernden Beats von DJs und Livemusik. Und schließlich wird der Innenraum von Apparaten, Schächten, Kurbeln und Rohren dominiert, die sich teils im Rhythmus der Musik bewegen oder im Licht pulsieren. Auf dem Programm stehen hin und wieder auch Konzerte, Theaterstücke und Kunstevents.

Letná-Biergarten Biergarten

(☎233 378 208; www.letenskyzamecek.cz; Letenské sady 341; ⏲Mai–Sept. 11–23 Uhr; 🚋1, 8, 12, 25, 26) Kein Überblick über die Prager Kneipen wäre komplett ohne der Hinweis auf den besten Biergarten der Stadt am östlichen Ende des **Letná-Parks** (Letenské sady; ⏲24 Std.; 👪) mit seinem umwerfenden Panoramablick. Entweder holt man sich am Kiosk selbst ein Bier und lässt sich an einem der Picknicktische nieder oder man platziert sich auf der kleinen Terrasse, wo es Bier im Glas und recht ordentliche Pizza gibt.

Vinograf Weinbar

(Karte S. 542; ☎214 214 681; www.vinograf.cz; Senovážné náměstí 23; ⏲Mo–Sa 11.30–24, So 17–24 Uhr; 📶; 🚋3, 5, 6, 9, 14, 24) Fachkundiges Personal, eine entspannte Atmosphäre und das Flair einer Lage abseits der ausgetretenen Pfade: In dieser netten modernen Weinbar lassen sich bestens mährische Weine verkosten. Dazu gibt's gutes Fingerfood, zumeist Käse und Aufschnitt. Was es jeweils zu essen und zu trinken gibt, steht auf Tschechisch und Englisch auf großen Tafeln hinter der Theke. Am Wochenende ist hier viel los – dann lohnt es sich, einen Tisch zu buchen.

Einen Ableger gibt es in **Malá Strana** (Karte S. 539; ☎604 705 730; Míšeňská 8; ⏲Mo–Sa 16–24, So 14–22 Uhr; 📶; 🚋12, 15, 20, 22).

Pivovarský Klub Kneipe

(☎222 315 777; www.pivovarskyklub.com; Křižíkova 17, Karlín; ⏲11.30–23.30 Uhr; Ⓜ Florenc) Ein Mekka für Freunde des guten Gerstensafts: Die Wände dieser Kneipe säumen mehr als 200 Flaschenbiere aus aller Welt, dazu kommen sechs Biere vom Fass. Die Gäste können sich auf einem Barhocker niederlassen oder den gemütlichen Keller ansteuern. Zum Bier gibt's als Grundlage köstliches Essen wie Gulasch mit Speckklößen.

U Slovanské Lípy Kneipe

(☎734 743 094; www.uslovanskelipy.cz; Tachovské náměstí 6, Žižkov; ⏲11–24 Uhr; 📶👪; 🚌133, 175, 207) Das „Zu den Linden" – die Linde

Tschechisches Bier

Hauptsächlich gibt's zwei Arten Bier: *světlé* (hell) und *tmavy* oder *černé* (dunkel). Das Helle ist ein blass bernsteinfarbenes oder goldenes Lagerbier und schmeckt spritzig, erfrischend und hopfig. Die dunklen Biere sind süßer und vollmundiger, sie schmecken schwer, malzig oder fruchtig.

Tschechisches Bier wird mit Kellertemperatur (ca. 6–10 °C) und recht viel cremigem Schaum (auf Tschechisch *pěna*) serviert. Bier vom Fass wird gewöhnlich in 0,5-l-Gläser *(půl-litr)* gezapft, man kann aber auch nach einem kleinen Bier (*malé pivo*, 0,3 l) fragen. In einigen Kneipen gibt's 0,4-l-Gläser und teils sogar 1-l-Maßkrüge *(tuplák)* im bayerischen Stil.

Die Prager Bierstuben hatten früher gewöhnlich nur drei Biere vom Fass im Angebot, alle von einer großen Brauerei wie Pilsner Urquell. Einige Kneipiers haben diesen eine *čtvrtá pípa* („vierte Leitung") für wechselnde Sorten von kleinen Brauereien hinzugefügt. Heute haben viele Kneipen fünf, sechs oder auch mehr Zapfhähne.

Schloss Troja

Das barocke **Schloss Troja** (Zámek Troja; ☎283 851 614; www.ghmp.cz; U Trojského Zámku 1, Troja; Erw./erm. 120/60 Kč; ⏲April–Okt. Di–So 10–18, Fr ab 13 Uhr, Nov.–März geschl.; 🚌112, Ⓜ Nádraží Holešovice) wurde im 17. Jh. nach dem Vorbild italienischer Landvillen für die Familie Sternberg erbaut. Eine Schlossbesichtigung lässt sich gut mit einem Besuch im **Prager Zoo** (Zoo Praha; ☎296 112 230; www.zoopraha.cz; U Trojského zámku 120, Troja; Erw./erm./Fam. 200/150/600 Kč; ⏲Juni–Aug. 9–19 Uhr, April, Mai, Sept. & Okt. bis 18 Uhr, März bis 17 Uhr, Nov.–Feb. bis 16 Uhr; 👪; 🚌112, Ⓜ Nádraží Holešovice) kombinieren: Schloss und Zoo sind Nachbarn. Vom Stromovka-Park sind es nette 20 Minuten zu Fuß hierher, u. a. über eine tolle Fußgängerbrücke über die Moldau.

Das opulent ausgestattete Schloss beherbergt heute verschiedene Sammlungen der Städtischen Galerie. Außerdem sind die Skulpturen und Fresken des Schlosses selbst zu besichtigen. Die Außenanlagen (schöne französische Gärten) können kostenlos besichtigt werden.

Schloss Troja
MILONK/SHUTTERSTOCK ©

ist ein tschechisches und slowakisches Nationalsymbol – ist eine klassische Žižkov-Kneipe: drinnen wie draußen schlicht und unscheinbar, ein Treffpunkt für Bierfreunde. Die werden von den verschiedenen Craft-Bieren (ab 28 Kč für 0,5 l) angelockt wie etwa dem Catfish Sumeček der Brauerei Kocour.

UNTERHALTUNG

Palác Akropolis — Livemusik

(☎296 330 913; www.palacakropolis.cz; Kubelíkova 27, Žižkov; Eintritt frei bis 250 Kč; ⏲Club 18.30–5 Uhr; 📶; 🚋5, 9, 15, 26) Das Akropolis ist eine Prager Institution: ein verrauchter, verwinkelter Tempel für alternative Musik und Theater. In den verschiedenen Sälen finden Musik- und Kulturevents statt, darunter ist alles von DJs bis zu Streicherquartetten und von mazedonischen Roma-Bands bis zu tschechischen und ausländischen Rockgrößen – hier haben schon Marianne Faithfull, die Flaming Lips und die Strokes gespielt.

Nationaltheater — Oper, Ballett

(Národní divadlo; Karte S. 542; ☎224 901 448; www.narodni-divadlo.cz; Národní třída 2; Tickets 100–1290 Kč; ⏲Theaterkasse 10–18 Uhr; 🚋2, 9, 18, 22) Das heiß und innig geliebte Nationaltheater ist eine Bühne für Oper, Theater und Ballett. Aufgeführt werden Werke von Smetana, Shakespeare und Tschaikowski, auch Moderneres von Komponisten wie Philip Glass und Dramatikern wie John Osborne. Die Theaterkassen befinden sich im Nový-síň-Gebäude nebenan, im Kolowrat-Palais gegenüber vom Ständetheater und in der Staatsoper.

La Fabrika — Theater, Darstellende Künste

(☎Kasse 774 417 644; www.lafabrika.cz; Komunardů 30; Eintritt 200–400 Kč; ⏲Kasse Mo–Fr 14–19.30 Uhr; 🚋1, 6, 12, 14, 25) Der Name bezieht sich zwar auf eine „Fabrik", doch eigentlich befand sich hier früher ein Lagerhaus für Farben, das in eine experimentelle Bühne verwandelt wurde. Je nach Programm gibt es Konzerte (Jazz), Kabarett, Theater, Tanz oder Film – das aktuelle Programm steht auf der Website. Da hier oft alles ausverkauft ist, besorgt man sich Karten besser im Voraus.

PRAKTISCHE INFORMATIONEN

Filialen von **Prague City Tourism** (☎221 714 714; www.prague.eu) finden sich in der ganzen Stadt: im **Altstädter Rathaus** (Staroměstské náměstí 5; ⏲9–19 Uhr; Ⓜ Staroměstská), in der **Altstadt**

(Rytírská 12; ⏲9–19 Uhr; Ⓜ Můstek) und am **Wenzelsplatz** (Václavské náměstí 42; ⏲10–18 Uhr; Ⓜ Můstek, Muzeum) sowie an beiden Ankunftsterminals des **Václav Havel Airport Prague** (Terminals 1 & 2; ⏲8–20 Uhr; 🚌100, 119). Diese Touristeninformationen sind gute Quellen für Stadtpläne und allgemeine Infos; außerdem ist hier die Ermäßigungskarte „Prague Card" erhältlich und man kann Führungen und Touren buchen.

AN- & WEITERREISE

AUTO

In Prag laufen mehrere europäische Autobahnen zusammen, es ist daher von Städten wie Berlin (4 Std.), Wien (4 Std.) und Budapest (5 Std.) recht einfach zu erreichen.

BUS

Mehrere Busunternehmen bieten Fernbusverbindungen aus anderen europäischen Ländern nach Prag. Fast alle Busse aus dem Ausland und auch die meisten Inlandsbusse nutzen den renovierten und benutzerfreundlichen **Busbahnhof Florenc** (ÚAN Praha Florenc; ☎900 144 444; www.florenc.cz; Křižíkova 2110/2b, Karlín; ⏲5–24 Uhr; 📶; Ⓜ Florenc).

FLUGZEUG

Der **Václav Havel Airport Prague** (Prague Ruzyně International Airport; ☎220 111 888; www.prg.aero; K letišti 6, Ruzyně; 📶; 🚌100, 119) 17 km westlich des Stadtzentrums ist das wichtigste internationale Tor nach Tschechien und der Heimatflughafen der tschechischen Fluggesellschaft Czech Airlines, die von zahlreichen Städten Europas Direktverbindungen nach Prag anbietet.

ZUG

Prag ist gut ans europäische Bahnnetz angeschlossen. Die tschechischen Staatsbahnen **České dráhy** (ČD; ☎221 111 122; www.cd.cz) verkaufen auch Fahrkarten zu Zielen im Ausland. Wer etwa von Berlin, Wien oder Budapest anreist, tut dies am besten mit der Bahn.

Die meisten Züge aus dem In- und Ausland steuern den Bahnhof **Praha hlavní nádraží** (Hauptbahnhof Prag; ☎840 112 113; www.cd.cz; Wilsonova 8, Nové Město; ⏲3.30–0.30 Uhr; Ⓜ Hlavní nádraží) an. Einige Züge aus dem Ausland, besonders aus Berlin, halten auch am kleineren Bahnhof **Praha-Holešovice** (Nádraží Holešovice; ☎840 112 113; www.cd.cz; Vrbenského, Holešovice; Ⓜ Nádraží Holešovice) nördlich des Stadtzentrums. Beide Bahnhöfe verfügen über Stationen an der U-Bahnlinie C (rot).

UNTERWEGS VOR ORT

Die Innenstadt von Prag ist leicht zu Fuß zu erkunden. Für größere Entfernungen steht ein zuverlässiges öffentliches Verkehrsnetz aus U-Bahn, Straßenbahn und Bus zur Verfügung, betrieben von den **Prager Verkehrsbetrieben** (DPP; ☎296 191 817; www.dpp.cz; ⏲7–21 Uhr). Für alle diese Verkehrsmittel gelten dieselben Fahrkarten, auch z. B. für den Umstieg von U- zu Straßenbahn.

BUS & STRASSENBAHN

Mit dem umfassenden Straßenbahn- und Busnetz ist so gut wie jede Ecke der Stadt zu erreichen. Auf der Website der DPP gibt's eine praktische Fahrplanauskunft auf Deutsch, mit der man seine Fahrten planen kann.

- Straßenbahnen sind praktisch für Fahrten über die Moldau hinweg und von Stadtteil zu Stadtteil.
- Busse haben für Besucher weniger Nutzen; normalerweise verbinden sie abgelegene Stadtteile mit U-Bahn-Stationen in der Nähe oder dem Zentrum.
- Vor dem Fahrtantritt mit Straßenbahn oder Bus müssen die Fahrkarten entwertet werden.

Straßenbahnen und Busse fahren täglich von 5 bis 24 Uhr. Danach verkehren etwa alle 40 Minuten einige Nacht-Straßenbahnen (51 bis 59) und Nachtbusse; in diesen gelten nur die Vollpreistickets für 32 Kč.

METRO

- Die ausgezeichnete Prager U-Bahn verkehrt täglich von 5 bis 24 Uhr und hat drei Linien:
- **Linie A** (auf Linienkarten grün eingezeichnet) Verbindet den Flughafenbus und Malá Strana, den Altstädter Ring, den Wenzelsplatz und Vinohrady.
- **Linie B** (gelb) Führt von Smíchov im Südwesten über die Moldau zum zentralen Náměstí Republiky und zum Busbahnhof Florenc.
- **Linie C** (rot) Vom Hauptbahnhof zum Busbahnhof Florenc, zum Wenzelsplatz und nach Vyšehrad.

In diesem Kapitel

Budapest, Ungarn

Budapest ist ein Paradies für Entdecker. Architektonisch ist die Stadt eine wahre Fundgrube an Barock-, Klassizismus- und Jugendstilgebäuden. An jeder Ecke stößt man auf die Geschichte der Stadt und des Landes. Einschusslöcher und andere Spuren etwa erinnern bis heute sichtbar an vergangene Konflikte. Für genusssuchende Reisende hält die Stadt köstliche magyarische Gerichte, hervorragende Weine und jede Menge Thermalbäder bereit – gestärkt und ausgeruht kann man sich dann ins bunte Nachtleben stürzen.

Zwei Tage in Budapest

Der erste Tag wird größtenteils dem **Burgberg** (S. 563) mit dem **Burgpalast** (S. 554) und dem einen oder anderen Museum gewidmet. Nachmittags geht's dann mit der **Sikló** (S. 563) hinunter zum Clark Ádám tér und weiter zum **Gellért-Bad** (S. 557). Abends stehen Erzsébetváros und das jüdische Viertel auf dem Programm. Am zweiten Tag bummelt man die Andrássy út entlang und legt unterwegs einen Stopp am **Haus des Terrors** (S. 558) ein. Den Nachmittag verbringt man in Ruhe im **Széchenyi-Bad** (S. 557).

Vier Tage in Budapest

Der nächste Tag ist den beiden Ikonen der ungarischen Nation und den Gebäuden gewidmet, in denen sie sich befinden: der Stephanskrone im **Parlament** (S. 562) und den sterblichen Überresten des Heiligen und Königs in der **Stephansbasilika** (S. 559). Abends lockt ein Drink in einer der **Ruinenkneipen** (S. 567). Am vierten Tag geht's nach einem Besuch in der **Großen Synagoge** (S. 558) nachmittags auf die idyllische **Margareteninsel** (S. 559). Der Rest des Tages gehört dem **Veli-Bej-Bad** (S. 557).

Als Nächstes geht's per Zug in 2½ Stunden oder per Schiff in 5½ bis 6½ Stunden nach Wien (S. 570).

Ankunft

Ferenc Liszt International Airport Vom Flughafen fahren Minibusse, Busse und Bahnen von 4 bis 24 Uhr ins Budapester Stadtzentrum. Ein Taxi kostet ab 6500 Ft.

Bahnhöfe Keleti, Nyugati & Déli An allen drei Bahnhöfen gibt's gleichnamige U-Bahn-Stationen; nachts verkehren Nachtbusse.

Busbahnhöfe Stadion & Népliget Beide Busbahnhöfe liegen an U-Bahn- und Straßenbahnlinien.

Schlafen

Die Budapester Unterkunftspalette reicht von Hostels in umgewidmeten Wohnungen über Privatzimmer in abgelegenen Wohnblocks bis zu luxuriösen Pensionen in den Budaer Bergen und 5-Sterne-Hotels für über 350 € pro Nacht.

Wegen der Kursschwankungen des Forint geben viele Mittelklasse- und Top-Unterkünfte ihre Preise in Euro an.

Burgpalast

Der riesige Burgpalast* (Királyi Palota) *ist in den letzten 700 Jahren sechsmal zerstört und wieder aufgebaut worden. Heute befinden sich hier zwei Museen, die Nationalbibliothek und jede Menge Statuen und Denkmäler. Der Palast auf dem Budaer Burgberg ist die meistbesuchte Sehenswürdigkeit der Stadt.

Toll für ...

☑ Nicht versäumen

Spätgotische Altarbilder, gotische Statuen und Büsten und den Renaissance-Türrahmen.

Ungarische Nationalgalerie

Die **Ungarische Nationalgalerie** (Nemzeti Galéria; ☎1-201 9082; www.mng.hu; Gebäude A–D; Erw./erm. 1800/900 Ft, Audioguide 1000 Ft; ⌚Di–So 10–18 Uhr) besticht mit einer umwerfenden Sammlung zur ungarischen Kunst ab dem 11. Jh. Die größten Teilsammlungen sind die mit Steinarbeiten aus Mittelalter und Renaissance, mit gotischen Holzskulpturen und Altarbildern, spätgotischen Flügelaltären und Kunst der Spätrenaissance und des Barock. Das Museum beherbergt außerdem eine bedeutende Sammlung ungarischer Bildhauerei und Malerei aus dem 19. und 20. Jh. Zuletzt war ein großer Teil des Museums zwecks Renovierung geschlossen; 2019 soll die Sammlung in ein neues Museumsgebäude im Stadtpark umziehen.

/GETTY IMAGES ©

Gut zu wissen

Királyi Palota; I Szent György tér; 16, 16A, 116

Kleine Stärkung

Etwas Heißes und/oder Süßes bei **Ruszwurm Cukrászda** (1-375 5284; www.ruszwurm.hu; I Szentháromság utca 7; Mo–Fr 10–19, Sa & So bis 18 Uhr; 16, 16A, 116).

★ Top-Tipp

Wer das Museum durch die Hinterhoftür verlässt, gelangt direkt hinunter zum I Szarvas tér im Stadtteil Tabán.

Burgmuseum

Das **Burgmuseum** (Vármúzeum; 1-487 8800; www.btm.hu; Gebäude E; Erw./erm. 2000/1000 Ft; März–Okt. Di–So 10–18 Uhr, Nov.–Feb. bis 16 Uhr), eine Abteilung des Budapester Historischen Museums, erkundet auf drei Etagen die 2000-jährige Geschichte der Stadt. Vom Untergeschoss mit seinen drei Gewölbesälen sind restaurierte Palasträume des 15. Jhs. zu erreichen. Einer der Säle im Untergeschoss verfügt über einen prächtigen Renaissance-Türrahmen in ro-tem Marmor. Von hier geht es in den Gotischen und den Renaissance-Saal, den Kö-niglichen Keller und die dem hl. Stephan geweihte Palastkapelle (1320).

Das Erdgeschoss ist Budapest im Mittelalter gewidmet, mit Dutzenden bedeutenden gotischen Statuen, Büsten und Fragmenten, die 1974 im Rahmen von Ausgrabungen gefunden wurden.

Im ersten Stock zeichnet eine wunderbare Ausstellung mit dem Titel „1000 Jahre einer Hauptstadt" die Geschichte Budapests von der Ankunft der Magyaren und der türkischen Besatzung bis zur Gegenwart nach. Dabei wird auch auf Themen wie Wohnen, ethnische Vielfalt und Religion im Verlauf der Jahrhunderte eingegangen. Der ausgezeichnete Audioguide kostet 1200 Ft.

Széchenyi-Nationalbibliothek

Die **Széchenyi-Nationalbibliothek** (Országos Széchenyi Könyvtár; 1-224 3700; www.oszk.hu; Gebäude F; 9–20 Uhr, Magazin Di–Sa bis 19 Uhr) umfasst Kodizes und Handschriften, eine große Sammlung ausländischer Zeitungen und ein Exemplar von allem, was in Ungarn oder in ungarischer Sprache veröffentlicht wird. Gegründet wurde die Bibliothek 1802 von Graf Ferenc Széchenyi, Vater des heldenhaften István: Er stiftete 15 000 Bücher und 2000 Handschriften.

Széchenyi-Bad

Thermal- & Heilbäder

In Budapest sprudeln fast 125 Thermalquellen und ein Badbesuch gehört zum Alltag der Bewohner. Einige Bäder stammen aus türkischer Zeit, andere sind Jugendstiljuwele; dazu kommen schicke moderne Anlagen mit allerlei Service-Einrichtungen.

Toll für ...

☑ **Nicht versäumen**

Im Széchenyi-Bad wird ganz unabhängig vom Wetter auf schwimmenden Brettern im Wasser Schach gespielt.

Geschichte eines Kurorts

Die Überreste von zwei Bädern in Aquincum, eins für die Öffentlichkeit, eins für die Garnison, zeugen davon, dass schon die alten Römer die warmen Quellen Budapests zu nutzen wussten. Doch erst unter türkischer Herrschaft im 16. und 17. Jh. wurden die Bäder ein fester Bestandteil des Alltags der Stadt. Im späten 18. Jh. ordnete Kaiserin Maria Theresia an, dass die Budapester Mineralquellen analysiert und verzeichnet werden sollten. Bis zu den 1930er-Jahren entwickelte sich Budapest dann zu einem angesagten Kurort.

Heilwasser

Natürlich sucht nicht jeder die Bäder nur zum Spaß auf. Das warme, mineralstoffreiche Wasser soll auch bestimmte Leiden lindern, von Arthritis und Muskelschmerzen

Gellért-Bad

MARTCHAN/SHUTTERSTOCK ©

Gut zu wissen

Sehr gute aktuelle Infos bietet die Website der Budapester Thermalbäder (www.spasbudapest.com).

Kleine Stärkung

Im **Rudas Restaurant & Bar** (06 20 921 4877; www.rudasrestaurant.hu; Döbrentei tér 9, Rudas-Bad; Hauptgerichte 2450–4350 Ft; 11–22 Uhr; 7, 86, 18, 19) mit genialer Aussicht.

★ Top-Tipp

Wer Handtuch oder Badesachen und -kappe nicht dabeihat, kann sie im Bad leihen oder kaufen.

bis zu schlechter Durchblutung und posttraumatischem Stress. In vielen Fällen ist es ein Wunderheilmittel für einen ausgewachsenen Kater.

Ein Bad auswählen

Heute hat man unter den Bädern die Qual der Wahl: Welches man aufsucht, hängt vom Geschmack ab und davon, ob ein bestimmtes Leiden gelindert werden soll.

Rudas-Bad (Rudas Gyógyfürdő; 1-356 1322; www.rudasfurdo.hu; I Döbrentei tér 9; mit Kabine Mo–Fr/Sa & So 3200/3500 Ft, morgens/abends 2500/4600 Ft; Männer Mo & Mi–Fr 6–20 Uhr, Frauen Di 6–20 Uhr, gemischt Fr 22–4, Sa 6–20 & 22–4, So 6–20 Uhr; 7, 86, 18, 19) Dieses renovierte Bad von 1566 mit achteckigem Becken, Kuppel und acht dicken Pfeilern ist das türkischste aller Budapester Badehäuser. Unter der Woche sind die Becken meist Männern vorbehalten, an den gemischten Wochenende ist hier abends immer der Bär los.

Gellért-Bad (Gellért gyógyfürdő; 1-466 6166; www.gellertbath.hu; XI Kelenhegyi út 4, Danubius Hotel Gellért; mit Schließfach/Kabine Mo–Fr 5100/5500 Ft, Sa & So 5300/5700 Ft; 6–20 Uhr; 7, 86, M M4 Szent Gellért tér, 18, 19, 47, 49) In diesem Jugendstilbad zu planschen ist wie in einer Kathedrale zu schwimmen. Jetzt immer für Männer und Frauen geöffnet.

Széchenyi-Bad (Széchenyi Gyógyfürdő; 1-363 3210; www.szechenyibath.hu; XIV Állatkerti körút 9–11; Tickets mit Schließfach/Kabine Mo–Fr 4700/5200 Ft, Sa & So 4900/5400 Ft; 6–22 Uhr; M M1 Széchenyi fürdő) Die große, opulente Anlage im Stadtwäldchen ist aus drei Gründen ungewöhnlich: aufgrund ihrer Größe mit zwölf Thermalbecken und drei Freiluft-Schwimmbecken, ihrer Helligkeit und Sauberkeit und der hohen Wassertemperatur von bis zu 40 °C.

Veli-Bej-Bad (Veli Bej Fürdője; 1-438 8500; www.irgalmas.hu/veli-bej-furdo; II Árpád fejedelem útja 7 & Frankel Leó út 54; 6–12 Uhr 2240 Ft, 15–19 Uhr 2800 Ft, nach 19 Uhr 2000 Ft; 6–12 & 15–21 Uhr; 9, 109, 4, 6, 17, 19) Das türkische Bad von 1575 in Buda ist jetzt nach langer Zeit wieder zum Leben erweckt und geöffnet worden.

SEHENSWERTES

Die wichtigsten Museen Budapests befinden sich auf dem Burgberg, im Stadtwäldchen, an der Andrássy út in Erzsébetváros und im südlichen Pest. In der Nähe des prächtigen Parlamentsgebäudes steht die bedeutendste Kirche Budapests und in dieser Gegend und in Belváros befinden sich außerdem einige der wunderbarsten Jugendstilbauten der Stadt. Die schönsten Budapester Grünflächen sind die Margareteninsel und das Stadtwäldchen, die Budaer Berge wiederum sind ein Paradies für Wanderer, Höhlenkundler und Mountainbiker. Óbuda beherbergt römische Ruinen, vom Gellértberg bieten sich mit die schönsten Budapester Stadtpanoramen.

Große Synagoge — Synagoge

(Nagy Zsinagóga; ☎1-462 0477; www.dohany-zsinagoga.hu; VII Dohány utca 2; Erw./erm. mit Museum 3000/2000 Ft; ⏰März–Okt. So–Do 10–18, Fr bis 16 Uhr, Nov.–Feb. So–Do 10–16, Fr bis 14 Uhr; Ⓜ M2 Astoria, 🚊47, 49) Die atemberaubende Budapester Große Synagoge ist das größte jüdische Gotteshaus der Welt außerhalb von New York. Die 1859 erbaute Synagoge weist sowohl romanische als auch maurische Architekturelemente auf. Drinnen umfasst das **Ungarische Jüdische Museum & Archiv** (Magyar Zsidó Múzeum és Levéltár; ☎1-343 6756; www.milev.hu) sowohl sakrale als auch Alltagsgegenstände. Das **Holocaustmahnmal „Baum des Lebens"** (Raoul-Wallenberg-Gedenkgarten, gegenüber VII Wesselényi utca 6) auf der Nordseite der Synagoge wacht über die Massengräber der von den Nazis ermordeten Juden.

Haus des Terrors — Museum

(Terror Háza; ☎1-374 2600; www.terrorhaza.hu; VI Andrássy út 60; Erw./erm. 2000/1000 Ft, Audioguide 1500 Ft; ⏰Di–So 10–18 Uhr; Ⓜ M1 Oktogon) Das Hauptquartier der gefürchteten Geheimpolizei ist heute das Haus des Terrors. Dieses beschäftigt sich in der Dauerausstellung „Doppelte Besatzung" mit den Verbrechen und Greueln der faschistischen und stalinistischen Regime Ungarns. Doch der größte Teil der Ausstellung befasst sich mit den Jahren nach dem Zweiten Weltkrieg bis zum Aufstand von 1956. Emotional besonders aufwühlend sind die rekonstruierten Gefängniszellen im Untergeschoss und die Galerie der Täter mit Fotos von Wendehälsen, Spionen und Folterern.

Freiheitsstatue — Monument

(Szabadság-szobor; 🚌27) Die Freiheitsstatue, die nette Dame mit dem Palmwedel, die für die ganze Stadt Frieden verkündet, steht

Holocaustmahnmal „Baum des Lebens"

JENNIFER WALKER/LONELY PLANET ©

östlich der Zitadelle. Die rund 14 m hohe Statue wurde 1947 zu Ehren der sowjetischen Soldaten errichtet, die 1945 bei der Befreiung Budapests ihr Leben gelassen hatten. Die Namen der Opfer in kyrillischer Schrift auf dem Sockel und die Statuen der Soldaten wurden 1992 entfernt und in den Memento-Park verfrachtet. Die Inschrift lautet: „Für alle, die für Ungarns Unabhängigkeit, Freiheit und Wohlstand ihr Leben opferten."

Memento-Park Historische Stätte
(☎1-424 7500; www.mementopark.hu; XXII Balatoni út & Szabadkai utca; Erw./Stud. 1500/1000 Ft; ⏲10 Uhr bis Abenddämmerung; 🚌101, 150) Im 10 km südwestlich des Stadtzentrums gelegenen Memento-Park haben übesr 40 Statuen, Büsten und Gedenktafeln für Lenin, Marx, Béla Kun und andere, deren Bildnisse anderswo auf dem Müll gelandet sind, eine Heimat gefunden – ein bizarrer Ort. Wer sich die Werke im Stil des sozialistischen Realismus anschaut, wird erstaunt sein, dass einige davon noch vom Ende der 1980er-Jahre stammen.

Stephansbasilika Kathedrale
(Szent István Bazilika; ☎06 30 703 6599, 1-311 0839; www.basilica.hu; V Szent István tér; erbetene Spende 200 Ft; ⏲Mo–Sa 9–19, So 7.45–19 Uhr; Ⓜ M3 Arany János utca) Budapests klassizistische Kathedrale entstand im Laufe eines halben Jahrhunderts und war 1905 fertig. Für eine erhebliche Verzögerung sorgte 1868 ein Fiasko: In einem Sturm stürzte die Kuppel zusammen und der ganze Bau musste wieder abgerissen und von Grund auf neu errichtet werden. Drinnen ist die Basilika recht düster, doch von der Spitze der Kuppel eröffnen sich unglaubliche Aussichten.

Ungarische Staatsoper Historisches Gebäude
(Magyar Állami Operaház; ☎1-332 8197; www.operavisit.hu; VI Andrássy út 22; Erw./erm. 2990/1990 Ft; ⏲Führungen 15, 16 & 17 Uhr, teils auf Deutsch; Ⓜ M1 Opera) Die Ungarische Staatsoper wurde 1884 von Miklós Ybl im Stil der Neorenaissance entworfen – sie zählt zu den schönsten Gebäuden Budapests. Ihre Fassade ist mit Statuen der Musen und von Operngrößen wie Puccini, Mozart, Liszt und Verdi verziert, während drinnen Marmorsäulen, vergoldete Gewölbedecken, Kronleuchter und eine fast perfekte Akustik das Publikum verzücken. Wer sich keine Vorstellung anschauen kann, sollte zumindest an einer der Führungen teilnehmen. Tickets dafür sind im Andenkenshop im Foyer erhältlich.

Margareteninsel

Die grüne Margareteninsel mitten in der Donau gehört weder zu Buda noch zu Pest. Ihre schattigen Wege, Schwimmbäder, Thermalbäder und Grünanlagen bieten den Bewohnern beider Flussseiten eine Oase. Bis die Türken die Insel in einen Harem verwandelten, war die Insel stets die Domäne des einen oder anderen Ordens gewesen. Heute ist sie mit malerischen Ruinen gespickt.

Die Insel ist größer, als man vielleicht denkt, also mietet man bei **Bringóhintó** (☎1-329 2073; www.bringohinto.hu; 30/60 Min. Mountainbikes 690/990 Ft, Tretkutschen für 4 Pers. 2280/3680 Ft; ⏲8 Uhr bis Abenddämmerung; 🚌26) beim Erfrischungsstand in der Nähe des Japanischen Gartens im Norden der Insel am besten ein Fahrrad oder einen anderen fahrbaren Untersatz und arbeitet sich dann Richtung Süden vor. Die Insel zeigt sich tagsüber von ihrer besten Seite; wer möchte, kann sich auch abends im Club **Holdudvar** (☎1-236 0155; www.facebook.com/holdudvaroldal; XIII Margit-sziget; ⏲So–Mi 11–2, Do bis 4, Fr & Sa bis 5 Uhr; 🚋4, 6) vergnügen.

Kirchenruinen
GASCHWALD/SHUTTERSTOCK ©

Budapest

A
B
C
D
1
2
3
4
5
6
ORSZÁGÚT
VÍZIVÁROS
BURGVIERTEL (VÁRNEGYED)
KRISZTINAVÁROS
TABÁN
GELLÉRTBERG (GELLÉRT-HEGY)
Retek u
Fény u
Lövőház u
Széll Kálmán tér
Széll Kálmán tér
Varsányilrén u
Erőd u
Kapás u
Fazekas u
Medve u
Vitéz u
Nagy Imre tér
43
Hattyú u
Csalogány u
Ignotus u
Krisztina krt
Vérmezőút
Batthyány u
Fiáth János u
Toldy Ferenc u
Batthyány u
Málna u
Fő u
Batthyány tér
Batthyány tér
Antall József rkp
13
25
Várfok u
Ostrom u
Kagyló u
Mária tér
Hunfalvy u
Hajnóczy József u
Anjoubástya
Petermann bíró u
Táncsics Mihály u
Franklin u
Iskola u
Kossuth Lajos tér
Maros u
Krisztinakrt
Fortuna u
Szabó Ilonka u
Donáti u
Szilágyi Dezső tér
Sztehlo Gábor rkp
Városmajor u
Lovas út
Tóth Árpád sétány
Úri u
Magyar jakobunisok tere
Logodi u
Corvin tér
Bem rkp
Szalag u
31
2
45
Vérmező
Bugát u
Ponty u
Antall József rkp
Déli pu. (Südbahnhof)
30
Palau
Greguss u
Koronaőr köz
Gránit l
Tárnok u
Széchenyi-Kettenbrücke (Széchenyi lánchíd)
Attila u
Mikó u
Tábor u
Dísz tér
Alkotás u
Feszty Árpád u
Krisztina krt
Pauler u
Roham u
Szent György tér
19
Clark Ádám tér
16
Sikló (Berg-station)
Sikló (Tal-station)
Friedrich Born rkp
Kosciuszko Tádé u
Krisztina tér
Palota út
Váralja u
8
Lánchíd u
Alagút u
Márvány u
Gellérthegy u
Szent György u
Donau
Márvány u
Pálya u
Ág u
Tigris u
Burgpalast
Győző u
Róka u
Lisznyai u
14
12
3
Kemal Atatürk sétaút
Kiss János altábornagy u
Fenyő u
Orvosu
Naphegy u
Ybl Miklós tér
Nyárs u
Naphegy tér
Fém u
Attila u
Tartsay Vilmos u
Tibor u
Krisztinakrt
Fogas u
Szarvas tér
Várkert rkp
Bán u
Derék u
Dezső u
Attila u
Győri út
Táltos u
Avar u
Zsolt u
Piroska u
Czakó u
Kereszt u
Mészáros u
Hadnagy u
Hegyalja út
Csörsz u
Galeotto u
Gellért-berg
Aladár u
Szirtes út
Sánc u
Orom u
Hegyalja út
Berényi u
Társu
Szirom u
Jagello út
Füri u
Otthon u
Alsóhegy u
Mihály u
Szirtes út
Bérc u
Jubiläums-park
Zitadelle
Citadella sétány
Szirtes út
Gyula u
Számadó u
Kelenhegyi út
Breznó köz
Ranyány u
Muskotály u
Budaörsi út
Schweidel u
Csukló u
Gombocz Zoltán u
Somlói út
Citadella u
Kelenhegyi út
Rezeda u
Villányi út
Ménesi út
Bakator u

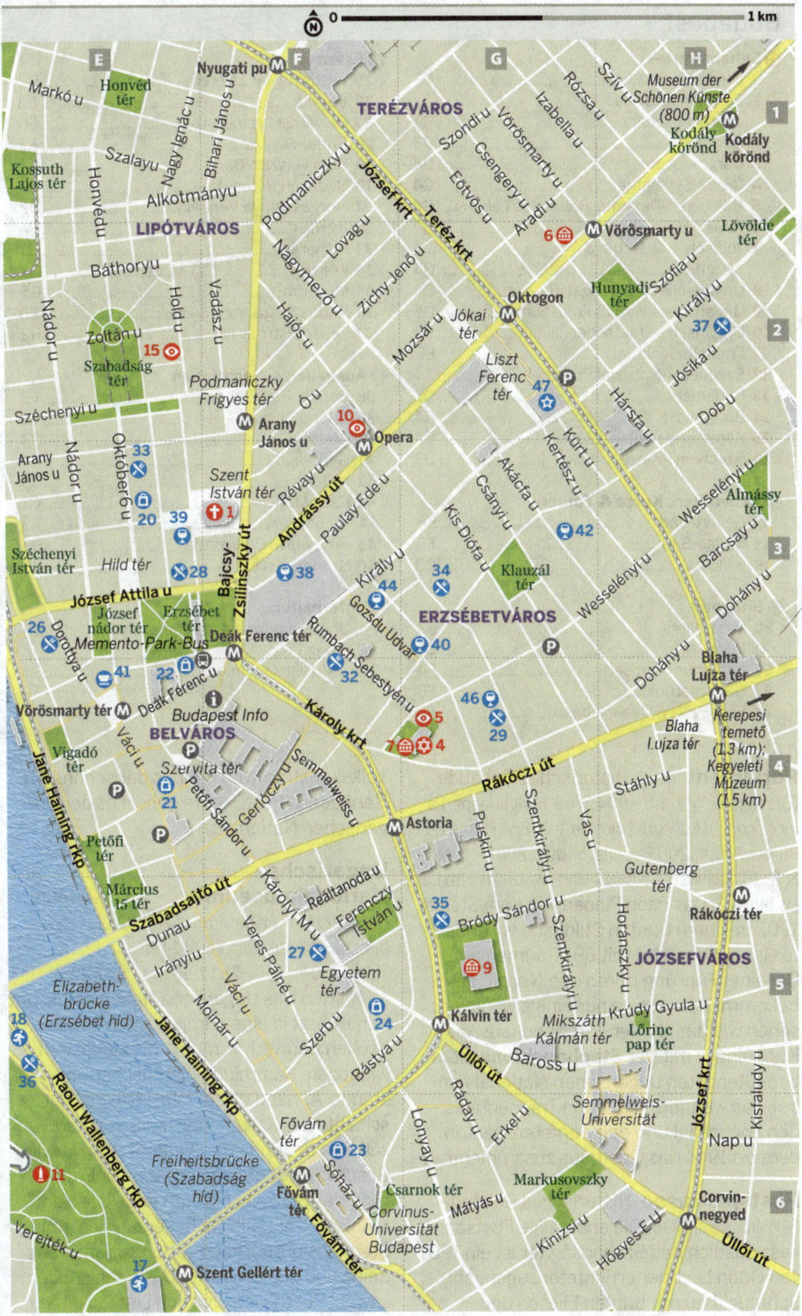

TERÉZVÁROS
LIPÓTVÁROS
ERZSÉBETVÁROS
BELVÁROS
JÓZSEFVÁROS
Nyugati pu
Museum der Schönen Künste (800 m)
Kodály körönd
Vörösmarty u
Oktogon
Arany János u
Opera
Deák Ferenc tér
Vörösmarty tér
Budapest Info
Astoria
Blaha Lujza tér
Kerepesi temető (1,3 km); Kegyeleti Múzeum (1,5 km)
Rákóczi tér
Kálvin tér
Fővám tér
Szent Gellért tér
Corvin-negyed
Elizabethbrücke (Erzsébet híd)
Freiheitsbrücke (Szabadság híd)
Semmelweis-Universität
Corvinus-Universität Budapest
Memento-Park-Bus
Andrássy út
Rákóczi út
Károly krt
József krt
Teréz krt
Üllői út
Jane Haining rkp
Raoul Wallenberg rkp
Szabadsajtó út
Bajcsy-Zsilinszky út
József Attila u

Budapest

Parlament — Historisches Gebäude

(Országház; ☎1-441 4904; www.hungarianparliament.com; V Kossuth Lajos tér 1–3; Erw./Stud. EU-Bürger 2200/1200 Ft, sonst 5400/2800 Ft; ⌚Mo–Fr 8–18, Sa bis 16, So bis 14 Uhr; Ⓜ M2 Kossuth Lajos tér, 🚊2) Das nach Plänen von Imre Steindl 1902 in einem bunten Stilmisch vollendete Gebäude wartet mit 691 Räumen auf. Bei einer Führung durch den Nordflügel bekommt man davon nur einige wenige zu sehen wie das Goldene Treppenhaus, die Kuppelhalle mit der **Stephanskrone**, dem bedeutendsten ungarischen Nationalsymbol, das wunderbare Große Treppenhaus, den Logensaal und den Konferenzsaal, in dem bis 1944 das Oberhaus zusammentrat.

Postsparkasse — Historisches Gebäude

(V Hold utca 4; 🚊15) Die ehemalige Postsparkasse östlich des Szabadság tér ist ein 1901 von Ödön Lechner errichteter Jugendstil-Schmuckbau mit bunten Fliesen und Volkskunstmotiven – eines der schönsten Gebäude in Pest. Heute gehört es der Ungarischen Nationalbank.

Ungarisches Nationalmuseum — Museum

(Magyar Nemzeti Múzeum; ☎1-338 2122; www.hnm.hu; VIII Múzeum körút 14–16; Erw./erm. 1600/800 Ft; ⌚Di–So 10–18 Uhr; 🚊47, 49, Ⓜ M3/4 Kálvin tér) Das Ungarische Nationalmuseum beherbergt in einem imposanten klassizistischen Bauwerk von 1847 die landesweit wichtigste Sammlung historischer Gegenstände. Anhand dieser Objekte wird die Geschichte des Karpatenbeckens von der Frühzeit bis zum Ende der Awarenzeit sowie die Geschichte der Magyaren von der Eroberung des Beckens bis zum Ende des Kommunismus erzählt. Nicht versäumen: König Stephans purpurnen Krönungsmantel aus Seide und das Broadwood-Klavier, auf dem sowohl Beethoven als auch Liszt spielten.

Kerepeser Friedhof Friedhof

(Kerepesi temető; ☎06 30 331 8822; www.nemzetisirkert.hu; VIII Fiumei út 16; ⏰Mai–Juli 7–20 Uhr, April & Aug. bis 19 Uhr, Sept. bis 18 Uhr, März & Okt. bis 17 Uhr, Nov.–Feb. 7.30–17 Uhr; M M2/4 Bahnhof Keleti, 🚊24) GRATIS Das Budapester Gegenstück zum Londoner Highgate-Friedhof oder zum Pariser Père Lachaise: Dieser 1847 angelegte und 56 ha große Friedhof umfasst rund 3000 Grabsteine und Mausoleen, darunter die für Staatsmänner und Nationalhelden wie Lajos Kossuth, Ferenc Deák und Lajos Batthyány. Lagepläne, auf denen die Gräber von prominenten Verblichenen verzeichnet sind, sind kostenlos am Eingang erhältlich. Im Grabfeld 21 sind viele bestattet, die beim Aufstand von 1956 umkamen.

Burgberg Berg

(Várhegy; 🚌16, 16A, 116, M M2 Batthyány tér, Széll Kálmán tér, 🚊19, 41;) Beim Burgberg handelt es sich um ein 1 km langes Kalksteinplateau, das sich über der Donau erhebt. Hier stehen einige der bedeutendsten mittelalterlichen Monumente und Museen der Stadt – daher ist der Burgberg auch Unesco-Weltkulturerbe. Darunter verbirgt sich ein 28 km langes Netz von Höhlen, die durch warme Quellen entstanden sind. Das ummauerte Areal besteht aus zwei unterschiedlichen Teilen: dem Burgviertel, in dem einst die Untertanen lebten, und dem Burgpalast, wo sich auch die von Béla IV. im 13. Jh. errichtete Burg befand. Am einfachsten gelangt man von Pest auf den Burgberg, indem man am Deák Ferenc tér Bus 16 zum Dísz tér zwischen Burgviertel und -palast nimmt. Mehr Spaß macht es, über die Kettenbrücke zu bummeln und die **Sikló** (www.bkv.hu; I Szent György tér; einfach/hin & zurück Erw. 1200/1800 Ft, 3–14 J. 700/1100 Ft; ⏰7.30–22 Uhr, 1. & 3. Mo des Monats geschl.; 🚌16, 16A, 🚊19, 41) zu nehmen, eine Standseilbahn von 1870, die vom Clark Ádám tér steil hinauf zum Szent György tér beim Burgpalast fährt.

Oder man erklimmt vom Clark Ádám tér Richtung Nordwesten die Király lépcső (Königstreppe).

Noch eine Möglichkeit: Man nimmt die U-Bahn M2 zum Széll Kálmán tér, im Südosten des Platzes die Treppe und geht die Várfok utca hinauf zum Wiener Tor. Das mittelalterliche Tor zum Burgviertel wurde 1936 zur Feier des 250. Jubiläums der Rückeroberung der Burg von den Türken neu errichtet. Dieselbe Strecke befährt der Bus 16A vom Beginn der Várfok utca.

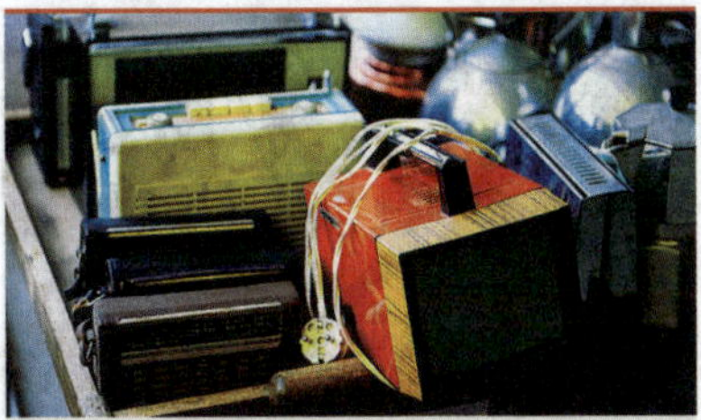

Alte Radios und Fernseher auf dem Ecseri Piac
WESTEND61 PREMIUM/SHUTTERSTOCK ©

Budapester Flohmärkte

Sich auf dem **Ecseri Piac** (Ecseri-Markt; www.piaconline.hu; XIX Nagykőrösi út 156; ⏰Mo–Fr 8–16, Sa 5–15, So 8–13 Uhr; 🚌54, 84E, 89E 94E), einem der größten Flohmärkte Europas, zusammen mit den Einheimischen auf Schnäppchenjagd zu begeben ist eine wunderbare Art, einen Samstagvormittag zu verbringen. Hier gibt's alles, ob Grammophone, Schaukelpferde, Uniformen, Geigen oder Ritterrüstungen. Auch der kleinere **PECSA Bolhapiac** (www.bolhapiac.com; XIV Zichy Mihály utca 14; Eintritt 150 Ft; ⏰Sa & So 7–14 Uhr; 🚌Trolleybus 72, 74, 🚊1) wartet mit einem wahren Sammelsurium von altem Krimskrams auf.

Museum der Schönen Künste Museum

(Szépművészeti Múzeum; ☎1-469 7100; www.mfab.hu; XIV Dózsa György út 41; M M1 Hősök tere) Das in einem prachtvollen klassizistischen Gebäude residierende Museum der Schönen Künste beherbergt die bedeutendste Sammlung der Stadt mit ausländischer Kunst, von Arbeiten aus dem alten Ägypten und aus alten Mittelmeerkulturen bis zu hochrangigen Werken der spanischen, flämischen, italienischen und deutschen Kunst. Den Kern der Sammlung

Die Donau und ihre Brücken

Die Donau ist in Budapest immer präsent: Sie teilt die Stadt in zwei Hälften und dient auch heute noch als wichtige Wasserstraße für den Transport von Gütern und Menschen. Die Donaubrücken – acht an der Zahl, ohne die Eisenbahnbrücken – sind zugleich Wahrzeichen wie auch Aussichtspunkte und verbanden Buda und Pest schon lange, bevor sie sich 1873 zusammentaten. Die vier Brücken im Stadtzentrum stellen die übrigen in den Schatten: Es sind die Margaretenbrücke, die wundervolle **Széchenyi-Kettenbrücke** (Széchenyi lánchíd; 16, 19, 41), die Elisabethbrücke und die Freiheitsbrücke.

Széchenyi-Kettenbrücke
PAOLO PARADISO/SHUTTERSTOCK ©

bildet die Privatsammlung des Grafen Miklós Esterházy, die der Staat 1870 erwarb. Zur Zeit der Recherche war das Museum zwecks Renovierung geschlossen – es soll im März 2018 wieder eröffnet werden.

Aquincum Archäologische Stätte

(1-250 1650; www.aquincum.hu; III Szentendrei út 133–135; Erw./erm. Museum & Park 1600/800 Ft, nur Park 1000/500 Ft; Museum April–Okt. Di–So 10–18 Uhr, Nov.–März bis 16 Uhr, Park April–Okt. Di–So 9–18 Uhr; 34, 106, HÉV bis Aquincum) Die am vollständigsten erhaltene zivile Römersiedlung Ungarns entstand etwa 100 n. Chr. und wurde 106 zur Hauptstadt der römischen Provinz Pannonia Inferior. Heute können Besucher hier Häuser, Bäder, Höfe, Brunnen und raffinierte Fußbodenheizungen erkunden; außerdem wurde das Haus eines Malers nachgebaut.

Im Aquincum-Museum gleich hinter dem Eingang zur Stätte wird mit einer großen Sammlung römischer Alltagsgegenstände und Wandbilder der Kontext zu den Ruinen geliefert.

SHOPPEN

Nagycsarnok Markt

(Große Markthalle; 1-366 3300; www.piaconline.hu; IX Vámház körút 1–3; Mo 6–17, Di–Fr bis 18, Sa bis 15 Uhr; M4 Fővám tér) Dies ist Budapests größter Markt, der seit seiner Renovierung für die 1000-Jahr-Feiern 1996 zur Touristenattraktion geworden ist. Doch es kommen immer noch jede Menge Einheimische hierher, um sich mit Obst, Gemüse, Feinkostwaren, Fisch und Fleisch einzudecken. Im ersten Stock sind ungarische Trachten, Puppen, bemalte Eier, bestickte Tischdecken, handgefertigte Jagdmesser und andere Souvenirs erhältlich.

Bestsellers Bücher

(1-312 1295; www.bestsellers.hu; V Október 6 utca 11; Mo–Fr 9–18.30, Sa 11–18, So 12–18 Uhr; M1/2/3 Deák Ferenc tér) Eine der besten englischen Buchhandlungen der Stadt, u. a. mit zahlreichen Titeln zu Ungarn und einer großen Abteilung mit Zeitungen und Zeitschriften. Das freundliche Personal kann mit Tipps weiterhelfen.

Le Parfum Croisette Parfüm

(06 30 405 0668; www.leparfum.hu; V Deák Ferenc utca 18; Mo–Fr 10–19, Sa & So bis 17 Uhr; M1/2/3 Deák Ferenc tér, 47, 48, 49) In seinem Atelier und Laden kreiert der einzige Parfümeur Ungarns, Zsolt Zólyomi, seine Düfte. Es sind auch moderne, ohne Tierversuche hergestellte Parfüme von anderen Herstellern in aller Welt erhältlich. Zólyomi zufolge steht die einst bedeutende ungarische Parfümindustrie vor einer Wiedergeburt. Er veranstaltet hier auch Parfüm-Workshops.

Rózsavölgyi Csokoládé Schokolade

(06 30 814 8929; www.rozsavolgyi.com; V Királyi Pál utca 6; Mo–Fr 10.30–13 & 13.30–18.30, Sa 12–18 Uhr; M3/4 Kálvin tér) In dem winzigen, schummrig beleuchteten Laden werden kunstvoll verpackte, preisgekrönte

Schokoladen und Pralinen verkauft. Zu den handgefertigten Schokoladen zählen interessante Sorten wie Kaffee mit Balsamessig oder Sternanis mit roten Pfefferkörnern.

Bomo Art Kunst & Kunsthandwerk
(☎1-318 7280; www.bomoart.hu; V Régi Posta utca 14; ⌚Mo–Fr 10–18.30, Sa bis 18 Uhr; Ⓜ M3 Ferenciek tere) Das klitzekleine Geschäft gleich bei der Váci utca hat mit die edelsten Papierwaren Budapests im Angebot wie ledergebundene Notizbücher, Fotoalben und Adressbücher.

ESSEN

Budavári Rétesvár Ungarisch €
(Strudelburg; ☎06 70 408 8696; www.budavari retesvar.hu; I Balta köz 4; Strudel 310 Ft; ⌚8–19 Uhr; 🚌16, 16A, 116) In diesem winzigen Laden in einer schmalen Gasse im Burgbezirk ist Strudel in allen möglichen Ausprägungen erhältlich, von Mohn mit Sauerkirsche bis zu Dill mit Käse und Kohl.

Bors Gasztro Bár Baguettes €
(www.facebook.com/BorsGasztroBar; VII Kazinczy utca 10; Suppen 600 Ft, Baguettes 670–890 Ft; ⌚11.30–24 Uhr; 🖉; Ⓜ M2 Astoria) Das klitzekleine Lokal wartet nicht nur mit herzhaften, kreativen Suppen auf – wie wär's mit Süßkartoffel mit Kokosnuss oder Tiramisu? –, sondern auch mit ebenso guten Baguettes wie dem „Bors Dog" mit würziger Wurst und Käse oder dem „Brain Dead", bei dem die wichtigste Zutat Schweinshirn ist. Dies ist kein Lokal, in dem man sich gemütlich niederlässt – die meisten Leute verspeisen das Erworbene draußen auf dem Bürgersteig.

Zeller Bistro Ungarisch €€
(☎06 30 651 0880, 1-321 7879; VII Izabella utca 38; Hauptgerichte 2900–5400 Ft; ⌚Di–Sa 12–15 & 18–23 Uhr; Ⓜ M1 Vörösmarty utca, 🚋4, 6) In diesem hübschen kerzenbeschienenen Keller werden die Gäste herzlich in Empfang genommen und das aufmerksame Personal serviert Essen, dessen Zutaten zumeist von der Familie und den Freunden des Betreibers am Plattensee stammen. Zu der ungarischen Hausmannskost hier zählen leckere Sachen wie Graurind, Entenkeule, Ochsenschwanz und Lammhachse. Auch die Nachspeisen sind klasse. Das Restaurant ist sowohl bei Einheimischen als auch Ausländern beliebt – reservieren!

Borkonyha Ungarisch €€
(Weinküche; ☎1-266 0835; www.borkonyha.hu; V Sas utca 3; Hauptgerichte 3150–7950 Ft; ⌚Mo–Sa 12–16 & 18–24 Uhr; 🚌15, 115, Ⓜ M1 Bajcsy-

Schlemmen unter freiem Himmel

STEFANO EMBER/SHUTTERSTOCK ©

Gerbeaud

Zsilinszky út) In seinem Sternerestaurant nähert sich Chefkoch Ákos Sárközi der ungarischen Küche auf moderne Art und Weise und die Karte wechselt alle ein, zwei Wochen. Als Vorspeise bieten sich die in Strudelteig gewickelte Foie gras an und dazu ein Glas des süßen Tokajer. Wenn gerade Fleisch vom ungarischen Mangalica-Schwein auf der Karte steht, sollte man es zu einem Glas des trockenen Furmint-Weißweins probieren.

Kőleves Jüdisch €€

(☎06 20 213 5999; www.kolevesvendeglo.hu; VII Kazinczy utca 37–41; Hauptgerichte 2120–4920 Ft; ⏲Mo–Fr 8–1, Sa & So 9–1 Uhr; 📶🌿; Ⓜ M1/2/3 Deák Ferenc tér) Die stets volle und unterhaltsame „Steinsuppe" lockt mit ihren jüdisch inspirierten, aber nicht koscheren Gerichten, mit einer bunten Einrichtung, einem tollen Service und vernünftigen Preisen ein junges Publikum an. Auch die vegetarischen Gerichte sind gut. Frühstück (890–1250 Ft) wird bis 11.30 Uhr serviert. Das Mittagsgericht kostet nur 1250 Ft bzw. 1100 Ft für die vegetarische Version.

Gerbeaud Café €€

(☎1-429 9001; www.gerbeaud.hu; V Vörösmarty tér 7–8; ⏲12–22 Uhr; Ⓜ M1 Vörösmarty tér) Das seit 1858 an der Nordseite des geschäftigsten Platzes von Pest bestehende Gerbeaud ist seit 1870 der angesagteste Treff der Elite der Stadt. Neben feinen Kuchen und Backwaren serviert das Café kaltes und warmes Frühstück sowie einige schön dargereichte ungarische Gerichte mit internationalem Einschlag. Ein Besuch hier ist quasi ein Muss!

Baraka Fusionsküche €€€

(☎1-200 0817; www.barakarestaurant.hu; V Dorottya utca 6; Hauptgerichte 7200–17 500 Ft, 3-Gänge-Mittagessen 6900 Ft, 7-Gänge-Probiermenüs 27 000 Ft; ⏲Mo–Sa 11–15 & 18–23.30 Uhr; 📶; Ⓜ M1 Vörösmarty tér) Wer es in Budapest nur in einen Nobelschuppen schafft, sollte das Baraka ansteuern. Im monochromen Gastraum zaubert Küchenchef Norbert Bíró in einer halboffenen Küche seine Gerichte. Es wird viel Fisch aufgetischt, bereichert um französische, asiatische und ungarische Elemente. Toll ist auch die Bar mit ihrem großen Sortiment an japanischen Whiskys und asiatischen Tapas.

Múzeum Ungarisch €€€

(☎1-267 0375; www.muzeumkavehaz.hu; VIII Múzeum körút 12; Hauptgerichte 3600–7200 Ft; ⏲Mo–Sa 18–24, So 12–15 Uhr; Ⓜ M3/4 Kálvin tér) Dieses Café-Restaurant ist genau richtig für all diejenigen, die gern in altmodischem Ambiente mit leisem Klaviergeklimper im Hintergrund speisen. Auch nach 130 Jahren an derselben Stelle ist das Restaurant noch bestens im Geschäft. Himmlisch ist das Gänseleber-Parfait (3400 Ft), legendär die Gänsekeule mit Kohl (3900 Ft). Außerdem gibt es hier eine gute Auswahl an ungarischen Weinen.

AUSGEHEN & NACHTLEBEN

In den letzten Jahren hat sich Budapest zu einer der besten Ausgehdestinationen Europas gemausert. Neben der altehrwürdigen Kaffeehauskultur wird eine zauberhafte Mischung aus einzigartigen Kneipen, phantastischem Wein, ungarischen Feuerwassern und neuen Craft-Bieren geboten, und das alles mit herzlicher ungarischer Gastfreundschaft und viel Spaß an der Freude. Was das Nachtleben zu bieten hat, ist auf www.wheretraveler.com/budapest zu finden.

Doblo Weinbar

(www.budapestwine.com; VII Dob utca 20; ⏲So–Mi 13–2, Do–Sa bis 4 Uhr; Ⓜ M1/2/3 Deák Ferenc tér) Das Doblo mit Backsteinwänden und Kerzen ist die Top-Adresse für alle, die ungarische Weine kennenlernen möchten: Hier werden zahlreiche Weine im 0,15-l-Glas für 900 bis 2150 Ft kredenzt. Es gibt auch etwas zu essen, wie z. B. Käse- und Wurstplatten.

Léhűtő Bar

(☎06 30 731 0430; www.facebook.com/lehuto.kezmuvessorozo; VII Holló utca 12–14; ⏲Mo 16–24, Di–Do bis 2, Fr & Sa bis 4 Uhr; 📶; Ⓜ M1/2/3 Deák Ferenc tér) Wem es nach einem Craft-Bier gelüstet, der sollte in dieser sehr freundlichen Kellerbar vorbeischauen: Hier gibt's eine große Auswahl an ungarischen und ausländischen Gerstensäften. Man kann sich beraten lassen und auch das eine oder andere Schlückchen probieren. Bier auf Kaffeebasis? Jawohl! An warmen Abenden kann man auch oben an der Kreuzung sitzen.

Ruinenkneipen

Romkocsmák (Ruinenkneipen) tauchten in der Stadt zuerst zu Beginn der 2000er-Jahre auf: Damals übernahmen tatkräftige Freigeister verlassene Gebäude und verwandelten sie in temporäre Kneipen. Zunächst erfuhr man davon durch Mundpropaganda, dann wurden die Ruinenkneipen immer bekannter. Aus den abgewrackten Pop-up-Läden voller Flohmarktmöbel haben sich heute oft schickere, ganzjährig betriebene Bars mit überdachten Bereichen für die Winterzeit entwickelt. Budapests erste *romkocsmá*, **Szimpla Kert** (☎06 20 261 8669; www.szimpla.hu; VII Kazinczy utca 14; ⏲Mo–Do & Sa 12–4, Fr 10–4, So 9–5 Uhr; Ⓜ M2 Astoria), ist heute fest auf der Route von trinkfesten Touristen verankert, und doch noch eine Ikone.

Szimpla Kert

DiVino Borbár Weinbar

(☎06 70 935 3980; www.divinoborbar.hu; V Szent István tér 3; ⏲So–Mi 16–24, Do–Sa bis 2 Uhr; Ⓜ M1 Bajcsy-Zsilinszky út) Das zentral gelegene und immer volle DiVino ist Budapests beliebteste Weinbar – davon zeugen auch die Besucher, die sich bei gutem Wetter auf dem Platz vor der Stephansbasilika tummeln. Die Gäste haben die Wahl aus mehr als 140 Weinen (bis zu 35 Jahre alt) von 36 Winzern. Die 0,15-l-Gläser (650–3500 Ft) sind schnell leer! Fürs Glas ist eine Kaution von 500 Ft fällig.

Instant Club

(☎06 30 830 8747, 1-311 0704; www.instant.co.hu; VII Akácfa utca 51; ⏲16–6 Uhr; Ⓜ M1 Opera)

Wohin zum Schlafen?

Im Allgemeinen gibt's in Buda weniger Unterkünfte als in Pest auf der anderen Seite der Donau. Die Stadtteile Erzsébetváros und Terézváros vereinen den Löwenanteil der Budapester Unterkünfte auf sich, doch abends und nachts kann es hier sehr laut sein. Auf dem Burgberg existieren nur wenige Übernachtungsmöglichkeiten, die dazu eher teuer sind. Von Belváros aus ist eigentlich alles in der Stadt gut zu erreichen, besonders auch Ausgeh- und Unterhaltungsangebote; die Gegend ums Parlament eignet sich sehr gut zum Übernachten: Sie ist zentral, aber doch abseits vom Lärm. In Óbuda und in den Budaer Bergen sind nur wenige Unterkünfte zu finden.

Diese „Ruinenkneipe" an einer der quirligsten Ausgehmeilen von Pest erfreut sich nach wie vor großer Beliebtheit. Der Club verfügt über 26 Räume, sieben Bars, sieben Bühnen und zwei Gärten mit Underground-DJs und Tanzpartys. Hier steppt immer der Bär!

Szatyor Bár és Galéria Bar

(Bar & Galerie Tragetasche; ☎1-279 0290; www.szatyorbar.com; XIII Bartók Béla út 36–38; 🕐12–1 Uhr; M M4 Móricz Zsigmond körtér, 🚊18, 19, 47, 49) Das Szatyor teilt sich ein Gebäude mit dem Café **Hadik Kávéház** (☎1-279 0291; www.hadikkavehaz.com; XIII Bartók Béla út 36; 🕐12–1 Uhr) und ist das funkigere der beiden Etablissments, mit Cocktails, Street Art an den Wänden und einem vom Dichter Endre Ady gefahrenen Lada. Cool, oder? Auch Essen ist erhältlich (Hauptgerichte 1900–2400 Ft).

Double Shot Kaffee

(☎06 70 674 4893; www.facebook.com/doubleshotspecialtycoffee; XIII Pozsonyi út 16; 🕐Mo–Do 7–20, Fr bis 21, Sa 8–21, So 8–19 Uhr; 🚊4, 6) Dieser klitzekleine Coffeeshop mit unfertigem, schmuddeligem Look und einer halsbrecherischen Treppe hoch zum kleinen Sitzbereich wird von zwei Expats geführt. Der handwerklich produzierte Kaffee aus aller Welt ist hervorragend.

Kávé Műhely Kaffee

(☎06 30 852 8517; www.facebook.com/kavemuhely; II Fő utca 49; 🕐Mo–Fr 7.30–18.30, Sa & So 9–17 Uhr; M M2 Batthyány tér, 🚊19, 41) Dieser winzige Coffeeshop ist einer der besten der Stadt. Hier werden die Bohnen selbst geröstet und der Kuchen und die Sandwiches sind auch phantastisch. Wenn es für Kaffee zu heiß ist: Es gibt auch Craft-Bier und hausgemachte Limo. In der angeschlossenen Galerie wird zeitgenössische Kunst gezeigt.

✪ UNTERHALTUNG

Ungarische Staatsoper Oper

(Magyar Állami Operaház; ☎1-814 7100, Kasse 1-353 0170; www.opera.hu; VI Andrássy út 22; 🕐Kasse 10–20 Uhr; M M1 Opera) Die herrliche Neorenaissance-Oper lohnt sowohl wegen ihrer opulenten Einrichtung als auch für eine Aufführung unter perfekten akustischen Bedingungen einen Besuch.

Liszt-Musikakademie Klassische Musik

(Liszt Zeneakadémia; ☎1-462 4600, Kasse 1-321 0690; www.zeneakademia.hu; VI Liszt Ferenc tér 8; 🕐Kasse 10–18 Uhr; M M1 Oktogon, 🚊4, 6) Die Konzerte im bedeutendsten Konzerthaus Budapests sind in der Regel mindestens eine Woche im Voraus ausverkauft; manchmal sind noch teure, aber durchaus erschwingliche Last-Minute-Tickets erhältlich – es lohnt sich immer nachzufragen.

Kulturpalast Konzerthaus

(Művészetek Palotája; ☎1-555 3300; www.mupa.hu; IX Komor Marcell utca 1; 🕐Kasse 10–18 Uhr; 📶; 🚊2, 24, 🚆HÉV 7 Közvágóhíd) Die beiden Konzertsäle im riesigen Kulturpalast an der Donau sind der **Nationale Konzertsaal Béla Bartók** (Bartók Béla Nemzeti Hangversenyterem) mit 1700 Plätzen und das kleinere **Festivaltheater** (Fesztivál Színház) mit 450 Plätzen. Beide Säle sollen über eine fast perfekte Akustik verfügen. Eine Stunde vor Vorstellungsbeginn sind für Studenten Stehplatzkarten für 500 Ft erhältlich.

POSZTOS/SHUTTERSTOCKS ©

Ungarische Staatsoper

PRAKTISCHE INFORMATIONEN

Die zentrale Touristeninformation ist **Budapest Info** (☎1-438 8080; www.budapestinfo.hu; V Sütő utca 2; ⌚8–20 Uhr; Ⓜ M1/2/3 Deák Ferenc tér); eine **Filiale** (Olof Palme sétány 5, Städtische Eishalle; ⌚9–19 Uhr; Ⓜ M1 Hősök tere) gibt's im Stadtwäldchen, Infoschalter in den Ankunftshallen der Terminals 2A und 2B des Ferenc Liszt International Airport.

AN- & WEITERREISE

FLUGZEUG

Der Budapester **Ferenc Liszt International Airport** (BUD; ☎1-296 7000; www.bud.hu) befindet sich 24 km südöstlich des Stadtzentrums und umfasst zwei moderne Terminals, die direkt nebeneinander liegen.

ZUG

Bahnhof Keleti (Keleti pályaudvar; VIII Kerepesi út 2–6; Ⓜ M2/M4 Keleti pályaudvar) Hier kommen die meisten Züge aus dem Ausland sowie Züge aus dem Norden und Nordosten Ungarns an. Die Ungarischen Staatsbahnen, **MÁV** (Magyar Államvasutak; ☎1-349 4949; www.mavcsoport.hu), bieten Zugverbindungen in alle Nachbarländer.

Bahnhof Nyugati (Westbahnhof; VI Nyugati tér) Hier kommen Züge z. B. aus Rumänien, vom Donauknie und aus der Großen Ungarischen Tiefebene an.

Bahnhof Déli (Déli pályaudvar; I Krisztina körút 37; Ⓜ M2 Déli pályaudvar) Hier fahren Züge von einigen Orten im Süden wie Osijek in Kroatien und Sarajevo in Bosnien sowie einige Züge aus Wien ein.

UNTERWEGS VOR ORT

Zeitkarten für einen Tag bis zu einem Monat sind in allen Straßenbahnen, Bussen, Trolleybussen, HÉV-Vorortzügen (innerhalb der Stadtgrenzen) und U-Bahnen gültig.

U-Bahn Am schnellsten, aber unter der Erde sieht man nichts. Verkehrt von 4 bis etwa 23.15 Uhr.

Bus Verkehren von etwa 4.15 bis zwischen 21 und 23.30 Uhr. Von 23.30 bis kurz nach 4 Uhr fahren dann 41 Nachtbusse, deren dreistellige Liniennummern mit einer „9" anfangen.

Straßenbahn Schneller und angenehmer fürs Sightseeing als Busse, mit 30 Linien. Die Linie 6 fährt die ganze Nacht durch.

Trolleybus Am praktischsten für die Fahrt zum und im Stadtwäldchen in Pest.

In diesem Kapitel

Wien, Österreich

Es gibt nicht viele Städte auf der Welt, die sich so beschwingt wie Wien im Walzertakt zwischen Vergangenheit und Gegenwart bewegen. Die prachtvolle Geschichte zeigt sich in den kaiserlichen Barockpalästen mit all ihrem Prunk wie auch in den altehrwürdigen Opernhäusern und Plätzen. Wien gehört gleichzeitig zu den dynamischsten Städten Europas. Nur einen Katzensprung von der Hofburg wartet im MuseumsQuartier hinter einer markanten Basaltfassade provozierende zeitgenössische Kunst. Im 1. Bezirk machen sich topaktuelle Designläden neben Herrenausstattern vom alten Schlag breit und austro-asiatische Fusionslokale existieren neben traditionellen Beisln (Wirtshäuser).

Zwei Tage in Wien

Los geht's im gewaltigen **Stephansdom** (S. 581) im Herzen Wiens. Anschließend lässt man sich von der Pracht der **Hofburg** (S. 576), ein architektonisches Meisterwerk der Habsburgerzeit, beeindrucken, bevor der Tag mit einem Craft-Bier im **Brickmakers Pub & Kitchen** (S. 589) ausklingt. Der Vormittag des zweiten Tages ist dem **Kunsthistorischen Museum** (S. 574) gewidmet, der Nachmittag mindestens einem Museum im **MuseumsQuartier** (S. 577).

Vier Tage in Wien

Am Vormittag steht das **Schloss Belvedere** (S. 582) mit seinen französischen Gärten auf dem Programm. Anschließend lockt der **Prater** (S. 577) mit Wäldern, Wiesen und Jahrmarktattraktionen. Der vierte Tag gehört dem **Schloss Schönbrunn** (S. 572). Wer noch Zeit hat, kann der **Karlskirche** (S. 582) oder der **Secession** (S. 582) einen Besuch abstatten.

Noch mehr Schlösser oder Burgen? Dann geht's mit dem Zug zum Schloss Neuschwanstein (S. 526) oder mit dem Flieger nach Dubrovnik (S. 476).

Karte Wien (S. 578)

Ankunft

Flughafen Wien Der City Airport Train (CAT; 11 €, 15 Min.) verkehrt regelmäßig von 6 bis 23.30 Uhr. Außerdem fährt die billigere, aber auch langsamere S7 (4,40 €, 25 Min.) vom Flughafen nach Wien Mitte. Ein Taxi kostet 25 bis 50 €.

Wien Hauptbahnhof Am Wiener Hauptbahnhof 3 km südlich des Stephansdoms kommen alle Züge aus dem Ausland an. Ins Zentrum fahren die U-Bahnlinie 1, die Straßenbahnen D und O sowie die Busse 13A und 69A. Ein Taxi ins Zentrum kostet rund 10 €.

Schlafen

Die Wiener Unterkünfte decken die gesamte Palette ab, von preisgünstigen Jugendherbergen bis zu Luxusherbergen mit Kronleuchtern, antikem Mobiliar und Original-Ölgemälden aus dem 19. Jh. Dazwischen bewegen sich die heimeligen, oft von Familien geführten Pensionen, viele traditionelle und weniger prunkvolle Hotels sowie eine gute Auswahl an Ferienapartments. Es empfiehlt sich eigentlich immer vorauszubuchen; für ein gutes Preis-Leistungs-Verhältnis sollten Unterkünfte im Zentrum mindestens ein paar Wochen im Voraus reserviert werden.

Schloss Schönbrunn

Glanz und Gloria des Kaiserreichs der Habsburger zeigen sich in den Gemächern von Schloss Schönbrunn, die zu den besterhaltenen Barockräumlichkeiten in Europa zählen – ein Fest aus Fresken, Gold und Kronleuchtern.

Toll für ...

☑ Nicht versäumen

Große Galerie, Neptunbrunnen, Gloriette und Wagenburg.

Prunkgemächer

Die **Blaue Stiege** führt in fürstlicher Manier ins Obergeschoss des Schlosses. Zunächst erreicht man die Gemächer von Kaiser Franz Josef I. und seiner geliebten Gemahlin Elisabeth aus dem 19. Jh. Üppig mit Stuck verziert und von Kronleuchtern beschienen waren etwa das **Billardzimmer**, wo Armeeangehörige auf eine Audienz warteten und ein paar Kugeln versenkten, und Franz Josefs **Arbeitszimmer**, in dem der Kaiser von 5 Uhr morgens an unermüdlich arbeitete.

Im weiß-goldenen **Spiegelsaal** spielte der sechsjährige Mozart 1762 für eine begeisterte Maria Theresia. Am schönsten ist vielleicht die 40 m lange **Große Galerie**: Hier veranstalteten die Habsburger Bälle und Bankette unter Stuckornamenten, Kronleuchtern und einem Fresko des italienischen Künstlers Gregorio Guglielmi, das

Brunnen im Ehrenhof von Schloss Schönbrunn

SCHLOSS SCHÖNBRUNN KULTUR- UND BETRIEBSGESMBH PHOTOGRAPHER: ALEXANDER E. KOLLER ©

Gut zu wissen

www.schoenbrunn.at; 13, Schönbrunner Schlossstraße 47; Erw./Kind Imperial Tour 13,30/9,80 €, Grand Tour 16,40/10,80 €, Grand Tour mit Guide 19,40/12,30 €; Juli & Aug. 8.30–18.30 Uhr, Sept., Okt. & April–Juni bis 17.30 Uhr, Nov.–März bis 17 Uhr; U Hietzing

Kleine Stärkung

Kaffee und Kuchen oder ein sehr gesundes Mittagsmahl bei **Waldemar** (www.waldemar-tagesbar.at; 13, Altgasse 6; Hauptgerichte mittags 4,30–6,90 €; Mo–Fr 7.30–20, Sa & So 9–20 Uhr).

★ Top-Tipp

Wer sich in Schönbrunn mehrere Sachen anschauen möchte, sollte eines der Kombitickets kaufen, die auch im Internet erhältlich sind.

die Herrschaft Maria Theresias verherrlicht. Hier fand 1961 auch das historische Treffen zwischen John F. Kennedy und Nikita Chruschtschow statt.

Mit einer Grand-Tour-Karte kann man in den **Ostflügel** des Schlosses weitergehen. Franz Stephans Gemächer beginnen mit dem herrlichen **Blauen chinesischen Salon** mit komplizierten, auf chinesisches Reispapier gemalten Blumenmustern. Hier fanden die Verhandlungen statt, die 1918 das Ende des österreichisch-ungarischen Kaiserreichs besiegelten.

Schönbrunner Schlosspark

Der gepflegte **Schlosspark** (6.30 Uhr bis Abenddämmerung) GRATIS ist im französischen Stil angelegt und zu jeder Jahreszeit schön: Im Sommer zeigt sich ein farbenprächtiges Blütenmeer, im Winter dominieren Grau- und Brauntöne. Der Park, den Joseph II. 1779 der Öffentlichkeit zugänglich machte, beherbergt an den schattigen Alleen, die zwischen 1750 und 1755 raster- und sternförmig angelegt wurden, z. B. den **Neptunbrunnen** (Erw./Kind 3,60/2,80 €) von 1781 mit einem Figurenensemble aus der griechischen Mythologie und als Highlight die **Gloriette** (Erw./Kind 3,60/2,80 €; 9–18 Uhr, Anfang Nov.–Mitte März geschl.) von 1775.

Wagenburg

Die **Wagenburg** (www.kaiserliche-wagenburg.at; Erw./Kind 8 €/frei; Mitte März–Nov. 9–17 Uhr, Dez.–Mitte März 10–16 Uhr) zeigt kaiserliche Prachtkutschen wie etwa Franz Stephans Krönungskutsche mit opulenter Blattgoldverzierung und venezianischen Glasfenstern. Insgesamt wiegt das Gefährt stolze 4000 kg!

Kunsthistorisches Museum Wien

Das in einem opulenten klassizistischen Gebäude residierende Museum entführt seine Besucher auf eine Zeitreise und Schatzsuche – vom antiken Rom bis nach Ägypten und in die Renaissance.

Toll für ...

☑ Nicht versäumen

Die niederländische Malerei des 17. Jhs., die Kunstkammer und die Kultkammer des Ka-ni-nisut.

Gemäldegalerie

Die riesige Gemäldegalerie beherbergt die bei Weitem eindrucksvollste Sammlung des Museums. Am Anfang steht die deutsche Renaissance mit der grandiosen Dürer-Sammlung, gefolgt vom flämischen Barock mit Rubens, van Dyck und Pieter Bruegel dem Älteren.

Auf den Gemälden des niederländischen Goldenen Zeitalters (16. und 17. Jh.) zeigt sich in Werken von Rembrandt, Ruisdael und Vermeer das Bemühen, die Wirklichkeit möglichst wahrheitsgetreu abzubilden.

In den venezianischen Sälen (16. Jh.) beeindrucken vor allem Tizians *Nymphe und Schäfer* (1570), Veroneses *Lucretia* (1583) und Tintorettos *Susanna im Bade* (1556).

Raffaels *Madonna im Grünen* (1506), eines der Meisterwerke der Hochrenaissance, steht ebenso im Zeichen der Hingabe wie die *Rosenkranzmadonna* (1601), ein gegen-

Innenansicht des Museums

KUNSTHISTORISCHES MUSEUM VIENNA © KHM-MUSEUMSVERBAND

Gut zu wissen

KHM; www.khm.at; 01, Maria-Theresien-Platz; Erw./Kind mit Museen der Neuen Burg 15 €/frei; Juni–Aug. Fr–Mi 10–18, Do bis 21 Uhr, Sept.–Mai Mo geschl.; U Museumsquartier, Volkstheater

Kleine Stärkung

Ein Burger im hippen **Said the Butcher to the Cow** (www.butcher-cow.at; 01, Opernring 11; Hauptgerichte 10,80–31,90 €; Küche Di–Sa 17–23 Uhr, Bar Di & Mi 17–1, Do–Sa 17–2 Uhr; D, 1, 2, 71 Kärntner Ring/Oper, U Karlsplatz).

★ Top-Tipp

Wer nicht viel Zeit hat, sollte schnurstracks die Alten Meister in der Gemäldegalerie ansteuern.

reformatorisches Altargemälde des italienischen Barockkünstlers Caravaggio.

Der absolute Star unter den Künstlern in den Sälen mit spanischer, französischer und englischer Malerei ist der spanische Hofmaler Velázquez.

Kunstkammer

Die Habsburger füllten ihre Kunstkammer mit einer enzyklopädischen Sammlung des Seltenen und Wertvollen wie etwa Kelchen aus Narwal-Stoßzähnen. Die 20 Räume zeugen mit über 2200 Kunstwerken von der Leidenschaft, mit der man in der Renaissance und im Barock Kuriositäten sammelte.

Ägyptisch-Orientalische Sammlung

Die Geheimnisse der altägyptischen Kulturen lassen sich auf einem Streifzug durch diese Sammlung erschließen. Hier erzählt die **Kultkammer des Ka-ni-nisut** in Reliefs und Hieroglyphen vom Leben eines Beamten der 5. Dynastie.

In der Orientalischen Sammlung ist das Highlight ein Löwenrelief vom babylonischen Ischtartor (604–562 v. Chr.).

Antikensammlung

Die umfassende griechische und römische Sammlung zeugt von der kaiserlichen Leidenschaft für antike Schätze: Die 2500 Objekte überbrücken drei Jahrtausende, vom Zypern der Bronzezeit bis zum Frühmittelalter.

Unter den griechischen Werken befindet sich ein Fragment vom Nordfries des Parthenons. Die große römische Sammlung umfasst z. B. das *Theseusmosaik* (4. Jh. n. Chr.) aus Salzburg und das spannende Relief einer *Löwenjagd* (3. Jh. n. Chr.).

SEHENSWERTES

Hofburg & Umgebung

Hofburg — Palast

(www.hofburg-wien.at; 01, Michaelerkuppel; 1A, 2A Michaelerplatz, D, 1, 2, 46, 49, 71 Burgring, U Herrengasse) GRATIS Nichts steht so sehr für das österreichische Kulturerbe wie die Hofburg, in der die Habsburger von 1273 bis 1918 residierten. Der älteste Bereich ist der **Schweizerhof** aus dem 13. Jh., benannt nach den Schweizergardisten, die die Hofburg einst bewachten. Das **Schweizertor** ist ein Renaissance-Tor von 1553. Der Hof grenzt an den noch größeren **Inneren Burghof**. Dort prangt ein Standbild von Kaiser Franz II. Heute ist die Burg Amtssitz des österreichischen Präsidenten und beherbergt diverse Museen.

Kaiserappartements — Palast

(01-533 75 70; www.hofburg-wien.at; 01, Michaelerplatz; Erw./Kind 12,90/7,70 €, mit Führung 15,90/9,20 €; Juli & Aug. 9–18 Uhr, Sept.–Juni bis 17.30 Uhr; U Herrengasse) Die Kaiserappartements, einst die offiziellen Wohngemächer von Franz Josef I. und Kaiserin Elisabeth, beeindrucken durch ihre Opulenz. Das Highlight ist das der beliebtesten Kaiserin Österreichs gewidmete **Sisi Museum** mit Kleidung und Schmuck der Monarchin. Im Eintrittspreis inbegriffen sind mehrsprachige Audioguides. Auf den Führungen gelangen die Teilnehmer in die Kaiserappartements, das Sisi Museum und die **Silberkammer**, dessen größtes Silberservice für 140 Tischgäste reicht.

Kaiserliche Schatzkammer — Museum

(www.kaiserliche-schatzkammer.at; 01, Schweizerhof; Erw./Kind 12 €/frei; Mi–Mo 9–17.30 Uhr; U Herrengasse) Die Kaiserliche Schatzkammer beherbergt Säkulares und Sakrales von unschätzbarem Wert und ungeheurer Pracht wie Andachtsbilder und Altäre vorallem aus der Barockzeit – allein der Wert der Kronjuwelen ist gigantisch. In den verschiedenen Sälen erblickt man Highlights wie eine goldene Rose, diamantenbesetzte türkische Säbel, einen Smaragd aus Kolumbien mit 2680 Karat und – als Glanzstück– die Kaiserkrone.

Spanische Hofreitschule — Darstellende Künste

(01-533 90 31; www.srs.at; 01, Michaelerplatz 1; Vorführungen 25–217 €; unterschiedlich;

Sisi Museum, Kaiserappartements und Silberkammer, Hofburg

1A, 2A Michaelerplatz, UHerrengasse) Die weltberühmte Spanische Hofreitschule ist eine Wiener Institution, ein Sinnbild der Kaiserzeit. Bei den einzigartigen Vorführungen kommen Lipizzaner-Hengste zum Einsatz, die einst auf dem kaiserlichen Gestüt in Lipizza gezüchtet wurden. Diese wunderschönen Tiere führen zu klassischer Musik ein wahres Pferdeballett auf, dem die Zuschauer auf Balkonen oder auf günstigeren Stehplätzen beiwohnen, während über allem die Lüster schimmern.

Albertina Kunstmuseum

(www.albertina.at; 01, Albertinaplatz 3; Erw./Kind 12,90 €/frei; Do–Di 10–18, Mi bis 21 Uhr; D, 1, 2, 71 Kärntner Ring/Oper, UKarlsplatz, Stephansplatz) Die Albertina diente zunächst als kaiserliche Gästeresidenz der Habsburger, heute ist sie Aufbewahrungsort einer der bedeutendsten grafischen Sammlungen der Welt. Die ständige Sammlung Batliner mit über 100 Werken, die die Zeit von Monet bis Picasso abdecken, und die hochkarätigen Wanderausstellungen machen die Albertina zu einem Wien-Highlight.

Die Audioguides (4 €) liefern Informationen zu allen Abteilungen und erzählen die Geschichte hinter den Sälen und den Kunstwerken.

Sammlungen in der Neuen Burg Museum

(01-525 240; www.khm.at; 01, Heldenplatz; Erw./Kind 15 €/frei; Mi–So 10–18 Uhr; D, 1, 2, 71 Burgring, UHerrengasse, Museumsquartier) Die Neue Burg beherbergt drei Museen. Wunderbar vielfältig ist die **Sammlung alter Musikinstrumente**. Das **Ephesos-Museum** zeigt Artefakte, die österreichische Archäologen zwischen 1895 und 1906 in Ephesos in der Türkei ausgegraben haben. Die **Hofjagd- und Rüstkammer** enthält alte Rüstungen vor allem aus dem 15. und 16. Jh. Im Eintrittspreis sind das Kunsthistorische Museum (S. 574) und alle drei Museen in der Neuen Burg inbegriffen. Ein Audioguide kostet 4 €.

MuseumsQuartier & Neubau

MuseumsQuartier Museen

(MQ; www.mqw.at; 07, Museumsplatz; Informations- & Ticketcenter 10–19 Uhr; UMuseumsquar-

Prater & Riesenrad

Der mit 60 km² größte Wiener **Park** (www.wiener-prater.at; ; UPraterstern) umfasst Pappel- und Kastanienwälder, Wiesen und schattige Alleen sowie Kinderspielplätze, ein Schwimmbad, einen Golfplatz und eine Galopprennbahn. Die Hauptachse des Parks ist die von Kastanienbäumen gesäumte Hauptallee, die im Herbst rostrot und golden erstrahlt. Sie führt vom Praterstern schnurstracks zum **Lusthaus** (01-728 95 65; 02, Freudenau 254; Hauptgerichte 11–19 €; Mo–Fr 12–22, Sa & So bis 18 Uhr, im Winter kürzer; ; 77A), einem alten Jagdhaus der Habsburger aus dem 16. Jh. Hier befinden sich heute ein Café und ein Restaurant mit klassischer Wiener Küche.

Über dem Freizeitpark **Wurstelprater** dreht sich eins der sichtbarsten Wahrzeichen der Stadt, das **Riesenrad** (www.wienerriesenrad.com; 02, Prater 90; Erw./Kind 9,50/4 €; 9–23.45 Uhr, im Winter kürzer; ; UPraterstern). Für viele ist es das Hauptziel im Prater – vor allem auch für diejenigen, die sich noch an den britischen Schwarzweiß-Thriller *Der dritte Mann* (1949) mit Orson Welles erinnern können, der im düsteren Wien der Nachkriegszeit spielt. Das 1897 von dem Engländer Walter B. Basset errichtete Riesenrad ist 65 m hoch und 430 t schwer. Eine Umdrehung dauert etwa 20 Minuten – so hat man genügend Zeit, um phantastische Fotos von der unter einem ausgebreiteten Stadt zu schießen.

Riesenrad im Prater
MRGB/SHUTTERSTOCK ©

Wien

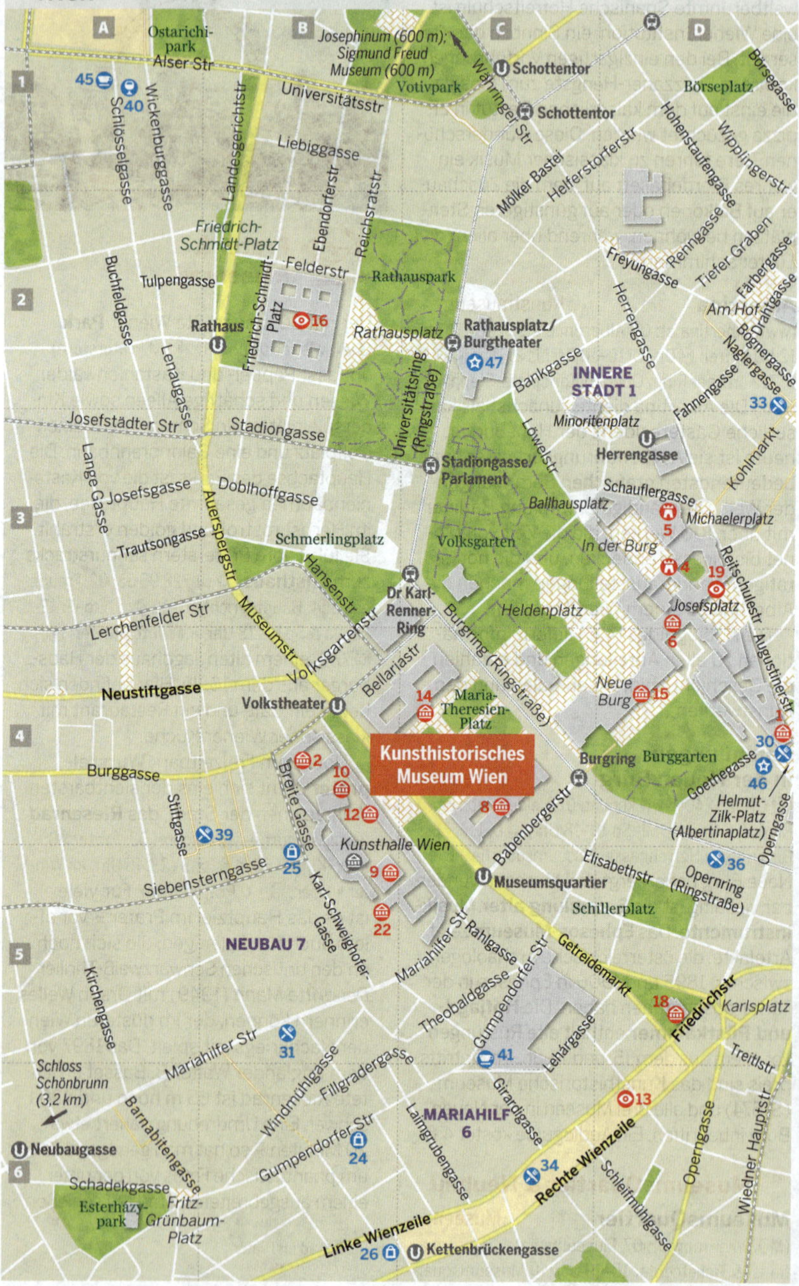
A
B
C
D
1
2
3
4
5
6
Ostarichi-park
Alser Str
Josephinum (600 m); Sigmund Freud Museum (600 m)
Votivpark
Schottentor
Schottentor
Währinger Str
Universitätsstr
Börseplatz
Börsegasse
Wipplingerstr
Hohenstaufengasse
Helferstorferstr
Mölker Bastei
Liebiggasse
Schlösselgasse
Wickenburggasse
Landesgerichtstr
Ebendorferstr
Reichsratstr
Friedrich-Schmidt-Platz
Felderstr
Rathauspark
Tulpengasse
Buchfeldgasse
Rathaus
Friedrich-Schmidt-Platz
16
Rathausplatz
Rathausplatz/Burgtheater
47
Renngasse
Freyungasse
Tiefer Graben
Färbergasse
Drahtgasse
Am Hof
Bognergasse
Naglergasse
Herrengasse
Bankgasse
INNERE STADT 1
Fahnengasse
33
Lenaugasse
Josefstädter Str
Stadiongasse
Universitätsring (Ringstraße)
Minoritenplatz
Löwelstr
Herrengasse
Kohlmarkt
Stadiongasse/Parlament
Lange Gasse
Josefsgasse
Doblhoffgasse
Schauflergasse
Ballhausplatz
5
Michaelerplatz
Trautsongasse
Schmerlingplatz
Volksgarten
In der Burg
Auerspergstr
Hansenstr
4
19
Reitschulestr
Dr Karl-Renner-Ring
Josefsplatz
Lerchenfelder Str
Museumstr
Burgring (Ringstraße)
Heldenplatz
6
Volksgartenstr
Augustinerstr
Neustiftgasse
Bellariastr
Volkstheater
14
Maria-Theresien-Platz
Neue Burg
15
1
30
Burggasse
2
10
Kunsthistorisches Museum Wien
Burgring
Burggarten
Goethegasse
46
Breite Gasse
12
8
Helmut-Zilk-Platz (Albertinaplatz)
Operngasse
Stiftgasse
39
Kunsthalle Wien
Babenbergerstr
25
9
Elisabethstr
36
Siebensterngasse
Museumsquartier
Opernring (Ringstraße)
Karl-Schweighofer-Gasse
Schillerplatz
22
Rahlgasse
NEUBAU 7
Mariahilfer Str
Gumpendorfer Str
Getreidemarkt
Kirchengasse
Theobaldgasse
18
Friedrichstr
Karlsplatz
Lehárgasse
Treitlstr
Mariahilfer Str
31
41
Schloss Schönbrunn (3,2 km)
Windmühlgasse
Fillgradergasse
Girardigasse
13
Barnabitengasse
Laimgrubengasse
MARIAHILF 6
Operngasse
Wiedner Hauptstr
Neubaugasse
Gumpendorfer Str
24
34
Rechte Wienzeile
Schleifmühlgasse
Schadekgasse
Esterházy-park
Fritz-Grünbaum-Platz
Linke Wienzeile
26
Kettenbrückengasse
45
40

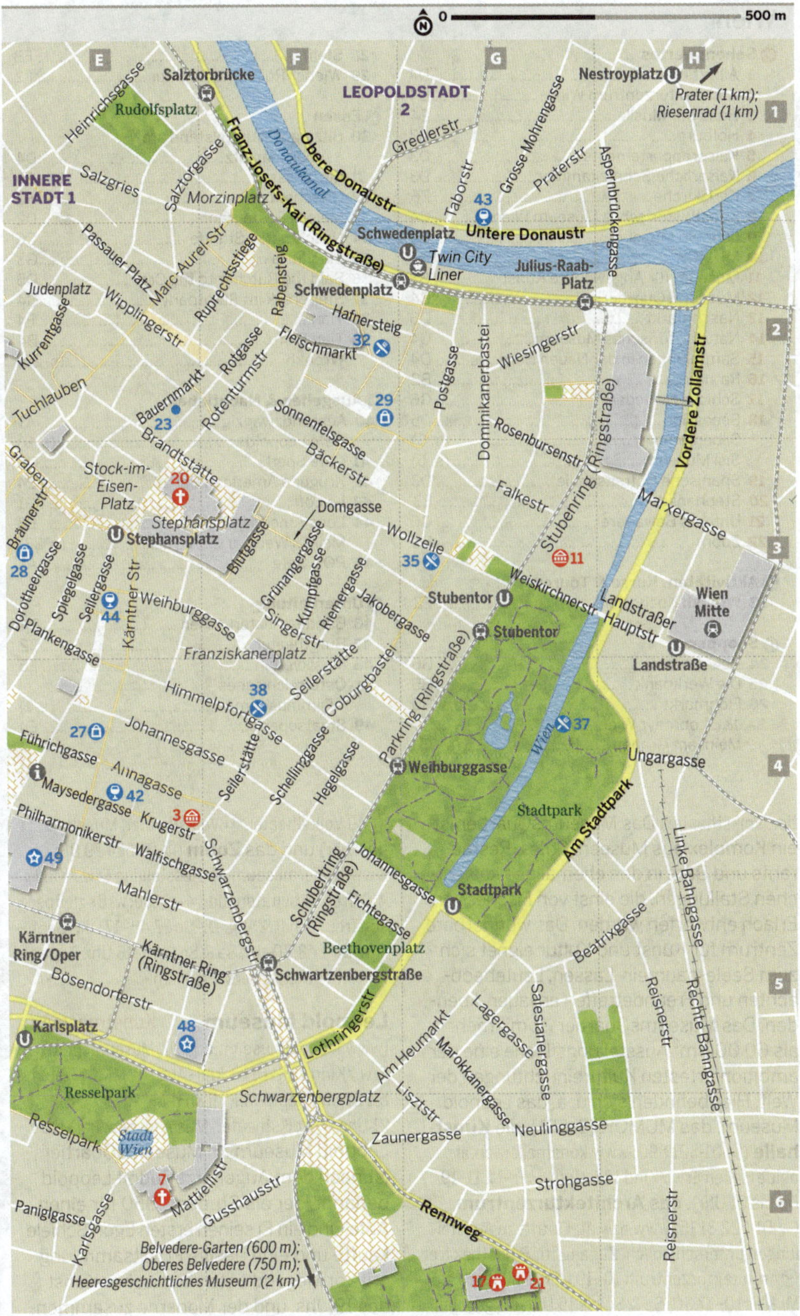
0
500 m
LEOPOLDSTADT
2
INNERE
STADT 1
Salztorbrücke
Rudolfsplatz
Heinrichsgasse
Salzgries
Salztorgasse
Morzinplatz
Franz-Josefs-Kai (Ringstraße)
Donaukanal
Obere Donaustr
Gredlerstr
Taborstr
Grosse Mohrengasse
Praterstr
Nestroyplatz
Prater (1 km);
Riesenrad (1 km)
Aspernbrückengasse
43
Untere Donaustr
Schwedenplatz
Twin City
Liner
Julius-Raab-
Platz
Passauer Platz
Marc-Aurel-Str
Ruprechtsstiege
Rabensteig
Judenplatz
Wipplingerstr
Kurrentgasse
Hafnersteig
Fleischmarkt
32
Postgasse
Dominikanerbastei
Wiesingerstr
Vordere Zollamstr
Stubenring (Ringstraße)
Rotgasse
Rotenturmstr
Bauernmarkt
23
Tuchlauben
29
Sonnenfelsgasse
Bäckerstr
Rosenbursenstr
Falkestr
Marxergasse
Brandtstätte
Graben
Stock-im-
Eisen-
Platz
20
Domgasse
Stephansplatz
Blutgasse
Bräunerstr
28
Wollzeile
35
11
Grünangergasse
Kumpfgasse
Riemergasse
Jakobergasse
Dorotheergasse
Spiegelgasse
Seilergasse
Kärntner Str
44
Weihburggasse
Singerstr
Stubentor
Weiskirchnerstr
Landstraßer
Hauptstr
Wien
Mitte
Landstraße
Plankengasse
Franziskanerplatz
Seilerstätte
Coburgbastei
Parkring (Ringstraße)
38
Himmelpfortgasse
37
Wien
27
Johannesgasse
Führichgasse
Annagasse
42
Schellinggasse
Hegelgasse
Weihburggasse
Ungargasse
Maysedergasse
Krugerstr
3
Philharmonikerstr
49
Walfischgasse
Schwarzenbergstr
Stadtpark
Am Stadtpark
Mahlerstr
Schubertring (Ringstraße)
Fichtegasse
Linke Bahngasse
Kärntner
Ring/Oper
Kärntner Ring
(Ringstraße)
Beethovenplatz
Beatrixgasse
Schwartzenbergstraße
Bösendorferstr
Lothringerstr
Lagergasse
Salesianergasse
Reisnerstr
Rechte Bahngasse
Karlsplatz
48
Am Heumarkt
Marokkanergasse
Resselpark
Schwarzenbergplatz
Lisztstr
Neulinggasse
Resselpark
Stadt
Wien
Zaunergasse
7
Mattiellistr
Gusshausstr
Strohgasse
Paniglgasse
Karlsgasse
Rennweg
Reisnerstr
Belvedere-Garten (600 m);
Oberes Belvedere (750 m);
Heeresgeschichtliches Museum (2 km)
17
21
E
F
G
H
1
2
3
4
5
6

Wien

Sehenswertes
1 Albertina D4
2 Architekturzentrum Wien B4
3 Haus der Musik E4
4 Hofburg D3
5 Kaiserappartements D3
6 Kaiserliche Schatzkammer D3
7 Karlskirche E6
8 Kunsthistorisches Museum Wien C4
9 Leopold Museum B5
10 MUMOK B4
11 Museum für Angewandte Kunst G3
12 MuseumsQuartier B4
13 Naschmarkt D6
14 Naturhistorisches Museum C4
15 Sammlungen in der Neuen Burg D4
16 Rathaus B2
17 Schloss Belvedere G6
18 Secession D5
Silberkammer .... (s. 5)
Sisi Museum .... (s. 5)
19 Spanische Hofreitschule D3
20 Stephansdom E3
21 Unteres Belvedere G6
22 Zoom B5

Aktivitäten, Kurse & Touren
23 Wrenkh Kochsalon E2

Shoppen
24 Beer Lovers B6
25 Die Werkbank B5
26 Flohmarkt B6
27 J&L Lobmeyr Wien E4
Meinl am Graben .... (s. 33)
28 Steiff E3
29 Wiener Rosenmanufaktur F2

Essen
30 Bitzinger Würstelstand am Albertinaplatz D4
31 Eis Greissler B5
32 Griechenbeisl F2
33 Meinl's Restaurant D2
34 Naschmarkt-Stände C6
35 Plachutta G3
36 Said the Butcher to the Cow D5
37 Steirereck im Stadtpark G4
38 Tian F4
39 Tian Bistro B4
Wrenkh .... (s. 23)

Ausgehen & Nachtleben
40 Achtundzwanzig A1
Café Leopold .... (s. 9)
41 Café Sperl C5
42 Kruger's American Bar E4
43 Le Loft G1
44 Loos American Bar E3
Meinl's Weinbar .... (s. 33)
45 POC Cafe A1

Unterhaltung
46 Bundestheaterkassen D4
47 Burgtheater C2
48 Musikverein E5
Österreichisches Filmmuseum .... (s. 1)
49 Staatsoper E4

tier, Volkstheater) Das MuseumsQuartier ist ein Komplex aus Museen, Cafés, Restaurants und Bars in den ehemaligen kaiserlichen Stallungen, die einst von Fischer von Erlach entworfen wurden. Das wunderbare Zentrum für Kunst und Kultur eignet sich zum Seele-baumeln-Lassen, Leutebeobachten und Freundetreffen an lauen Abenden. Das MuseumsQuartier ist mit mehr als 60 000 m² Ausstellungsfläche eine der ambitioniertesten Kultureinrichtungen der Welt. Hier befinden sich u. a. das Leopold Museum, das MUMOK (S. 581), die **Kunsthalle** (01-521 890; www.kunsthallewien.at; beide Hallen Erw./Kind 12 €/frei; Fr–Mi 11–19, Do bis 21 Uhr), das **Architekturzentrum** (01-522 31 15; www.azw.at; Eintritt zu Ausstellungen unterschiedlich, Zugang zur Bibliothek frei; Architekturzentrum 10–19 Uhr, Bibliothek Mo, Mi & Fr 10–17.30, Sa & So bis 19 Uhr, Do geschl.; 49 Volkstheater, U Volkstheater, Museumsquartier) und das **Zoom** (01-524 79 08; www.kindermuseum.at; Ausstellung Erw./Kind 4 €/frei, Aktivitäten Kind 4–6 €, erw. Begleitperson frei; Juli & Aug. Di–So 12.45–17 Uhr, Sept.–Juni Di–Fr 8.30–16, Sa & So 9.45–16 Uhr, Zeiten für Aktivitäten unterschiedlich).

Leopold Museum Kunstmuseum
(www.leopoldmuseum.org; 07, Museumsplatz 1; Erw./Kind 13/8 €; Juni–Aug. Fr–Mi 10–18, Do bis 21 Uhr, Sept.–Mai Mi & Fr–Mo 10–18, Do bis 21 Uhr; U Volkstheater, Museumsquartier) Das Leopold Museum im MuseumsQuartier ist nach dem Augenarzt Rudolf Leopold benannt, der als Student 1950 für einen Apfel und ein Ei seinen ersten Egon Schiele kaufte und eine riesige Privatsammlung mit vorwiegend österreichischer Kunst des 19. Jhs. und der Moderne zusammen-

trug. 1994 verkaufte er das Ganze – 5266 Gemälde – für 160 Mio. € an den österreichischen Staat (einzeln hätten die Gemälde 574 Mio. € eingebracht) und so entstand das Leopold Museum. Im obersten Stockwerk befindet sich das **Café Leopold** (www.cafe-leopold.at; ⌚So–Mi 10–24, Do bis 4, Fr & Sa bis 6 Uhr; 📶).

MUMOK Kunstmuseum

(Museum Moderner Kunst; www.mumok.at; 07, Museumsplatz 1; Erw./Kind 11 €/frei; ⌚Mo 14–19, Di, Mi & Fr–So 10–19, Do 10–21 Uhr; 🚌49 Volkstheater, Ⓤ Volkstheater, Museumsquartier) Der dunkle Basaltstein und die scharfen Linien des Museums Moderner Kunst bilden einen starken Kontrast zum historischen Flair des MuseumsQuartiers. Das MUMOK beherbergt die beste Sammlung moderner Kunst des 20. Jhs. von ganz Wien. Im Mittelpunkt stehen Fluxus, Neuer Realismus, Pop-Art und Fotorealismus. Das Beste aus Expressionismus, Kubismus, Minimal Art und Wiener Aktionismus ist in einer Sammlung von 9000 Werken vereint, die im Wechsel thematisch ausgestellt werden. Manchmal müssen alle diese Werke Platz für Sonderausstellungen machen, sodass gar keins von ihnen zu sehen ist.

Naturhistorisches Museum Museum

(www.nhm-wien.ac.at; 01, Maria-Theresien-Platz; Erw./Kind 10 €/frei, Dachführungen 8 €; ⌚Do–Mo 9–18.30, Mi bis 21 Uhr, Dachführungen Mi 18.30, Fr, Sa & So 16 Uhr; Ⓤ Museumsquartier, Volkstheater) Das Wiener Naturhistorische Museum spannt einen Bogen über vier Millarden Jahre Erdgeschichte. Mit seinen wunderbaren Sälen mit Stuck und Fresken und seiner ins Auge stechenden Kuppel ist dieses Gebäude vom späten 19. Jh. quasi der eineiige Zwilling des Kunsthistorischen Museums gegenüber. Unter den Mineralien, Fossilien und Dinosaurierknochen befinden sich einzigartige Funde wie die winzige, 25 000 Jahre alte Venus von Willendorf sowie eine 1100 Stücke umfassende Meteoritensammlung. Bei den Dachführungen genießt man einen schönen Panoramablick (keine Kinder unter zwölf Jahren).

Rathaus Wahrzeichen

(www.wien.gv.at; 01, Rathausplatz 1; ⌚Führungen Sept.–Juni Mo, Mi & Fr 13 Uhr, Juli & Aug. Mo–Fr 13 Uhr; 🚌D, 1, 2 Rathaus, Ⓤ Rathaus) GRATIS Das neugotische Wiener Rathaus ist die Krönung des architektonischen Ensembles aus dem 19. Jh. an der Ringstraße. Es wurde 1883 unter dem Architekten Friedrich von Schmidt fertiggestellt, der auch am Kölner Dom gewirkt hatte; als Vorbilder dienten flämische Rathäuser. Den besten Blick auf die filigrane Fassade mit ihren Spitzbogenfenstern und schlanken Türmchen hat man vom **Rathauspark**, in dem Josef Lanner und Johann Strauss I., die Väter des Wiener Walzers, in Bronze verewigt sind. Es werden einstündige Rathausführungen angeboten und es sind Audioguides erhältlich.

Stephansdom & Altstadt

Stephansdom Dom

(📞Führungen 01-515 323 054; www.stephanskirche.at; 01, Stephansplatz; Hauptschiff Erw. & 1 Kind 6 €, zusätzl. Kind 1,50 €; ⌚Besichtigung Mo–Sa 9–11.30 & 13–16.30, So 13–16.30 Uhr; Ⓤ Stephansplatz) Das gotische Prachtstück Wiens, der Stephansdom, wird liebevoll Steffl genannt und ist der ganze Stolz der Stadt. Schon im 12. Jh. erhob sich an dieser Stelle eine Kirche – das romanische **Riesentor** und die **Heidentürme** erinnern an sie. Nähert man sich dem Dom, fällt zunächst vor allem das bildhübsche, bunt gemusterte **Ziegeldach** mit dem Doppel- und Bundesadler auf. Das Langschiff dominiert die prachtvolle gotische **Kanzel** aus Stein. Sie stammt von 1515 und wurde von Anton Pilgram geschaffen.

Haus der Musik Museum

(www.hausdermusik.com; 01, Seilerstätte 30; Erw./Kind 13/6 €, mit Mozarthaus 18/8 €; ⌚10–22 Uhr; 🚌D, 1, 2, 71 bis Kärntner Ring/Oper, Ⓤ Karlsplatz) Das Haus der Musik ist ein Museum, das Kindern wie Erwachsenen die Welt des Klangs ausgesprochen amüsant und interaktiv erklärt. Die Exponate sind über vier Etagen verteilt und decken von der Entstehung des Klangs über die Wiener Philharmoniker bis zum Straßenlärm alle Facetten ab. Die Treppe zwischen den Stockwerken fungiert als Klavier und im verglasten Innenhof im Erdgeschoss finden Konzerte statt. Nach 20 Uhr ist der Eintritt ermäßigt.

Alsergrund & Universitätsviertel

Sigmund-Freud-Museum — Museum, Haus

(www.freud-museum.at; 09, Berggasse 19; Erw./Kind 10/4 €; ⌚10–18 Uhr; 🚋D, ⓊSchottentor, Schottenring) Sigmund Freuds Lehre ist ein bisschen wie die Erfindung des Telefons: Sie hat die Welt nachhaltig verändert. In diesem Haus verbrachte der berühmte Psychoanalytiker seine produktivsten Jahre und entwickelte seine bahnbrechenden Theorien. Er zog 1891 mit seiner Familie ein und blieb, bis er 1938 vor den Nazis ins Exil floh.

Josephinum — Museum

(www.josephinum.meduniwien.ac.at; 09, Währinger Straße 25; Erw./Kind 8 €/frei, Führungen 4 €; ⌚Mi 16–20, Fr & Sa 10–18 Uhr, Führungen Fr 11 Uhr; 🚻; ⓊWähringer Straße/Volksoper) Architekturfans statten diesem Komplex aus der Zeit der Aufklärung allein wegen seiner wunderbaren klassizistischen Bauten von 1785 einen Besuch ab. In der medizinischen Akademie für Armeeärzte, die Joseph II. errichten ließ, befindet sich das ungewöhnlichste Museum der Stadt. Das Highlight ist die umfangreiche Sammlung mit 200 Jahre alten anatomischen und gynäkologischen Wachsmodellen. Zwar wurden diese eigentlich zu Lehrzwecken geschaffen, doch sie sollten auch Anschauungsmaterial für die Öffentlichkeit darstellen und sind auch heute noch in ihren Originalvitrinen aus Rosenholz und venezianischem Glas zu sehen.

Karlsplatz & rund um den Naschmarkt

Secession — Museum

(www.secession.at; 01, Friedrichstraße 12; Erw./Kind 9/5,50 €; ⌚Di–So 10–18 Uhr; ⓊKarlsplatz) 1897 sagten sich 19 progressive Künstler vom Wiener Künstlerhaus los, das den Mainstream der damaligen Zeit verkörperte, und begründeten die Wiener Secession. Zu ihnen gehörten Gustav Klimt, Josef Hoffman, Kolo Moser und Joseph M. Olbrich. Olbrich entwarf auch das neue Ausstellungszentrum der Secessionisten. Die Hauptattraktion ist Klimts herrlich vergoldeter *Beethovenfries*. Überblicksführungen (3 €) werden samstags um 14 Uhr angeboten. Ein Audioguide kostet 3 €.

Karlskirche — Kirche

(www.karlskirche.at; 04, Karlsplatz; Erw./Kind 8 €/frei; ⌚Mo–Sa 9–18, So 12–19 Uhr; ⓊKarlsplatz) Wiens schönste Barockkirche an der Südostecke des Resselparks wurde zwischen 1716 und 1739 aufgrund eines Gelübdes erbaut, das Karl VI. nach dem Ende der Pest 1713 geleistet hatte. Sie wurde von Johann Bernhard Fischer von Erlach entworfen, den Bau vollendete sein Sohn Joseph. Die mächtige elliptische kupferne **Kuppel** ist 72 m hoch; das Highlight ist die Fahrt mit dem Aufzug hoch zur Kuppel (im Eintrittspreis inbegriffen), wo die Fresken von Johann Michael Rottmayr ganz aus der Nähe zu sehen sind. Audioguides kosten 2 €.

Vom Schloss Belvedere zum Donaukanal

Schloss Belvedere — Schloss

(www.belvedere.at; Erw./Kind Oberes Belvedere 14 €/frei, Unteres Belvedere 12 €/frei, Kombiticket 20 €/frei; ⌚10–18 Uhr; 🚋D, 71 Schwarzenbergplatz, ⓊTaubstummengasse, Südtiroler Platz) Das Belvedere ist eines der schönsten Barockschlösser der Welt, entworfen von Johann Lukas von Hildebrandt (1668–1745) für den Türkenbezwinger Prinz Eugen von Savoyen. In den üppig mit Fresken ausgestalteten und mit Werken von Klimt, Schiele und Kokoschka geschmückten Sälen brechen sich wilde romantische Gefühle Bahn, während in den gepflegten **Gärten** (03, Rennweg/Prinz-Eugen-Straße; ⌚6.30–20 Uhr, im Winter kürzer; 🚋D), die sich wie ein Theatervorhang öffnen und einen Blick auf die Skyline Wiens freigeben, zahllose Geschichten erzählt werden.

Das erste der beiden Schlossgebäude, das **Obere Belvedere** (03, Prinz-Eugen-Straße 27; Erw./Kind 14 €/frei; ⌚10–18 Uhr), zeigt neben weiteren Werken österreichischer Künstler

BLUEJAYPHOTO/GETTY IMAGES ©

Karlskirche

aus dem späten 19. und frühen 20. Jh. Gustav Klimts *Der Kuss* (1908), das Paradebild des Wiener Jugendstils. Das überbordend gestaltete **Untere Belvedere** (03, Rennweg 6; Erw./Kind 12 €/frei; ⏲Do–Di 10–18, Mi bis 21 Uhr; 🚋D) mit dem freskenreichen Marmorsaal steht am Ende eines Skulpturengartens.

Heeresgeschichtliches Museum — Museum

(www.hgm.or.at; 03, Arsenal; Erw./unter 19 J. 6 €/frei, 1. So des Monats frei; ⏲9–17 Uhr; Ⓤ Südtiroler Platz) Das ausgezeichnete Heeresgeschichtliche Museum residiert im Arsenal, einer großen neobyzantinischen Kaserne samt Munitionsdepot. Auf zwei Etagen beschreitet das Museum den Weg vom Dreißigjährigen Krieg (1618–1648) bis zum Zweiten Weltkrieg und behandelt unterwegs etwa den Ungarnaufstand und den Deutschen Krieg von 1866, die napoleonischen und Türkenkriege und den Ersten Weltkrieg. Zu den Highlights im ersten Stock zählen das Große Siegel von Mustafa Pascha, das dem Prinzen Eugen 1697 in der Schlacht von Zenta in die Hände fiel.

Museum für Angewandte Kunst — Museum

(MAK; www.mak.at; 01, Stubenring 5; Erw./unter 19 J. 9,90 €/frei, Di 18–22 Uhr frei, Führungen 2 €; ⏲Mi–So 10–18, Di bis 22 Uhr, Führung Sa 11 Uhr; 🚋2 Stubentor, Ⓤ Stubentor) Das MAK widmet sich Kunsthandwerk und Kunst im Alltag. In jedem Raum wird ein Stil vorgestellt, darunter Renaissance, Barock, Orientalismus, Historismus, Empire und Art déco; dazu kommen die Metallarbeiten der Wiener Werkstätte. Gegenwartskünstler haben die Räume gestaltet, sodass sehr faszinierende Säle entstanden sind. Der Raum zum Design und zur Baukunst des 20. Jhs. zählt zu den spannendsten Sälen.

AKTIVITÄTEN

Wrenkh Kochsalon — Kochen

(☎01-533 15 26; www.wrenkh-wien.at; 01, Bauernmarkt 10; ⏲ab 48 € pro Pers.; Ⓤ Stephansplatz) Die Kochschule im gleichnamigen **Restaurant** (Hauptgerichte 8–25 €; ⏲Mo–Sa 11–23 Uhr; 🖉) gibt Unterricht in der Zubereitung österreichischer Klassiker wie Schnitzel, Tafelspitz, Süßwasserfisch und

MONYSASI/GETTY IMAGES ©

J. & L. Lobmeyr Wien

Apfelstrudel sowie ausländischer (indisch, thailändisch usw.) und vegetarischer und veganer Speisen. Es werden auch Expeditionen angeboten. Die Kochkurse kosten ab 48 € für 2½ Stunden bis 130 € für sechs Stunden. Das Programm ist auf der Website zu finden.

Donauinsel Insel

(U Donauinsel) Die grazile Donauinsel erstreckt sich über 21,5 km von Klosterneuburg im Norden bis zum Nationalpark Donau-Auen im Süden und teilt die Donau in zwei Hälften, wodurch als Nebenarm die Neue Donau entstanden ist. Die 1970 angelegte Insel weist Strandabschnitte – mit nur wenig Sand – zum Baden, Bootfahren und ein bisschen Wasserskifahren auf.

SHOPPEN

Beer Lovers Getränke

(www.beerlovers.at; 06, Gumpendorfer Straße 35; Mo–Fr 11–20, Sa 10–17 Uhr; U Kettenbrückengasse) Das Craft-Bier-Mekka hat über 1000 Biere von über 125 verschiedenen Brauereien in mehr als 70 Stilen vorrätig und es kommen täglich neue hinzu. Es werden regelmäßig Verkostungen angeboten. In einem begehbaren gläsernen Kühlschrank und in wiederbefüllbaren Behältern steht kaltes Bier zur Verfügung. Außerdem gibt es handwerklich produzierten Cidre, Spirituosen von Kleinerzeugern und alkoholfreie Getränke wie Ingwerbier.

Meinl am Graben Lebensmittel

(www.meinlamgraben.at; 01, Graben 19; Mo–Fr 8–19.30, Sa 9–18 Uhr; U Stephansplatz) Wiens renommiertestes Feinkostgeschäft ist ein Paradies aus hochwertigen Lebensmitteln aus ganz Europa. Im Erdgeschoss prägen Schokolade und Pralinen das Bild, oben gibt's verführerisch Käse und Wurst. Das Untergeschoss lockt mit Wein und Obstlikör aus Österreich und dem restlichen Europa; hier ist auch eine edle Weinbar. Außerdem befindet sich vor Ort ein außergewöhnliches Restaurant (S. 588).

Wiener Rosenmanufaktur Essen, Kosmetik

(www.wienerrosenmanufaktur.at; 01, Schönlaterngasse 7; Juli & Aug. Mo–Fr 15–19, Sa 11–17 Uhr, Sept.–Juni Mo–Fr 13–18.30, Sa 11–18.30, So

14–17 Uhr; ⓊSchwedenplatz) Die Rosen, die Ingrid Maria Heldstab in ihrem Garten im 23. Bezirk züchtet, werden hier zu einer unglaublich breiten Palette von Produkten verarbeitet, von Marmelade (z. B. mit Ingwer), Bonbons und Likören – die man im Laden probieren kann – bis zu Seife, Aromaöl und anderen Pflegeprodukten. Der winzige Laden residiert in einem der ältesten Gebäude Wiens, dem Basiliskenhaus von 1212.

J. & L. Lobmeyr Wien Haushaltswaren
(www.lobmeyr.at; 01, Kärntner Straße 26; ⏲Mo–Fr 10–19, Sa bis 18 Uhr; ⓊStephansplatz) Das Geschäft, das über eine schöne schmiedeeiserne Treppe zu erreichen ist, bietet eines der opulentesten Einkaufserlebnisse ganz Wiens. Das Sortiment besteht aus Biedermeier-Stücken, von Adolf Loos entworfenen Trinkservices, schönen Glaswaren und feinem Porzellan – alles glitzert im Licht des Kronleuchters im Atrium. Lobmeyr besteht seit 1823: Damals belieferte das Geschäft exklusiv den kaiserlichen Hof.

Steiff Spielwaren
(www.steiff-galerie-wien.at; 01, Bräunerstraße 3; ⏲Mo–Fr 10–12.30 & 13.30–18, Sa 10–12.30 & 13.30–17 Uhr; ⓊStephansplatz) Das Ende des 19. Jhs. in Deutschland gegründete Unternehmen Steiff gilt gemeinhin als Erfinder des Teddybären. Dieser wurde 1903 bei der Leipziger Spielwarenmesse erstmals präsentiert: Ein amerikanischer Geschäftsmann kaufte gleich 3000 Stück und vermarktete sie unter dem Namen, der auf den US-Präsidenten Theodore („Teddy") Roosevelt zurückgeht. Der österreichische Flagshipstore der Firma präsentiert neben knuddeligen Teddys ohne Ende auch andere hochhochwertige Plüschtiere.

Die Werkbank Design
(www.werkbank.cc; 07, Breite Gasse 1; ⏲Di–Fr 12–18.30, Sa 11–17 Uhr; ⓊVolkstheater) Möbel, Lampen, Teppiche, Vasen, Schmuck, Uhren, Grafik, Taschen und sogar Fahrräder gehören zu den Kreationen in der „Werkbank", den ganz in Weiß gehaltenen Räumlichkeiten einer Design-Kooperative, in denen

Naschmarkt & Flohmarkt

Wiens berühmter **Markt** (www.wienernaschmarkt.eu; 06, Linke & Rechte Wienzeile; ⏲Mo–Fr 6–19.30, Sa bis 18 Uhr; ⓊKettenbrückengasse) samt **Fressmeile** (www.naschmarkt-deli.at; 04, Naschmarkt Stand 421–436; Gerichte 6,50–16,50 €; ⏲Mo–Sa 7–24 Uhr; ⓊKettenbrückengasse) erblickte im 18. Jh. als Bauernmarkt das Licht der Welt: Damals wurde der Obstmarkt von der Freyung hierher verlegt.

Aus dem Orient trudelten Früchte ein, die Vorläufer der heutigen Wurstbuden wurden errichtet und es entwickelten sich Abteilungen für Kohle, Holz und landwirtschaftliches Gerät. „Naschmarkt" hieß der Markt offiziell ab 1905. Ein paar Jahre zuvor hatte Otto Wagner den Wienfluss in einen offenen Sarg aus Stein und Beton gelegt. Für den Naschmarkt erwies sich dies als Segen, da so neuer Platz entstand. Heute gibt's auf dem Naschmarkt nicht nur Lebensmittel, sondern es findet auch jede Woche ein großer Flohmarkt statt.

Dieser **Flohmarkt** (05, Linke Wienzeile; ⏲Sa 6.30–18 Uhr; ⓊKettenbrückengasse), einer der besten Europas und eine Wiener Institution, wimmelt vor Antiquitäten und „Altwaren" wie Büchern, Bekleidung und Schallplatten sowie Elektrogeräten, Postkarten und Teppichen. Man sollte möglichst früh da sein, da es im Verlauf des Vormittags sehr voll werden kann – und es darf ruhig ordentlich gehandelt werden!

Naschmarkt
JORG HACKEMANN/SHUTTERSTOCK ©

Wiener Spezialitäten

Die Wiener Küche ist reich an Klassikern, die teils ursprünglich gar nicht aus Wien stammen.

Schnitzel Ein echtes Wiener Schnitzel ist paniert und aus Kalbfleisch, es wird aber auch aus Schweinefleisch zubereitet („Wiener Art").

Gulasch Rindsgulasch gibt's überall in Wien, stammt aber eigentlich aus Ungarn. Die österreichische Version wird oft mit Semmelknödeln serviert.

Tafelspitz Gewöhnlich schwimmt das Schwanzstück vom Rind in einer mit Suppengrün angereicherten Brühe und wird mit Kren (Meerrettich) serviert.

Beuschel Innereien, meist Lunge und Herz, in einer leicht rahmigen Sauce.

Backhendl Panierte, frittierte Stücke vom Huhn, oft auch „Steirisches Backhendl" genannt.

Zwiebelrostbraten Scheiben vom Rinderbraten mit dunkler Sauce und gebratenen Zwiebelringen.

Schinkenfleckerln Nudelauflauf mit Schinken.

Bauernschmaus Herzhafte Aufschnittplatte.

Spitzenreiter unter den Desserts sind Kaiserschmarrn (zerrupfter süßer Pfannkuchen mit Rosinen) und Apfelstrudel. Im Sommer unbedingt Marillenknödel (mit Aprikosen) probieren!

Wiener Schnitzel

innovative Designer Wiens ihre Arbeiten vorstellen.

Dirndlherz Bekleidung

(www.dirndlherz.at; 07, Lerchenfelder Straße 50; ⏲Do & Fr 11–18, Sa bis 16 Uhr; Ⓤ Volkstheater) Die österreichische Modeschöpferin Gabriela Urabl interpretiert die Mode der Alpenregion auf ureigene Art und kreiert einzigartige Dirndl: von frechen Push-up-Modellen aus lila Samt über Gingan-Muster im Stil der 1950er-Jahre bis zu Dirndln mit Pop-Art- und punkigen Metallstift-Motiven. Außerdem sind T-Shirts mit Aufschriften wie „Mei Dirndl is in da Wäsch" erhältlich.

ESSEN

Mamamon Thailändisch €

(☎01-942 31 55; www.mamamonthaikitchen.com; 08, Albertgasse 15; Hauptgerichte 7–9,50 €; ⏲Mo–Fr 11.30–21.30, Sa 12–21.30 Uhr; Ⓤ Josefstädter Straße, Rathaus) Eigentümerin Piano, die ihr Restaurant nach ihrer Mutter Mon benannte, hat die florierende südostasiatische kulinarische Szene der Stadt mit ihren südthailändischen Gerichten, einer Street-Food-Einrichtung und einem Indie-Soundtrack die Sporen gegeben. An milden Abenden sitzen fröhliche junge Gäste auch draußen im Hof, wo sie sich an einen großen Gemeinschaftstisch hocken – oder sie lassen sich drinnen am Fenster nieder.

Bitzinger Würstelstand am Albertinaplatz Imbiss €

(www.bitzinger-wien.at; 01, Albertinaplatz; Würstchen 3,40–4,40 €; ⏲8–4 Uhr; 🚊Kärntner Ring/Oper, Ⓤ Karlsplatz, Stephansplatz) Wiens bes-ter Würstelstand hinter der Staatsoper genießt Kultstatus. Hier nippen aufgebrezelte Damen und Herren nach Vorstellungsschluss an den Tischen draußen oder am beheizten Tresen Bier, Wein (ab 2,30 €) oder Champagner von Joseph Perrier (0,2 l 19,90 €) und genehmigen sich dazu eine Bratwurst. Senf gibt's süß und scharf.

Eis Greissler Eiscreme €

(www.eis-greissler.at; 06, Mariahilfer Straße 33; 1/2/3/4/5 Kugeln 1,50/2,80/3,80/4,80/ 5,30 €; ⌚11–22 Uhr; Ⓤ Museumsquartier) Eis Greissler ist leicht an der unvermeidlichen Schlange zu erkennen. Die Wiener lassen sich bei jedem Wetter von dieser leckeren Eiscreme aus Biomilch, -joghurt und -sahne vom Hof der Greisslers in Unterösterreich hierherlocken; Veganer freuen sich über Eis aus Soja- und Hafermilch. Die Sorten verändern sich mit den Jahreszeiten und vielleicht gibt's gerade Zimt, Pfirsich, Erdbeere, Himbeere, Haselnuss oder Butterkaramell.

Lingenhel Modern europäisch €€

(☎01-710 15 66; www.lingenhel.com; 03, Landstraßer Hauptstraße 74; Hauptgerichte 19–24 €; ⌚Shop 8–20 Uhr, Restaurant Mo–Sa 8–22 Uhr; Ⓤ Rochusgasse) Das Lingenhel, einer der spannendsten Gastroneulinge Wiens, ist ein ultraschicker Feinkostladen mit Bar und Restaurant in einem 200 Jahre alten Gebäude. Im Shop locken Salamis, Weine und Käse, im schlichten weißen Restaurant schwingt Daniel Hoffmeister den Kochlöffel. In dem saisonal geprägten Essen, darunter Saibling mit Kohlrabi oder Schweinebauch mit Auberginen, sind die einzelnen Zutaten deutlich herauszuschmecken.

Punks Modern europäisch €€

(☎0664 275 70 72; www.punks.wien; 08, Florianigasse 50; kleine Teller 4,50 €) Der Name deutet es schon an: Dieses Restaurant im Guerillastil schreckt ein ansonsten stilles Viertel ordentlich auf. Patrick Müller, Anna Schwab und René Steindachner haben eine ehemalige Weinbar „besetzt" und auf den üblichen Umbau und auch jede weitere Form von Inneneinrichtung verzichtet: Im Mittelpunkt steht ganz im Sinne des Worts die Küche – die phantasievollen kleinen Gerichte werden hinter der Theke zubereitet.

Griechenbeisl Bistro €€

(☎01-533 19 77; www.griechenbeisl.at; 01, Fleischmarkt 11; Hauptgerichte 15–28 €; ⌚11.30–23.30 Uhr; ✎; 🚋1, 2, Ⓤ Schwedenplatz) Wiens ältestes Restaurant (von 1447), in dem schon Beethoven, Brahms, Schubert und Strauss verkehrten, wartet mit Gewölbedecken, Holzvertäfelung und einer am Fuße eines Brunnens beim Eingang steckenden

Griechenbeisl

Augustin-Figur auf. Auf der Karte sind alle klassischen Wiener Speisen versammelt, dazu kommen jeden Tag drei vegetarische Gerichte. Im Sommer sitzt es sich schön auf der von Pflanzen umringten Terrasse vorm Haus.

Tian Bistro Vegetarisch €€

(☎01-890 466 532; www.tian-bistro.com; 07, Schrankgasse 4; Hauptgerichte 10–18 €; ⏲Mo–Fr 11.30–22, Sa & So 9–22 Uhr; ✍; 🚋49 Siebensterngasse/Stiftgasse, Ⓤ Volkstheater) Im Sommer stehen an der Kopfsteinpflastergasse vor dem Tian Bistro bunte Tische, drinnen lässt ein Glasdach jede Menge Licht in den atriumhaften Gastraum voller Grünzeug. Dies ist der günstigere und entspanntere Ableger des vegetarischen Sternerestaurants **Tian** (☎01-890 46 65-2; www.taste-tian.com; 01, Himmelpfortgasse 23; 2-/3-Gänge-Mittagsmenü 29/34 €, 4-/6-Gänge-Abendmenü 93/108 €; ⏲Di–Sa 12–14 & 17.45–21 Uhr; ✍; 🚋2, Ⓤ Stephansplatz) 🌿. Serviert werden vegetarische und vegane Gerichte wie Schwarztrüffelrisotto mit piemontesischen Haselnüssen. Am Wochenende gibt's bis 14 Uhr Frühstück.

Steirereck im Stadtpark Feinschmecker €€€

(☎01-713 31 68; www.steirereck.at; 03, Am Heumarkt 2a; Hauptgerichte 48–52 €, 6-/7-Gänge-Menü 142/152 €; ⏲Mo–Fr 11.30–14.30 & 18.30–24 Uhr; Ⓤ Stadtpark) In diesem mit zwei Michelin-Sternen bedachten Restaurant in einer alten Molkerei aus dem 20. Jh. im Stadtpark schwingt Heinz Reitbauer das Zepter. Seine Verkostungsmenüs sind ein Fest für die Sinne: Die natürlichen Aromen, die sich hier entfalten dürfen, zeugen von einem Koch mit hohem Anspruch. Die Weinbegleitung kostet 79/89 € (6/7 Gänge) zusätzlich.

Meinl's Restaurant International €€€

(☎01-532 33 34 6000; www.meinlamgraben.at; 01, Graben 19; Hauptgerichte 16–39 €, 4-/5-Gänge-Menü 67/85 €; ⏲Mo–Sa 12–24 Uhr; 📶✍; Ⓤ Stephansplatz) Das Meinl's kombiniert eine Küche von herausragender Qualität mit einer unschlagbaren Weinkarte und tollem Blick auf den Graben. Die Schöpfungen in diesem Nobelladen reichen von einem Risotto mit Calamari und weißen Trüffeln

Café Sperl

bis zu in Apfelbrand mariniertem Schweinefilet mit grünen Bohnen und Pfifferlingen. Das angeschlossene Feinkostgeschäft verfügt über ein Café und eine Sushi-Bar; in der **Weinbar** (Mo–Sa 11–24 Uhr) im Keller sind sehr preiswerte Mittagsmenüs erhältlich.

Plachutta Österreichisch €€€
(01-512 15 77; www.plachutta.at; 01, Wollzeile 38; Hauptgerichte 16,50–27,20 €; 11.30–23.15 Uhr; U Stubentor) Wer gern einmal originalen Tafelspitz probieren möchte, ist in diesem holzvertäfelten Restaurant mit weiß eingedeckten Tischen goldrichtig. Hier werden wahnsinnige 13 Varianten von verschiedenen Schnitten österreichischen Rindfleischs serviert, z. B. „Mageres Meisel" aus magerem, saftigem Schulterfleisch, Beinfleisch oder „Lueger Topf" (Schulterfleisch mit Rinderzunge und Kalbskopf). Noch Platz lassen für die österreichische Käseplatte!

AUSGEHEN & NACHTLEBEN

Le Loft Bar
(02, Praterstraße 1; 10–2 Uhr; 2 Gredlerstraße, U Schwedenplatz) Was für ein Ausblick! Wenn man mit dem Lift zum Le Loft im 18. Stock des Sofitel hochfährt, schrumpft Wien in Windeseile zur Spielzeugstadt. Von dieser schicken, gläsernen Lounge sind bei einem Granatapfel-Martini oder einem Mojito Wahrzeichen wie der Stephansdom und die Hofburg auszumachen. Abends erstrahlt die hintergrundbeleuchtete Decke in der Farbpalette eines impressionistischen Malers.

Brickmakers Pub & Kitchen Craft-Bier
(01-997 44 14; www.brickmakers.at; 07, Zieglergasse 42; Mo–Fr 16–2, Sa 10–2, So 10–1 Uhr; U Zieglergasse) U-Bahn-Kacheln in britischem Renngrün, ein Mosaikfußboden und ein Soundtrack aus Disco, Hip-Hop, Funk und Soul bilden den Rahmen für brillante Craft-Biere und -Cidres: Es werden zu jeder Zeit 30 Sorten vom Fass gezapft und über 150 aus der Flasche kredenzt. Die Küche übernehmen immer wieder neue Leute im Wechsel, die z. B. Luxus-Fish-and-Chips oder geräucherte Rinderbrust auftischen.

Loos American Bar Cocktailbar
(www.loosbar.at; 01, Kärntner Durchgang 10; Do–Sa 12–5, So–Mi bis 4 Uhr; U Stephansplatz) Das Loos ist *die* Adresse in der Inneren Stadt für einen klassischen Cocktail wie den trockenen Martini, für den die Bar bekannt ist. Die 1908 von Adolf Loos entworfene, nur 27 m² große Bar mit Sitzplätzen für rund 20 Gäste ist von Kopf bis Fuß in Onyx und poliertem Messing ausgekleidet – durch die verspiegelten Wände erscheint die winzige Bar größer, als sie tatsächlich ist.

POC Cafe Kaffee
(www.poccafe.com; 08, Schlösselgasse 21; Mo–Fr 8–17 Uhr; 5, 43, 44 bis Lange Gasse, U Schottentor) Der freundliche Robert Gruber ist eine Wiener Kaffeelegende und seine ansteckende Leidenschaft ist auch in diesen schön verwinkelten, laborartigen Räumlichkeiten zu spüren. POC steht für „People on Caffeine"; Filterkaffee, Kaffeegetränke auf Espressobasis und eiskalte Sommerkaffees stehen im Mittelpunkt. Dazu gibt's Leckeres für Zuckerschnuten wie Mohn- und Käsekuchen sowie saisonale Obstkuchen.

Café Sperl Kaffee
(www.cafesperl.at; 06, Gumpendorfer Straße 11; Mo–Sa 7–23, So 11–20 Uhr; ; U Museumsquartier, Kettenbrückengasse) Mit seiner wundervollen Jugendstil-Einrichtung, den stattlichen Ausmaßen, gemütlichen Nischen und dem gemächlichen Flair ist das 1880 eröffnete Sperl eins der schönsten Kaffeehäuser Wiens. Auf jeden Fall sollte man die Sperl Torte probieren, einen Traum aus Mandel-Schokoladen-Creme. Wer dazu eine der 34 Kaffeevarianten bestellt und sich eine der zahlreichen ausliegenden Zeitungen greift, ist bestens gerüstet, um im Kaffeehaustreiben mitzuschwingen.

Oper & klassische Musik

Die herrliche **Staatsoper** (☎01-514 44 7880; www.wiener-staatsoper.at; 01, Opernring 2; Tickets 10–208 €, Stehplätze 3–4 €; 🚋D, 1, 2, 71 bis Kärntner Ring/Oper, ⓊKarlsplatz) ist Wiens wichtigstes Opern- und Konzerthaus. Hier geht's eher formell zu und das Publikum schmeißt sich in Schale. In den Pausen kann man im Foyer und in den Erfrischungsräumen die Pracht aus Gold und Kristall auf sich wirken lassen. Im Juli und August finden keine Vorstellungen statt (Führungen hingegen schon). Eintrittskarten gibt's bis zu zwei Monate im Voraus an der **Bundestheaterkasse** (☎01-514 44 7810; www.bundestheater.at; 01, Operngasse 2; ⏲Mo–Fr 8–18, Sa & So 9–12 Uhr; ⓊStephansplatz). Karten für den **Opernball** (www.wiener-staatsoper.at; ⏲Jan./Feb.) kosten von 490 € bis zu astronomischen 21 000 € und sind Jahre im Voraus ausverkauft.

Staatsoper

Kruger's American Bar Bar

(www.krugers.at; 01, Krugerstraße 5; ⏲Mo–Sa 18–4, So 19–4 Uhr; 🚋D, 1, 2, 71 bis Kärntner Ring/Oper, ⓊStephansplatz) Diese schummrig beleuchtete, holzvertäfelte Bar im amerikanischen Stil hat noch Ausstattungsmerkmale aus den 1920er- und 1930er-Jahren. Es ist eine Wiener Ikone. Hier stehen lederne Chesterfield-Sofas und im Hintergrund trällern Frank Sinatra, Dean Martin und Konsorten. Die Getränkekarte ist 71 Seiten stark. Für Raucher gibt's eine separate Lounge.

Achtundzwanzig Weinbar

(www.achtundzwanzig.at; 08, Schlösslegasse 28; ⏲Mo–Do 16–1, Fr bis 2, Sa 19–2 Uhr; 🚋5, 43, 44, ⓊSchottentor) Österreichische Weinfans mit Rockerherz fühlen sich in dieser Vinothek, die eine lockere Stimmung verströmt, aber ihre Weine erst nimmt, wie zu Hause. Die offenen Weine stammen alle von kleinen Winzern – viele Weine sind bio oder weitgehend naturbelassen, sie stammen oft von Winzern, die mit den Betreibern befreundet sind. Die Preise sind bei unter 4 € pro Glas sehr moderat.

UNTERHALTUNG

Burgtheater Theater

(☎01-514 44 4440; www.burgtheater.at; 01, Universitätsring 2; Sitzplätze 7,50–61 €, Stehplätze 3,50 €, Studenten 9 €; ⏲Theaterkasse Mo–Fr 9–17 Uhr; 🚋D, 1, 2 bis Rathaus, ⓊRathaus) Das Burgtheater spielt traditionell am Puls der Zeit und ist eines der wichtigsten Häuser der deutschsprachigen Theaterwelt. Die rund 800 Vorstellungen pro Jahr reichen von Shakespeare bis Woody Allen. Zum Theater gehört ebenfalls das 1911 bis 1913 erbaute Akademietheater mit 500 Plätzen.

Musikverein Konzertsaal

(☎01-505 81 90; www.musikverein.at; 01, Musikvereinsplatz 1; Tickets 24–95 €, Stehplätze 4–6 €; ⏲Kartenschalter Sept.–Juni Mo–Fr 9–20, Sa bis 13 Uhr, Juli & Aug. Mo–Fr 9–12 Uhr; ⓊKarlsplatz) Der opulente Musikverein verfügt über die beste Akustik aller Konzerthäuser in Österreich. Das machen sich die Wiener Philharmoniker natürlich zunutze! Das Konzerthaus kann auf 45-minütigen Führungen (Erw./Kind 6,50/4 €; Mo–Sa 10, 11 & 12 Uhr) besichtigt werden. Kleinere Konzerte finden im Brahmssaal statt. Es gibt keine Studentenkarten!

MuTh Konzertsaal

(☎01-347 80 80; www.muth.at; 02, Obere Augartenstraße 1e; Konzerte der Wiener Sängerknaben 39–89 €; ⏲Mo–Fr 16–18 Uhr & 1 Std. vor Vorstellungsbeginn; ⓊTaborstraße) Die im Dezember 2012 unter großer Zustimmung eröffnete Mischung aus Barock- und moderner Architektur ist die neue Heimat der Wiener

Sängerknaben, die vorher nur in der Hofburg auftraten. Neben den Chorkonzerten mit den engelsgleichen Jungenstimmen am Freitagnachmittag kommen hier auch Tanz, Theater, Oper, klassische Musik, Rock und Jazz zum Zuge.

PRAKTISCHE INFORMATIONEN

Tourist Info Wien (☎01-245 55; www.wien.info; 01, Albertinaplatz; ⊙9–19 Uhr; 📶; 🚋D, 1, 2, 71 bis Kärntner Ring/Oper, Ⓤ Stephansplatz) Die zentrale Touristeninformation verkauft Eintrittskarten, vermittelt Unterkünfte, gibt Stadtpläne aus und hat viele Broschüren.

AN- & WEITERREISE

Wien liegt am Schnittpunkt zwischen West- und Osteuropa und verfügt über ausgezeichnete Flug-, Straßen- und Bahnanbindungen in beide Richtungen des Landes sowie zu internationalen Zielen.

AUTO & MOTORRAD

Das von acht Nachbarländern umgebene Österreich ist leicht mit dem Auto zu erreichen. Wer mit dem eigenen Fahrzeug anreist, benötigt eine Autobahnvignette (10 Tage/2 Monate Pkw 8,80/25,70 €, Motorräder 5,50/12,90 €). Erhältlich sind die „Pickerl" auf dem Weg nach Österreich an Tankstellen in den Nachbarländern. Weitere Infos unter www.austria.info.

FLUGZEUG

Der 19 km südwestlich des Zentrums gelegene **Flughafen Wien** (VIE; ☎01-700 722 233; www.viennaairport.com; 📶) bietet Verbindungen in alle Welt. Hier gibt's Restaurants und Bars, Banken und Geldautomaten, Geldwechselschalter, Supermärkte, eine Post, Autovermietungen und zwei von 5.30 bis 23 Uhr geöffnete Gepäckaufbewahrungen (4–8 € für 24 Std., max. 6 Monate). Ebenfalls geboten werden Fahrradtransportboxen (35 €) und Gepäckversiegelung (12 € pro Gepäckstück).

SCHIFF/FÄHRE

Die Donau stellt eine staufreie Verbindung nach Wien dar. Das Hauptziel ist Osteuropa: Die Schiffe von **Twin City Liner** (☎01-904 88 80; www.twincityliner.com; 01, Schwedenplatz; einfache Fahrt Erw. 20–35 €; 🚋1, 2, Ⓤ Schwedenplatz) fahren in 1½ Stunden von Wien nach Bratislava, die der Schwesterreederei **DDSG Blue Danube Schiffahrt** (☎01-588 80; www.ddsg-blue-danube.at; 02, Handelskai 265, Reichsbrücke; einfache Fahrt 99–109 €, hin & zurück 125 €; ⊙Mo–Fr 9–17, Sa & So 10–16 Uhr, Nov.–Feb. Sa & So geschl.) verbinden von Mitte Mai bis September Wien mit Budapest (ab Wien Mi, Fr & So, ab Budapest Di, Do & Sa). DDSG-Tickets gibt's auch bei Twin City Liner.

ZUG

Am Wiener Hauptbahnhof 3 km südlich des Stephansdoms kommen alle Züge aus dem Ausland, die Züge aus den Hauptstädten der österreichischen Bundesländer sowie viele Regional- und Nahverkehrsbahnen an.

UNTERWEGS VOR ORT

Einzelfahrkarten sowie Mehrfahrten- und Zeitkarten für die **Wiener Linien** (☎01-7909-100; www.wienerlinien.at) sind an U-Bahn-Stationen, in Straßenbahnen und Bussen sowie in Tabakläden („Trafik") und an einigen wenigen mit Personal besetzten Kartenschaltern erhältlich. Die Fahrkarten müssen vor Fahrtantritt am Fahrsteig bzw. in den Straßenbahnen und Bussen entwertet werden.

U-Bahn Schnell, bequem und sicher. Die Züge fahren montags bis donnerstags von 5 bis 24 Uhr sowie durchgehend von Freitag um 5 Uhr bis Sonntag um 24 Uhr.

Straßenbahn Langsamer, aber schöner. Je nach Strecke fahren die Trambahnen von etwa 5.15 bis 23.45 Uhr. Beim Fahrer gekaufte Tickets sind teurer.

Bus Zuverlässig und pünktlich, mit mehreren sehr praktischen Strecken für Touristen. Die meisten Busse fahren von 5 bis 24 Uhr; am Wochenende fahren sie seltener, teilweise gar nicht.

Nachtbus Besonders gut für die Randbezirke; fahren jede halbe Stunde von 0.30 bis 5 Uhr. Die wichtigsten Haltestellen sind Schwedenplatz, Schottentor und Kärntner Ring/Oper.

In diesem Kapitel

Schweizer Alpen

Im Zug ab Täsch ist schon die Spannung zu spüren: Paare schauen versonnen aus dem Fenster, Kinder zappeln herum, Leute kramen ihre Kamera hervor. Und dann, kurz vor Zermatt, stoßen alle beim Anblick des zauberhaft schönen, einzigartigen Matterhorns, das sich wie ein Haifischzahn über dem Ort erhebt, Freudenschreie aus.

Seit Mitte des 19. Jhs. zählt Zermatt zu den schicksten Urlaubsorten der Schweiz. Heute flitzen Skifahrer sommers wie winters über gepflegte Pisten, Wanderern stehen unzählige Wege zur Verfügung und stilbewusste Menschen führen in den Loungebars des Orts ihre Designerklamotte vor. Über allem thront das geheimnisvolle Matterhorn.

Zwei Tage in den Schweizer Alpen

Nachdem man sich von der höchsten **Gondelbahn** (S. 595) Europas oder der **Zahnradbahn** (S. 595) hat hochbringen lassen, kann man vom Berg hinunter laufen oder skifahren – immer mit dem Blick auf das perfekt geformte, bezaubernde Matterhorn. Der zweite Tag ist der Erkundung von **Zermatt** (S. 598) gewidmet, mit einem krönenden **Raclette** oder **Fondue** (S. 602) zum Abschluss.

Vier Tage in den Schweizer Alpen

Am Vormittag steht eine Wanderung auf dem **Gletscherwanderweg** (S. 600) am Matterhorn auf dem Programm, den Rest des Tages geht es dann auf die **Skipiste** (S. 599). Am vierten Tag steigt man in Zermatt in den **Glacier Express** (S. 596), lehnt sich zurück und genießt eine spektakuläre Zugfahrt nach St. Moritz.

Am Ende der Fahrt geht es mit dem Zug weiter nach Florenz (S. 424) oder in die französische Provence (S. 256).

Karte Zermatt (S. 600)

Ankunft

Zug Von Brig (38 SFr, 1½ Std.) fahren jede Stunde Züge nach Zermatt, die unterwegs auch in Visp halten. Zermatt ist außerdem Start- bzw. Endpunkt des **Glacier Express** (S. 596) nach bzw. von St. Moritz.

Auto Zermatt ist autofrei. Autofahrer müssen im Matterhorn Terminal Täsch (www.matterhornterminal.ch; 24 Std. 15,50 SFr) in Täsch parken und dann für die letzten 5 km nach Zermatt den Pendelzug Zermatt Shuttle (Erw./Kind 16,80/8,40 SFr hin & zurück, 12 Min.) nehmen.

Schlafen

Für den Winter weit im Voraus buchen! Und nicht vergessen: Von Mai bis Mitte oder Ende Juni und von Mitte Oktober bis Ende November oder Anfang Dezember ist fast alles geschlossen. Viele Unterkünfte holen ihre Gäste mit einem Elektro-Shuttle am Bahnhof ab – bei der Buchung nachfragen und dann rechtzeitig Bescheid sagen!

Die Übernachtungsmöglichkeiten in Zermatt reichen von Hostels bis zu Edelherbergen; dazwischen tummeln sich zahlreiche Mittelklasse-Unterkünfte im Chaletstil.

JAKL LUBOS/SHUTTERSTOCK ©

Matterhorn

Kein Berg in den Schweizer Alpen übt eine so große Anziehungskraft aus wie dieser berühmte Gipfel und kein anderer wird so leidenschaftlich verehrt.

Das schöne Matterhorn möchte bewundert, beäugt und wieder und wieder fotografiert werden, bei Sonnenauf- und -untergang und aus jedem nur erdenklichen Winkel.

Besteigung des Matterhorns

Rund 3000 Bergsteiger erklimmen jedes Jahr den 4478 m hohen Gipfel. Dafür muss man nicht Superman sein, aber ein erfahrener Bergsteiger und vor allem topfit – und sich vor dem Aufstieg durch Fels und Eis eine Woche lang akklimatisieren.

Niemand versucht die Besteigung des Matterhorns ohne das Knowhow der Einheimischen: Die Bergführer des Zermatt Alpin Center (S. 599) verlangen 1790 SFr pro Person für die achtstündige Kletterpartie (hin & zurück), inklusive Seilbahn von Zermatt zum Schwarzsee und Unterbrin-

Toll für ...

☑ Nicht versäumen

Das Matterhorn Museum (S. 598) erzählt die Geschichte der Erstbesteigung des Gipfels.

Gondelbahn Matterhorn Glacier Paradise

S-F/SHUTTERSTOCK ©

gung mit Halbpension in einer Berghütte. Auf jeden Bergsteiger kommt dabei ein Bergführer. Wahrscheinlich muss man zuerst Trainingsaufstiege absolvieren, um zu gewährleisten, dass man auch wirklich 100 % fit ist. Jedes Jahr sterben am Matterhorn mehrere Bergsteiger.

Matterhorn Glacier Paradise

Der Ausblick aus den Zahnradbahnen und Seilbahnen rund um Zermatt ist ja schon toll, doch das Sahnehäubchen ist der Blick vom **Matterhorn Glacier Paradise** (www.matterhornparadise.ch; Erw./Kind hin & zurück 100/50 SFr; ⌚8.30–16.20 Uhr). Mit der höchsten Seilbahn Europas geht's hinauf zur **Panoramaplattform** auf 3883 m (nur bei gutem Wetter geöffnet). Beim Blick auf 14 Gletscher und 38 Viertausender bleibt einem die Spucke weg. Unbedingt

Gut zu wissen

Die beste Zeit für den Aufstieg ist Mitte Juli bis Mitte September.

Kleine Stärkung

Die Stationen Riffelalp (2211 m) und Riffelberg (2582 m) an der Gornergratbahn sind bewirtet.

★ Top-Tipp

Grandiose Ausblicke aufs Matterhorn bieten sich auch von der Standseilbahn Sunnegga Express (S. 598) nach Sunnegga.

sehenswert ist auch der **Gletscherpalast** mit funkelnden Eisskulpturen und einer Eisrutsche. Zum Abschluss lockt dann noch eine Runde **Snow-Tubing** im Freien.

Gornergratbahn

Die faszinierende **Zahnradbahn** (www.gornergrat.ch; Bahnhofplatz 7; Erw./Kind hin & zurück 94/47 SFr; ⌚7–19.15 Uhr) ist die höchste Europas, sie klettert seit 1898 durch eine Bilderbuchlandschaft auf den **Gornergrat** (3089 m). Die Fahrt dauert 30 Minuten. Wenn man auf der rechten Seite des kleinen roten Zugs Platz nimmt, kann man das Matterhorn sehen. Fahrgäste können unterwegs beliebig oft aus- und wieder einsteigen, etwa an der Riffelalp (2211 m) und am Riffelberg (2582 m). Im Sommer fährt einmal die Woche ein Sonderzug bei Sonnenauf- und Sonnenuntergang – das sind die mit Abstand spektakulärsten Fahrten.

Glacier Express

Eine Fahrt mit dem Glacier Express zählt zu den zauberhaftesten Bahnfahrten Europas. Die Reise beginnt und endet in zwei der ältesten und schicksten Höhenkurorte der Schweiz: Zermatt und St. Moritz. Die Ausblicke auf die Bergwelt sind zum Teil spektakulär.

Toll für ...

☑ Nicht versäumen

Die Fahrt von Disentis nach Andermatt und über den Landwasser-Viadukt.

Den roten Zug mit seinen Panoramawagen kann man in St. Moritz oder Zermatt besteigen und dann einfach die Fahrt genießen: Grüne Gipfel, glitzernde Bergseen, Gletscherschluchten und ähnliche umwerfende Landschaftsbilder ziehen vorbei. Bei seiner ersten Fahrt 1930 wurde der Glacier Express noch von einer Dampflok gezogen. Auf seiner 290 km langen Fahrt durchquert er 191 Tunnel und überquert er 291 Brücken.

Zu den schönsten Abschnitten gehört die einstündige Fahrt von Disentis nach Andermatt über den Oberalppass (2033 m), den höchsten Punkt und das Highlight der Reise. Toll ist auch der sechsbogige, 65 m hohe Landwasser-Viadukt auf der 50 km langen Strecke zwischen Chur und Filisur, der auf fast sämtlichem Werbematerial für den Glacier Express abgebildet ist.

PETER STEIN/SHUTTERSTOCK ©

Gut zu wissen

www.glacierexpress.ch; Erw./Kind St. Moritz–Zermatt 153/76,50 SFr, obligatorische Sitzplatzreservierung Sommer/Winter 33/13 SFr, 3-Gänge-Mittagessen 45 SFr; Mai–Okt. 3-mal tgl., Mitte Dez.–Feb. 1-mal tgl.

Kleine Stärkung

Mittagessen im altmodischen Zugrestaurant oder Selbstversorgung.

★ Top-Tipp

Vor der Buchung auf die Wettervorhersage achten: Damit die achtstündige Zugfahrt sich lohnt, sollte der Himmel schön blau und wolkenlos sein.

Die Fahrkarten sind nicht billig, und daher lohnt es sich, einiges über diese Bahnfahrt zu wissen:

- Nicht auf der ganzen Strecke sind die Ausblicke überwältigend – in den Tunneln schon mal gar nicht!
- Die vollständige Fahrt dauert fast acht Stunden. Wer mit Kindern unterwegs ist oder keine Lust hat, sich den ganzen Tag Berge anzuschauen, was vielleicht irgendwann mal langweilig wird, kann auch nur eine Teilstrecke fahren. Am schönsten ist die einstündige Fahrt von Disentis nach Andermatt.
- Die Fenster in den Panoramawagen können nicht geöffnet werden, sodass es schwer ist, gute Fotos zu schießen. Foto- und Video-Enthusiasten sollten besser auf die Regionalzüge der SBB auf derselben Strecke ausweichen: Die sind billiger, man muss nicht reservieren, die Fenster lassen sich öffnen, und wenn man mal umsteigt, kann man sich auch die Beine vertreten.
- Die besten Ausblicke bieten sich angeblich auf der Südseite des Zugs.
- Kinder unter sechs Jahren fahren umsonst – will man den Nachwuchs nicht acht Stunden lang auf dem Schoß sitzen haben, sollte man einen zusätzlichen Platz reservieren – und für Kinder von sechs bis sechszehn wird der halbe Preis plus Platzreservierungsgebühr fällig.

Zermatt

SEHENSWERTES

Von der Hauptstraße, der **Bahnhofstraße** mit ihren schicken Läden, Pferdeschlitten bzw. -kutschen und Elektrotaxis, geht es durch die **Hinterdorfstraße** hinunter zum lärmenden Fluss Vispa. Die Hinterdorfstraße ist von Schweineställen aus dem 16. Jh. und von den für das Wallis typischen Holzscheunen gesäumt, die zum Schutz des Getreides vor Ratten auf kurzen Pfählen stehen. Ein **Brunnen** erinnert an Ulrich Inderbinen (1900–2004), einen Zermatter Bergsteiger, der das Matterhorn 370 Mal bestieg, zum letzten Mal mit 90 Jahren. Als er sich mit 95 Jahren zur Ruhe setzte, war der „König der Alpen" der älteste Bergführer der Welt.

Matterhorn Museum Museum

(☎027 967 41 00; www.zermatt.ch/museum; Kirchplatz; Erw./Kind 10/5 SFr; ⌚Juli–Sept. 11–18 Uhr, Okt.–Mitte Dez. 15–18 Uhr, Mitte Dez.–März 15–19 Uhr, April–Juni 14–18 Uhr) Das hypermoderne Museum gewährt einen Einblick ins Walliser Dorfleben und informiert übers Bergsteigen, die Opfer am Berg und die Anfänge des Tourismus. In kurzen Filmen wird die Geschichte der Erstbesteigung des Matterhorns am 13. Juli 1865 durch Edward Whymper erzählt – jedoch stürzten beim Abstieg vier Bergsteiger 1200 m weit zu Tode. Zu sehen ist hier auch das berüchtigte Seil, das damals riss.

Gornerschlucht Schlucht

(☎027 967 20 96; www.gornergorge.ch; Erw./Kind 5/2,50 SFr; ⌚Juni–Mitte Okt. 9.15–17.45 Uhr) Vom Ort sind es 20 Minuten zu Fuß zu dieser atemberaubenden, aus grünem Serpentinitgestein ausgewaschenen Schlucht, die über Holztreppen und -stege erschlossen ist – toll für Familien mit Kindern.

Sunnegga Standseilbahn

(www.matterhornparadise.ch; Erw./Kind einfach 12/6 SFr, hin & zurück 24/12 SFr) Mit dem Sunnegga Express gelangt man zur Sunnegga-Alp (2288 m) und genießt von oben grandiose Ausblicke aufs Matterhorn. Dies ist ein echtes Familienparadies: Im Winter geht's mit dem kostenlosen Leisee-Shuttle hinunter zum See und zu den leichten Pisten im Wolli-Anfängerpark, im Sommer zu

Von links: Zermatt mit Matterhorn; Bergsteigerfriedhof; Skivergnügen

ANSHAR73/GETTY IMAGES ©

ABUBA1955/GETTY IMAGES ©

einem Kinderspielplatz und zum Planschen im See. Ein paar Fußminuten von Sunnegga entfernt befindet sich eine Murmeltier-Beobachtungsstation. Von hier oben kann man recht einfach über Findeln in rund 1½ Stunden zurück nach Zermatt laufen.

Ricola-Schaugarten Garten
(www.ricola.com; Blatten; Juni–Sept.) GRATIS Der Ricola-Kräutergarten im hübschen Bergweiler Blatten quillt über vor duftenden Kräutern, wie sie auch in den Bonbons von Ricola verarbeitet werden.

Bergsteigerfriedhof Friedhof
(Kirchstraße) Ein Gang über die beiden Zermatter Friedhöfe – den Bergsteigerfriedhof im Garten der **Pfarrkirche St. Mauritius** (Kirchplatz) und den Hauptfriedhof gegenüber – ist ziemlich ernüchternd. Zahlreiche Grabsteine erzählen vom frühen Tod in den Bergen.

AKTIVITÄTEN

Eine wichtige Adresse für die Planung von Aktivitäten ist das **Zermatt Alpin Center** (027 966 24 60; www.alpincenter-zermatt.ch; Bahnhofstraße 58; Dez.–April Mo–Fr 9–12 & 15–19, Sa & So 16–19 Uhr, Juli–Sept. 9–12 & 15–19 Uhr), mit der Skischule von Zermatt und Bergführern. Im Winter sind hier Skipässe (Tag/Woche ohne Cervinia 79/430 SFr, 92/494 SFr mit Cervinia) erhältlich.

Skifahren

Das Wintersportparadies Zermatt bietet zumeist lange rote Abfahrten, dazu ein paar blaue Anfängerpisten und einige schwarze Abfahrten für Könner. Die wichtigsten Skigebiete im Winter sind **Rothorn**, **Stockhorn** und **Klein Matterhorn** mit insgesamt 360 Pistenkilometern bis hinüber ins italienische **Cervinia**. Snowboarder kommen im Freestylepark mit Halfpipe auf ihre Kosten.

Im Sommer sind die Skimöglichkeiten (20 km Abfahrten) und das Snowboarden (Gravity Park auf dem Plateau Rosa am Theodulgletscher) so gut wie nirgends sonst in Europa. Ein Sommerskipass kostet rund 84/125 SFr für einen/zwei Tage.

Wandern

Zermatt bietet herrliches Wanderterrain mit einem 400 km langen Wegenetz durch

OLIVER FOERSTNER/SHUTTERSTOCK ©

Zermatt

0 — 200 m

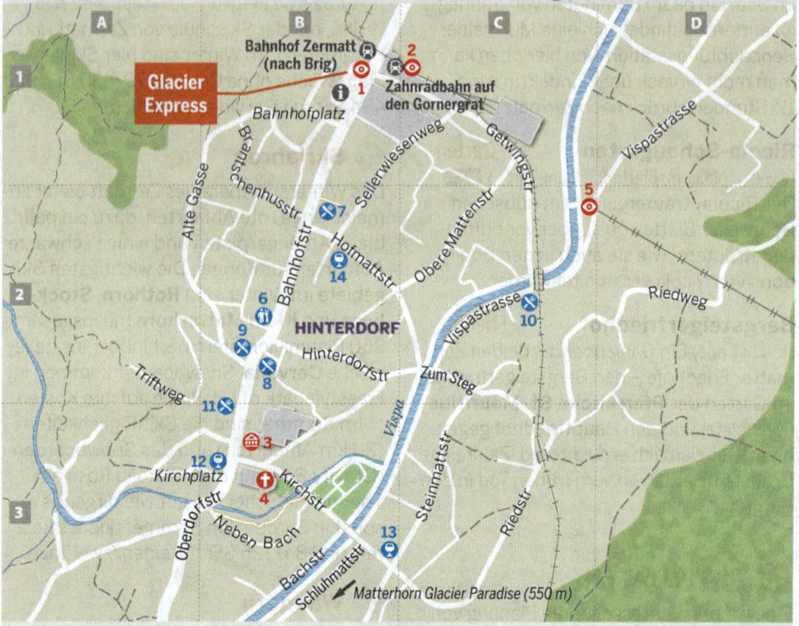

Zermatt

Sehenswertes

1 Glacier Express B1
2 Gornergrat-Bahn C1
3 Matterhorn Museum B3
Bergsteigerfriedhof .... (s. 4)
4 Pfarrkirche St. Mauritius B3
5 Sunnegga C2

Aktivitäten, Kurse & Touren

6 Zermatt Alpin Center B2

Essen

7 Bayard Metzgerei B2
8 Brown Cow Pub B2
9 Le Gitan – Zermatterstübli B2
10 Snowboat Bar & Yacht Club C2
11 Whymper Stube B3

Ausgehen & Nachtleben

12 Elsie Bar B3
13 Papperla Pub B3
14 Vernissage Bar Club B2

wunderbare Alpenlandschaften. Wanderkarten hat die Touristeninformation. Das Matterhorn aus nächster Nähe erleben kann man auf dem **Gletscherwanderweg** (Trockener Steg bis Schwarzsee; 2 Std., 6,5 km). Unterwegs informieren Schilder über Gletscher sowie Flora und Fauna.

Vielwanderern bieten die Ausflugspässe günstige Möglichkeiten, um in die Berge zu kommen. Mit dem **Peak Pass** kann man unbegrenzt die Schwarzsee-, Rothorn- und Matterhorn-Glacier-Paradise-Seilbahnen (S. 595) und die Gornergrat-Zahnradbahn (S. 595) benutzen (3 Tage 220 SFr, eine Woche 315 SFr). Geeignete Wanderstrecken kann man auf der Wanderseite der ausgezeichneten Website der Zermatter Touristeninformation nach Dauer, Entfernung und Schwierigkeitsgrad aussuchen.

ESSEN

In Zermatt wird man sicher nicht verhungern. Das gesamte Ortszentrum ist voller Gaststätten; die meisten befinden sich an der geschäftigen Bahnhofstraße.

Snowboat Bar & Yacht Club

International €

(027 967 43 33; www.zermattsnowboat.com; Vispastraße 20; Hauptgerichte 22–39 SFr; 12–24 Uhr) Restaurant und Bar in einem, direkt am Fluss. Knallgelbe Liegestühle sind über die Sonnenterrasse auf dem Dach verteilt. Wer keine Lust mehr auf Fondue hat, kann sich hier einen Burger frisch vom Grill bestellen (auch mit Krebsfleisch oder Gemüse statt nur mit Rind). Die kreativ zubereiteten Salate sind echte Energiebomben (unser Favorit: der Omega-3-Salat), auch die Cocktails sind super. Und die Atmosphäre? 100 % Spaß und Stil.

Klein Matterhorn

Pizza €

(027 967 01 42; www.kleinmatterhorn-zermatt.com; Schluhmattstraße 50; Pizza 17–22 SFr; 8–24 Uhr, Küche 11.30–22 Uhr) Diese einfache Pizzeria und Café-Bar gegenüber der Talstation der Seilbahn Matterhorn-Express ist die beste Adresse für exzellente italienische Pizza in der Sonne mit einem Blick aufs Matterhorn.

Bayard Metzgerei

Schweizerisch €

(027 967 22 66; www.metzgerei-bayard.ch; Bahnhofstraße 9; Wurst 6 SFr; Juli–Sept. 12–18.30 Uhr, Dez.–März 16–18.30 Uhr) Hier gibt's zu einem Bier an Ort und Stelle gebrutzelte Bratwürste (Schwein, Kalb oder Rind), die man auch in der Gasse auf einem Barhocker verspeisen kann.

Chez Vrony

Schweizerisch €€

(027 967 25 52; www.chezvrony.ch; Findeln; Frühstück 15–28 SFr, Hauptgerichte 25–45 SFr; Dez.–April & Mitte Juni–Mitte Okt. 9.15–17 Uhr) Mit dem Sunnegga Express (S. 598) auf 2288 m hinauffahren und dann die blaue Piste 6 auf Skiern bis zum besten Pistenrestaurant von Zermatt in Findeln runterfahren (oder im Sommer 15 Minuten wandern). Das köstliche Trockenfleisch, der Käse aus eigener Herstellung, die Wurst von Vronys eigenen Rindern, die im Sommer auf den Hochgebirgsalmen (2100 m) in der Umgebung weiden, und der Vrony-Burger (31 SFr) sind legendär. Im Winter auf jeden Fall reservieren!

Wandern mit Kindern

Für Familien mit kleinen Kindern bieten sich folgende kurze Wanderungen an:

- Mit dem Sunnegga Express geht's zunächst hoch zur Bergstation Sunnegga, dann mit dem Leisee-Shuttle (oder zehn Minuten zu Fuß) hinunter zum **Leisee**. An einem kleinen Kieselstrand kann man hier im Sommer ein erfrischendes Bad nehmen und auf einem altmodischen Floß können sich Kinder im Piratenstil übers Wasser ziehen.
- In Zermatt führt ein Weg in 20 Minuten am Fluss entlang zur faszinierenden Gornerschlucht (S. 598) mit Holztreppen und -stegen.
- Durch den Ricola-Schaugarten (S. 599) im hübschen Bergweiler Blatten (an der Gornerschlucht ausgeschildert) führt ein einfacher Rundweg.
- In **Furi** führt ein 1¼-stündiger Rundweg (2,9 km) zum Gletschergarten Dossen mit seinen bizarren Gletscherfelsformationen, zu einem Picknickplatz mit steinernen Grillstellen und zur atemberaubenden 90 m hohen, 100 m langen Hängebrücke über die Gornerschlucht.

Le Gitan – Zermatterstübli

Schweizerisch €€

(027 968 19 40; www.legitan.ch; Bahnhofstraße 64; Hauptgerichte 23–39 SFr; 12–15 & 19–22 Uhr) Das Le Gitan hebt sich durch seine elegante Einrichtung im Chaletstil und seine besonders köstliche Küche hervor. Tipp: eine deftig-leckere Schweins- oder Kalbswurst mit Zwiebelsauce und Rösti und das Käsefondue z. B. mit Sekt – jawohl! – oder für Leute, die in ganz besonderer Feier- und Gönnerlaune sind, mit Sekt und frischen Trüffeln. Zum Abschluss genehmigt man sich dann noch einen Eiskaffee mit Kirschwasser oder ein Aprikosensorbet mit Abricotine, einem Walliser Aprikosenbrand.

Ein wahres Festmahl: Fondue & Raclette

Die Schweiz sollte man nicht wieder verlassen, ohne ein Fondue gegessen zu haben. Auf den Tisch kommt dabei ein Topf mit geschmolzenem Käse, der leicht vor sich hinköchelt. Sodann werden Brotstückchen, auf schlanke Fonduegabeln gespießt, in den Käse getaucht. Ein Fondue ist eigentlich ein Wintergericht und für Zeiten, in denen Schnee liegt – die Touristen geben sich allerdings das ganze Jahr über dem Fonduevergnügen hin.

Der klassische Schweizer Fonduemix ist halb Emmentaler und halb Gruyère, vermischt mit Weißwein und ein wenig Kirschwasser. Der Käse wird geschmolzen und dann mit Kartoffel- oder Maismehl etwas angedickt. Dazu gibt's Brotstücke. Viele bestellen sich dazu auch noch ein bisschen Aufschnitt sowie Gürkchen.

Das andere typisch Schweizer Käsegericht ist Raclette – das Wort bezeichnet sowohl den verwendeten Käse als auch das Gericht, das ganzjährig gegessen wird. Ein Käsestück wird in einen speziellen Raclette-Tischofen eingespannt. Dann beginnt die obere, flache Seite des Käsestücks zu schmelzen. Der geschmolzene Käse wird auf die Teller geschabt und mit Salzkartoffeln, Aufschnitt und Essigzwiebeln oder sauren Gurken gegessen.

Fondue
SILKENPHOTOGRAPHY/GETTY IMAGES ©

Whymper Stube Schweizerisch €€
(☎027 967 22 96; www.whymper-stube.ch; Bahnhofstraße 80; Raclette 9 SFr, Fondue 25–48 SFr; ⏲Nov.–April & Juni–Mitte Okt. 11–23 Uhr) Das gemütliche Bistro des Hotels Monte Rosa, von dem aus Edward Whymper 1865 aufbrach, um das Matterhorn zu besteigen, ist legendär wegen der grandiosen Raclettes und Fondues. Das beste Fondue wird in einem in drei Teile untergliederten Topf serviert, wobei in jedem Teil ein anderes Käsefondue köchelt. Der Service ist relaxt und freundlich, die Tische stehen eng zusammen und es ist abends immer jede Menge los. Eine Terrasse gibt's nicht.

Brown Cow Pub Pub
(☎027 967 19 31; www.hotelpost.ch; Bahnhofstraße 41; ⏲9–2 Uhr, Küche 9–22.30 Uhr) Die Bahnhofstraße säumen Dutzende Esslokale, darunter ist dieser beliebte Pub – eine von mehreren Verpflegungsmöglichkeiten im legendären Hotel Post. Die „Braune Kuh" serviert den ganzen Tag über Kneipenessen (Hotdogs ab 9 SFr, Burger ab 16 SFr).

AUSGEHEN & NACHTLEBEN

Wenn nach dem Pistensausen immer noch das Adrenalin pulsiert, locken in Zermatt Après-Ski-Hütten, schicke Loungebars und britische Pubs für die Party. In der Nebensaison schließen einige davon, andere verschwinden danach ganz.

Elsie Bar Weinbar
(☎027 967 24 31; www.elsiebar.ch; Kirchplatz 16; ⏲16–1 Uhr) Die elegante altmodische Bar mit holzvertäfelten Wänden in einem Gebäude von 1879 gegenüber der Kirche ist seit 1961 als Elsie's bekannt. Auf der Winterkarte stehen Austern, Kaviar und Schnecken und dazu werden ausgesuchte Weine und Whiskys kredenzt.

Hennu Stall Bar
(☎027 966 35 10; www.facebook.com/Hennu stallZermatt; Klein Matterhorn; ⏲Dez.–April 14–22 Uhr) Der Letzte in diesem Hühnerstall

Berghüttenterrasse mit Blick aufs Matterhorn

im Schnee ist ein faules Ei: Das Hennu ist der wildeste Après-Ski-Schuppen am Klein Matterhorn. Mit einem Karamellwodka in der Hand kann man seine Skistiefel auf der Terrasse zu Livemusik zum Grooven bringen. Nach einem meterlangen Schnaps-„Ski" gackern die Gäste bis hinunter nach Zermatt. Unterhalb von Furi auf dem Weg nach Zermatt.

Vernissage Bar Club Bar
(☎027 966 69 70; www.backstagehotel.ch; Hofmattstraße 4; ⏰So–Mi 17–24, Do–Sa bis 2 Uhr) Die ultimative Après-Ski-Antithese: Das Vernissage im Backstage Hotel verströmt erwachsene Kultiviertheit. Der Zermatter Künstler Heinz Julen hat mit fließenden Samtvorhängen, Filmrollenlüstern und kerzenbeschienenen Nischen einen theatralischen Raum geschaffen, für Ausstellungen und Filmvorführungen sowie als Loungebar.

Papperla Pub Pub
(www.julen.ch; Steinmattstraße 34; ⏰14–2 Uhr; 📶) In der munteren Kneipe tummeln sich im Winter die angesäuselten Skifahrer und im Sommer fröhliche Wandergesellen. Auf der Bürgersteigterrasse stehen rote Regisseurstühle und drinnen gibt's neben pulsierender Musik Jägermeister-Bomben, eine gute Stimmung und ab 17 Uhr Kneipenessen. In der Hauptsaison ist im **Schneewittli Nightclub** unten bis zum Morgengrauen Party.

ℹ PRAKTISCHE INFORMATIONEN

Die erste Anlaufstelle für Infos ist **Schweiz Tourismus** (www.myswitzerland.com). Detaillierte Zermatt-Infos liefert die örtliche **Touristeninformation** (☎027 966 81 00; www.zermatt.ch; Bahnhofplatz 5; ⏰8.30–18 Uhr; 📶).

ℹ UNTERWEGS VOR ORT

Elektrotaxis summen durch den Ort und transportieren Waren und müde Besucher – und erschrecken hin und wieder nichtsahnende Spaziergänger. Ihr Hauptstandplatz ist vor dem Bahnhof in der Bahnhofstraße.

Parlamentsgebäude (S. 562), Budapest

Im Fokus

Bahnhof in Deutschland

ROMAN BABAKIN/SHUTTERSTOCK ©

Europa aktuell

Europa steckt in schwierigen Zeiten. Wirtschaftlich geht es vielen Ländern nicht gut, politisch bekämpfen sich Pro- und Anti-EU-Kräfte. In Großbritannien stimmte eine knappe Mehrheit für den „Brexit" – den Austritt aus der EU, ein Prozess, der nun eingeleitet ist. Wähler in Frankreich und den Niederlanden entschieden sich für Kandidaten und Parteien, die für ein stärkeres, vereintes Europa eintreten.

Die Lage der EU

Wie es mit Europa als politischer Einheit weitergehen soll, bleibt für die EU-Länder eine brennende Frage, besonders für jene, die dem EU-Parlament nicht noch mehr Macht übertragen wollen. 2016 stimmte in einem Referendum in Großbritannien eine knappe Mehrheit für den „Brexit". Ende März 2017 leitete die konservative Regierung gemäß Artikel 50 des Vertrags von Lissabon den Austritt aus der EU im Jahr 2019 ein.

Die EU-Mitgliedschaft wirft auch Fragen der demokratischen Vertretung auf: Finanziell klamme Länder wurden im Gegenzug zur finanziellen Rettungsaktion gezwungen, sich dem politischen Willen Brüssels zu beugen, was oft nicht dem Willen der eigenen Wähler und in einigen Fällen nicht dem Wahlprogramm der Regierungen entsprach. Trotz des Unbehagens darüber errang der gemäßigte Pro-EU-Kandidat Emmanuel Macron bei den

französischen Präsidentschaftswahlen 2017 einen eindeutigen Sieg über Marine Le Pen, der Vorsitzenden der rechtsextremen Partei Front National.

Flüchtlingskrise

Ähnlich sah es in den Niederlanden aus. Bei den Wahlen im März 2017 setzte sich die Mitte-Rechts-Partei VVD gegen die rechte Partij voor de Vrijheid (PVV) von Geert Wilders durch, einem Anti-EU-Politiker, der ein Einreiseverbot für Muslime und die Schließung von Moscheen fordert.

Diese Islamfeindlichkeit breitete sich durch die schlimmste Flüchtlingskrise in Europa seit dem Zweiten Weltkrieg aus. Seit 2015 kamen über eine Million Flüchtlinge und Migranten in die EU; die Mehrheit floh vor Krieg und Terror in Syrien und anderen Krisengebieten. Die Reaktionen reichten von nunmehr geschlossenen Grenzen einiger Länder im Schengen-Raum bis zur deutschen Willkommenspolitik und der Aufnahme von Flüchtlingen.

Ein grüneres Europa

Erfreulicher ist hingegen, dass viele europäische Länder ihren Kampf gegen den Klimawandel verschärfen. Hochgeschwindigkeitszüge sorgen zunehmend für eine umweltfreundliche Alternative zu Kurzstreckenflügen, in den Städten sprießen Grünanlagen und Fahrradverleihprojekte sind inzwischen Standard. Emissionen werden durch mehr Elektro- und Hybridfahrzeuge und Biokraftstoff reduziert. Der Londoner Bürgermeister Sadiq Khan führte zusätzlich zur bestehenden innerstädtischen Staugebühr eine Abgabe von 10 £ für ältere Fahrzeuge mit höherem Schadstoffausstoß ein. Die Bürgermeister von Paris, Madrid und Athen planen zudem, Dieselfahrzeuge bis 2025 aus dem Verkehr zu ziehen.

Die Sache mit der Eurovision

Jedes Jahr im Mai macht es sich Europa auf dem Sofa bequem, um sich vom Eurovision Song Contest unterhalten zu lassen. Dieser einmalige Musikmarathon wird seit 1956 jedes Jahr ausgestrahlt und ist somit die älteste Fernsehsendung ihrer Art.

Der Wettbewerb wurde als Symbol für die Harmonie Europas ins Leben gerufen, hat sich aber auch zum Spiegelbild der europäischen Uneinigkeit entwickelt. Ist die Abstimmung manipuliert? Sollen die Teilnehmer auf Englisch oder in ihrer Muttersprache singen? Ist ein kitschiger Popsong eine Art verschlüsselte politische Message?

Jedes Land darf mit einem Lied teilnehmen und dann für seine Lieblingslieder der Konkurrenz abstimmen. Das führt zwangsläufig zum Vorwurf der „Blockabstimmung" (z. B. benachbarte Länder stimmen füreinander). Verwirrend ist auch, dass mehrere nicht europäische Länder teilnehmen dürfen. Der Austragungsort befindet sich mit wenigen Ausnahmen im Land des Vorjahresgewinners, wo sich die heimischen Städte um die Ehre und den damit einhergehenden Tourismusschub rangeln.

Decke im Széchenyi-Heilbad (S. 557), Budapest

VIDALGO/SHUTTERSTOCK ©

Geschichte

Die lange und oft turbulente Geschichte Europas zu begreifen, ist der Schlüssel zu einem besseren Verständnis des ganzen Kontinents. Fragmente dieser Geschichte zeigen sich noch in den Ruinen römischer Amphitheater und Badehäuser, in der herrlich pompösen Architektur französischer Schlösser und deutscher Burgen und in den verwinkelten Straßen, breiten Boulevards und Regierungsinstitutionen der vielen imposanten Städte.

4500–2500 v. Chr.

Neolithische Stämme bauen in ganz Europa Grabstätten, Hügelgräber, Steinkreise und -reihen.

1. Jh. v. Chr.–4 n. Chr.

Die Römer erobern fast ganz Europa. Das römische Reich floriert unter Augustus und seinen Nachfolgern.

410

Die Plünderung Roms durch die Westgoten beendet die römische Vormachtstellung.

Forum Romanum (S. 378), Rom

RYSZARD STELMACHOWICZ/SHUTTERSTOCK ©

Vorgeschichte

Die ersten Menschen trafen vor etwa 2 Mio. Jahren in Europa ein, aber erst Ende der letzten großen Eiszeit zwischen 12 000 und 8000 v. Chr. ließen sie sich dauerhaft nieder. Als die Gletscher und Eisdecken schmolzen, drangen Jäger und Sammler auf der Suche nach Neuland weiter nach Norden vor. Einige der ältesten europäischen Siedlungen gehen auf neolithische Stämme zurück.

Griechen & Römer

Die Zivilisation des antiken Griechenlands entstand um 2000 v. Chr. und machte gewaltige Fortschritte im Bereich der Wissenschaft, Technologie, Architektur, Philosophie und Demokratie. Viele Dichter, Denker und Mathematiker der alten Griechen, von Pythagoras bis Plato, machen bis heute ihren Einfluss geltend. Dann kamen die Römer, die fast ganz Eu-

1066
Wilhelm der Eroberer besiegt in der Schlacht von Hastings den angelsächsischen König Harald.

1340er bis 1350er-Jahre
Die Pestepidemie erreicht in Europa ihren Höhepunkt. 30 bis 60 % der Bevölkerung sterben.

15. Jh.
Die italienische Renaissance revolutioniert Kunst, Architektur und Wissenschaft.

★ **Historische Gebäude**

Kolosseum (S. 360), Rom
Pompeji (S. 468), Italien
Stadtmauer & Festungen (S. 478), Dubrovnik
Tower of London (S. 70), London
Prager Burg (S. 532), Prag
Trinity College (S. 120), Dublin

Eingang des Trinity College, Dublin

AITORMMFOTO/SHUTTERSTOCK ©

ropa eroberten und die erste Republik der Welt schufen. Die Macht der Römer erstreckte sich auf ihrem Höhepunkt vom keltischen Britannien bis zum alten Persien. Ihre Errungenschaften sind immens: Sie gründeten auf dem ganzen Kontinent Städte, bauten Aquädukte, Straßen, Abwasserkanäle und Bäder und brachten etliche brillante Dichter, Redner, Politiker, Philosophen und Heerführer hervor.

Mittelalter

Die Expansionsbestrebungen der Römer erreichten eine Grenze. Nach politischen Krisen und militärischen Niederlagen fielen die Westgoten 410 in Rom ein. Römische Kaiser konnten zwar ihr Byzantinisches Reich im Osten noch weitere 1000 Jahre halten und erklärten Konstantinopel (das heutige Istanbul) zu ihrer neuen Hauptstadt, aber die Vorherrschaft Roms in Westeuropa war zu Ende. Eine neue Ära, das Mittelalter, hatte begonnen.

Die nächsten Jahrhunderte waren von zahlreichen Konflikten geprägt, als verschiedene Königreiche auf dem europäischen Festland um politische und strategische Vormacht kämpften. 711 n. Chr. überquerten die Mauren – nordafrikanische Araber und Berber, die zum Islam übergetreten waren – die Straße von Gibraltar und schlugen die Armee der Westgoten. Sie herrschten fast 800 Jahre über die Iberische Halbinsel, bis zum Fall von Granada 1492, und hinterließen ein reiches architektonisches, geistiges und wissenschaftliches Erbe.

Derweil einte Karl der Große, der König der Franken, Ende des 8. Jhs. einen Großteil Westeuropas, das sogenannte Heilige Römische Reich. Diese Allianz christlicher Staaten entsandte in mehreren Schüben Truppen, um das Heilige Land in den sogenannten Kreuzzügen von der islamischen Herrschaft zurückzuerobern.

Renaissance

Die Unruhen in Europa setzten sich bis ins 14. und 15. Jh. fort. Nach weiteren Konflikten, politischen Umbrüchen und der verheerenden Pestepidemie (die schätzungsweise 30 bis 60 % der Bevölkerung Europas dahinraffte), fiel die Herrschaft über das Heilige Römi-

1517
Martin Luther nagelt seine Thesen an die Kirchentür in Wittenberg – der Auftakt zur Reformation.

1789
Frankreich wird nach der Französischen Revolution zur Republik. Zahlreiche Aristokraten werden guillotiniert.

1815
Frankreichs Niederlage in der Schlacht von Waterloo beendet das Erste Kaiserreich und die Militärkarriere von Napoleon Bonaparte.

sche Reich an die österreichischen Habsburger, eine politische Dynastie, die sich zu einer der Großmächte des Kontinents entwickelte.

Die italienischen Stadtstaaten Genua, Venedig, Pisa und Amalfi festigten ihre Kontrolle über das Mittelmeer, schufen Handelsverbindungen mit fast ganz Europa und dem Fernen Osten und unternahmen eine der ersten Expeditionen auf der Suche nach der Neuen Welt.

Mitte des 15. Jhs. brach auf dem ganzen Kontinent eine neue Epoche künstlerischer und philosophischer Entwicklungen an. Die Renaissance beflügelte Künstler und Denker, die gültigen Lehrmeinungen der Theologie, Philosophie, Architektur und Kunst zu hinterfragen. Zentrum dieses künstlerischen Tsunamis war Florenz, wo große Persönlichkeiten wie Michelangelo und Leonardo da Vinci Meilensteine der Kunst und Architektur schufen. Eine weitere epochale Entwicklung entstand in Deutschland mit der Erfindung der Druckerpresse durch Johannes Gutenberg um 1440. Durch die „beweglichen Lettern" wurden gedruckte Bücher erstmals auch dem einfachen Volk zugänglich.

Die Reformation

Die Renaissance hinterfragte künstlerische Konzepte, die Reformation die religiösen. Der deutsche Theologe Martin Luther, der katholische Korruption und die göttliche Autorität des Papstes anprangerte, spaltete 1517 die katholische Kirche und begründete den Protestantismus. Bald darauf folgte der englische König Heinrich VIII. Luthers Vorbild, brach 1534 mit Rom und gründete seine eigene (protestantische) anglikanische Kirche. Somit war der Boden für den jahrhundertelangen Konflikt zwischen Katholiken und Protestanten bereitet.

Neue Welt

Die Kirchenspaltung war nicht der einzige Grund für Spannungen. Die Entdeckung der „Neuen Welt" Ende des 15. Jhs. führte zu einem kolonialen Wettlauf zwischen den großen europäischen Staaten, bei dem jedes Land neu entdeckte Territorien für sich beanspruchte und dabei oft auch die einheimische Bevölkerung versklavte oder tötete.

Für noch mehr Unheil sorgte der Dreißigjährige Krieg (1618–1648), der als Auseinandersetzung zwischen Katholiken und Protestanten begann und schließlich fast alle Großmächte Europas in den Konflikt zog. Der Krieg endete 1648 mit dem Westfälischen Frieden, auf den in Europa eine vergleichsweise stabile Zeit.

Aufklärung

Als Aufklärung (manchmal auch als „Zeitalter der Vernunft") wird eine philosophische Strömung genannt, die sich Mitte bis Ende des 17. Jhs. in der europäischen Gesellschaft verbreitete. Sie zog Logik, Vernunft und Wissenschaft den Lehren der Religion vor. Zu den

19. Jh.
Die industrielle Revolution verändert die europäische Gesellschaft; Eisenbahnen und Fabriken läuten die moderne Zeit ein.

1914
Die Ermordung des Erzherzogs Franz Ferdinand ist Auslöser des Ersten Weltkriegs (1914–1918).

1939–1945
In Europa wütet der Zweite Weltkrieg und zerstört viele Städte. Nach dem Friedensschluss wird ein Großteil Osteuropas kommunistisch.

Schlüsselfiguren gehörten die Philosophen Baruch Spinoza, John Locke, Immanuel Kant und Voltaire sowie der Wissenschaftler Isaac Newton.

Die Aufklärung hinterfragte auch den politischen Status quo. Seit dem Mittelalter befand sich der Großteil des Reichtums und Einflusses in Europa in den Händen einer allmächtigen Elite, die weitgehend aus Monarchen und Adligen bestand. Dies widersprach einem der Grundsätze der Aufklärung: der Gleichheit. Viele Denker hielten dies für eine ausweglose Situation, die nur mit einer Revolution gelöst werden konnte.

Französische Revolution

1789 lief das Fass über, als eine bewaffnete Volksmenge das Gefängnis Bastille in Paris stürmte und damit die Französische Revolution auslöste. Sie begann mit hohen Idealen, inspiriert von dem legendären Schlachtruf *Liberté, Egalité, Fraternité* (Freiheit, Gleichheit, Brüderlichkeit). Die Stimmung schlug jedoch bald um und binnen Kurzem rollten die Köpfe. Republikanische Hardliner ergriffen die Macht und forderten Vergeltung für Jahrhunderte der Unterdrückung. Unzählige Aristokraten starben unter der Guillotine, auch der französische König Ludwig XVI. Er wurde im Januar 1793 auf der Place de la Concorde in Paris öffentlich hingerichtet, im Oktober des gleichen Jahres auch seine Frau Marie Antoinette.

Während der Schreckensherrschaft von September 1793 bis Juli 1794 wurde die Religionsfreiheit aufgehoben, Kirchen wurden geschlossen, Kathedralen in „Tempel der Vernunft" umgewidmet und Tausende Menschen geköpft. In dem Chaos erkannte ein verwegener junger General aus Korsika namens Napoleon Bonaparte (1769–1821) seine Chance.

1799 ergriff Napoleon die Macht, 1804 wurde er zum Kaiser gekrönt. Er unternahm etliche Feldzüge in ganz Europa und eroberte riesige Landstriche für das französische Kaiserreich. Doch nach dem katastrophalen Russlandfeldzug von 1812 war seine Macht geschwächt, 1815 wurde er schließlich von einem Bündnis britischer und preußischer Truppen in der Schlacht von Waterloo besiegt.

Industrialisierung, Britisches Weltreich & Erster Weltkrieg

Nach dem Sieg über Napoleon stieg das britische Weltreich zur stärksten Macht Europas auf. Großbritannien löste mit Erfindungen wie der Dampfmaschinen, der Eisenbahn und der Fabrikarbeit die industrielle Revolution aus und begann, ebenso wie viele andere Großmächte Europas (darunter Frankreich, Spanien, Belgien und Österreich-Ungarn), seine Kolonien in Afrika, Australien und Ozeanien sowie im Nahen und Fernen Osten auszubauen.

Bald gerieten diese konkurrierenden Weltreiche erneut in Konflikt, mit absehbaren katastrophalen Folgen. Die Ermordung des österreichisch-ungarischen Thronfolgers Franz-Ferdinand 1914 war Auslöser des Ersten Weltkriegs. Nach dem Ende der Kampfhandlungen 1918 waren weite Teile Nordfrankreichs und Belgiens vernichtet und über 16 Mio. Menschen in ganz Europa tot.

1957
Einige westeuropäische Länder gründen die Europäische Wirtschaftsgemeinschaft (EWG).

1989
Der Fall der Berliner Mauer läutet den Niedergang der Unrechtsregime in fast ganz Osteuropa ein.

1993
Der Vertrag von Maastricht besiegelt die Gründung der Europäischen Union (EU).

Durch den Vertrag von Versailles verloren die geschlagenen Länder Österreich-Ungarn und Deutschland weite Gebiete ihres Territoriums und mussten gewaltige Reparationszahlungen leisten. Das bereitete den Boden für jene Verbitterung, die sich ein Jahrzehnt später ein fanatischer österreichischer Maler namens Adolf Hitler zunutze machte.

Aufstieg des Faschismus

Hitlers Aufstieg zur Macht verlief erstaunlich schnell. 1933 wurde er Reichskanzler und übernahm als Führer der NSDAP die totale Kontrolle über Deutschland. Nachdem er zunächst eine beachtliche Kriegsmaschinerie aufgebaut und General Francos nationalistische Armee im Spanischen Bürgerkrieg unterstützt hatte, annektierte Hitler ehemals deutsche Gebiete in Österreich und der Tschechoslowakei. 1939 fiel er schließlich in Polen ein.

Mit dem Überfall auf Polen war das Maß voll. Großbritannien, Frankreich und deren Commonwealth-Verbündete erklärten Deutschland den Krieg, das wiederum ein Zweckbündnis mit den Achsenmächten Italien (unter dem Faschisten Mussolini) und Japan geschlossen hatte.

Zweiter Weltkrieg

Der Blitzkrieg Hitlers, der mit Stalin einen Nichtangriffspakt geschlossen hatte, traf Westeuropa völlig unvorbereitet. Innerhalb weniger Monate hatte er große Gebiete erobert, die Franzosen zur Kapitulation gezwungen und die britischen Truppen in Dünkirchen zu einem schmachvollen Rückzug genötigt. Europa sollte für die nächsten sechs Jahre im eisernen Griff der Nazi-Besatzung bleiben.

Die Achsenmächte behielten die Oberhand, bis der japanische Angriff auf Pearl Harbour die zögerlichen USA 1941 in den Krieg zwang. Hitlers Entscheidung, 1941 in die Sowjetunion einzumarschieren, erwies sich als katastrophaler Irrtum mit verheerenden deutschen Verlusten. Das ermöglichte letztlich die Invasion der Alliierten in der Normandie im Juni 1944.

Nach monatelangen erbitterten Kämpfen wurden Hitlers verbliebene Truppen Richtung Berlin zurückgedrängt. Hitler beging am 30. April 1945 Selbstmord. Die Russen nahmen die Stadt ein und zerschlugen die letzten deutschen Widerstandsherde. Am 8. Mai erklärten Deutschland und Italien die bedingungslose Kapitulation. Der Krieg in Europa war zu Ende.

Der Eiserne Vorhang

Unvereinbare Standpunkte zwischen den Westmächten und der kommunistischen Sowjetunion führten bald zu einer Pattsituation. Die UdSSR riegelte ihre Sektoren ab: Ostberlin, Ostdeutschland und ein Großteil Osteuropas verschwanden hinter dem Eisernen Vorhang, es war der Beginn des Kalten Kriegs. Diese Zeit der politischen Spannungen und gesellschaftlichen Teilung Europas dauerte 40 Jahre; Volksaufstände in Prag und Budapest wurden von den kommunistischen Streitmächten niedergeschlagen.

2002
Zwölf Mitgliedsstaaten der EU treten der Währungsunion des Euro bei.

2009
Europa wird von Finanzkrisen erschüttert; in der Folge erhalten Irland, Griechenland, Portugal und Spanien teure Rettungspakete.

2014
Schottland stimmt über die Unabhängigkeit ab, die keine Mehrheit findet, und bleibt ein Teil Großbritanniens.

Als Ende der 1980er-Jahre die ohnehin wackelige Wirtschaft der Sowjetunion einknickte, lockerte sich auch die Kontrolle der einstigen Supermacht über Osteuropa. Der Kalte Krieg endete 1989 mit dem Fall der Berliner Mauer. Deutschland wurde 1990 wiedervereint, ein Jahr später zerfiel die UdSSR. Kurz darauf führten Rumänien, Bulgarien, Polen, Ungarn und Albanien die Mehrparteiendemokratie ein. In der Tschechoslowakei (heute Tschechische Republik und Slowakei) führte die Samtene Revolution mit Massendemonstrationen und anderen gewaltfreien Mitteln zum Sturz der kommunistischen Regierung.

Vereintes Europa

Seit dem Ende des Zweiten Weltkriegs ist die politische und wirtschaftliche Integration Europas rasch vorangeschritten. Die Bildung der Europäischen Wirtschaftsgemeinschaft (EWG) 1957 war zunächst als loses Handelsbündnis zwischen sechs Staaten gedacht. 1992 hatte sich diese Allianz zur Europäischen Union (EU) entwickelt. Nach Inkrafttreten des Vertrags von Maastricht 1993 bestand das Staatenbündnis aus 28 Ländern. Großbritannien befindet sich zwar im Prozess, die EU zu verlassen, aber fünf andere Kandidaten – Türkei, Mazedonien, Montenegro, Albanien und Serbien – haben sich um die Mitgliedschaft beworben. Alle außer Albanien und Mazedonien stehen bereits in Verhandlungen.

Ein weiterer Meilenstein war die Umsetzung des Schengener Abkommens 1995, das Grenzkontrollen zwischen fast allen Ländern auf dem europäischen Kontinent abschaffte und EU-Bürgern freien Personenverkehr in Mitgliedsländern gewährt (mit Ausnahme von Großbritannien und Irland).

Von noch größerer Tragweite war die Einführung der Gemeinschaftswährung Euro am 1. Januar 1999 als bargeldlose Abrechnungswährung, seit 1. Januar 2002 auch als Bargeld. Bislang gehören 19 Länder der Eurozone an, nur Großbritannien, Dänemark und Schweden behielten ihre Landeswährung. Zukünftig ist es jedoch eine Bedingung für alle neuen Staaten, die der EU beitreten, den Euro als Währung zu übernehmen. Das Thema ist zentral, besonders seit der Finanzkrise in Ländern wie Griechenland und Spanien, die es erforderlich machte, dass reichere Länder (vor allem Frankreich und Deutschland) mehreren ihrer verschuldeten Nachbarn aus der Klemme helfen mussten.

Wirtschaftliche Probleme

Seit der europäischen Schuldenkrise von 2009 ist das Wirtschaftswachstum schleppend und viele Länder fallen immer wieder in die Rezession zurück. Die Arbeitslosenzahlen sind in etlichen Ländern nach wie vor hoch, besonders in Spanien und Griechenland.

Der Euro hat sich zwar nach mehreren milliardenschweren Rettungspaketen für Griechenland, Irland, Portugal und Spanien stabilisiert, aber die Währungsunsicherheit bleibt bestehen. 2015 wurde eine Verlängerung der Rettungsaktion für Griechenland genehmigt, in der Hoffnung, das Land in der Eurozone zu halten, einen griechischen Ausstieg („Grexit") zu vermeiden und weitere schuldengeplagte Länder vom gleichen Schritt abzuhalten. Die Europäische Zentralbank hat durch vermehrten Gelddruck und Anleihenkauf über eine Billion Euro in die Wirtschaft gepumpt, um sie anzukurbeln.

2015
Griechenland wird zahlungsunfähig, Rettungsvorschläge zu harten Bedingungen führen zu Aufständen und Schließung der Banken.

2016
Einige EU-Grenzen werden geschlossen, als Millionen Flüchtlinge und andere Migranten das sichere Europa erreichen wollen.

2017
Nach einem Referendum zugunsten des EU-Austritts beginnt Großbritannien gemäß Artikel 50 mit dem „Brexit".

La Pedrera (S. 299), Barcelona

Kunst & Architektur

Seit Jahrtausenden entstehen in Europa großartige Kunst und Architektur. Die Museen und Galerien des Kontinents bergen Kunstschätze aller Art. Kaiser, Könige und reiche Gönner waren Mäzene von großen Künstlern wie Michelangelo, Rembrandt und Monet. Moderne und zeitgenössische Architekten wie Antonio Gaudí und Richard Rogers haben Gebäude entworfen, die selbst schon gigantische Kunstwerke sind.

Mittelalterliche Kunst

Ein Großteil der mittelalterlichen Kunst hat religiöse Motive, was auf den Einfluss der Kirche und ihre Bedeutung als Kunstmäzen zurückzuführen ist. Szenen aus dem Alten Testament, die Kreuzigung, die Apostel und das Jüngste Gericht waren übliche Themen. Einige der schönsten mittelalterlichen Kunstwerke finden sich in Form von Fresken auf Decken oder Wänden der Kirchen Europas.

In dieser Zeit brachten die Flamen und Deutschen einige wichtige Künstler hervor, z. B. Jan van Eyck (ca. 1390–1441) und Hans Memling (ca. 1430–1494), bekannt für ihre naturgetreuen Gemälde, sowie Hieronymus Bosch (1450–1516) mit seiner phantastischen Bildsprache und den allegorischen Motiven.

★ Moderne Kunst

Tate Modern (S. 81), London

Museu Picasso (S. 297), Barcelona

Centre Pompidou (S. 232), Paris

Museo Guggenheim (S. 316), Bilbao

Designmuseum Danmark (S. 144), Kopenhagen

Tate Modern, London

GODRICK/SHUTTERSTOCK ©

Die Renaissance

Die Renaissance war das goldene Zeitalter der europäischen Kunst. Leonardo da Vinci (1452–1519), Michelangelo (1475–1564), Raffael (1483–1520), Tizian (ca. 1488/90–1576), Botticelli (1445–1510) und andere führten neue Techniken, Farben und Formen in der Kunst ein und ließen sich von Bildhauern und Künstlern der klassischen Antike inspirieren.

In der Renaissance gewannen Landschaften und der menschliche Körper zunehmend an Bedeutung. Michelangelos Meisterwerk *David* wird oft als perfekte Darstellung des Menschen bezeichnet (obwohl der Künstler die Proportionen absichtlich verzerrte, um sie optisch ansprechender zu machen). Die Skulptur ist heute in der Galleria dell'Accademia in Florenz ausgestellt. Die Uffizien in Florenz besitzen die großartigste Sammlung italienischer Kunst der Renaissance.

Auf die Renaissance folgten die großen Namen des Barock, verkörpert durch den Italiener Caravaggio (1571–1610) und die Niederländer Rembrandt (1606–1669), Rubens (1577–1640) und Johannes Vermeer (1632–1675). Die Barockkünstler setzten Licht und Schatten *(chiaroscuro)* ein, um die Spannung einer Szene zu erhöhen und ihren Werken eine quasi fotografische Intensität zu verleihen.

Romantik & Impressionismus

Im 18. Jh. beschäftigten sich Vertreter der Romantik wie Caspar David Friedrich (1774–1840) und William Turner (1775–1851) mit der Poesie urwüchsiger Landschaft – wolkenverhangene Berge, einsame Hügel, idyllische Wiesen und stimmungsvolle Sonnenuntergänge. Andere Künstler wie Théodore Géricault (1791–1824) und Eugène Delacroix (1798–1863) ließen sich von der französischen Geschichte und berühmten Zeitgenossen inspirieren. Und einer der bedeutendsten Künstler Spaniens, Francisco Goya (1746–1828), machte alles, ob Königsporträts und Kriegsszenen, Stierkampfradierungen oder Entwürfe für Tapisserien.

Ende des 19. Jhs. versuchten Künstler wie Claude Monet (1840–1926), Edgar Degas (1834–1917), Camille Pissarro (1830–1903), Édouard Manet (1832–1883) und Pierre-Auguste Renoir (1841–1919) den Eindruck (*l'impression*) einer Landschaft einzufangen statt sie natürlich darzustellen (daher der Name Impressionismus).

Ihre kühnen Experimente mit Licht, Farbe und Form wurden von den Post-Impressionisten weiterentwickelt, unter ihnen Paul Cézanne (1839–1906), Vincent van Gogh (1853–90) und Paul Gauguin (1848–1903).

Vom Fauvismus zur Konzeptkunst

Die Umbrüche des 20. Jhs. inspirierten viele neue Kunstströmungen. Fauvisten wie Henri Matisse (1869–1954) waren von Farben fasziniert, die Kubisten wie Georges Braque (1882–1963) und Pablo Picasso (1881–1973) zergliederten ihre Werke in abstrakte Formen und zogen ihre Inspiration aus vielerlei Quellen, von primitiver Kunst bis zur Psychoanalyse.

Die Dadaisten und Surrealisten entwickelten diese Konzepte ins absurde Extrem, ins Traumhafte und Unterbewusste. Schlüsselfiguren sind der Belgier René Magritte (1898–1967), der Deutsche Max Ernst (1891–1976) und die Spanier Joan Miró (1893–1983) und Salvador Dalí (1904–1989).

Auch die Konzeptkunst, bei der die Idee hinter einem Werk im Vordergrund steht und nicht der rein ästhetische Wert, entstand Anfang des 20. Jhs. Entscheidenden Einfluss auf diese Strömung hatten die Arbeiten von Marcel Duchamp (1887–1968).

Moderne & zeitgenössische Kunst

Nach 1945 dominierte abstrakte Kunst die europäische Kunstszene. Führende Gestalten waren u. a. die Deutschen Joseph Beuys (1921–1986) und Anselm Kiefer (geb. 1945) sowie der aus den Niederlanden stammende Amerikaner Willem de Kooning (1904–1997).

Im späten 20. Jh. und dem bisherigen 21. Jh. entstanden viele weitere Kunstrichtungen: abstrakter Expressionismus, Neoplastizismus, Minimalismus, Formalismus und Pop-Art, um nur einige zu nennen.

Zeitgenössische Kunst blüht besonders in Großbritannien. Nach wie vor kontroverse Vertreter sind Tracey Emin (geb. 1963), die Chapman Brothers Dinos (geb. 1962) und Jake (geb. 1966), Rachel Whiteread (geb. 1963), Mark Wallinger (geb. 1959) und Damien Hirst (geb. 1965), berühmt für seinen „eingelegten" Hai und diamantenbesetzten Totenschädel.

Europäisches Kino

Europa ist der Geburtsort des Kinos. 1885 zeigte Antoine Lumière in Paris erstmals seinen Kinematographen, zwei Jahre später gründete Georges Méliès das erste Filmstudio der Welt. Deutschland spielte in der Filmwelt mit Klassikern wie Fritz Langs *Metropolis* (1927) ebenfalls früh mit.

Aus Frankreich stammen einige der größten Filmtalente, z. B. François Truffaut (1932–1984) und Jean-Luc Godard (geb. 1930). Die Filmfestspiele in Cannes gehören neben jenen in Venedig und Berlin zu den drei wichtigsten Filmfestivals Europas.

Die 1940er-Jahre waren die große Zeit des britischen Kinos, mit Klassikern wie David Leans *Begegnung*, Carol Reeds *Der dritte Mann* und Powell und Pressburgers *Die roten Schuhe*. In den 1960er-Jahren schenkte Großbritannien der Welt James Bond und in jüngerer Zeit die Harry-Potter-Filme.

Architektur

Frühzeit

Die ältesten Bauten Europas sind die vielen hundert Steinkreise, Erdwälle, Hügelgräber, Grabkammern und Steinreihen, die von neolithischen Menschen zwischen 4500 und 1500 v. Chr. gebaut wurden. Die eindrucksvollsten Exemplare dieser frühen Bauwerke sind die Steinreihen im bretonischen Carnac und natürlich in Stonehenge im Südwesten Englands.

Der Zweck dieser Bauten ist unbekannt, aber Theorien gibt es viele. Einige behaupten, dass sie Himmelskalender oder Versammlungsorte der Stämme gewesen sein könnten. Sicher scheint jedoch heute zu sein, dass sie irgendeine religiöse Bedeutung hatten.

Griechische & römische Architektur

Mehrere Kulturen der Antike haben ihre Spuren an der Mittelmeerküste hinterlassen, vor allem die Etrusker (in der heutigen Toskana) und die alten Griechen und Römer. In Athen lässt sich das goldene Zeitalter Griechenlands am besten würdigen: Die spektakulären

Monumente der Akropolis veranschaulichen die hochentwickelte Kenntnis der alten Griechen von Geometrie und Gestaltung und waren das Modell für viele architektonische Prinzipien, die bis heute gültig sind.

Die Römer waren sogar noch ambitionierter und errichteten zahlreiche Monumentalbauten, die die Macht und Erhabenheit des Römischen Reichs vermitteln sollten. Römische Architektur war von einer Kombination aus Form und Funktion geprägt – der Pont du Gard in Südfrankreich z. B. belegt die Vorliebe der Römer für Architektur, die schön aussieht, aber gleichzeitig auch einem praktischen Zweck dient. In Rom sind die meisten der großartigen Architekturschätze konzentriert, darunter das berühmte Kolosseum. Ruinen römischer Bauwerke sind jedoch auf dem ganzen Kontinent zu finden.

Romanische & gotische Architektur

Die solide und elegante Architektur der alten Römer fand sich in den Gebäuden der Romanik im 10. und 11. Jh. wieder. Viele der ältesten Kirchen Europas sind klassische Beispiele der romanischen Bauweise, deren Merkmale Rundbögen, Gewölbedecken und massiven Säulen und Mauern sind.

Als noch dominanter erwies sich die gotische Architektur, nach deren Prinzipien viele der spektakulärsten Kathedralen Europas entstanden sind. Charakteristisch sind deren Spitzbögen, Kreuzrippengewölbe, großartige Prunkfenster und Strebebögen. Ein Paradebeispiel der Gotik ist Notre-Dame in Paris.

Renaissance & Barock

Die Renaissance war eine Zeit der architektonischen Experimente. Italienische Architekturpioniere wie Brunelleschi, Michelangelo und Palladio ließen die strenge Gotik hinter sich und wandten sich einem menschlicheren Ansatz zu. Sie verbanden Elemente der Klassik mit neuen Baumaterialien sowie mit Skulpturen und ornamentaler Kunst. Besonders viele Renaissance-Bauten entstanden in Florenz und Venedig, aber der Einfluss dieser Stilrichtung ist in ganz Europa zu spüren.

Den Höhepunkt des architektonischen Prunks bildet jedoch der Barock. Die Architekten zogen alle Register, um Reichtum und Ansehen ihrer Auftraggeber zur Schau zu stellen. Oft beschäftigten Architekten ganze Truppen von Kunsthandwerkern und verwendeten die teuersten Materialien, um den gewünschten spektakulären Effekt zu erzielen. Das Hôtel des Invalides in Paris ist ein gutes Beispiel für den Pomp und den Aufwand in der Barockarchitektur.

Das Industriezeitalter

Das 19. Jh. war das Zeitalter der Stadtplanung, als die chaotischen Straßen und Elendsviertel vieler europäischer Städte repräsentativen Plätzen und schnurgeraden Boulevards weichen mussten. Zum Teil sollte damit das städtische Umfeld saniert werden, aber es ermöglichte Architekten auch, die Stadtlandschaft für das Industriezeitalter neu zu gestalten, indem sie Fabriken, öffentliche Gebäude, Museen und Wohnviertel zu einem stimmigen Ganzen zusammenfügten. Eine der bekanntesten Stadterneuerungen war die Neugestaltung von Paris Ende des 19. Jhs. durch Baron Haussmann, der die Prachtboulevards und viele der charakteristischen Gebäude der Stadt bauen ließ.

Die Architekten des 19. Jhs. rückten allmählich vom Protz des Barock und Rokoko ab und wandten sich neuen Materialien wie Ziegel, Eisen und Glas zu. Die neugotische Architektur sollte Beständigkeit, Stabilität und Macht repräsentieren und damit die Zuversicht des Industriezeitalters widerspiegeln. In dieser Zeit entstanden viele großartige öffentliche Gebäude, darunter zahlreiche bedeutende Museen, Bibliotheken, Rathäuser und Bahnhöfe.

Das 20. Jahrhundert

Etwa ab der Jahrhundertwende wurde in Kunst und Architektur ein neuer Umgang mit Form und Gestalt erprobt. Die fließenden und natürlichen Formen des Jugendstils hatten einen enormen Einfluss auf die Werke Charles Rennie Mackintoshs in Glasgow, des belgischen Architekten Victor Horta und auf die Modernisme-Bauten des spanischen Visionärs Antonio Gaudí. Andere Architekten reduzierten hingegen ihre Gebäude auf das Wesentliche und stellten Funktion über Form: Le Corbusier, Ludwig Mies van der Rohe und Walter Gropius gehörten zu den einflussreichsten Gestalten jener Zeit.

Funktionale Architektur war Mitte des 20. Jhs. der dominierende Baustil, vor allem da die zerstörten europäischen Städte nach zwei Weltkriegen schnell wiederaufgebaut werden mussten. In den letzten Jahrzehnten ist die „Betonklotzarchitektur" jedoch weitgehend aus der Mode gekommen. Die Europäer mögen zwar eine Art Hassliebe für moderne Architektur empfinden, aber die besten Gebäude setzten sich letztendlich durch. Ein gutes Beispiel ist das Centre Pompidou in Paris (von den Architekten Richard Rogers, Renzo Piano und Gianfranco Franchini entworfen), das erst Protestgeschrei auslöste, aber heute als eine der Ikonen der Architektur des 20. Jhs. gilt.

Große Musikstädte

Wien Die Staatsoper ist das Glanzlicht in einer Stadt, die gleichbedeutend mit Oper und klassischer Musik ist.

Berlin In der musikbesessenen deutschen Hauptstadt gibt's alles, vom berühmtesten Technoschuppen der Welt bis zu den Berliner Philharmonikern.

Dublin Die Iren haben Musik im Blut und es braucht nicht viel, um sie zum Singen zu bringen, besonders im Pub.

Lissabon Die Portugiesen lieben ihren melancholischen und nostalgischen Fado-Gesang, zu hören im Stadtteil Alfama.

Reykjavík Islands Hauptstadt hat eine lebendige Musikszene und berühmte Poptalente wie Björk und Sigur Rós.

Zeitgenössische Architektur

Ob man nun die jüngsten Bauten der architektonischen Landschaft Europas gut findet oder nicht, eines ist klar – langweilig wird sie niemand finden.

Die Mode der himmelhohen Wolkenkratzer scheint in mehreren europäischen Städten angekommen zu sein, besonders in London, wo jüngst etliche Hochhäuser fertiggestellt wurden, alle mit einem Spitznamen (Walkie Talkie, Cheesegrater usw.). Der offizielle Name des „Gherkin" (Gürkchen) von Norman Foster lautet 30 St Mary Axe. Überragt werden sie alle vom Shard – mit 309,6 m das höchste Gebäude der EU bei seiner Fertigstellung 2013.

Inmitten der klassischen Bauten Roms sticht das eigenwillige Maxxi heraus, ein Museum für zeitgenössische Kunst von Zaha Hadid. Norman Fosters Reichstagskuppel ist ein Symbol des modernen, vereinten Deutschlands und Frank Gehrys Museo Guggenheim ein glitzerndes Meisterwerk und das vielleicht schillerndste Stück moderner Architektur in Europa.

Macarons, Frankreich

Essen & Trinken

Was Europa vereint, ist die Freude am Essen und Trinken. Jedes Land hat seine eigenen Spezialitäten: im heißen Süden Olivenöl und sonnengereiftes Gemüse, in kühleren Gegenden Sahne und Butter, an den Küsten fangfrische Meeresfrüchte, aus Flüssen und Seen schmackhafte Fische und von Bergen und fruchtbaren Weiden Fleisch. Und jedes Land hat auch seine eigenen Getränke: berühmte Weine, Biere, Stouts, Cidre und natürlich starke Schnäpse.

Großbritannien & Irland

Großbritannien mag zwar keine ausgeprägte Küche haben, besitzt aber dafür eine blühende Esskultur mit zahlreichen Promiköchen und berühmten Restaurants. Das koloniale Erbe bescherte Großbritannien eine Vorliebe für Curry – eine Umfrage ergab unlängst, dass das Lieblingsgericht der Briten Chicken Tikka Masala ist.

Die Briten schätzen einen guten Braten, der traditionell am Sonntag und mit Röstkartoffeln, Gemüse und Bratensauce gegessen wird. Der Klassiker ist Rinderbraten mit Yorkshire Pudding (knusprige Plunderfladen), aber Lamm, Schwein und Huhn sind ebenfalls beliebt. *Bangers and mash* (Bratwurst und Kartoffelbrei) und *fish and chips* (panierter Kabeljau oder Schellfisch mit Pommes frites) sind ebenso bewährte Leibspeisen.

Eine schottische Spezialität ist Haggis (mit Innereien gefüllter Schafsmagen), serviert mit *tatties and neeps* (Kartoffeln und Kohlrüben).

Die traditionellen Gerichte Irlands spiegeln die ländliche Vergangenheit wider, z. B. *colcannon* (Kartoffelbrei mit Kohl), *coddle* (Wurstscheiben mit Speck, Kartoffeln und Zwiebeln) und *boxty* (Kartoffelpfannkuchen) sowie das klassische Irish Stew (meist mit Lamm- oder Hammelfleisch).

Das traditionelle britische Bier ist Ale, das warm und schal serviert wird, um die Hopfennote zur Geltung zu bringen. Es ist gewöhnungsbedürftig, besonders wenn man sonst nur ein kaltes, zischendes Bierchen kennt.

Irlands typisches Bier ist das dunkle Stout – meist Guinness. Es wird aber auch von Murphy's und Beamish gebraut.

Schottland und Irland sind beide für ihren Whisky (ohne „e" in Schottland) und Whiskey (mit „e" in Irland) berühmt. Viele Brennereien bieten Führungen und Verkostungen an.

Süße Verlockungen

Von Pralinen bis Desserts, Europa mag es süß, klebrig und sündhaft. Besonders Deutsche und Österreicher sind Schleckermäuler: Köstlichkeiten sind z. B. Salzburger Nockerln (ein luftig-leichtes Soufflé) und Schwarzwälder Kirschtorte sowie viele Variationen von Apfeltaschen und Strudel.

Auch die Briten sind leidenschaftliche Kuchenesser – ein Stück Kuchen oder ein Keks zum Tunken gehören unbedingt zum Tässchen Tee. Die Italiener sind vor allem für ihre *gelaterie* (Eisbuden) berühmt. Die besten Läden sind mit *produzione propria* (aus eigener Herstellung) gekennzeichnet. In Lissabon sollte man unbedingt die köstlichen Puddingtörtchen, die *pastéis de nata*, probieren.

Die Franzosen jedoch haben das Dessert erst zur Kunstform erhoben. Wer an dem Schaufenster einer *boulangerie* (Bäckerei) oder *pâtisserie* (Konditorei) vorbeiläuft, wird unweigerlich in Versuchung geführt: Da locken *éclairs* (Brandteig mit Sahnefüllung), knusprige *macarons* (Baisergebäck mit Buttercremefüllung), locker-weiche *madeleines* (muschelförmige Biskuitkuchen) und sündhafte *gâteaux* (Torten).

Na los – wer kann da schon widerstehen?

Niederlande

Ihre koloniale Vergangenheit hat den Niederländern eine Vorliebe für indonesisch und surinamisch inspirierte Gerichte vermacht, z B. *rijsttafel* (Reistafel), ein Mahl aus diversen Gerichte wie geschmortes Rindfleisch, Schweinespießchen und -rippchen serviert mit Reis.

Weitere leckere Gerichte sind *erwtensoep* (Erbsensuppe mit Zwiebeln, Möhren, Wurst und Speck), *kroketten* (panierte und frittierte Teigfinger mit Füllung) und natürlich *friet* (Pommes frites), die hier dünn und knusprig sind und statt mit Ketchup mit Mayonnaise gegessen werden.

Bier ist das bevorzugte Getränk. Kleine niederländische Brauereien wie Gulpen, Jopen aus Haarlem Bavaria, Drie Ringen und Leeuw sind alle hervorragend. Genever (Gin) wird ebenfalls gerne getrunken.

Frankreich

Jede Region in Frankreich hat ihre typischen Gerichte. Grob gesagt werden im heißen Süden Gerichte mit Olivenöl, Knoblauch und Tomaten bevorzugt, im kühleren Norden hingegen eher Wurzelgemüse, deftigere Gerichte und Sahne- oder Buttersauce. Die Franzosen essen bekanntermaßen alles vom Tier – Nieren, Leber, Backe und Zunge sind ebenso eine Delikatesse wie Filetsteaks oder Rostbraten.

★ Kulinarische Spezialitäten

Sonntagsbraten im englischen Pub

Luftig-leichte *macarons* in Paris

Pintxos im spanischen Baskenland

Knusprige Pizza in einer römischen Pizzeria

Kaffee und Kuchen in einem Wiener Kaffeehaus

Terrassenrestaurant, Rom

Bouillabaisse, ein Fischeintopf mit Safran gewürzt, ist ein typisches Gericht des Südens und wird mit scharfer Rouille-Sauce, Gruyère und Croutons serviert.

In den Alpen ist das Fondue eine Spezialität: Geröstete Brotstücke werden in geschmolzenen Käse getunkt. Meeresfrüchte, besonders Muscheln und Austern, sind in der Bretagne und der Normandie angesagt.

Das Zentrum Frankreichs ist stolz auf seine deftige Küche, z. B. Foie gras (Gänseleber), Bœuf bourgignon (in Rotwein geschmortes Rindfleisch), *confit de canard* (Entenconfit) und schwarze Trüffeln.

Frankreich ist der größte Weinproduzent Europas. Die Hauptanbaugebiete sind das Elsass, Bordeaux, Burgund, Languedoc und die Täler der Loire und der Rhone. In allen werden Rot-, Weiß- und Roséweine erzeugt. Nicht zu vergessen die Champagne, die Heimat des gleichnamigen Schaumweins, der in jahrhundertealten Kellern in Reims und Épernay reift.

Spanien

Die spanische Küche ist typisch für mediterrane Kochkunst, die reichlich Gebrauch von Kräutern, Tomaten, Zwiebeln, Knoblauch und viel Olivenöl macht.

Der spanische Klassiker ist Paella, eine Reisgericht mit Huhn, Fleisch oder Meeresfrüchten, das mit Safran gewürzt in einer großen Pfanne köchelt. Valencia gilt als Heimat der Paella.

Spanien ist auch berühmt für seine Schinken und scharf gewürzten Würste (z. B. Chorizo, *lomo* und *salchichón*). Sie sind oft Bestandteil der Tapas (im Baskenland *pintxos*). Tapas sind eigentlich ein Imbiss, können aber auch als Hauptgericht durchgehen – drei oder vier Tapas sind meist ausreichend für eine Person.

Spanien besitzt die größte Weinanbaufläche der Welt (1,2 Mio. ha). Die wichtigsten Weinregionen sind Rioja und Ribera del Duero.

Portugal

Die Portugiesen sind stolz auf ihre einfachen, aber schmackhaften Speisen, die über die Jahrhunderte verfeinert wurden. Brot gehört zu jeder Mahlzeit und wird sogar in manchen Hauptgerichten verwendet. Beispiele sind *açorda* (Broteintopf, oft mit Schalentieren), *migas* (Brotstücke als Beilage) und *ensopados* (Schmorgerichte mit geröstetem oder frittiertem Brot).

Eintöpfe mit Fisch und Meeresfrüchten sind hervorragend, besonders *caldeirada*, eine Mischung aus Fisch und Schalentieren in einer reichhaltigen Brühe, ähnlich der Bouillabaisse. *Bacalhau* (getrockneter und gesalzener Kabeljau) ist mit Mythos, Geschichte und Tradition verwoben und schmeckt hervorragend in Ofengerichten. Zu den klassischen

Fleischgerichten gehören *porco preto* („schwarzes" Schwein in süßem Wein), *cabrito assado* (Ziegenbraten) und *arroz de pato* (Entenrisotto).

Auch portugiesische Weine sind durchweg lohnenswert, wie Portwein und Rotweine aus dem Douro-Tal sowie *alvarinho* und *vinho verde* (spritziger, leicht moussierender Wein) aus dem Minho.

Italien

Die beiden tragenden Säulen der italienischen Küche sind seit der Zeit der alten Römer Pizza und Pasta. Eine komplette Mahlzeit besteht aus *antipasto* (Vorspeise), *primo* (Pasta- oder Reisgericht), *secondo* (meist Fleisch oder Fisch), *contorno* (Gemüsebeilage oder Salat), *dolce* (Nachtisch) und Kaffee. Im Restaurant dürfen diese Bestandteile beliebig kombiniert werden.

Italienische Pasta kommt in vielen Formen daher, von Schleifchen-*farfalle* und Korkenzieher-*fusilli* bis zu geriffelten *rigatoni* und langen *pappardelle*. Pasta wird aus Hartweizenmehl gemacht, was ihnen den typischen *al dente*-Biss verleiht. Welche Pastaform verwendet wird, hängt meist von der Zubereitung ab (geriffelte oder geformte Pasta z. B. nimmt Saucen besser auf).

Bei der Pizza gibt es zwei Typen: Die römische Pizza hat einen dünnen, knusprigen, die neapolitanische einen dickeren, teigigeren Boden. Die besten Pizzas stammen immer aus dem *forno a legna* (Holzofen). Die Beläge werden meist einfach gehalten – in den besten Pizzerien sind es oft nur ein paar Zutaten, z.B. *margherita* (Tomaten und Mozzarella) und *marinara* (Tomaten, Knoblauch und Oregano).

In Italien wird von vollmundigen Rotweinen wie dem Barolo aus Piemont bis zu leichten Weißweinen aus Sardinien und Prosecco aus Venetien so ziemlich die ganze Palette erzeugt.

Käse aus Europa

Großbritannien Cheddar steht an erster Stelle, aber lecker sind auch Wensleydale, Red Leicester und Stilton.

Niederlande Edamer und Gouda, manchmal als Kneipenimbiss mit Senf serviert.

Frankreich Berühmt sind Camembert, Brie, Livarot, Pont l'Évêque und Époisses (alles Weichkäse), Roquefort und Bleu d'Auvergne (Blauschimmelkäse) und Comté, Cantal und Gruyère (Hartkäse).

Spanien Manchego, ein halbfester Schafskäse mit buttrigem Geschmack, wird oft in Tapas verwendet.

Italien Zu den namhaften Käsesorten gehören Parmesan, Ricotta und Mozzarella.

Schweiz Emmentaler und Gruyère sind die bekanntesten Schweizer Käsesorten.

Deutschland Hartkäse ist hier gut, besonders Allgäuer Emmentaler und Bergkäse.

Deutschland, Österreich & Schweiz

In den deutschsprachigen Ländern liegt der Schwerpunkt traditionell auf deftigen Speisen in großen Portionen. Wurst gibt es in Hunderten Variationen, als typisch für Deutschland wird auch Sauerkraut gesehen.

Die häufigsten Würste sind Bratwurst, Weißwurst und Currywurst. Das klassische österreichische Gericht ist das Wiener Schnitzel aus Kalbfleisch, aber Schnitzel (meist vom Schwein) ist auch in Deutschland weit verbreitet.

Weitere Klassiker sind Rippenspeer, Rotwurst (Blutwurst), Rostbrätel (gegrillter marinierter Schweinenacken) und Putenbrust. Kartoffeln werden als Bratkartoffeln, Kartoffelpüree, Rösti (in der Schweiz) oder Pommes frites gereicht.

Die Schweizer sind für ihre Spezialität Fondue und Raclette (geschmolzener Käse mit Kartoffeln) bekannt.

Vegetarier & Veganer

Vegetarier haben es in vielen Regionen Europas, vor allem in den ländlichen, nicht gerade leicht. Fleisch ist noch immer die Norm und Fisch wird oft als vegetarische Option betrachtet. Auf den meisten Speisekarten steht jedoch meist auch etwas Fleischfreies, aber viel Auswahl ist nicht überall zu erwarten. Veganer haben es noch schwerer, da Käse, Sahne und Milch wesentliche Bestandteile in den meisten europäischen Landesküchen sind.

Antipasti (Vorspeisen), Tapas und Mezze auf Gemüsebasis sowie Pasta, Beilagen und Salate sind immer eine gute Alternative. Selbst auf den Märkten einzukaufen ist der beste Weg, um heimische Spezialitäten kennenzulernen, ohne seinen Prinzipien untreu zu werden.

Das Nationalgetränk in Deutschland ist Bier. Berühmt ist dort vor allem das spritzige, oft leicht herbe Pils. Weizenbier wird aus Weizen gebraut statt aus Gerstenmalz und in einem hohen Weizenglas ausgeschenkt. Ein Helles ist ein untergäriges, leichteres Bier, ein Dunkles ein oft untergäriges, malziges Bier.

In Deutschland werden in erster Linie Weißweine angebaut; sie sind preisgünstig, leicht und sehr fruchtig. Die größten Anbaugebiete sind das Rhein- und das Moseltal.

Tschechische Republik

Wie in vielen osteuropäischen Ländern stehen auch in der tschechischen Küche Fleisch, Kartoffeln und Knollengemüse im Mittelpunkt. Sie werden als Eintopf, Gulasch oder Auflauf zubereitet. *Pečená kachna* (Entenbraten) ist das typische tschechische Restaurantgericht, *klobása* (Wurst) wird üblicherweise als Imbiss zum Bier gereicht. Eine beliebte Beilage sind *knedlíky*, Knödel aus Weizen- oder Kartoffelmehl.

Die Tschechen haben eine ausgeprägte Bierkultur. Einige der besten *pive* (Biere) Europas werden hier gebraut, meist helle Biere. Mähren ist das angehende tschechische Weinbaugebiet.

Dänemark & Island

In Kopenhagen gibt es die besten Gelegenheiten, Kreationen der neuen nordischen Küche zu probieren, von der Feinschmecker in aller Welt schwärmen. Einfacher, aber nicht weniger lecker ist *smørrebrød*, Roggenbrotscheiben mit allen möglichen Belägen, von Rindertatar bis zu Eiern und Garnelen.

Der Kümmelschnaps *akvavit* ist der beliebteste Schnaps in Dänemark, pur getrunken, gefolgt von einem *øl* (Bier). Apropos Bier, aus Dänemark stammt auch das Carlsberg, zudem gibt es hier zahllose Kleinbrauereien, z. B. Mikkeller und Grauballe.

Bei den traditionellen isländischen Gerichten zeigt sich die historische Notwendigkeit, alles Essbare zu verwerten und es für den Winter haltbar zu machen. Fisch, Meeresfrüchte, Lamm, Brot und einfaches Gemüse bestimmen noch immer die typische isländische Speisekarte. Ein beliebter Imbiss ist *harðfiskur*, getrocknete Schellfischstreifen mit Butter. Gewöhnungsbedürftiger sind hingegen *svið* (angesengter Schweinskopf samt Augen, in zwei Hälften gesägt, gekocht und frisch oder eingelegt verspeist) und der berühmte Magenumdreher *hákarl* – Grönlandhai, ein so ungenießbares Tier, dass es sechs Monate in der Erde verwesen muss, bevor Menschen es überhaupt verdauen können.

Runtergespült wird das alles mit dem traditionellen *brennivín* (ein Schnaps aus Kartoffeln und Kümmel), der liebevoll „schwarzer Tod" genannt wird. Wer das nicht so mag, kann sich auch eines der vielen Craft-Biere bestellen.

Skifahren am Matterhorn (S. 594), Schweizer Alpen

GORILLAIMAGES/SHUTTERSTOCK ©

Praktische Informationen

Allgemeine Informationen

Essen

Die im Buch angegebenen Preise beziehen sich auf eine Hauptmahlzeit. Die Preiskategorien sind für jedes einzelne Land unterschiedlich aufgeschlüsselt – Infos siehe einzelne Länderkapitel.

Feiertage

Die europäischen Länder haben jeweils ihre eigenen und höchst unterschiedlichen gesetzlichen Feiertage. Die folgenden gelten jedoch für alle:

Neujahr 1. Januar
Karfreitag März/April
Ostersonntag März/April
Maifeiertag 1. Mai
Pfingsten Mai/Juni
Weihnachten 25. Dezember

Frauen unterwegs

- In ländlichen Gebieten Spaniens und in Süditalien, wo Männer Hinterherpfeifen als Schmeichelei betrachten, können Frauen unerwünschte Aufmerksamkeit auf sich ziehen. Konservative Kleidung kann vor lüsternen Blicken und Pfiffen schützen, mit dunklen Sonnenbrillen lassen sich unerwünschte Blickkontakte vermeiden.
- In Südeuropa wird die Ehe hoch geachtet; ein Ehering ist hilfreich, ebenso wenn eine Frau von „meinem Mann" spricht.
- Allein zu trampen ist nirgendwo empfehlenswert. Journeywoman (www.journeywoman.com) veröffentlicht online einen Newsletter für allein reisende Frauen in der ganzen Welt.

Geld

Bargeld

Es ist ratsam, außerhalb der Eurozone etwas Bargeld in der Landeswährung mitzuführen, um über die Runden zu kommen, bis ein Geldautomat oder eine Wechselstube gefunden ist. Der Gegenwert von 150 € sollte ausreichen. Etwas zusätzliches Bargeld in Euros oder Schweizer Franken kann auch nicht schaden, besonders in Osteuropa.

Debit-/Bankkarten

Es lohnt sich immer, eine Maestro-Karte mitzuführen, eine Bankkarte, mit der anders als mit einer Kreditkarte Geld direkt vom Konto abgebucht wird. Die Hausbank informiert, ob sie im Ausland kompatibel ist.

Geldautomaten

Geldautomaten, die internationale Karten akzeptieren, sind in allen größeren Orten und Städten zu finden. Aber Störungen kann es bei den Geräten immer geben, ein Plan B sollte also immer vorhanden sein. In einigen abgelegenen Gegenden sind Geldautomaten eher selten.

In Westeuropa werden überwiegend Chip-Karten mit PIN verwendet. Wer keine Karte mit Chip hat, kann also vor Problemen stehen.

Beim Eingeben der PIN sollte immer die Tastatur abgedeckt und auf ungewöhnliche Geräte geachtet werden, die Karteninformationen kopieren oder ein Steckenbleiben der Karte verursachen können. Wird die Karte vom Automaten geschluckt und der Bildschirm bleibt leer, bevor die PIN eingegeben wurde, sollte diese nicht eingetippt werden, besonders wenn ein „hilfsbereiter" Beobachter dazu auffordert. Wenn die Karte nicht mehr ausgespuckt wird, sollte man, wenn möglich noch vor Verlassen des Geldautomaten, die Notfallnummer seiner Bank anrufen.

Geldwechsel

Mit Ausnahme von Großbritannien, Dänemark, Island, Ungarn, Kroatien, der Schweiz und der Tschechischen Republik wird in den hier erwähnten Ländern mit dem Euro bezahlt, der auch problemlos überall gewechselt wird. In kleinen Banken kann es jedoch schwierig sein, weniger geläufige Währungen wieder umzutauschen.

Der Im- oder Export einiger Währungen ist eingeschränkt oder verboten, vor der Abreise sollte man also die jeweilige Landeswährung loswerden. Schottische Banknoten sollten ebenfalls vor der Abreise ausgegeben werden, da sie niemand außerhalb Großbritanniens wechseln wird.

Wechselschalter gibt es in den meisten Flughäfen, Hauptbahnhöfen, großen Hotels und an vielen Grenzposten, manche davon sind rund um die Uhr geöffnet. Postämter bieten oft auch Bankdienstleistungen an; sie sind meist länger geöffnet und in abgelegenen Gegenden verbreiteter als Banken. Sie wechseln zwar immer Bargeld, verweigern aber oft Reiseschecks in ausländischer Währung.

Die besten Wechselkurse haben in der Regel die Banken. Wechselstuben (*bureaux de change*) bieten meist, aber nicht immer, schlechtere Kurse an oder verlangen eine höhere Kommission. Hotels und Flughäfen haben fast immer die schlechtesten Kurse.

Internationale Überweisungen

Internationale Geldüberweisungen sind eine sichere Methode, um einmalig große Geldbeträge zu verschicken. Es kann aber drei bis fünf Tage dauern und es wird eine Gebühr erhoben (z. B. in Großbritannien 25 £). Für die Überweisung müssen der Name der Bank, die Bankleitzahl und die Adresse der Filiale angegeben werden, von der das Geld abgeholt werden soll.

Im Notfall geht's schneller, ist aber teurer, wenn Geld über Amex (www.americanexpress.com), Western Union (www.westernunion.com) oder MoneyGram (www.moneygram.com) überwiesen wird.

Kreditkarten

Am gängigsten sind Visa und MasterCard/Eurocard; Visa (manchmal Carte Bleue genannt) ist besonders in Frankreich und Spanien verbreitet.

Es gibt jedoch länderspezifische Unterschiede bei der Akzeptanz von Kreditkarten; in Deutschland z. B. nehmen Restaurants selten Kreditkarten an. In weniger touristischen Gebieten werden sie ebenfalls nicht überall akzeptiert.

Zum Schutz vor Betrug sollte die Karte bei Transaktionen immer im Auge bleiben, z. B. in Restaurants erst bei Verlassen direkt an der Kasse zahlen. Ratsam ist es auch, Kassenbelege immer aufzubewahren und daheim oder unterwegs online mit dem abgebuchten Betrag auf dem Konto zu vergleichen.

Wer seine Kreditkartengesellschaft wissen lässt, wo die Reise hingeht, vermindert die Gefahr von Betrug – oder dass die Bank die Karte sperrt, wenn ungewöhnliche Ausgaben getätigt werden.

Reiseschecks

Immer weniger Geldinstitute lösen Reiseschecks ein. In Teilen Osteuropas sind es nur einige wenige Banken und der Prozess kann ziemlich bürokratisch und teuer werden.

Abgesehen davon können ein paar Schecks eine gute Reserve sein. Werden sie gestohlen, kann man eine Rückerstattung verlangen, vorausgesetzt, die Schecknummern wurden separat notiert.

Amex und Thomas Cook sind zuverlässige Unternehmen für Reiseschecks; am einfachsten lassen sich Schecks in Euros und britischem Pfund einlösen. Beim Umtausch sind Gebühren, Kommissionen und der jeweilige Wechselkurs zu berücksichtigen.

Steuern & Erstattungen

Viele Waren und Dienstleistungen in Europa sind mehrwertsteuerpflichtig. Die normale, also nicht ermäßigte Mehrwertsteuer liegt in den EU-Ländern zwischen 17 und 27 % und ist meist im Preis bereits enthalten. Schweizer als Nicht-EU-Bürger können sich die Mehrwertsteuer (ab einem Warenwert von rund 75 €, ist aber von Land zu Land unterschiedlich) bei der Ausreise erstatten lassen.

Allerdings gilt dies nur für Waren, die in einem Geschäft gekauft wurden, das zollfreien Kauf anbietet (meist hat es einen Aufkleber an der Tür mit der Aufschrift „Tax-Free Shopping"). Beim Kauf muss um einen Ausfuhrschein mit dem korrekten Betrag und Datum gebeten werden, der an die Quittung angeheftet wird. Damit kann die Erstattung direkt an internationalen Flughäfen beantragt werden oder der Ausfuhrschein wird an Grenzübergängen oder Fährhäfen gestempelt und zur Erstattung an das Zollamt des Einkauflands geschickt.

Trinkgeld

- „Bedienungsgeld" wird immer häufiger automatisch auf die Rechnung aufgeschlagen. Theoretisch ist also kein Trinkgeld mehr nötig. Praktisch geht das Geld allerdings oft nicht an die Bedienung. Zweimal zahlen muss nicht sein. Wenn das Bedienungsgeld freiwillig ist, sollte es von der Rechnung abgezogen und als Trinkgeld der Bedienung gegeben werden; 5 bis 10 % sind meist ausreichend. Ist das Bedienungsgeld verbindlich, gibt's auch kein Trinkgeld.

Währung

Abgesehen von der Schweiz, Dänemark, Großbritannien, Island, Ungarn, Kroatien und der Tschechischen Republik, die jeweils ihre eigenen Währungen haben, gehören alle hier beschriebenen Länder zur Eurozone.

Gesundheit

Vor der Reise

Empfohlene Impfungen

Impfungen sind für kein Land in Europa notwendig. Die Weltgesundheitsorganisation (WHO) empfiehlt jedoch, dass alle Reisende gegen Diphterie, Tetanus, Mumps, Röteln und Polio geimpft sind, gleichgültig welches Urlaubsziel. Da die meisten Impfstoffe erst mindestens zwei Wochen nach der Impfung Immunität gewährleisten, sollte ein Arzt mindestens sechs Wochen vor der Reise aufgesucht werden.

Krankenversicherung

Eine Reiseversicherung ist in jedem Fall ratsam, egal wohin es geht. Eine gute Police sollte eine umfassende Krankenversicherung einschließlich ärztlicher Betreuung und Rückführung im Notfall abdecken. Wer gefährliche Sportarten betreibt, muss unter Umständen eine zusätzliche Versicherung abschließen.

Für EU-Bürger deckt die Europäische Krankenversicherungskarte (EHIC) die meisten ärztlichen Versorgungen in den 28 Mitgliedsländern ab, auch Geburtshilfe und Behandlung von chronischen Krankheiten wie Diabetes (sie gilt jedoch nicht für Notfallrückführungen). Für Medikamente aus Apotheken muss jedoch selbst gezahlt werden, auch wenn sie verschrieben wurden, manchmal auch für bestimmte Untersuchungen und Behandlungen. Die EHIC gilt jedoch nicht für private Arztbesuche und Behandlungen im Ausland. Dazu zählen fast alle Zahnärzte und Behandlungen in einigen der besseren Kliniken und Arztpraxen.

Nicht-EU-Bürger sollten herausfinden, ob es ein wechselseitiges Abkommen für kostenlose medizinische Versorgung zwischen ihrem Heimatland und dem EU-Reiseziel besteht.

Medizinische Versorgung in Europa

Die medizinische Versorgung ist überall in Westeuropa gut und bei kleineren Unpässlichkeiten haben Apotheker guten Rat und rezeptfreie Medikamente parat. Sie wissen auch, wann ein Arzt nötig ist und wo einer zu finden ist. Auch

Leitungswasser

Leitungswasser kann in Westeuropa generell unbedenklich getrunken werden. Flaschenwasser ist jedoch in fast ganz Osteuropa empfehlenswert, in Ländern, wo Giardien-Parasiten eine Gefahr sein können, ein unbedingtes Muss. Wasser aus Flüssen und Seen sollte auf keinen Fall getrunken werden, da es von Bakterien und Viren verseucht sein kann.

der Standard der zahnärztlichen Versorgung ist in der Regel gut.

Die Lage in Osteuropa hat sich seit dem EU-Beitritt vieler Länder verbessert. Gute ärztliche Versorgung ist zwar außerhalb größerer Städte nicht immer einfach zu finden, aber Botschaften, Konsulate und 5-Sterne-Hotels können meist Ärzte und Kliniken empfehlen.
Kondome sind überall in Europa erhältlich, die „Pille danach" allerdings nicht immer. Entsprechende Vorsichtsmaßnahmen sind also ratsam.

Websites

Die **Weltgesundheitsorganisation** (www.who.int/ith/en) veröffentlicht jedes Jahr das aktualisierte, kostenlose Online-Buch *International Travel and Health*. **MD Travel Health** (www.mdtravelhealth.com) bietet aktuelle Gesundheitsempfehlungen für jedes Land.

Es lohnt sich auch, vor der Abreise die Website der heimischen Regierung im Hinblick auf Reisehinweise und Gesundheitstipps zu konsultieren:

Deutschland (www.bundes regierung.de)
Österreich (www.bmeia.gv.at)
Schweiz (www.eda.admin.ch)

Internetzugang

Der Internetzugang ist in Europa höchst unterschiedlich. In den meisten Orten gibt es irgendwo WLAN, aber nicht immer umsonst.

Dort, wo bei einer Adresse in diesem Buch das WLAN-Symbol erscheint, ist es kostenlos, entweder frei oder über den Zugangscode (beim Personal erhältlich).

Der Zugang ist generell problemlos, aber ein paar Tipps können nicht schaden. Ist auf einem Keyboard das Symbol @ nicht vorhanden, bekommt man es mit Alt Gr + 2 oder Alt Gr + Q. Bei englischen Keyboards sind die Positionen Z und Y vertauscht, auch viele Satzzeichen stehen an anderer Stelle. Die Benutzung eines französischen Keyboards ist eine Kunstform für sich.

Wenn in entsprechenden Ländern nötig, klickt man auf dem Bildschirm unten rechts auf die Sprachauswahl oder Ctrl + Shift, um zwischen kyrillischem und lateinischem Alphabet zu wechseln.

Karten & Stadtpläne

In Touristeninformationen sind in der Regel kostenlose, aber ziemlich einfa-

Klima

London

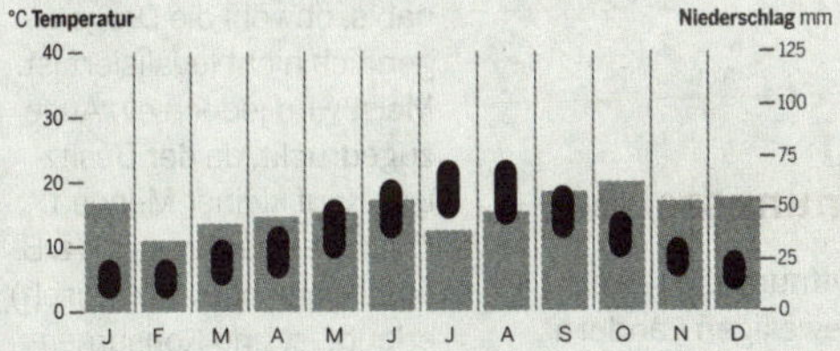

Paris

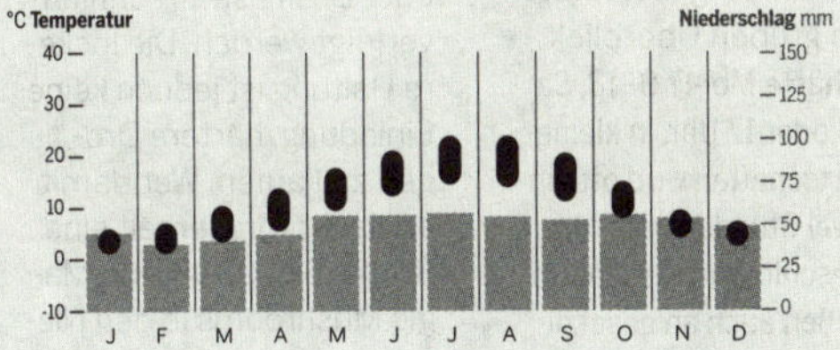

Rom

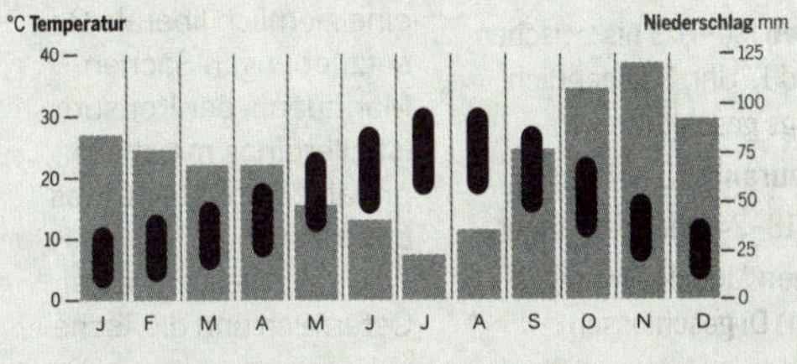

che Stadtpläne und Karten erhältlich.

Für Auto- und Radfahrer sind Straßenkarten unerlässlich. Führende Herausgeber sind Freytag & Berndt, Hallwag, Kümmerly + Frey und Michelin.

Karten, die von europäischen Automobilclubs veröffentlicht werden, wie dem ADAC (www.adac.de) in Deutschland oder dem AA (www.theaa.co.uk) in Großbritannien, sind in der Regel hervorragend und manchmal auch für Mitglieder anderer Automobilclubs kostenlos erhältlich, wenn es zwischen den jeweiligen Clubs eine wechselseitige Abmachung gibt.

Öffnungszeiten

Die Öffnungszeiten sind in den jeweiligen Ländern sehr unterschiedlich. Die folgenden Angaben bieten einen groben Überblick.

Geschäfte Mo–Fr 9–18, Sa bis 13 oder 17 Uhr. In kleineren Ortschaften wird oft ein bis zwei Stunden über Mittag geschlossen. Geschäfte schließen auch an gesetzlichen Feiertagen und regionalen Festtagen.

Banken Mo–Fr 9 bis zwischen 15 und 17 Uhr. Gelegentlich mittags geschlossen.

Restaurants 12–24 Uhr

Bars 18–24 Uhr oder länger

Museen Mo oder (weniger üblich) Di geschlossen

Rechtsfragen

Generell liegt das Mindestalter beim Alkoholkauf (Bier und Wein) zwischen 16 und 18 Jahren (bei Spirituosen bei mindestens 18 Jahren), aber falls es unklar ist, besser nachfragen. Autofahren ist zwar schon ab 17 oder 18 Jahren erlaubt, aber Autovermieter verlangen oft ein Mindestalter von 25 Jahren.

Drogen sind oft einfach erhältlich, was aber nicht heißt, dass sie legal sind. Besonders die Niederlande sind für ihre liberale Haltung bekannt. Coffeeshops verkaufen dort offen Cannabis, obwohl die Droge eigentlich nicht legalisiert ist. Meist wird jedoch ein Auge zugedrückt, da der Besitz und Kauf kleiner Mengen (5 g) „weicher Drogen" (z. B. Marihuana oder Haschisch) erlaubt ist und Konsumenten nicht für den Konsum oder Besitz strafrechtlich verfolgt werden. Die lockere Haltung ist jedoch keine Einladung, härtere Drogen zu kaufen. Wer damit erwischt wird, erhält eine Strafe. Seit 2008 sind Magic Mushrooms in den Niederlanden verboten.

Spanien hat ebenfalls eine ziemlich liberale Gesetzgebung in Sachen Marihuana, der Konsum ist allerdings meist auf private „Cannabis-Clubs" beschränkt.

Die Schweiz, Portugal, Österreich und die Tschechische Republik haben den Besitz von Marihuana legalisiert, der Handel damit ist aber immer strafbar.

Wer in einigen Ländern Europas mit Drogen erwischt wird, muss mit Gefängnisstrafe rechnen. Im Zweifel ist Vorsicht angesagt. An die Mitnahme von Drogen über Grenzen hinweg sollte sich jeder Gedanke verbieten.

Reisen mit Behinderung

Mittelalterliche Kopfsteinpflasterstraßen, „klassische" Hotels, verstopfte Innenstädte und U-Bahnen können Menschen mit Behinderung die Reise schwer machen. Die Ausstattung der Züge ist jedoch gut und einige Städte besitzen neue Straßenbahnnetze oder Aufzüge zu Bahnsteigen. Der Ratgeber Accessible Travel von Lonely Planet kann kostenlos heruntergeladen werden: http://lptravel.to/AccessibleTravel. Die folgenden Websites sind hilfreich für spezifische Informationen:

Accessible Europe (www.accessibleurope.com) Spezialist für Reisen in Europa mit Kleinbustransport.

Mobility International Schweiz (www.mis-ch.ch) Gute Website mit Verzeichnis barrierefreier Reiseziele in der Schweiz und anderen Ländern sowie von rollstuhlgerechten Hotels in der Schweiz.

DisabledGo.com (www.disabledgo.com) Detaillierte Zugangsinformationen von Tausenden Orten, Einrichtungen und Hotels in Großbritannien und Irland.

Schwule & Lesben

In Westeuropa ist die Haltung gegenüber Homosexualität sehr liberal. In London, Paris, Berlin, Amsterdam und Lissabon ist die Schwulenszene sehr aktiv und offen.

Osteuropa ist tendenziell weniger progressiv. Außerhalb der Großstädte ist die Einstellung konservativer, Diskretion ist also ratsam.

Sicherheit

Reisen in Europa ist in der Regel sehr sicher.

K.-o.-Tropfen

Es kommt zwar selten vor in Europa, aber es passiert schon, dass Reisende mit Drogen betäubt werden. Das kann besonders in Zügen und Bussen passieren, wenn ein neuer „Freund" Essen oder Getränke anbietet, die einen benebeln und dem Übeltäter Zeit zum Klauen geben.

Auch von Betäubungen mit Gas in einigen internationalen Nachtzügen wurde schon berichtet. Der beste Schutz ist die Verriegelung der Abteiltür (wenn kein Schloss vorhanden ist, ein eigenes benutzen) und die Taschen an der Gepäckablage anschließen, am besten mit einem stabilen Kombinationsschloss.

Wenn möglich, sollte man nicht allein in einem Abteil schlafen.

Diebstahl

In Teilen Europas ist Diebstahl ein ernstes Problem, vor allem ist Vorsicht vor skrupellosen Mitreisenden angesagt. Wichtig ist es, auf seine Sachen gut aufzupassen.

- Wertsachen sollten nicht in Bahnhofsschließfächern oder in der Gepäckaufbewahrung deponiert werden. Vorsicht auch vor Leuten, die ihre Hilfe bei der Bedienung von Schließfächern oder beim Tragen des Gepäcks anbieten – sie könnten sich damit aus dem Staub machen.
- Wertsachen sollten nicht im Auto, im Zug auf Sitzen oder im Zimmer gelassen werden. Auch ist es nicht ratsam, unterwegs Kameras, Laptops und andere teure Geräte offen herumzutragen.
- Am besten ist ein kleiner Rucksack, da Schultertaschen eine offene Einladung für Diebe sind, die sich auf das Wegreißen von Taschen spezialisiert haben. Gut sind auch kleine Schlösser für Reißverschlüsse am Rucksack.
- Taschendiebe sind in Menschenmengen am aktivsten, vor allem in stark frequentierten Bahnhöfen und in öffentlichen Verkehrsmitteln zur Rush Hour. Wachsamkeit ist in diesen Situationen angesagt.
- Wertsachen, Bargeld und Kreditkarten sollten an verschiedenen Stellen am Körper verteilt oder in unterschiedlichen Taschen aufbewahrt werden.
- Ein Geldgürtel mit allen wichtigen Dingen (Reisepass/Ausweis, Bargeld, Kreditkarten, Flugtickets) ist in der Regel sinnvoll. Um darin aber nicht in aller Öffentlichkeit rumkramen zu müssen, empfiehlt sich eine Börse mit Bargeld für den Tagesbedarf.
- Wird der Pass oder Ausweis gestohlen, ist der Verlust weniger schlimm, wenn Nummer und Ausstellungsdatum notiert sind. Noch besser ist es, wenn die entsprechenden Seiten fotokopiert wurden. Möglich ist auch, sie zu scannen und an sich selbst per E-Mail zu schicken. Gehen Pass oder Ausweis verloren, müssen sofort die Polizei für eine Anzeige und die nächste Botschaft benachrichtigt werden.

Notfalltelefon

Die kostenlose Telefonnummer ☎112 gilt für Notfälle in allen EU-Ländern. In den Länderkapiteln sind jeweils individuelle Notfallnummern vermerkt.

- Empfehlenswert ist auch, Kreditkarten, Flugtickets und andere Reisedokumente zu fotokopieren.

Diskriminierung

In einigen Teilen Europas werden Reisende afrikanischer, arabischer und asiatischer Herkunft unfreundlich behandelt, ungeachtet ihrer Person. In ländlichen Gebieten können Reisende aufgrund ihrer Hautfarbe unerwünschte Aufmerksamkeit erregen.

Die Haltung ist von Land zu Land unterschiedlich. In der Regel sind Großstadtbewohner toleranter als Landbewohner.

Unruhen & Terrorismus

Unruhen und terroristische Bombenanschläge sind in Europa selten, aber sie kommen vor. In den vergangenen Jahren gab es in Großbritannien, Frankreich, Spanien und Deutschland Anschläge. Wer die Nachrichten verfolgt, kann potenzielle Risikogebiete meiden.

Strom

Im Allgemeinen liegt die Voltzahl in Europa bei 220 V und 50 Hz, aber es gibt Ausnahmen. In Großbritannien beträgt die Netzspannung 230/240 V und in einigen alten Gebäuden in Italien und Spanien 125 V (oder sogar 110 V in Spanien). Der Standard soll bald 230 V in ganz Europa betragen. Falls sich die Stromspannung vom jeweiligen Heimatland extrem unterscheidet, ist für empfindliche und wichtige Geräte ein Adapter empfehlenswert.

Stecker in Großbritannien und Irland sind rechteckig und dreipolig (Typ G). In den meisten europäischen Ländern sind die Stecker zweipolig und rund. In Griechenland, Italien und der Schweiz befindet sich in den Steckdosen ein dritter runder Pol, in die ein zweipoliger Stecker meist passt (aber nicht immer in Italien und der Schweiz). Ein Adapter im Reisegepäck ist in jedem Fall gut.

Telefon

Von fast allen Telefonzellen in Europa lassen sich Auslandsgespräche führen. Öffentliche Telefone für Telefonkarten (erhältlich in Postämtern, Telefonzentren, Zeitungsläden und Geschäften) sind mittlerweile die Norm;

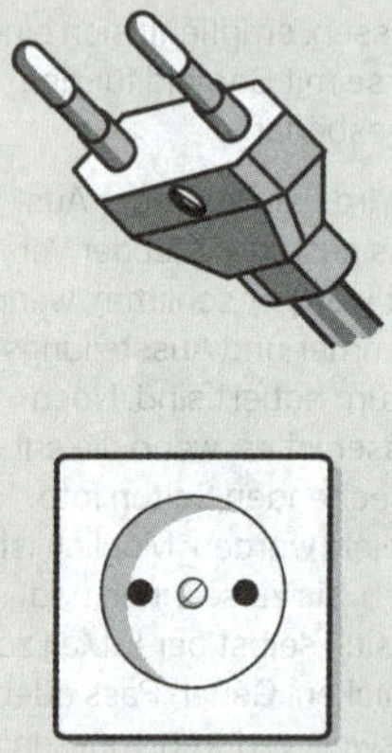

Typ C
220 V / 50 Hz

Typ F
230 V / 50 Hz

Typ G
230 V / 50 Hz

Münztelefone sind hingegen selten, wenn nicht gar unmöglich zu finden.

Wer keine Telefonkarte besitzt, kann in einer Fernsprechkabine in einem Postamt oder in einem Telefonzentrum telefonieren und am Schalter bezahlen. Oft sind auch R-Gespräche möglich. Von vielen Ländern aus kann man auch den Telefonservice Country Direct benutzen. Er ermöglicht Anrufe ins Heimatland, die dann der eigenen Telefongesellschaft daheim in Rechnung gestellt werden. Diese Nummern können in Telefonzellen auch oft ohne Telefonkarte gewählt werden.

Handys

Wer sein Handy von zu Hause mitbringt, kann damit überall kostengünstig telefonieren, da die Roaming-Gebühren in den EU-Ländern abgeschafft sind.

Toiletten

Für viele öffentliche Toiletten fällt eine kleine Gebühr an, die entweder in einen Kasten geworfen oder einem Wärter gegeben wird. Sitzklos sind fast überall die Regel, aber Hocktoiletten sind manchmal noch in ländlichen Gebieten zu finden, allerdings immer seltener.

Die Versorgung mit öffentlichen Toiletten ist von Stadt zu Stadt unterschiedlich. Wer keine findet, bittet einfach in einem Hotel oder Restaurant um Erlaubnis, deren Toiletten zu benutzen.

Touristeninformation

Wenn nicht anders angegeben, sind Touristeninformationen üblich und weit verbreitet. Sie sind aber nicht immer und überall gleichermaßen hilfreich.

Unterkunft

Reservierungen

In den Hauptferienzeiten, besonders um Ostern, im Sommer und um Weihnachten sowie zu jeder Jahreszeit in viel besuchten Städten wie London, Paris und Rom, ist es sinnvoll, zu reservieren. Die meisten Unterkünfte können online gebucht werden. Am besten ist immer, direkt bei der Unterkunft zu reservieren, da dann nur der Zimmerpreis anfällt und nicht der Aufschlag für das Buchungsportal.

B&Bs & Pensionen

Pensionen (in Frankreich *chambre d'hôtes*) und B&Bs (Privatzimmer mit Frühstück) bieten größeren Komfort als Hostels für etwas höhere Preise. Die meisten sind schlicht und normalerweise mit Gemeinschaftsbad.

In einigen Orten, besonders in Osteuropa, gehen Einheimische an Bahnhöfen auf Kundenfang für Privatzimmer. Zu beachten ist, dass diese Unterkünfte oft in weit entfernten Vororten liegen, die teure Taxifahrten aus der bzw. in die Stadt erfordern. Der Preis sollte zuvor vereinbart werden, auch Wertsachen sollten auf keinen Fall im Zimmer bleiben, wenn man ausgeht.

B&Bs in Großbritannien und Irland sind oft nicht ge rade billig. Selbst die schlichtesten verlangen meist Preise der mittleren Hotelkategorie; zudem gibt es die neue Generation von „Design"-B&Bs, die bereits in die Luxuskategorie fallen.

Camping

Die meisten Campingplätze liegen eine ganze Ecke von Stadtzentren entfernt. Die jeweiligen Touristeninformationen haben ein Verzeichnis von Campingplätzen und Organisationen. Infos zu den besten Campingplätzen in ganz Europa sind auch über www.coolcamping.co.uk erhältlich.

Onlinebuchungen

Weitere unabhängige Unterkunftsempfehlungen von Lonely Planet Autoren stehen auf http://hotels.lonelyplanet.com/europe. Sie können auch gleich online gebucht werden.

Hostels

Der Standard der Hostels ist in Europa höchst unterschiedlich.

HI-Hostels (alle, die zum Verband Hostelling International gehören; www.hihostels.com) bieten in der Regel das billigste (sichere) Dach über dem Kopf, auch sind sie nicht unbedingt jungen Leuten vorbehalten. Allerdings müssen alle über 26 Jahre in einem offiziellen Hostel oft einen kleinen Aufpreis zahlen (meist um die 3 €).

Die Hostelregeln sind je nach Haus und Land unterschiedlich, aber einige verlangen, dass ihre Gäste die Zimmer für die Reinigung verlassen, oder sie legen eine Sperrstunde fest. In den meisten Hostels ist im Preis auch ein Frühstück enthalten, dessen Qualität aber schwankt. Hostels sind auch prima, um mit anderen Reisenden in Kontakt zu kommen und alle möglichen Informationen über die jeweilige Region zu erhalten. In dieser Hinsicht sind sie oft besser als Touristeninformationen.

Für eine Übernachtung in einem HI-Hostel ist ein Jugendherbergsausweis oder eine HI-Mitgliedschaft nötig, aber auch Nichtmitglieder können hier gegen ein paar Euros zusätzlich nächtigen, die auf eine zukünftige Mitgliedschaft angerechnet werden. Nach einer bestimmten Anzahl von Übernachtungen (meist sechs) wird man automatisch Mitglied. Ein Beitritt ist über jedes Hostel oder den heimatlichen Jugendherbergsverband möglich. Kontaktadressen stehen auf der HI-Website, über die auch gebucht werden kann.

In Europa gibt es viele private Jugendherbergsverbände und Hunderte freie Backpacker-Hostels. Die haben weniger Regeln, mehr Selbstversorgerküchen und weniger große, lärmende Schulgruppen. Schlafsäle in privaten Hostels sind oft gemischtgeschlechtlich. Wer nicht in einem gemischten Schlafsaal nächtigen will, sollte vor der Buchung fragen.

Preiskategorien

Die in diesem Buch angegeben Preise gelten für die Hochsaison und sind außerhalb der Hochsaison oft bis zu 50 % niedriger. Hochsaison in Skigebieten ist meist zwischen Weihnachten und Neujahr sowie um die Schulferien im Februar/März. Die Preiskategorien sind für jedes einzelne Land unterschiedlich aufgeschlüsselt – Infos siehe einzelne Länderkapitel.

Hotels

Hotels sind in der Regel die teuerste Unterkunft, in der unteren Preiskategorie sind sie jedoch kaum von Pensionen oder sogar Hostels zu unterscheiden.

Billige Hotels um Bahnhöfe und Busbahnhöfe sind bei später Ankunft oder früher Abreise manchmal recht praktisch, aber einige sind auch inoffizielle Bordelle oder schlichtweg schäbig. Das Zimmer sollte man sich vorher anschauen, auch der Preis und was er beinhaltet sollten geklärt werden.

Ermäßigungen für längere Aufenthalte sind meist möglich, auch sind Hotelbesitzer in Südeuropa bei schlechter Belegung eventuell offen für Preisverhandlungen. In vielen Ländern ist es üblich, dass Businesshotels (meist mit mehr als zwei Sternen) freitags und samstags ihre Preise um bis zu 40 % reduzieren.

Privatzimmer & Bauernhöfe

Freiwillige Mitarbeit auf einem Bauernhof ist nicht nötig, um dort zu nächtigen. In der Schweiz und in Deutschland gibt es die Möglichkeit, in Scheunen bzw. „Heuhotels" zu schlafen. Die Bauern stellen Baumwollunterlagen (gegen pieksendes Stroh) und Wolldecken zur Verfügung, aber die Gäste müssen selbst einen Schlafsack und eine Taschenlampe mitbringen. Mehr Infos gibt's auf Abenteuer im Stroh (www.schlaf-im-stroh.ch).

In Italien gibt es ein ähnliches und zunehmend beliebtes Netzwerk von Bauernhofunterkünften, den

Der Schengen-Raum

Das Schengen-Abkommen hat Grenz- und Passkontrollen zwischen allen 26 Vertragsstaaten praktisch abgeschafft. Zu den Ländern gehören Österreich, Belgien, die Tschechische Republik, Dänemark, Estland, Finnland, Frankreich, Deutschland, Griechenland, Island, Italien, Ungarn, Lettland, Liechtenstein, Litauen, Luxemburg, Malta, die Niederlande, Norwegen, Polen, Portugal, Slowenien, die Slowakei, Spanien, Schweden und die Schweiz. Nur Großbritannien und Irland sowie etliche osteuropäische Länder gehören nicht zum Schengen-Raum. Reisende müssen in diesen Ländern ihren Pass bei der Grenzüberschreitung vorlegen. Zudem haben einige Länder im Zuge der Flüchtlingskrise und anhaltender Terrorbedrohung wieder Grenzkontrollen eingeführt.

Aktuelle Informationen stehen auf www.schengenvisainfo.com.

agriturismo. Teilnehmende Bauernhöfe müssen selbst Anbau betreiben. Ansonsten reicht das Angebot von kleinen, rustikalen Höfen bis zu herrschaftlichen Landsitzen. Mehr Infos stehen auf www.agriturismo.it.

Versicherung

Ohne Auslandskrankenversicherung und eine gegen Diebstahl/Verlust sollte niemand verreisen. Es gibt vielerlei Reiseversicherungen, die jeweils unterschiedliche Bedürfnisse abdecken können.

Einige Versicherungen schließen „gefährliche Aktivitäten" ausdrücklich aus, z. B. Tauchen, Motorradfahren, Wintersport, Abenteuersportarten und sogar Wandern.

Wichtig ist zudem, dass die Versicherung auch Kranken- und Rücktransport abdeckt.

Eine weltweit gültige Reiseversicherung lässt sich online auch über www.lonelyplanet.com/travel-insurance abschließen, erweitern und geltend machen, auch von unterwegs.

Visa

- EU-Bürger benötigen kein Visum, auch gibt es in den Schengen-Ländern normalerweise keine Passkontrollen. Ausnahme sind Großbritannien und Irland, wo bei der Einreise zumindest ein Personalausweis vorgelegt werden muss. Einige Länder haben wegen der Flüchtlingskrise und Terrorbedrohung wieder Grenzkontrollen eingeführt.

Zeit

Europa ist in vier Zeitzonen aufgeteilt. Die Länder, die in diesem Buch vorkommen, fallen in folgende Zeitzonen:

UTC (Koordinierte Weltzeit; Großbritannien, Irland, Portugal) entspricht GMT (GMT+1 im Sommer)

MEZ (Mitteleuropäische Zeit; die meisten europäischen Länder) GMT+1 (GMT+2 im Sommer)

In den meisten europäischen Ländern (mit Ausnahme u. a. von Island) werden die Uhren am letzten Sonntag im März um eine Stunde vorgestellt (Sommerzeit) und am letzten Sonntag im Oktober wieder zurückgestellt.

Zoll

In der Europäischen Union (EU) gelten zwei unterschiedliche Zollbestimmungen: Eine für Waren, die zollfrei zur Ein- und Ausfuhr gekauft wurden, und eine für Waren aus einem anderen EU-Land, für die bereits Steuern und Zölle bezahlt wurden.

- Zollfreie Waren zur Ein- oder Ausfuhr in die bzw. aus

der EU: 200 Zigaretten, 50 Zigarren oder 250 g Tabak, 2 l Wein plus 1 l Spirituosen über 22 % Alkoholgehalt oder weitere 4 l Wein (oder Schaumwein), 50 g Parfum, 250 cm3 Eau de Toilette.

- Bei Reisen innerhalb der EU gelten folgende Regeln: 800 Zigaretten, 200 Zigarren, 1 kg Tabak, 10 l Spirituosen, 20 l Likörwein, 90 l Wein (davon nicht mehr als 60 l Schaumwein) und 110 l Bier.

- Länder, die nicht zur EU gehören, haben oft andere Bestimmungen, viele Länder verbieten zudem die Ausfuhr von Antiquitäten und Kulturgütern.

Verkehrsmittel & -wege

An- & Weiterreise

Flüge, Touren und Bahnfahrkarten können online auf lonelyplanet.com/bookings gebucht werden.

Anreise

Flughäfen & Fluglinien

Am günstigsten sind Flugtickets außerhalb der Saison. Wenn möglich sind die Zeiten zwischen Mitte Juni und Anfang September, Ostern, Weihnachten und die Schulferien zu vermeiden.

Grenzübergänge

Grenzformalitäten sind in der EU weitgehend gelockert, aber es gibt sie noch in aller bürokratischen Herrlichkeit in den entfernteren Teilen Osteuropas.

Entsprechend dem Schengen-Abkommen (S. 535) werden an den Grenzen von 26 europäischen Ländern offiziell keine Passkontrollen mehr durchgeführt. Manchmal jedoch gibt es in grenzüberschreitenden Zügen stichprobenartige Kontrollen, ein Pass/Ausweis sollte daher immer mitgeführt werden. Zudem haben einige Länder aufgrund der Flüchtlingskrise und der anhaltenden Terrorbedrohung wieder Grenzkontrollen eingeführt. Großbritannien behielt die Grenzkontrollen im Reiseverkehr mit anderen EU-Ländern bei (außer mit Irland, mit dem es eine offene Grenze teilt), führt aber keine Zollkontrollen durch. Aktuelle Informationen stehen auf www.schengenvisainfo.com.

Unterwegs vor Ort

Auto & Motorrad

Ein eigenes Auto gibt viel Bewegungsfreiheit und es lassen sich damit auch entlegene Orte erreichen. Diese Unabhängigkeit verhindert jedoch manchmal den Kontakt mit Einheimischen. Zudem können Autos auch Diebe anlocken und sind oft in Stadtzentren unpraktisch, wo Staus, Parkplatzprobleme und häufiges Verfahren die Nutzung öffentlicher Verkehrsmittel weitaus lohnenswerter machen. Mit Autozügen lassen sich lange, ermüdende Fahrten vermeiden.

Benzin

- Benzinpreise sind generell sehr unterschiedlich.

- Bleifreies Benzin ist in ganz Europa erhältlich. Diesel ist meist billiger, in Großbritannien, Irland und der Schweiz jedoch nur geringfügig.

- Auf der Website des irischen Automobilclubs sind aktuelle Benzinpreise in ganz Europa aufgelistet: www.theaa.ie/aa/motoring-advice/petrol-prices.aspx.

Mietwagen

- Ein Mietwagen ist ideal für Leute, die nicht länger als 16 Tage ein Auto benötigen. Bei längeren Zeiten ist Leasing besser.

- Große internationale Mietwagenfirmen bieten zuverlässigen Service und gute Fahrzeuge, nationale oder lokale Firmen sind jedoch oft bis zu 40 % billiger.

- Generell besteht die Möglichkeit, das Auto am Ende der Reise in einer anderen Vertriebsstelle abzugeben.

Das kostet jedoch meist extra und wenn die Abgabestation weit entfernt von der ursprünglichen Verleihstation ist, kann es sehr teuer werden.

- Die günstigsten Preise gibt es bei früher Buchung, auch sollte man die Preise in verschiedenen Städten vergleichen. Die Steuern liegen bei 15 bis 20 % und die Anmietung an einem Flughafen ist teurer.
- Ein Auto, das in der EU gemietet wurde, darf nicht außerhalb der EU gefahren werden und wer ein Auto außerhalb der EU mietet, darf innerhalb der EU nur acht Tage lang damit fahren. Der jeweilige Autovermieter gibt Auskunft zu weiteren Vorschriften.
- Es ist wichtig, sich genau zu informieren, was im Mietpreis enthalten ist (unbegrenzte Kilometerzahl oder nicht, Steuern, Unfallversicherung, Vollkaskoversicherung etc.) und für was man selbst haftet. Wir empfehlen eine Vollkaskoversicherung, die Unfallversicherung kann man sich jedoch schenken, wenn Fahrer und Beifahrer eine gute Reiseversicherung haben.
- Das Mindestalter für Mietwagen liegt meist bei 21, manchmal bei 25 Jahren. Verlangt werden eine Kreditkarte und ein mindestens ein Jahr alter Führerschein.
- Der Verleih von Motorrädern und Mopeds ist in einigen Ländern gängig, z. B. in Italien, Spanien, Griechenland und Südfrankreich.

Motorradtouren

Europa ist ideal für Motorradtouren: Es gibt gute, kurvige Straßen, hinreißende Landschaften und eine rege Motorradszene. Die Schlechtwetterkleidung sollte jedoch den Anforderungen entsprechen.

- Helme sind für Fahrer und Beifahrer in ganz Europa Pflicht.
- In Österreich, Frankreich, Deutschland, Portugal und Spanien müssen Motorradfahrer auch tagsüber mit Licht fahren, in anderen Ländern wird es lediglich empfohlen.
- Motorradfahrer müssen selten einen Platz auf der Fähre buchen, da die Maschinen in der Regel noch reingequetscht werden können.
- Zu beachten ist die Angewohnheit, das Motorrad auf dem Bürgersteig zu parken. Das ist zwar in einigen Ländern verboten, aber die Polizei drückt oft ein Auge zu, solange Fußgänger nicht behindert werden.

Straßenzustand & Verkehrsregeln

- Straßenzustände und -arten sind in Europa unterschiedlich. Die schnellsten Strecken führen über die vier- bis sechsspurigen Autobahnen (*motorway*, *autoroute*, *autostrada* usw.). Sie führen in der Regel um Städte herum und schnurgerade durch die Landschaft, meist nicht durch die schönste.
- Für einige Autobahnen wird Maut fällig, die oft ziemlich gepfeffert ist (besonders in Italien, Frankreich und Spanien), aber es gibt immer alternative

Klimawandel & Reisen

Jede Form des Reisens, die auf Brennstoff auf Kohlenstoffbasis beruht, erzeugt CO2), die Hauptursache des von Menschen verursachten Klimawandels. Modernes Reisen ist von Flugzeugen abhängig, die vielleicht pro Kilometer und Person weniger Kraftstoff als die meisten Autos verbrauchen, aber sehr viel weitere Strecken zurücklegen. Auch die hohen Luftschichten, in die Flugzeuge Treibhausgase (auch CO2) und Schadstoffe ausstoßen, spielen eine wichtige Rolle beim Klimawandel. Viele Websites bieten „Emissionsrechner", mit denen Reisende die CO2-Emissionen ihrer Reise ausrechnen und die Auswirkung dieser Treibhausgase mit einem Beitrag für klimafreundliche Projekte in der ganzen Welt ausgleichen können. Lonely Planet gleicht die CO2-Bilanz aller Reisen der Mitarbeiter und Autoren aus.

Strecken. Autobahnen und andere Schnellstraßen sind generell in gutem Zustand.

- In einigen Ländern (z. B. in Teilen Osteuropa und in Irland) sind die Nebenstraßen in weniger gutem Zustand, aber sie sind durchaus ausreichend.
- Außer in Großbritannien und Irland wird überall rechts gefahren. Wer vom Kontinent nach Großbritannien oder Irland mit einem Linkslenker fährt, sollte die Scheinwerfer entsprechend einstellen lassen, um Gegenverkehr nicht zu blenden (eine einfache Lösung bei älteren Modellen ist ein schwarzes Klebeband über einen dreieckigen Abschnitt des rechten Scheinwerfers). Die Regel „Rechts vor Links" wie auf dem Kontinent gilt in Großbritannien und Irland nur im Kreisverkehr.
- Geschwindigkeitsbegrenzungen sind je nach Land unterschiedlich. Die Missachtung der Verkehrsregeln in einigen Ländern (besonders in Italien und Griechenland) mag verblüffend sein, aber als Besucher ist es immer am besten, vorsichtig zu sein. Für viele Verkehrsverstöße wird an Ort und Stelle ein Bußgeld fällig. Eine Quittung sollte immer verlangt werden.
- Die Regelungen zum Thema Alkohol am Steuer sind sehr streng. Die Promillegrenze liegt meist zwischen 0,5 ‰ und 0,8 ‰, in manchen Ländern kann sie jedoch bei 0 ‰ liegen.
- Wer mit dem eigenen Auto unterwegs ist, muss immer den Kfz-Schein und einen in der EU gültigen Führerschein mit sich führen.
- Jedes Fahrzeug, das in ein anderes Land fährt, muss einen Aufkleber mit dem Kürzel des Ursprungslands haben. Ein Warndreieck mitzuführen, ist in fast allen Ländern verbindlich.
- Empfehlenswert ist auch die Mitnahme von Verbandskasten, Ersatzglühbirnen sowie Signalwesten für jede Person im Fahrzeug, da diese in etlichen Ländern vorgeschrieben sind, manchmal auch ein Feuerlöscher.

Versicherung

- Eine Autohaftpflichtversicherung ist in allen europäischen Ländern vorgeschrieben, allerdings muss der Nachweis, die sogenannte Grüne Karte, in den meisten EU-Ländern nicht mehr mitgeführt werden. Ausnahmen sind einige osteuropäische Länder.

Wohnmobil

Ein beliebtes Verkehrsmittel für Reisen durch Europa ist das Wohnmobil, das sich drei bis vier Personen auch günstig mieten können. Es gibt zahlreiche Mietfirmen, u. a. auch den ADAC (www.adac.de/produkte/autovermietung/wohnmobile

Bus

Internationale Fernbusse

Die größte Dachorganisation für internationale Fernbusse verschiedener nationaler Busgesellschaften ist Eurolines (www.eurolines.com). Mit einem Eurolines Pass (www.eurolines-pass.eu/de) haben Vielreisende die Wahl zwischen 53 europäischen Städten, die sie im Zeitraum von 15 oder 30 Tagen besuchen können. In der Hochsaison (Mitte Juni–Mitte Sept.) kostet der Pass für unter 26-Jährige 315/405 €, für über 26-Jährige 375/490 €. Außerhalb der Hochsaison ist er billiger.

Busabout (www.busabout.com) bietet einen Hop-on-Hop-off-Service durch ganz Europa an; Stationen sind größere Städte. Die Busse sind oft überbucht, jede Etappe sollte daher extra gebucht werden, um nicht irgendwo hängen zu bleiben. Die Busse fahren von Mai bis Ende Oktober jeden zweiten Tag los.

Stadt- und Regionalbusse

In den meisten Ländern sind Busreisen eine realistische Alternative zu Bahnfahrten. Auch hier gilt, dass sie meist etwas billiger und langsamer sind. Busse eignen sich am besten für Kurzstrecken, z. B. in Städten oder für Fahrten zu entlegenen Dörfern. In Bergregionen sind sie oft die einzige Option.

Eine Reservierung ist selten nötig. Für Stadtbusse wird die Fahrkarte meist zuvor an einem Schalter oder Automaten gekauft und darauf beim Einstieg entwertet.

Fahrrad

Europa ist in weiten Teilen ideal zum Fahrradfahren, auch ist es fast überall kein

Problem, ein Fahrrad zu mieten. Für größere Radtouren ist ein vertrautes Fahrrad am besten, es ist also überlegenswert, das eigene Rad mitzunehmen.

Wichtig bei einer Fahrradtour ist leichtes Gepäck, aber ein paar Werkzeuge und Ersatzteile, z. B. Flickzeug und ein Ersatzschlauch, sollten nicht fehlen. Radtaschen sind wichtig, um seine Habseligkeiten gleichmäßig auf beiden Seiten des Fahrrads zu verteilen. In den meisten Ländern besteht keine Helmpflicht, aber sinnvoll ist ein Helm dennoch.

Erfahrene Radler schaffen im Schnitt 80 km pro Tag, aber es hängt vom Gepäck und von der eigenen Fitness ab.

European Cyclists' Federation (www.ecf.com) Hat Infos über „EuroVelo", das europäische Radwegenetz mit zwölf Radstrecken quer durch Europa, sowie Tipps zu anderen Touren.

SwitzerlandMobility (www.veloland.ch/en/cycling-in-switzerland.html) Infos zu Schweizer Radstrecken und mehr.

Flugzeug

Airpässe

Verschiedene Reisebüros und Fluggesellschaften bieten Airpässe an, auch die drei großen Fluglinienverbände: **Oneworld** (www.oneworld.com), **Star Alliance** (www.staralliance.com) und **SkyTeam** (www.skyteam.com). In Reisebüros sind aktuelle Werbeaktionen zu erfahren.

Fluglinien

Billigflieger haben Reisen in Europa revolutioniert. Die meisten Fluggesellschaften haben eine ähnliche Preisgestaltung, der zufolge Ticketpreise steigen, je mehr Plätze für einen Flug verkauft sind. Es lohnt sich also, so früh wie möglich zu buchen.

Einige Billiglinien, in erster Linie Ryanair, haben die Angewohnheit, kleinere und ungünstiger gelegene Flughäfen außerhalb des Zielorts oder sogar Flughäfen in benachbarten Städten anzufliegen. Vor der Buchung sollte man also den genauen Abflug- und Zielflughafen herausfinden. Viele Flüge starten auch im Morgengrauen oder landen ungünstigerweise spät in der Nacht.

Ausreisegebühren und andere Abgaben (z. B. Buchungs- und Gepäckgebühren) können sich schnell summieren und sind im Endpreis zum Schluss des Buchungsvorgangs enthalten – meist sehr viel mehr als gedacht. Mit sorgfältiger Auswahl und frühzeitiger Buchung lassen sich aber prima Schnäppchen machen.

Einen umfassenden Überblick über Billiglinien und ihre Flugziele steht auf der exzellenten Website www.flycheapo.com.

Nahverkehr

Die meisten europäischen Städte haben ein hervorragendes Nahverkehrsnetz, das oft aus Straßenbahnen, Bussen und U-Bahnen besteht.

Die Sehenswürdigkeiten in den Städten sind oft gut zu Fuß oder mit dem Fahrrad zu erreichen. Immer mehr europäische Städte haben ein Fahrradverleihsystem mit vielen Stationen, an denen ein Fahrrad zwanglos für kurze Strecken und ein kleines Entgelt ausgeliehen werden kann.

In Italien mieten Reisende manchmal Mopeds und Motorräder, um durch eine Stadt oder über eine Insel zu flitzen

Schiff/Fähre

Die Hauptfährstrecken werden von mehreren konkurrierenden Fährgesellschaften befahren, was einen weitreichenden, aber komplizierten Service zur Folge hat. Die gleiche Fährgesellschaft kann eine Menge unterschiedlicher Preise für die gleiche Strecke haben, je nach Tages- oder Jahreszeit, Gültigkeitsdauer des Tickets und Länge des Fahrzeugs. Im Ticketpreis für ein Auto sind in der Regel der Fahrer und oft bis zu fünf Mitfahrer enthalten.

Es lohnt sich, im Voraus zu buchen, da es oft Ermäßigungen zu verkehrsschwachen Zeiten und beim Vorverkauf gibt. Auf den Strecken über den Ärmelkanal gibt es, außer Tages- oder Kurzzeittickets, kaum Preisunterschiede zwischen einem Rückfahrticket und zwei Einzeltickets.

Inhaber von InterRail-Pässen erhalten auf einigen Linien Ermäßigungen oder müssen nichts zahlen. Das Essen auf Fähren ist oft teuer (und schlecht), es lohnt sich also, selbst etwas mitzunehmen. Zu beachten ist auch, dass Autofahrer während der Überfahrt keinen Zugang zu ihrem Fahrzeug haben.

In vielen Ländern, u. a. in Österreich und der Schweiz, verkehren auch See- und Flussfähren. Einige Überfahrten sind landschaftlich sehr reizvoll.

Taxi

In europäischen Taxis läuft normalerweise ein Taxameter und die Tarife sind im Allgemeinen hoch. Manchmal müssen auch Zuschläge für Gepäck, zusätzliche Fahrgäste, Tageszeit und Abfahrtsort gezahlt werden.

Gute Bus-, Bahn- und U-Bahnnetze machen Taxis oft überflüssig, aber wer eines benötigt, findet sie vor Bahnhöfen und Hotels. In einigen Ländern wie Spanien und Portugal sind die Preise niedriger, Taxifahren lohnt sich daher.

Zug

Komfortable, häufige und zuverlässige Züge sind das perfekte Transportmittel schlechthin.

- Viele Bahngesellschaften haben interaktive Websites mit Fahrplänen und -preisen, darunter www.bahn.de (Deutschland) und www.sbb.ch (Schweiz). Mit InterRail (www.interrail.eu/de) sind Reisen in 30 europäischen Ländern möglich.

- Die Züge teilen sich manchmal unterwegs zu zwei verschiedenen Zielbahnhöfen auf. Es ist also wichtig darauf zu achten, dass man im richtigen Waggon sitzt, auch wenn es der richtige Zug ist.

- Bahnreisen zu fast jedem Bahnhof in Europa können über Voyages-sncf.com (http://de.voyages-sncf.com/de) gebucht werden. Dort werden auch InterRail-Pässe verkauft.

Sprache

Damit die Sprachbarriere nicht zum Hindernis auf Reisen wird, bietet dieses Kapitel ein paar wichtige Sätze mit Aussprachehilfe, um in verschiedenen Ländern zurechtzukommen. Die betonten Silben sind in der Lautschrift jeweils kursiv gedruckt.

Zur Vertiefung der Kommunikation auf Reisen gibt's den ausführlicheren Sprachführer für all diese Sprachen auf **lonely planet.com**.

Englisch

Hallo.	*Hello.*	*häl*·lo
Tschüss.	*Goodbye.*	*gud* bai
Ja.	*Yes.*	jes
Nein.	*No.*	no
Bitte.	*Please.*	plihs
Danke.	*Thank you.*	*θänk* ju
Verzeihung.	*Excuse me.-*	ix·*kjus* mi
Hilfe!	*Help!*	hälp

Sprechen Sie Deutsch?
Do you speak German? — du ju spihk *dschör* men

Ich verstehe nicht.
I don't understand. — ai dont an·der·*händ*·

Was kostet das?
How much is this? — Hau matsch is ðiss

Ich hätte gern ..., bitte.
I'd like ..., please. — aid laik ... *plihs*

Wo ist (die Toilette)?
Where is (the toilet)? — uär is (ðe *toi*·let)?

Ich habe mich verirrt.
I'm lost. — aim *lost*

Französisch

Hallo.	*Bonjour.*	bon·*zhur*
Tschüss.	*Au revoir.*	o rö·*woa*
Ja.	*Oui.*	ui
Nein.	*Non.*	nong
Bitte.	*S'il vous*	sil wu plä
Danke.	*Merci.*	mär·si
Verzeihung.	*Excusez-moi.*	ex·kü·se·moa
Hilfe!	*Au secours!*	o se·kur

Sprechen Sie Englisch/Deutsch?
Parlez-vous anglais/ allemand? — par·le wu ong·*glä*/ all·*mong*

Ich verstehe nicht.
Je ne comprends pas. — zhö ne kom·prong *pa*

Was kostet das?
C'est combien? — sä kom·*bjäng*

Ich hätte gern ..., bitte.
Je voudrais ..., s'il vous plaît. — zhö wu·*drä* ..., sil wu plä

Wo ist (die Toilette)?
Où sont (les toilettes)? — u song (leh toa·*lett*)

Ich habe mich verirrt
Je suis perdu(e). (m/f) — zhö süi pär·dü

Isländisch

Hallo.	*Halló.*	*ha*·llou
Tschüss.	*Bless.*	bless
Ja.	*Já.*	jau
Nein.	*Nei.*	nej
Danke.	*Takk./ Takk fyrir.*	tak/ tak *fü*·rir
Verzeihung.	*Afsakið.*	*af*·sa·kið
Hilfe!	*Hjálp!*	chjälp

Sprechen Sie Englisch/Deutsch?
Talar þú ensku/ þýska? — ta·lar ðu *ens*·kö/ðiska

Ich verstehe nicht.
Ég skil ekki. — jäch skil *ähk*·ki

Was kostet das?
Hvað kostar þetta? — kwað *kos*·tar ðä·ta

Ich hätte gern..., bitte.
Get ég fengið..., takk — gjät jäch *fejn*·gið ..., tak

Wo ist (die Toilette)?
Hvar er snyrtingin? — kwar er *snir*·tin·gin

Ich habe mich verirrt.
Ég er villtur/villt. (m/f) — jäch er *wil*·tür/willt

Italienisch

Hallo.	*Buongiorno.*	buon·*dschor*·no
Tschüss.	*Arrivederci.*	a·rive·*der*·tschi
Ja.	*Sì.*	si
Nein.	*No.*	no
Bitte.	*Per favore.*	per fa·*wo*·re

Danke.	*Grazie.*	*gra*·zi·e
Verzeihung.	*Mi scusi.*	mi *sku*·si
Hilfe!	*Aiuto!*	a·*ju*·to

Sprechen Sie Englisch/Deutsch?
Parla inglese/tedesco? — *par*·la in·*gle*·se/te·*des*·ko
Ich verstehe nicht.
Non capisco. — non ka·*pis*·ko
Was kostet das?
Quanto costa? — *kuan*·to *ko*·sta
Ich hätte gern ..., danke.
Vorrei ..., per favore. — wo·*rey* ... per fa·*wo*·re
Wo ist (die Toilette)?
Dove sono (i gabinetti)? — dowe *so*·no (i ga·bi·*net*·ti)
Ich habe mich verirrt.
Mi sono perso/a. (m/f) — mi *so*·no *per*·so/a

Niederländisch

Hallo.	*Dag.*	dach
Tschüss.	*Dag.*	dach
Ja.	*Ja.*	ja
Nein.	*Nee.*	ney
Bitte.	*Alstublieft.*	ass·stü·*bliehft*
Danke.	*Bedankt.*	be·*dankt*
Verzeihung.	*Excuseer mij.*	ex·kü·*sehr* mä
Hilfe!	*Help!*	hell·öp

Sprechen Sie Englisch/Deutsch?
Spreekt u Engels/Duits? — spreykt ü *eng*·els/döits
Ich verstehe nicht.
Ik begrijp het niet. — ig be·*chreyp* ett niet
Was kostet?
Wat kost het? — wat *kost* eet
Ich hätte gern ..., bitte.
Ik wil graag ... — ik wil chrahch ...
Wo ist (die Toilette)?
Waar zijn (de toiletten)? — wahr sein (de toa·*le*·ten)
Ich habe mich verirrt.
Ik ben verdwaald. — ik ben ver·*dwahlt*

Spanisch

Hallo.	*Hola.*	*o*·la
Tschüss.	*Adiós.*	a·*djos*
Ja.	*Sí.*	si
Nein.	*No.*	no
Bitte.	*Por favor.*	por fa·*wor*
Danke.	*Gracias.*	*gra*·sjas
Verzeihung.	*Disculpe.*	dis·*kul*·pe
Hilfe!	*¡Socorro!*	so·*ko*·ro

Sprechen Sie Englisch/Deutsch?
¿Habla inglés/alemán? — a·bla in·*gläs*/a·le·*man*
Ich verstehe nicht.
No entiendo. — no en·*tjän*·do
Was kostet das?
¿Cuánto cuesta? — *kuan*·to *kues*·ta
Ich hätte gern ..., bitte.
Quisiera ..., por favor. — ki·*sje*·ra ... por fa·*wor*
Wo ist (die Toilette)?
¿Dónde están (los servicios)? — *don*·de es·*tan* (los ser·*wi*·sjos)
Ich habe mich verirrt.
Estoy perdido/a. (m/f) — es·*toi* per·*di*·do/a

Tschechisch

Hallo.	*Ahoj.*	*ah*·hoj
Tschüss.		
Na shledanou.	*Na* schlä·de·nu	
Ja./Nein.	*Ano./Ne.*	*a*·no/nä
Bitte.	*Prosím.*	*pross*·ihm
Danke.	*Děkuji.*	*Djäck* ku·ji
Verzeihung.	*Promiňte.*	*promm*·min'·tä
Hilfe!	*Pomoc!*	*pom*·motz

Sprechen Sie Englisch/Deutsch?
Mluvíte anglicky/německy? — *mlu*·wih·tä·*ann*·glitz·ki/*njä*·metz·ki
Ich verstehe nicht.
Nerozumím. — *nä*·ro·su·mihm
Was kostet das?
Kolik to stojí? — *kol*·lik to *sto*·jih
Ich hätte gern ..., bitte.
Chtěl/Chtěla bych ..., prosím. (m/f) ... — chtjel bich/ *chtjel*·la bich *pross*·ihm
Wo ist (die Toilette)?
Kde je (záchod)? — gde je (*sah*·chodd)
Ich habe mich verirrt.
Zabloudil/Zabloudila jsem. (m/f) — *sabb*·lou·djill/ *sabb*·lou djill la ßemm

Hinter den Kulissen

Quellennachweis

Die Angaben auf der Klimakarte stammen von Peel MC, Finlayson BL & McMahon TA (2007) „Updated World Map of the Köppen-Geiger Climate Classification", Hydrology and Earth System Sciences, 11, 1633–44.

Illustrationen S. 218–219, S. 224–225, S. 228–229, S. 280–281, S. 382–383, und S. 474–475 von Javier Zarracina.

Über dieses Buch

Dieser Reiseführer wurde recherchiert und geschrieben von Alexis Averbuck, Mark Baker, Oliver Berry, Abigail Blasi, Cristian Bonetto, Kerry Christiani, Fionn Davenport, Sally Davies, Peter Dragicevich, Steve Fallon, Emilie Filou, Duncan Garwood, Bridget Gleeson, Paula Hardy, Damian Harper, Anna Kaminski, Catherine Le Nevez, Virginia Maxwell, Craig McLachlan, Josephine Quintero, Kevin Raub, Andrea Schulte-Peevers, Regis St. Louis, Nicola Williams, Neil Wilson. Produziert wurde er von:

Koordination Simon Richmond, Kate Chapman, Sasha Drew, Liz Heynes, Sandie Kestell, Anne Mason, Martine Power, Kathryn Rowan, Jessica Ryan, Tracy Whitmey

Titelredaktion Daniel Fahey, Gemma Graham, James Smart, Tom Stainer, Anna Tyler, Brana Vladisavljevic

Produktredaktion Kathryn Rowan, Martine Power

Kartografie Mark Griffiths

Layout Katherine Marsh

Redaktionsassistenz Pete Cruttenden, Victoria Harrison, Kate Mathews, Gabrielle Stefanos, Saralinda Turner

Kartografieassistenz Julie Dodkins, Julie Sheridan

Layoutassistenz Meri Blazevski

Titelbildrecherche Naomi Parker

Dank an Carolyn Boicos, Hannah Cartmel, Kate Chapman, Clara Monitto, Jenna Myers, Catherine Naghten, Susan Paterson, Mazzy Prinsep, Kirsten Rawlings, Wibowo Rusli

Wir freuen uns über ein Feedback

Post von Travellern zu bekommen ist für uns ungemein hilfreich – Kritik und Anregungen halten uns auf dem Laufenden und helfen, unsere Bücher zu verbessern. Unser reiseerfahrenes Team liest alle Zuschriften genau durch, um zu erfahren, was an unseren Reiseführern gut und was schlecht ist. Wir können solche Post zwar nicht individuell beantworten, aber jedes Feedback wird garantiert schnurstracks an die jeweiligen Autoren weitergeleitet, rechtzeitig vor der nächsten Auflage.

Wer Ideen, Erfahrungen und Korrekturhinweise zum Reiseführer mitteilen möchte, hat die Möglichkeit dazu auf www.lonelyplanet.com/contact/guidebook_feedback/new. Anmerkungen speziell zur deutschen Ausgabe erreichen uns über www.lonelyplanet.de/kontakt.

Hinweis: Da wir Beiträge möglicherweise in Lonely Planet Produkten (Reiseführer, Websites, digitale Medien) veröffentlichen, ggf. auch in gekürzter Form, bitten wir um Mitteilung, falls ein Kommentar nicht veröffentlicht oder ein Name nicht genannt werden soll. Wer Näheres über unsere Datenschutzpolitik wissen will, erfährt das unter www.lonelyplanet.com/privacy.

A – Z
Register

000 Kartenverweise

L

M

000 Kartenverweise

000 Kartenverweise

Symbol- & Kartenlegende

Mit diesen Symbolen sind wichtige Kategorien leicht zu finden:

- Sehenswertes
- Aktivitäten
- Kurse
- Touren
- Festivals & Events
- Essen
- Ausgehen
- Unterhaltung
- Shoppen
- Praktisches & Transport

Diese Symbole bieten hilfreiche Zusatzinformationen:

Nachhaltig und umweltverträglich

GRATIS Hier bezahlt man nichts

- Telefon
- Öffnungszeiten
- Parken
- Nichtraucher
- Klimaanlage
- Internet verfügbar
- WLAN verfügbar
- Swimmingpool
- Bus
- Fähre
- Straßenbahn
- Bahn
- Englischsprachige Karte
- Vegetarische Auswahl
- Kinder willkommen

Die Toll für ...-Symbole stehen für besondere Tipps in verschiedenen Kategorien:

- Kunst & Kultur
- Strände
- Budget
- Café/Kaffee
- Radfahren
- Abstecher
- Ausgehen
- Unterhaltung
- Veranstaltungen
- Mit Kindern
- Essen & Trinken
- Geschichte
- Lokalkolorit
- Natur & Tiere
- Fotospot
- Landschaft
- Shoppen
- Ausflug
- Sport
- Wandern
- Winterreisen

Sehenswertes

- Strand
- Vogelschutzgebiet
- buddhistisch
- Burg/Schloss/Palast
- christlich
- konfuzianisch
- hinduistisch
- islamisch
- jainistisch
- jüdisch
- Denkmal
- Museum/Galerie/historisches Gebäude
- Ruine
- shintoistisch
- Sikh
- taoistisch
- Weingut/Weinberg
- Zoo/Wildschutzgebiet
- sonstige Sehenswürdigkeit

Aktivitäten

- Bodysurfen
- Camping
- Café
- Kanu/Kajak fahren
- Kurs/Tour
- Tauchen
- Ausgehen & Nachtleben
- Essen
- Unterhaltung
- Thermalbad/Sento/Onsen
- Shoppen
- Skifahren
- Schlafen
- Schnorcheln
- Surfen
- Schwimmen/Pool
- Wandern
- Windsurfen
- sonstige Aktivität

Praktisches

- Bank
- Botschaft/Konsulat
- Krankenhaus/Arzt
- Internet
- Polizei
- Post
- Telefon
- Toilette
- Touristeninformation
- sonstige Informationen

Geografie

- Strand
- Tor
- Hütte/Unterstand
- Leuchtturm
- Aussichtspunkt
- Berg/Vulkan
- Oase
- Park
- Pass
- Rastplatz
- Wasserfall

Transport

- Flughafen
- BART-Station
- Grenzübergang
- Boston T-Station
- Bus
- (Stand-)Seilbahn
- Radweg
- Fähre
- Metro/MRT-Station
- Schwebebahn
- Parkplatz
- Tankstelle
- Subway/S-Bahn-/Skytrain Station
- Taxi
- Bahnhof/Bahnlinie
- Straßenbahn
- Tube Station
- Underground/U-Bahn-Station
- sonstiger Transport

Die Autoren

Simon Richmond

Journalist und Fotograf Simon Richmond ist schon seit den frühen 1990er-Jahren Reiseautor. 1999 hat er zum ersten Mal für Lonely Planet gearbeitet, und zwar am Titel *Central Asia*. Er hat schon längst aufgehört, die Bände zu zählen, die er seither für Lonely Planet geschrieben hat, aber er hat u. a. in Australien, China, Indien, Japan, Korea, Malaysia, der Mongolei, Myanmar (Birma), Russland, Singapur, Südafrika und der Türkei recherchiert. Für die Lonely Planet Website hat er Artikel zu diversen Themen verfasst, von den besten Schwimmbädern der Welt bis zu den Freuden des Urban Sketching – auf Instagram sind einige seiner Fotos und Skizzen zu sehen. Simon trug zu den Kapiteln Reiseplanung und Praktische Informationen bei.

Alexis Averbuck

Alexis Averbuck ist schon an die unterschiedlichsten Orte der Welt gereist und hat dort gelebt, von Sri Lanka über Ecuador und Sansibar bis zur Antarktis. In letzter Zeit hat sie von ihrem Wohnsitz auf der Insel Hydra ihre griechische Wahlheimat erkundet, ist nach Frankreich gereist, um bretonische Austern zu probieren und durch provenzalische Bergdörfer zu kurven und hat in Island surreale Lavafelder, glitzernde Fjorde und Gletscherzungen besucht. Alexis ist seit über zwanzig Jahren Reisejournalistin, sie hat ein Jahr in der Antarktis gelebt, hat den Pazifik im Segelboot überquert und schreibt Bücher über ihre Reisen durch Asien, Europa und den amerikanischen Doppelkontinent.

Mark Baker

Mark ist freiberuflicher Reiseautor mit einem Hang zu abseitigen Geschichten und vergessenen Orten. Er stammt ursprünglich aus den USA, lebt aber inzwischen in der tschechischen Hauptstadt. Er schreibt für Lonely Planet und andere führende Reiseverlage vorwiegend über Ost- und Mitteleuropa. So richtig Spaß macht es ihm, Geschichten an Orten auszugraben, die für Reiseführer viel zu entlegen oder seltsam sind. Bevor er anfing, als Reisebuchautor zu arbeiten, arbeitete er als Journalist u. a. für *The Economist*, Bloomberg News und Radio Free Europe. Instagram: @markbakerprague Twitter: @markbakerprague

Oliver Berry

Oliver ist Autor und Fotograf und lebt in Cornwall. Er arbeitet seit über zehn Jahren für Lonely Planet und hat über Reiseziele von Cornwall bis zu den Cook Islands geschrieben. Er ist an über 30 Reiseführern beteiligt, außerdem arbeitet er regelmäßig für diverse Zeitungen und Magazine, darunter den *Lonely Planet Traveller*. Für seine Texte ist er mehrfach ausgezeichnet worden, u. a. mit dem The Guardian Young Travel Writer of the Year und dem TNT Magazine People's Choice Award. Seine jüngsten Arbeiten sind auf www.oliverberry.com zu finden.

Abigail Blasi

Die freiberufliche Reiseautorin Abigail hat schon in London, Rom, Hongkong und Kopenhagen gelebt und gearbeitet. Lonely Planet hat sie nach Indien, Ägypten, Tunesien, Mauretanien, Mali, Italien, Portugal, Malta und in Großbritannien herum geschickt. Sie schreibt regelmäßig für Zeitungen und Magazine, wie den *Independent*, den *Telegraph* und den *Lonely Planet Traveller*. Sie hat drei Kinder und die begleiten sie häufig unterwegs. Twitter/ Instagram: @abiwhere

Cristian Bonetto

Cristian hat bisher zu über 30 Lonely Planet Reiseführern beigetragen, darunter *New York City, Italy, Venice & the Veneto, Naples & the Amalfi Coast, Denmark, Copenhagen, Sweden* und *Singapore*. Neben der Arbeit für Lonely Planet erscheinen seine Gedanken über Reisen, Gastronomie, Kultur und Design in diversen Publikationen in aller Welt, darunter *The Telegraph* und *Corriere del Mezzogiorno*. Wenn er gerade nicht unterwegs ist, kann man den ehemaligen Theater- und Drehbuchautor beim Espresso-Schlürfen in seiner geliebten Heimatstadt Melbourne antreffen. Instagram: rexcat75.

Kerry Christiani

Kerry ist eine preisgekrönte Reisejournalistin, Fotografin und Lonely Planet-Autorin mit Schwerpunkt auf Mittel- und Südeuropa. Sie lebt in Wales und ist Autorin oder Koautorin von über einem Dutzend Lonely Planet Titeln. Als Abenteuer-Junkie liebt sie Berge, kalte Orte und echte Wildnis. Ihre jüngsten Arbeiten sind unter https://its-a-small-world.com zu finden, sie twittert unter @kerrychristiani.

Fionn Davenport

Als gebürtiger und überzeugter Ire schreibt Fionn seit über 20 Jahren über sein Heimatland. Über die Jahre ist er gekommen und gegangen – das Bedürfnis, die Komfortzone in Dublin mal hinter sich zu lassen, und die Lust auf Abenteuer haben ihn zum Reisen gebracht. Dabei wurde ihm klar, dass Irland seine liebste Destination bleibt, wenn er schon nicht dort lebt. Momentan pendelt er wöchentlich von Manchester, wo er mit seiner Partnerin Laura und ihrem Auto Trevor wohnt, nach Dublin, wo er als Radiomoderator für RTE Radio 1 arbeitet und Reiseartikel für eine Reihe von Publikationen, darunter die *Irish Times*, schreibt.

Sally Davies

Sally landete 1992 mit einer Handvoll Peseten und fünf Wörtern Spanisch in Sevilla, und obwohl sie kaum in der Lage war, sich zu verständigen, zog sie gleich einen lukrativen Job an Land: Flyer verteilen bei der Expo '92. 2001 zog sie nach Barcelona und kann es noch immer nicht fassen, dass ihr Alltag daraus besteht, tolle Restaurants aufzuspüren, durch Museen zu schlendern und zu versuchen, die Schönheit dieser spektakulären Stadt angemessen in Worte zu fassen.

Peter Dragicevich

Nach einer erfolgreichen Karriere in Nischenzeitungs- und -zeitschriftenverlagen in seiner Heimat Neuseeland und in Australien konnte Peter der typisch neuseeländischen Wanderlust nicht länger widerstehen und kündigte seine Jobs, um seine Wurzeln in diversen Teilen Europas zu suchen. In den letzten zehn Jahren hat er Dutzende Reiseführer für Lonely Planet über eine seltsam unzusammenhängende Auswahl an Ländern geschrieben, die er alle lieben gelernt hat. Inzwischen lebt er wieder in Auckland, Neuseeland – obwohl seine derzeitige nomadische Existenz mit sich bringt, dass er häufig anderswo ist.

Steve Fallon

Steve, der seit fünfzehn Jahren im Zentrum des Universums (East London) lebt, spricht den reimenden Slang der Cockneys im Schlaf, isst Aal in Aspik zum Frühstück, trinkt eimerweise Bier und tanzt auch schon mal fröhlich umher. Wie immer hat er für diese Auflage alles auf die harte/unterhaltsame Tour erledigt: Er ist die Spaziergänge abgelaufen, hat die Sehenswürdigkeiten besucht, hat (einige) Tipps von Freunden, Kollegen und Taxifahrern abgeklappert und alles vor Ort verarbeitet. Steve ist qualifizierter London Blue Badge Tourist Guide (www.stevesIondon.com).

Emilie Filou

Emilie Filou ist freiberufliche Journalistin mit Schwerpunkt auf Wirtschafts- und Entwicklungsthemen. Ihr besonderes Interesse gilt Afrika. Gebürtig in Frankreich, lebt Emilie heute in London, von wo aus sie regelmäßig nach Afrika reist. Ihre Arbeiten sind in Publikationen wie *The Economist*, *The Guardian*, bei der BBC, im *Africa Report* und im *Christian Science Monitor* erschienen. Sie hat zu über 20 Lonely Planet-Reiseführern beigetragen, darunter *France, Provence & the Côte d'Azur, London, West Africa, Madagascar* und *Tunisia*. Mehr über Emilie gibt's unter www.emiliefilou.com.

Duncan Garwood

Von Begegnungen mit rasenden Cricketspielern in Barbados bis zu Ausweichmanövern vor hungrigen Schweinen in Goa – Duncans Reisen haben ihm schon ein Menge einmaliger Erlebnisse beschert. Heutzutage widmet er sich vorwiegend seiner Wahlheimat Italien, wo er seit 1997 lebt. Von seinem Wohnort in den Hügeln von Castelli Romani vor den Toren Roms aus hat er beim Erkunden der wohlbekannten Reiseziele wie der entlegenen Orte endlose Kilometer abgefahren, während er an Reiseführern über Rom, Sardinien, Sizilien, das Piemont sowie Neapel & die Amalfiküste gearbeitet hat. Zudem war er an den Lonely Planet-Titeln *Italy's Best Trips, Food Lover's Guide to the World* und *Pocket Bilbao & San Sebastian* beteiligt. Duncan schreibt auch für Zeitungen, Online-Medien und Magazine über Italien.

Bridget Gleeson

Bridget schreibt und fotografiert für eine Vielzahl von Online- und Druckpublikationen, darunter Lonely Planet, BBC Travel, BBC Culture, The Guardian, Budget Travel, Afar, Wine Enthusiast, Mr & Mrs Smith, Jetsetter, Tablet Hotels, The Independent, Delta Sky, Continental, LAN Airlines und Korean Air. Sie hat schon in Italien, Tschechien, Nicaragua und Argentinien gelebt.

Paula Hardy

Paula Hardy ist selbstständige Reiseautorin und Redakteurin. Ihre Arbeit für Lonely Planet und andere führende Verlage hat sie von Nomadenlagern in der Danakilsenke über Strandhütten auf den Seychellen bis in die elegante Bar des Gritti Palace am Canal Grande geführt. In 20 Jahren hat sie über 30 Lonely Planet-Reiseführer geschrieben und hat fünf Jahre lang die erfolgreichen Italien-Titel von Lonely Planet koordiniert. Heutzutage ist sie vorwiegend in Mailand, Venedig und Marrakesch auf der Jagd nach neuen Hotels, hippen Bars und aufstrebenden Kunsthandwerkern anzutreffen. Mehr auf www.paulahardy.com.

Damian Harper

Damian arbeitet seit 1997 meist Vollzeit als Reisebuchautor (und Übersetzer) und schreibt auch für *National Geographic Traveler*, den *Guardian*, den *Daily Telegraph*, Abbeville Press *(Celestial Realm: The Yellow Mountains of China)*, Lexean, Frequent Traveller, China Ethos und diverse andere Magazine und Zeitungen.

Anna Kaminski

Geboren in der Sowjetunion schätzt Anna vieles an Ungarn, einem Land, das sie erstmals Anfang der 2000er-Jahre als Dentaltouristin bereiste und in das sie seither immer wieder gern zurückkehrt. Die Überreste des Kommunismus fühlen sich vertraut an, und nirgends sonst auf der Welt gibt es so guten Mohnstrudel. Der jüngste Rechercheauftrag führte sie von Kunstgalerien und Palästen entlang der Donau und an den Ufern des Plattensees bis zu Budapester Friedhöfen – letztere durchkämmte sie nach ihrem Großonkel, der in der Schlacht um Budapest sein Leben ließ.

Catherine Le Nevez

Catherines Reiselust setzte ein, als sie mit vier Jahren von ihrem Zuhause in Paris aus durch Europa tourte. Seitdem ist sie unterwegs, sobald sich die Gelegenheit bietet, und hat um die 60 Länder bereist. Zwischenzeitlich hat sie einen Doktor im Kreativen Schreiben und einen Master im Professionellen Schreiben gemacht und weitere Qualifikationen in Redaktion und Verlagswesen erworben. Über die letzten 15 Jahre hat sie zig Lonely Planet-Reiseführer und Artikel über Paris, Frankreich, Europa und andere Ziele geschrieben und ihre Texte sind in zahlreichen Online- und Printpublikationen erschienen. Catherines wichtigster Reisetipp ist, ohne irgendwelche Erwartungen loszufahren.

Virginia Maxwell

Sie ist zwar in Australien zuhause, aber mindestens die Hälfte des Jahres verbringt Virginia in Europa und dem Nahen Osten, um Lonely Planet-Titel zu aktualisieren. Am liebsten bereist sie den Mittelmeerraum, und sie hat an Lonely Planet-Reiseführern über Spanien, Italien, die Türkei, Syrien, den Libanon, Israel, Ägypten und Marokko mitgearbeitet – fehlen nur noch acht weitere Länder! Virginia schreibt auch über Armenien, Iran und Australien. Auf Instagram und Twitter ist sie unter @maxwellvirginia zu finden.

Craig McLachlan

Craig schreibt seit 20 Jahren für Lonely Planet über Reiseziele in aller Welt. Die eine Hälfte des Jahres lebt er in Queenstown, Neuseeland, und betreibt ein Unternehmen für Outdooraktivitäten und eine Sake-Brauerei, die andere Hälfte geht er seiner Nebenbeschäftigung nach und arbeitet als Tourguide und schreibt für Lonely Planet. Craig hat diverse Abenteuer in Japan erlebt und seine Bücher sind bei Amazon erhältlich. Als „freiberuflicher Alleskönner" mit einem MBA von der University of Hawai'i arbeitet Craig auch als Japanisch-Dolmetscher, Pilot, Fotograf, Wanderführer, Karatelehrer, und angehender Romanautor. Mehr auf www.craigmclachlan.com

Josephine Quintero

Ihre ersten Reiseerfahrungen machte Josephine, als sie sich in den frühen 70er-Jahren ihre Gitarre umschnallte und durch Europa reiste. Sie landete damals in Griechenland und nahm von dort eine Fähre nach Israel, wo sie sich ins Kibbutz-Leben stürzte und den mexikanischstämmigen Amerikaner traf, den sie später heiraten sollte. Josephine schreibt für Lonely Planet hauptsächlich über Spanien und Italien.

Kevin Raub

Gebürtig in Atlanta, begann Kevin Raub seine Karriere als Musikjournalist in New York, u. a. für das *Men's Journal* und den *Rolling Stone*. Irgendwann gab er den Rock 'n' Roll-Lifestyle für den Reisejournalismus auf und hat inzwischen an die 50 Lonely Planet-Reiseführer geschrieben. Dabei konzentrierte er sich vorwiegend auf Brasilien, Chile, Kolumbien, die USA, Indien, die Karibik und Portugal. Raub schreibt zudem Beiträge für diverse Reisemagazine in den USA und Großbritannien. Unterwegs ist der selbstbekennende Hopfen-Junkie stets auf der Suche nach irrsinnig hohen Bittereinheitswerten in lokalen Bieren. Auf Twitter und Instagram ist er unter @RaubOnTheRoad zu finden.

Andrea Schulte-Peevers

Andrea ist in Deutschland geboren und aufgewachsen und hat in London und Los Angeles studiert. Bei ihren Reisen in gut 75 Länder hat sie die zweifache Entfernung zum Mond zurückgelegt. Sie verdient ihre Brötchen seit über 20 Jahren als Autorin und hat zu knapp 100 Lonely Planet-Titeln beigetragen sowie für Zeitungen, Magazine und Onlinepublikationen in aller Welt geschrieben. Nebenbei arbeitet sie als Reiseberaterin, Übersetzerin und Lektorin. Besonders gut kennt sie sich in Deutschland, Dubai und den Vereinigten Arabischen Emiraten sowie auf Kreta und den Karibikinseln aus. Sie lebt in Berlin.

Regis St. Louis

Regis wuchs in einer Kleinstadt im Mittleren Westen der USA auf – jene Art Kleinstadt, die große Reiseträume beflügelt – und entwickelte früh eine Faszination für Fremdsprachen und andere Kulturen. Er lernte Russisch und eine Handvoll romanischer Sprachen, was sich bei seinen Reisen rund um den Globus als sehr nützlich erwies. Regis hat zu über 50 Lonely Planet Titeln über Ziele in sechs Kontinenten beigetragen. Seine Reisen haben ihn von den Bergen Kamtschatkas bis in entlegene Inseldörfer Melanesiens geführt, ebenso wie in viele großartige Stadtlandschaften. Wenn er gerade nicht unterwegs ist, lebt Regis in New Orleans. Er ist unter www.instagram.com/regisstlouis zu finden.

Nicola Williams

Grenzen zu überqueren gehört für Nicole Williams, britische Autorin, Läuferin, Feinschmeckerin, Kunstliebhaberin und Mutter dreier Kinder zum Lebensstil. Sie lebt seit über zehn Jahren in einem französischen Dorf am Südufer des Genfer Sees. Nicola hat für Lonely Planet an über 50 Reiseführern über Paris, die Provence, Rom, die Toskana, Frankreich, Italien und die Schweiz mitgearbeitet und ist Frankreichexpertin für den *Telegraph*. Sie schreibt auch für *Independent*, *Guardian*, lonelyplanet.com, *Lonely Planet Magazine*, *French Magazine*, *Cool Camping France* und weitere Publikationen. Sie ist auf Twitter und Instagram unter @tripalong zu finden.

Neil Wilson

Neil ist in Schottland geboren und hat die meiste Zeit seines Lebens dort verbracht. Er lebt in Perthshire und ist seit 1988 Vollzeit-Autor. Er hat an über 80 Reiseführern für verschiedene Verlage mitgearbeitet, darunter die Lonely Planet Titel *Scotland*, *England*, *Ireland* und *Prague*. Schon als Kind war Neil am liebsten draußen unterwegs, er ist aktiver Wanderer, Mountainbiker, Segler, Snowboarder, Angler und Kletterer. Er ist schon auf vier Kontinenten gewandert und geklettert, u. a. auf den Jebel Toubkal in Marokko, den Mount Kinabalu auf Borneo, den Old Man of Hoy auf den schottischen Orkney-Inseln und die Nordwestwand des Half Dome im kalifornischen Yosemite Valley.

Die Lonely Planet Story

Ein ziemlich mitgenommenes, altes Auto, ein paar Dollar in der Tasche und Abenteuerlust – 1972 war das alles, was Tony und Maureen Wheeler für die Reise ihres Lebens brauchten, die sie durch Europa und Asien bis nach Australien führte. Die Tour dauerte einige Monate, und am Ende saßen die beiden – erschöpft, aber voller Inspiration – an ihrem Küchentisch und schrieben ihren ersten Reiseführer *Across Asia on the Cheap*. Innerhalb einer Woche hatten sie 1500 Exemplare verkauft. Lonely Planet war geboren. Heute hat der Verlag Büros in Melbourne, London, Oakland, Franklin, Delhi und Beijing mit mehr als 600 Mitarbeitern und Autoren. Und alle teilen Tonys Überzeugung, dass ein guter Reiseführer drei Dinge erfüllen sollte: informieren, bilden und unterhalten.

Lonely Planet Global Limited
Unit E, Digital Court,
The Digital Hub,
Rainsford Street,
Dublin 8,
Ireland

Verlag der deutschen Ausgabe:
MAIRDUMONT, Marco-Polo-Str. 1, 73760 Ostfildern,
www.lonelyplanet.de, www.mairdumont.com, lonelyplanet-online@mairdumont.com

Chefredakteurin deutsche Ausgabe: Birgit Borowski

Redaktion: Bintang Buchservice GmbH, www.bintang-berlin.de
Übersetzung: Petra Dubilski, Gunter Mühl, Inga-Brita Thiele
Lektorat: Dorit Aurich, Kirsten Gleinig, Katharina Grimm
Satz: Anja Krapat
Technischer Support: Typopoint, Ostfildern/Kemnat

FSC
www.fsc.org
MIX
Papier aus verantwortungsvollen Quellen
FSC® C018236

Best of Europa
1. deutsche Auflage Februar 2018, übersetzt von
Best of Europe, 1st edition, November 2017, Lonely Planet Global Limited

Printed in Poland